ERICH SCHMIDT VERLAG

100 Jahre

Staatsrecht

Lehrbuch

von

Prof. Dr. Eike Albrecht
Fakultät Wirtschaft, Recht und Gesellschaft
der BTU Cottbus-Senftenberg

und

Prof. Dr. Benjamin Küchenhoff
Fachbereich Finanzen
der Hochschule des Bundes
für öffentliche Verwaltung (HS Bund)

4., völlig neu bearbeitete Auflage

ERICH SCHMIDT VERLAG

Bibliografische Information der Deutschen Nationalbibliothek
Die Deutsche Nationalbibliothek verzeichnet diese Publikation in der Deutschen Nationalbibliografie; detaillierte bibliografische Daten sind im Internet über http://dnb.d-nb.de abrufbar.

Weitere Informationen zu diesem Titel finden Sie im Internet unter
ESV.info/978 3 503 20579 0

1. Auflage 2008
2. Auflage 2011
3. Auflage 2015
4. Auflage 2024

ISBN 978 3 503 20579 0

www.ESV.info

Satz: tinahoffmann.eu, Berlin
Druck: doupoint, Barleben

Vorwort

Dieses Buch enthält das staatsrechtliche Grundlagenwissen für Juristen und Nichtjuristen.

Juristen erhalten mit diesem Buch den wesentlichen Überblick über das Rechtsgebiet. Für den Studienanfänger werden die Grundlagen des Staatsrechts leicht verständlich erläutert. Fortgeschrittenen und Examenskandidaten bietet das Buch den systematischen Überblick, der im juristischen Studium leicht verloren gehen kann. Zahlreiche weiterführende Hinweise ermöglichen eine vertiefte Beschäftigung mit den Themen.

Nichtjuristen, die sich in ihrem Studium auch mit dem Staatsrecht beschäftigen, führt dieses Buch Schritt für Schritt an die Materie heran. Ausgehend von der allgemeinen Frage „Was ist Recht?" erläutert das Werk eingehend Staatsorganisationsrecht, Grundrechte und Verfassungsprozessrecht, und zwar so, dass sie auch ohne juristische Vorkenntnisse verstanden werden.

Für die vierte Auflage wurde der Inhalt überarbeitet und ergänzt. Rechtsprechung und Literatur sind bis Juli 2023, in Einzelfällen bis Dezember 2023, berücksichtigt.

Besonderer Dank gilt Herrn Ass. jur. Eric Witte, Zentrum für Rechts- und Verwaltungswissenschaft (ZfRV), BTU Cottbus-Senftenberg, und Frau Birgit Jeschke (M.Sc.), Lehrstuhl für Öffentliches Recht, insbesondere Umwelt- und Planungsrecht, für ihre großartige Unterstützung bei der Erstellung der Neuauflage.

Wir freuen uns weiterhin über jede Art von Anregungen, Anmerkungen und Kritik – gerne per E-Mail unter albrecht@b-tu.de und benjamin.kuechenhoff@bwz.bund.de.

Cottbus und Münster, im Herbst 2023

Eike Albrecht
Benjamin Küchenhoff

Inhaltsübersicht

Inhaltsverzeichnis

Abkürzungsverzeichnis

a. A.	andere(r) Auffassung
a. F.	alte Fassung
a. M.	andere(r) Meinung
AA	Akademie-Ausgabe (umfangreiche Sammlung der Werke *Immanuel Kants*)
AbgG	Gesetz über die Rechtsverhältnisse der Mitglieder des Deutschen Bundestages – Abgeordnetengesetz
ABl.	Amtsblatt
Abs.	Absatz
AEUV	Vertrag über die Arbeitsweise der Europäischen Union
AfP	Archiv für Presserecht (Zeitschrift)
AG	Amtsgericht / Aktiengesellschaft
AGG	Allgemeines Gleichbehandlungsgesetz
ALR	Allgemeines Landrecht für die preußischen Staaten
Alt.	Alternative
Anm.	Anmerkung
AO	Abgabenordnung
AöR	Archiv des öffentlichen Rechts (Zeitschrift)
ArbG	Arbeitsgericht
ArbGG	Arbeitsgerichtsgesetz
Arg.	Argument
Art.	Artikel
AsylVfG	Asylverfahrensgesetz
ATDG	Antiterrordateigesetz
ausf.	ausführlich
Az.	Aktenzeichen
b.	bei
BAG	Bundesarbeitsgericht
BAGE	Entscheidungssammlung des Bundesarbeitsgerichts
BauGB	Baugesetzbuch
Bay	Bayern/bayerische
BayObLG	(Ehemaliges) Bayerisches Oberstes Landesgericht
BayVerf.	Verfassung der Freistaats Bayern

BB	Betriebs-Berater (Zeitschrift)
BBG	Bundesbeamtengesetz
Bbg.	Brandenburg
BbgBauO	Brandenburgische Bauordnung
BbgHG	Brandenburgisches Hochschulgesetz
BetrAV	Betriebliche Altersvorsorge (Zeitschrift)
Beschl.	Beschluss
BFH	Bundesfinanzhof
BFH/NV	Sammlung der Entscheidungen des Bundesfinanzhofs
BGB	Bürgerliches Gesetzbuch
BGBl.	Bundesgesetzblatt (der Bundesrepublik Deutschland / des Deutschen Bundes)
BGH	Bundesgerichtshof
BGHSt	Entscheidungssammlung des Bundesgerichtshofs in Strafsachen
BGHZ	Entscheidungssammlung des Bundesgerichtshofs in Zivilsachen
BHO	Bundeshaushaltsordnung
Bln.	Berlin
BPräsRuhebezG	Gesetz über die Ruhebezüge des Bundespräsidenten
BPräsWahlG	Bundespräsidentenwahlgesetz
BR	Bundesrat
BReg	Bundesregierung
Brem.	Bremisch(e)
BRH	Bundesrechnungshof
BRHG	Gesetz über den Bundesrechnungshof
BT	Bundestag
BT-Drs.	Bundestagsdrucksache(n)
BT-Prot.	Stenografische Berichte des Bundestages
BtMG	Betäubungsmittelgesetz
BVerfG	Bundesverfassungsgericht
BVerfGE	Entscheidungssammlung des Bundesverfassungsgerichts
BVerfGG	Bundesverfassungsgerichtsgesetz
BVerfSchG	Gesetz über die Zusammenarbeit des Bundes und der Länder in Angelegenheiten des Verfassungsschutzes und über das Bundesamt für Verfassungsschutz – Bundesverfassungsschutzgesetz
BVerwG	Bundesverwaltungsgericht

BVerwGE	Entscheidungssammlung des Bundesverwaltungsgerichts
BW	Baden-Württemberg
BWahlG	Bundeswahlgesetz
bzw.	beziehungsweise
CDU	Christlich Demokratische Union
CR	Computer und Recht (Zeitschrift)
CSU	Christlich-Soziale Union
d.h.	das heißt
DES	Desiderius-Erasmus-Stiftung
DDR	Deutsche Demokratische Republik
DNA	Desoxyribonukleinsäure (Trägerin der Erbinformation)
DÖV	Die öffentliche Verwaltung (Zeitschrift)
DRV	Verfassung des Deutschen Reiches
DStR	Deutsches Steuerrecht (Zeitschrift)
Dtn	Deuteronomium (5. Buch Mose)
DVBl.	Deutsches Verwaltungsblatt (Zeitschrift)
EAG	Europäische Atomgemeinschaft
ebd.	ebenda
EG	Europäische Gemeinschaft(en)
EGKS	Europäische Gemeinschaft für Kohle und Stahl
EGMR	Europäischer Gerichtshof für Menschenrechte
EGV	Vertrag zur Gründung der Europäischen Gemeinschaft
EMRK	Europäische Menschenrechtskonvention
EStG	Einkommensteuergesetz
etc.	et cetera
EU	Europäische Union
EuGH	Europäischer Gerichtshof
EuGRZ	Europäische Grundrechte-Zeitschrift
Euratom	Europäische Atomgemeinschaft
EUV	Vertrag über die Europäische Union
EuWG	Europawahlgesetz
EV	Einigungsvertrag vom 31.08.1990
EWG	Europäische Wirtschaftsgemeinschaft

f./ff.	folgende/fortfolgende
FAG	Finanzausgleichsgesetz
FDP	Freie Demokratische Partei
FG	Finanzgericht
FGO	Finanzgerichtsordnung
Fn.	Fußnote
FR	Finanz-Rundschau (Zeitschrift)
FRV	Frankfurter Reichsverfassung
FS	Festschrift
G	Gesetz
G 10	Gesetz zur Beschränkung des Brief-, Post- und Fernmeldegeheimnisses
GA	Genfer Abkommen
GASP	Gemeinsame Außen- und Sicherheitspolitik der Europäischen Union
GBl.	Gesetzblatt
GemVerfKom	Gemeinsame Verfassungskommission
GG	Grundgesetz
ggf.	gegebenenfalls
GemO	Gemeindeordnung
GewArch	Gewerbearchiv (Zeitschrift)
GOBR	Geschäftsordnung des Bundesrates
GOBT	Geschäftsordnung des Bundestages
GVBl.	Gesetz- und Verordnungsblatt
GVG	Gerichtsverfassungsgesetz
h. M.	herrschende Meinung
Halbs.	Halbsatz
HdbStR	Handbuch des Staatsrechts der Bundesrepublik Deutschland
Hess.	Hessen
HGB	Handelsgesetzbuch
HGrG	Gesetz über die Grundsätze des Haushaltsrechts des Bundes und der Länder – Haushaltsgrundsätzegesetz
Hmb.	Hamburg
HRRS	Online-Zeitschrift für höchstrichterliche Rechtsprechung im Strafrecht, http://www.hrr-strafrecht.de

i. Erg.	im Ergebnis
i. d. F.	in der Fassung
i. d. R.	in der Regel
i. e. S.	im engeren Sinne
i. S.	im Sinne
i. V. m.	in Verbindung mit
IBPR	Internationaler Pakt über bürgerliche und politische Rechte
IGH	Internationaler Gerichtshof
ISAF	Internationale Unterstützungstruppe in Afghanistan
IStGH	Internationaler Strafgerichtshof
JA	Juristische Arbeitsblätter (Zeitschrift)
JR	Juristische Rundschau
Jura	Juristische Ausbildung (Zeitschrift)
JurPC Web-Dok.	Internet-Zeitschrift für Rechtsinformatik und Informationsrecht, http://www.jurpc.de
JuS	Juristische Schulung (Zeitschrift)
JZ	Juristenzeitung (Zeitschrift)
KErzG	Gesetz über die religiöse Kindererziehung – Kindererziehungsgesetz
KPD	(ehemalige) Kommunistische Partei Deutschlands
krit.	kritisch
LAG	Landesarbeitsgericht
lat.	lateinisch
LG	Landgericht
Lit.	Literatur
LPartG	Lebenspartnerschaftsgesetz
LRH	Landesrechnungshof
LSG	Landessozialgericht
LuftVG	Luftverkehrsgesetz
LuftVO	Luftverkehrs-Ordnung
LVerf.	Landesverfassung
LVerfG	Landesverfassungsgericht
MaßstG	Maßstäbegesetz
MietenWoG Bln	Gesetz zur Mietenbegrenzung im Wohnungswesen in Berlin
m. w. N.	mit weiteren Nachweisen

Nachw.	Nachweis
NATO	North Atlantic Treaty Organization (Nordatlantisches Verteidigungsbündnis)
NJW	Neue Juristische Wochenschrift (Zeitschrift)
NJW-RR	Neue Juristische Wochenschrift – Rechtsprechungsreport (Zeitschrift)
NordÖR	Zeitschrift für Öffentliches Recht in Norddeutschland
NPD	Nationaldemokratische Partei Deutschlands
Nr.	Nummer
NRW	Nordrhein-Westfalen
NSDAP	Nationalsozialistische Deutsche Arbeiterpartei
NStZ	Neue Zeitschrift für Strafrecht
NVwZ	Neue Zeitschrift für Verwaltungsrecht
NVwZ-RR	Neue Zeitschrift für Verwaltungsrecht – Rechtsprechungsreport
NZA	Neue Zeitschrift für Arbeitsrecht
o.	oben
o.g.	oben genannt(e)(n)
OLG	Oberlandesgericht
OrdenG	Gesetz über Titel, Orden und Ehrenzeichen
OVG	Oberverwaltungsgericht
OWiG	Ordnungswidrigkeitengesetz
PartG	Gesetz über die politischen Parteien – Parteiengesetz
PDS	(ehemalige) Partei des Demokratischen Sozialismus
PJZS	Polizeiliche und justizielle Zusammenarbeit in Strafsachen der Europäischen Union
ProstG	Prostitutionsgesetz
PUAG	Untersuchungsausschussgesetz
RÄStV	Rundfunkänderungsstaatsvertrag
Rdnr.	Randnummer(n)
RGBl.	Reichsgesetzblatt
RL	Richtlinie
RLP	Rheinland-Pfalz
RS./Rs.	Rechtssache
Rspr.	Rechtsprechung

RSS	„Really Simple Syndication" (Verfahren zur Bereitstellung und zum Abruf abonnierter Webseiten)
RStV	Rundfunkstaatsvertrag
S.	Seite oder (bei Gesetzen) Satz
s.	siehe
s. o.	siehe oben
s. u.	siehe unten
SA	Sturmabteilung (paramilitärische Kampforganisation der NSDAP)
SG	Sozialgericht
SGB	Sozialgesetzbuch (SGB VIII: Achtes Buch des SGB, etc.)
SGG	Sozialgerichtsgesetz
S-H	Schleswig-Holstein
Slg.	Amtliche Sammlung der Entscheidungen des EuGH
sog.	so genannte(r/s)
SPD	Sozialdemokratische Partei Deutschlands
SRP	Sozialistische Reichspartei
SRÜ	Seerechtsübereinkommen der Vereinten Nationen
st. Rspr.	ständige Rechtsprechung
StabMechG	Stabilisierungsmechanismusgesetz
StAG	Staatsangehörigkeitsgesetz
StAZ	Das Standesamt (Zeitschrift)
StGB	Strafgesetzbuch
StPO	Strafprozessordnung
str.	strittig
StraFo	Strafverteidiger-Forum (Zeitschrift)
StuW	Steuer und Wirtschaft (Zeitschrift)
StV	Strafverteidiger (Zeitschrift)
StVollzG	Gesetz über den Vollzug der Freiheitsstrafe und der freiheitsentziehenden Maßregeln der Besserung und Sicherung – Strafvollzugsgesetz
StVZO	Straßenverkehrs-Zulassungsordnung
TierSchG	Tierschutzgesetz
TVG	Tarifvertragsgesetz
u.	unten
u. a.	unter anderem

u. U.	unter Umständen
Überbl.	Überblick
UdSSR	(Ehemalige) Union der Sozialistischen Sowjetrepubliken
UN-Charta	Charta der Vereinten Nationen
UNO	United Nations Organization (Vereinte Nationen)
UPR	Umwelt- und Planungsrecht (Zeitschrift)
Urt.	Urteil
USA	Vereinigte Staaten von Amerika
USPD	(Ehemalige) Unabhängige Sozialdemokratische Partei Deutschlands
v.	von, vom
Var.	Variante
VereinsG	Vereinsgesetz
Verf.	Verfassung
VerfGH	Verfassungsgerichtshof
VermG	Gesetz zur Regelung offener Vermögensfragen
VersG	Versammlungsgesetz
VerwArch	Verwaltungsarchiv (Zeitschrift)
VfNDB	Verfassung des Norddeutschen Bundes
VG	Verwaltungsgericht
VGH	Verwaltungsgerichtshof
vgl.	vergleiche
VIG	Verbraucherinformationsgesetz
VR	Verwaltungsrundschau (Zeitschrift)
VVDStRL	Veröffentlichungen der Vereinigung der Deutschen Staatsrechtslehrer
VwGO	Verwaltungsgerichtsordnung
VwVfG	Verwaltungsverfahrensgesetz des Bundes
WaffG	Waffengesetz
WASG	Arbeit & soziale Gerechtigkeit – Die Wahlalternative (ehemalige Partei)
WHG	Wasserhaushaltsgesetz
WHO	World Health Organization (Weltgesundheitsorganisation)
WM	Weltmeisterschaft
WPG	Wahlprüfungsgesetz
WRV	Weimarer Reichsverfassung

WVK	Wiener Vertragsrechtskonvention
WWW	World Wide Web
z. B.	zum Beispiel
z. T.	zum Teil
ZG	Zeitschrift für Gesetzgebung
Ziff.	Ziffer
ZP	Zusatzprotokoll
zul. geänd.	zuletzt geändert
zutr.	zutreffend

Verzeichnis zitierter Literatur

Die hier aufgeführten Werke werden im Verlauf dieses Bandes entweder mehrfach zitiert oder besitzen grundsätzliche Bedeutung. Sie werden im Text verkürzt zitiert. Wird im Text ein Werk zitiert, das hier nicht aufgeführt ist, so werden Auflage, Verlagsort und Erscheinungsjahr in der jeweiligen Fußnote genannt.

Zeitschriftenbeiträge, Gerichtsurteile und Online-Veröffentlichungen sind hier nicht gesondert aufgeführt.

Kommentare

Dürig, Günter; Herzog, Roman; Scholz, Rupert, u. a. (Hrsg.) Grundgesetz, 99. Ergänzungslieferung, München 2022

Epping, Volker; Hillgruber, Christian Grundgesetz, 3. Auflage, München 2020

Friauf, Karl Heinrich; Höfling, Wolfram (Hrsg.) Berliner Kommentar zum Grundgesetz, Ergänzungslieferung, Berlin 2023

Grüneberg, Christian (Hrsg.) Bürgerliches Gesetzbuch (BGB), 82. Auflage, München 2023

Hömig, Dieter; Wolff, Heinrich Amadeus Grundgesetz, 13. Auflage, Baden-Baden 2022

Jarass, Hans D.; Pieroth, Bodo Grundgesetz für die Bundesrepublik Deutschland, 17. Auflage 2022

Klein, Franz Abgabenordnung, 16. Auflage, München 2022

Kopp, Ferdinand O.; Ramsauer, Ulrich Verwaltungsverfahrensgesetz, 22. Auflage, München 2022

Kopp, Ferdinand O.; Schenke, Wolf-Rüdiger Verwaltungsgerichtsordnung, 28. Auflage, München 2022

Redeker, Konrad; von Oertzen, Hans-Joachim; Redeker, Martin Verwaltungsgerichtsordnung, 17. Auflage, Stuttgart 2021

Sachs, Michael (Hrsg.) Grundgesetz, 9. Auflage, München 2021

Schreiber, Wolfgang Bundeswahlgesetz, 11. Auflage, Köln 2021

v. Mangoldt, Herrmann; Klein, Friedrich; Starck, Christian Kommentar zum Grundgesetz
Band 1 (Präambel, Art. 1 – 19), 7. Auflage, München 2018

v. Münch, Ingo; Kunig, Philip (Hrsg.) Grundgesetz-Kommentar
Band 1 (Präambel, Art. 1 – 69), 7. Auflage, München 2021
Band 2 (Art. 70 – 146), 7. Auflage, München 2021

Handbücher

Isensee, Josef; Kirchhof, Paul (Hrsg.) Handbuch des Staatsrechts
Band II, 3. Auflage, Heidelberg 2004
Band III, 3. Auflage, Heidelberg 2005
Band IV, 3. Auflage, Heidelberg 2006
Band V, 3. Auflage, Heidelberg 2007

Lehrbücher

Badura, Peter Staatsrecht, 7. Auflage, München 2018
Calliess, Christian Staatsrecht III, 4. Auflage, München 2022
Classen, Claus D. Religionsrecht, 3. Auflage, Tübingen 2021
Degenhart, Christoph Staatsrecht I, 38. Auflage, Heidelberg 2022
Herdegen, Matthias Europarecht, 24. Auflage, München 2023
Herdegen, Matthias Völkerrecht, 22. Auflage, München 2022
Hillgruber, Christian; Goos, Christoph Verfassungsprozessrecht, 5. Auflage, Heidelberg 2020
Hufen, Friedhelm Staatsrecht II – Grundrechte, 10. Auflage, München 2023
Ipsen, Jörn Staatsrecht I, 34. Auflage, Köln 2022
Ipsen, Jörn Allgemeines Verwaltungsrecht, 11. Auflage, Köln 2019
Ipsen, Jörn Staatsrecht II – Grundrechte, 24. Auflage, Köln 2021
Katz, Alfred Staatsrecht, 19. Auflage, Heidelberg 2019
Kingreen, Thorsen; Poscher, Ralf Grundrechte – Staatsrecht II, 37. Auflage, Heidelberg 2021
Krüger, Herbert Allgemeine Staatslehre, 1. Auflage, Stuttgart 1964
Küchenhoff, Günther; Küchenhoff, Erich Allgemeine Staatslehre, 8. Auflage, Stuttgart 1977
Manssen, Gerrit Staatsrecht II – Grundrechte, 19. Auflage, München 2022
Maurer, Hartmut Allgemeines Verwaltungsrecht, 20. Auflage, München 2020
Maurer, Hartmut Staatsrecht I, 6. Auflage, München 2010
Sachs, Michael Verfassungsprozessrecht, 4. Auflage, Frankfurt a. M. 2016
Schöbener, Burkhard; Knauff, Matthias Allgemeine Staatslehre, 5. Auflage, München 2023
Schwerdtfeger, Gunther; Schwerdtfeger, Angela Öffentliches Recht in der Fallbearbeitung, 15. Auflage, München 2018
Streinz, Rudolf Europarecht, 12. Auflage, Heidelberg, 2023
Stern, Klaus; Sodan, Helge; Möstl, Markus Das Staatsrecht der Bundesrepublik Deutschland, vollständig neu verfasste 2. Auflage
Band 1, München 2022
Band 2, München 2022
Band 3, München 2022
Band 4, München 2022
v. Campenhausen, Axel Frhr.; de Wall, Heinrich Religionsverfassungsrecht, 5. Auflage, München 2022
Wolff, Hans J.; Bachof, Otto; Stober, Rolf; Kluth, Winfried Verwaltungsrecht I, 13. Auflage, München 2022
Zippelius, Reinhold; Würtenberger, Thomas Deutsches Staatsrecht, 33. Auflage, München 2018

Monografien

Zippelius, Reinhold Geschichte der Staatsideen, 10. Auflage, München 2003

1. Kapitel: Recht

§ 1 Was ist Recht?

Das **Recht** hat mit der Liebe, der Ehre und der Würde gemeinsam, dass es sich einer eindeutigen Definition verweigert. Wer beruflich oder im Studium mit dem Recht zu tun hat, ist kaum noch verwundert darüber. Ein Rechtslehrbuch aber, das ganz am Anfang beginnen möchte, kommt an einer genaueren Betrachtung des Begriffs nicht vorbei. Fortgeschrittene Leser können direkt zu § 2 blättern (Rdnr. 12). 1

Der Begriff „Recht" wird in der Alltagssprache und auch unter Juristen in verschiedenen Deutungen verwendet. Hierfür drei Beispiele:

1. „Es ist mein gutes Recht."
2. „Der Bundestag ändert das Steuerrecht."
3. „Das ist nicht recht."

Das erste Beispiel verwendet den Begriff „Recht" in einem subjektiven Sinn: Ein Recht hat man – oder nicht. Der zweite Satz enthält einen objektiven Rechtsbegriff; er kennzeichnet das „Recht" als eine Ansammlung von Normen bzw. Regeln. Das dritte Beispiel schließlich lässt eine wertende Begriffsdeutung erkennen: Recht ist etwas Gutes, Erstrebenswertes, im Gegensatz zum „Unrecht".

A. Recht im subjektiven Sinne

Der Begriff „Recht" im subjektiven Sinne bezeichnet **eine persönliche Befugnis oder einen Anspruch**: Wer beschuldigt wird, eine Straftat begangen zu haben, hat das Recht zu schweigen (§ 136 StPO); weitere Rechte finden sich in den Grundrechten des Grundgesetzes, z. B. in Art. 2 Abs. 1 GG: *„Jeder hat das Recht auf die freie Entfaltung seiner Persönlichkeit…"*. Die subjektiven Rechte lassen sich in vielfältiger Weise unterscheiden: Es gibt Genehmigungen, Erlaubnisse, Herrschaftsrechte, Gestaltungsrechte etc. Der Gegenbegriff zum subjektiven Recht ist die „Pflicht". 2

B. Recht im objektiven Sinne

Der Begriff „Recht" im objektiven Sinne bezeichnet **die Gesamtheit aller verbindlichen Normen.** Diese Gesamtheit lässt sich in Kategorien einteilen 3

- nach den Rechtsquellen (siehe unten Rdnr. 12 ff., z. B. Völkerrecht, Bundesrecht, Landesrecht, deutsches Recht, amerikanisches Recht);
- nach der philosophischen Herleitung (Naturrecht, positives Recht);

- nach dem Rechtsgebiet (Privatrecht, Öffentliches Recht, Steuerrecht, Strafrecht);
- nach der Art des Zustandekommens (formelles Gesetz, Verordnung, Satzung);
- nach dem Gültigkeitszeitraum (geltendes Recht, mittelalterliches Recht, antikes Recht).

Auch für den objektiven Gebrauch des Begriffs liefert das Grundgesetz Beispiele, etwa in Art. 31 GG: *„Bundesrecht bricht Landesrecht"*.

Das „Recht" im objektiven Sinne weist gewisse Merkmale auf, die es von anderen Erscheinungen abgrenzen: Es ist abstrakt, allgemein, verbindlich und publik. Diese Merkmale sind Anhaltspunkte, keine zwingenden Voraussetzungen. Das Fehlen eines der Merkmale bedeutet also nicht zwangsläufig, dass eine bestimmte Regelung kein Recht ist.

1. Recht ist abstrakt und allgemein

4 Das Recht ist **abstrakt**, es betrifft eine Vielzahl von Sachverhalten, die nicht von vornherein bestimmt sind; außerdem ist es **allgemein**, es betrifft eine unbestimmte Vielzahl von Personen. Darin unterscheidet es sich z. B. vom Verwaltungsakt, der eine bestimmte Regelung im Einzelfall trifft. Bei der Bestimmung, ob eine Vorschrift abstrakt ist, spielt es keine Rolle, wenn sie tatsächlich nur einmal oder gar nicht angewendet wird, z. B. weil der geregelte Sachverhalt besonders selten auftritt. Es kommt darauf an, dass sie geeignet ist, auf zukünftige Sachverhalte angewendet zu werden, selbst wenn diese niemals eintreten.

Diese Regel gilt nicht immer vollständig. Das deutsche Rechtssystem stellt unterschiedlich hohe Anforderungen an die Abstraktheit und Allgemeinheit von Rechtsnormen. Für grundrechtsrelevante Gesetze enthält das Grundgesetz ein **Verbot des Einzelfallgesetzes**; für alle anderen Gesetze sind die Grenzen großzügiger bemessen (zum Ganzen Rdnr. 138 ff.).

2. Recht ist verbindlich

5 Das Recht ist **verbindlich**: Es bindet seine Adressaten. Seine Geltung wird vom Staat und seinen Institutionen durchgesetzt.

Dies bedeutet nicht, dass jeder Rechtsverstoß sanktioniert wird. Verstößt jemand gegen Regeln, die nur im Zivilrecht, nicht aber im Straf- oder Ordnungswidrigkeitenrecht verankert sind, muss er keine unmittelbare staatliche Sanktion befürchten. Er muss aber damit rechnen, dass er wegen seines Verhaltens von jemand anderem vor einem Zivilgericht verklagt wird, unterliegt und der Prozessgegner seinen gerichtlich festgestellten Anspruch durchsetzt, wenn nötig unter Zuhilfenahme staatlicher

(Zwangsvollstreckungs-)Gewalt. Manche Regelungen des Zivilrechts sind nicht zwingend, sie können abbedungen werden, z. B. die Höhe des Zinssatzes für zu verzinsende Geldschulden: Er beträgt 4 %, es sei denn, es wird etwas anderes vertraglich bestimmt (siehe § 246 BGB). Wer mit seinem Vertragspartner 1 % oder 10 % Zinsen vereinbart, handelt daher nicht rechtswidrig, jedenfalls nicht, solange er sich unterhalb der Grenze des Wucherverbotes, § 138 Abs. 2 BGB, bewegt. Dieses ist in § 291 StGB auch strafrechtlich sanktioniert und setzt der Verzinsung eine Obergrenze.

In seiner Verbindlichkeit unterscheidet sich das Recht von **anderen sozialen** 6
Wertungssystemen: Sitte, Brauch, Moral und religiöse Vorschriften enthalten ebenfalls Normen; diese werden aber nicht staatlich durchgesetzt, sie sind verbindlich nur für denjenigen, der sich ihnen freiwillig unterwirft. Wer gegen sie verstößt, muss (hierzulande) keine staatlichen, sondern allenfalls gesellschaftliche Sanktionen befürchten. Zwischen verbindlichen Rechtsnormen und unverbindlichen Wertesystemen gibt es Verbindungen und Überschneidungen. So sind viele moralische, sittliche oder religiöse Gebote in Rechtsnormen übersetzt worden. Wer dem christlichen Gebot *„Du sollst nicht stehlen"* zuwiderhandelt (Dtn 5, 19), verstößt gegen § 242 StGB und wird wegen Diebstahls bestraft. Andere moralische oder religiöse Gebote bestehen in der Gesellschaft oder in Teilen von ihr weiter, werden aber nicht oder nicht mehr staatlich sanktioniert: Ehebruch, ein Verstoß gegen das sechste christliche Gebot (Dtn 5, 18), ist seit 1969 (DDR: seit 1968) in Deutschland nicht mehr strafbar.

Wieder andere Sitten, Bräuche oder Moralvorstellungen werden zu verbindlichen Rechtsnormen, weil das Gesetz sich ausdrücklich auf sie beruft. Das Bürgerliche Gesetzbuch (BGB) beispielsweise bestimmt in § 138 Abs. 1: *„Ein Rechtsgeschäft, das gegen die guten Sitten verstößt, ist nichtig."* Die „guten Sitten" sind außerdem in §§ 817 und 826 BGB sowie in § 40 AO und in vielen weiteren Gesetzen erwähnt. Was genau man sich unter den „guten Sitten" vorstellen soll, sagen die Gesetze freilich nicht – der Begriff ist ein sog. unbestimmter Rechtsbegriff.

> Manche Vorschriften geben Anhaltspunkte: Den sog. „Dirnenlohn", also das Entgelt für die Dienstleistung einer Prostituierten, hat der Gesetzgeber im Jahr 2002 in § 1 Prostitutionsgesetz (ProstG) ausdrücklich zu einer „rechtswirksame[n] Forderung" erklärt. Die Forderung einer bzw. eines Prostituierten aus einer solchen Vereinbarung ist also wirksam. Es besteht keine Einigkeit darüber, ob diese Vorschrift ggf. die Sittenwidrigkeit entfallen lässt[1] oder ob sie trotz bestehender Sittenwidrigkeit ausnahmsweise einen Anspruch auf Entgelt schafft.[2]

Im Übrigen obliegt die Auslegung des unbestimmten Rechtsbegriffs „Sittenwidrigkeit" der Justiz. Der Rechtsprechung zufolge ist ein Rechtsgeschäft sittenwidrig,

---

1 Vgl. BVerfG DVBl. 2009, 841 ff.: Sittenwidrigkeit im Einzelfall möglich, aber keine grundsätzliche Sittenwidrigkeit.

2 BGH NStZ 2011, 278 f.

wenn es *„gegen das Anstandsgefühl aller billig und gerecht Denkenden"* verstößt.[3] Ob das so ist, ist eine Frage des Einzelfalls. So haben Gerichte entschieden, dass es unter bestimmten Voraussetzungen sittenwidrig ist, wenn eine vermögens- und berufslose Ehefrau für ihren Gatten bürgt, obwohl ausgeschlossen ist, dass sie jemals für diese Bürgschaft wird einstehen können.[4] Ebenso ist es sittenwidrig, wenn ein Vertrag die Begehung oder Förderung einer Straftat zum Gegenstand hat[5] oder ein Altlastengrundstück an eine Aktiengesellschaft in der Schweiz veräußert wird, um der Sanierungsverpflichtung als Zustandsstörer zu entgehen.[6] Sittenwidrig wurde auch der Verkauf von Diesel-Pkw mit illegaler Abschaltvorrichtung angesehen;[7] angesichts der Herausforderungen des Klimawandels und könnte man auch argumentieren, die Herstellung von Produkten mit „eingebautem" Verfallsdatum (sog. geplante Obsoleszenz) kurz nach Ablauf von Gewährleistungsfristen, sei wegen der damit verbundenen Umweltbelastungen gleichfalls als vorsätzliche sittenwidrige Schädigung im Sinne von § 826 BGB einzustufen.[8] Die Rechtsprechung zu § 138 Abs. 1 BGB hat sich in den vergangenen Jahrzehnten immer wieder geändert, um dem gewandelten Sittenbild in der Gesellschaft zu entsprechen. Seit dem Inkrafttreten des BGB am 1. Januar 1900 mussten die guten Sitten schon für vieles einstehen, z. B. für besondere kriegswichtige Gründe (im ersten und zweiten Weltkrieg), das NSDAP-Parteiprogramm und die sozialistische Moral (in der DDR vor Inkrafttreten des DDR-Zivilgesetzbuches). Heute schöpfen sich die guten Sitten aus der *„Gesamtheit der Wertvorstellungen, die das Volk in einem bestimmten Zeitpunkt seiner geistig-kulturellen Entwicklung erreicht und in seiner Verfassung fixiert hat"*.[9]

Ein **Beispiel** für die Einführung von **Bräuchen** in das Gesetz ist die Bezugnahme des Handelsgesetzbuchs (HGB) auf die sog. Handelsbräuche, jene Verhaltensweisen also, die im Geschäftsleben so üblich geworden sind, dass sie als verbindlich angesehen werden. Das Gesetz schützt ihre

---

3 RGZ 48, 114 ff., 124; BGHZ 10, 228 ff., 232; BGH NJW 2014, 1098 ff., 1099.

4 BGH NJW 2000, 1182.

5 BGH NJW-RR 1990, 750.

6 VGH Mannheim, VGH Mannheim, Urteil vom 20.01.1998 – 10 S 233/97, BeckRS 1998, 20681, allerdings zur Rechtslage in Baden-Württemberg vor Inkrafttreten des Bundes-Bodenschutzgesetzes.

7 LG Augsburg, BeckRS 2018, 33801; BGH, Urteil vom 25. Mai 2020 – VI ZR 252/19, BGHZ 225, 316 Rdnr. 16 ff., 21, 23; vom 30. Juli 2020 – VI ZR 367/19, ZIP 2020, 1763 Rdnr. 12 f.; Urteil vom 26. Januar 2021 – VI ZR 405/19, ZIP 2021, 368 Rdnr. 12 f.; Senatsbeschluss vom 19. Januar 2021 – VI ZR 433/19, ZIP 2021, 297 Rdnr. 17; BGH, 27.07.2021 – VI ZR 151/20; a. A. OLG Braunschweig, Urt. v. 19.2.2019 – 7 U 134/17 – DAR 2019, 261 ff., 265; siehe zum Ganzen Berkemann, ZUR 2019, 643 ff., 645

8 Dies ist – jedenfalls derzeit – noch eine Mindermeinung, vertreten etwa von Albrecht, Planned Obsolescence: A Case Under Torts Law as Intentional Damage Contrary to Public Policy (Art. 826 German Civil Code), in: Schmidt/Giovannucci/Palekhov/Hansmann (Hrsg.), Sustainable Global Value Chains, 2019, S. 689 ff.; Albrecht, Geplante Obsoleszenz: ökonomisch sinnvolle Produktkonzeption oder vorsätzliche sittenwidrige Schädigung?, in: Hoffmann (Hrsg.), 15 Jahre Zentrum für Rechts- und Verwaltungswissenschaften an der Brandenburgischen Technischen Universität, 2017, S. 103 ff.

9 BVerfGE 7, 198 ff., 206.

Durchsetzung in § 346 HGB: *„Unter Kaufleuten ist in Ansehung der Bedeutung und Wirkung von Handlungen und Unterlassungen auf die im Handelsverkehre geltenden Gewohnheiten und Gebräuche Rücksicht zu nehmen."* Auch diese Vorschrift wird durch die Gerichte konkretisiert. Ein Handelsbrauch ist z. B. die Verwendung sog. kaufmännischer Bestätigungsschreiben, die unter bestimmten Umständen – gegen die allgemeine Regel – auch dann einen Vertragsschluss zur Folge haben, wenn der Empfänger nicht auf sie reagiert.[10]

3. Recht ist publik

Das Recht ist **publik**, es ist den Rechtsunterworfenen ersichtlich. Ein „Geheimrecht" gibt es nicht. In früheren Zeiten konnte es vorkommen, dass ein Herrscher Edikte erließ, die den Betroffenen erst bekannt wurden, wenn sie von den Folgen betroffen waren. In Deutschland ist dies heute nicht mehr ohne weiteres möglich. Das Prinzip der Rechtssicherheit erfordert, dass staatliches Handeln berechenbar ist (hierzu unten Rdnr. 142 ff.), und das Rückwirkungsverbot untersagt dem Gesetzgeber unter bestimmten Voraussetzungen die nachträgliche Schaffung von Recht für vergangene Sachverhalte (hierzu unten Rdnr. 150 ff.). 7

Eine Debatte um „secret law" entbrannte im Jahr 2004 in den USA wegen der nicht veröffentlichen Kriterien, nach denen die Transportation Security Authority (TSA) vor innerstaatlichen Passagierflügen die Passagiere zur Durchsuchung auswählt.[11] Die Gerichtsbarkeit erklärte dieses Vorgehen für rechtmäßig. Der Supreme Court der Vereinigten Staaten nahm die Sache nicht zur Entscheidung an.[12] Bei den „geheimen" Vorschriften handelte es sich allerdings nicht um Ermächtigungsgrundlagen, sondern um Richtlinien zur Ausübung des Ermessens durch die Behörden.

Eine Variante von **„Geheimrecht"** ist im Völkerrecht zu finden. Wenn Staaten Verträge miteinander abschließen, so geschieht dies nicht immer öffentlich. 8

Beispiel: Eine heute sehr bekannte, einst geheime völkerrechtliche Vereinbarung war der sog. „Hitler-Stalin-Pakt" vom 24.08.1939, der *„für den Fall einer territorial-politischen Umgestaltung"* einige Gebiete Mittel- und Osteuropas zwischen dem Dritten Reich und der Sowjetunion aufteilte. Dieses Zusatzprotokoll zum Nichtangriffsvertrag zwischen dem Deutschen Reich und der UdSSR hielten die beteiligten Parteien geheim, weil ihre Kriegsabsichten nicht bekannt werden sollten. Eingehalten wurde der Vertrag allerdings nicht: Hitler griff am 22. Juni 1941 die Sowjetunion an („Unternehmen Barbarossa").[13]

Auch heutzutage gibt es – mutmaßlich – völkerrechtliche Geheimvereinbarungen, z. B. beim Austausch von Gefangenen oder bei militärischer Hilfe. Die UNO erkennt derartige Vereinbarungen nicht an: Gemäß Art. 102 Abs. 2 der UN-Charta können

10 BGH NJW 2011, 1965 ff.

11 Hierzu FAS Project on Government Secrecy v. 14.11.2004, im Internet abrufbar unter http://www.fas.org/sgp/news/secrecy/2004/11/111404.html.

12 Siehe USA Today v. 08.01.2007: http://www.usatoday.com/news/washington/2007-01-08-airport-id-challenge_x.htm.

13 Text des Zusatzprotokolls im Internet: http://www.histdoc.net/history/de/zusatz.html.

sich die Mitgliedstaaten gegenüber den Organen der UNO nur auf solche Verträge berufen, die zuvor beim UN-Sekretariat registriert wurden.

9 **Zweifel** an der Publizität des Rechts entstehen dort, wo das Recht zwar öffentlich, für den Normalbürger aber nicht mehr verständlich ist. Auch hier setzt in Deutschland das Gebot der Normenklarheit widersinnigen oder unverständlichen Gesetzen eine Grenze (hierzu unten Rdnr. 147).

C. „Recht“ als wertender Begriff

10 Neben seiner objektiven und subjektiven Bedeutung wird der Begriff „Recht“ vor allem in der Alltagssprache in einer **wertenden Form** verwendet. Davon zeugt das oben genannte Beispiel (Rdnr. 1) und das Begriffspaar „Recht – Unrecht“: *„Was damals Recht war, kann heute nicht Unrecht sein“.*[14] In der Rechtswissenschaft spielt „Recht“ als wertender Begriff kaum eine Rolle. Dies liegt daran, dass der Jurist – und auch der Nichtjurist, wenn er Recht anwendet – bei seiner Arbeit deutlich unterscheiden muss zwischen rechtlicher und moralischer Begutachtung. Bei der rechtlichen Begutachtung stellt er die Frage, ob ein bestimmter Zustand oder eine Handlung dem geltenden Recht entspricht – dies ist die *Frage nach dem „ist“*. Die moralische Begutachtung liefert die Antwort auf die Frage, ob der Zustand erstrebenswert bzw. die Handlung richtig ist oder ob ein anderer Zustand hergestellt werden bzw. eine Handlung sanktioniert werden sollte – das ist die *Frage nach dem „soll“*. Beide Fragen lassen sich unabhängig voneinander beantworten; die Antwort auf eine Frage sagt nichts aus über die Antwort auf die andere. Damit keine Verwirrung aufkommt und die beiden Fragen eindeutig auseinandergehalten werden können, verwendet die Rechtswissenschaft den Begriff „Recht“ in seiner neutralen, nicht-wertenden Bedeutung. Bei der häufig sehr viel schwierigeren Antwort auf die *Frage nach dem „soll“* helfen andere Begriffe, z. B. Gerechtigkeit oder Billigkeit sowie Adjektive wie „richtig“, „rechtens“, „fair“ etc.

11 Die Trennung zwischen der *Frage nach dem „ist“* und der *Frage nach dem „soll“* ist und bleibt dennoch schwierig, was vielleicht der Grund ist, warum dem Juristen in der Ausbildung immer wieder nahegelegt wird, nur die erste Frage zu stellen. Das ist mit gutem Grund so, jedoch: Der Blick für das Richtige und das Falsche darf nicht verloren gehen! Ein guter Jurist muss das geltende Recht anwenden, aber auch hinterfragen können – zumindest abseits der Falllösung. Denn *„[e]ine bloß empirische Rechtslehre ist […] ein Kopf, der schön sein mag, nur Schade! daß er kein Gehirn hat.“*[15]

14 So der frühere Ministerpräsident Baden-Württembergs Hans Filbinger, der als Marinerichter kurz vor Kriegsende 1945 noch die Verurteilung zum Tode für geflohene Matrosen forderte, die z. T. auch noch vollstreckt wurde; siehe Spiegel 1978, S. 23; siehe hierzu auch u. Rdnr. 15.

15 *Kant*, AA VI, Die Metaphysik der Sitten, 1797, S. 230.

§ 2 Rechtsquellen

Die Rechtsquellen sind der Ursprung des geltenden Rechts. Sie sind *„der Erkenntnisgrund für etwas als positives Recht“*[16] bzw. *„die Form, in der das Recht zur Entstehung gelangt und erkennbar in Erscheinung tritt“.*[17] 12

A. Positives Recht und Naturrecht

Positives Recht bezeichnet all jene Rechtsnormen, die durch menschliche Recht- 13
setzung entstanden sind. Ob es neben dem positiven Recht weitere Rechtsquellen gibt, ist umstritten. Einige Philosophen (z.B. *Platon, Hobbes, Rousseau*) und Rechtswissenschaftler vertraten bzw. vertreten die Auffassung, dass Recht auch aus nichtmenschlichen Quellen entstehen könne (**Naturrecht** oder überpositives Recht): Bestimmte Regeln seien nicht vom Menschen gemacht, sondern ergäben sich natürlicherweise.[18] Anderswo wird das Recht religiös begründet, z.B. in der Vorstellung des *ius divinum* von *Thomas von Aquin.* Die Diskussionen um Naturrecht und positives Recht werden schon seit Jahrhunderten geführt und haben viele lesenswerte Abhandlungen hervorgebracht. In diesem Lehrbuch spielen die naturrechtlichen Rechtsquellen keine Rolle.[19]

Das **heute geltende Recht** lässt sich aus den geschriebenen Rechtsnormen und zu- 14
allererst aus der Verfassung ableiten. In Auslegung des Art. 20 Abs. 3 GG, der von „Gesetz und Recht“ spricht, hat das Bundesverfassungsgericht festgestellt, dass die gesonderte Nennung des „Rechts“ ein Hinweis darauf ist, dass *„sich Gesetz und Recht zwar faktisch im allgemeinen, aber nicht notwendig und immer decken“.*[20] Recht könne auch sein, was über den Wortlaut der bestehenden Gesetze hinaus *„seine Quelle in der verfassungsmäßigen Rechtsordnung als einem Sinnganzen besitzt“.*[21] Die Aufgabe der Rechtsprechung könne es erfordern, *„Wertvorstellungen, die der verfassungsmäßigen Rechtsordnung immanent, aber in den Texten der geschriebenen Gesetze nicht oder nur unvollkommen zum Ausdruck gelangt sind, […] ans Licht zu bringen und in Entscheidungen zu realisieren“.*[22] Recht kann sich also nicht nur unmittelbar aus abgefassten schriftlichen Normen ergeben, sondern auch aus dem Sinnzusammenhang, aus dem „Geist“ der Verfassung. Dies wird in

---

16 *Stober* in: *Wolff/Bachof/Stober*, Verwaltungsrecht I, § 24, Rdnr. 4.
17 *Maurer*, Allgemeines Verwaltungsrecht, § 4, Rdnr. 3.
18 Vgl. *Goethe*, Faust, Vers 1975: *„Vom Rechte, das mit uns geboren ist, Von dem ist, leider! nie die Frage.“*
19 Weiterführend *Zippelius*, Geschichte der Staatsideen.
20 BVerfGE 34, 269 ff., 286 f.
21 BVerfGE 34, 269 ff., 287.
22 BVerfGE 34, 269 ff., 287.

Art. 20 Abs. 3 GG klargestellt.[23] Ein Bekenntnis des Grundgesetzes zum Naturrecht ist damit nicht verbunden.

Grundgesetz und manche Landesverfassungen allerdings sprechen vom „natürlichen Recht" der Eltern zur Erziehung ihrer Kinder (Art. 6 Abs. 2 S. 1 GG, Art. 25 Verf. RLP, Art. 15 Abs. 3 Verf. BW, Art. 126 Abs. 1 Satz 1 BayVerf.). Das Bundesverfassungsgericht erkennt hierin keine naturrechtliche Herleitung, das rheinland-pfälzische Landesverfassungsgericht hingegen schon. Diese ergebe einen höheren Rang des Elternrechts, weshalb den Eltern bei der Erziehung gegenüber dem Staat der Vorrang zukomme.[24]

Soweit Art. 1 Abs. 2 GG ein Bekenntnis zu den unverletzlichen und unveräußerlichen **Menschenrechten** enthält, beruft sich das Bundesverfassungsgericht ebenfalls auf deren positivrechtliche (völkerrechtliche) Herleitung, anders als ein Teil der Literatur, und anders, als es das Völkerrecht z. T. selbst statuiert.[25]

15 Das Bundesverfassungsgericht bejaht die **Anwendung überpositiver Normen** allerdings bei der Betrachtung bestimmter Rechtsnormen des Dritten Reichs und der DDR. Es hat mehrfach Gesetzen aus der Zeit des Nationalsozialismus die Rechtsqualität abgesprochen, weil sie *„fundamentalen Prinzipien der Gerechtigkeit"* widersprochen hätten: *„Recht und Gerechtigkeit stehen nicht zur Disposition des Gesetzgebers."*[26] Die Vorstellung, dass ein *„Verfassungsgeber alles nach seinem Willen ordnen kann, würde einen Rückfall in die Geisteshaltung eines wertungsfreien Gesetzespositivismus bedeuten, wie sie in der juristischen Wissenschaft und Praxis seit längerem überwunden ist. Gerade die Zeit des nationalsozialistischen Regimes in Deutschland hat gelehrt, daß auch der Gesetzgeber Unrecht setzen kann"*.[27] Ein Richter, der solche Vorschriften anwenden wollte, würde *„Unrecht statt Recht"* sprechen. Das Bundesverfassungsgericht beruft sich dabei auf den Philosophen *Gustav Radbruch*, der Konflikte zwischen geltendem Recht und Gerechtigkeit folgendermaßen auflöst: *„Der Konflikt zwischen der Gerechtigkeit und der Rechtssicherheit dürfte dahin zu lösen sein, daß das positive, durch Satzung und Macht gesicherte Recht auch dann den Vorrang hat, wenn es inhaltlich ungerecht und unzweckmäßig ist, es sei denn, daß der Widerspruch des positiven Gesetzes zur Gerechtigkeit ein so unerträgliches Maß erreicht, daß das Gesetz als „unrichtiges Recht" der Gerechtigkeit zu weichen hat"* (sog. **„Radbruch'sche Formel"**[28]). Für die heute geltenden Gesetze sieht das Bundesverfassungsgericht keinen Anlass, diese Formel anzuwenden, sondern schöpft die Maßstäbe für die Gültigkeit oder

---

23 A. A. *Kloepfer*, Staatsrecht I, 2011, § 10 Rdnr. 106: Hinweis auf „Recht" ist *„tautologischer Natur"*.

24 LVerfG RLP NJW-RR 2009, 1588 ff. sowie NJW-RR 2012, 1345 ff.

25 Siehe unten Rdnr. 511.

26 BVerfGE 23, 98 ff., 106.

27 BVerfGE 3, 225 ff., 232.

28 *Radbruch*, Rechtsphilosophie, 4. Auflage, Stuttgart 1950, S. 352.

Verfassungswidrigkeit von Gesetzen aus Wortlaut und Sinnzusammenhang der Verfassung.[29]

B. Rechtskreise

Rechtsquellen lassen sich danach unterscheiden, in welchem **Rechtskreis** sie entstehen. Recht kann auf internationaler und zwischenstaatlicher Ebene und auf nationaler Ebene entstehen. Zweckmäßig ist es, zwischen Völkerrecht, europäischem Recht und nationalem Recht zu unterscheiden, wobei auch innerhalb des nationalen Rechts in Deutschland unterschiedliche Rechtskreise bestehen: Bund, Länder und autonome Körperschaften. 16

1. Völkerrecht

Das Völkerrecht ist **zwischenstaatliches Recht** und regelt die Beziehungen zwischen einzelnen Völkerrechtssubjekten, z. B. Nationalstaaten, Staatenvereinigungen oder sonstigen Trägern völkerrechtlicher Rechte und Pflichten. Es besteht aus Vereinbarungen zwischen völkerrechtlichen Subjekten (völkerrechtliche Verträge und Abkommen), aus einseitigen völkerrechtlichen Erklärungen, aus der allgemeinen als Recht anerkannten internationalen Übung (Völkergewohnheitsrecht) und den *„von den Kulturvölkern anerkannten allgemeine[n] Rechtsgrundsätze[n]"* (Art. 38 IGH-Statut[30]). Als allgemeine Regeln des Völkerrechts werden das Völkergewohnheitsrecht und die anerkannten allgemeinen Rechtsgrundsätze[31] über Art. 25 GG in das Bundesrecht überführt. Es handelt sich dabei um eine dynamische Verweisung, die sich auf den jeweils aktuell geltenden Stand der allgemeinen Regeln des Völkerrechts bezieht.[32] Der Sinn dieser unmittelbaren Geltung liegt darin, kollidierendes innerstaatliches Recht zu verdrängen oder seine völkerrechtskonforme Anwendung zu bewirken.[33] 17

29 Zur vergleichbaren Behandlung von DDR-Unrecht siehe BVerfGE 95, 96 ff., 134 f. („Mauerschützen"). – Die ausdrückliche Bezugnahme auf das „Naturrecht" in der Rechtsprechung blieb eine Ausnahme, vgl. hierzu BGHSt. 2, 234 ff., 237, BGHSt. 3, 357 ff., 362 und BGHZ 3, 94 ff., 106; später vgl. z. B. SG Düsseldorf, Urt. v. 22.02.2000, Az. S 15 RJ 201/98 (juris) sowie LVerfG RLP, o. Anm. 20. In BVerfGE 10, 59 ff., 81 verneint das Gericht die Geltung von Naturrecht ausdrücklich, *„sobald der Bereich fundamentaler Rechtsgrundsätze verlassen wird".*

30 Statut des Internationalen Gerichtshofs v. 26.07.1945, ratifiziert in Deutschland am 06.06.1973, BGBl. II, S. 505.

31 BVerfGE 15, 25 ff., 32 ff.; BVerfGE 16, 27 ff., 33; BVerfGE 23, 288 ff., 317; BVerfGE 96, 56 ff., 86; *Heintschel v. Heinegg/Frau* in: *Epping/Hillgruber*, GG, Art. 25, Rdnr. 19 u. 21, jew. m. w. N.

32 *Heintschel v. Heinegg/Frau*, in: *Epping/Hillgruber*, GG, Art. 25, Rdnr. 19; BVerfGE 23, 288 ff., 316.

33 BVerfGE 23, 288 ff., 316.

17a Ein völkerrechtlicher Vertrag wird nicht schon durch die Unterschrift des Bundespräsidenten oder der von ihm hierzu beauftragten Personen wirksam. Vielmehr bedarf er der Zustimmung oder Mitwirkung der jeweils für die Bundesgesetzgebung zuständigen Körperschaften in Form eines Bundesgesetzes (Art. 59 Abs. 2 S. 1 GG). Mit diesem **Gesetzesvorbehalt** soll sichergestellt werden, dass die Exekutive die Legislative nicht durch völkerrechtliche Vorfestlegungen zu weitgehend in ihren Rechten beschneidet.[34] Am Ende dieses Verfahrens steht die **Ratifikation**, d.h. die völkerrechtlich verbindliche Erklärung zum Abschluss des jeweils abgeschlossenen völkerrechtlichen Vertrages durch die Vertragsparteien. Sie wird nach Art. 59 Abs. 1 S. 2 GG durch den Bundespräsidenten durch Ausstellung einer Ratifikationsurkunde bewirkt. Vertragsurkunden, die nicht länger sind als zwei Seiten, werden zwischen den Vertragspartnern ausgetauscht. Umfangreichere Vertragsurkunden können auch bei einer der beteiligten Regierungen oder bei den Vereinten Nationen hinterlegt werden. Ein völkerrechtlicher Vertrag tritt in der Regel mit der Hinterlegung einer bestimmten Zahl von Ratifikationsurkunden innerhalb einer zuvor festgelegten Frist in Kraft. In manchen Fällen sieht der Vertragstext weitere Voraussetzungen für das Inkrafttreten vor.

Beispiel: Voraussetzung für das Inkrafttreten des **Kyoto-Protokolls**[35] war neben der Mindestzahl von 55 Mitgliedstaaten, dass die sich verpflichtenden Industriestaaten (Anhang I) für mindestens 55 % des 1990 weltweit ausgestoßenen Kohlendioxids verantwortlich waren (Art. 25 Abs. 1). Diese Schwelle wurde mit der Zustimmung durch die erste Kammer (Volkskammer) des Parlaments der Russischen Föderation, der Duma, am 22.10.2004, genommen. Das Kyoto-Protokoll trat dann gemäß Art. 25 Abs. 1 des Kyoto-Protokolls 90 Tage nach Hinterlegung der Ratifikationsurkunde am 16.02.2005 in Kraft. Für das Inkrafttretens des Pariser Klimaabkommens[36] war erforderlich, dass mindestens 55 Staaten, die für mindestens 55 % des globalen Treibhausgasausstoßes verantwortlich waren, ihre Ratifikations-, Annahme-, Genehmigungs- oder Beitrittsurkunden hinterlegt haben (Art. 25 Abs. 1).

2. Europäisches Unionsrecht

a) Grundbegriffe des europäischen Rechts

18 Das europäische Unionsrecht teilt sich auf in primäres und sekundäres Unionsrecht. Das primäre Unionsrecht (auch: **Primärrecht**) umfasst die einzelnen Verträge zwischen den Mitgliedstaaten der EU, einschließlich der Vertragsänderungen, Anhänge und Protokolle: Pariser Vertrag (EGKS), Römische Verträge (EWG/Euratom), Einheitliche Europäische Akte, Vertrag über die Europäische Union sowie die Ver-

34 BVerfGE 68, 1 ff., 88; BVerfGE 90, 286 ff., 357; zum Ganzen s. auch *Pieper*, in: *Epping/Hillgruber*, GG, Art. 59, Rdnr. 27; *Domgörgen*, in: *Hömig/Wolff*, GG, Art. 59, Rdnr. 5.

35 Protokoll von Kyoto zum Rahmenübereinkommen der Vereinten Nationen über Klimaänderungen vom 11.12.1997, BGBl. II 2002, S. 966.

36 Übereinkommen von Paris v. 12.12.2015, BGBl II 2016, S. 1082.

träge von Maastricht, Amsterdam, Nizza und Lissabon.[37] Die heute wesentlichen Primärrechtsquellen sind der Vertrag über die Europäische Union (EUV) und der Vertrag über die Arbeitsweise der Europäischen Union (AEUV) einschließlich der zugehörigen Protokolle sowie (wegen Art. 6 Abs. 1 EUV) die Charta der Grundrechte der Europäischen Union. Die frühere Bezeichnung des Unionsrechts als **„Gemeinschaftsrecht“** ist nach der Schaffung einer einheitlichen Europäischen Union mit Rechtspersönlichkeit (Art. 47 EUV) hinfällig.

Das **Sekundärrecht** der Europäischen Union lässt sich gemäß Art. 288 AEUV (ex-Art. 249 EGV) in drei Kategorien einteilen. Die **Verordnung** ist ein Rechtsakt, der unmittelbar für die Bürger verbindlich gilt. Die **Richtlinie** hingegen ist nicht sofort verbindlich; sie muss von den Mitgliedstaaten in nationales Recht umgesetzt werden. Dies geschieht, indem der Mitgliedstaat eine nationale Regelung erlässt, die klar und ausreichend rechtsverbindlich das regelt, was der Richtlinientext vorgibt. Erst wenn dies geschehen ist (oder wenn, in bestimmten Ausnahmefällen, der Mitgliedstaat die Richtlinie nicht umsetzt), gelten einzelne in der Richtlinie enthaltenen Regelungen (über den Umweg des nationalen Rechts) verbindlich für die Bürger. Darüber hinaus kennt Art. 288 AEUV den **Beschluss** im Einzelfall; dieser Begriff ersetzt den alten Terminus „Entscheidung“ in ex-Art. 249 EGV. 19

Art. 288 AEUV nennt noch zwei weitere Instrumente: die **Empfehlung** und die **Stellungnahme**. Diese sind – mangels Verbindlichkeit – nicht als Rechtsquellen anzusehen.

b) Verhältnis zwischen europäischem und nationalem Recht

Das Verhältnis zwischen europäischem Recht und nationalem Recht ist im Grundsatz schnell beschrieben: Das europäische Recht **geht dem nationalen Recht vor**. Dies ergibt sich zwar nicht direkt aus den Vertragstexten, wird aber sowohl vom EuGH, als auch von der Regierungskonferenz, die den am 13.12.2007 unterzeichneten Vertrag von Lissabon angenommen hat, durch eine ausdrückliche Erklärung in der Schlussakte vorausgesetzt.[38] Begründet wird dies damit, dass eine einheitliche Geltung des europäischen Rechts nicht gewährleistet sei, wenn einzelne Mitgliedstaaten unter Berufung auf eigenes Recht Sonderregelungen für sich beanspruchten.[39] Begründet hat der EuGH den Vorrang auch damit, dass durch die europäischen Verträge eine eigenständige Rechtsordnung geschaffen wurde und die Souveränität der Mitgliedstaaten durch Übertragung von Hoheitsrechten auf die EU beschränkt wurde.[40] Ginge man nämlich davon aus, dass innerstaatliche Rechtsvorschriften 19a

37 Zur Entstehungsgeschichte und zum Aufbau der EU siehe unten Rdnr. 90 ff.

38 Erklärung Nr. 17 der Regierungskonferenz, ABl. EU C 83, S. 335, 344.

39 *Herdegen*, Europarecht, S. 254 f.; a. A. *Hillgruber/Goos*, Verfassungsprozessrecht, Rdnr. 1209.

40 EuGH, RS. Costa ./. E.N.E.L., Rs. 6/64, Slg. 1964, 1251 ff., 1269 ff.

vorgehen könnten, würde man die Rechtsgrundlage des Unionsrechts selbst in Frage stellen.[41] Das gilt nicht nur für allgemeine unionsrechtliche Regelungen, sondern auch für Unionsgrundrechte.[42]

19b Das Unionsrecht geht also nationalem Recht vor. Fraglich ist aber, ob es sich dabei um einen Geltungs- oder lediglich um einen Anwendungsvorrang des europäischen Rechts handelt. Nimmt man einen **Geltungsvorrang** des Unionsrechts vor dem nationalen Verfassungsrecht an, wäre letzteres im Kollisionsfall unwirksam. Bei einem **Anwendungsvorrang** könnte das unionsrechtswidrige nationale Recht lediglich nicht angewendet werden, bliebe im Übrigen jedoch gültig und *„dahinterliegend ruhend in Kraft."*[43]

In dieser Frage spricht viel für die zweite Alternative.[44] Der Vorrang des Europarechts ist ausreichend geschützt, wenn im Konfliktfall nationales Recht lediglich unanwendbar, nicht aber unwirksam ist. Ändert sich die europäische Rechtslage in einer bestimmten Frage, wäre das nationale Recht direkt wieder anwendbar, ohne dass es erneut erlassen werden müsste. Für einen Anwendungsvorrang spricht auch Folgendes: Eine gegen EU-Recht verstoßende nationale Vorschrift wäre bei der Annahme eines Anwendungsvorrangs zwar im Verhältnis zu EU-Staaten nicht anwendbar, könnte aber gegenüber Nicht-EU-Staaten weiter gelten. Dies wäre bei einem Geltungsvorrang nicht möglich, denn dann würde die gegen EU-Recht verstoßende nationale Vorschrift insgesamt unwirksam.[45]

3. Innerstaatliches Recht

20 Innerhalb der Bundesrepublik gibt es **mehrere staatliche Ebenen**, auf denen Recht gesetzt werden kann: den Bund, die Länder und die autonomen Körperschaften.

Die Bundesrepublik Deutschland ist ein Bundesstaat (siehe unten Rdnr. 179). Der Bund und die Länder sind jeweils befugt, ihr eigenes Recht zu setzen (**Bundes- oder Landesrecht**). Sowohl im Verfassungsrecht als auch auf der Ebene einfacher Gesetze geht das Bundesrecht dem Landesrecht vor (Art. 31 GG).[46] Landesrechtliche Vorschriften, die dem Bundesrecht widersprechen, sind ungültig (**Geltungsvorrang** des Bundesrechts).

---

41 EuGH, RS. Costa ./. E.N.E.L., Rs. 6/64, Slg. 1964, 1251 ff., 1270.

42 BVerfGE 152, 216 ff., 233 = NJW 2020, 314 ff., 317 – „Recht auf Vergessen II"

43 BVerfGE 152, 216 ff., 233 = NJW 2020, 314 ff., 317 – „Recht auf Vergessen II"

44 BVerfG, DVBl. 2010, 1229 ff., 1230 „Mangold"; BVerfGE 123, 267 ff., 354 „Lissabon".

45 *Herdegen*, Europarecht, S. 257 f.; *Calliess*, Staatsrecht III, S, 391; siehe auch *Hobe*, Europarecht, S. 91 f. m. w. N.

46 *Degenhart*, Staatsrecht I, Rdnr. 200.

Daher war auch die bis 2018 in der hessischen Verfassung geregelte Vorschrift des Art. 21 Abs. 1 S. 2, der als Strafe für „besonders schwere Verbrechen" den Vollzug der **Todesstrafe** erlaubte, bedeutungslos: Das höherrangige Grundgesetz verbietet jegliche Todesstrafe (Art. 102 GG).

Der Vorrang des Bundesrechts, auch der einfachen Gesetze und der Verordnungen, gilt gegenüber dem gesamten Landesrecht, auch dem Landesverfassungsrecht.[47] Eine Ausnahme für die Grundrechte enthält Art. 142 GG: Die Grundrechte der Landesverfassungen werden durch die Grundrechte des Grundgesetzes nicht angetastet.[48]

Der Geltungsvorrang des Bundesrechts gilt allerdings nur so weit, wie der Bund eigene Gesetzgebungskompetenzen geltend machen kann (Art. 70 ff. GG, hierzu unten Rdnr. 298 ff.). Die Aufteilung in Bundes- und Landeskompetenzen[49] sorgt in der Regel für eine klare Zuordnung einer Gesetzgebungsmaterie entweder zum Bund oder zu den Ländern, so dass der Vorschrift des Art. 31 GG („Bundesrecht bricht Landesrecht") nur geringe praktische Bedeutung zukommt. Die Sphären von Bundesrecht und Landesrecht sind also meistens voneinander getrennt.

Das Verhältnis von Bundesverfassungs- zu Landesverfassungsrecht richtet sich 21
außerdem nach dem **Homogenitätsprinzip** in Art. 28 Abs. 1 S. 1 GG: Die verfassungsmäßige Ordnung in den Ländern muss der des Bundes entsprechen.[50] Auch dort, wo der Bund keine Kompetenz hat (z. B. bei der Staatsorganisation der Länder), gelten also Demokratieprinzip, Rechtsstaatsprinzip, Sozialstaatsprinzip und republikanisches Prinzip in ihren Grundsätzen.[51] Allerdings ist nur ein *„Mindestmaß an Homogenität gefordert"*; über diese Grundsätze hinaus sind die Länder in der Verfassungsgestaltung frei.[52]

Darüber hinaus sind weitere Körperschaften zur eigenen Rechtssetzung befugt. 22
Diese Körperschaften heißen autonome Körperschaften; das Recht, das sie setzen, wird **autonomes Recht** genannt. Zu ihnen zählen z. B. die Gemeinden, die gemäß Art. 28 Abs. 2 S. 1 GG das Recht haben, *„alle Angelegenheiten der örtlichen Gemeinschaft im Rahmen der Gesetze in eigener Verantwortung zu regeln"* (siehe unten Rdnr. 824 ff.). „Autonom" heißen diese Körperschaften, weil sie bestimmte Angelegenheiten regeln können, ohne dass sie gegenüber einer höheren Stelle weisungsgebunden sind. Dies trifft außer auf die Gemeinden auf verschiedene andere Einrichtungen zu, z. B. auf die Hochschulen oder die staatlichen Anstalten und „Agenturen", z. B. die Bundesagentur für Arbeit. Sie sind jedoch nicht in allen Belan-

47 *Degenhart*, Staatsrecht I, Rdnr. 200.
48 Hierzu unten Rdnr. 507.
49 Hierzu unten Rdnr. 298 ff.
50 Hierzu *Maurer*, Staatsrecht I, S. 286; BVerfGE 103, 111 ff., 134 f.
51 BVerfGE 90, 60 ff., 84 f. Zu den einzelnen Prinzipien s. u. Rdnr. 97 ff.
52 BVerfGE 36, 142 ff., 361.

gen autonom: So wie sich die Gemeinden nach Art. 28 Abs. 2 S. 1 GG *„im Rahmen der Gesetze"* bewegen müssen, sind auch die Universitäten und sonstigen Körperschaften nur soweit autonom, wie es der Gesetzgeber ihnen gestattet.

Beispiel: In § 5 Abs. 1 S. 2 des Brandenburgischen Hochschulgesetzes (BbgHG) ist vorgesehen, dass die Hochschulen *„das Recht der Selbstverwaltung im Rahmen der Gesetze"* haben und *„ihre Angelegenheiten durch die Grundordnung und sonstige Satzungen"* regeln. Einige Satzungen müssen von der Landesregierung genehmigt werden (z. B. § 5 Abs. 1 S. 3 BbgHG). Dieses Recht der Selbstverwaltung ermächtigt die Hochschulen zur freien inneren Ausgestaltung der Hochschulverwaltung, wobei allerdings die gesetzlichen Vorgaben des BbgHG zur Organisation eingehalten werden müssen.

Die autonomen Körperschaften können nur Satzungen erlassen, keine Gesetze im formellen Sinne (zu diesen sogleich Rdnr. 24 f.).

a) Gesetze

23 Ein Gesetz ist ein **positiver Rechtssatz**, also eine von einer staatlichen Autorität gesetzte Anordnung in Schriftform, die verbindliche, generelle und abstrakte Regelungen enthält.

24 **Gesetz im formellen Sinne** (auch: formelles Gesetz) ist jeder positive Rechtssatz, der von der Legislative (zu ihr unten Rdnr. 121 ff.) in einem ordnungsgemäßen Gesetzgebungsverfahren geschaffen wird. Bei seinem Zustandekommen müssen bestimmte förmliche Voraussetzungen eingehalten werden. In Deutschland sind dies auf der Bundesebene u. a. das Einbringen der Gesetzesvorlage in den Bundestag (Art. 76 Abs. 1 GG), der Beschluss des Bundestags (Art. 77 Abs. 1 S. 1 GG) sowie Ausfertigung und Verkündung (Art. 82 Abs. 1 S. 1 GG).[53]

25 Das formelle Gesetz mit dem höchsten Rang ist die **Verfassung**. Die Verfassung eines Staates ist die Gesamtheit der (geschriebenen oder ungeschriebenen) Rechtsnormen, welche die Grundordnung des Staates festlegen. In aller Regel enthält die Verfassung Regeln zur Staatsform, zur Einrichtung und den Aufgaben der obersten Staatsorgane und zur Rechtsstellung der Bürger eines Staates. Die Verfassung kann schriftlich abgefasst sein (wie in der Bundesrepublik Deutschland durch das Grundgesetz) oder sich aus historisch gewachsenen Gesetzestexten und richterlichen

53 Zum Gesetzgebungsverfahren siehe unten Rdnr. 310 ff.

Präzedenzfällen ergeben, wie z. B. im Vereinigten Königreich Großbritannien und Nordirland (UK).

In der **Bundesrepublik Deutschland** ist die Verfassung im Grundgesetz festgelegt. Darüber hinaus haben alle 16 Länder eine eigene Verfassung. Das Verhältnis der Landesverfassungen zum Grundgesetz regelt Art. 31 GG: Bundesrecht bricht Landesrecht. Die Bundesverfassung geht also vor; eine Ausnahme regelt Art. 142 GG (hierzu unten Rdnr. 507).

Gesetz im materiellen Sinne ist jeder positive geschriebene Rechtssatz, der Außenwirkung besitzt. Hierzu gehören (fast) alle Gesetze im formellen Sinne sowie Rechtsverordnungen und Satzungen, soweit sie Außenwirkung besitzen. Es gibt nur wenige Ausnahmen – nämlich jene Gesetze im formellen Sinne, die keine Außenwirkung entfalten, d. h. nicht den Bürger, sondern nur andere Hoheitsträger innerhalb der gleichen Organisationsebene betreffen (**Gesetze im nur formellen Sinne**). Ein Beispiel hierfür ist das Haushaltsgesetz, Art. 110 Abs. 2 Satz 1 GG. Auch das Grundgesetz ist ein Gesetz im materiellen Sinne. 26

Rechtsverordnungen sind jene Gesetze im materiellen Sinne, die von der Exekutive erlassen werden. Hierfür benötigt die Exekutive eine Ermächtigung durch ein Gesetz im formellen Sinne (Art. 80 Abs. 1 GG). Ein Beispiel für eine Verordnungsermächtigung und die dazugehörige Rechtsverordnung liefert § 9a BauGB: Diese Vorschrift ermächtigt das zuständige Ministerium zum Erlass verschiedener Rechtsverordnungen; eine davon ist die BauNVO gemäß § 9a Nr. 1 a) und b) BauGB. Erlässt die Exekutive Rechtsnormen ohne Außenwirkung, so spricht man von **Verwaltungsvorschriften** oder von Verwaltungsinnenrecht. Diese Vorschriften gehören nicht zu den Gesetzen im materiellen Sinne. 27

Satzungen schließlich sind jene Rechtsnormen, die von bestimmten autonomen Körperschaften zur Regelung der ihnen zugehörigen Angelegenheiten erlassen werden. Auch autonome Körperschaften können Satzungen ohne Außenwirkung erlassen, z. B. die gemeindliche Haushaltssatzung, die dann nicht zu den Gesetzen im materiellen Sinne zählen. 28

Einen Überblick über die verschiedenen Arten von Rechtsnormen bietet die folgende Grafik: 29

Gesetze im materiellen Sinne

= alle positiven Rechtssätze, d.h. alle von einer staatlichen Autorität gesetzten Anordnungen, die allgemein verbindliche, generelle und abstrakte Regelungen mit Außenwirkung enthalten

Gesetze im formellen Sinne

= Rechtsnormen, die der Gesetzgeber in einem förmlichen Gesetzgebungsverfahren schafft

Rechtsverordnungen (Art. 80 GG)

= Rechtsnormen, die die Exekutive selbst erlässt; hierfür ist eine Ermächtigung durch formelles Gesetz notwendig

Satzungen

= selbstgesetzte Rechtsnormen bestimmter autonomer Körperschaften (z.B. Gemeinden, Hochschulen, Anstalten)

Gesetze im nur formellen Sinne

= Gesetze im formellen Sinne ohne Außenwirkung, z.B. Haushaltsgesetze des Bundes (Art. 110 Abs. 2 GG) und der Länder

Verwaltungsvorschriften

= interne Rechtsnormen der Exekutive ohne Außenwirkung, kein formelles Gesetz als Ermächtigungsgrundlage notwendig

Satzungen im nur formellen Sinne

= Satzungen ohne Außenwirkung, z.B. Haushaltssatzungen der Gemeinden

Abbildung 1: Gesetze im materiellen Sinne und andere Rechtsnormen

30 Zwischen Gesetzen, Rechtsverordnungen und Satzungen besteht eine **Normenhierarchie.** Das jeweils höherrangige Gesetz steht über dem niedrigeren und verdrängt es im Konfliktfall. Vorrang haben die Gesetze im formellen Sinne: Die Verfassungen und danach die anderen Gesetze im formellen Sinne (sog. „einfache Gesetze"). Hinter den Gesetzen im formellen Sinne folgen die Rechtsverordnungen und Satzungen. Diese gelten nur im Rahmen der Gesetze und im Falle der Rechtsverordnung nur bei Ermächtigung durch ein formelles Gesetz.

b) Gewohnheitsrecht

31 Als Gewohnheitsrecht werden jene wenigen Regeln bezeichnet, die nicht ausdrücklich erlassen wurden und nicht in schriftlicher Form vorliegen, aber dennoch verbindlich gelten.[54]

Beispiele: Der Grundsatz der Diskontinuität (unten Rdnr. 198 f.) lässt sich gewohnheitsrechtlich ableiten. Die Pflicht der Rechtsanwälte, vor Gericht in Robe zu erscheinen, ist bundesgesetzlich nicht geregelt. Auch die meisten Bundesländer haben keine entsprechenden Rechtsnormen. In jenen Ländern, in denen eine gesetzliche Regelung fehlt, wird die Robenpflicht aus *„einem seit*

54 Ausführlich *Krebs/Becker*, JuS 2013, 97 ff., 98.

der Reichsgesetzgebung vor mehr als 100 Jahren entwickelten bundeseinheitlichen Gewohnheitsrecht" hergeleitet.[55]

Im Völkerrecht ist das Völkergewohnheitsrecht eine wesentliche Rechtsquelle (s. o. Rdnr. 17).

c) Richterrecht

Die Frage, ob auch die Rechtsprechung „Recht" setzt, ist **umstritten.**[56] Einerseits gilt wegen der Gewaltenteilung (hierzu unten Rdnr. 119 ff.) der Grundsatz, dass jede richterliche Entscheidung eine Einzelfallentscheidung ist, die nur zwischen den Parteien gilt und darüber hinaus keine Auswirkungen auf die Allgemeinheit hat. Das Recht wird gesetzt von der Legislative; die Judikative wendet es an und ist dabei an Recht und Gesetz gebunden (Art. 20 Abs. 3 GG), darf also kein eigenes Recht setzen. Andererseits wirken sich Gerichtsentscheidungen auch auf das Recht insgesamt aus: Lücken im Gesetz werden durch richterliche Rechtsfortbildung geschlossen, unbestimmte Rechtsbegriffe im Gesetz (was z. B. sind die „guten Sitten"?) werden bei den Gerichten im Detail ausgelegt. 32

Dennoch sind die Entscheidungen der Gerichte kein „Recht". Die Gerichte der unteren Instanzen (zum Instanzenzug siehe die Tabelle bei Rdnr. 343) sind an die Entscheidungen der höheren Gerichte nur im jeweils konkreten, den Instanzenzug emporwandernden Fall gebunden. Es besteht aber keine Verpflichtung der Instanzgerichte, sich an die ständige Rechtsprechung der höheren Instanzen zu halten.[57] Die höchstrichterliche Rechtsprechung ist deshalb allenfalls faktisch, nicht aber rechtlich für die Allgemeinheit bindend; dies gilt auch für die Ausfüllung von Lücken im Gesetz. Daher kann man die Regel aufstellen: Die Gerichte in der Bundesrepublik setzen selbst kein Recht, sie wirken aber bei seiner Auslegung mit. Von dieser Regel ist ein einziges Gericht in Deutschland ausgenommen: Das Bundesverfassungsgericht. Seine Entscheidungen haben Gesetzeskraft, wenn es die Verfassungsmäßigkeit, Verfassungswidrigkeit oder Nichtigkeit eines Gesetzes feststellt (Art. 94 Abs. 2 S. 1 GG i. V. m. § 31 Abs. 2 BVerfGG; zum Bundesverfassungsgericht ausf. unten Rdnr. 281 ff.).

---

55 BVerfG NJW 1970, 851; zuletzt OLG München, Beschluss v. 14.07.2006, Az. 2 Ws 679/06; VG Berlin NJW 2007, 793 f.; AG Mannheim, Beschluss v. 27.10.2008, Az. 29 Ds 408 Js 15343; weitere Beispiele für Gewohnheitsrecht bei *Maurer*, Allgemeines Verwaltungsrecht, § 4, Rdnr. 35.

56 Dafür *Starck*, JZ 1996, 1033 ff., 1034; differenzierend Wolff, in: Stern/Sodan/Möstl, Staatsrecht Bd. 1, § 15 Rdnr. 141 ff.

57 BVerfG NJW 1989, 1147 f.; BVerfG NJW 1991, 417 f.

§ 3 Öffentliches Recht und Zivilrecht

33 Das Recht gliedert sich in öffentliches Recht und Privatrecht (=Zivilrecht). Jedes Rechtsgebiet lässt sich einer dieser beiden Gruppen zuordnen. Diese Zuordnung ist in den meisten Fällen einfach, in einigen Grenzfällen bereitet sie jedoch Probleme. Die Rechtswissenschaft hat zur Abgrenzung dieser Grenzfälle einige **Theorien** entwickelt, die bei der Abgrenzung herangezogen werden können. Die drei wichtigsten Theorien sind die Subordinationstheorie, die Interessentheorie und die (modifizierte) Subjektstheorie.

A. Subordinationstheorie

34 Nach der Subordinationstheorie liegt öffentliches Recht vor, wenn das zugrundeliegende Rechtsverhältnis ein **Über- und Unterordnungsverhältnis** zwischen den Beteiligten eingerichtet hat (*Subordination* = Unterordnung).[58] Privatrecht ist es dagegen, wenn die Beteiligten sich gleichgeordnet gegenüberstehen. So ist bei Erteilung einer Baugenehmigung (z. B. § 59 i. V. m. § 64 BbgBauO) die genehmigende Behörde dem Antragsteller übergeordnet, weil sie darüber entscheidet, ob sie die Genehmigung erteilt, daher liegt öffentliches Recht vor. Ein Kaufvertrag zwischen einer Behörde und einem privaten Unternehmer über Büromaterial gründet hingegen auf Privatrecht, weil dort die Parteien mit gleichen Rechten und Pflichten ausgestattet sind.

Die Schwäche der Subordinationstheorie ist, dass sie das öffentliche Recht nicht vollständig abdeckt. Das öffentliche Recht schafft nicht immer ein **Über-/Unterordnungsverhältnis**. Beim öffentlich-rechtlichen Vertrag (§§ 54 ff. VwVfG) z. B. sind die Vertragsparteien (meist: Behörde und Bürger oder Unternehmen) einander gleichgeordnet, dennoch wird dieses Rechtsinstitut gemeinhin dem öffentlichen Recht zugerechnet, auch wegen seiner Stellung im Verwaltungsverfahrensgesetz. Im Privatrecht finden sich teilweise zumindest faktische Über-/Unterordnungsverhältnisse, z. B. im Arbeitsrecht. Sie sind aber wegen ihrer Begründung durch Vertrag keine rechtlichen Subordinationsverhältnisse. Die Vertragsfreiheit lässt jedem Bürger die Wahl, ob er sich in ein solches Verhältnis begeben will.

58 *Leisner*, JZ 2006, 869 ff., 873 ff.

B. Interessentheorie

Die Interessentheorie erkennt Recht als öffentlich-rechtlich, wenn das zugrundeliegende Rechtsverhältnis oder der anzuwendende Rechtssatz **überwiegend der Öffentlichkeit dient**. Privatrecht liegt dagegen vor, wenn das Rechtsverhältnis bzw. der Rechtssatz dem Interesse des Einzelnen dient.[59] 35

Diese Theorie ist nur schwer zu handhaben. In wessen Interesse eine Rechtslage besteht, ist nicht immer einheitlich zu beurteilen. Einige Normen des Bürgerlichen Rechts sind auf eine gesellschaftsnützliche Funktion ausgerichtet, z. B. die mieterschützenden Normen des BGB [60] oder das Allgemeine Gleichbehandlungsgesetz.[61] Andererseits kann auch eine Norm, die dem öffentlichen Recht zugerechnet wird, Einzelinteressen dienen: Die Baugenehmigung z. B. ist gut für den Einzelnen, der sie erhält (und ggf. schlecht für den Nachbarn).

C. (Modifizierte) Subjektstheorie

Nach der – herrschenden – modifizierten Subjektstheorie (Zuordnungstheorie) ist Recht dann öffentliches Recht, wenn es ein **Sonderrecht des Staates** ist, d. h. wenn es (auch) Träger öffentlicher Gewalt in ihrer Eigenschaft als Hoheitsträger berechtigt oder verpflichtet. Alles andere Recht ist Privatrecht.[62] Nur die zuständige Behörde darf eine Baugenehmigung erteilen; § 64 BbgBauO berechtigt also einen Hoheitsträger. Die Vorschriften des Bürgerlichen Rechts hingegen (z. B. zum Vertragsschluss) gelten für alle Rechtsunterworfenen unterschiedslos, sowohl für Hoheitsträger wie für Bürger. Sie sind also Privatrecht. 36

Diese Theorie heißt „modifiziert", weil es noch eine ältere „Subjektstheorie" gibt, die heute nicht mehr vertreten wird. Nach dieser Theorie war eine Angelegenheit immer dann öffentlich-rechtlich, wenn ein Hoheitsträger beteiligt war. Öffentlich-rechtlich war danach auch ein Kaufvertrag einer Behörde mit einem Privaten über Büromittel. Diese Ansicht vertritt heute niemand mehr.

Nicht nur staatliche Organe, sondern auch **private Personen oder Institutionen** können **Hoheitsträger** sein, wenn sie mit Hoheitsrechten beliehen sind, wie z. B. der TÜV oder die DEKRA e. V., wenn sie als anerkannte Überwachungsorganisationen (Anlage VIIIb StVZO) ihre Aufgaben gemäß § 29 Abs. 1 StVZO wahrnehmen. Sie sind Hoheitsträger, soweit sie diese Aufgabe wahrnehmen; sie sind keine Hoheits- 37

59 *Broß*, VerwArch 1988, 97 ff., 100; BGH NJW 1973, 1077 f.

60 Siehe etwa BVerfGE 157, 223 ff., 265 f. – Berliner Mietendeckel.

61 Allgemeines Gleichbehandlungsgesetz – AGG – v. 14.08.2006, BGBl. I, S. 1897, zuletzt geänd. durch Art. 4 d. G. v. 19.12,2022, BGBl. I, S. 2510.

62 *Redeker/v. Oertzen*, VwGO, § 40, Rdnr. 8.

träger, wenn sie andere Tätigkeiten ausführen. Die Hoheitsträgereigenschaft richtet sich also nach der gerade ausgeführten Handlung.

Religionsgemeinschaften sind Hoheitsträger, sofern sie öffentlich-rechtliche Körperschaften sind und soweit sie ihren Verpflichtungen gegenüber ihren Mitgliedern und Dritten nachkommen. Für die evangelische und die katholische Kirche ergibt sich der öffentlich-rechtliche Status aus Art. 140 GG i.V.m. Art. 137 Abs. 5 WRV. Zu den öffentlich-rechtlichen Körperschaften gehören z.B. auch die Zeugen Jehovas,[63] die israelitischen Kultusgemeinden, die Bahai Gemeinde, die Ahmadiyya Muslim Jamaat und die Alevitische Gemeinde Deutschlands sowie die Freikirchen.[64]

D. Welche Theorie anwenden?

38 Der Theorienstreit genießt in der **Praxis** eine geringere Bedeutung als in der juristischen Ausbildung. In der Regel wirft die Einordnung eines Rechtsgebietes als öffentlich-rechtlich oder privatrechtlich keine Probleme auf. Im Zweifelsfall wenden Praxis und verwaltungsgerichtliche Rechtsprechung, die über die Eröffnung des Verwaltungsrechtsweges gemäß § 40 Abs. 1 S. 1 VwGO zu entscheiden hat, alle drei Theorien an, ohne sich auf eine einzige festzulegen, wobei sich die modifizierte Subjektstheorie meistens als entscheidend herausstellt.[65] Die Subordinationstheorie hat ebenfalls Bedeutung: Zum öffentlichen Recht gehören alle Vorschriften, die von dieser Theorie als Grundlagen eines Über-/Unterordnungsverhältnisses erkannt werden. Die Interessentheorie kann subsidiär herangezogen werden.[66]

In der **juristischen Ausbildung**, z.B. bei Klausuren und Hausarbeiten, sollte zum vorgestellten Meinungsstreit nur Stellung genommen werden, wenn es konkrete Anhaltspunkte für Zweifel an der Einordnung eines Rechtsgebietes gibt.

39 Das folgende Schema verdeutlicht die Zugehörigkeit verschiedener Rechtsgebiete zum öffentlichen und privaten Recht:

63 Hierzu BVerfGE 102, 370 ff.

64 Zum Körperschaftstatus s.u. Rdnr. 822 ff.

65 *Redeker/v. Oertzen*, VwGO, § 40, Rdnr. 8; siehe z.B. den Katalog bei *Kopp/Schenke*, VwGO, § 40, Rdnr. 15 ff.

66 *Maurer*, Allgemeines Verwaltungsrecht, § 3, Rdnr. 14.

RECHT

Öffentliches Recht

- Verfassungsrecht
- Verwaltungsrecht
  - Polizeirecht
  - Kommunalrecht
  - Beamtenrecht
  - Gewerberecht
  - Schul- und Hochschulrecht
  - Umweltrecht
  - usw.
- Sozialrecht
- Finanz- und Steuerrecht
- Strafrecht
- Gerichtsverfassungs- und Prozessrecht
- Kirchenrecht

Privatrecht

- Bürgerliches Recht
  - Schuldrecht
  - Delikts- und Schadensrecht
  - Sachenrecht
  - Familienrecht
  - Erbrecht
  - Urheberrecht
  - usw.
- Handels- und Wirtschaftsrecht
  - Handelsrecht
  - Gesellschaftsrecht
  - Wettbewerbsrecht
  - usw.
- Arbeitsrecht
- Internationales Privatrecht

Abbildung 2: Öffentliches Recht und Privatrecht

§ 4 Gesetzesauslegung

40 Um einen Gesetzestext anwenden zu können, genügt es nicht immer, ihn beim Wort zu nehmen. Viele Begriffe sind mehrdeutig, unscharf oder erklärungsbedürftig (Was z. B. sind die „guten Sitten"? Was ist die „Würde des Menschen" gemäß Art. 1 Abs. 1 S. 1 GG?). Wo der Wortlaut einer Norm nicht mehr weiterhilft, ist Interpretation gefordert. Dies gilt für das Grundgesetz wie für jede andere Rechtsnorm. Dabei werden fünf verschiedene Methoden der Auslegung unterschieden: Die grammatische, die systematische, die teleologische, die historische und die vergleichende Auslegung.

A. Grammatische Auslegung

41 Die grammatische Auslegung stellt auf den **Wortsinn** einer Vorschrift ab. Wenn Art. 3 Abs. 2 S. 1 GG von „Männern und Frauen" spricht, so ist klar, was damit gemeint ist: Personen männlichen und weiblichen Geschlechts.[67] Bei anderen Begriffen ist die Abgrenzung schwieriger. Was z. B. ist eine „Meinung" i. S. d. Art. 5 Abs. 1 GG?[68]

Beispiel: Unter einer „Sache" versteht das BGB nur körperliche Gegenstände (§ 90 BGB). Elektrische Energie ist nicht körperlich und damit keine Sache; wer sie entzieht, kann daher nicht wegen Diebstahls (§ 242 StGB) bestraft werden, denn dieser Tatbestand setzt die Wegnahme einer Sache voraus (vgl. aber § 248c StGB). Um die Entziehung von Energie zu sanktionieren, musste somit eine eigene Vorschrift erlassen werden (§ 249 c StGB). Das Gleiche gilt für Daten (§ 202 a StGB ff.).

Die grammatische Auslegung ist bei der Auslegung einer Norm vorrangig anzuwenden. Nur wenn sie zu keinem eindeutigen Ergebnis führt, sind zusätzlich die weiteren Auslegungsmethoden anzuwenden.

B. Systematische Auslegung

42 Die systematische Auslegung ist die Auslegung einer Vorschrift nach ihrem **logischen, systematischen Zusammenhang** mit anderen Vorschriften. Ein mehrdeutiger Begriff wird dadurch ausgelegt, dass man sein Umfeld betrachtet. Dies geschieht im Alltagsleben ständig: Steht in einem Schaufenster ein Schild mit der Aufschrift „Karten 5 €", so erschließt sich erst aus dem Zusammenhang, z. B. aus der Art des Geschäfts, ob es sich um Postkarten, Landkarten, Spielkarten oder Eintrittskarten handelt.

Beispiel: Der Begriff „Gewalt" in § 240 Abs. 1 StGB kann auf verschiedene Art und Weise verstanden werden; Gewalt kann sowohl Ausübung körperlichen Zwanges bedeuten als auch eine lediglich psychische Einwirkung. Das Bundesverfassungsgericht hat die zugrundeliegende Strafvorschrift im *„Zusammenhang des Normgefüges"* so ausgelegt, dass eine körperliche Einwirkung erforder-

---

67 Siehe zur geschlechtlichen Identität BVerfGE Band 147, 1 ff.

68 Dazu unten Rdnr. 614 f.

lich ist, denn der Gesetzgeber „*wollte in § 240 StGB nicht jede Zwangseinwirkung auf den Willen Dritter unter Strafe stellen*".[69]

C. Teleologische Auslegung

Die teleologische Auslegung fragt nach dem **Sinn und Zweck** einer Vorschrift (*telos* = griech. Sinn). 43

Beispiel: In Art. 13 Abs. 1 GG ist die „Wohnung" geschützt – dem Wortsinn nach wäre dies eine Räumlichkeit, in der Menschen zu Hause sind, wo sie leben, essen und schlafen. Das Bundesverfassungsgericht geht über diese Auslegung hinaus. Nach seiner Auffassung hat Art. 13 Abs. 1 GG den Zweck, die Privatsphäre des Einzelnen aufrecht zu erhalten. Ein Bedürfnis nach Privatsphäre kann sich aber nicht nur in den „eigenen vier Wänden" ergeben, sondern auch in anderen Räumen, in denen private Angelegenheiten geschehen. Dementsprechend schützt Art. 13 Abs. 1 GG auch Gewerberäume.[70]

D. Historische Auslegung

Die historische Auslegung ist die Auslegung nach der **Entstehungsgeschichte der** 44
Norm und nach dem **Willen des Gesetzgebers:** Was hat er sich bei der Schaffung der Vorschrift gedacht? Auskunft darüber geben oft die Begründungen, die bei der Einbringung eines Gesetzes in den Bundestag beigegeben werden. Sie werden in den Bundestagsdrucksachen (BT-Drs.) veröffentlicht.[71] Weitere Quellen der historischen Auslegung sind z. B. Plenarprotokolle, Änderungsanträge oder sogar öffentliche Debatten in der Gesellschaft zum Thema der Gesetzgebung. Im europäischen Recht können die Erwägungspunkte vor der jeweiligen Richtlinie oder Verordnung Hinweise hierzu geben. Die historische Auslegung ist nach älterer Rechtsprechung des Bundesverfassungsgerichts gegenüber den erstgenannten drei Auslegungsmethoden nachrangig anzuwenden: Nur wenn die drei vorgenannten Methoden keinen zweifelsfreien Aufschluss über den Inhalt einer Norm geben, ist die Entstehungsgeschichte heranzuziehen, um den „*objektivierten Wille[n] des Gesetzgebers*" festzustellen.[72] Diese Auffassung hat es allerdings in neuerer Zeit nicht mehr wiederholt. Bei der Feststellung des gesetzgeberischen Willens ist Zurückhaltung

69 BVerfGE 92, 1 ff., 15 f.

70 Hierzu unten Rdnr. 720.

71 Alle BT-Drs. im Internet unter https://www.bundestag.de/dokumente/drucksachen.

72 BVerfGE 1, 299 ff. 312: „*Der Entstehungsgeschichte einer Vorschrift kommt für deren Auslegung nur insofern Bedeutung zu, als sie die Richtigkeit einer nach den angegebenen Grundsätzen ermittelten Auslegung bestätigt oder Zweifel behebt, die auf dem angegebenen Weg allein nicht ausgeräumt werden können.*"

geboten: Die Meinung eines einzelnen Abgeordneten lässt nicht unbedingt Rückschlüsse auf den Willen des Gesetzgebers insgesamt zu.[73]

Beispiel: Die historische Auslegung spielt bei Art. 146 GG eine Rolle: Die Vorschrift besagt, dass das Grundgesetz seine Gültigkeit verliert, sobald *„eine Verfassung in Kraft tritt, die von dem deutschen Volke in freier Entscheidung beschlossen worden ist"*. Der Grundgesetzgeber ging im Jahr 1949 davon aus, dass das Grundgesetz nur ein vorläufiges Konstrukt sei, das in Zukunft (z. B. nach der laut Präambel des GG a. F. stets angestrebten Wiedervereinigung) durch eine Verfassung ersetzt werde. Heute ist die Norm so zu verstehen, dass eine Verfassungsablösung nur möglich ist, wenn dabei die formalen Voraussetzungen für eine Änderung des Grundgesetzes (hierzu unten Rdnr. 320 ff.) gemäß Art. 79 GG eingehalten werden.[74] Das Bundesverfassungsgericht hat offengelassen, ob die neue Verfassung auch den materiellen Anforderungen der Ewigkeitsgarantie in Art. 79 Abs. 3 GG (Bindung an die Grundsätze der Art. 1 und 20, hierzu u. Rdnr 322 ff.) genügen müsste.[75]

45 Die vom Bundesverfassungsgericht in seinen Frühzeiten behauptete nachrangige Stellung der historischen Auslegung entspricht nicht ihrer hohen Bedeutung in der **Praxis.** Rechtsprechung und Literatur (und auch der Rechtsanwender) schauen häufig auf die Entstehungsgeschichte einer Norm, insbesondere auf die Gesetzesbegründung. Dies gilt vor allem für komplexe Gesetzeswerke, z. B. für solche mit starkem technischem Einschlag. Auch das Bundesverfassungsgericht selbst hebt an verschiedenen Stellen die besondere Bedeutung hervor, die der *„Wille des Gesetzgebers"* für die Norminterpretation hat.[76] Bei der Auslegung der Vorschriften zur Gesetzgebungskompetenz (Art. 70 ff. GG) hat diese Auslegungsmethode nach der Rechtsprechung des Bundesverfassungsgerichts ohnehin eine besonders herausragende Bedeutung.[77]

E. Vergleichende Auslegung

46 Die vergleichende Auslegung ist die Auslegung unter **Berücksichtigung anderer Rechtsvorschriften,** z. B. entsprechender Normen aus anderen Rechtsgebieten oder ausländischer Gesetze. Das Bundesverfassungsgericht wendet diese Auslegungsmethode zur Verfassungsinterpretation so gut wie nie an, da die Verfassung im bundesdeutschen Rechtsgefüge einzigartig ist. Sie soll aus sich selbst heraus gelten und nicht aus anderen Rechtsquellen schöpfen. Gelegentlich werden Begriffe aus anderen Systemen übernommen, z. B. der vom U.S.-amerikanischen Supreme Court entwickelte „judicial self-restraint".[78] Diesen Begriff, wörtlich „richterliche Selbstbeschränkung", versteht das Bundesverfassungsgericht allerdings anders als

73 *Maurer*, Staatsrecht I, S. 19.
74 *Aust*, in: *v. Münch/Kunig*, GG, Art. 146, Rdnr. 10.
75 BVerfGE 123, 267 ff., 343.
76 BVerfGE 90, 263 ff., 274 f.; BVerfGE 86, 288 ff., 320.
77 BVerfGE 106, 62 ff., 104 ff.
78 BVerfGE 36, 1 ff., 14.

der Supreme Court; es wurde also lediglich der Begriff übernommen, aber nicht das dahinterstehende juristische Konzept.[79] Das Bundesverfassungsgericht zieht Rechtsnormen oder Urteile aus anderen Staaten gelegentlich dann heran, wenn es ihre Vergleichbarkeit verneint[80] oder um allgemeine rechtspolitische Entwicklungen zu dokumentieren,[81] aber nur selten legt es sie seinen Entscheidungen zugrunde oder leitet Rechtsfolgen aus ihnen ab.

Bei seiner zweiten Entscheidung zu Überhangmandaten hatte das Bundesverfassungsgericht zur Frage der Wahlkreisanpassung bei Bevölkerungsverschiebungen ein *„rechtsvergleichendes Gutachten"* eingeholt[82] und sich auch (kurz) darauf bezogen, freilich nicht ohne die dort gewonnenen Erkenntnisse *„für das deutsche Verfassungsrecht eigens zu gewichten"*.[83]

Für den umstrittenen „Geschwisterbeischlaf"-Beschluss, in dem es die Strafbarkeit des Inzests (§ 173 Abs. 2 S. 2 StGB) für verfassungsgemäß erklärte, holte es ein Gutachten des Max-Planck-Instituts ein, das u. a. die Rechtslage in zwanzig Staaten untersuchte.[84]

F. Verfassungskonforme Auslegung

Ergibt die Auslegung eines Gesetzes unterhalb der Verfassung, dass mehrere Inter- 47
pretationsmöglichkeiten bestehen, von denen eine gegen die Verfassung verstoßen würde, eine andere aber nicht, so ist die Vorschrift nicht für verfassungswidrig zu erklären, sondern jene Auslegungsvariante zu wählen, die der Verfassung entspricht (**verfassungskonforme Auslegung**):

„Das Gebot verfassungskonformer Gesetzesauslegung verlangt, von mehreren möglichen Normdeutungen, die teils zu einem verfassungswidrigen, teils zu einem verfassungsmäßigen Ergebnis führen, diejenige vorzuziehen, die mit dem Grundgesetz in Einklang steht […]. Eine Norm ist daher nur dann für verfassungswidrig zu erklären, wenn keine nach anerkannten Auslegungsgrundsätzen zulässige und mit der Verfassung zu vereinbarende Auslegung möglich ist. Der Respekt vor der gesetzgebenden Gewalt gebietet es dabei, in den Grenzen der Verfassung das Maximum dessen aufrechtzuerhalten, was der Gesetzgeber gewollt hat […]. Die verfassungskonforme Auslegung findet ihre Grenzen dort, wo sie zum Wortlaut der Norm und zum klar erkennbaren Willen des Gesetzgebers in Widerspruch treten würde […]."[85]

---

79 Zum deutschen Verständnis des *self-restraint* vgl. u. Rdnr. 288 ff.

80 Z. B. BVerfGE 1, 97 ff., 102 zur Nichtübertragbarkeit der Praxis des schweizerischen Bundesgerichts auf bundesdeutsche Rechtsprechung.

81 Z. B. BVerfGE 32, 54 ff., 70 – Heranziehung der Rechtsprechung anderer Staaten bei der Auslegung des Begriffs „Wohnung" in Art. 13 Abs. 1 GG; BVerfGE 118, 277 ff., 356 – Transparenzregeln für Bundestagsabgeordnete entsprechen *„internationalen Entwicklungen"*; BVerfGE 123, 267 ff., 399 f. – Hinweis auf die Rechtsprechung des Tschechischen Verfassungsgerichts, das sich – wie das BVerfG – ein Prüfungsrecht über Rechtsakte der europäischen Einrichtungen vorbehalten hatte.

82 BVerfGE 95, 335 ff., 347.

83 BVerfGE 95, 335 ff., 363 f.

84 BVerfGE 120, 224 ff., 230 ff. – krit. zur Entscheidung *Hörnle*, NJW 2008, 2085 ff.

85 BVerfG NJW 2013, 3151 ff., m. w. N.; s. auch BVerfGE 90, 263 ff., 274 f.; weiteres Beispiel u. Rdnr. 85.

2. Kapitel: Staatsrecht

Staatsrecht ist jenes Recht, das sich mit dem Aufbau des Staates befasst, einschließlich der Staatsorgane, ihrer Aufgaben und ihrer Beziehungen untereinander. Es umfasst außerdem die wesentlichen Rechte der Bürger gegenüber dem Staat (Grundrechte und grundrechtsgleiche Rechte). 48

§ 5 Was ist ein Staat?

Der Begriff „Staat" beschreibt etwas Abstraktes, das nur umschrieben, aber nicht angeschaut werden kann. Eine Definition begegnet also ähnlichen Problemen, wie sie bei der Frage „Was ist Recht?" bestehen (hierzu oben Rdnr. 1). Die Erklärung des Staates beschäftigt eine eigene Disziplin, die Staatslehre.[86] Das vorliegende Werk kann nur einen Überblick verschaffen. 49

Eine **allgemeingültige Definition** des Staates kann es nicht geben. Das Phänomen „Staat" kann juristisch, verfassungspolitisch, moralisch, ethisch, staatsphilosophisch, soziologisch oder ökonomisch betrachtet werden.[87] Entsprechend vielfältig fallen die Definitionen aus. Von allen Staatserklärungen am weitesten verbreitet ist die soziologische Definition von *Jellinek*, die sog. **Drei-Elemente-Lehre.** Danach ist der Staat *„die mit ursprünglicher Herrschermacht ausgerüstete Verbandseinheit sesshafter Menschen"*.[88] Der Staat setzt sich also aus drei Elementen zusammen: Staatsgebiet, Staatsvolk und Staatsgewalt. 50

Das **Staatsgebiet** ist der abgegrenzte Teil der Erdoberfläche, der zum dauernden Aufenthalt von Menschen geeignet ist und damit einen räumlichen Herrschaftsbereich gegenüber anderen Staaten abgrenzt. Das Staatsgebiet ist ein dreidimensionaler Raum, auch der Luftraum und der Boden gehören dazu. Die Grenze des Staatsgebiets nach oben und unten richtet sich nach der *„tatsächlichen Beherrschbarkeit"*:[89] Der Staat reicht, so hoch man fliegen und so tief man graben kann. Es gibt keine Mindestgröße: Der Vatikanstaat etwa umfasst lediglich 0,45 km^2 – das sind rund 63 Fußballfelder. Zum Staatsgebiet gehört das **Festland**; nach h.M. bedarf es dazu 51

---

86 Weiterführend z.B. *G. Küchenhoff/E. Küchenhoff*, Allgemeine Staatslehre; *Krüger*, Allgemeine Staatslehre; *Schöbener/Knauff*, Allgemeine Staatslehre.

87 Vgl. *Katz*, Staatsrecht, S. 13 f.

88 *Jellinek*, Allgemeine Staatslehre, 3. Auflage, Berlin 1914, S. 180 f.

89 *Katz*, Staatsrecht, S. 14.

einer natürlich gewachsenen Landmasse. Künstlich errichtete Plattformen im Meer sind daher keine geeigneten Staatsgebiete.[90]

Die Zuordnung von **Küsten** und angrenzenden **Meeresgebieten** regelt das Seerechtsübereinkommen der Vereinten Nationen (SRÜ).[91] Zum Staatsgebiet gehört das Küstenmeer eines Staates bis zu einer Grenze von (höchstens) 12 Seemeilen (Art. 3 SRÜ); jenseits des Küstenmeeres liegen die Anschlusszone, in der der Staat polizeiliche Befugnisse ausüben darf (bis 24 Seemeilen, Art. 33 SRÜ), die Ausschließliche Wirtschaftszone, in der der Staat u.a. fischen und forschen lassen darf (bis 200 Seemeilen, Art. 55 ff. SRÜ) und schließlich gegebenenfalls der Festlandsockel, wo der Staat exklusiv forschen und Bodenschätze ausbeuten darf (bis zu 350 Seemeilen, Art. 76 SRÜ). Allfällige Streitigkeiten um die Zuordnung der – vor allem am Nordpol bodenschatzreichen – Festlandsockel zwischen 200 und 350 Seemeilen schlichtet die Festlandsockelkommission der Vereinten Nationen (Art. 76 Abs. 8, Anlage II SRÜ).

52 Zum **Staatsvolk** gehören alle dem Staat zugehörigen Menschen. Wer dem Staat „zugehörig" ist, lässt sich nach verschiedenen Kriterien bestimmen, z. B. nach Abstammung, Geburtsort, Religion, Ethnie oder Nationalität. Traditionell wird auf zwei Arten bestimmt, wer Angehöriger eines Staates ist: Entweder nach der Nationalität der Eltern (Abstammungsprinzip oder *ius sanguinis*, „Recht des Blutes") oder danach, ob er in diesem Staat geboren ist (Territorialprinzip oder *ius soli*, „Recht des Bodens"). Zwischen beiden Prinzipien gibt es Mischformen. Zum Staatsangehörigkeitsrecht in der Bundesrepublik s. u. Rdnr. 811 ff.

53 Als **Staatsgewalt** bezeichnet man die Herrschaftsmacht über das Staatsgebiet (Gebietshoheit) und das Staatsvolk (Personalhoheit). Dabei spielt es keine Rolle, ob nur eine Person (z. B. ein Monarch), eine Gruppe von Personen oder das gesamte Volk die Staatsgewalt ausübt (hierzu unten Rdnr. 59).

Die Souveränität von Staaten muss nicht allumfassend sein. Die Praxis kennt eine Vielzahl von Fällen, in denen ein Staat sich in die Abhängigkeit zu einem anderen Staat begibt – freiwillig oder unfreiwillig. Eine solche Abhängigkeit wurde früher auch als **Suzeränität** („Oberherrschaft") bezeichnet; der Begriff wird heutzutage allerdings kaum noch verwendet.

Beispiele für eine solche Abhängigkeit sind das Verhältnis zwischen der Republik Island und den USA – Island hat keine eigene Armee und wird von US-amerikanischen Truppen verteidigt –, sowie die Abhängigkeit des Fürstentums Liechtenstein von der Schweiz in außenpolitischen und

90 VG Köln DVBl. 1978, 510 ff. („Fürstentum Sealand").

91 BGBl. 1994 I, S. 1799 ff. – Nicht beigetreten sind u. a. die Türkei und die USA. Da es sich bei den Vorschriften des SRÜ aber weitgehend um die Kodifikation von Gewohnheitsrecht handelt, sind auch Nichtmitglieder an diese Regelungen gebunden. Weiterführend: *Schladebach/Esau* DVBl. 2012, 475 ff.

militärischen Angelegenheiten. Trotz dieser Abhängigkeiten sind sowohl Island wie Liechtenstein (ansonsten) souveräne Staaten.

Die **Konvention von Montevideo** v. 26.12.1933, unterzeichnet von 19 nord- und südamerikanischen Staaten und mittlerweile Teil des Völkergewohnheitsrechts, definiert in Art. 1 den Staatsbegriff ähnlich der *Jellinek*schen Drei-Elemente-Lehre: 54

„Der Staat als Subjekt des internationalen Rechts sollte folgende Eigenschaften besitzen: (a) eine ständige Bevölkerung; (b) ein definiertes Staatsgebiet; (c) eine Regierung; und (d) die Fähigkeit, in Beziehung mit anderen Staaten zu treten."

Neben der *Jellinek*schen Drei-Elemente-Lehre existieren viele **andere Erklärungs- und Definitionsversuche** für das Phänomen „Staat".[92] Die Lehre von *Jellinek* hat den Vorteil, besonders anschaulich zu sein und den Staat anhand klarer Merkmale zu bestimmen. 55

Wissenschaftliche Versuche einer Definition von „Staat" finden ihre Grenzen, wenn es um **die praktische Anerkennung** eines Staates durch andere Staaten geht. 56

Im Zusammenspiel der Völker wird ein Staat nach der **konstitutiven Theorie** bewertet. Dort gilt der Grundsatz: Ein Staat ist dann ein Staat, wenn andere Staaten ihn als Staat anerkennen (De-facto-Staat). Zwar bestimmt die bereits erwähnte Konvention von Montevideo: *„Die politische Existenz eines Staates ist unabhängig von seiner Anerkennung durch die anderen Staaten"* (Art. 3 S. 1, **deklarative Theorie**). Die politische Existenz nützt aber in der Praxis wenig ohne die Anerkennung, denn ohne sie gibt es zum Beispiel keine UNO-Mitgliedschaft. Art. 4 Abs. 1 der UN-Charta bestimmt: *„Mitglied der Vereinten Nationen können alle sonstigen friedliebenden Staaten werden, welche die Verpflichtungen aus dieser Charta übernehmen und nach dem Urteil der Organisation fähig und willens sind, diese Verpflichtungen zu erfüllen."* In Absatz 2 heißt es: *„Die Aufnahme eines solchen Staates als Mitglied der Vereinten Nationen erfolgt auf Empfehlung des Sicherheitsrats durch Beschluss der Generalversammlung."* Die Generalversammlung besteht aus Vertretern aller Mitgliedstaaten, so dass es bei der Aufnahme eines Staates in die UNO maßgeblich auf dessen Anerkennung durch andere Staaten ankommt. Ein Gebilde, das von anderen Staaten nicht anerkannt wird, kann außerdem keine zwischenstaatlichen Abkommen (z. B. Doppelbesteuerungsabkommen, Vollstreckungsabkommen) schließen und keine Diplomaten entsenden.

Nicht alle Staaten der Erde werden von allen anderen Staaten anerkannt: Der Staat Taiwan („Republik China") wird weltweit nur noch von 20 Staaten anerkannt, die „Türkische Republik Nordzypern" nur von der Türkei. Das Kosovo, zuvor serbisch, erklärte sich am 17.02.2008 für unabhängig, es wird derzeit von 115 Staaten anerkannt, u. a. von Deutschland, den USA, Frankreich und dem Vereinig-

---

92 Weiterführend *Zippelius*, Geschichte der Staatsideen.

ten Königreich, nicht aber z. B. von Serbien, Russland, Bosnien und Herzegowina und Griechenland. Die frühere DDR wurde nach ihrer Gründung im Jahr 1949 von den westlichen Staaten nur schrittweise bis Ende der 1970er Jahre anerkannt (von der BRD im „Grundlagenvertrag" 1972[93]). Darüber hinaus gibt es einige „Kleinstaaten", die von niemandem anerkannt werden, z. B. die „Freistadt Christiania", eine Gemeinschaft von Aussteigern mitten in Kopenhagen, deren Zukunft allerdings ungewiss ist, oder das „Fürstentum Sealand". Andererseits wird z. B. dem „Souveränen Malteserorden" völkerrechtliche Souveränität zugesprochen, obwohl er kein Staatsgebiet besitzt. Er unterhält diplomatische Beziehungen zu 104 Staaten und besitzt eine eigene Währung, den Scudo. Er ist allerdings kein vollwertiges UN-Mitglied, sondern hat dort lediglich den Status eines ständigen Beobachters (d. h., er kann nicht mitbestimmen).

57 Neben der Definition des Begriffs „Staat" sind zwei weitere Fragen für die Staatswissenschaft interessant: Was ist der Grund für die Existenz eines Staates? Wofür ist der Staat da? Dies sind die Fragen nach der Rechtfertigung und nach dem Zweck des Staates – kurz: nach seinem **Sinn**. Die Antworten auf diese Fragen sind vielfältig und berühren philosophische Grundfragen. Je nach Anschauung lässt sich der Staat außermenschlich (z. B. religiös oder naturrechtlich) oder menschlich rechtfertigen (z. B. sozialpsychologisch oder historisch). Auch die Zwecke, die ein Staat erfüllen kann oder soll, sind vielfältig: Der Staat kann Wohlfahrtsstaat, Sicherheitsstaat und Rechtsstaat sein. Nur vereinzelt wird behauptet, dass der Staat gar keinen Sinn habe. Dieser Anarchismus kann – unter anderem – idealistisch, materialistisch oder sogar religiös begründet werden.[94]

93 Hierzu BVerfGE 36, 1 ff.

94 Zum Ganzen *Schöbener/Knauff*, Allgemeine Staatslehre, S. 71 ff.

§ 6 Die verschiedenen Staatsformen

Staaten lassen sich danach unterscheiden, wer Träger der Staatsgewalt ist, wer das Staatsoberhaupt ist und wie sie im Inneren gegliedert sind. 58

A. Unterscheidung nach dem Träger der Staatsgewalt

Träger der Staatsgewalt kann eine einzelne Person sein (**Monokratie** – griech. „Herrschaft des Einzelnen"), eine Gruppe von Personen (**Aristokratie** – „Herrschaft der Besten") oder das gesamte Volk (**Demokratie** – „Herrschaft des Volkes").[95] 59

Die Demokratie lässt sich wiederum unterscheiden in **direkte Demokratie** (das Volk trifft die Entscheidungen selbst) und **repräsentative Demokratie** (das Volk wählt Vertreter, die die Entscheidungen treffen). Direkte Demokratie gibt es nur noch vereinzelt, z. B. in der Schweiz, wo einige, aber längst nicht alle politischen Fragen durch Plebiszite entschieden werden. In Deutschland ist auf Bundesebene eine direkte Beteiligung des Volkes nur dann zulässig, wenn über eine Gebietsänderung (Art. 29 GG) entschieden werden soll; andere Fälle direkter Volksbeteiligung sieht das Grundgesetz nicht vor. In den Bundesländern ist dies anders: Dort geben die Landesverfassungen teilweise umfangreiche Möglichkeiten zur Volksgesetzgebung (siehe auch unten Rdnr. 110 f.). Grundsätzlich aber haben in der Bundesrepublik die für vier oder fünf Jahre gewählten Parlamente (Bundestag und Landtage) das Recht der Gesetzgebung. Sie repräsentieren den eigentlichen Souverän – das Volk.

Darüber hinaus lassen sich die heutigen Demokratien in **parlamentarische und präsidiale Demokratien** einteilen: In parlamentarischen Demokratien wählt nicht das Volk selbst, sondern das vom Volk gewählte Parlament die Regierung. In präsidialen (oder: präsidentiellen) Demokratien wird ein Präsident, der Regierungsaufgaben hat, direkt (oder durch Wahlmänner) vom Volk gewählt. Es gibt Mischformen von präsidialer und parlamentarischer Demokratie, z. B. wenn der Staatsaufbau gleichzeitig einen direkt gewählten Präsidenten mit Exekutivaufgaben und einen parlamentarisch gewählten Regierungschef vorsieht. Dies ist u. a. in Polen der Fall (sog. semipräsidentielles Regierungssystem oder präsidial-parlamentarisches Regierungssystem).

B. Unterscheidung nach dem Staatsoberhaupt

Staaten lassen sich nach dem Staatsoberhaupt in Monarchie (Fürstentum) und Republik einteilen. In der **Monarchie** wird das Staatsoberhaupt (Monarch, z. B. Kaiser, König oder Fürst) durch Erbfolge bestimmt. Die Monarchien lassen sich 60

95 In der Antike unterschied man auch die „entarteten" Gegenstücke Tyrannis (unrechtmäßige Herrschaft des Einzelnen), Oligarchie (Herrschaft Weniger) und Ochlokratie (Herrschaft des Pöbels).

unterteilen in die absolute Monarchie (der Monarch ist der absolute Herrscher), konstitutionelle Monarchie (der Monarch bestimmt die Regierung und hat Einfluss auf die Gesetzgebung, aber es existiert eine Verfassung, an die er gebunden ist) und parlamentarische Monarchie (der Monarch hat keinen oder nur geringen Einfluss auf die Staatsleitung und Gesetzgebung). Die Erscheinungsformen von Monarchien sind sehr unterschiedlich, so dass in der Praxis Varianten, Abstufungen und Überschneidungen der drei Monarchieformen existieren.

61 In der **Republik** (*res publica*, lat.: „öffentliche Angelegenheit") wird das Staatsoberhaupt, i.d.R. heißt es Präsident, gewählt und muss grundsätzlich auch wieder abwählbar sein. Nicht immer ist der Präsident auch der Regierungschef: In der Bundesrepublik Deutschland hat der Bundespräsident als Staatsoberhaupt überwiegend repräsentative Aufgaben, während der Bundeskanzler die Regierungsgeschäfte leitet.

Die Unterteilung in *entweder* Monarchie *oder* Republik geht auf *Machiavelli* zurück.[96] Von den in den Wirren des 20. Jahrhunderts entstandenen Herrschaftsformen, insbesondere den verschiedenen Spielarten ideologisch motivierter **Diktaturen**, konnte dieser Renaissance-Denker nichts ahnen. In der Tat fällt es schwer, den Führerstaat des Dritten Reiches oder die Erbfolge der „Volksrepublik" Nordkorea oder der Arabischen „Republik" Syrien einem der beiden Lager zuzuordnen.

C. Unterscheidung nach der inneren Gliederung

62 Auch die innere Gliederung des Staates kann variieren. Enthält der Staat mehrere Träger eigener Staatsgewalt, spricht man von einem **Bundesstaat.** Besitzt hingegen innerhalb eines Staates nur eine staatliche Ebene Staatsgewalt, so handelt es sich um einen **Einheitsstaat.**

63 Ein **Einheitsstaat** ist zum Beispiel Frankreich. Es ist in Gebiete (Départements) aufgeteilt, die keine eigene Staatsgewalt besitzen, sondern der Zentralregierung untergeordnet sind; der oberste Verwaltungsbeamte jedes Départements ist der Präfekt, der von der Zentralregierung ernannt wird. Weitere Beispiele für Einheitsstaaten sind Polen und China; ohnehin ist der Einheitsstaat die vorherrschende Staatsform in Europa, Afrika und Asien. Im Einheitsstaat müssen nicht sämtliche Kompetenzen zentral gebündelt sein; oft gibt es dort Selbstverwaltungskörperschaften (z.B. Gemeinden) mit eigenen Entscheidungsbefugnissen, die aber vom Einheitsstaat rechtlich beaufsichtigt werden.

---

96 *Niccolo Machiavelli*, Denkschrift über die Reform des Staates von Florenz, 1520, abgedruckt in: Niccolo Machiavelli's Sämmtliche Werke, Karlsruhe 1833, Band 2, S. 98: *„Es lässt sich kein dauerhafter Staat errichten, wenn er nicht ein wahres Fürstentum oder eine wahre Republik ist."*

In einem **Bundesstaat** existieren mehrere Träger von Staatsgewalt. Für das gesamte Staatsgebiet besitzt der sog. **Gesamtstaat** die Staatsgewalt; er hat auch die Souveränität inne. Zusätzlich aber besitzen einzelne Untergliederungen des Staates (**Gliedstaaten**) eigene Staatsgewalt ohne Einflussmöglichkeit des Gesamtstaates. Entscheidend für die Einordnung eines Staates als Bundesstaat ist also die Mehrheit der Träger von Staatsgewalt; auch ein Einheitsstaat kann dezentral organisiert sein, aber nur im Bundesstaat existieren mehrere staatliche Ebenen nebeneinander. Dieses System nennt man auch **politischer Föderalismus** (von *foedus*, lat.: „Bund"). Die Bundesrepublik Deutschland ist ein solcher Bundesstaat: Neben der staatlichen Ebene des Bundes besitzen die einzelnen Länder eigene Staatsgewalt und haben die Kompetenz, bestimmte Rechtsgebiete selbst zu regeln. Weitere Beispiele für einen Bundesstaat sind Österreich, die Schweiz und formal auch die Russische Föderation sowie die USA. In den USA ist der Föderalismus noch ausgeprägter als in Deutschland: Die einzelnen Staaten der USA besitzen u. a. verschiedene Kompetenzen im Steuer-, Straf- und Gesellschaftsrecht, die hierzulande dem Bund vorbehalten sind. 64

Liegt der Schwerpunkt der Aufgaben und Kompetenzen in einem föderalen Staat beim Gesamtstaat, so nennt man ihn **„unitarisch"**; liegt der Schwerpunkt bei den Gliedstaaten, heißt er **„föderativ"**. Dazwischen gibt es Abstufungen: Die Bundesrepublik ist ein Föderalstaat, der allerdings eine zunehmende „Unitarisierung" erfährt.[97] Ein Beispiel für einen besonders föderativen Staat ist der Staat Bosnien und Herzegowina: Die beiden Gliedstaaten haben weitgehend eigene Kompetenzen, nur Außenpolitik, Außenwirtschaft, Zoll und indirekte Steuern, Verteidigung und Geldpolitik werden zentral entschieden.

Zu unterscheiden von den Bundesstaaten sind die **Staatenbunde**. Staatenbunde besitzen keine eigene Souveränität, sondern sind Zusammenschlüsse mehrerer Staaten, die ihre Souveränität behalten. Ein Beispiel hierfür sind die Benelux-Staaten (Belgien, Niederlande, Luxemburg). Eine einzigartige Variante eines Staatenbundes, der ausnahmsweise eigene Souveränität besaß, wurde vor einigen Jahren aufgelöst: Bis zum 3. Juli 2006 bildeten die Staaten Serbien und Montenegro die souveräne „Staatliche Gemeinschaft Serbien und Montenegro". 65

Die Europäische Union (EU) ist ein sog. **Staatenverbund**: Die Mitgliedstaaten arbeiten enger zusammen als in einem Staatenbund, behalten jedoch ihre Souveränität.[98] Einen eigenen Staat stellt die EU nicht dar.[99]

97 *Zippelius/Würtenberger*, Deutsches Staatsrecht, § 14 Rdnr. 16; krit. zur Unitarisierung *Papier*, NJW 2007, 2145 ff., 2148.

98 BVerfGE 89, 155 ff., 181.

99 BVerfGE 123, 267 ff., 370 f.

§ 7 Geschichte des Staatsrechts in Deutschland

A. Verfassungsgeschichte Deutschlands bis 1949

1. Heiliges Römisches Reich (Deutscher Nation)

66 Das **Heilige Römische Reich**, entstanden im 10. Jahrhundert und seit dem 15. Jahrhundert mit dem Zusatz „Deutscher Nation" versehen, besaß keine Verfassungsurkunde. Es war ein gewachsener, sich immer wieder wandelnder Verbund untergeordneter Organe und Gebietskörperschaften („Reichsstände") mit einem Kaiser an seiner Spitze. Große Teile des Reichsrechts bestanden aus Gewohnheitsrecht und Traditionen, den sogenannten „Herkommen".[100] Erst allmählich wurde das Recht kodifiziert. Die **wichtigsten Normtexte** aus dieser Zeit sind:

- Die Konkordate zwischen Reich und Kirche zur Festlegung des Verhältnisses zwischen weltlicher und kirchlicher Hoheit, hierunter das Wormser Konkordat zur Beilegung des Investiturstreites von 1122 und das Wiener Konkordat von 1447;
- Das *„statutum in favorem principum"* (Statut zugunsten der Fürsten) des Kaisers *Friedrich II.* von 1231, welches den Fürsten bestimmte Vorrechte zuerkannte und garantierte;
- die Landfriedensordnungen (z. B. der Mainzer Landfriede von 1235 sowie der Ewige Landfriede von 1495) zur Aufrechterhaltung der inneren Ordnung, insbesondere zur Einschränkung des Fehderechts;
- die Goldene Bulle von 1356, in der die Rechtsstellung der sieben Kurfürsten[101] bei der Königswahl festgelegt wurde;
- die Reichsmatrikel, in denen die Truppenüberlassungen und die militärischen Finanzleistungen der Reichsstände zugunsten des Reiches festgehalten wurden, insbesondere das Wormser Reichsmatrikel von 1521;
- der Augsburger Religionsfriede von 1555, der die Protestanten den Katholiken gleichstellte und damit die religiösen Streitigkeiten seit der Reformation beendete;
- der Westfälische Friede von 1648, der neben völkerrechtlichen Regelungen zwischen dem Reich und anderen Mächten auch innerstaatliche Fragen regelte, z. B. zur Gleichstellung der Konfessionen;
- das Allgemeine Landrecht für die preußischen Staaten (ALR) aus dem Jahr 1794, das den einzelnen Bürgern gegenüber dem Staat bestimmte bürgerliche Rechte garantierte;
- der Reichsdeputationshauptschluss von 1803 zur territorialen Neugliederung des Reiches.

100 *Hartmann*, Das Heilige Römische Reich deutscher Nation in der Neuzeit 1486 – 1806, Stuttgart 2005, S. 46.

101 Diese waren die Erzbischöfe von Köln, Mainz und Trier sowie der Pfalzgraf bei Rhein, der Herzog von Sachsen, der Markgraf von Brandenburg und der König von Böhmen.

Im Jahr 1806 endete das Heilige Römische Reich Deutscher Nation. Nachdem 16 deutsche Fürsten am 12.07. den **Rheinbund** gründeten und am 01.08. ihren Austritt aus dem Reich erklärten, legte Kaiser *Franz* am 06.08. die Kaiserkrone nieder. Dem Reichsdeputationshauptschluss wird an dieser Entwicklung ein großer Anteil beigemessen; durch die dort vollzogene *„Flurbereinigung"* sei die *„Verfassungsstruktur des Reiches"* nachhaltig betroffen worden.[102] 67

2. Deutscher Bund

Anlässlich des **Wiener Kongresses**, der 1815 die Neuordnung Europas nach der Niederlage *Napoleons* behandelte, schlossen sich die Herrscher von 39 deutschen Einzelstaaten, darunter die freien Städte Lübeck, Frankfurt, Bremen und Hamburg, zum **Deutschen Bund** zusammen; später wuchs die Zahl der Mitglieder auf 41. Der Deutsche Bund war ein Staatenbund (zum Begriff siehe o. Rdnr. 65), seine Gründungsurkunde war die Deutsche Bundesakte vom 08.06.1815.[103] In ihr war u. a. die Einrichtung einer Bundesversammlung geregelt, in der bestimmte Angelegenheiten des Bundes entschieden wurden. 68

Nach der **Märzrevolution** 1848 gründete sich die Frankfurter Nationalversammlung, die aus demokratisch gewählten Vertretern der Einzelstaaten des Deutschen Bundes bestand. Am 28.03.1849 verabschiedete die Nationalversammlung die **Frankfurter Reichsverfassung** (FRV), wegen des Ortes der Zusammenkunft auch „Paulskirchenverfassung" genannt.[104] Die FRV sah die Schaffung eines Deutschen Reiches als konstitutionelle Monarchie vor, mit einem Erbkaiser an der Spitze (§§ 68 ff. FRV) und einem Reichstag als Zwei-Kammer-Parlament. Der Reichstag teilte sich in ein Staatenhaus und ein Volkshaus (§§ 85 ff. FRV). Im Staatenhaus sollten die Vertreter der deutschen Staaten sitzen, zu gleichen Teilen ernannt von den Landesregierungen und den Landesparlamenten; das Volkshaus sollte vom Volk auf zunächst vier, dann drei Jahre gewählt werden (§ 94 Abs. 1 FRV). Wahlberechtigt war *„jeder unbescholtene Deutsche, welcher das fünfundzwanzigste Lebensjahr zurückgelegt hat"* (§ 1 Frankfurter Reichswahlgesetz v. 12.04.1849) – gemeint waren allerdings nur Männer. Märzrevolution und Paulskirchenverfassung scheiterten jedoch bis Juli 1849 an mehreren teilweise bürgerkriegsartigen Konflikten sowie an der Weigerung des preußischen Königs *Friedrich Wilhelm IV.*, die ihm von der Nationalversammlung angetragene Kaiserwürde anzunehmen. In der Folge wurde der Deutsche Bund wiederhergestellt und bestand bis 1866. 69

---

102 *Maurer*, Staatsrecht I, S. 38.

103 Im Internet abrufbar unter http://www.documentArchiv.de/nzjh/dtba.html.

104 RGBl. 1849, 101.

3. Norddeutscher Bund und Deutsches Reich

70 Der preußisch-österreichische Krieg gegen Dänemark 1864 und der Deutsche Krieg 1866 sorgten für eine Neuordnung der politischen Verhältnisse in Mitteleuropa. Der Deutsche Bund endete, als das in Königgrätz von Preußen besiegte Österreich im Vorfrieden von Nikolsburg am 26.07.1866 sowie im Definitivfrieden von Prag am 23.08.1866 die Auflösung des Bundes anerkannte und seine Zustimmung zur Gründung eines **„Norddeutschen Bundes"** ohne seine Beteiligung gab. Der Norddeutsche Bund bestand aus 22 deutschen Staaten nördlich des Mains. Der konstituierende Reichstag wurde im Februar 1867 von der Bevölkerung der beteiligten Staaten gewählt und beschloss am 26.07.1867 die Verfassung des Norddeutschen Bundes (VfNDB).[105] Der preußische König übernahm das Präsidium des Bundes (Art. 11 Abs. 1 VfNDB) und ernannte den Bundeskanzler, der die Spitze der Exekutive bildete (Art. 15 Abs. 1 VfNDB); für die Gesetzgebung in Bundesangelegenheiten zuständig waren der Reichstag, hervorgegangen aus allgemeinen Wahlen (Art. 20 VfNDB) und der Bundesrat, bestehend aus den Vertretern der Einzelstaaten (Art. 6 VfNDB). Die Bundesgesetze gingen den Landesgesetzen vor (Art. 2 S. 1 VfNDB) – eine Bestimmung, die in Art. 31 GG bis heute fortlebt.

71 Während des deutsch-französischen Kriegs 1870/71 traten die süddeutschen Staaten im November 1870 dem Norddeutschen Bund bei („Novemberverträge").[106] Dessen Reichstag beschloss im Dezember 1870 die Umbenennung des Norddeutschen Bundes in **„Deutsches Reich"**. Am 18.01.1871 proklamierte die Fürstenversammlung den preußischen König *Wilhelm I.* im Spiegelsaal von Versailles zum Kaiser des Deutschen Reiches. Reichskanzler wurde *Otto v. Bismarck.* Der Reichstag beschloss am 16.04.1871 die Verfassung des Deutschen Reiches (DRV).[107] Dieses Gesetzeswerk baute in wesentlichen Teilen auf der Verfassung des Norddeutschen Bundes auf, z. B. bei der Verteilung der Gesetzgebungskompetenzen, bei der Staatsorganisation einschließlich der Einrichtung von Bundesrat und Reichstag sowie bei den Zoll- und Steuerregelungen. Das oberste Exekutivorgan im Deutschen Reich war der Reichskanzler; seine Kompetenzen entsprachen denen des vorherigen Bundeskanzlers. Die Verfassung enthielt zahlreiche Sonderregelungen zugunsten der süddeutschen Staaten, z. B. besondere Gesetzgebungszuständigkeiten (Art. 4 Abs. 1 Nr. 1, 8 u. 10, 35 Abs. 2 DRV).

105 BGBl. S. 1.
106 BGBl. S. 654, 658.
107 BGBl. S. 63.

4. Weimarer Republik

Während der Novemberrevolution zum Ende des Ersten Weltkrieges verkündete Reichskanzler Max von Baden am 09.11.1918 die Abdankung des Kaisers Wilhelm II. und übergab Friedrich Ebert die Regierungsgewalt. Am gleichen Tag rief Philipp Scheidemann die Republik aus. Die Parteien SPD und USPD riefen den sechsköpfigen „Rat der Volksbeauftragten" zusammen. Dieser Rat fungierte als vorläufige Regierung, bis die am 19.01.1919 vom Volk – erstmals auch von den Frauen – gewählte Nationalversammlung am 11.02.1919 Friedrich Ebert zum vorläufigen Reichspräsidenten wählte und dieser am 13.02.1919 Scheidemann zum „Reichsministerpräsidenten" (später: Reichskanzler) ernannte. Zwischenzeitliche Bestrebungen, in Deutschland eine Räterepublik nach den Ideen Marx', Lenins und Engels' zu errichten, scheiterten. Am 31.07.1919 beschloss die Nationalversammlung die Verfassung des Deutschen Reichs, wegen des Sitzungsortes der Versammlung auch „Weimarer Reichsverfassung" (WRV) genannt. Sie trat am 11.08.1919 in Kraft.[108] 72

Staatsoberhaupt der Weimarer Republik war der Reichspräsident, der vom Volk auf sieben Jahre direkt gewählt wurde (Art. 41, 43 Abs. 1 WRV). Der Reichspräsident ernannte und entließ den Reichskanzler sowie auf dessen Vorschlag die Reichsminister (Art. 53 WRV). Das Parlament – der Reichstag – wurde alle vier Jahre vom Volk gewählt (Art. 22 Abs. 1, 23 Abs. 1 S. 1 WRV). Der Reichspräsident hatte das Recht, den Reichstag aufzulösen, allerdings *„nur einmal aus dem gleichen Anlass"* (Art. 25 Abs. 1 WRV) und besaß ein Notverordnungsrecht für den Fall, dass *„die öffentliche Sicherheit und Ordnung erheblich gestört oder gefährdet"* war (Art. 48 Abs. 2 WRV). Die Regierungen der deutschen Länder waren im Reichsrat vertreten, dessen Zustimmung bei Gesetzentwürfen der Reichsregierung erforderlich war (Art. 69 Abs. 1 S. 1 WRV) und der gegen vom Reichstag beschlossene Gesetze Einspruch erheben konnte (Art. 74 Abs. 1 WRV). Daneben war unter bestimmten Voraussetzungen bei der Gesetzgebung eine unmittelbare Beteiligung der Bevölkerung durch Volksentscheid vorgesehen (Art. 73, 74 Abs. 3 S. 2 u. 4 WRV). Die WRV enthielt erstmals Grundrechte (Art. 109 ff. WRV) sowie ein Selbstverwaltungsrecht der Gemeinden (Art. 127 WRV). 73

Das politische System der Weimarer Republik erwies sich schnell als instabil und wenig krisentauglich. Die starke Stellung des Reichspräsidenten einerseits und die unsicheren Mehrheiten im Reichstag andererseits führten dazu, dass ab 1930 Gesetze kaum noch vom Reichstag, sondern fast ausschließlich vom Reichspräsidenten als Notverordnungen erlassen wurden. Der zunehmenden Radikalisierung der politischen Szene, dem Erstarken der Nationalsozialisten und der allgemeinen Unzufriedenheit des Volkes mit wirtschaftlicher Lage und Demokratie konnte der 74

108 RGBl. S. 1383.

Staat letztendlich nichts entgegensetzen.[109] Nach mehreren Parlamentsauflösungen und Neuwahlen wurde die NSDAP bei den Reichstagswahlen am 06.11.1932 mit 33,09 % der Stimmen stärkste Kraft. Reichspräsident *von Hindenburg* ernannte am 30.01.1933 *Adolf Hitler* zum Reichskanzler. Dies war die „Machtergreifung" der Nationalsozialisten.

5. Nationalsozialismus

75 Kaum an der Macht, setzten die Nationalsozialisten die demokratischen Institutionen der Weimarer Republik Schritt für Schritt außer Kraft und ersetzten den bis dahin bestehenden Föderalismus durch einen Einheitsstaat. Nach dem Brand des Reichstages, für den die Nationalsozialisten in der Öffentlichkeit die KPD verantwortlich machten, erließ Reichspräsident von Hindenburg am 28.02.1933 auf Bestreben Hitlers die Verordnung zum Schutz von Volk und Staat[110] als Notverordnung gemäß Art. 48 Abs. 2 WRV. Diese Verordnung setzte zahlreiche Verfassungsbestimmungen, insbesondere Grundrechte, außer Kraft und enthielt eine Ermächtigung der Reichsregierung zum Eingriff in Länder- und Gemeindekompetenzen sowie verschiedene Strafvorschriften. Erneute freie, allerdings von Einschüchterungen der SA begleitete Reichstagswahlen am 05.03.1933 führten zu Stimmzuwächsen der NSDAP auf nunmehr 43,91 %; dieser Reichstag beschloss am 23.03.1933 mit Zweidrittelmehrheit das „Gesetz zur Behebung der Not von Volk und Reich", das auch als „Ermächtigungsgesetz" bezeichnet wird.[111] Dieses Gesetz gab der Reichsregierung das Recht zur Gesetzgebung ohne Beteiligung des Reichstags und sollte zunächst bis zum 01.04.1937 gelten. Damit war die Demokratie auf deutschem Boden beseitigt, und es begann die Diskriminierung, Verfolgung und Vernichtung der Juden. Zwei Gesetze zur Gleichschaltung der Länder mit dem Reich folgten kurz nach dem Ermächtigungsgesetz Sie enthielten weitreichende Einschnitte in die Kompetenzen der Länder; unter anderem wurden die Landesparlamente aufgelöst und nach den Stimmanteilen der Parteien im Reichstag neu zusammengesetzt sowie „Reichsstatthalter" ernannt, die über die Zusammensetzung der jeweiligen Landesregierung bestimmen konnten.[112]

---

109 Ausf. *Burleigh*, Die Zeit des Nationalsozialismus, Frankfurt a. M. 2000, S. 82 ff.

110 Auch: „Reichstagsbrandverordnung"; RGBl. I, S. 83.

111 RGBl. I, S. 141.

112 Vorläufiges Gesetz zur Gleichschaltung der Länder mit dem Reich v. 31.03.1933 („Erstes Gleichschaltungsgesetz"), RGBl. I, S. 153; Zweites Gesetz zur Gleichschaltung der Länder mit dem Reich v. 07.04.1933 („Reichsstatthaltergesetz"), RGBl. I, S. 173.

Am 14.07.1933 wurden alle Parteien bis auf die NSDAP verboten;[113] die *„unlösliche Verbundenheit“* von NSDAP und Staat wurde am 01.12.1933 gesetzlich bestimmt.[114] Am 30.01.1934 verabschiedete der Reichstag das „Gesetz über den Neuaufbau des Reichs“[115], in dem die Volksvertretungen der Länder *„aufgehoben“* und deren Hoheitsrechte auf das Reich übertragen wurden. Das Gesetz ermächtigte zugleich die Reichsregierung zur Setzung neuen Verfassungsrechts ohne Parlamentsbeteiligung (Art. 4). Die Auflösung des Reichsrates folgte am 14.02.1934.[116] Das Amt des Reichspräsidenten wurde am 01.08.1934 abgeschafft. Seine Kompetenzen wurden auf den *„Führer und Reichskanzler Adolf Hitler“* übertragen.[117] 76

Das Ermächtigungsgesetz wurde während des Dritten Reiches zweimal verlängert, bis *Hitler* durch Erlass die unbegrenzte Weitergeltung verfügte.[118] Der in seinen Kompetenzen bis zur Bedeutungslosigkeit beschnittene Reichstag kam während der gesamten Zeit des Nationalsozialismus nur zu 20 Sitzungen zusammen, zuletzt am 26.04.1942. Reichstagswahlen fanden am 12.11.1933, am 29.03.1936 und am 10.04.1938[119] statt; wegen des Verbotes aller anderen Parteien trat seit 1936 nur die NSDAP an. 77

Auch wenn die **Weimarer Reichsverfassung** nie formell außer Kraft gesetzt wurde, wurde sie im späteren Verlauf des „Dritten Reiches“ nicht mehr angewendet. Unter den Juristen des Dritten Reiches war die Frage ihrer Fortgeltung umstritten, von der h.M. wurde sie verneint.[120] An Stelle der Weimarer Republik trat das „Großdeutsche Reich“, das sich nicht auf eine Verfassungsurkunde berief, sondern auf die ungeschriebene, von einigen *„Grundgesetzen“* (z.B. dem Ermächtigungsgesetz) flankierte *„Verfassung des völkischen Bewegungs- und Führerstaates“*.[121] Das **„Füh-** 78

---

113 Gesetz der Reichsregierung gegen die Neubildung von Parteien v. 14.07.1933, RGBl. I, S. 479.

114 Gesetz der Reichsregierung zur Sicherung der Einheit von Partei und Staat v. 01.12.1933, RGBl. I, S. 1016.

115 RGBl. I, S. 75.

116 Gesetz der Reichsregierung über die Aufhebung des Reichsrats v. 14.02.1934, RGBl. I, S. 89.

117 Gesetz der Reichsregierung über das Staatsoberhaupt des Deutschen Reiches v. 01.08.1934, RGBl. I, S. 747. Am 19.08.1934 fand hierüber eine Volksabstimmung statt. 89,9 % der Befragten stimmten für das Gesetz.

118 Erlass v. 10.05.1943, RGBl. I, S. 295.

119 Diesen Wahlen zum „Großdeutschen Reichstag“ folgte die Sudetendeutsche Ergänzungswahl am 04.12.1938.

120 *E.R. Huber*, Verfassungsrecht des Großdeutschen Reiches, 2. Auflage 1939, S. 46 ff: Die Weimarer Verfassung *„ist nicht mehr der rechtliche Ausdruck für das politische Sein des Volkes, sie ist kein geschlossenes Gesamtsystem mehr, in dem das Volk seine Ordnung findet. Sie hat – mit einem anderen Wort – ihre Geltung verloren.“*

121 *E.R. Huber*, Verfassungsrecht des Großdeutschen Reiches, 2. Auflage 1939, S. 51, 54 ff.; vgl. auch *Koellreutter*, Deutsches Verfassungsrecht, 2. Auflage, Berlin 1936, S. 60: *„Der nationale Verfassungsstaat kennt eine staatsrechtliche Unterscheidung zwischen Verfassung und ‚einfachem‘ Gesetz […] nicht mehr“.*

rerprinzip" schrieb eine (theoretisch) klar gegliederte hierarchische Ordnung vor: Macht und Verantwortung wurden „nach oben" abgegeben, von nachgeordneten Personen bzw. Organen verlangte man bedingungslosen Gehorsam. An der Spitze des Staates stand der Führer *Adolf Hitler* mit unbegrenzten Kompetenzen, der den (angeblichen) kollektiven Willen der deutschen Volksgemeinschaft („Volkswillen") ausführte und dabei ohne förmliche Ermächtigungsgrundlage und unter Aufhebung der Gewaltenteilung gesetzgeberische, ausführende und richterliche Kompetenzen wahrnahm.[122] Weite Teile von Rechtswissenschaft und Justiz begleiteten diese Entwicklung wohlwollend.[123]

6. Kapitulation Deutschlands

79 Nach der Kapitulation der deutschen Wehrmacht am 8. Mai 1945 endete der Zweite Weltkrieg und die alliierten Siegermächte übernahmen mit der **Berliner Deklaration** am 05.06.1945 die Regierungsgewalt auf deutschem Gebiet:

> „Die Regierungen des Vereinigten Königreichs, der Vereinigten Staaten von Amerika, der Union der Sozialistischen Sowjetrepubliken und die Provisorische Regierung der Französischen Republik übernehmen hiermit die oberste Regierungsgewalt in Deutschland, einschließlich aller Befugnisse der deutschen Regierung, des Oberkommandos der Wehrmacht und der Regierungen, Verwaltungen oder Behörden der Länder, Städte und Gemeinden. Die Übernahme zu den vorstehend genannten Zwecken der besagten Regierungsgewalt und Befugnisse bewirkt nicht die Annektierung Deutschlands."

80 Am 30.08.1945 bildeten die militärischen Oberbefehlshaber der vier Siegermächte USA, Vereinigtes Königreich, Sowjetunion und Frankreich den **Alliierten Kontrollrat** als *„oberste Machtgewalt in Angelegenheiten, die Deutschland als Ganzes angehen"* (Ziff. II d. Proklamation Nr. 1 des Kontrollrates v. 30.08.1945). Der Kontrollrat erließ

122 *Treipel*, Die Hegemonie, Stuttgart 1938, S. 48: *„Wirkliche Führerschaft ist von jeder normativen Anerkennung, namentlich politisches Führertum von jeder verfassungsmäßigen Formalisierung unabhängig"; E. R. Huber*, Verfassungsrecht des Großdeutschen Reiches, 2. Auflage 1939, S. 230: *„Die Führergewalt ist nicht durch Sicherungen und Kontrollen, durch autonome Schutzbereiche und wohlerworbene Einzelrechte gehemmt, sondern sie ist frei und unabhängig, ausschließlich und unbeschränkt."*

123 *C. Schmitt*, DJZ 1934, 945 ff., 946 f.: *„Der Führer schützt das Recht vor dem schlimmsten Missbrauch, wenn er im Augenblick der Gefahr kraft seines Führertums als oberster Gerichtsherr unmittelbar Recht schafft [...]. Der wahre Führer ist immer auch Richter. Aus dem Führertum fließt das Richtertum.";* s. auch *G. Küchenhoff*, Nationaler Gemeinschaftsstaat, Volksrecht und Volksrechtsprechung, Berlin 1934, S. 27: Das Führerprinzip ist die *„Pflicht des Gefolges zur Treue gegenüber seinem Führer, auch wenn es dessen Befehl im einzelnen Falle einmal nicht versteht"*; ausf. zum Ganzen z. B. *Rüthers*, NJW 2000, 2866 ff.

zahlreiche Vorschriften, z. B. zur Aufhebung von NS-Recht,[124] zur Errichtung oder Umgestaltung der Gerichtsbarkeit[125] und zur Auflösung der Wehrmacht.[126]

B. Verfassungsgeschichte der Bundesrepublik Deutschland

1. Grundgesetz

Nach seiner Befreiung war Deutschland in vier Besatzungszonen aufgeteilt. Die 81
Militärgouverneure der drei westlichen alliierten Siegermächte Frankreich, Vereinigtes Königreich und USA autorisierten die Ministerpräsidenten der elf neugegründeten westlichen Bundesländer, eine „Verfassunggebende Versammlung" einzuberufen, und gaben vor:[127]

> „Die Verfassunggebende Versammlung wird eine demokratische Verfassung ausarbeiten, die für die beteiligten Länder eine Regierungsform des föderalistischen Typs schafft, die am besten geeignet ist, die gegenwärtig zerrissene deutsche Einheit schließlich wieder herzustellen, und die Rechte der beteiligten Länder schützt, eine angemessene Zentral-Instanz schafft und die Garantien der individuellen Rechte und Freiheiten enthält."

Vom 10. bis 25.08.1948 tagte hierzu auf der Insel Herrenchiemsee ein Ausschuss von 82
Gesandten der Ministerpräsidenten (**„Herrenchiemseer Konvent"**) und erarbeitete einen Entwurf für ein Grundgesetz.[128] Dieser Entwurf diente als Grundlage für den **Parlamentarischen Rat**, dessen 65 Mitglieder von den einzelnen Landesparlamenten bestimmt wurden. Der Parlamentarische Rat begann am 01.09.1948 entsprechend der alliierten Weisung mit der eigentlichen Ausarbeitung des Grundgesetzes.[129] Nach längeren Beratungen verabschiedete er das Grundgesetz am 08.05.1949 mit 53:12 Stimmen. Die drei Militärgouverneure genehmigten den Entwurf am 12.05.1949. In den darauffolgenden Tagen nahmen ihn die Länderparlamente an – mit Ausnahme des bayerischen Landtages, der am 20.05.1949 gegen den Entwurf stimmte, weil er um die Eigenständigkeit Bayerns fürchtete. Auf die bayerische Stimme kam es allerdings nicht mehr an, weil bereits die nötige Zweidrittelmehrheit der Bundesländer erreicht war (Art. 144 Abs. 1 GG), die Geltung des Grundgesetzes in Bayern ließ sich also nicht mehr verhindern. So beschloss der bayerische Landtag noch am gleichen Tag, sich feierlich zur Bundesrepublik und zur Verfas-

124 Kontrollratsgesetz Nr. 1 v. 20.09.1945.

125 Kontrollratsgesetze Nr. 4 v. 20.10.1945; Nr. 36 v. 31.10.1946.

126 Kontrollratsgesetz Nr. 34 v. 20.08.1946.

127 „Frankfurter Dokumente" v. 01.07.1948, Dokument Nr. I, im Internet abrufbar unter http://www.documentarchiv.de/brd/frftdok.html.

128 „Chiemseer Entwurf", im Internet abrufbar unter http://www.verfassungen.de/de/de49/ chiemseerentwurf48.htm.

129 Die Protokolle sind vollständig festgehalten in: Bundesarchiv und Deutscher Bundestag (Hrsg.): Der Parlamentarische Rat 1948 – 1949. Akten und Protokolle, Boppard a. R. 1993.

sungstreue zu bekennen. Mittlerweile haben sich die Bayern ebenso wie die anderen Länder mit dem Grundgesetz arrangiert.

83 Am **23. Mai 1949** wurde das **Grundgesetz** durch den Parlamentarischen Rat ausgefertigt und verkündet;[130] seitdem ist es in der Bundesrepublik Deutschland in Kraft. Das Grundgesetz galt damals als Provisorium bis zur Herstellung der Einheit Deutschlands.[131] Seine Präambel bestimmte:

> „Im Bewußtsein seiner Verantwortung vor Gott und den Menschen, von dem Willen beseelt, seine nationale und staatliche Einheit zu wahren und als gleichberechtigtes Glied in einem vereinten Europa dem Frieden der Welt zu dienen, hat das Deutsche Volk in den Ländern Baden, Bayern, Bremen, Hamburg, Hessen, Niedersachsen, Nordrhein-Westfalen, Rheinland-Pfalz, Schleswig-Holstein, Württemberg-Baden und Württemberg-Hohenzollern, um dem staatlichen Leben für eine Übergangszeit eine neue Ordnung zu geben, kraft seiner verfassunggebenden Gewalt dieses Grundgesetz der Bundesrepublik Deutschland beschlossen.
>
> Es hat auch für jene Deutsche gehandelt, denen mitzuwirken versagt war.
>
> Das gesamte Deutsche Volk bleibt aufgefordert, in freier Selbstbestimmung die Einheit und Freiheit Deutschlands zu vollenden."

84 Der letzte Absatz der Präambel wurde auch als „Wiedervereinigungsgebot" bezeichnet.[132] Der Beitritt *„der anderen Teile"* Deutschlands war in Art. 23 a. F. GG vorgesehen und geregelt:

> „Dieses Grundgesetz gilt zunächst im Gebiete der Länder Baden, Bayern, Bremen, Groß-Berlin, Hamburg, Hessen, Niedersachsen, Nordrhein-Westfalen, Rheinland-Pfalz, Schleswig-Holstein, Württemberg-Baden und Württemberg-Hohenzollern. In anderen Teilen Deutschlands ist es nach deren Beitritt in Kraft zu setzen."[133]

85 In den folgenden Jahrzehnten entwickelte sich die Bundesrepublik zu einem funktionierenden Staatswesen. Im Laufe der Jahre wurde das Grundgesetz mehr als 60-mal geändert. Zu den wichtigsten Änderungen zählten die Einfügung der Wehrverfassung,[134] die Regelung von Notstandsverfassung (Art. 80a GG) und Verteidigungsfall (Art. 115a ff. GG)[135] sowie die Finanzreform von 1969[136] die Föde-

130 BGBl. S. 1.
131 Vgl. *Badura*, Staatsrecht, S. 32 f.
132 Ausf. BVerfGE 5, 85 ff., 126 ff.
133 Die Aufzählung der Länder wurde in späteren Fassungen geändert und ergänzt, vgl. unten Rdnr. 87.
134 Gesetz zur Ergänzung des Grundgesetzes v. 19.03.1956, BGBl. I, S. 111.
135 Gesetz zur Ergänzung des Grundgesetzes v. 24.06.1968, BGBl. I, S. 709.
136 Gesetz zur Änderung des Grundgesetzes v. 12.05.1969, BGBl. I, S. 363.

ralismusreform 2006[137] und die Einführung der Schuldenbremse.[138] Die allmähliche Annäherung von Bundesrepublik und DDR stellte das Wiedervereinigungsgebot auf die Probe: Der **Grundlagenvertrag** zwischen der Bundesrepublik und der DDR vom 08.11.1972[139] regelte erstmals die Beziehungen der beiden Staaten zueinander, insbesondere enthielt er eine gegenseitige Verpflichtung, die *„Unabhängigkeit und Selbständigkeit"* in inneren und äußeren Angelegenheiten zu respektieren. Das Bundesverfassungsgericht erklärte den Grundlagenvertrag später für vereinbar mit dem Wiedervereinigungsgebot und Art. 23 GG a. F., gab aber Anleitungen für seine verfassungskonforme Auslegung.[140]

Nach dem Fall der Berliner Mauer am 09.11.1989 trat die Deutsche Demokratische Republik mit dem **Einigungsvertrag** (EV) vom 31.08.1990 mit Wirkung zum 03.10.1990 dem Geltungsbereich des Grundgesetzes bei.[141] Grundlage hierfür war Art. 23 GG a. F. Der Einigungsvertrag bestimmte die Zugehörigkeit der fünf neugegründeten ostdeutschen Länder zur Bundesrepublik Deutschland (Art. 1 Abs. 1 EV). Er hob Art. 23 GG a. F. auf (Art. 4 Nr. 2 EV) und änderte die Präambel auf den heutigen Stand. 86

2. Landesverfassungen

Bereits vor Inkrafttreten des Grundgesetzes hatten sich in den Jahren 1945 – 1948 in den drei **westlichen Besatzungszonen** die meisten der westlichen **Bundesländer** gegründet. Präambel und Art. 23 GG i. d. F. vom 23.05.1949 wiesen die Länder Baden, Bayern, Bremen, Groß-Berlin, Hamburg, Hessen, Niedersachsen, Nordrhein-Westfalen, Rheinland-Pfalz, Schleswig-Holstein, Württemberg-Baden und Württemberg-Hohenzollern dem Bund zu (vgl. o. Rdnr. 83, 84). Am 25.04.1952 vereinigten sich Baden, Württemberg-Baden und Württemberg-Hohenzollern zum Land Baden-Württemberg. Das nach dem Krieg von Frankreich okkupierte Saarland wurde am 01.01.1957 in die Bundesrepublik aufgenommen. (West-)Berlin besaß bis zur Wiedervereinigung aufgrund alliierter Festlegung einen Sonderstatus: Es entsandte keine stimmberechtigten Abgeordneten in den Bundestag und Bundesrat; Gesetze des Bundes galten nicht ohne Weiteres auch auf dem Gebiet von 87

137 Gesetz zur Änderung des Grundgesetzes (Artikel 22, 23, 33, 52, 72, 73, 74, 74a, 75, 84, 85, 87c, 91a, 91b, 93, 98, 104a, 104b, 105, 107, 109, 125a, 125b, 125c, 143c) v. 28.08.2006, BGBL. I, S. 2034.

138 Gesetz zur Änderung des Grundgesetzes (Artikel 91c, 91d, 104b, 109, 109a, 115, 143d) v. 29.07.2009, BGBl. I S. 2248.

139 Vertrag über die Grundlagen der Beziehungen zwischen der Bundesrepublik Deutschland und der Deutschen Demokratischen Republik, Bulletin vom 08.11.1972, Nr. 155, S. 1841 ff.

140 BVerfGE 36, 1 ff.

141 Vertrag zwischen der Bundesrepublik Deutschland und der Deutschen Demokratischen Republik über die Herstellung der Einheit Deutschlands v. 31.08.1990, BGBl. II, 855.

West-Berlin, sondern mussten vom Berliner Abgeordnetenhaus erneut beschlossen werden („Berlin-Vorbehalt").[142]

88 In der **sowjetischen Besatzungszone** bildeten sich zunächst die Bundesländer Brandenburg, Mecklenburg-Vorpommern (ab 1947: Mecklenburg), Sachsen, Sachsen-Anhalt und Thüringen; sie wurden nach Gründung der Deutschen Demokratischen Republik (DDR) im Jahr 1952 durch die Einführung der Bezirke ihrer Aufgaben enthoben und damit faktisch abgeschafft.[143] Nach dem **Mauerfall** 1989 wurden in der DDR die fünf Länder wieder gegründet;[144] kurze Zeit später traten sie mit dem Einigungsvertrag der Bundesrepublik bei.[145]

89 Jedes Bundesland besitzt aufgrund des Bundesstaatsprinzips (hierzu unten Rdnr. 179 ff.) eigene **Staatlichkeit** und daher auch eine eigene Verfassung. Die Länder sind allerdings nicht vollkommen frei in der Verfassungsgebung: Landesverfassungsrecht ist gegenüber dem Grundgesetz und sonstigem Bundesrecht größtenteils nachrangig (Art. 31 GG) und muss wegen des Homogenitätsprinzips den Grundsätzen des Grundgesetzes entsprechen (hierzu oben Rdnr. 20 f.).

C. Geschichte des europäischen Rechts

90 Die in Europa seit Anfang des 20. Jahrhunderts bestehende Idee einer europäischen Staatengemeinschaft erhielt nach den Erfahrungen zweier Weltkriege neuen Zulauf. Dieser Gedanke wurde im Grundgesetz von 1949 aufgegriffen: In der Präambel war (und ist noch immer) der Wille des deutschen Volkes ausgedrückt, „als gleichberechtigtes Glied in einem vereinten Europa dem Frieden der Welt zu dienen".[146] Im gleichen Jahr wurde der Europarat gegründet, eine Vereinigung von damals zehn europäischen Staaten zur Förderung und Koordination gemeinsamer Wirtschaftspolitik.

91 Deutschland, Belgien, die Niederlande, Luxemburg, Frankreich und Italien schlossen am 18.04.1951 den Vertrag von Paris und gründeten damit die **Europäische Gemeinschaft für Kohle und Stahl** (EGKS bzw. Montanunion); am 25.03.1957 folgte die Gründung der Europäischen Atomgemeinschaft (EAG bzw. Euratom) und der

142 Nr. 4 d. Genehmigungsschreibens der Militärgouverneure zum Grundgesetz vom 12. Mai 1949, im Internet abrufbar unter http://www.verfassungen.de/de/de49/grundgesetz-genehmigung 49.htm; vgl. auch BVerfGE 7, 1 ff., 8 f.; BVerfGE 19, 377 ff., 384 ff.

143 Gesetz über die weitere Demokratisierung des Aufbaus und der Arbeitsweise der staatlichen Organe in den Ländern in der Deutschen Demokratischen Republik vom 23. Juli 1952, GBl. DDR S. 613.

144 Verfassungsgesetz zur Bildung von Ländern in der Deutschen Demokratischen Republik (Ländereinführungsgesetz) v. 22.07.1990, GBl. DDR I, 51.

145 Hierzu o. Rdnr. 86.

146 S. hierzu u. Rdnr. 194a.

Europäischen Wirtschaftsgemeinschaft (EWG) mit dem EAG-Vertrag und dem EWG-Vertrag, die wegen des Ortes der Unterzeichnung auch Römische Verträge genannt werden. Alle drei Gemeinschaften zusammen wurden als **Europäische Gemeinschaften** (EG) bezeichnet. Die Zusammenschlüsse dienten in erster Linie der wirtschaftlichen Kooperation, waren aber nur ein erster Schritt auf dem Weg zu einem geeinten Europa: Von Beginn an hatten die Vertragsparteien die Absicht zur weiteren gegenseitigen Annäherung. Im Vertrag von Paris erklärten sie sich entschlossen, *„den ersten Grundstein für eine weitere und vertiefte Gemeinschaft [...] zu legen“* (Präambel).

Am 08.04.1965 schlossen die sechs EG-Gründungsstaaten den **Fusionsvertrag,** mit dem sie für die drei Europäischen Gemeinschaften zwei gemeinsame Institutionen schufen, den Rat der EG und die Kommission. In der Folgezeit gewannen die Europäischen Gemeinschaften Mitglieder hinzu und vertieften ihre Zusammenarbeit; am 07.02.1992 schlossen die mittlerweile zwölf beteiligten Staaten den **Vertrag über die Europäische Union** (EUV) in Maastricht. Dieses Abkommen errichtete das „Dach“ der Europäischen Union (EU) über den drei „Säulen“ der Zusammenarbeit. Diese **drei Säulen** waren: 92

1. die **Europäischen Gemeinschaften**, bestehend aus Euratom, EGKS und der EWG, die zugleich in EG (Europäische Gemeinschaft) umbenannt wurde;
2. die **Gemeinsame Außen- und Sicherheitspolitik** (GASP);
3. Justiz und Inneres (JI), seit 1999 **Polizeiliche und justizielle Zusammenarbeit in Strafsachen** (PJZS).

Der EU-Vertrag trat am 01.11.1993 in Kraft. In den Jahren 1997 und 2001 wurden EUV und EGV durch die Verträge von **Amsterdam** und von **Nizza** geändert und ergänzt; weitere Mitglieder kamen hinzu. Heute besteht die Europäische Union aus 27 Mitgliedstaaten. Ein Versuch, eine **Europäische Verfassung** einzuführen, scheiterte im Jahre 2005 an ablehnenden Referenden in Frankreich und den Niederlanden.

Am 05.10.2007 unterzeichneten die Regierungschefs der Mitgliedstaaten den **Vertrag von Lissabon,**[147] der nach seiner Ratifikation in allen Mitgliedstaaten[148] am 01.12.2009 in Kraft trat. Der Vertrag von Lissabon änderte die Struktur des europäischen Staatenverbundes signifikant: So wurde die Trennung der Europäischen Gemeinschaften weitgehend aufgehoben, das „Säulenmodell“ abgeschafft und eine einheitliche Europäische Union mit Rechtspersönlichkeit (Art. 47 EUV) geschaffen. Die Bedeutung des Europäischen Parlaments wurde gestärkt; deutlich mehr Politik- 93

147 ABl. EU Nr. C-83 v. 30.03.2010.

148 In Deutschland: G. v. 08.10.2008, BGBl. II, S. 1038. Als letzter Mitgliedstaat ratifizierte Tschechien. Dort wurde zuerst ein Urteil des Tschechischen Verfassungsgerichts abgewartet; s. hierzu *Ley*, JZ 2010, S. 165 ff. In Irland scheiterte ein Referendum am 12.06.2008; bei einer erneuten Abstimmung am 02.10.2009 stimmte das Volk einer modifizierten Fassung des Vertrages zu.

bereiche, u. a. weite Teile der polizeilichen Zusammenarbeit, wurden dem ordentlichen Gesetzgebungsverfahren (früher: Mitentscheidungsverfahren) unterworfen (Art. 294 AEUV). Neue Organe wurden geschaffen, z. B. der Präsident des Europäischen Rates (Art. 15 EUV) und der Hohe Vertreter für Außen- und Sicherheitspolitik (Art. 18 EUV). Die Europäische Grundrechtecharta wurde für verbindlich erklärt (Art. 6 Abs. 1 EUV). Erstmals wurde den Mitgliedstaaten ein Austrittsrecht ausdrücklich eingeräumt (Art. 50 EUV) und vom Vereinigten Königreich mit dem „Brexit" zum 31.01.2020 auch wahrgenommen. Das Bundesverfassungsgericht hat die Teilnahme Deutschlands an dieser reformierten EU gebilligt.[149]

149 BVerfGE 123, 267 ff.; siehe hierzu *Mayer*, JuS 2010, 189 ff.; *Isensee*, ZRP 2010, 33 ff. sowie unten Rdnr. 185 ff.

3. Kapitel: Grundlagen der deutschen Verfassung

Das Grundgesetz, die Verfassung der Bundesrepublik Deutschland, enthält fünf Verfassungsgrundsätze (auch „Staatsstrukturprinzipien“[150] genannt), die für das Erscheinungsbild unseres Staates wesentlich sind. Danach ist Deutschland eine **Demokratie**, ein **Rechtsstaat**, ein **Sozialstaat**, ein **Bundesstaat** und eine **Republik**. Diese Prinzipien sind teilweise unabänderlich; auch bei einer Grundgesetzänderung dürfen die in ihnen enthaltenen Grundsätze nicht beseitigt werden (Art. 79 Abs. 3 GG, siehe hierzu unten Rdnr. 321 ff.). 94

Die **verfassungsrechtliche Herleitung** der Grundsätze ist umstritten. Teilweise ergeben sie sich aus dem knappen Wortlaut des Art. 20 GG, teilweise findet man ihre Elemente über verschiedene Normen des Grundgesetzes verstreut. In weiten Teilen allerdings haben die Verfassungsgrundsätze, insbesondere das Rechtsstaats- und das Demokratieprinzip, ihre heutige Gestalt durch Auslegung des Bundesverfassungsgerichts und der Rechtswissenschaft erhalten. 95

Die Verfassungsgrundsätze (mit Ausnahme des Bundesstaatsprinzips) gelten nicht nur für den Bund, sondern wegen des in Art. 28 Abs. 1 S. 1 GG enthaltenen **Homogenitätsprinzips** auch für die Länder. Den **Gemeinden** schreibt Art. 28 Abs. 1 S. 2 GG vor, dass sie eine demokratisch gewählte Vertretung haben müssen. Die innere Ordnung der politischen **Parteien** muss demokratischen Grundsätzen entsprechen (Art. 21 Abs. 1 S. 3 GG). 96

---

150 *Katz*, Staatsrecht, S. 72.

§ 8 Demokratieprinzip

97 Art. 20 Abs. 1 GG ist zu entnehmen, dass die Bundesrepublik Deutschland ein „demokratischer“ Staat ist. Träger der Staatsgewalt in Deutschland ist laut Grundgesetz also das Volk.[151]

98 Art. 20 Abs. 2 S. 1 GG enthält eine Konkretisierung des Demokratieprinzips, nämlich das Bekenntnis, dass alle Staatsgewalt vom Volke ausgeht – gemeint ist das deutsche Volk, also alle deutschen Staatsbürger im Sinne des Art. 116 Abs. 1 GG;[152] auf Bundesebene ist damit eine demokratische Beteiligung ausländischer Staatsangehöriger unzulässig, da sie die Souveränität des deutschen Volkes schwächen würde. Die Landesverfassungen enthalten überwiegend ähnliche Vorschriften;[153] das Homogenitätsprinzip würde allerdings einer entsprechenden Ausweitung des Wahlrechts der Länder durch Verfassungsänderung nicht entgegenstehen.[154]

Das grundgesetzliche Bekenntnis zur Demokratie bedeutet, dass die Einführung einer Monokratie oder einer Aristokratie untersagt ist (zu den Begriffen s. o. Rdnr. 59). In Art. 20 Abs. 2 S. 1 GG ist außerdem festgehalten, wie das Volk seine Staatsgewalt ausübt: *In* Wahlen und Abstimmungen, *durch* besondere staatliche Organe der drei Gewalten (Legislative, Exekutive, Judikative). Die Formulierung *„durch“* gebietet die Einführung von Elementen einer **repräsentativen Demokratie**: Das Volk übt die Staatsgewalt grundsätzlich nicht selbst aus, sondern bedient sich hierzu bestimmter Organe.

99 Das Demokratieprinzip verpflichtet die **staatlichen Organe.** Privatrechtliche Organisationen oder einzelne Bürger sind nicht daran gebunden. Das Demokratieprinzip gebietet deshalb z. B. nicht die in der Bundesrepublik praktizierte betriebliche Mitbestimmung. Art. 21 Abs. 1 S. 3 GG bestimmt allerdings, dass die innere Ordnung von **Parteien** demokratischen Grundsätzen entsprechen muss – unter anderem muss die Parteispitze von den Parteimitgliedern auf Zeit gewählt werden. Eine hierarchisch organisierte „Führerpartei“ ohne Einwirkungsmöglichkeit der Parteimitglieder auf die Spitze oder eine Ein-Personen-Partei wie Geert Wilders' „Partij voor de Frijheid“ wäre verfassungswidrig.[155]

100 Der einzelne Bürger kann Verletzungen demokratischer Grundsätze – zumindest auf Bundesebene – mit der **Verfassungsbeschwerde** rügen, da diese ihn in seinem

151 Zur Demokratie als Staatsform s. o. Rdnr. 59. Siehe auch *Pieroth*, JuS 2010, 473 ff.

152 BVerfGE 83, 60 ff., 71; *Magiera*, in: *Sachs*, GG, Art. 38 Rdnr. 11; krit. *Meyer*, HdbStR III, § 46 Rdnr. 7 f.

153 Art. 3 Abs. 1 SächsVf., Art. 30 Abs. 1 Verf. NRW, Art. 14 Abs. 1 BayVerf.; vgl. aber Art. 22 Abs. 1 S. 2. LVerf Bbg: Beteiligung „anderer Einwohner“, „sobald und soweit“ das GG es zulässt.

154 BVerfGE 77, 1 ff., 40.

155 Zum Parteienverbotsverfahren vgl. u. Rdnr. 450 ff.

Wahlrecht betreffen (Art. 38 Abs. 1 S. 1 GG); dieses ist ein grundrechtsgleiches Recht.[156]

A. Demokratische Legitimation

101 Die staatlichen Organe müssen **demokratisch legitimiert** sein, d.h. das Volk muss effektiven Einfluss auf die Ausübung der Staatsgewalt durch diese Organe besitzen,[157] nur dann übt es Staatsgewalt *durch* sie aus.

Zwischen dem Volk und den staatlichen Organen muss eine **Legitimationskette** bestehen, deren Stärke je nach handelndem Organ unterschiedlich ausfallen kann.[158] Die **Legislative** (der Bundestag) ist demokratisch hinreichend legitimiert, weil sie unmittelbar vom Volk gewählt wird. Die in Art. 38 Abs. 1 GG niedergelegten **Wahlrechtsgrundsätze** der allgemeinen, gleichen, freien, geheimen und öffentlichen Wahl (hierzu sogleich Rdnr. 103ff.) sind Bestandteil des Demokratieprinzips. Die **Exekutive** ist auf Bundesebene dadurch demokratisch legitimiert, dass der Bundeskanzler als Regierungschef von diesem Parlament gewählt wird (s. Art. 63, 64 GG; hierzu unten Rdnr. 207). Vom Bundeskanzler leitet sich dann die gesamte Bundesverwaltung (oberste Bundesbehörden und nachgeordnete Behörden) ab. Die **Judikative** gilt als hinreichend durch die Richterwahlausschüsse legitimiert (s. Art. 95 Abs. 2, 98 Abs. 4 GG). Das Demokratieprinzip ist durch die **Mitgliedschaft in einer supranationalen Vereinigung** (Europäische Union) nicht verletzt, Voraussetzung ist aber, dass eine vom Volk ausgehende Legitimation und Einflussnahme innerhalb des Staatenverbundes gesichert ist.[159]

Das Demokratieprinzip verlangt nicht die Unterwerfung sämtlicher gesellschaftlicher Geschehnisse im Staat unter den Volkswillen. Insbesondere erfordert es keine „**Demokratisierung**" von Wirtschaftsgütern. Staat und Gesellschaft sind prinzipiell zu unterscheiden, wenn auch vielfältig miteinander verbunden.[160]

B. Mehrheitsprinzip

102 In der Demokratie ist es kaum denkbar, dass alle Bürger mit einer Entscheidung gleichermaßen einverstanden sind. Für die Legitimität staatlicher Entscheidungen ist es hinreichend, aber auch erforderlich, dass sie vom **Willen der Mehrheit** getragen werden. Dieses grundsätzliche Erfordernis ist im Mehrheitsprinzip niedergelegt.[161]

156 BVerfGE 123, 267ff., 340; *Murswiek*, JZ 2010, 702ff., 704. Zum Wahlrecht s.u. Rdnr. 750; zur Verfassungsbeschwerde s.u. Rdnr. 352ff.
157 BVerfGE 83, 60ff., 71f.; BVerfGE 123, 267ff., 340.
158 *Gramlich*, ZAR 1989, 51ff.
159 BVerfGE 89, 155ff., 184; BVerfGE 123, 267ff., 370ff. Siehe auch u. Rdnr. 187.
160 *P. Kirchhof*, in: HdbStR V § 99 Rdnr. 31ff.
161 Ausf. *Gusy*, AöR 106 (1981), 329ff.

Nicht jede einzelne staatliche Entscheidung muss unmittelbar von einer Bürgermehrheit getroffen werden, was bei 84,4 Millionen Einwohnern, davon ca. 71 Millionen Deutschen[162] auch kaum machbar wäre. Die staatlichen Entscheidungen müssen sich aber auf eine Mehrheit zurückführen lassen.

Das Mehrheitsprinzip gilt nicht uneingeschränkt. Eine staatliche Maßnahme ist nicht schon dann legitim, wenn sie von einer Mehrheit getroffen wird. Sie muss die Rechte der Minderheit und der einzelnen Individuen beachten. Ansonsten droht eine **Tyrannei der Mehrheit.**[163] Das Grundgesetz schützt die Minderheitenrechte insbesondere durch die Grundrechte und das Rechtsstaatsprinzip.

C. Wahlen

103 Das Grundgesetz gewährleistet die demokratische Legitimation des Staates durch Wahlen. Zwei grundlegende Wahlsysteme sind dabei denkbar: Die Mehrheitswahl und die Verhältniswahl. Bei der **Mehrheitswahl** wird das Wahlgebiet in Wahlkreise eingeteilt und in jedem Wahlkreis (mindestens) ein Kandidat gewählt. Die siegreichen Kandidaten ziehen in das Parlament ein, die unterlegenen bleiben außen vor. Bei der **Verhältniswahl** hingegen treten Parteien zur Wahl an; das Parlament wird entsprechend dem Wahlergebnis mit Vertretern der verschiedenen Parteien bestückt. Das Grundgesetz gibt dem Gesetzgeber kein Wahlsystem vor, es enthält jedoch Einschränkungen für seine konkrete Ausgestaltung. Das derzeitige Wahlsystem zum Bundestag ist eine Mischform aus beiden Varianten (s. u. Rdnr. 217 ff.).

Bestandteil des Demokratieprinzips sind die **Wahlrechtsgrundsätze:** Der Bundestag setzt sich aus Abgeordneten zusammen, die gemäß Art. 38 Abs. 1 GG *„in allgemeiner, unmittelbarer, freier, gleicher und geheimer Wahl gewählt"* werden. Hinzugekommen ist mit neuerer Rechtsprechung des Bundesverfassungsgerichts der Grundsatz der Öffentlichkeit der Wahl.[164]

1. Allgemeinheit der Wahl

104 Grundsätzlich muss **jeder Deutsche** – weiblich, männlich und divers[165] – an den Wahlen teilnehmen können, sowohl als Wähler (aktives Wahlrecht) als auch als Kandidat (passives Wahlrecht). Nicht ausgeschlossen ist eine Begrenzung des allgemeinen Wahlrechts aus *„zwingenden Gründen"*,[166] z. B. – so die h. M. – bei

162 Statistisches Bundesamt, Anteil ausländischer Bevölkerung (Stand 31.12.2022) https://www.destatis.de/DE/Themen/Gesellschaft-Umwelt/Bevoelkerung/Migration-Integration/_inhalt.html

163 Begriff bei *Mill*, Über die Freiheit (1859), Ausgabe Stuttgart 1974, S. 8 ff.

164 Zu den Wahlrechtsgrundsätzen ausführlich *Voßkuhle/Kaufhold*, JuS 2013, 1078 ff.

165 Eingeführt durch Gesetz zur Änderung der in das Geburtenregister einzutragenden Angaben v. 18.12.2018, BGBl. I, S. 2635; vorausgehend BVerfGE 147, 1 ff. v. 10.10.2017 – Geschlechtsidentität.

166 BVerfGE 28, 220 ff., 225.

Minderjährigen (Art. 38 Abs. 2 GG), bei Inkompatibilität mit anderen Ämtern (Art. 55 Abs. 1, 94 Abs. 1 S. 3, 137 Abs. 1 GG) oder bei Entmündigung, vorläufiger Vormundschaft oder Pflegschaft (heute: Betreuung, §§ 1896 ff. BGB),[167] bei Wahlrechtsentzug infolge Richterspruchs oder bei dauerndem Aufenthalt im Ausland.[168]

2. Unmittelbarkeit der Wahl

Der Wähler selbst muss die Abgeordneten **unmittelbar** bestimmen können: Die Entscheidung des Wählers muss ohne weiteren Willensakt (etwa die Einschaltung von Wahlmännern) zur Wahl des Kandidaten führen. Zulässig ist allerdings die sog. Listenwahl, also eine Wahl, bei der nicht einzelne Kandidaten, sondern Parteilisten gewählt werden, da hier die Kandidaten und die unabänderliche Reihenfolge in der Liste schon vor der eigentlichen Wahlhandlung feststehen.[169] Umstritten ist die Verfassungsmäßigkeit des § 48 Abs. 1 S. 3 BWahlG: Nach dieser Vorschrift bleiben bei der Listennachfolge jene Listenanwärter unberücksichtigt, die zwischenzeitlich aus der Partei ausgeschieden sind – u. a. auch jene, die von der Partei ausgeschlossen wurden.[170] In der Tat steht hier ein weiterer Willensakt zwischen Wählerstimme und Bestellung des Kandidaten, so dass diese Regelung kritisch zu sehen ist. 105

3. Freiheit der Wahl

Alle Wähler sind **frei** in ihrer Entscheidung, *wen* sie wählen und *ob* sie überhaupt wählen gehen. Eine allgemeine Wahlpflicht, wie sie in Belgien, Luxemburg oder Griechenland besteht, wäre mit Art. 38 Abs. 1 GG nicht zu vereinbaren. Zur Freiheit der Wahl gehört auch die Freiheit von Beeinflussungen, die die Entscheidungsfreiheit ernstlich beeinträchtigen. Solche Handlungen sind in §§ 108 ff. StGB unter Strafe gestellt (Wählernötigung, Wählertäuschung, Wählerbestechung). Den Staatsorganen ist es untersagt, am Wahlkampf teilzunehmen.[171] Dies schließt nicht aus, dass Regierungsmitglieder als Parteimitglieder für ihre eigene Partei werben; sie dürfen es allerdings nicht im Amt tun. 106

167 Hier hat das BVerfG jedoch enge Grenzen gezogen; siehe BVerfG, NJW 2019, 1201 ff., 1209.

168 BVerfGE 36, 139 ff., 140 f.

169 *Ipsen*, Staatsrecht I, § 4 Rdnr. 17.

170 Für die Verfassungskonformität dieser Vorschrift *Ipsen*, Staatsrecht I, § 4 Rdnr. 17, *Austermann*, in: *Schreiber* BWahlG, § 48 Rdnr. 12; BVerfGE 7, 63 ff., 71 ff. Dagegen in den Fällen des Parteiausschlusses *Erichsen*, Jura 1983, 640 ff.; zum Ganzen siehe auch *Jarass*, in: *Jarass/Pieroth*, GG, Art. 38 Rdnr. 28 m. w. N.

171 Zur Bundesregierung im Wahlkampf siehe BVerfGE 44, 125 ff., 144 ff.

4. Gleichheit der Wahl

107 Die Wahlen müssen gleich sein; das Wahlrecht muss **möglichst in formal gleicher Weise** ausgeübt werden können.[172] Die Stimme jedes Wahlberechtigten muss den gleichen Zählwert und die gleiche rechtliche Erfolgschance haben.[173] **Zählwertgleichheit** besteht, wenn jeder Wahlberechtigte die gleiche Stimmenzahl besitzt und wenn er seine Stimme wie jeder andere seiner Gruppe abgeben kann.[174] **Gleiche Erfolgschancen** liegen vor, wenn jede gültige Stimme ebenso bewertet wird wie alle anderen Stimmen; dem einzelnen Wähler darf also nicht aus Gründen, die in seiner Person liegen, ein unterschiedlich starker Einfluss auf das Wahlergebnis eingeräumt werden.[175] Einen absolut gleichen **Erfolgswert** kann ein Wahlsystem in der Massengesellschaft nicht garantieren: Sind die Wahlkreise nicht exakt gleich groß, haben die Stimmen in den verschiedenen Wahlkreisen einen unterschiedlich starken Einfluss auf das Wahlergebnis. Bei Mehrheitswahlen sind darüber hinaus all jene Stimmen erfolglos, die für unterlegene Kandidaten abgegeben wurden. So gibt es einen – allerdings eng bemessenen – **Differenzierungsspielraum**, der Abweichungen von der Gleichheit nur aus einem *„zwingenden Grund"*[176] gestattet. „Zwingend" sind Gründe allerdings bereits dann, wenn sie *„durch die Verfassung legitimiert und von einem Gewicht sind, das der Wahlgleichheit die Waage halten kann"*; letztendlich genügen also *„zureichende"*, *„aus der Natur des Sachbereichs der Wahl der Volksvertretung sich ergebende Gründe"*.[177]

Mit dem Grundsatz der Gleichheit vereinbar sind z. B. **Sperrklauseln** („5-Prozent-Hürde"[178]), allerdings nicht bei Kommunalwahlen[179] und den Europawahlen nach derzeitigem Wahlsystem,[180] die Briefwahl[181] und, in bestimmten Grenzen, sog. **„Überhangmandate"**.[182]

108 Für das passive Wahlrecht bedeutet Gleichheit der Wahl, dass alle Wahlbewerber (und die Parteien) ein Recht auf **Chancengleichheit** bei Wahlen besitzen (siehe Rdnr. 782). Dies gilt auch für alle Geschehnisse rund um die Wahlen, z. B. für das Wahlvorschlagsrecht, die Wahlwerbung, den Wettbewerb um Spenden und die Wahlkampfkostenerstattung.

172 BVerfGE 121, 266 ff., 295.
173 BVerfGE 95, 408 ff., 417.
174 BVerfGE 34, 81 ff., 99 f.
175 BVerfGE 34, 81 ff., 99 f.
176 BVerfGE 120, 82 ff., 106 f.; BVerfGE 121, 266 ff., 297.
177 BVerfGE 121, 266 ff., 297 f.
178 BVerfGE 82, 322 ff., 337 ff.
179 BVerfGE 120, 82 ff., 109 ff.
180 BVerfG NVwZ 2014, 439 ff.
181 BVerfG NVwZ 2013, 1272 ff.; BVerfGE 21, 200 ff., 204 f. Übungsfall: *Kircher/Nagel/Thümmler/Washausen*, JURA 2014, 436 ff.
182 BVerfGE 95, 335, 348 ff.; hierzu auch unten Rdnr. 222e.

5. Geheimheit der Wahl

Die Wahlentscheidung eines Wählers ist geheim; sie darf **nicht beobachtet** und **nicht nachträglich rekonstruiert** werden. Der Staat muss die entsprechenden Vorkehrungen hierfür treffen, z. B. durch die Einrichtung blicksicherer Wahlkabinen. Wegen des Gebots der geheimen Wahl kann der Wahlberechtigte seine Stimme nur höchstpersönlich abgeben; er darf keinen Vertreter zur Wahl schicken. Auch die gerichtliche Beweiserhebung über eine Wahlentscheidung ist nicht zulässig.[183] Der Wähler darf allerdings seine Wahlentscheidung freiwillig offenbaren. 109

6. Öffentlichkeit der Wahl

Im Jahr 2008 fügte das Bundesverfassungsgericht den Wahlrechtsgrundsätzen 109a des Art. 38 Abs. 1 S. 1 GG einen weiteren hinzu. Die **Öffentlichkeit der Wahl**, so das Gericht, sei *„Grundvoraussetzung für eine demokratische politische Willensbildung"*.[184] Später ergänzte das Gericht, der Öffentlichkeitsgrundsatz ergebe sich aus den *„verfassungsrechtlichen Grundentscheidungen für Demokratie, Republik und Rechtsstaat (Art. 38 i. V. m. Art. 20 Abs. 1 und Abs. 2 GG)"*.[185] Damit wurde zu einem verfassungsrechtlichen Prinzip ausgebaut, was das Gericht zuvor aus dem Grundsatz der Wahlgleichheit abgeleitet hatte, nämlich die Verpflichtung des Staates, durch geeignete Regelungen *„den typischen Ursachen von Zählfehlern entgegenzuwirken"*, aus der sich ergebe, dass er ein Verfahren schaffen müsse, *„das es erlaubt, Zweifeln an der Richtigkeit der von den Wahlorganen vorgenommenen Stimmenauszählung nachzugehen und erforderlichenfalls das Wahlergebnis richtigzustellen sowie die Sitzverteilung zu korrigieren."*[186]

Der Öffentlichkeitsgrundsatz verlangt die öffentliche **Überprüfbarkeit** aller *„wesentlichen Schritte"* der Wahl, insbesondere der Wahlhandlung und der Ermittlung des Wahlergebnisses, sofern nicht andere Verfassungsprinzipien entgegenstehen.[187] Ein solches ist die Geheimheit der Wahl. Hierin erkennt das Bundesverfassungsgericht allerdings kein *„Spannungsfeld"*: Für eine geheime Wahl notwendig sei die unbeobachtete *„Erzeugung der Stimme"*, im Übrigen gelte der Öffentlichkeitsgrundsatz.[188]

183 BVerwGE 49, 75 ff., 76 = NJW 1976, 259 f.

184 BVerfGE 121, 266 ff., 291.

185 BVerfGE 123, 39 ff., 68 – Wahlcomputer. Kritisch zu dieser Herleitung *Patella*, Jura 2009, S. 776 ff., 778 ff.

186 BVerfGE 85, 148 ff., 158.

187 BVerfGE 123, 39 ff., 70.

188 BVerfGE 123, 39 ff., 76. Im Ergebnis ähnlich *Maurer*, Staatsrecht I, S. 379: Der Grundsatz der geheimen Wahl ist ein materieller Wahlrechtsgrundsatz, der Grundsatz der Öffentlichkeit ein Verfahrensgrundsatz.

D. Abstimmungen

110 Neben den Wahlen sind gemäß Art. 20 Abs. 2 S. 2 GG auch **Abstimmungen** möglich.[189] Während der Bürger bei Wahlen für oder gegen Personen stimmt, äußert er sich bei einer Abstimmung zu einer Sachfrage, z. B. zur Frage, ob ein bestimmtes Gesetz erlassen werden soll. Unterschieden wird zwischen Volksbefragung, Volksbegehren und Volksentscheid. Die **Volksbefragung** ist eine staatlich durchgeführte, aber unverbindliche Erhebung der Meinung des Volkes in einem förmlichen Verfahren. Ein **Volksbegehren** (auch: Volksinitiative) ist eine vom Volk ausgehende Initiative zur Durchsetzung einer Sachfrage, gerichtet darauf, einen Volksentscheid durchzuführen oder eine parlamentarische Befassung zu erzwingen. Der **Volksentscheid** schließlich ist die bindende Entscheidung des Volkes über eine Sachfrage.

Kein Abstimmungsrecht ist das **Petitionsrecht**: Jeder Bürger kann sich mit Petitionen an die zuständigen Stellen und an das Parlament wenden (Art. 17 GG) und hat einen Anspruch auf sachliche Prüfung[190], allerdings nicht auf Durchsetzung seiner Petition. Das Petitionsrecht an den Bundestag ist in §§ 108 ff. der Geschäftsordnung des Bundestages (GOBT) geregelt.

111 Das Grundgesetz sieht nur in einem einzigen Fall die Zulässigkeit von Abstimmungen vor: Bei einer Neugliederung des Bundesgebietes (Art. 29 GG) werden die Instrumente Volksbegehren, Volksbefragung und Volksentscheid eingesetzt. Nach h. M. sollen in allen anderen Fällen **Abstimmungen auf Bundesebene** unzulässig sein; diese könnten nur durch Grundgesetzänderung etabliert werden.[191] Ob ein staatliches Organ zumindest eine unverbindliche, aber offizielle **Volksbefragung** durchführen darf, ist ebenfalls umstritten;[192] Inzwischen spricht sich die herrschende Meinung dafür aus, auch auf Bundesebene mehr Möglichkeiten der direkten Demokratie zu ermöglichen.[193]

In den meisten **Bundesländern** bestehen umfangreichere Möglichkeiten der direkten Demokratie. Das Volk hat dort Initiativ- und überwiegend auch Abstimmungsrechte für alle möglichen Gegenstände der Landesgesetzgebung, ausgenommen sind zumeist ausgabenrelevante Gebiete wie Abgabenrecht und Haushalt. Große Unterschiede bestehen bei den Quoren, d. h. bei den notwendigen Mindestteilnehmerzahlen (lat. *quorum:* „von denen"): In Hamburg benötigt der erste Schritt der Bürgerbeteiligung, die sog. Volksinitiative, die Stimmen von lediglich 10.000 Wahl-

189 Verfassungsrechtlich nötig sind sie hingegen nicht, vgl. *Engelken*, DÖV 2013, 301 ff.

190 BVerfGE 2, 225 ff., 230.

191 *Ipsen*, Staatsrecht I, § 4, Rdnr. 71; diff. *Jarass* in: *Jarass/Pieroth*, GG, Art. 20, Rdnr. 6 f.

192 Dafür etwa: *Greszick*, in: *Dürig/Herzog/Scholz*, GG, Art. 20 II, Rdnr. 116; *Jarass*, in: *Jarass/Pieroth*, GG, Art. 20, Rdnr. 6; a. A. Krause, HdbStR III, § 35 Rdnr. 18 f.

193 *Ipsen*, Staatsrecht I, § 4, Rdnr. 74; *Kühling*, JuS 2009, 777 ff. Ausführlich zu Pro und Contra *Maurer*, Staatsrecht I, S. 193 ff.

berechtigten (Art. 50 Abs. 1 S. 3 Verf. Hmb.). Parlaments- oder Volksentscheide können dort mit dem Volksbegehren erzwungen werden, wofür ein Zwanzigstel der Wahlberechtigten notwendig ist (Art. 50 Abs. 2 S. 8 Verf. Hmb.). Dagegen wird in Baden-Württemberg für Volksbegehren die Zustimmung von einem Zehntel der Wahlberechtigten benötigt (Art. 59 Abs. 3 S. 4 Verf. BW); man braucht dort also ca. 770.000 Bürger, wobei für den Antrag auf ein Volksbegehren lediglich 10.000 Unterschriften von in Baden-Württemberg Wahlberechtigten benötigt werden (§ 27 Abs. 4 VAbstG BW[194]). Für einen Volksantrag an den Landtag mit der Folge, dass sich der der Landtag mit dem Volksantrag zu befassen hat, müssen mindestens 0,5 % der Wahlberechtigten unterschreiben (§ 42 Abs. 3 Satz 1 VAbstG BW), also ca. 38.500 Personen.

In der **Europäischen Union** gibt es keinen Volksentscheid, seit dem Vertrag von Lissabon allerdings eine europäische Bürgerinitiative (Art. 11 Abs. 4 EUV). Diese benötigt ein Quorum von einer Million Bürgern aus einer *„erheblichen Anzahl von Mitgliedstaaten“*.[195] Hat sie Erfolg, kann sie die EU-Kommission dazu zwingen, *„Vorschläge für Themen“* zu unterbreiten (Art. 11 Abs. 4 EUV). Die Initiative hat also nicht die Möglichkeit, ein Verfahren zur Umsetzung konkreter Rechtsakte anzustoßen.

E. Streitbare Demokratie, freiheitlich-demokratische Grundordnung

Die Demokratie im Sinne des Grundgesetzes wird als **„streitbare Demokratie“** be- 112
zeichnet.[196] Angriffe gegen die **freiheitlich-demokratische Grundordnung** können unter bestimmten Voraussetzungen sanktioniert und die Angreifer in ihren Rechten eingeschränkt werden (Art. 9 Abs. 2, 18, 20 Abs. 4, 21 Abs. 2, 61 Abs. 1, 98 Abs. 2 GG), außerdem besteht ein **Widerstandsrecht** gegen jeden, der diese Grundordnung beseitigen will (Art. 20 Abs. 4 GG, s. u. Rdnr. 746 ff.).

Die **freiheitlich-demokratische Grundordnung** ist grundgesetzlich nicht definiert. Nach 113
dem Bundesverfassungsgericht ist die freiheitlich-demokratische Grundordnung eine Ordnung, *„die unter Ausschluss jeglicher Gewalt- und Willkürherrschaft eine rechtsstaatliche Herrschaftsordnung auf der Grundlage der Selbstbestimmung des*

194 Gesetz über Volksabstimmung, Volksbegehren und Volksantrag (Volksabstimmungsgesetz – VAbstG) in der Fassung vom 20. Juni 2016, zuletzt geänd. durch Artikel 5 des Gesetzes vom 17. Dezember 2020 (GBl. S. 1255, 1267).

195 Siehe Art. 2 Abs. 1 der Verordnung (EU) Nr. 211/2011 des Europäischen Parlaments und des Rates vom 16. Februar 2011 über die Bürgerinitiative, ABl. EU L 65, S. 1. Art. 7 der Verordnung sieht eine Mindestzahl an Unterzeichnern pro Mitgliedstaat vor, die im Anhang I aufgeführt sind; für Deutschland wären dies 74.250 Wahlberechtigte (Anhang I).

196 BVerfGE 80, 244 ff., 253; ausf. *Papier/Durner*, AöR 128, 340 ff.

Volkes nach dem Willen der jeweiligen Mehrheit und der Freiheit und Gleichheit darstellt." Zu dieser Ordnung zählten *„mindestens"*:[197]

- die Achtung vor den im Grundgesetz konkretisierten Menschenrechten, vor allem vor dem Recht der Persönlichkeit auf Leben und freie Entfaltung,
- die Volkssouveränität,
- die Gewaltenteilung,
- die Verantwortlichkeit der Regierung,
- die Gesetzmäßigkeit der Verwaltung,
- die Unabhängigkeit der Gerichte,
- das Mehrparteienprinzip,
- die Chancengleichheit für alle politischen Parteien mit dem Recht auf verfassungsmäßige Bildung und Ausübung einer Opposition.

Die freiheitlich-demokratische Grundordnung ähnelt damit dem änderungsfesten Verfassungskern, der von der Ewigkeitsgarantie des Art. 79 Abs. 3 GG absolut geschützt wird, ist aber nicht mit ihm identisch.[198] Eine Aufzählung der genannten Merkmale enthält § 4 Abs. 2 BVerfSchG. Auf die freiheitlich-demokratische Grundordnung wird im einfachen Recht verschiedentlich zurückgegriffen, so z.B. im Staatsangehörigkeitsrecht (Einbürgerungsvoraussetzung gemäß § 10 Abs. 1 Satz 1 Nr. 1 StAG) oder im Beamtenrecht (Voraussetzung der Ernennung gemäß § 7 Abs. 1 Satz 1 Nr. 2 BBG).

197 BVerfGE 2, 1 ff., 68 f.

198 Hierzu unten Rdnr. 322 f. *Maurer*, Staatsrecht I, S. 794 f. spricht von inhaltlicher Deckung. Dies geht zu weit: Die grundlegenden Elemente des Sozialstaatsprinzips gehören nicht zur freiheitlich-demokratischen Grundordnung.

§ 9 Rechtsstaatsprinzip

Der **Rechtsstaat** ist ein Staat, in dem die Ausübung staatlicher Gewalt vollständig an das Recht gebunden ist. Der Bürger steht dem Staat nicht als Untertan, sondern als Rechtssubjekt mit eigenen Rechten und Pflichten gegenüber. 114

Das Rechtsstaatsprinzip ist verfassungsrechtlich besonders schwierig zu verorten. Es ist im Gegensatz zu den anderen Prinzipien in Art. 20 Abs. 1 GG nicht ausdrücklich genannt, seine **verfassungsrechtliche Herleitung** deshalb umstritten. Das Bundesverfassungsgericht hat sich mehrmals umentschieden: Zunächst hat es das Prinzip aus dem Inhalt des Art. 20 Abs. 3 GG sowie aus einer Zusammenschau der Verfassungsbestimmungen in Art. 1 Abs. 3, 19 Abs. 4, 28 Abs. 1 GG und aus der *„Gesamtkonzeption des Grundgesetzes"* hergeleitet;[199] später hat es festgestellt, das Rechtsstaatsprinzip sei in Art. 20 Abs. 3 GG enthalten.[200] Mittlerweile verzichtet es zuweilen auf eine Herleitung.[201] Im Schrifttum ist die Frage umstritten. Überwiegend wird mit der älteren verfassungsgerichtlichen Rechtsprechung davon ausgegangen, dass das Rechtsstaatsprinzip aus der grundgesetzlichen Gesamtkonzeption abgeleitet werden kann.[202] Der praktische Nutzen dieses Theorienstreits ist gering. Das Rechtsstaatsprinzip ist ein Bündel verfassungsrechtlicher Prinzipien, die auf dem Rechtsstaatsgedanken beruhen, und die entweder im Grundgesetz ausdrücklich genannt sind oder sich aus seiner Konzeption ergeben. Seine Existenz ist unbestritten. Das Grundgesetz setzt den Rechtsstaat voraus, er wird in Art. 28 Abs. 1 GG ausdrücklich erwähnt (siehe auch Art. 23 Abs. 1 S. 1, Art. 16 Abs. 2 S. 2 GG). 115

Die einzelnen **Elemente des Rechtsstaatsprinzips** sind die prinzipielle Gewährleistung persönlicher Grundrechte, das Prinzip der Gewaltenteilung, die Rechtssicherheit, der Rechtsschutz, der Grundsatz der Verhältnismäßigkeit und das Widerstandsrecht. 116

Das Rechtsstaatsprinzip enthält den **Auftrag an die staatliche Gewalt**, für seine Konkretisierung zu sorgen. Wegen der *„Weite und Unbestimmtheit"* des Rechtsstaatsprinzips empfiehlt das Bundesverfassungsgericht allerdings *„Behutsamkeit"* bei der Ableitung konkreter staatlicher Bindungen. Verletzt sei das Rechtsstaatsprinzip dann nicht, wenn die angegriffenen Maßnahmen in der verfassungsmäßigen Ord- 117

199 BVerfGE 2, 380, 403; ähnlich BVerfGE 30, 1 ff., 24.

200 BVerfGE 35, 41 ff., 47; BVerfGE 123, 148 ff.; BVerfG DVBl. 2009, 1164 ff.; BVerfG NJW 2009, 3417 ff., 3417.

201 Vgl. BVerfGE 107, 395 ff., 401. Siehe auch BVerfGE 103, 332 ff., 383: Das Rechtsstaatsprinzip ist in der schleswig-holsteinischen Landesverfassung zwar nicht ausdrücklich genannt, kommt aber als *„allgemeines Strukturprinzip"* zum Ausdruck.

202 *Maurer*, Staatsrecht I, S. 205.

nung begründet und ihrerseits durch den Schutz von Verfassungsgütern gerechtfertigt seien.[203]

A. Gewährleistung persönlicher Grundrechte

118 Das Rechtsstaatsprinzip erfordert die Existenz persönlicher **Grundrechte**, also verfassungsmäßig garantierter, vom Einzelnen einklagbarer Rechte (zu den Grundrechten ausführlich unten Rdnr. 507 ff.). Dies ergibt sich aus Art. 1 Abs. 3 sowie 19 Abs. 1, 2 und 3 GG, in denen die Existenz von Grundrechten vorausgesetzt wird. Das Rechtsstaatsprinzip fordert die grundsätzliche Existenz von Grundrechten, enthält aber nicht die Verpflichtung, alle heute geltenden Grundrechte aufrechtzuerhalten. Allerdings lassen sich z. B. die Justizgrundrechte (hierzu Rdnr. 167, 751 ff.) auf das Rechtsstaatsprinzip zurückführen, so dass deren Abschaffung auch das Rechtsstaatsprinzip verletzen würde.

B. Gewaltenteilung

119 Der Grundsatz der Gewaltenteilung (ungenau: Gewaltentrennung) besagt, dass in einem Staat die **Staatsgewalt auf mehrere Träger verteilt** sein soll, um eine unerwünschte Machtkonzentration zu verhindern und eine Teilhabe vieler an der Macht zu verwirklichen. Er ist notwendige Bedingung des Rechtsstaats: Ein Staat, der Recht setzt, zugleich aber selbst an Gesetz und Recht gebunden ist, der also *„Herr und Untertan des Rechts zugleich"* ist,[204] muss so organisiert sein, dass die anfallenden Aufgaben auf mehrere Organe verteilt werden. Diese Organe müssen sich gegenseitig begrenzen, kontrollieren und ergänzen.

1. Entstehung

120 Das Prinzip des innerstaatlichen Gleichgewichts der Mächte wurde bereits in der Antike entwickelt. *Polybios* befürwortete eine *„gemischte Verfassung"*: Im Staatswesen sollten sich monarchische, aristokratische und demokratische Elemente gegenseitig kontrollieren. Die heutige Form des Grundsatzes der Gewaltenteilung verdanken wir vor allem *John Locke* (1632 – 1704) und *Baron de Montesquieu* (1689 – 1755). *Locke* forderte, den Erlass und den Vollzug von Gesetzen in die Hände unterschiedlicher Personen zu legen. Der Mensch sei geneigt, nach der Macht zu greifen. Wer zugleich die Gesetze erlassen und vollziehen könne, sei versucht, sich selbst von den Gesetzen auszunehmen und die Gesetze seinem persönlichen Vorteil entsprechend zu formulieren.[205] *Montesquieu* verlangte zusätzlich eine Ge-

203 BVerfGE 111, 54 ff., 82 f.; BVerfGE 90, 60 ff., 86; BVerfGE 57, 250 ff., 276.
204 Formulierung bei *Maurer*, Staatsrecht I, S. 206.
205 *Locke*, Two Treatises of Government, 1690, II § 143.

richtsbarkeit als dritte Gewalt: *„Wenn die richterliche Gewalt mit der ausführenden Gewalt gekoppelt ist, hat der Richter die Macht des Unterdrückers"*.[206] Notwendig sei es, die Staatsgewalten miteinander zu verbinden, sie zu ordnen, zu mäßigen und dafür Sorge zu tragen, dass sie den jeweils anderen Gewalten widerstehen könnten.[207] Das gleiche Konzept der Gewaltenteilung zwischen Gesetzgebung, Vollzug und Rechtsprechung findet sich auch bei *Kant* wieder.[208]

2. Heutiger Stand

Die heutige Vorstellung von Gewaltenteilung folgt dem Modell *Montesquieus*: 121
Legislative (Gesetzgebung), **Exekutive** (vollziehende Gewalt) und **Judikative** (Rechtsprechung) müssen im Staat von unterschiedlichen, voneinander unabhängigen Organen wahrgenommen werden. Dementsprechend verlangt das Grundgesetz in Art. 20 Abs. 2 S. 2 GG, dass es für Gesetzgebung, vollziehende Gewalt und Rechtsprechung *„besondere"*, d. h. voneinander verschiedene Organe geben muss. Auch in Art. 1 Abs. 3, 20 Abs. 3 und 20a GG wird zwischen Gesetzgebung, vollziehender Gewalt und Rechtsprechung unterschieden.

Das **Grundgesetz** verpflichtet zur Einrichtung *„besonderer"* Organe, schreibt aber 122
nicht vor, dass die Gewalten vollkommen voneinander abgesondert sein müssen. Allerdings steht jeder Gewalt ein **Kernbereich** zu, der vom Einfluss der anderen Gewalten frei bleiben muss.[209]

Die **Rechtsprechung** ist wegen Art. 92 GG alleine den Richtern vorbehalten; andere 123
Staatsorgane dürfen nicht selbst Recht sprechen oder Einfluss auf die Rechtsprechung ausüben. Die Gerichte wiederum dürfen kein Recht setzen,[210] sondern nur das bestehende Recht anwenden (Art. 20 Abs. 3, Art. 97 Abs. 1 GG). Sie dürfen nicht gegen das geltende Recht urteilen, weil sie es für „rechtens" halten. Sie beantworten also nur die *Frage nach dem „ist"*, nicht die *Frage nach dem „soll"* (hierzu oben Rdnr 10f.). Dabei haben sie allerdings einen Spielraum bei der Auslegung unbestimmter Rechtsbegriffe wie z. B. den „guten Sitten" (hierzu oben Rdnr. 6) und können *„schöpferisch"* tätig werden, um Lücken in den geschriebenen Gesetzen nach den *„Maßstäben der Vernunft und den fundierten allgemeinen Gerechtigkeitsvorstellungen der Gemeinschaft"* zu schließen.[211]

206 *Montesquieu*, Vom Geist der Gesetze, 1748, XI. Buch, Kap. VI.
207 *Montesquieu*, Vom Geist der Gesetze, 1748, V. Buch, Kap. XIV.
208 *Kant* AA VI, Metaphysik der Sitten, 1797, S. 313.
209 BVerfGE 9, 268 ff., 280; *Voßkuhle/Kaufhold*, JuS 2012, 314 ff., 315.
210 Hierzu o. Rdnr. 32.
211 BVerfGE 34, 269 ff., 287.

124 Die Kernbereiche von **vollziehender Gewalt** und **Gesetzgebung** sind weniger deutlich voneinander abgegrenzt, sondern vielfach miteinander verzahnt. So wählt der Bundestag als Gesetzgebungsorgan des Bundes den Bundeskanzler, der wiederum Teil der vollziehenden Gewalt ist. Der Bundesrat, der von den Landesregierungen, also der Exekutive, besetzt wird, wirkt bei der Gesetzgebung mit. Das Grundgesetz erlaubt eine grundsätzliche Wählbarkeit von Mitgliedern der Exekutive, wie sich aus Art. 137 GG ergibt. Das Prinzip der Gewaltenteilung ist eingehalten, wenn keine Gewalt einen prinzipiellen Vorrang gegenüber den anderen Gewalten bekommt. Das Ziel ist nicht die absolute Trennung der Gewalten, sondern ihre *„gegenseitige Kontrolle und Mäßigung"*.[212]

125 Einen Überblick über die verschiedenen Staatsorgane der Bundesrepublik und ihre Zuordnung zu den drei Gewalten liefert die folgende Übersicht:

	Legislative	**Exekutive**	**Judikative**
Bund	- Bundestag - Bundesrat - Gemeinsamer Ausschuss - Bundesversammlung	- Bundesregierung (Bundeskanzler und Minister) - Bundesrechnungshof - Bundespräsident - Bundeseigene Verwaltung	- Bundesverfassungsgericht - Bundesgerichte (Art. 95, 96 GG)
Länder	- Landtage	- Landesregierungen - Verwaltungen der Länder - Gemeindeverwaltungen - Gemeindevertretungen - Bezirksvertretungen (Stadtstaaten)	- Gerichte der Länder (im Einzelnen s. Rdnr. 343)

Abbildung 3: Gewaltenteilung in der Bundesrepublik

Mehr oder weniger **umstritten** ist die Zuordnung des Bundesrechnungshofs (hierzu unten Rdnr. 295 f.) und des Bundespräsidenten (hierzu unten Rdnr. 248) zur Exekutive sowie des Bundesverfassungsgerichts zur Judikative (hierzu unten Rdnr. 286).

126 Die **Gemeindevertretungen**, obwohl nach den Wahlrechtsgrundsätzen (Art. 28 Abs. 1 S. 2 GG) vom Gemeindevolk gewählt, sind Organe der Exekutive, da sie nicht zur

212 BVerfGE 7, 183 ff., 188.

Gesetzgebung, sondern nur zur Setzung untergeordneten Rechts ermächtigt sind.[213] Das Bundesverfassungsgericht rechnet sie zwar bei Anwendung des Art. 137 GG (Inkompatibilität) der *„Legislative"* zu;[214] sie unterscheiden sich von der staatlichen Legislative aber entscheidend dadurch, dass sie keine formellen Gesetze hervorbringen können und keine „Regierung" ins Amt setzen und ihre Handlungen der Rechtsaufsicht unterliegen. Außerhalb des Art. 137 GG sind sie daher als Exekutivorgane zu behandeln.[215]

3. Gesetzmäßigkeit staatlichen Handelns

Art. 20 Abs. 3 GG bestimmt, dass die staatlichen Organe an **Gesetz und Recht gebunden** sind: Die Gesetzgebung ist an die Verfassung gebunden, die vollziehende und die rechtsprechende Gewalt an „Gesetz und Recht". Mit „Gesetz" sind in diesem Falle alle gültigen Rechtssätze (Gesetze im formellen und im materiellen Sinn[216]) gemeint.[217] Der Begriff „Recht" ist ein Hinweis darauf, dass neben den Gesetzen auch die verfassungsmäßigen Wertvorstellungen besonders zu berücksichtigen sind.[218] 127

Die Gesetzmäßigkeit staatlichen Handelns wird teilweise als eigener Unterfall des Rechtsstaatsprinzips behandelt.[219] Richtigerweise ist sie **Bestandteil der Gewaltenteilung**, denn sie betrifft vor allem die Aufteilung der Staatsgewalt auf Legislative, Judikative und Exekutive: Die Bindung des Staates an die Gesetze bedeutet seine Bindung an die Entscheidungen der gesetzgebenden Körperschaften. Die Frage, wie diese Bindung ausgestaltet sein soll und wie weit sie gehen darf, lässt sich nur innerhalb des Konzepts der Gewaltenteilung beantworten. 128

Der Grundsatz der Gesetzmäßigkeit staatlichen Handelns lässt sich in drei **Teilprinzipien** untergliedern: Vorrang der Verfassung, Vorrang des Gesetzes, Vorbehalt des Gesetzes.

a) Vorrang der Verfassung und Vorrang des Gesetzes

Der Gesetzgeber muss sich an die Verfassung halten (**Vorrang der Verfassung**). Er muss dafür sorgen, dass die formellen Gesetze auf verfassungsgemäße Weise zustande kommen und ihrem Inhalt nach nicht gegen verfassungsrechtliche Bestimmungen verstoßen. 129

---

213 *Rübenstahl*, HRRS 1/2006, 23 ff., 27 f.; BayVerfGH NVwZ 1985, 823.

214 BVerfGE 48, 64 ff., 82 f.

215 So auch BVerfGE 65, 283 ff., 289; BVerfGE 78, 344 ff., 348; BVerfGE 120, 82 ff., 112.

216 Zur Unterscheidung oben Rdnr. 24 ff.

217 *Jarass*, in: *Jarass/Pieroth*, GG, Art. 20, Rdnr. 38.

218 Hierzu oben Rdnr. 14.

219 Z. B. *Badura*, Staatsrecht, S. 424 f.

130 Gerichte und Exekutive müssen sich an die Gesetze halten (**Vorrang des Gesetzes**). Gesetze in diesem Sinne sind (in Reihenfolge der Normenhierarchie) die Verfassung sowie alle formellen Gesetze, Rechtsverordnungen und Satzungen. Die Gerichte müssen diese Gesetze anwenden, sie können keine neuen schaffen, sind jedoch zu ihrer Auslegung (s. o. Rdnr. 40 ff.) aufgefordert. Sie können unter gewissen Voraussetzungen Rechtsverordnungen und Satzungen verwerfen, wenn sie sie für rechtswidrig (d. h. für mit höherrangigem Recht unvereinbar) halten. Bundesgesetze im formellen Sinn kann nur das Bundesverfassungsgericht verwerfen (Normverwerfungsmonopol, siehe hierzu unten Rdnr. 415). Die Exekutive ist ebenfalls zur Beachtung der Gesetze verpflichtet.

b) Vorbehalt des Gesetzes

131 Der Staat darf nur aufgrund gültiger Rechtsnormen tätig werden (**Vorbehalt des Gesetzes**). Kein staatliches Organ darf „einfach so" tätig werden, sondern nur dann, wenn ein Gesetz es ihm gestattet. Der Vorbehalt des Gesetzes gilt jedoch nicht unbeschränkt. Sein Anwendungsgebiet und dessen Grenzen sind Gegenstand ständiger Diskussion.

Ein Gesetzesvorbehalt besteht dann, wenn das Grundgesetz ihn ausdrücklich vorsieht (**ausdrücklicher Gesetzesvorbehalt**). Dies ist z. B. der Fall in Art. 2 Abs. 2 S. 3, Art. 5 Abs. 2, Art. 8 Abs. 2, Art. 10 Abs. 2, Art. 80 Abs. 1 oder Art. 87 Abs. 1 S. 2 und Abs. 3 S. 1 GG.

132 Über diese ausdrücklichen Nennungen hinaus ist der Umfang des Vorbehaltes nicht abschließend geklärt. Das **Bundesverfassungsgericht** hat festgestellt, *„daß der Gesetzgeber verpflichtet ist, [...] in grundlegenden normativen Bereichen, zumal im Bereich der Grundrechtsausübung, soweit diese staatlicher Regelung zugänglich ist, alle wesentlichen Entscheidungen selbst zu treffen"* und sie nicht anderen Normgebern zu überlassen[220] – d. h. dort sind Gesetze im formellen Sinne erforderlich (**Wesentlichkeitstheorie** des Bundesverfassungsgerichts).

133 Was „wesentlich" ist, hat das Bundesverfassungsgericht in verschiedenen Entscheidungen konkretisiert. Wo Grundrechte betroffen sind, bedeutet „wesentlich" in der Regel *„wesentlich für die Verwirklichung der Grundrechte"*.[221] Je unmittelbarer der **Grundrechtsbezug** ist, umso weiter geht die Pflicht des Gesetzgebers, die erforderlichen Leitlinien selbst zu bestimmen.[222] Die Wesentlichkeit ist Kriterium für den **Anwendungsbereich** des Vorbehaltes: Vom jeweiligen Sachbereich und der Intensität

220 BVerfGE 49, 89 ff., 126; ausführlich auch BVerfGE 47, 46 ff., 78 f.; BVerfGE 77, 170 ff., 230 f.; BVerfGE 98, 218 ff., 251; zuletzt BVerfGE 150, 1 ff., 96.

221 BVerfGE 47, 46 ff., 78 f.

222 BVerfGE 108, 282 ff., 311.

der in Frage stehenden Regelung hängt ab, ob es eine gesetzliche Regelung geben muss.[223] Die Wesentlichkeit ist außerdem Kriterium für die geforderte gesetzliche **Regelungsdichte:** Je intensiver die Grundrechtsbetroffenheit ausfällt, umso mehr muss gesetzlich geregelt sein.[224] Je geringer der einzelne Grundrechtsträger betroffen ist, umso größer ist der Spielraum, den der Gesetzgeber der Verwaltung beim Gesetzesvollzug einräumen kann, z.B. durch unbestimmte Rechtsbegriffe oder eine Verordnungsermächtigung. Ob eine Frage politisch umstritten ist, hat keinen Einfluss auf die Wesentlichkeit.[225]

Beispiele: Wesentlich ist z. B. die Entscheidung für oder gegen die Zulässigkeit der friedlichen Nutzung von Kernenergie[226] sowie die Entscheidung darüber, ob an öffentlichen Schulen ein Sexualkundeunterricht eingeführt wird.[227] Nicht wesentlich ist hingegen eine Rechtschreibreform[228] sowie die Bereitstellung eines staatlichen Postzeitungsdienstes für alle Presseerzeugnisse.[229]

Bei der **Subventionsvergabe** hält das Bundesverwaltungsgericht es für ausreichend, 134
wenn die Mittel im Haushaltsplan bereitgestellt werden oder die Mittelvergabe auf einer vergleichbaren parlamentarischen Willensäußerung beruht (**Parlamentsvorbehalt**),[230] es sei denn, es sind ausnahmsweise Grundrechtspositionen Dritter betroffen.[231] Die Wesentlichkeitstheorie endet allerdings an den ausdrücklichen Verfassungsbestimmungen: Enthält das Grundgesetz eine explizite Kompetenzzuteilung an ein anderes Staatsorgan, kann nicht mit dem Hinweis auf die Wesentlichkeitstheorie eine parlamentarische Zuständigkeit begründet werden.[232]

Die Rechtsprechung des Bundesverfassungsgerichts und die dort begründete Kop- 135
pelung von Eingriffsintensität und Regelungsdichte werden in der Literatur überwiegend übernommen.[233] **Kritik** verdient allerdings der Umstand, dass das Prädikat „wesentlich" alleine genommen nahezu inhaltsleer ist und durch weitere Kriterien (Grundrechtsbezug, Intensität) spezifiziert werden muss, um eindeutige Ergebnisse zu erzielen.[234] Neben dieser Kritik im Detail gab bzw. gibt es auch Stimmen, die den Vorbehalt des Gesetzes anders definieren. Die heute nicht mehr vertretene **Lehre vom Totalvorbehalt des Gesetzes** forderte für jedes Verwaltungshandeln, ob belastend

223 BVerfGE 49, 89 ff., 126.
224 BVerfGE 58, 257 ff., 274.
225 BVerfG NVwZ 2010, 114 ff., 117; BVerfGE 150, 1 ff., 97.
226 BVerfGE 49, 89 ff., 126 – Kalkar I.
227 BVerfGE 47, 46 ff., 78 f.; vgl. VGH Mannheim DÖV 2007, 1059 ff.: Einführung des Schulfachs Französisch als erste Fremdsprache nur durch formelles Gesetz.
228 BVerfG NJW 1988, 2515 ff., 2520.
229 BVerfGE 80, 124 ff., 132.
230 BVerwG NJW 1977, 1838 f.
231 BVerwGE 90, 112 ff., 126.
232 BVerfGE 68, 1 ff., 108 f. – Raketenstationierung.
233 *Badura*, Staatsrecht, S. 436 ff.
234 So zutreffend *Maurer*, Allgemeines Verwaltungsrecht, § 6, Rdnr. 12 ff.

oder begünstigend, eine Ermächtigung durch formelles Gesetz.[235] Als unhandlich hat es sich erwiesen, zwischen **Eingriffs- und Leistungshandeln des Staates** zu unterscheiden und die Anforderungen bei Eingriffen höher, bei Leistungen geringer zu halten. Die Grenzen zwischen Eingriffen und Leistungen sind häufig nicht klar erkennbar,[236] und die Leistung zugunsten einer Person geht häufig mit einem Eingriff in die Rechte einer anderen Person einher. Die Wesentlichkeitstheorie des Bundesverfassungsgerichts ist daher trotz der genannten Bedenken diejenige Lösung, die in der Praxis am besten handhabbar ist.

136 Der Vorbehalt des Gesetzes findet seine Grenze dort, wo der **Kernbereich der Exekutive** und damit der Bereich der **gesetzesfreien Verwaltung** beginnen. Dieser Kernbereich umfasst das Handeln der Regierung bei ihren Willensbildungsprozessen und bei der Vorbereitung ihrer Entscheidungen[237] sowie in ihrer Organisationsgewalt.[238] Ferner gehört zu diesem Kernbereich die außenpolitische Entscheidungsfreiheit der Bundesregierung, soweit kein Parlamentsvorbehalt besteht.[239] Auch jenseits dieses Bereiches politischer Entscheidungsfindung wird man der Exekutive einen Spielraum zur eigenen Entscheidung gewähren müssen. Der Grundsatz der Gewaltenteilung sieht eine Beteiligung aller drei Gewalten am Staatsgeschehen vor. Ist die Legislative zur detaillierten Regelung jedes einzelnen Sachverhaltes ermächtigt, verkümmert die Exekutive zum bloßen Befehlsempfänger der Legislative – sie ist dann keine eigenständige Gewalt mehr, sondern ein untergeordnetes Organ. Deshalb kann der Grundsatz der Gewaltenteilung es gebieten, der Verwaltung einen bestimmten Spielraum zu gewähren, z. B. durch die Verwendung unbestimmter Rechtsbegriffe oder von Ermessensklauseln.

137 Die Wahrnehmung von Aufgaben durch die Exekutive ermöglicht auch einen effektiven Rechtsschutz (unten Rdnr. 161 ff.): Gegen Einzelmaßnahmen der Exekutive ist ein umfassender, mehrstufiger Rechtsschutz vor den Fachgerichten möglich, während gegen Gesetze „nur" die Verfassungsbeschwerde zulässig ist, für die einige Hürden bestehen (vgl. unten Rdnr. 376).

4. Verbot des Einzelfallgesetzes

138 Das Prinzip der Gewaltenteilung bringt es mit sich, dass Einzelfallgesetze nur im beschränkten Maße zulässig sind. Der Gesetzgeber ist dafür zuständig, allgemeine

235 *Jesch*, Gesetz und Verwaltung, 2. Auflage, Tübingen 1968, 175 ff.
236 So zutr. *Ossenbühl*, in: HdbStR V, § 101, Rdnr. 31.
237 BVerfGE 67, 100 ff., 139.
238 Zu den Grenzen vgl. VerfGH Münster NJW 1999, 1243: Keine Zusammenlegung des Innenministeriums mit dem Justizministerium ohne Gesetz, dagegen *Isensee*, JZ 1999, 1113 ff. und *Sendler*, NJW 1999, 1232 ff.
239 BVerfGE 108, 34 ff., 44.

Rechtsnormen aufzustellen, die die Exekutive dann auf den Einzelfall anwenden soll.

Allerdings sind Gesetze, die nur auf Einzelfälle bezogen werden, nicht schlechthin unzulässig. Ein besonders weitreichendes Verbot von Einzelfallgesetzen enthält **Art. 19 Abs. 1 S. 1 GG** für unmittelbar oder mittelbar grundrechtsbeschränkende Gesetze. Diese müssen *„allgemein und nicht für den Einzelfall gelten"*. Zulässig sind allerdings sog. **Anlassgesetze**: Nimmt der Gesetzgeber eine Reihe von Einzelfällen zum Anlass für eine gesetzliche Regelung, liegt kein unzulässiges Einzelfallgesetz vor, sofern die Regelung geeignet ist, eine unbestimmte Zahl weiterer Fälle zu regeln. Eine abstrakt-generelle Formulierung darf aber nicht dazu dienen, eine einzelfallbezogene Regelung zu tarnen oder zu verschleiern.[240] 139

Das Grundgesetz schließt nach Auffassung des Bundesverfassungsgerichts nur eine **willkürliche Einzelfallgesetzgebung** aus: *„Art. 19 Abs. 1 Satz 1 GG schließt [...] die gesetzliche Regelung eines Einzelfalls dann nicht aus, wenn der Sachverhalt so beschaffen ist, daß es nur einen zu regelnden Fall dieser Art gibt und die Regelung dieses singulären Sachverhalts von sachlichen Gründen getragen wird."* Nur wenn der Gesetzgeber *„aus einer Reihe gleichartiger Sachverhalte willkürlich einen Fall"* herausgreife und regele, sei Art. 19 Abs. 1 S. 1 GG verletzt. Dies ergebe sich aus dem allgemeinen Gleichheitssatz.[241] Art. 5 Abs. 2 GG enthält für Eingriffe in die Meinungsfreiheit eine Verschärfung dieses Einzelfallgesetzverbotes (hierzu unten Rdnr. 630 f.). 140

Für Vorschriften, die keinen Grundrechtseingriff bewirken, gilt das Verbot des Einzelfallgesetzes nicht, so das Bundesverfassungsgericht: *„Dem Grundgesetz kann nicht entnommen werden, daß es – von Art. 19 Abs. 1 Satz 1 GG abgesehen – von einem Gesetzesbegriff ausgeht, der als Inhalt der Gesetze lediglich generelle Regelungen zuläßt"*. Insbesondere aus dem Rechtsstaatsprinzip ließe sich ein solches Verbot nicht herleiten.[242] Gesetze, die Einzelfälle willkürlich anders regeln, können aber gegen den Gleichheitssatz (Art. 3 Abs. 1 GG) verstoßen (hierzu unten Rdnr. 764 ff.). 141

Ein **Beispiel** für ein Einzelfallgesetz war das sog. **VW-Gesetz**[243] **in der Fassung bis** 2009, das u. a. die Stimmrechte von Aktionären der Volkswagen AG auf maximal 20 % begrenzte, auch wenn deren

240 BVerfGE 13, 225 ff., 229; BVerfGE 99, 367 ff., 400.

241 BVerfGE 25, 371 ff., 399.

242 BVerfGE 25, 371 ff., 398.

243 Gesetz über die Überführung der Anteilsrechte an der Volkswagenwerk Gesellschaft mit beschränkter Haftung in private Hand (VWGmbHÜG) v. 21.07.1960, BGBl. I, S. 585, i. d. F. v. 01.08.1970, BGBl. I, S. 1149, zuletzt geänd. d. Art. 14c d. G v. 30.07.2009, BGBl. I, S. 2479.

Aktienanteil höher war.[244] Ein anderes Beispiel ist das **Haushaltsgesetz** (Art. 110 GG), das jährlich verabschiedet wird und den Haushaltsplan des Bundes für das jeweilige Haushaltsjahr festlegt.

C. Rechtssicherheit

142 Das Gebot der Rechtssicherheit verlangt, dass staatliches Handeln **vorhersehbar** ist. Der Bürger soll nachvollziehen können, welche Rechtsnormen auf ihn anwendbar sind, damit er sein Handeln danach ausrichten kann. Das Rechtssicherheitsgebot lässt sich in drei verfassungsrechtliche Einzelgebote einteilen: Das Bestimmtheitsgebot, das Gebot der Normenklarheit und das Gebot des Vertrauensschutzes.

1. Bestimmtheitsgebot

143 Das Bestimmtheitsgebot verlangt, dass Rechtsnormen, exekutive Einzelakte und gerichtliche Entscheidungen so bestimmt verfasst sein müssen, *„wie dies nach Eigenart der zu ordnenden Lebenssachverhalte mit Rücksicht auf den Normzweck möglich ist“*.[245] Es muss für den Rechtsunterworfenen erkennbar sein, was der Staat von ihm erwartet und was er vom Staat zu erwarten hat.

144 Akte des **Gesetzgebers** müssen für die Exekutive und die Judikative nachvollziehbar und handhabbar sein. Dies ergibt sich aus der Gewaltenteilung.[246] Allerdings kann eine Norm nicht jeden Lebenssachverhalt von vornherein exakt abdecken – und soll es auch nicht, denn Exekutive und Rechtsprechung benötigen Handlungsspielräume. Daher kann eine Norm auch allgemeine Begriffe enthalten, die der richterlichen Auslegung bedürfen.[247] Entscheidend ist, dass die Rechtunterworfenen *„in zumutbarer Weise“* erkennen können, ob die Tatbestandsmerkmale erfüllt sind – dies ist der Fall, wenn die Tatbestandsmäßigkeit anhand der *„anerkannten Auslegungsregeln“* festgestellt werden kann.[248] Zur hinreichend klaren Abgrenzung kann es erforderlich sein, dass Begriffe durch weitere Tatbestandsmerkmale konkretisiert und Grenzfälle besonders berücksichtigt werden.[249]

Beispiel: Ermächtigt eine gesetzliche Regelung zu einem Eingriff in das Recht auf informationelle Selbstbestimmung, so muss der Verwendungszweck der betroffenen Informationen *„hinreichend präzise“* umgrenzt werden.[250]

244 Die 20-%-Klausel ist nach dem EuGH eine unzulässige Beschränkung des freien Kapitalverkehrs (Art. 56 EGV, nun Art. 63 AEUV), siehe EuGH v. 23.10.2007, C-112/05 = DÖV 2008, 112 ff.
245 BVerfGE 93, 213 ff., 238.
246 BVerfGE 51, 1 ff., 41.
247 BVerfGE 11, 234 ff., 237 f.
248 BVerfGE 102, 254 ff., 337. – Zur Auslegung s. o. Rdnr. 40 ff.
249 BVerfGE 11, 234 ff., 237 f.
250 BVerfGE 118, 168 ff., 187.

Im **Strafrecht** gelten besondere Anforderungen an die Bestimmtheit einer Vorschrift: Gemäß Art. 103 Abs. 2 GG muss die Strafbarkeit einer Tat *„gesetzlich bestimmt“* sein. Über das normale Gebot der Bestimmtheit hinaus verlangt das Bundesverfassungsgericht hier, *„die Voraussetzungen der Strafbarkeit so konkret zu umschreiben, dass Anwendungsbereich und Tragweite der Straftatbestände sich aus dem Wortlaut ergeben oder jedenfalls durch Auslegung ermitteln lassen.“*[251] Der Normadressat soll *„jedenfalls im Regelfall“* voraussehen können, welches Verhalten strafwürdig ist.[252] Zudem soll sichergestellt werden, dass der Gesetzgeber selbst, nicht Rechtsprechung oder ausführende Gewalt, die Reichweite von Strafvorschriften bestimmen. Andererseits aber soll das Bestimmtheitsgebot nicht übersteigert werden, um zu verhindern, dass die Gesetze *„starr und kasuistisch“* werden.[253] Je schwerer die Strafe ist, umso genauer müssen die Voraussetzungen der Strafbarkeit bestimmt werden.[254] Dieses besondere Bestimmtheitsgebot in Art. 103 Abs. 2 GG gilt entsprechend für das Ordnungswidrigkeitenrecht.[255] 145

Der Tatbestand der **Untreue** (§ 266 Abs. 1 StGB) ist nach dem Bundesverfassungsgericht hinreichend bestimmt. Trotz seiner *„Weite und der damit einhergehenden relativen Unschärfe“* kann der Tatbestand *„hinreichend restriktiv und präzisierend“* ausgelegt werden.[256]

Dem strafrechtlichen Bestimmtheitsgebot auf der Seite des Gesetzgebers steht auf der Anwendungsseite ein **Analogieverbot** zur Seite: Die Auslegung von Straftatbeständen darf nicht über den Wortsinn hinausgehen; maßgeblich ist hier der für den Adressaten erkennbare und nachvollziehbare Wortlaut der Norm.[257] Allerdings stellt das Bundesverfassungsgericht eine Verletzung des Analogieverbotes nur *„in Fällen handgreiflicher Defizite“* bei der Auslegung und Anwendung von Gesetzen fest.[258]

Ein Fahrzeug ist laut Bundesverfassungsgericht keine **„Waffe“** i. S. d. StGB.[259] Rechtsprechung und Teile der Lehre hatten bislang auch „nichttechnische“ gefährliche Werkzeuge (z. B. Fahrzeuge) als Waffen angesehen. Dies lässt sich mit dem Wortlaut der Vorschrift nicht vereinbaren: Der allgemeine Sprachgebrauch sieht als Waffe nur solche Gegenstände an, deren *„primäre Zweckbestimmung“* darin liegt, zum Angriff oder zur Verteidigung eingesetzt zu werden.

---

251 BVerfG NJW 2007, 1666 ff.; BVerfGE 73, 206 ff., 234 f.
252 BVerfG NVwZ 2012, 504 ff., 505.
253 BVerfGE 75, 329 ff., 342 f.
254 BVerfGE 14, 245 ff., 250; BVerfGE 75, 329 ff., 342 f.
255 BVerfG NJW 2014, 1431 ff., 1432.
256 BVerfGE 126, 170 ff., 200.
257 Hierzu unten Rdnr. 756.
258 BVerfG NJW 2013, 365 ff., 367. Krit. zur Anwendung des Fahrlässigkeitsbegriffs durch die Justiz *Duttge*, JZ 2014, 261 ff.
259 BVerfG NJW 2008, 3627 ff.

146 Ein besonderes Gebot für die Bestimmtheit gesetzlicher **Verordnungsermächtigungen** enthält Art. 80 Abs. 1 S. 2 GG. Das Bestimmtheitsgebot für **Verwaltungsakte** ist in §§ 37 Abs. 1 VwVfG, 119 Abs. 1 AO, 33 SGB X ausdrücklich festgehalten.

2. Grundsatz der Normenklarheit

147 Mit dem Bestimmtheitsgebot verwandt – und vom Bundesverfassungsgericht teilweise diesem zugeordnet[260] – ist der Grundsatz der Normenklarheit: Jede Norm muss möglichst übersichtlich, widerspruchsfrei und verständlich sein. Das Verständnis der Norm darf nicht unnötig erschwert werden.[261] Betroffene sollen in die Lage versetzt werden, *„die Rechtslage anhand der gesetzlichen Regelung zu erkennen, damit sie ihr Verhalten danach ausrichten können"*.[262] Eine Häufung von Normverweisen ist zwar grundsätzlich zulässig, allerdings muss dabei das *„hohe Fehlerrisiko"* durch *„Normanwendungsfehler"* vermieden werden.[263] Eine Norm ist nicht bereits dann unklar oder unbestimmt, wenn noch Auslegungsfragen offen sind.[264]

Beispiel: § 2 S. 1 Nr. 1 ATDG verpflichtet die an der Antiterrordatei beteiligten Behörden unter anderem dazu, die Daten von Personen zu speichern, die einer Vereinigung angehören, die terroristische Vereinigungen unterstützt, außerdem die Daten jener Personen, die eine solche Unterstützervereinigung ihrerseits unterstützen. Letztere Regelung, die ein allzu weites, nicht durch den Wortlaut eingegrenztes Umfeld terroristischer Vereinigungen einbezieht, hat das Bundesverfassungsgericht – zu Recht – als nicht mehr normenklar bewertet.[265]

148 Auch die **Rechtsordnung** insgesamt muss widerspruchsfrei sein. Aus diesem Grund kann eine steuerrechtliche Vorschrift verfassungswidrig sein, wenn ihre Lenkungswirkung anderen Rechtsvorschriften entgegensteht. Um festzustellen, welche Vorschrift Vorrang hat, sind Rang, Zeitenfolge und Spezialität der Regelungen zu betrachten.[266]

149 Zum Rechtsstaatsprinzip gehört auch, dass förmlich gesetzte Normen **verkündet** werden müssen. Sie müssen der Öffentlichkeit so zugänglich gemacht werden, dass sich Betroffene *„verlässlich Kenntnis von ihrem Inhalt verschaffen können"*.[267]

260 BVerfG DÖV 2007, 606 f.
261 BVerfGE 110, 33 ff., 61 ff.
262 BVerfGE 114, 1 ff., 53.
263 BVerfGE 118, 168 ff., 192. Siehe auch *Grzeszick*, in: *Dürig/Herzog/Scholz*, GG, Art. 20 VII, Rdnr. 51 ff.; *Kotzur*, in: *v. Münch/Kunig*, GG, Art. 20 Rdnr. 148.
264 BVerfGE 131, 88 ff.
265 BVerfGE 133, 277 ff., 340 f.
266 BVerfGE 98, 106 ff., 118 f. (kommunale Verpackungsteuer); dagegen allerdings *Kloepfer/Bröcker*, DÖV 2001, 1 ff.; siehe hierzu aber jüngst BVerwG NVwZ 2023, 1406 ff., das die kommunale Verpackungssteuer in Tübingen für rechtmäßig erklärt hat. In der Zwischenzeit wurde gegen dieses Urteil Verfassungsbeschwerde erhoben (1 BvR 1726/23).
267 BVerfGE 65, 283 ff., 291 f.

3. Vertrauensschutz

Der rechtsunterworfene Bürger genießt Vertrauensschutz; er soll sich darauf verlassen können, dass die Organe des Staates sich nicht im Widerspruch zu ihrem vorangegangenen Handeln verhalten.[268] Dies bedeutet nicht, dass die **Änderung** von Gesetzen, Verwaltungsentscheidungen oder der Rechtsprechung in jedem Fall unzulässig wäre: Der Staat muss die grundsätzliche Möglichkeit haben, seine Entscheidungen zu ändern. Hierbei gibt der Vertrauensschutz Maßstäbe vor, die im Folgenden aufgeführt sind. 150

a) Gesetze

Vertrauensschutz bei Gesetzen kommt vor allem dann in Betracht, wenn sie **rückwirkend** eine Rechtsänderung zum Nachteil des Bürgers herbeiführen sollen. Eine rückwirkende Geltung von Gesetzen, also eine Änderung der rechtlichen Regelung für in der Vergangenheit liegende Sachverhalte, ist nur eingeschränkt möglich. Dies gilt auch dann, wenn die Gesetze nicht konstitutive, sondern lediglich klarstellende Funktion haben.[269] 151

Unterschieden wird zwischen echter und unechter Rückwirkung.[270] Die beiden Senate des Bundesverfassungsgerichts verwenden diese Terminologie nicht einheitlich. Der 1. Senat spricht von *„echter"* und *„unechter"* Rückwirkung.[271] Der 2. Senat des Bundesverfassungsgerichts spricht meistens nur dann von *„Rückwirkung"* oder auch von *„Rückbewirkung von Rechtsfolgen"*, wenn die echte Rückwirkung gemeint ist, und ansonsten von *„tatbestandlicher Rückanknüpfung"*. Der richtige Oberbegriff, so der 2. Senat, sei *„Rückwirkung im weitesten Sinne"*, dieser vermöge aber *„keinerlei verfassungsrechtliche Maßstäbe aufzuzeigen"*.[272] Mittlerweile verwendet er teilweise auch die Begriffe „echte" und „unechte Rückwirkung", die er dann – zumeist – in Anführungszeichen setzt.[273] In diesem Lehrbuch wird von echter und unechter Rückwirkung gesprochen, da diese Begriffe leichter handhabbar sind. Inhaltlich unterscheiden sich die Terminologien nicht.[274]

---

268 BVerfGE 105, 48 ff., 57: Damit soll verhindert werden, *„dass der rechtsunterworfene Bürger durch die rückwirkende Beseitigung erworbener Rechte über die Verlässlichkeit der Rechtsordnung getäuscht wird"*. Ausf. zum Vertrauensschutz *Voßkuhle/Kaufhold*, JuS 2011, 794 ff.

269 BVerfG NVwZ 2014, 577 ff., 579 f. Hierzu *Hey*, NJW 2014, 1564 ff.

270 BVerfGE 30, 250 ff., 267; *Sachs*, in: *Sachs*, GG, Art. 20, Rdnr. 133 ff.

271 BVerfGE 30, 250 ff., 267 f.; zuletzt BVerfG NVwZ 2007, 1168 ff., 1169.

272 BVerfGE 72, 200 ff., 243; BVerfGE 114, 258 ff., 300 f.

273 BVerfGE 105, 17 ff., 37; BVerfGE 127, 31 ff., 47.

274 Dazu *Brüning*, NJW 1998, 1525 ff., 1526: „[E]in terminologisches Problem ohne Auswirkung auf die Fallösung".

aa) Echte Rückwirkung

152 Greift eine Rechtsnorm in abgeschlossene, der Vergangenheit angehörende Tatbestände nachträglich ändernd zu Lasten des Bürgers ein (**echte Rückwirkung**), ist sie in der Regel verfassungswidrig, wenn der Bürger berechtigterweise auf ihren Bestand vertrauen durfte. Der Vertrauensschutz verlangt hier, dass in der Vergangenheit liegende Tatbestände nachträglich nicht ungünstiger behandelt werden dürfen als vor der Rechtsänderung.

Beispiel: Das Programm zur Förderung des sozialen Wohnungsbaus sah Fördermaßnahmen (u. a. Darlehen) zur Errichtung und Bereitstellung von Sozialwohnungen vor und verpflichtete die Eigentümer im Gegenzug u. a. zur Mietpreisbindung. Die Eigentümer konnten diese Bindung vorzeitig lösen, wenn sie die Darlehen vor Fälligkeit zurückzahlten. Sie mussten dann allerdings eine bestimmte Zeit (Nachwirkungsfrist) auf die Ablösung der Mietpreisbindung warten. Erst danach durften sie höhere Mietpreise verlangen. Im Jahr 1990 verlängerte der Gesetzgeber die Nachwirkungsfrist von acht auf zehn Jahre. Dies traf auch jene Eigentümer, bei denen die achtjährige Nachwirkungsfrist bereits abgelaufen und die Mietpreisbindung daher abgelöst war. Das Bundesverfassungsgericht sah hierin einen Fall echter Rückwirkung. Es erklärte die Regelung allerdings nicht für verfassungswidrig, sondern erkannte die Möglichkeit, diesen Verfassungsverstoß durch verfassungskonforme Auslegung zu vermeiden: Es erklärte die Regelung auf bereits abgelöste Bindungen für nicht anwendbar.[275]

Der Vertrauensschutz umfasst nicht den Schutz des Einzelnen vor einer rückwirkenden Besserstellung anderer, von der er nicht profitiert.[276]

153 **Ausnahmsweise** kann eine echte Rückwirkung zulässig sein, wenn das Gesetz eine unredlich erworbene Rechtsposition nachträglich vernichtet,[277] die Betroffenen nicht schutzwürdig sind, weil sie nicht mit dem Fortbestand der Regelung rechnen konnten[278] oder wenn durch die Rückwirkung nur ein ganz unerheblicher Schaden (Bagatellschaden) droht bzw. entstanden ist.[279] Hat der Gesetz- bzw. Verfassungsgeber besondere vertrauensschützende Normen erlassen, ist im Zweifel die Reich-

---

275 BVerfGE 95, 64 ff., 93 ff. Zur verfassungskonformen Auslegung siehe oben Rdnr. 47.

276 BVerfGE 94, 241 ff., 258 f. – u. U. ist ein solches Vertrauen aber von Art. 3 Abs. 1 geschützt, vgl. BVerfGE 94, 241 ff., 260 ff. sowie BVerfG NJW 2000, 3416 f., 3417.

277 BVerfGE 101, 239 ff., 266: Die Restitutionsmöglichkeit bei unredlich erworbenen DDR-Immobilien gemäß § 4 Abs. 2 u. 3 VermG verstößt nicht gegen das Rückwirkungsverbot.

278 Diese Fallkonstellation trat vor allem in der Wendezeit auf, vgl. BVerfGE 101, 239 ff., 266 f.: Die Restitution von DDR-Immobilien, die der vorherige Eigentümer nach dem 18.10.1989 erworben hat (§ 4 Abs. 2 S. 2 VermG; Stichtagsregelung), ist zulässig; BVerfGE 88, 384 ff., 403 f.: Die rückwirkende Aufhebung der Zinsbindung für Baukredite, die in der Wendezeit nach DDR-Recht vergeben wurden, ist zulässig. Der Vertrauensschutz kann auch bei unklarer und verworrener Rechtslage entfallen (BVerfG JZ 2014, 510 ff., 514, auch zu weiteren möglichen Ausnahmen).

279 BVerfGE 95, 64 ff., 87.

weite des Vertrauensschutzes durch Auslegung zu ermitteln.[280] Allerdings soll es nach dem Bundesverfassungsgericht *„zwingende Gründe des gemeinen Wohls"* geben, *„die dem Gebot der Rechtssicherheit übergeordnet sind"* und daher eine Rückwirkung rechtfertigen können.[281]

Verfassungsrechtlich in jedem Fall untersagt ist die Rückwirkung im **Strafrecht**: 154
Art. 103 Abs. 2 GG bestimmt, dass eine Tat nur bestraft werden kann, wenn die Strafbarkeit gesetzlich bestimmt war, *„bevor die Tat begangen wurde"* (*nulla poena sine lege*, lat.: „keine Strafe ohne Gesetz").[282]

bb) Unechte Rückwirkung

Anders werden die Fälle behandelt, in denen bestehende Rechtspositionen nach- 155
träglich durch Vorschriften entwertet werden, die auf gegenwärtige, noch nicht abgeschlossene oder zukünftige Sachverhalte einwirken (**unechte Rückwirkung** oder *„tatbestandliche Rückanknüpfung"*). Anders als bei der echten Rückwirkung wird dabei keine Rechtsfolge für die Vergangenheit ausgesprochen, sondern für gegenwärtige und künftige Fälle; dabei wird jedoch auf Sachverhalte Bezug genommen, die vor der Verkündung des Gesetzes entstanden sind.

> **Beispiel**: Die Einführung von Studiengebühren für zukünftige Semester ist ein Fall unechter Rückwirkung, wenn sie auch für jene Studenten gilt, die vor dem Einführungstermin ein Studium aufgenommen haben.[283]

Die unechte Rückwirkung ist zulässig, wenn der Regelung kein schutzwürdiges 156
Vertrauen entgegensteht oder ein Vertrauen zwar besteht, aber nicht gegenüber den gesetzgeberischen Erwägungen des Gemeinwohls überwiegt.[284] Anders als bei der echten Rückwirkung findet hier also – über die bereits genannten „zwingenden Gründe des gemeinen Wohls" hinaus – eine **Abwägung** zwischen staatlichen Zielen und dem Schutz des Bürgers statt; insbesondere ist dabei das Prinzip der Verhältnismäßigkeit zu beachten.[285] Das Verbot der Rückwirkung schützt nicht grundsätzlich vor einem zukünftigen Wegfall staatlich gewährter Vergünstigungen; wohl aber, je

---

280 BVerfG NVwZ 2006, 807 ff., 809 f.: Art. 16 Abs. 1 S. 2 GG (kein Verlust der Staatsbürgerschaft, wenn der Betroffene dadurch staatenlos würde) schützt nicht denjenigen, der die Staatsbürgerschaft durch Täuschung erwirbt.

281 BVerfGE 2, 380 ff., 405; BVerfGE 13, 261 ff., 272; BVerfGE 30, 250 ff., 268; BVerfGE 45, 142 ff., 173 f.; BVerfG NJW 2004, 750 ff., 761; BVerfG JZ 2014, 510 ff., 514 f.

282 Hierzu unten Rdnr. 755.

283 OVG Koblenz DÖV 2006, 521 ff., 522; ebenso BVerwG NVwZ 2002, 206 ff., 210 (Langzeitstudiengebühren).

284 BVerfGE 95, 64 ff., 86; BVerfGE 101, 239 ff., 263.

285 BVerfGE 72, 200 ff., 242 f; BVerfG NJW 2010, 1514 ff. (Sicherheitsverwahrung); OVG Koblenz DÖV 2006, 521 ff., 522 f. (Zulässigkeit von Studiengebühren).

nach Einzelfall, wenn der Betroffene im Vertrauen auf den Bestand der Regelung Dispositionen getroffen hat.[286] Ebenso kann eine unechte Rückwirkung auch ohne schützenswertes Vertrauen unzulässig sein, wenn der Staat, weil eine Verjährungsregelung fehlt, „*lange zurückliegende, in tatsächlicher Hinsicht abgeschlossene Vorgänge*" als Grundlage für die Auferlegung neuer Lasten nimmt.[287]

157 Die Unterscheidung von echter und unechter Rückwirkung ist insbesondere bedeutsam bei der öffentlich-rechtlichen Beurteilung privatrechtlicher Rechtsverhältnisse, die der Gesetzgeber veränderten Bedingungen unterwirft. Dies kommt nicht nur, aber vor allem im **Steuerrecht** vor. Echte Rückwirkung liegt im Steuerrecht nach dem Bundesverfassungsgericht dann vor, wenn der Gesetzgeber eine bereits entstandene Steuerschuld (§ 38 AO) nachträglich abändert, ansonsten kommt allenfalls unechte Rückwirkung in Betracht.[288] Diese Rechtsprechung ist in der Literatur überwiegend auf Kritik gestoßen[289] und wird auch vom Bundesfinanzhof angezweifelt.[290]

Beispiel: Wer ein Grundstück kauft und anschließend wieder verkauft, muss den Veräußerungsgewinn versteuern, wenn zwischen Erwerb und Veräußerung nicht eine gewisse Zeitspanne (Spekulationsfrist) liegt. Im Jahr 1990 betrug die Spekulationsfrist zwei Jahre, im Jahr 1998 wurde sie auf zehn Jahre verlängert. Ein Betroffener kaufte im Jahr 1990 ein Grundstück. Als er es im Jahr 1999 wieder veräußerte, sollte er auf den Gewinn Einkommensteuer zahlen, da die nunmehr zehnjährige Frist noch nicht abgelaufen war. Das Bundesverfassungsgericht sah hierin einen Fall (unzulässiger) unechter Rückwirkung, soweit die besteuerte Wertsteigerung in den Jahren vor der Verlängerung entstanden war, da der Betroffene auf den Ablauf der damals zweijährigen Spekulationsfrist habe vertrauen dürfen.[291]

cc) Vertrauensschutz außerhalb der Rückwirkung

158 Auch außerhalb der Fälle von (echter oder unechter) Rückwirkung kommt Vertrauensschutz gegen gesetzgeberische Akte in Betracht, z. B. wenn eine **begünstigende Rechtslage** mit Wirkung für die Zukunft zum Nachteil des Betroffenen ge-

---

286 BVerfG NJW 2011, 1058 ff., 1060 f.: Kein Vertrauensschutz auf den Fortbestand der Sozialhilfe; BVerfG NVwZ 2007, 1168 ff., 1169: Kein Vertrauensschutz der Hersteller gegen die zukünftige Rücknahme einer Regelung zur Steuerfreiheit von Biokraftstoffen.

287 BVerfG NVwZ 2013, 1004 ff., 1006 – bayerisches Kommunalabgabengesetz.

288 BVerfG NVwZ 2014, 577 ff., 578 (echte Rückwirkung bejaht); BVerfGE 127, 31 ff., 46 ff. Siehe auch BVerfGE 30, 392 ff., 401 f.; BVerfGE 72, 200 ff., 252 f.; vgl. aber BVerfGE 97, 67 ff., 80: Maßgeblich ist nicht das Ende des Veranlagungszeitraums, sondern der Zeitpunkt der Disposition des Steuerpflichtigen, wenn die Disposition auf der günstigen Rechtslage beruhte und nur während des Veranlagungszeitraums getroffen werden konnte.

289 *Vogel*, JZ 1988, 833 ff., 838; *Schwenke*, FR 1997, 45 ff., 48; *F. Kirchhof* StuW 2002, 185 ff., 196 f.; *Naujok*, BB 2007, 1365 ff.; wie das BVerfG *Wernsmann*, JuS 2000, 39 ff.

290 Vgl. ausf. die Vorlagebeschlüsse des BFH zum BVerfG DStR 2006, 1879 ff. und DStR 2007, 1299 ff.

291 BVerfGE 127, 1 ff., 16 ff.

ändert werden soll. Voraussetzung ist wiederum ein schutzwürdiges Vertrauen. Ist dies festgestellt, so ist wie bei der unechten Rückwirkung zwischen dem Vertrauen des Betroffenen in den Fortbestand einer Regelung und staatlichen Gemeinwohlerwägungen abzuwägen.[292] Der Begründungsaufwand für das Vorliegen eines schutzwürdigen Vertrauens ist in diesen Fällen entsprechend höher.

b) Verwaltung und Rechtsprechung

Für die **Exekutive** ist der Vertrauensschutz vielfach durch einfachgesetzliche Normen konkretisiert, siehe z.B. §§ 48 ff. VwVfG zur Rücknahme und Widerruf von Verwaltungsakten oder §§ 130 ff., 172 ff. AO für Steuerbescheide. Auch darüber hinaus gilt für das Handeln der Verwaltung ein allgemeines Gebot des Vertrauensschutzes. Wie bei der unechten Rückwirkung, so ist auch hier eine **Abwägung** zwischen dem Vertrauen des Betroffenen und den Belangen des Allgemeinwohls zu treffen. 159

Beispiel: Führt jemand einen religiösen Namenszusatz („Singh") gutgläubig eine Zeit lang als Familiennamen, und wird dieser Familienname wiederholt amtlich eingetragen (Personalausweis, Reisepass, Einbürgerungsurkunde), so kann es der Vertrauensschutz gebieten, die Eintragung dieses Namens in das Familienbuch zu gewähren.[293]

Im **Steuerrecht** kann es der Vertrauensschutz gebieten, eine Billigkeitsregelung gemäß § 163 AO zu treffen, wenn eine Rechtsprechungsänderung die Rechtslage für den Betroffenen verschlechtert.[294]

Das Vertrauen eines Klägers darauf, dass eine gerichtliche **Eilentscheidung** im Hauptverfahren Bestand hat, ist nicht schützenswert.[295] Auch besteht kein Vertrauensschutz auf Fortführung einer bestimmten **Rechtsprechung**.[296] Vertrauensschutz für Gerichtsurteile wird in den Grenzen der materiellen Rechtskraft gewährt. 160

Das Vertrauen eines Betroffenen auf Fortführung einer gesetzwidrigen **Verwaltungspraxis** ist nicht schützenswert.[297]

D. Rechtsschutz

Das Rechtsstaatsprinzip beinhaltet auch das Recht des Einzelnen, fairen und wirkungsvollen **(„effektiven") Rechtsschutz** durch die staatlichen Gerichte zu erhalten. In 161

292 BVerfGE 30, 392 ff., 403 ff.; *Degenhart*, Staatsrecht I, Rdnr. 408.

293 BVerfG EuGRZ 2001, 340 ff., 341 f.; siehe auch BVerfG, Urt. v. 15.08.2007, 2 BvR 1485/07: Vertrauen in den Bestand einer Haftverschonung bei späterer Anordnung des Vollzuges gemäß § 116 Abs. 4 Nr. 3 StPO.

294 BFH/NV 2002, 1575 f., 1576, *Rüsken*, in: *Klein*, AO, § 176 Rdnr. 45.

295 FG Berlin EFG 2003, 414 ff., 418.

296 Differenzierend *Schlarmann/Gauger*, DVBl. 2014, 65 ff.

297 BFH/NV 2005, 1214 f., 1215.

Literatur und Rechtsprechung besteht Uneinigkeit über die verfassungsrechtliche Herleitung, nicht aber über den wesentlichen Inhalt des Rechtsschutzgedankens.

162 Nach der neueren Rechtsprechung des **Bundesverfassungsgerichts** und Teilen der Literatur[298] speist sich der Rechtsschutz aus zwei Quellen: Erstens enthalte Art. 19 Abs. 4 GG ein **Grundrecht auf Rechtsweggarantie** gegen Akte öffentlicher Gewalt. Unter **öffentlicher Gewalt** seien allerdings lediglich solche Maßnahmen der Exekutive zu verstehen, die in einem Verhältnis *„typischer Abhängigkeit und Unterordnung"* zwischen Staat und Bürger getroffen würden;[299] d. h. Akte der obrigkeitlichen Verwaltung einschließlich der exekutiven Rechtsetzung durch Verordnungen und Satzungen.[300] Schlicht-hoheitliches Handeln sowie Handeln im Rahmen des Verwaltungsprivatrechts oder der Erwerbswirtschaft sind daher nach dem Bundesverfassungsgericht keine „öffentliche Gewalt" i. S. d. Art. 19 Abs. 4 GG. Ebenfalls nicht umfasst sei das Handeln des Gesetzgebers oder der rechtsprechenden Gewalt. Diese restriktive Auslegung begründet das Gericht damit, dass der Verfassungsgeber mit Art. 19 Abs. 4 GG *„historischen Erfahrungen"* mit der Missachtung des Rechts durch die Exekutive habe begegnen wollen.[301] Zweitens besteht neben dem Grundrecht aus Art. 19 Abs. 4 GG ein allgemeiner **Justizgewährungsanspruch**, der sich aus dem Rechtsstaatsprinzip i. V. m. den Grundrechten ergibt.[302] Dieser umfasst den gerichtlichen Schutz gegen alle sonstigen staatlichen Akte außerhalb von Art. 19 Abs. 4 GG; darüber hinaus gewährt er dem Einzelnen gerichtliche Möglichkeiten zur Rechtsverfolgung im zivilrechtlichen Bereich.[303] Die Verfassung gebiete allerdings nicht die Einräumung eines verfassungsgerichtlichen Rechtsschutzes.[304]

163 Teile der **Literatur** vertreten demgegenüber die Auffassung, Art. 19 Abs. 4 GG gewähre Rechtsschutz gegen jegliches staatliche Handeln, also auch gegen Akte der Legislative und der Judikative.[305] Hierfür spricht vor allem der Wortlaut der Vorschrift: „Gewalt" ist nicht nur die vollziehende Gewalt. Hätte der Verfassungsge-

298 Siehe *Ipsen/Kaufhold/Wischmeyer*, Staatsrecht I, § 16, Rdnr. 3 ff.; grundlegend: Beschluss des Plenums, BVerfGE 107, 395 ff., 401 ff.; BVerfGE 116, 135 ff., 144 ff.; im Ergebnis ebenso *Sachs*, in: *Sachs*, GG, Art. 19, Rdnr. 115 ff.; *Jarass*, in: *Jarass/Pieroth*, GG, Art. 19, Rdnr. 42 ff. Krit. *Kley*, DVBl. 2003, 1160 ff.

299 *Ipsen*, Staatsrecht I, § 16 Rdnr. 3 f.; BVerfGE 116, 135 ff., 144; krit. hierzu *Remmert*, JURA 2014, 906 ff., 908 ff.

300 BVerfGE 115, 81 ff., 92 ff.

301 BVerfGE 107, 395 ff., 404 f.

302 BVerfGE 107, 395 ff., 401. Hierzu auch *Voßkuhle/Kaiser*, JuS 2014, 312 ff. sowie *Papier*, HdbStR VIII, § 176.

303 BVerfG NJW 2005, 1931 ff., 1932; BVerfGE 107, 395 ff., 401 f.

304 BVerfGE 1, 332 ff., 344; BVerfGE 99, 1 ff., 20; BVerfG NVwZ 2009, 776 f., 777.

305 *Maurer*, Staatsrecht I, S. 216 f.; *Ernst* in *v. Münch/Kunig*, Art. 19, Rdnr. 109 ff.; *Huber*, in: *v. Mangoldt/Klein/Starck*, Art. 19, Rdnr. 435 ff.; *Ibler*, in: *Friauf/Höfling*, GG, Art. 19 IV Rdnr. 90 ff.

ber diese Beschränkung vornehmen wollen, hätte er sich an die Terminologie des Art. 20 Abs. 2 GG gehalten.

Relevant ist dieser Meinungsstreit vor allem für staatsrechtliche Klausuren; in der Praxis wirkt er sich kaum aus.[306] Beide Auffassungen halten einen umfassenden Rechtsschutz gegen sämtliche Akte staatlicher Gewalt für grundsätzlich geboten. Nach geltendem Recht ist dieser umfassende Rechtsschutz auch eingerichtet: Gegen ein rechtswidriges Gesetz kann Verfassungsbeschwerde erhoben werden, wenn es den Beschwerdeführer unmittelbar betrifft (hierzu unten Rdnr. 376), ansonsten ist Rechtsschutz gegen exekutive Maßnahmen aufgrund dieses Gesetzes gewährt.

Der Rechtschutz muss **lückenlos** sein: Art. 19 Abs. 4 S. 2 GG bestimmt die subsidiäre Öffnung des ordentlichen Rechtsweges, wenn kein anderes Gericht zuständig ist. Der Rechtschutz muss darüber hinaus **vollständig** sein; zu überprüfende Akte müssen in tatsächlicher und rechtlicher Hinsicht überprüft werden können.[307] Vollständig ist der Rechtsschutz nur, wenn die gerichtliche Überprüfung tatsächlich stattfinden kann. Erforderlich ist deshalb, dass die Exekutive ihre Entscheidungen soweit dokumentiert und begründet, dass der Rechtsschutz nicht „leer läuft".[308] Schließlich muss der Rechtsschutz auch innerhalb einer angemessenen Zeit gewährt werden.[309] 164

Effektiv ist der Rechtsschutz nur dann, wenn er zeitgerecht stattfindet: Strittige Rechtsverhältnisse sind in angemessener Zeit zu klären, eine **überlange Verfahrensdauer** ist zu vermeiden.[310] Dies gilt auch für Verfahren vor den Zivilgerichten.[311] Von Bedeutung ist außerdem der **rechtzeitige** Rechtsschutz; dem Bürger muss die grundsätzliche Möglichkeit eines vorläufigen Rechtsschutzes gewährt werden.[312] Rechtsschutz wird jedoch **nicht unbegrenzt** gewährt: *„[U]m der Rechtssicherheit und des Rechtsfriedens willen"* muss jeder Rechtsstreit irgendwann ein Ende finden.[313] 165

Rechtsschutz ist nur dann notwendig, sofern der Betroffene geltend machen kann, in einem **subjektiven Recht** verletzt zu sein. Solche Rechte gewähren die Rechtsweggarantie und der Justizgewährungsanspruch nicht, sie setzen sie vielmehr voraus. Im Zweifel ist allerdings jene Interpretation eines Gesetzes zu bevorzugen, 166

306 Das BVerfG formuliert: *„Im rechtsstaatlichen Kerngehalt unterscheiden sich der allgemeine Justizgewährungsanspruch und als dessen Spezialregelung die Rechtsweggarantie des Art. 19 Abs. 4 GG nicht. Unterschiede bestehen hinsichtlich der Anwendungsbereiche."* – BVerfGE 107, 395 ff., 403.

307 BVerfGE 18, 203 ff., 212.

308 BVerfG NJW 2010, 2864 ff.; BVerfGE 103, 142 ff., 156 ff.

309 BVerfG NJW 2014, 3711 f.

310 BVerfG NVwZ 2015, 296 ff.; BVerfG JA 2010, 157 f.

311 BVerfG NJW 2005, 1931 ff., 1932; BVerfG DVBl. 2009, 1164 ff., 1164.

312 BVerfGE 35, 263 ff., 274.

313 BVerfGE 107, 395 ff., 401 f.

die einen solchen Rechtsanspruch einräumt.[314] Popular- oder Verbandsklagen sind zwar ebenfalls möglich, aber nicht grundgesetzlich vorgeschrieben.[315] Eine Pflicht zur Einführung von Verbandsklagen kann sich jedoch aus dem Unionsrecht oder aus dem Völkerrecht ergeben.[316]

167 In Verbindung mit Rechtsweggarantie und Justizgewährungsanspruch stehen die **Justizgrundrechte**. Sie werden in Rdnr. 751 ff. vorgestellt.

E. Grundsatz der Verhältnismäßigkeit

168 Alles staatliche Handeln, das den Einzelnen belastet, muss verhältnismäßig sein. Das Grundgesetz erwähnt diesen Grundsatz der Verhältnismäßigkeit nicht ausdrücklich; dass es ihn gibt, ist indes heute einhellige Meinung.[317] Ob er einen Unterfall des Rechtsstaatsprinzips darstellt, ist umstritten;[318] das Bundesverfassungsgericht bejaht dies.[319]

Verhältnismäßig ist ein staatliches Handeln dann, wenn es vier Bedingungen erfüllt: Es muss einen **legitimen Zweck** verfolgen; es muss **geeignet** sein, den angestrebten Zweck zu erreichen; es muss hierfür **erforderlich** sein, und es muss **angemessen** sein.[320]

1. Legitimer Zweck

169 Der Staat muss mit jeder Maßnahme einen legitimen Zweck verfolgen. **Legitim** ist jedes öffentliche Interesse, das verfassungsrechtlich nicht ausgeschlossen ist; geht es um Eingriffe in Grundrechte, kommt es auch auf den Inhalt des jeweiligen

314 BVerfGE 15, 275 ff., 281 f.

315 *Ipsen*, Staatsrecht I, § 10, Rdnr. 10.

316 *Hufen*, Verwaltungsprozessrecht, 12. Aufl. 2021, § 14, Rdnr. 93.

317 *Schnapp*, JuS 1983, 850 ff., 852; *Starck*, in: *v. Mangold/Klein/Starck*, GG, Art. 1, Rdnr. 277 ff.; *Maurer*, Staatsrecht I, S. 227 ff. In verschiedenen Gesetzen ist er erwähnt oder umschrieben, vgl. z. B. § 2 PolG NRW.

318 Dafür z. B. *Badura*, Staatsrecht, S. 431, dagegen *Kotzur*, in: *v. Münch/Kunig*, GG, Art. 20, Rdnr. 163: ergibt sich nicht aus dem Rechtsstaatsprinzip, sondern *„aus dem Wesen der Grundrechte"*.

319 BVerfGE 55, 159 ff., 165 ff.; BVerfGE 23, 127 ff., 133 f.: ergibt sich *„zwingend aus dem Rechtsstaatsprinzip"*; BVerfGE 19, 342 ff., 348 f.: *„ergibt sich aus dem Rechtsstaatsprinzip, im Grunde bereits aus dem Wesen der Grundrechte selbst"*.

320 Teilweise wird eine fünfstufige Prüfung vorgenommen und noch geprüft, ob das eingesetzte Mittel legitim, d. h. insbesondere nicht verfassungswidrig ist (vgl. *Klatt/Meister*, JuS 2014, 193 ff., 195 mit dem Beispiel „Todesstrafe"). Dies ist aber keine genuine Verhältnismäßigkeitsfrage und sollte vor Beginn dieser Prüfung geklärt werden.

Grundrechts an.[321] Verfassungsrechtlich ausgeschlossen ist ein Interesse, wenn seine Verfolgung Verfassungsrechtsgüter berührt, ohne dass es seinerseits auf die Durchsetzung eines Rechtsguts gerichtet ist.

Bereits hier sind also betroffene Rechtsgüter und durchzusetzende Schutzgüter einander gegenüberzustellen. Während aber bei der Angemessenheitsprüfung (hierzu unten Rdnr. 173 ff.) die verschiedenen Güter gegeneinander abgewogen werden, ist hier zunächst nur festzustellen, ob einem Eingriff in bestimmte Rechte überhaupt ein schützenswertes Rechtsgut gegenübersteht. Ist dies nicht der Fall, ist die Verhältnismäßigkeitsprüfung an dieser Stelle mit negativem Ergebnis beendet.

Beispiel: § 73 des Bundessozialhilfegesetzes (BSHG) von 1962 eröffnete die Möglichkeit, einen Sozialhilfeempfänger, der zu einem geordneten Leben in der Gemeinschaft nicht fähig war, unter bestimmten Umständen zwangsweise durch Gerichtsbeschluss in eine Anstalt oder ein Heim einzuweisen. Dies sollte der *„Besserung"* dienen. Das Bundesverfassungsgericht erkannte diesen Zweck nicht an. Eine *„Besserung"* der Bürger gehöre nicht zu den Aufgaben des Staates, die mit Freiheitsentzug zu erfüllen wäre.[322]

2. Geeignetheit

Ein Mittel ist geeignet, wenn mit seiner Hilfe der gewünschte Zweck erreicht oder zumindest gefördert werden kann.[323] Ein Mittel, das den gewünschten Zweck nicht fördern kann, ist verfassungswidrig. Es genügt aber, dass mit Einsatz des Mittels die Möglichkeit besteht, dass der angestrebte Erfolg *gefördert* wird; ob der gewünschte Erfolg tatsächlich eintritt, ist nicht entscheidend.[324] Der Gesetzgeber hat diesbezüglich einen – je nach Einzelfall unterschiedlich großen – Einschätzungs- und Prognosespielraum (s. sogleich Rdnr. 172). Das Bundesverfassungsgericht hat nur selten Gesetze als ungeeignet verworfen. 170

Beispiele für ungeeignete staatliche Maßnahmen: Ein Elternteil, der den Umgang mit seinem Kind verweigert, kann nicht dazu gezwungen werden, denn der zwangsweise Umgang gegen den Willen des Elternteils ist dem Wohl des Kindes nicht dienlich. Er schadet ihm sogar, wenn der Elternteil seine ablehnende Haltung gegenüber dem Kind deutlich macht.[325] – Einem „spirituellen Heiler", der seine Patienten mit Handauflegen behandelt, darf die weitere Tätigkeit nicht deshalb untersagt werden, weil er nicht im Besitz einer Erlaubnis nach dem Heilpraktikergesetz ist. Im zu entscheidenden Fall war eine solche Untersagung ungeeignet, weil der Betroffene ohnehin nicht den Eindruck erwecken wollte, medizinische Betreuung zu leisten. Im Gegenteil hätte eine Erlaubnis-

321 BVerfGE 124, 300 ff., 331 f.: Nicht legitim ist es, *„Schutzmaßnahmen gegenüber rein geistig bleibenden Wirkungen von bestimmten Meinungsäußerungen"* zu treffen, und dafür die Meinungsfreiheit einzuschränken.

322 BVerfGE 22, 180 ff., 219 f. – Das BVerfG diskutierte dies damals allerdings im Rahmen der Wesengehaltsgarantie, nicht bei der Verhältnismäßigkeit.

323 BVerfGE 33, 171 ff., 187; BVerfGE 110, 141 ff., 164.

324 BVerfGE 67, 157 ff., 175.

325 BVerfGE 121, 69 ff., 98 ff.

pflicht die Gefahr, dass Hilfesuchende notwendige ärztliche Hilfe versäumen, eher vergrößert: „*Die Heilpraktikererlaubnis bestärkt den Patienten in gewisser Hinsicht in der Erwartung, sich in die Hände eines nach heilkundlichen Maßstäben Geprüften zu begeben.*"[326]

3. Erforderlichkeit

171 Ein Mittel ist erforderlich, wenn es zur Erreichung des Erfolges das **mildeste Mittel** darstellt – also dasjenige Mittel, das bei gleicher Wirksamkeit den Rechtsträger am wenigsten beeinträchtigt.[327] Gleiche Wirksamkeit bedeutet dabei auch gleiche Erfolgswahrscheinlichkeit; der Staat muss sich nicht mit weniger wirksamen bzw. weniger erfolgversprechenden Mitteln zufriedengeben.

Beispiele für nicht erforderliche Maßnahmen: Nicht erforderlich ist eine Regelung, die es Behörden im Verwaltungsgerichtsverfahren erlaubt, gegenüber den Verwaltungsgerichten auf der Geheimhaltung bestimmter Vorgänge zu bestehen. Das Bundesverfassungsgericht entschied, hier sei es ebenso wirksam für die Geheimhaltung, stelle aber einen geringeren Eingriff in den Anspruch der Betroffenen auf effektiven Rechtsschutz dar (hierzu oben Rdnr. 161 ff.), wenn die Behörden ihre geheimen Vorgänge den Gerichten zur Prüfung zur Verfügung stellten, so dass diese nachprüfen könnten, ob tatsächlich ein Geheimhaltungsbedürfnis bestehe.[328] – Will der Gesetzgeber, dass die Einnahmen von Spielbanken weitgehend gemeinnützigen Zwecken zugute kommen, ist es nicht erforderlich, den Betrieb privater Spielbanken vollständig zu verbieten. Der „Abschöpfungseffekt" kann auch anderweitig erreicht werden, etwa durch höhere Gewinnabführungen.[329]

172 Geeignetheit und Erforderlichkeit von Gesetzen kann das Bundesverfassungsgericht allerdings nur eingeschränkt überprüfen. Die Beurteilung, welche Maßnahmen der Staat ergreifen muss, um zu einem bestimmten Ergebnis zu gelangen, obliegt wegen der Gewaltenteilung und des Demokratieprinzips zunächst dem demokratisch legitimierten Gesetzgeber.[330] Dieser hat daher einen weiten **Einschätzungs- und Prognosespielraum** bei der Beurteilung seiner Maßnahmen als geeignet und erforderlich (Einschätzungsprärogative des Gesetzgebers).[331] Je nach Sachlage setzt das Verfassungsgericht dabei unterschiedliche Kontrollmaßstäbe an, die von einer bloßen Evidenzkontrolle über eine Vertretbarkeitskontrolle bis hin zu einer intensiven inhaltlichen Kontrolle reichen.[332] Wie dicht die Kontrolle ausfallen darf, hängt von verschiedenen Faktoren ab, u. a. davon, welche Eigenheiten der Sachbereich aufweist, wie sicher die Prognose ausfallen kann und wie hoch die Bedeutung der

326 BVerfG NJW-RR 2004, 705 f. Weitere Beispiele: BVerfGE 17, 306 ff., 315 f. – Mitfahrzentralen; BVerfGE 19, 330 ff., 338 – allgemeiner Sachkundenachweis für Einzelhändler.

327 BVerfG NJW 2006, 751 ff., 760 f.; BVerfGE 100, 313 ff., 375.

328 BVerfGE 101, 106 ff., 128.

329 BVerfGE 102, 197 ff., 217 f.

330 BVerfGE 56, 54 ff., 81 f.

331 BVerfG DB 2007, 978 ff.; BVerfGE 110, 141 ff., 157 f.; BVerfGE 90, 145 ff., 173; BVerfGE 88, 203 ff., 262.

332 BVerfGE 50, 290 ff., 332 f. m. w. N.

betroffenen Rechtsgüter ist.[333] Überschritten ist der Beurteilungsspielraum dann, wenn die gesetzgeberischen Erwägungen so fehlsam sind, dass sie vernünftigerweise für die Maßnahme keine Grundlage darstellen können.[334] Einen wissenschaftlich-empirischen Nachweis benötigt der Gesetzgeber nicht.[335]

4. Angemessenheit

Ein Mittel ist angemessen (auch: „verhältnismäßig i. e. S."[336]), wenn es nicht in einem unangemessenen Verhältnis zum angestrebten Zweck steht. Dabei ist eine Güterabwägung zwischen erwünschtem Zweck und den Interessen des Betroffenen vorzunehmen. Der Grundsatz, dass ein Mittel angemessen sein muss, *„verbietet Grundrechtseingriffe, die ihrer Intensität nach außer Verhältnis zur Bedeutung der Sache und den vom Bürger hinzunehmenden Einbußen stehen [...]. Bedeutung der Grundrechte und Grundrechtsbegrenzungen sind vielmehr in ein angemessenes Verhältnis zu bringen. Bei einer Gesamtabwägung zwischen der Schwere des Eingriffs und dem Gewicht sowie der Dringlichkeit der ihn rechtfertigenden Gründe muß die Grenze der Zumutbarkeit noch gewahrt sein [...]".*[337] Es geht also darum, die einzelnen Rechtsgüter gegeneinander abzuwägen. 173

Welche Kriterien im Einzelnen zur Angemessenheit gehören, ist angesichts der Vielzahl von möglichen Fallkonstellationen schwierig in einem Schema festzulegen, weshalb es kaum feste Maßstäbe gibt.[338] Herauskristallisiert haben sich u. a. die folgenden **Beurteilungskriterien**: 174

- **die Intensität des Eingriffs**: Je stärker das Mittel den Einzelnen belastet, umso höhere Anforderungen werden an die Bedeutung des Zwecks gestellt;

  Beispiel: Je länger die richterliche angeordnete psychiatrische Unterbringung eines Straftäters andauert, umso strenger sind die Voraussetzungen, die an dessen weitere Unterbringung sowie an die richterliche Prüfung der Unterbringungsvoraussetzungen zu stellen sind.[339]

- **das Gewicht und die Dringlichkeit der Gemeinwohlinteressen**: Je bedeutender oder dringlicher die Interessen des Gemeinwohls sind, umso eher ist eine Einschränkung von Individualinteressen zulässig, insbesondere dann, wenn verfassungsmäßige Rechte Dritter geschützt werden sollen;

---

333 BVerfGE 50, 290 ff., 332 f.

334 BVerfGE 119, 59 ff., 85 f.; BVerfGE 110, 141 ff., 157 f.; BVerfGE 77, 84 ff., 106; BVerfGE 37, 1 ff., 20; BVerfGE 30, 292 ff., 317.

335 BVerfGE 83, 130 ff., 140 f.

336 *Degenhart*, Staatsrecht I, Rdnr. 421.

337 BVerfGE 100, 313 ff., 391.

338 *Sachs*, in: *Sachs*, GG, Art. 20, Rdnr. 155.

339 BVerfGE 70, 297 ff., 314 ff.

- **die in den verfassungsmäßigen Rechten verankerten Individualinteressen:** Ist ein Individualinteresse grundgesetzlich oder anderweitig durch die Verfassung geschützt (wie z. B. die Meinungsfreiheit, Art. 5 Abs. 1 GG), so hat seine Beeinträchtigung mehr Gewicht als bei anderen Interessen.

Beispiele: Die Entnahme von Rückenmarksflüssigkeit („Liquorentnahme") bei einem Beschuldigten im Strafverfahren zur Prüfung seiner Zurechnungsfähigkeit ist unangemessen, wenn die in Frage kommende Straftat eine *„Bagatellangelegenheit"* ist.[340] – Die Beschlagnahme von Klientenakten einer Drogenberatungsstelle aus Gründen der Strafverfolgung kann unter bestimmten Umständen unzulässig sein, wenn sie das Vertrauensverhältnis zwischen Beratungsstelle und Suchtopfer stört und dadurch die Gefahr besteht, dass Hilfsmaßnahmen unterbleiben.[341]

175 Kollidieren zwei Rechte von Verfassungsrang miteinander (z. B. Kunstfreiheit und Jugendschutz), müssen beide in einen *„angemessenen"* bzw. *„schonenden Ausgleich"* gebracht werden und *„zu optimaler Wirksamkeit gelangen"* (**praktische Konkordanz**).[342] Bei der Abwägung ist auch darauf zu achten, dass der Einzelne nicht übermäßig belastet wird (**Übermaßverbot**).[343]

176 Die Verhältnismäßigkeitsprüfung verträgt **keine rechtspolitischen Erwägungen.** Ein bestimmtes Ergebnis mag aus politischen Gründen erwünscht sein, die Prüfung der Rechtmäßigkeit eines Eingriffs benötigt jedoch handfeste rechtliche Gründe. Dies ist bedeutsam insbesondere bei der Frage nach der Angemessenheit eines Grundrechtseingriffs, wenn dort verschiedene Grundrechte gegeneinander abgewogen werden. Zwar darf bei der Angemessenheitsprüfung berücksichtigt werden, mit welcher Intensität eine Maßnahme oder deren Unterlassen in die jeweiligen Rechtsgüter eingreift, nicht zulässig ist es jedoch, ein Grundrecht pauschal als „höherrangig", ein anderes als „niedriger" einzustufen. Die Wertordnung der Grundrechte enthält keine Rangordnung.[344] Auch ist es dem Staat verwehrt, über die Gründe zu befinden, aus denen der Einzelne seine Freiheiten in Anspruch nimmt.

Eine ausführliche Verhältnismäßigkeitsprüfung enthält z. B. die Entscheidung des Bundesverfassungsgerichts zur Zulässigkeit einer „Kontaktsperre" zwischen Strafgefangenen und Außenwelt bei Verdacht terroristischer Betätigung.[345]

F. Widerstandsrecht

177 Das Widerstandsrecht wird im Rahmen der Grundrechte (Rdnr. 746 ff.) behandelt.

340 BVerfGE 16, 194 ff., 201 ff.
341 BVerfGE 44, 353 ff., 373 ff. mit ausführlichen Abwägungshinweisen.
342 BVerfG DÖV 2014, 391 ff., 392; BVerfGE 93, 1 ff., 21; BVerfGE 83, 130 ff., 143; BVerfGE 41, 29 ff., 50 f.
343 BVerfGE 90, 145 ff., 173.
344 Siehe unten Rdnr. 524.
345 BVerfGE 49, 24 ff., 59 ff.

§ 10 Sozialstaatsprinzip

Das Sozialstaatsprinzip ergibt sich aus Art. 20 Abs. 1 GG, wonach die Bundesrepublik ein „sozialer" Bundesstaat ist. 178

Das Sozialstaatsprinzip enthält die Pflicht des Staates, für eine **gerechte Sozialordnung** zu sorgen; er hat für alle Bürger ein menschenwürdiges Dasein zu gewährleisten, Schwächere und Kranke zu schützen, für besonders Benachteiligte zu sorgen und ein – steuerlich freigestelltes – Existenzminimum zu garantieren.[346] Der Gesetzgeber hat bei der Umsetzung des Sozialstaatsprinzips die Wahl der Mittel: Auf welche Weise der Sozialstaat verwirklicht werden soll, kann er eigenverantwortlich bestimmen.[347]

Das Sozialstaatsprinzip selbst enthält keinen subjektiven Anspruch des Einzelnen, allerdings konkretisiert es verschiedene verfassungsrechtliche Grundsätze und wirkt sich damit auch auf die Grundrechte aus. In Verbindung mit der Menschenwürdegarantie gewährt das Sozialstaatsprinzip ein **Grundrecht** auf ein menschenwürdiges **Existenzminimum** (hierzu unten Rdnr. 559). Auswirkungen hat es auch auf die allgemeine Handlungsfreiheit gemäß Art. 2 Abs. 1 GG.[348] Ausprägungen des Sozialstaatsprinzips finden sich in anderen grundgesetzlichen Vorschriften wieder, so z. B. in Art. 6 Abs. 4 GG (Schutz und Fürsorge der Gemeinschaft für Mütter) und Art. 14 Abs. 2 GG (Sozialpflichtigkeit des Eigentums).

346 *Sachs*, in: *Sachs*, GG, Art. 20 Rdnr. 46. Zur steuerlichen Freistellung des Existenzminimums siehe BVerfGE 99, 246 ff., 259 f.

347 BVerfGE 69, 272 ff., 314.

348 BVerfGE 115, 25 ff., 41 ff.

§ 11 Bundesstaatsprinzip

179 Das Grundgesetz gliedert den Staat Deutschland als **Bundesstaat.** Zahlreiche Vorschriften des Grundgesetzes gestalten den Staat föderalistisch oder setzen seine föderale Struktur voraus (z. B. Art. 30, 70, 79 Abs. 3, 83 ff. GG). Umstritten (aber für diese Darstellung ohne Bedeutung) ist, ob das Bundesstaatsprinzip selbst normative Wirkung besitzt oder ob es lediglich einen zusammenfassenden Oberbegriff für die einzelnen föderalistischen Vorschriften im Grundgesetz darstellt.[349]

179a In Art. 20 Abs. 1 GG wird Deutschland als „Bundesstaat" bezeichnet. Dies bedeutet, dass es **mehrere staatliche Ebenen mit eigener Staatsgewalt** und eigenen Kompetenzen geben muss (zum Bundesstaat s. o. Rdnr. 64); dies sind der Bund und die Länder. Die Errichtung eines Einheitsstaates ohne eine Gliederung in Länder oder die faktische Entmachtung aller Länder durch Verschiebung aller Kompetenzen zum Bund wäre ebenso unzulässig wie die Abschaffung der souveränen Bundesebene und die Eingliederung der Länder in einen Staatenbund.

Nicht geschützt ist allerdings der **Bestand der einzelnen Länder.** Art. 29 GG gestattet die Neugliederung des Bundesgebietes durch Bundesgesetz, das durch Volksentscheid bestätigt werden muss (Art. 29 Abs. 2 GG) oder durch Staatsvertrag zwischen einzelnen Ländern (Art. 29 Abs. 7 und 8 GG).

179b Ausprägung des Bundesstaatsprinzips ist insbesondere die **Kompetenzverteilung** zwischen Bund und Ländern bei der Erfüllung der staatlichen Aufgaben (siehe hierzu allgemein Rdnr. 297; zur Gesetzgebung siehe Rdnr. 298 ff., zur Verwaltung Rdnr. 331 ff., zur Rechtsprechung Rdnr. 341 ff.). Nicht geschützt ist ein bestimmter Aufgabenzuschnitt, allerdings müssen den Ländern Aufgaben von substanziellem Gewicht *„als ‚Hausgut' unentziehbar verbleiben"*.[350] Daneben gibt es zahlreiche grundgesetzliche Maßgaben für das Verhältnis zwischen Bund und Ländern. So bricht Bundesrecht Landesrecht (Art. 31 GG, s. o. Rdnr. 20) und die Landesverfassungen müssen den Verfassungsgrundsätzen entsprechen (Homogenitätsprinzip, s. o. Rdnr. 21). Der Bund hat in der Verwaltung bestimmte Ingerenzrechte gegenüber den Ländern, sofern sie Bundesgesetze ausführen (s. u. Rdnr. 332, 336) und schließlich die – allerdings noch nie in Anspruch genommene – Möglichkeit des Bundeszwangs (Art. 37 GG).

---

349 Ausf. zum Streitstand *B. Küchenhoff*, Die verfassungsrechtlichen Grenzen der Mischverwaltung, Baden-Baden 2010, S. 64 ff.

350 BVerfG NVwZ 2015, 136 ff., 145; siehe auch BVerfGE 34, 9 ff., 19 ff.; BVerfGE 137, 108 ff., 144.

Zu den bundesstaatlichen Grundsätzen zählt außerdem die **Bundestreue** (auch: 180
„Pflicht zu bundesfreundlichem Verhalten"[351]): Bei der Ausübung ihrer Kompetenzen müssen die Länder (und auch der Bund) auf die Belange der anderen Beteiligten und der Gesamtheit Rücksicht nehmen[352] und *„in extremen Haushaltsnotlagen"* füreinander einstehen.[353] Der Bund darf nicht durch eine Spaltung der Länder eigene Interessen durchsetzen.[354] Die Rücksichtspflichten obliegen der jeweiligen staatlichen Ebene dabei nicht, nur gegenüber der anderen Ebene, sondern auch gegenüber dem *„Gesamtinteresse des Bundesstaates."*[355] Die Bundestreue ist **akzessorisch**: Sie schafft kein eigenes Rechtsverhältnis zwischen Bund und Ländern, sie setzt vielmehr eines voraus.[356]

Im Bundesstaat gilt zwischen Bund und Ländern das Prinzip der **Einstimmigkeit**: 181
Bei Kooperationen und gemeinsamen Entscheidungen von Bund und Ländern oder zwischen den Ländern ist allgemeiner Konsens herzustellen, kein Land darf im Mehrheitsverfahren von anderen Ländern überstimmt werden.[357] Dies gilt für die gemeinsame Aufgabenwahrnehmung und die Kooperation, aber nicht für Abstimmungen im Bundesrat, wo andere Mehrheitsverhältnisse vorgegeben sind.[358]

351 *Jarass,* in: *Jarass/Pieroth,* GG, Art. 20, Rdnr. 24; BVerfGE 1, 117 ff., 131; BVerfGE 1, 299 ff., 315 f.; BVerfGE 8, 122 ff., 138 ff.; BVerfGE 134, 141 ff., 201.

352 BVerfGE 6, 309 ff., 361 f.: Pflicht der Länder; BVerfGE 81, 310 ff., 337: Pflicht des Bundes.

353 BVerfGE 86, 148 ff., 263 f.

354 BVerfGE 86, 148 ff., 211 f.

355 BVerfGE 81, 310 ff., 337.

356 BVerfGE 103, 81 ff., 87 f.; BVerfGE 110, 33 ff., 52; *Jarass* in: *Jarass/Pieroth,* GG, Art. 20, Rdnr. 26.

357 BVerfGE 1, 299 ff., 315.

358 Zur Gesetzgebung siehe unten Rdnr. 310 ff.

§ 12 Republikanisches Prinzip

182 In Art. 20 Abs. 1 GG ist von der Bundes-„republik" Deutschland die Rede. Nach herrschender Lesart besagt das republikanische Prinzip des Grundgesetzes lediglich, dass die Errichtung einer **Monarchie ausgeschlossen** ist. Dies ergebe die historische Auslegung: Bereits Art. 1 WRV („*Das Deutsche Reich ist eine Republik*") sei derart verstanden worden.[359] Es darf also kein Staatsoberhaupt installiert werden, das mittels Erbfolge ins Amt gelangt. Ob das republikanische Prinzip darüber hinaus bestimmt, dass das Staatsoberhaupt vom Volk gewählt werden und grundsätzlich wieder abwählbar sein muss, ob es also jegliche Diktatur untersagt, ist ein Streit ohne praktische Bedeutung, da die Einrichtung einer Diktatur oder gar eines „Führerstaates" nach historischem Vorbild auch aus rechtsstaatlichen und demokratischen Erwägungen unzulässig wäre.[360]

359 *Sachs*, in: *Sachs*, GG, Art. 20, Rdnr. 9. Zu den Begriffen Monarchie und Republik s. o. Rdnr. 60 f.
360 Ähnlich *Maurer*, Staatsrecht I, S. 178.

§ 13 Staatsziele

Neben den Grundrechten enthält das Grundgesetz sogenannte Staatsziele. Staatsziele sind Verfassungsnormen, die dem Staat die fortdauernde Beachtung oder Erfüllung bestimmter Aufgaben vorschreiben. Sie sind nicht lediglich unverbindliche Programmsätze, sondern **objektive Verpflichtung des Staates.**[361] Im Unterschied zu den Grundrechten begründen sie aber keine individuell einklagbaren Rechte. Der Bürger kann nicht geltend machen, in seinen Rechten allein deshalb verletzt zu sein, weil die öffentliche Gewalt ein Staatsziel missachtet hat.[362] Wer eine entsprechende Verfassungsbeschwerde erhebt, scheitert daher bereits an der fehlenden Beschwerdebefugnis (hierzu unten Rdnr. 373 ff.). Die Staatsziele sind aber bei der Auslegung von Vorschriften sowie bei der Abwägung im Verlauf der Verhältnismäßigkeitsprüfung (hierzu oben Rdnr. 168 ff.) zu beachten und können grundrechtliche Gewährleistungen verstärken. Dies führt in gewisser Weise zu einer Versubjektivierung von Staatszielen.[363] In ihrer Bedeutung unterscheiden sie sich: Während das Staatsziel Tierschutz sich konkret auf die Verfassungslage auswirkt (hierzu Rdnr. 194d), ist das Staatsziel „Weltfrieden", das in der Präambel verankert ist, weitgehend irrelevant (hierzu Rdnr. 194a). 182a

Über die Staatsziele hinaus haben auch die **Grundrechte** eine objektive Funktion. Der Staat kann durch die Grundrechte verpflichtet sein, die in ihnen verankerten Rechtsgüter zu erhalten oder bestimmte Einrichtungen zu unterhalten (siehe hierzu u. Rdnr. 519 ff.).

Die **Landesverfassungen** enthalten zusätzliche Staatsziele, die gemäß der bundesstaatlichen Ordnung nur für das entsprechende Land, nicht aber für den Bund beachtlich sind. In Brandenburg sind dies z. B. die Strukturförderung (Art. 44 Verf. Bbg.) und das Recht der Sorben und Wenden auf Schutz, Erhaltung und Pflege der eigenen Identität (Art. 25 Abs. 1 Verf. Bbg.). 182b

A. Staatsziel der Entwicklung eines geeinten Europas

Art. 23 Abs. 1 S. 1 GG enthält eine die Präambel des Grundgesetzes präzisierende[364] **Staatszielbestimmung** und damit einen rechtsverbindlichen Auftrag zur Entwicklung der Europäischen Union. Entwicklung bedeutet Aufbau und weitere Fortentwick- 183

361 *Murswiek*, in: *Sachs*, GG, Art. 20a, Rdnr. 12; *Schink*, DÖV 1997, 221 ff.

362 *Jarass*, in: *Jarass/Pieroth*, GG, Art. 20a, Rdnr. 2.

363 Zum Staatsziel Umweltschutz (Art. 20a GG) siehe *Jarass*, in: *Jarass/Pieroth*, GG, Art. 20a, Rdnr. 16a.

364 *Huber*, in: *Sachs*, GG, Präambel, Rdnr. 43; *Hillgruber*, in: *Epping/Hillgruber*, GG, Präambel, Rdnr. 15.

lung.[365] Der Entwicklungsauftrag richtet sich an die deutschen Staatsorgane. Diese verwirklichen ihn, indem sie Hoheitsrechte auf die Europäische Union übertragen, europäische Rechtsakte umsetzen und EU-Recht ausführen und beachten.[366]

1. Übertragung von Hoheitsrechten auf die EU

184 Warum stellt die Übertragung von Hoheitsgewalt auf die Europäische Union eine **Besonderheit** dar? Im Normalfall beansprucht jeder Staat die ungeteilte Hoheitsgewalt über sein Staatsgebiet und seine Staatsangehörigen (s. o. Rdnr. 53). Dies ändert sich auch nicht dadurch, dass der Staat sich durch Verträge mit anderen Staaten zu einem bestimmten Verhalten oder Handeln verpflichtet. Denn maßgeblich für den Einzelnen ist grundsätzlich nicht der völkerrechtliche Vertragsschluss, sondern die Umsetzung in nationales Recht.[367] Anders sieht dies im Verhältnis zur Europäischen Union aus. Hier haben die Mitgliedstaaten bestimmte Befugnisse zur Ausübung öffentlicher Gewalt an eine supranationale Organisation übertragen.

2. Verfassungsrechtliche Vorgaben

185 Eine **Kompetenzübertragung** von der Bundesrepublik auf die Europäische Union ist verfassungsrechtlich nur zulässig, wenn dies durch das Grundgesetz gedeckt ist. Das Grundgesetz enthält zwei Regelungen: Zum einen erlaubt Art. 24 Abs. 1 GG die Übertragung von Hoheitsrechten durch Gesetz auf zwischenstaatliche Einrichtungen. Anwendungsbereiche des Art. 24 GG sind heute die NATO[368] sowie einige weitere Organisationen, wie z. B. die europäische Luftsicherheitsbehörde Eurocontrol, europäische Patentorganisationen oder der Internationale Seegerichtshof.[369] Die Übertragung von Hoheitsrechten auf die Europäische Union ist seit 1990 durch die speziellere Vorschrift des Art. 23 GG geregelt.

186 Das **Bundesverfassungsgericht** hat den Vertrag von Lissabon[370] in seiner Lissabon-Entscheidung grundsätzlich gebilligt, jedoch einige **Voraussetzungen für dessen Verfassungsmäßigkeit** aufgestellt. Insbesondere verlangt es, dass den Mitgliedstaaten *„ausreichender Raum zur politischen Gestaltung der wirtschaftlichen, kulturellen und sozialen Lebensverhältnisse"* verbleiben müsse.[371] Sache der Mitgliedstaa-

365 BVerfGE 123, 267 ff., 363 („Lissabon"); *Wolff*, in: *Hömig/Wolff*, GG, Art. 23, Rdnr. 2; *Jarass*, in: *Jarass/Pieroth*, GG, Art. 23, Rdnr. 12.

366 *Jarass*, in: *Jarass/Pieroth*, GG, Art. 23, Rdnr. 13.

367 *Herdegen*, Europarecht, S. 267.

368 Siehe hierzu BVerfGE 68, 1 ff., 93; BVerfGE 83, 1 ff., 12; BVerfG 104, 151 ff., 194.

369 Siehe hierzu und weitere Fälle bei *Jarass*, in: *Jarass/Pieroth*, GG, Art. 24, Rdnr. 3 sowie bei *Streinz*, in: *Sachs*, GG, Art. 24, Rdnr. 30 m. w. N.

370 Hierzu o. Rdnr. 93.

371 BVerfGE 123, 267 ff., 358.

ten sollen, so das Bundesverfassungsgericht, jene Sachbereiche bleiben, *„die die Lebensumstände der Bürger, vor allem ihren von den Grundrechten geschützten privaten Raum der Eigenverantwortung und der persönlichen und sozialen Sicherheit prägen"*, und für solche politische Entscheidungen gelten, *„die in besonderer Weise auf kulturelle, historische und sprachliche Vorverständnisse angewiesen sind, und die sich im parteipolitisch und parlamentarisch organisierten Raum einer politischen Öffentlichkeit diskursiv entfalten."* Zu wesentlichen Bereichen demokratischer Gestaltung zählt das Bundesverfassungsgericht ferner unter anderem *„die Staatsbürgerschaft, das zivile und militärische Gewaltmonopol, Einnahmen und Ausgaben einschließlich der Kreditaufnahme sowie die für die Grundrechtsverwirklichung maßgeblichen Eingriffstatbestände, vor allem bei intensiven Grundrechtseingriffen wie dem Freiheitsentzug in der Strafrechtspflege oder bei Unterbringungsmaßnahmen."* Ebenfalls zu diesen bedeutsamen Sachbereichen gehören nach Ansicht des Bundesverfassungsgerichts auch *„kulturelle Fragen wie die Verfügung über die Sprache, die Gestaltung der Familien- und Bildungsverhältnisse, die Ordnung der Meinungs-, Presse- und Versammlungsfreiheit oder der Umgang mit dem religiösen oder weltanschaulichen Bekenntnis"*.[372] Das Bundesverfassungsgericht behält sich in Bezug auf diese Fragen sowie auf die Einhaltung des europarechtlichen Subsidiaritätsprinzips auch ausdrücklich eine Überprüfungskompetenz vor. Wieso ausgerechnet die benannten Gebiete besonders sensibel für die demokratische Selbstgestaltungsfähigkeit in Deutschland sein sollten, wird jedoch nicht weiter begründet.[373]

Ferner weist das Bundesverfassungsgericht darauf hin, dass es bei weiter zunehmender Integration zu einem verfassungsrechtlich erheblichen **Defizit** beim derzeitigen Stand der **demokratischen Kontrolle** in der EU kommen könnte, die vom Bundesverfassungsgericht lediglich als *„ergänzende Mitwirkungsmöglichkeit im europäischen Organsystem"* angesehen wird.[374] Art. 14 Abs. 2 UAbs. 1, S. 3 EUV regelt nämlich, dass die den Mitgliedstaaten zustehenden Sitze im Europäischen Parlament sich nicht aus dem direkten Verhältnis zur Wählerzahl ergeben, sondern sich das Parlament *„degressiv proportional"* zusammensetzt.[375] Das bedeutet, dass die Wähler in den kleineren Mitgliedstaaten ein größeres Stimmgewicht erhalten als die Wähler in den großen Mitgliedstaaten. Das erhöht die Anforderungen an die Beteiligungsmöglichkeiten der bundesdeutschen Volksvertretungen, weswegen das Bundesverfassungsgericht das ursprüngliche deutsche Begleitgesetz[376] wegen Verstoßes gegen Art. 38 Abs. 1 GG i.V.m. Art. 23 Abs. 1 GG für verfassungswidrig 187

372 BVerfGE 123, 267 ff., 358.

373 Siehe *v. Bogdandy*, NJW 2010, 1 ff., 3.

374 BVerfGE 123, 267 ff., 370.

375 BVerfGE 123, 267 ff., 373 f.

376 Gesetz über die Ausweitung und Stärkung der Rechte des Bundestages und des Bundesrates in Angelegenheiten der Europäischen Union, BT-Drs. 16/8489.

erklärte. Zur Umsetzung dieser Anforderungen ist das Integrationsverantwortungsgesetz (IntVG) ergangen,[377] das überwiegend als verfassungskonform bezeichnet wird.[378] Es erweitert die Rechte der deutschen Volksvertretungen in Bezug auf das Abstimmungsverhalten des deutschen Vertreters im Rat der EU erheblich.

188 Europäische Regelungen, die zu einer inhaltlichen Änderung oder Ergänzung des Grundgesetzes führen, also **verfassungsändernden Charakter** haben, müssen sich an **Art. 79 Abs. 2 und 3 GG** messen lassen. Dies bedeutet, dass die Zustimmung zu solchen Regelungen nur mit einer Zweidrittelmehrheit im Bundestag und im Bundesrat beschlossen werden kann. Sonstige Änderungen unterhalb einer Verfassungsänderung oder Verfassungsergänzung (auch die Übertragung von Hoheitsrechten!) bedürfen lediglich einer einfachen Mehrheit.[379] Inwieweit der Verweis auf die Ewigkeitsgarantie des Art. 79 Abs. 3 GG überhaupt Relevanz besitzt, ist unklar. Die dort geschützten Rechte und Prinzipien finden sich zum größten Teil schon in Art. 23 Abs. 1 S. 1 GG, so dass eine eigenständige Bedeutung lediglich in Bezug auf die bundesstaatliche Struktur der Bundesrepublik und entsprechende Beteiligungsrechte der Bundesländer an der europäischen Willensbildung, z.B. durch Einbeziehung des Bundesrats, angenommen wird.[380]

3. Entscheidungsbefugnis bei Rechtskollision

189 Im Verhältnis zwischen europäischem und nationalem Recht kommt es immer wieder zu Auslegungs- und Anwendungsproblemen. Dies kann folgende Fälle betreffen:

a) Nationales Recht verstößt gegen europäisches Recht

190 Diese Frage ist vom entscheidungsbefugten Gericht grundsätzlich **selbst** zu entscheiden. Stellt ein deutsches Gericht unzweifelhaft fest, dass eine deutsche Vorschrift gegen europäisches Recht verstößt, hat es zwei Möglichkeiten: Lässt sich die Vorschrift richtlinienkonform auslegen, dann wendet das Gericht die Vorschrift in dieser Auslegung an. Liegt eine planwidrige Regelungslücke vor, kann die europarechtsfreundliche Auslegung durch teleologische Reduktion erreicht werden.[381] Ist eine richtlinienkonforme Auslegung, beispielsweise wegen des eindeutigen Wort-

377 Gesetz über die Wahrnehmung der Integrationsverantwortung des Bundestages und des Bundesrates in Angelegenheiten der Europäischen Union (Integrationsverantwortungsgesetz – IntVG) v. 22.09.2009, BGBl. I, S. 3022, geänd. durch Art. 1 des Gesetzes zur Umsetzung der Grundgesetzänderungen für die Ratifizierung des Vertrags von Lissabon v. 01.12.2009, BGBl. I, S. 3822.

378 *Hahn*, EuZW 2009, 758 ff., 762; *Wolff*, in: *Hömig/Wolff*, GG, Art. 23, Rdnr. 7; krit. *Nettesheim*, NJW 2010, 177 ff., 180;

379 Arg. aus Art. 24 Abs. 1 GG; *Scholz*, in: *Dürig/Herzog/Scholz*, GG, Art. 23, Rdnr. 114.

380 *Jarass*, in: *Jarass/Pieroth*, GG, Art. 23, Rdnr. 60 ff.; siehe auch *Scholz*, in: *Dürig/Herzog/Scholz*, GG, Art. 23, Rdnr. 124.

381 BGH, NJW 2009, 427 ff., 430.

lauts, nicht möglich, so entscheidet das Gericht nach der vorgehenden europäischen Norm, selbst wenn damit ein nationales Parlamentsgesetz nicht zur Anwendung kommt.[382]

Beispiel: Die Generalklausel in § 1 UWG ist richtlinienkonform auszulegen. Weil die Richtlinie 95/55/EG vergleichende Werbung in gewissen Grenzen gestattet, dürfen die deutschen Gerichte vergleichende Werbung nicht vollkommen für unzulässig erklären.[383]

Eine **Vorlage an den EuGH** kommt hingegen nur in Betracht, soweit es um die Aus- 191
legung oder um die Gültigkeit von europäischem Recht geht, also etwa, wenn eine europäische Vorschrift unklar ist. Vorlageberechtigt sind alle Gerichte, nicht aber Schiedsgerichte, vorlageverpflichtet alle Gerichte, deren Entscheidungen nicht mehr angegriffen werden können.[384]

Beispiel: Mehrere nationale Gerichte hatten dem EuGH die Frage vorgelegt, ob das Monopol des Staates auf bestimmte Glücksspiele gegen ex-Art. 43 und 49 EGV verstößt und damit europarechtswidrig ist.[385]

b) Europäische Sekundärrecht verstößt gegen europäisches Primärrecht

Soll eine entscheidungserhebliche Vorschrift vom zuständigen Gericht deshalb 192
nicht angewendet werden, weil es nach dessen Ansicht gegen primäres europäisches Recht verstößt, so **muss** es diese Frage nach Art. 267 AEUV (ex-Art. 234 EGV) dem EuGH **vorlegen**. Nationale Gerichte sind wegen der Verwerfungskompetenz des EuGH nicht befugt, Handlungen der Gemeinschaft für ungültig zu erklären.[386] Von der Pflicht zur Vorlage lässt der EuGH lediglich folgende drei Ausnahmen zu:[387]

(1) Die Rechtsfrage des Ausgangsverfahrens wurde dem EuGH bereits in einem gleich gelagerten Fall vorgelegt und durch den EuGH entschieden.[388]
(2) Die Ausgangsfrage lässt sich durch eine gesicherte Rechtsprechung des EuGH lösen.[389]

---

382 Nach dem „effet utile-Grundatz" des Art. 4 Abs. 3 EUV; siehe auch EuGH Rs. C-213/89, Slg. 1990, I-2433, Rdnr. 19 ff. – Factortame I; *Herdegen*, Europarecht, § 10, Rdnr. 7.

383 BGH NJW 1998, 2208 ff., 2210; VG Stuttgart GewArch 2007, 382 ff.; VG Köln GewArch 2006, 467 f.; VG Gießen, 10 E 13/07 (juris).

384 *Herdegen*, Europarecht, § 9 Rdnr. 33 ff.

385 VG Stuttgart GewArch 2007, 382 ff.; VG Köln GewArch 2006, 467 f.; VG Gießen, 10 E 13/07 (juris); inzwischen vom EuGH dahingehend entschieden, dass das deutsche Glücksspielmonopol nicht mit europäischem Recht vereinbar ist, verbundene Rs. C-409/06, Rs. C-316/07, Rs. C-358/07, Rs. C-359/07, Rs. C-360/07, Rs. C-409/07, Rs. C-410/07 und Rs. C-46/08 C-409/06, NVwZ 2010, 1422 ff.

386 EuGH Rs. 314/85, Slg. 1987, 4100, Rdnr. 15 ff. – Foto-Frost zu ex-Art. 177 EGV = ex-Art. 234 EGV = Art. 267 AEUV); siehe hierzu *Herdegen*, Europarecht, § 9, Rdnr. 36.

387 Siehe im Einzelnen *Calliess*, Staatsrecht III, S. 379 f.

388 EuGH Rs. 28 bis 30/62, Slg. 1963, 63, 80.

389 EuGH Rs. 283/81, Slg. 1982, 3415, Rdnr. 14; sog. „acte éclairé.

(3) Die richtige Anwendung des Unionsrecht ist derart offenkundig, dass keinerlei Raum für vernünftige Zweifel an der gestellten Frage bleibt, und das entscheidende nationale Gericht überzeugt ist, dass die Gerichte der anderen Mitgliedstaaten und der EuGH die gleiche Gewissheit hätten.[390]

c) Europäisches Recht verstößt gegen nationales Verfassungsrecht

193 Fraglich ist, ob auch **Verfassungsvorschriften**, z. B. die Grundrechte, hinter europäisches Recht zurücktreten. Dies betrifft hauptsächlich sekundäre Rechtsakte, denn die Zustimmung zu primären europäischen Rechtsakten, die gegen Grundrechtsbestimmungen verstoßen, ist wegen Verstoßes gegen Art. 23 Abs. 1 S. 1 GG unwirksam.

193a Vor der Klärung, ob europäisches Recht oder deutsches Verfassungsrecht Vorrang hat, stellt sich die Frage, wer darüber zu entscheiden hat. Die Frage des Verhältnisses zwischen dem Bundesverfassungsgericht (als Hüter des Grundgesetzes auch im Hinblick auf die europäische Integration)[391] und dem EuGH (als Wahrer des Unionsrechts bei dessen Anwendung und Auslegung)[392] berührt also die Frage nach der Entscheidungskompetenz. Das Verhältnis der beiden Gerichte wird vom Bundesverfassungsgericht unter dem Schlagwort **„Kooperationsverhältnis"** gefasst[393] und basiert auf dem Gedanken, dass eine Übertragung der Kompetenzen der Gerichte der EU-Mitgliedstaaten als Gerichte souveräner Staaten auf einem Vertrag zwischen den Mitgliedstaaten beruhenden Gerichtshof nicht möglich sei.[394] Dieses Kooperationsverhältnis beinhaltet, dass das Bundesverfassungsgericht zwar für sich weiterhin die Befugnis zur Entscheidung in verfassungsrechtlichen Fragen auch in Bezug auf europarechtliche Sachverhalte beansprucht, diese aber im Vertrauen auf die Grundrechtsgewährung durch den EuGH zurzeit nicht ausübt.[395] Man könnte also sagen, dass die Kompetenzfrage zurzeit in der Schwebe gehalten wird.[396] Die Kommunikation der beiden Gerichte, die jeweils für sich die Entscheidungskompetenz beanspruchen, erfolgt formal über den Weg der Vorlage nach Art. 267 AEUV, der zur

390 EuGH, Rs. 283/81, Slg. 1982, 3415, Rdnr. 16; sog. „acte clair".

391 *Calliess*, Staatsrecht III, S. 425.

392 Art. 19 Abs. 1 UAbs. 1 S. 2 EUV; siehe auch *Herdegen*, Europarecht, S. 234.

393 BVerfGE 89, 155 ff., 175 – Maastricht; BVerfGE 152, 216 ff.; NJW 2020, 314 ff., 320 f. – Recht auf Vergessen II; siehe hierzu *Calliess*, Staatsrecht III, S. 425 f.

394 Claasen, Stellungnahme zum Urteil des BVerfG vom 05.05.2020, Rechtsgutachten für den Europaausschuss des Deutschen Bundestages vom 21.05.2021 (abrufbar unter https://www.bundestag.de/resource/blob/697486/68acf7d191966b75d78bc7db9c92f6e1/Classen-data.pdf; zuletzt aufgerufen, 28.05.2023), S. 2.

395 *Calliess*, Staatsrecht III, S. 425 mit Verweis auf den Berichterstatter *Kirchhof*, EuR Beiheft 1 (1991), S. 22.

396 *Calliess*, Staatsrecht III, S. 426.

Verzahnung von europarechtlicher und nationaler Rechtsprechung dient.[397] Dies gilt zumindest für die Fälle der (nachfolgend näher beschriebenen) **Grundrechtskontrolle** sowie der **„Ultra-Vires"-Kontrolle.** Ob auch in den Fällen der **Identitätskontrolle** das Vorlageverfahren zur Anwendung kommt, ist nach wie vor nicht geklärt.[398] In seiner Entscheidung zur Identitätskontrolle[399] hat das Bundesverfassungsgericht von einer Vorlage abgesehen mit der Begründung, dass die richtige Anwendung des Unionsrechts im konkreten Fall so offenkundig sei, *„dass für einen vernünftigen Zweifel keinerlei Raum bleibe"* (*acte clair*).[400]

Inhaltlich hat sich das Bundesverfassungsgericht also drei Bereiche der verfassungsrechtlichen Kontrolle europäischer Rechtsakte vorbehalten. Dies sind die Grundrechtskontrolle (s. u. unter Rdnr. 193c), die „Ultra-Vires"-Kontrolle (s. u. unter Rdnr. 193d) sowie die sog. „Identitätskontrolle" (s. u. unter Rdnr. 193e). Prozessual erfolgt die Kontrolle europäischer Rechtsakte über Verfassungsbeschwerden und Organstreitverfahren.[401] 193b

In Bezug auf die **Grundrechtskontrolle** verzichtete das **Bundesverfassungsgericht** auf die Überprüfung sekundären Gemeinschaftsrechts, solange auf europäischer Ebene ein vergleichbarer Grundrechtsschutz gewährleistet war.[402] Damit akzeptierte das Bundesverfassungsgericht also (derzeit) den Vorrang des Gemeinschaftsrechts. Das klingt großzügig, ist aber problematisch, denn dass bei einer Kollision zwischen Grundrechten und sekundärem Gemeinschaftsrecht ebenfalls das europäische Recht anzuwenden ist, ergibt sich ja eigentlich aus dem Primat des europäischen Rechts. Für Verfassungsrecht kann nichts Anderes gelten als für Rechtsakte unterhalb der Verfassung (s. o.). Insofern war es ein Schritt in die richtige Richtung, als das Bundesverfassungsgericht in der sog. Bananenmarktentscheidung feststellte, 193c

---

397 *Calliess*, Staatsrecht III, S. 426 m. w. N.; siehe auch BVerfGE 154, 17 ff. – PSPP-Programm der EZB.

398 Das OMT-Verfahren lässt hier keine sicheren Rückschlüsse zu, handelte es sich doch auch um eine Ultra-Vires-Kontrolle, siehe hierzu *Calliess*, Staatsrecht III, S. 434 m. w. N.

399 BVerfGE 140, 317 ff. – Europäischer Haftbefehl II.

400 BVerfGE 140, 317 ff., 376 – Europäischer Haftbefehl II.

401 *Calliess*, Staatsrecht III, S. 427.

402 Sog. Solange-II-Entscheidung des BVerfG, BVerfGE 73, 339 ff., 387; das hatte das BVerfG in der sog. Solange-I-Entscheidung (BVerfGE 37, 271 ff. = NJW 1974, 1697 ff.) noch anders gesehen und war davon ausgegangen, dass *„solange der Integrationsprozess der Gemeinschaft nicht so weit fortgeschritten ist, daß das Gemeinschaftsrecht auch einen von einem Parlament beschlossenen und in Geltung stehenden formulierten Katalog von Grundrechten enthält, der dem Grundrechtskatalog des Grundgesetzes adäquat ist, ist […] die Vorlage eines Gerichts der Bundesrepublik Deutschland an das BVerfG im Normenkontrollverfahren zulässig und geboten, wenn das Gericht die für es entscheidungserhebliche Vorschrift des Gemeinschaftsrechts […] für unanwendbar hält, weil und soweit sie mit einem der Grundrechte des Grundgesetzes kollidiert."* (BVerfGE 37, 271 ff., 285). Die Solange-II-Rechtsprechung hat das BVerfG in seiner Maastricht-Entscheidung (BVerfGE 89, 155 ff.) bestätigt.

dass *„Verfassungsbeschwerden und Vorlagen von Gerichten […] von vornehere in unzulässig* [sind], *wenn ihre Begründung nicht darlegt, dass die europäische Rechtsentwicklung einschließlich der Rechtsprechung des EuGH nach Ergehen der Solange-II-Entscheidung unter den erforderlichen Grundrechtsstandard abgesunken sei.“* [403] Das Bundesverfassungsgericht zog sich gewissermaßen auf eine Reserve- oder Notkompetenz zurück und nahm für sich eine Art Auffangverantwortung für den Fall an, dass der EuGH seiner Verantwortung für einen ausreichenden Grundrechtsschutz im Sinne der Rechtsprechung des Bundesverfassungsgerichts auf europäischer Ebene nicht nachgekommen war, obwohl er hierzu Gelegenheit gehabt hätte. Gelegenheit für den EuGH, sich gerade mit der Ansicht des Bundesverfassungsgerichts zu beschäftigen, bekommt er insbesondere über eine Vorlage nach Art. 267 AEUV.[404] Diese Zurückhaltung hat das Bundesverfassungsgericht durch die Entscheidungen vom 06.11.2019 (Recht auf Vergessen I[405] und Recht auf Vergessen II[406]) allerdings aufgegeben und die Entscheidungskompetenz auch für Verstöße gegen unionale Grundrechte an sich gezogen.[407]

193d Seit der Entscheidung zum Lissabon-Vertrag[408] hat das Bundesverfassungsgericht die **„Ultra-Vires-Kontrolle“** als echten Kontrollvorbehalt formuliert. Das Bundesverfassungsgericht behält sich also vor, europäische Rechtsakte, wohl unter Einschluss von Entscheidungen des EuGH,[409] daraufhin zu überprüfen, ob sie sich unter Wahrung des europarechtlichen Subsidiaritätsprinzips innerhalb der ihnen eingeräumten Einzelermächtigungen halten.[410] Unionsakte außerhalb der zugewiesenen Kompetenzen erklärt das Bundesverfassungsgericht als „ausbrechende Rechtsakte“ für in Deutschland unanwendbar. In der **„Honeywell“-Entscheidung**[411] hat das Bundesverfassungsgericht diese noch recht unbestimmten Grenzen seines Kontrollmonopols präzisiert. Danach ist zunächst im Rahmen eines Vorabentscheidungsverfahrens eine Abstimmung mit dem EuGH über die Rechtsfrage herbeizuführen. Zweitens muss der Verstoß **ersichtlich** außerhalb der Kompetenzen der EU erfolgt sein; es muss sich also um einen hinreichend qualifizierten Verstoß handeln. Drittens muss das kompetenzwidrige Handeln **offensichtlich** und im Verhältnis der Kompetenzverteilung zwischen den Mitgliedstaaten und den EU-Orga-

403 BVerfGE 102, 147 ff., 164; siehe auch *Calliess*, Staatsrecht III, S. 429; *Klein/Sennekamp*, NJW 2007, 945 ff., 953; *Hillgruber/Goos*, Verfassungsprozessrecht, Rdnr. 226 f.

404 So *Calliess*, Staatsrecht III, S. 429.

405 BVerfGE 152, 152 ff.

406 BVerfGE 152, 216 ff.

407 Z. T. kritisch hierzu *Kämmerer/Kotzur*, NVwZ 2022, 177 ff.; zurückhaltender *Britz*, NJW 2021, 1489 ff., 1489 f. (Recht auf Vergessen I und II als *„Fortsetzung und Weiterentwicklung der Solange-II-Entscheidung“*).

408 BVerfGE 123, 267.

409 BVerfGE 133, 277 ff., 316 – Antiterrordateigesetz I; siehe hierzu *Wedemeyer*, EuR 2021, 732 ff., 743 f.

410 BVerfGE 123, 267 ff., 353.

411 BVerfGE 126, 286 ff., 304 f.; siehe hierzu *Herdegen*, Europarecht, S. 276.

nen **erheblich** ins Gewicht fallen, somit also eine **strukturelle Kompetenzverschiebung** beinhalten.[412] Erstmals hat das Bundesverfassungsgericht diese Kriterien in der **OMT-Entscheidung**[413] angewendet und die Frage dem EuGH im Wege der Vorabentscheidung vorgelegt.

Die sog. „**Identitätskontrolle**" bringt das Bundesverfassungsgericht zur Anwendung, wenn ein europäischer Rechtsakt oder das Handeln eines EU-Organs gegen den unantastbaren Kerngehalt der Verfassungsidentität des Grundgesetzes nach Art. 23 Abs. 1 S. 3 i.V. mit Art. 79 Abs. 3 GG verstößt. In der **Lissabon-Entscheidung** (siehe oben Rdnr. 186) stellt das Bundesverfassungsgericht hierzu einige Kriterien auf, insbesondere sind den Mitgliedstaaten ausreichender Raum zur politischen Gestaltung der wirtschaftlichen, kulturellen und sozialen Lebensverhältnisse zu geben.[414] Das klang zunächst nach einer sehr weitgehenden Überprüfungskompetenz, die das Bundesverfassungsgericht für sich beanspruchte. In der **ESM-Entscheidung** hat sich das Bundesverfassungsgericht jedoch auf eine Kontrolle europäischer Rechtsakte am Maßstab des Art. 79 Abs. 3 GG zurückgezogen. Damit kommt eine Identitätskontrolle in Betracht, wenn Kernbereiche der Demokratie, Rechtsstaatlichkeit, Bundesstaatlichkeit und Sozialstaatlichkeit verletzt würden,[415] sowie wenn wesentliche Bestandteile des Budgetrechts abgegeben würden, ohne dass die wesentlichen Entscheidungen darüber im Bundestag getroffen würden.[416] 194

B. Völkerrechtsfreundlichkeit und Friedensgebot

Die Präambel des Grundgesetzes enthält die Verpflichtung des Staates, sich völkerrechtsfreundlich zu verhalten und „dem Frieden der Welt zu dienen". Dies ist nach h.M. der Ausgangspunkt für zwei Staatsziele, die in anderen Vorschriften des Grundgesetzes konkretisiert werden. Das Gebot der **Völkerrechtsfreundlichkeit** verpflichtet die staatlichen Organe, auch die Gerichte, dazu, fremde Rechtsordnungen zu achten und das Grundgesetz völkerrechtsfreundlich auszulegen.[417] Es ergibt sich aus der Präambel sowie aus Art. 23, 24, 25 S. 2, 26 und 59 Abs. 2 GG.[418] Das **Friedensgebot** verpflichtet den Staat zur Wahrung und Erreichung des Weltfriedens; eine ausdrücklich pazifistische Politik ist damit aber nicht gefordert.[419] In der Recht- 194a

412 *Calliess*, Staatsrecht III, S. 431.

413 2 BvR 2728/13 vom 14.1.2014 zu sog. Outricht Monetary Transactions (OMT), einem Programm der EZB zum unbegrenzten Ankauf von Staatsanleihen; siehe hierzu *Calliess*, Staatsrecht III, S. 432.

414 BVerfGE 123, 267 ff., 357 f.; kritisch hierzu *Calliess*, Staatsrecht III, S. 437.

415 BVerfGE 2 BvR 1290/12, Rdnr. 125; *Calliess*, Staatsrecht III, S. 437.

416 BVerfGE 129, 124 ff., 177 ff. – EFSF und ESM (Rettungsschirme); *Calliess*, Staatsrecht III, S. 438; *Streinz*, Europarecht, Rdnr. 229 f.

417 *Wolff*, in: *Hömig/Wolff*, GG, Präambel, Rdnr. 3; BVerfGE 111, 307 ff., 316 ff.

418 BVerfGE 111, 307 ff., 318.

419 *Huber*, in: *Sachs*, GG, Präambel, Rdnr. 46.

sprechung des Bundesverfassungsgerichts zu den Bundeswehr-Auslandseinsätzen spielte das Friedensgebot der Präambel keine Rolle.[420]

C. Kein Staatsziel: Förderung der Gleichberechtigung

194b Gemäß Art. 3 Abs. 2 S. 2 GG fördert der Staat „die tatsächliche Durchsetzung der **Gleichberechtigung** von Frauen und Männern". Ob diese Formulierung ein Staatsziel darstellt, ist umstritten.[421] Zu Recht hat das Bundesverfassungsgericht aber ausgeführt, dass Art. 3 Abs. 2 S. 2 GG kein Staatsziel, sondern nur eine Klarstellung des Umfangs von Art. 3 Abs. 2 S. 1 GG enthalte.[422]

D. Rechtsstaat und Sozialstaat

194c Nach richtiger, vorherrschender Auffassung enthalten das Rechtsstaats- und das Sozialstaatsprinzip (hierzu Rdnr. 114 ff., 178) zugleich die Staatsziele ihrer **Erhaltung.**[423]

E. Schutz der natürlichen Lebensgrundlagen und Tierschutz

194d Seit 1994 sind die natürlichen Lebensgrundlagen in Art. 20a GG besonders geschützt; im Jahr 2002 hat der Verfassungsgeber diesen Schutz auf die Tiere ausgeweitet.

Die **natürlichen Lebensgrundlagen** sind die Lebensgrundlagen des Menschen; das Grundgesetz ist in dieser Hinsicht anthropozentrisch. Die tierischen und pflanzlichen Lebensgrundlagen sind nicht mitgeschützt.[424] Hierfür spricht auch der Zusatz, der Staat schütze die Grundlagen „auch in Verantwortung für die künftigen Generationen". Zuzugeben ist allerdings, dass diese Vorschrift auf einem mühsamen Kompromiss beruht,[425] weshalb sie besonders vage geraten und damit verschiedenen Deutungen zugänglich ist.

Das Staatsziel **Tierschutz** verpflichtet den Staat dazu, *„Tiere in ihrer Mitgeschöpflichkeit zu achten und ihnen vermeidbare Leiden zu ersparen"*.[426] War der Tierschutz bereits vor 2002 im einfachen Recht verankert (§ 1 TierSchG), ist er nun auch verfassungsrechtlich vorgesehen. Damit kann er als Verfassungsgut den schrankenlos

420 Siehe BVerfGE 90, 286 ff. – Ex-Jugoslawien; BVerfGE 118, 244 ff. – Afghanistan.
421 Dafür wohl *Wolff*, in: *Hömig/Wolff*, GG, Art. 3 Rdnr. 16 f., dagegen wohl *Murswiek*, in: *Sachs*, GG, Art. 20a, Rdnr. 17.
422 BVerfGE 92, 91 ff., 109.
423 *Degenhart*, Staatsrecht I, Rdnr. 592 f.
424 *Huster/Rux*, in: *Epping/Hillgruber*, GG, Art. 20a, Rdnr. 11; differenzierend: *Callies*, in: *Dürig/Herzog/Scholz*, GG, Art. 20a, Rdnr. 61.; a. A. *Murswiek*, in: *Sachs*, GG, Art. 20a, Rdnr. 22.
425 Zur Entstehungsgeschichte *Murswiek*, in: *Sachs*, GG, Art. 20a, Rdnr. 2 ff.
426 BT-Drs. 14/8860, S. 3.

gewährleisteten Grundrechten der Religions-, Kunst- und Wissenschaftsfreiheit entgegengehalten werden (s. hierzu Rdnr. 607, 657 und 665).

Das Staatsziel Tierschutz – und auch das Grundgesetz insgesamt – enthält keine subjektiven „**Tierrechte**". Das Grundgesetz ist ein anthropozentrischer Kodex. Der Mensch steht im Mittelpunkt und am Anfang aller staatlichen Legitimation. Deshalb können nur Menschen, nicht aber Tiere Rechte aus der Verfassung ableiten.[427]

Mit der – so nicht erwarteten und als „historisch",[428] „revolutionär",[429] „epochal",[430] 194e „spektakulär",[431] „als Meilenstein"[432] oder „weltweit vermutlich weitestgehend"[433] bezeichneten – Entscheidung zum Klimaschutzgesetz 2019[434] vom 24. März 2021 hat das Bundesverfassungsgericht das Staatsziel Umweltschutz insgesamt und die Stellung des Klimaschutzes als Bestandteil des Staatsziels Umweltschutz deutlich gestärkt und formuliert, dass „das relative Gewicht des Klimaschutzgebots in der Abwägung bei fortschreitendem Klimawandel" weiter zunehme.[435]

F. Gesamtwirtschaftliches Gleichgewicht

Aus Art. 109 Abs. 2 GG ergibt sich das von Bund und Ländern zu beachtende Staats- 194f ziel, den Erfordernissen des **gesamtwirtschaftlichen Gleichgewichts** Rechnung zu tragen: Preisstabilität, hoher Beschäftigungsstand, außenwirtschaftliches Gleichgewicht und stetiges und angemessenes Wachstum sind die Ziele, die der Staat nicht aus den Augen verlieren darf.[436] Eine allgemeine Verpflichtung des Staates zum wirtschaftlichen Handeln (**Wirtschaftlichkeitsprinzip**) ist dem Grundgesetz, insbesondere Art. 114 Abs. 2 S. 1 GG, nicht zu entnehmen.[437]

---

427 Vgl. GemVerfKom, BT-Drs. 12/6000, S. 65.

428 *Faßbender*, NJW 2021, 2085 (2085); *Kahl*, EnWZ 2021, S. 273 (273).

429 *Calliess*, ZUR 2021, S. 355 (355 f.).

430 *Muckel*, JA 2021, S. 610 (611).

431 *Wagner*, NJW 2021, 2256 (2256)

432 *Hofmann*, NVwZ 2021, S. 1587 (1587).

433 *Ekardt/Heß*, NVwZ 2021, S. 1421 (1421); *dies.* ZUR 2021, S. 579 (579).

434 BVerfGE 157, 30 ff.

435 BVerfGE 157, 30 ff., 139.

436 *Jarass*, in: *Jarass/Pieroth*, GG, Art. 109, Rdnr. 9. Die Geltung für Gemeinden und andere Körperschaften ist umstritten; dafür *Jarass*, ebd.; dagegen *Siekmann*, in: *Sachs*, GG, Art. 109, Rdnr. 40.

437 *Siekmann*, in: *Sachs*, GG, Art. 114, Rdnr. 14 m. w. N.; a. A. *Stober*, in: *Wolff/Bachof/Stober/Kluth*, Verwaltungsrecht I, § 18, Rdnr. 37.

4. Kapitel: Staatsorganisation

Wie die meisten Verfassungen enthält das Grundgesetz Regelungen zur **Organisation des Staates.** Es verlangt die Einrichtung der wesentlichen Staatsorgane und regelt ihre Beziehungen untereinander. Dieses Beziehungsgerüst verdeutlicht das folgende Schema: 195

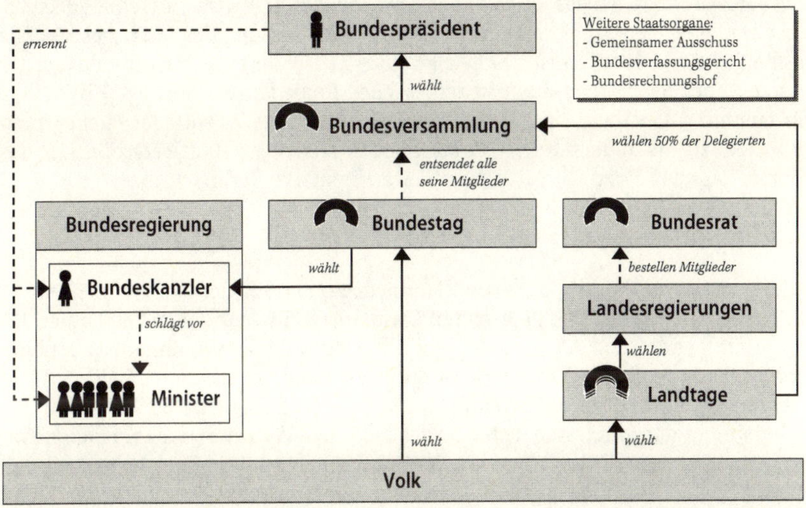

Abbildung 4: Staatsorganisation (Grundlagen)

Die Staatsorgane des **Bundes** sind im Grundgesetz genannt. Es sind der Bundestag, der Bundesrat, der Gemeinsame Ausschuss, der Bundespräsident, die Bundesregierung mit dem Bundeskanzler, das Bundesverfassungsgericht und der Bundesrechnungshof.

Die **Länder** sind in ihrer Organisation frei, soweit es das Homogenitätsprinzip (hierzu o. Rdnr. 21) gestattet. Auf Länderebene ist das Staatsoberhaupt zugleich der Regierungschef. In den Flächenländern nennt man ihn Ministerpräsident; in den Stadtstaaten trägt er jeweils einen anderen Titel (Berlin – Regierender Bürgermeister; Bremen – Bürgermeister; Hamburg – Erster Bürgermeister). Die Parlamente der Flächenländer heißen Landtage, in den Stadtstaaten heißt das Parlament Abgeordnetenhaus (Berlin) oder Bürgerschaft (Bremen, Hamburg).

§ 14 Bundestag

196 Der Bundestag ist das **Parlament** und somit das zentrale legislative Organ der Bundesrepublik Deutschland. Zwar sind an der Gesetzgebung auch andere Organe beteiligt, z. B. der Bundesrat, die Bundesregierung und der Bundespräsident (zum Gesetzgebungsverfahren siehe unten Rdnr. 310 ff.); der Bundestag ist aber dasjenige Organ, das die Gesetze beschließt (Art. 77 Abs. 1 S. 1 GG und unten Rdnr. 314). Von besonderer Bedeutung ist der Bundestag auch deshalb, weil er auf Bundesebene das einzige Organ ist, das unmittelbar vom Volk gewählt wird. Er ist die Volksvertretung: Jenes Scharnier, das dem Volk die Beeinflussung des Staatsgeschehens ermöglicht und damit dessen Rolle als Souverän gewährleistet. Der Bundestag hat derzeit noch 598 und künftig 630 gesetzliche Mitglieder (§ 1 Abs. 1 S. 1 BWahlG). In Zukunft sollen dann Überhang- und Ausgleichsmandate entfallen (siehe unten Rdnr. 218 b), die in der aktuellen 20. Legislaturperiode zu einer Vergrößerung des Bundestags auf bis zu 736 Mitglieder führte. Er sitzt in Berlin.

A. Beginn und Ende der Amtszeit

197 Die Amtszeit des Bundestages (**Legislaturperiode**) beträgt vier Jahre (Art. 39 Abs. 1 S. 1 GG). Sie beginnt mit dem ersten Zusammentritt (der konstituierenden Sitzung) und endet, sobald ein neuer gewählter Bundestag zusammentritt. Ein **vorzeitiges Ende** der Legislaturperiode ist nur in zwei Ausnahmefällen möglich: Wählt der Bundestag im dritten Wahlgang keinen Bundeskanzler (Art. 63 Abs. 4 S. 3 GG) oder spricht der Bundestag dem Kanzler nicht das Vertrauen aus (Vertrauensfrage, Art. 68 Abs. 1 S. 1 GG), dann hat der Bundespräsident ein Ermessen, ob er den Bundestag auflöst oder nicht. Ein **Selbstauflösungsrecht** hat der Bundestag nicht, auch wenn dies gelegentlich gefordert wird.[438]

Das Grundgesetz sieht vor, dass die Amtszeiten des Bundestages lückenlos aufeinander folgen. Eine **parlamentslose Zeit** gibt es auf Bundesebene nicht. Dies gilt auch – obwohl nicht ausdrücklich geregelt – nach vorzeitiger Auflösung des Bundestages bei misslungener Kanzlerwahl oder Vertrauensfrage.[439]

Mit diesen begrenzten Auflösungsmöglichkeiten wollte man bei der Schaffung des Grundgesetzes 1949 einer Praxis entgegenwirken, die zur Instabilität und damit zum Scheitern des Regierungssystems der Weimarer Republik beigetragen hatte. Damals konnte der Reichspräsident den Reichstag ziemlich leicht auflösen – die einzige Einschränkung war, dass er es *„nur einmal aus dem gleichen Anlaß"* tun durfte (Art. 25 WRV).[440]

438 *Hahn*, DVBl. 2008, 151 ff.; *Thierse*, RuP 2006, 145 f.; *Struck*, RuP 2006, 140 f. Dagegen z. B. *Maurer*, Staatsrecht I, S. 402.

439 *Jarass*, in: *Jarass/Pieroth*, GG, Art. 39, Rdnr. 4.

440 Hierzu oben Rdnr. 73.

Nach der Konstituierung eines neuen Bundestages ist der alte Bundestag personell, institutionell und sachlich nicht mehr existent (Grundsatz der **Diskontinuität**). Die Mandate der Bundestagsabgeordneten enden, sämtliche Ausschüsse und Gremien sind aufgelöst, der Bundestag gibt sich eine neue Geschäftsordnung, und alle Gesetzesvorlagen, die noch nicht verabschiedet worden sind, verfallen und müssen erneut gemäß Art. 76 Abs. 1 GG in den Bundestag eingebracht werden (§ 125 GOBT). 198

Der Grundsatz der Diskontinuität ist nicht ausdrücklich in der Verfassung genannt, wird aber allgemein als **Gewohnheitsrecht** angesehen.[441] Ob dieses Gewohnheitsrecht Verfassungsrang besitzt oder lediglich einfachrechtlicher Natur ist, ist umstritten.[442] Richtigerweise wird man jedenfalls die Beendigung aller Gesetzgebungsverfahren als Tradition, nicht aber als verfassungsrechtliches Erfordernis ansehen können. Weder enthält das Grundgesetz einen ausdrücklichen Hinweis auf diese Diskontinuität, noch ist sie im Hinblick auf die notwendige demokratische Legitimität erforderlich. 199

B. Mehrheiten

Der Bundestag ist ein Gremium, also ein Organ, das aus mehreren Personen besteht und Beschlüsse mit bestimmten **Mehrheiten** trifft. Dabei sind je nach gesetzlicher Bestimmung unterschiedliche Mehrheiten erforderlich. Wenn nichts Anderes ausdrücklich bestimmt ist, entscheidet der Bundestag mit **Abstimmungsmehrheit** (Art. 42 Abs. 2 S. 1 GG), also mit der Mehrheit (mehr als 50 %) der abgegebenen Stimmen. Enthält sich ein Abgeordneter, gilt seine Stimme als nicht abgegeben. Bei Stimmengleichheit wird der Beschluss nicht gefasst (§ 48 Abs. 2 S. 2 GOBT). Wenn also 14 Abgeordnete anwesend sind und zehn Abgeordnete abstimmen, während vier sich enthalten, genügen sechs Stimmen zur Abstimmungsmehrheit. Die Abstimmungsmehrheit ist zum Beispiel erforderlich beim Beschluss von Gesetzen (Art. 77 Abs. 1 GG), bei der Wahl des Bundestagspräsidenten (Art. 40 Abs. 1 S. 1 GG) und bei der Abstimmung über die Geschäftsordnung (Art. 40 Abs. 1 S. 2 GG). Bei anderen Entscheidungen sind **besondere Mehrheiten** erforderlich; hier wird unterschieden zwischen Mitgliedermehrheit, qualifizierter Mitgliedermehrheit und qualifizierter Abstimmungsmehrheit. 200

Die **Mitgliedermehrheit** ist die Mehrheit der Mitglieder des Bundestages, d. h. mehr als 50 % der gesetzlichen Mitgliederzahl (Art. 121 GG). Die gesetzliche Mitgliederzahl ergibt sich aus § 1 BWahlG (hierzu o. Rdnr. 196); zu berücksichtigen sind hier 201

441 *Klein/Schwarz*, in: *Dürig/Herzog/Scholz*, GG, Art. 39, Rdnr. 68.

442 Für Verfassungsrang: *Magiera*, in: *Sachs*, GG, Art. 39, Rdnr. 16; *Klein/Schwarz*, in: *Dürig/Herzog/Scholz*, GG, Art. 39, Rdnr. 68; dagegen: *Goch*, in: *v. Münch/Kunig*, GG, Art. 39, Rdnr. 14, jeweils m. w. N.

auch Mehrmandate durch Überhangmandate (hierzu u. Rdnr. 222 e) oder Mindermandate durch Mandatsverluste (§§ 46 f. BWahlG). Mitgliedermehrheit ist erforderlich u. a. bei der Bundeskanzlerwahl (Art. 63 Abs. 2 S. 1 GG, s. unten Rdnr. 207), beim Misstrauensvotum (Art. 67 GG, s. unten Rdnr. 208) und bei der Vertrauensfrage (Art. 68 GG, s. unten Rdnr. 209).

202 Die **qualifizierte Mitgliedermehrheit** ist eine Mitgliedermehrheit, die mehr als 50 % beträgt. Eine Mehrheit von zwei Dritteln der Mitglieder wird verlangt beim Beschluss über die Präsidentenanklage (Art. 61 Abs. 1 S. 3 GG) sowie bei der Grundgesetzänderung (Art. 79 Abs. 2 GG). In anderen Fällen genügen geringere Stimmenzahlen – eigentlich keine „Mehrheiten" im Wortsinne –, z. B. 10 % der Mitglieder beim Antrag auf Ausschluss der Öffentlichkeit (Art. 42 Abs. 1 S. 2 GG) oder 25 % der Mitglieder bei der Einsetzung eines Untersuchungsausschusses (Art. 44 Abs. 1 S. 1 GG).

203 Die **qualifizierte Abstimmungsmehrheit** stellt wie die einfache Abstimmungsmehrheit nicht auf die Zahl der Mitglieder, sondern der abgegebenen Stimmen ab, wobei allerdings die erforderliche Mehrheit nicht bei 50 % liegt. Dies ist z. B. der Fall bei der Entscheidung über den Öffentlichkeitsausschluss (zwei Drittel der Stimmen, Art. 42 Abs. 1 S. 2 GG).

204 Gelegentlich sind mehrere Mehrheiten zugleich in **Kombination** erforderlich, z. B. gemäß Art. 115a Abs. 1 S. 2 GG: Der Verteidigungsfall kann nur festgestellt werden, wenn sowohl die qualifizierte Abstimmungsmehrheit (mindestens zwei Drittel der abgegebenen Stimmen) wie auch die einfache Mitgliedermehrheit (mindestens 50 % der Mitglieder) erreicht ist.

205 Die verschiedenen Anforderungen an die Bundestagsmehrheit im Grundgesetz verdeutlicht die folgende Tabelle:

Name	**Mehrheit**	**Anwendungsfälle im GG**
Abstimmungs-mehrheit	Mehrheit der abgegebenen Stimmen; Art. 42 Abs. 2 S. 1 GG	Regelfall, z. B. Beschluss der Bundesgesetze, Art. 71 Abs. 1 S. 1 GG
Mitgliedermehrheit	Mehrheit der gesetzlichen Mitgliederzahl, Art. 121 GG i. V. m. §§ 1, 6 Abs. 5, 46 f. BWahlG	• Änderung des Gebietsbestands der Länder durch Bundesgesetz, Art. 29 Abs. 7 S. 2 GG • Wahl des Bundeskanzlers, Art. 63 Abs. 2 S. 1, Abs. 3 und 4, 68 Abs. 1 S. 2 GG • Misstrauensvotum, Art. 67 Abs. 1 S. 1 GG • Abstimmung über die Vertrauensfrage, Art. 68 Abs. 1 S. 1 GG • Zurückweisung des Bundesrats-Einspruchs im Gesetzgebungsverfahren, Art. 77 Abs. 4 S. 1 GG • Aufhebung von Notstandsmaßnahmen eines internationalen Organs im Bündnisfall, Art. 80a Abs. 3 S. 2 GG • Errichtung bundeseigener Mittel- und Unterbehörden, Art. 87 Abs. 3 S. 2 GG

Qualifizierte Abstimmungsmehrheit	Bestimmter Anteil an den abgegebenen Stimmen	• Feststellung des Verteidigungsfalles (2/3 der Stimmen), Art. 80a Abs. 1 S. 2 GG
Qualifizierte Mitgliedermehrheit	Bestimmter Anteil an den Stimmen der gesetzlichen Mitglieder	• Frühere Einberufung des Bundestages (1/3 der Mitglieder), Art. 93 Abs. 3 GG • Ausschluss der Öffentlichkeit (1/10 der Mitglieder), Art. 42 Abs. 1 S. 1 GG • Einsetzung eines Untersuchungsausschusses (1/4 der Mitglieder), Art. 44 Abs. 1 S. 1 GG • Antrag auf Erhebung der Präsidentenanklage (1/4 der Mitglieder), Art. 61 Abs. 1 S. 2 GG • Beschluss auf Erhebung der Präsidentenanklage (2/3 der Mitglieder), Art. 61 Abs. 1 S. 3 GG • Änderung des Grundgesetzes (2/3 der Mitglieder), Art. 79 Abs. 2 GG • Antrag bei der abstrakten Normenkontrolle (1/3 der Mitglieder), Art. 93 Abs. 1 Nr. 2 GG
Kombinierte Mitglieder-/Abstimmungsmehrheit		• Zurückweisung des Bundesrats-Einspruchs durch 2/3 der Bundesratsmitglieder im Gesetzgebungsverfahren (2/3 der Stimmen + Mitgliedermehrheit), Art. 77 Abs. 4 S. 2 GG • Feststellung des Verteidigungsfalles (2/3 der Stimmen + Mitgliedermehrheit), Art. 115a Abs. 1 S. 2 GG

Tabelle 1: Überblick über die verschiedenen Bundestagsmehrheiten im Grundgesetz

C. Aufgaben und Befugnisse

1. Gesetzgebung

Der Bundestag ist das zentrale für die **Gesetzgebung** zuständige Organ. Wegen des Vorbehalts des Gesetzes[443] ist er an allen bedeutenden staatlichen Legislativentscheidungen auf Bundesebene beteiligt. Zum Gesetzgebungsverfahren siehe ausführlich unten, Rdnr. 310 ff. 206

2. Wahl des Bundeskanzlers

Der Bundestag **wählt den Bundeskanzler**, also den Regierungschef gemäß Art. 63 Abs. 1 GG *„ohne Aussprache"*, d. h. ohne vorhergehende Debatte. Dabei ist Mitgliedermehrheit erforderlich. Erreicht keiner der Kandidaten diese Mehrheit, sind für die folgenden 14 Tage beliebig viele weitere Wahlgänge vorgesehen (Art. 63 Abs. 3 GG). Findet innerhalb dieser Frist kein Kandidat die Mehrheit der Mitglieder des Bundestages, folgt ein finaler Wahlgang (Art. 63 Abs. 4 GG). Nach diesem Wahlgang kann der Bundespräsident nach seinem Ermessen den Kandidaten mit den meisten 207

443 Hierzu oben Rdnr. 131 ff.

Stimmen ernennen oder den Bundestag auflösen. Bislang sind alle Bundeskanzler der Bundesrepublik Deutschland im ersten Wahlgang gewählt worden.[444]

3. Konstruktives Misstrauensvotum

208 Der Bundestag kann dem amtierenden Bundeskanzler das **Misstrauen** aussprechen, indem er mit der Mitgliedermehrheit einen Nachfolger wählt, den der Bundespräsident dann ernennen muss (Art. 67 Abs. 1 GG). Wegen der Koppelung des Misstrauens an die Wahl eines neuen Bundeskanzlers wird dieses Instrument auch „konstruktives Misstrauensvotum" genannt. Ein „destruktives" oder „obstruktives" Misstrauen ohne die Wahl eines neuen Kanzlers existiert nicht. Es reicht nicht aus, dass die Abgeordneten *gegen* einen Kanzler sind, sie müssen sich gleichzeitig mehrheitlich *für* einen anderen Kanzler aussprechen.

209 Nach § 97 GOBT muss der Aussprache des Misstrauens ein Antrag vorhergehen. Dieser **Misstrauensantrag** ist von mindestens 25 % der Mitglieder des Bundestages oder von einer mindestens ebenso großen Fraktion zu stellen. Diese Modifikation des Grundgesetzes durch Innenrecht des Bundestages ist zulässig, da sie faktisch keine zusätzliche Hürde bedeutet: Ein erfolgreiches Misstrauensvotum muss ohnehin von der Mitgliedermehrheit gestützt werden.

Bislang gab es in der Bundesrepublik zwei Misstrauensvoten: Ein misslungenes am 27.04.1972 gegen *Willy Brandt* und ein erfolgreiches am 01.10.1982 gegen *Helmut Schmidt*, als dessen Nachfolger *Helmut Kohl* gewählt wurde.

4. Vertrauensfrage

210 Der Bundestag ist auch Adressat der Vertrauensfrage (Art. 68 Abs. 1 GG). Der Bundeskanzler kann beim Bundestag beantragen, dieser möge ihm das **Vertrauen** aussprechen. Verweigert der Bundestag mit Mitgliedermehrheit sein Vertrauen, steht es im Ermessen des Bundespräsidenten, den Bundestag auf Vorschlag des Bundeskanzlers aufzulösen, es sei denn, der Bundestag wählt vorher mit Mitgliedermehrheit einen anderen Bundeskanzler (Art. 68 Abs. 1 S. 2 GG). Die Vertrauensfrage ist in der Bundesrepublik Deutschland bislang fünfmal gestellt worden, dreimal führte sie zur Auflösung des Bundestages.

211 Ursprünglich war die Vertrauensfrage gedacht als Instrument, mit dem sich der Bundeskanzler im Zweifelsfall seiner parlamentarischen Unterstützung vergewissern kann. Abweichend davon ist die Vertrauensfrage in der Vergangenheit dreimal in der Absicht gestellt worden, den Bundestag aufzulösen (**„auflösungsgerichtete Vertrauensfrage"** oder „unechte Vertrauensfrage"). In diesen Fällen hatte der Bun-

444 Grundlegend zur Bundeskanzlerwahl *Austermann*, DÖV 2013, 865 ff.

deskanzler die Abgeordneten vorher aufgefordert, ihm das Vertrauen *nicht* auszusprechen; er wollte die Auflösung des Bundestages erreichen und Neuwahlen in die Wege leiten. Dieser Aufforderung kam die Mehrheit der Abgeordneten jeweils nach. In allen drei Verfahren löste der Bundespräsident anschließend der Bundestag auf. Am 22.07.1972 war es *Willy Brandt*, am 17.12.1982 *Helmut Kohl* und am 27.06.2005 *Gerhard Schröder*, der die auflösungsgerichtete Vertrauensfrage stellte.

Es ist umstritten, ob dieses Vorgehen zulässig ist, oder ob Voraussetzung der Vertrauensfrage ist, dass der Bundeskanzler das beantragte Vertrauen auch erhalten möchte. Das Bundesverfassungsgericht hat die auflösungsgerichtete Vertrauensfrage mit bestimmten Einschränkungen gebilligt.[445] Sie sei grundsätzlich zulässig, allerdings müsse eine *„Beeinträchtigung der politischen Handlungsfähigkeit des Bundeskanzlers"* vorliegen. Die Einführung dieses ungeschriebenen Tatbestandsmerkmals ist auf Kritik gestoßen und führte zu abweichenden Sondervoten der Richter *Jentzsch* und *Lübbe-Wolff* in der *Schröder*-Entscheidung.[446] *Jentzsch* sah in der auflösungsgerichteten Vertrauensfrage ein verfassungsfremdes *„quasi-plebiszitäres Element"* und lehnte sie gänzlich ab. *Lübbe-Wolff* hingegen wehrte sich gegen die Einführung des Tatbestandsmerkmals der „Beeinträchtigung". Sie sah hierdurch das Prinzip der Gewaltenteilung verletzt, interpretiere doch das Bundesverfassungsgericht damit unzulässigerweise die parlamentarische Misstrauensbekundung und behalte sich vor, sie gegebenenfalls zu überstimmen. Diese Ansicht verdient Zustimmung. Warum ein Abgeordneter auf eine bestimmte Weise abstimmt, überlässt die Verfassung ihm selbst (Grundsatz des freien Mandates, Rdnr. 225). Nicht das innere Vertrauen ist Tatbestandsvoraussetzung des Art. 68 Abs. 1 GG, sondern das *ausgesprochene* Vertrauen. Dass der Abgeordnetenwillen nur dann zählt, wenn er auf ehrenwerte Motive gestützt ist, gibt die Vorschrift nicht her. So besteht zwar die Gefahr, dass der Kanzler und seine Bundestagsmehrheit eine Bundestagsauflösung und damit Neuwahlen herbeiführen können, wenn es ihnen gerade passt (z. B. wenn Meinungsumfragen eine noch größere Mehrheit für die Regierung prognostizieren). Diese Gefahr ist aber nur durch eine Verfassungsänderung zu beheben. 212

5. Weitere Aufgaben und Rechte

Der Bundestag besitzt das sog. **Zitierrecht**: Er kann die Anwesenheit der Mitglieder der Bundesregierung im Bundestag oder seinen Ausschüssen fordern (Art. 43 Abs. 1 GG); andererseits hat er auch stets deren Anwesenheit dort zu dulden (Art. 43 Abs. 2 GG). 213

445 BVerfGE 114, 121 ff.; BVerfGE 61, 1 ff.

446 BVerfGE 114, 121 ff., 170 ff.; siehe zum Streit auch *Ipsen*, NJW 2005, 2201, und *Pestalozza*, NJW 2005, 2817 ff.

Der Bundestag hat außerdem die Möglichkeit – und, wenn ein Viertel seiner Mitglieder dies fordert, die Pflicht –, **Untersuchungsausschüsse** einzusetzen (Art. 44 Abs. 1 GG). Diese Ausschüsse haben die für den Untersuchungsgegenstand erforderlichen Beweise zu erheben; dabei gilt die Strafprozessordnung (Art. 44 Abs. 2 GG).[447] Ferner stellt er den Verteidigungsfall fest (Art. 115a Abs. 1 GG). Außerdem ist bei bestimmten **völkerrechtlichen Verträgen** seine Zustimmung erforderlich (Art. 59 Abs. 2 S. 1 GG). Auch hat er über den **Bundeshaushalt** abzustimmen, der als Gesetz eingebracht werden muss (Art. 110 Abs. 3 GG).

214 Der Bundestag ist außerdem für die **Wahlprüfung** zuständig (Art. 41 Abs. 1 GG). Er kann vor dem Bundesverfassungsgericht eine **Präsidentenanklage** erheben (Art. 61 Abs. 1 GG). Darüber hinaus ist er an der Konstituierung weiterer Staatsorgane beteiligt: Er stellt die Hälfte der Mitglieder der **Bundesversammlung** (Art. 54 Abs. 3 GG; s. unten Rdnr. 249), die den Bundespräsidenten wählt. Schließlich **wählt** er die Hälfte der Mitglieder des **Bundesverfassungsgerichts** (Art. 94 Abs. 1 S. 2 GG); in der Praxis ist diese Wahl einem vom Bundestag bestimmten Wahlausschuss übertragen (§ 6 BVerfGG).

215 Der Bundestag gibt sich eine **Geschäftsordnung** (Art. 40 Abs. 1 S. 2 GG). Er muss mehrere **Ausschüsse** bilden (z. B. Art. 45, 45a, 45c GG); die Bildung weiterer Ausschüsse steht ihm frei. In der Praxis haben die Ausschüsse umfangreiche Aufgaben, sie wirken z. B. an der Gesetzgebung mit (siehe unten Rdnr. 314) – die leeren Ränge bei den Fernsehübertragungen aus dem Plenarsaal des Bundestages bedeuten also nicht, dass die Abgeordneten ihr Mandat nicht ausüben. Die Verteilung der politischen Gewichte in jedem Ausschuss muss der Verteilung im gesamten Bundestag entsprechen.[448]

216 Weitere Aufgaben des Bundestages oder seiner Organe ergeben sich aus den einfachen Gesetzen. So ist der Bundestagspräsident gemäß § 19a PartG für die Festsetzung der **Wahlkampfkostenerstattung** an die Parteien zuständig. Von besonderer Bedeutung sind die **Interpellationsrechte**: Fraktionen oder Gruppen von Abgeordneten (mindestens 5 % aller Abgeordneten) haben das Recht, Anfragen an die Bundesregierung zu stellen. Die GOBT unterscheidet in §§ 75, 100 ff. kleine Anfragen und große Anfragen. Einzelne Abgeordnete können „*Einzelfragen*" an die Regierung richten (§ 105 GOBT). Von diesen Rechten machen die Abgeordneten häufig Gebrauch; die Regierung muss diese Fragen beantworten. Die Interpellationsrechte

447 Zum Umfang des Beweiserhebungsrechts s. ausf. BVerfGE 67, 100 ff., 128 ff. (Flick-Untersuchungsausschuss) sowie BVerfGE 124, 78 ff. (BND-Untersuchungsausschuss).
448 BVerfGE 80, 188 ff., 221 f.

sind verfassungsmäßige Rechte des Bundestages; sie ergeben sich aus Art. 38 Abs. 1 S. 2 und 20 Abs. 2 S. 2 GG.[449]

D. Bundestagswahlen

Wenn nicht die Amtszeit des Bundestages vorzeitig endet, wird spätestens nach vier Jahren ein neuer gewählt (Art. 39 Abs. 1 S. 1 GG). Bei den Wahlen sind die Wahlrechtsgrundsätze des Art. 38 Abs. 1 S. 1 GG zu beachten, die im Demokratieprinzip verankert sind (hierzu oben Rdnr. 103ff.). 217

Das derzeitige Wahlsystem zum Bundestag wird als **„personalisiertes Verhältniswahlrecht"** bezeichnet – es ist eine Mischform aus Mehrheitswahlrecht und Verhältniswahlrecht (zu den Begriffen s. o. Rdnr. 103). Das Bundeswahlgesetz, das das Verfahren der Bundestagswahlen regelt, spricht von einer *„mit der Personenwahl verbundenen Verhältniswahl"* (§ 1 Abs. 1 S. 1 BWahlG). 218

Die Entscheidung für dieses Wahlsystem ist im Grundsatz **verfassungsgemäß.**[450] Die Umsetzung dieser Entscheidung hat allerdings immer wieder zu verfassungsrechtlichen Problemen geführt; dies betrifft insbesondere die Regelung zur Bestimmung von Überhangmandaten und dem sogenannten negativen Stimmgewicht (hierzu u. Rdnr. 223). Das personalisierte Verhältniswahlrecht ist nicht verfassungsrechtlich vorgegeben; dem Gesetzgeber ist es unbenommen, ein anderes Wahlsystem zu installieren, sofern er nicht die Wahlgrundsätze oder die Bestimmungen in Art. 39, 41 GG verletzt.[451] 218a

Allerdings hat sich der Bundestag nach der Bundestagswahl 2021 auf insgesamt 736 Abgeordneten vergrößert und ist nach dem Nationalen Volkskongress der Volksrepublik China das zweitgrößte Parlament der Welt. Modellrechnungen halten es für möglich, dass der Bundestag sich auf bis zu 900 Parlamentarier vergrößern könnte,[452] weshalb der Bundestag im März 2023 in namentlicher Abstimmung mit den Stimmen der Regierungsmehrheit aus SPD, Grünen und FDP für ein neues Bundestagswahlsystem[453] stimmte.[454] Dieses sieht zum einen vor, die Grundmandatsklausel (hierzu u. Rdnr. 221) zu streichen und zum anderen Überhangs- und 218b

449 Zu Umfang und Grenzen der Auskunftspflicht der Bundesregierung vgl. BVerfGE 124, 161ff. – Aktuelle Nachrichten aus dem Bundestag einschließlich kleiner und großer Anfragen und deren Beantwortung liefert das Portal hib („heute im bundestag"): https://www.bundestag.de/hib (mit RSS-Feed).

450 Siehe z. B. BVerfGE 1, 208ff., 241 ff. sowie ausf. *Trute*, in: *v. Münch/Kunig*, GG, Art. 38, Rdnr. 18f. m. w. N.

451 *Schreiber*, in: *Friauf/Höfling*, GG, Art. 38, Rdnr. 140; *Grzeszick*, NVwZ 2023, 286ff., 287.

452 BT-Drs. 20/5370 v. 24.1.2023, S. 1.

453 BT-Drs. 20/5370 v. 24.1.2023 und BT-Drs. 20/6015 v. 15.3.2023.

454 Siehe https://www.bundestag.de/parlament/plenum/abstimmung/abstimmung?id=831

Ausgleichsmandate (hierzu u. Rdnr. 222e ff.) zu beseitigen. Ersteres benachteiligt regional starke Parteien, letzteres hätte zur Folge, dass unter Umständen ein den Wahlkreis gewinnender Bewerber nicht in den Bundestag einzieht. Dieses Vorhaben stieß allerdings bei der Linken und der CSU auf scharfe Kritik und wurde im Juni 2023 einer Prüfung vor dem Bundesverfassungsgericht zugeführt (2 BvF 1/23; 2 BvE 2/23). Die folgenden Ausführungen beziehen sich auf das bisher geltende Wahlrecht, nicht auf die – verfassungsrechtlich – umstrittene Neuregelung.

219 Einen Überblick über das System der Bundestagswahlen gibt die folgende Grafik:

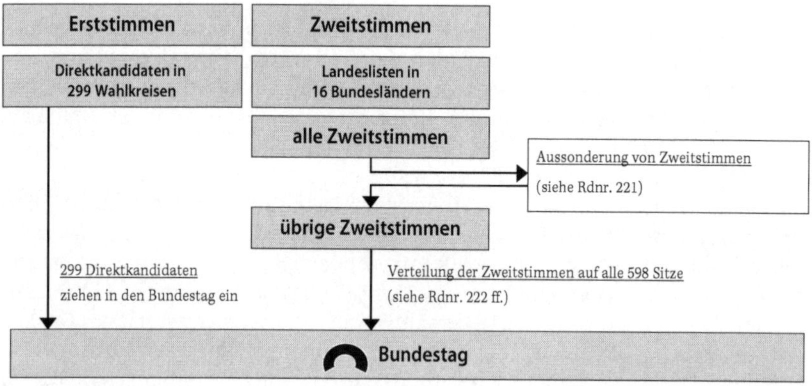

Abbildung 5: Das System der Bundestagswahlen

220 Jeder Wahlberechtigte hat bei der Bundestagswahl zwei Stimmen (§ 4 BWahlG). Mit der **Erststimme** wählt er einen Direktkandidaten seines Wahlkreises. Der Kandidat, der die meisten Erststimmen in einem Wahlkreis erhält, zieht in den Bundestag ein; er erhält das Mandat (§ 5 BWahlG). Insgesamt werden 299 von 598 Bundestagssitzen mit Direktmandaten besetzt (§ 1 Abs. 2 BWahlG), dementsprechend ist die Bundesrepublik in 299 Wahlkreise unterteilt. Mit der **Zweitstimme** wählt der Wahlberechtigte die Landesliste einer Partei – jede Partei, die bei der Bundestagswahl antritt, hat die Möglichkeit, in jedem Bundesland eine solche Liste mit Kandidaten aufzustellen (§ 6 BWahlG). Mit den direkt in den Bundestag eingezogenen Kandidaten ist das Parlament nunmehr halb gefüllt.

221 Das weitere Verfahren ist etwas komplizierter; das Verständnis wird durch die etwas unsystematische Regelung in § 6 BWahlG leider nicht erleichtert. Für das **weitere Verfahren** werden – ungeachtet dessen, dass 299 Sitze bereits durch Direktkandidaten belegt sind – alle 598 Sitze des Bundestages gemäß § 6 Abs. 2 S. 1 BWahlG den jeweiligen **Bundesländern zugeordnet.** Dies geschieht bereits vor den Wahlen.

Die Stärke des jeweiligen Kontingentes richtet sich nach der Einwohnerzahl des Bundeslandes (ohne Ausländer).[455]

Anschließend – nach der Wahl – werden allerdings einige dieser 598 Sitze aus der Berechnung wieder herausgenommen. Dies regelt § 6 Abs. 1 S. 3 BWahlG. Von der Ausgangszahl von 598 Sitzen werden – gegebenenfalls[456] – abgezogen:

- alle Sitze, die als Direktmandate von parteilosen oder listenlosen Kandidaten errungen wurden,
- alle Sitze, die als Direktmandate von Kandidaten errungen wurden, deren Partei die Sperrklausel („5-Prozent-Hürde", § 6 Abs. 3 BWahlG) verfehlt hat.

Die übriggebliebenen Sitze werden anhand der Zweitstimmen verteilt Es werden dabei aber nicht alle Zweitstimmen berücksichtigt. **Nicht beachtet** werden:

- die Zweitstimmen jener Wähler, die mit der **Erststimme** einen Einzelbewerber bzw. listenlosen Parteibewerber in den Bundestag gewählt haben (§ 6 Abs. 1 S. 2 BWahlG);
- die Zweitstimmen für jene Parteien, die deutschlandweit weniger als **5 %** der abgegebenen Zweitstimmen erhalten haben – es sei denn, sie gehören einer nationalen Minderheit an (§ 6 Abs. 3 S. 2 BWahlG) oder ihre Kandidaten haben mit der Erststimme in mindestens drei Wahlkreisen einen Sitz (ein „Direktmandat") errungen (sog. Grundmandatsklausel, § 6 Abs. 3 S. 1 BWahlG).

Die Sitze für jedes Bundesland werden auf die Parteien nach dem Verhältnis der Zweitstimmenanteile für die jeweilige Landesliste verteilt. Das hierbei angewendete Verfahren ist das sog. **Sainte-Laguë-Verfahren.** 222

Fallbeispiel zum besseren Verständnis: Die Wahl im fiktiven Bundesland y (25 Sitze) ergab folgendes Zweitstimmenergebnis: Gesamtstimmen: 5.400; Stimmen für Liste A: 3.500, für Liste B: 1.400, für Liste C: 500.

Die Berechnungsmethode nach Sainte-Laguë ergibt sich – mit viel gutem Willen – aus § 6 Abs. 2 S. 2 – 7 BWahlG. Sie verläuft in drei Schritten:

---

455 Für die Bundestagswahl am 26.09.2021 ermittelte der Bundeswahlleiter beispielsweise für Nordrhein-Westfalen ein Kontingent von 127 Sitzen, für Sachsen 32 Sitze, für Brandenburg 20 Sitze und für das Saarland 7 Sitze, vgl. Mitteilung des Bundeswahlleiters v. 9.9.2021, im Internet abrufbar unter https://www.bundeswahlleiter.de/dam/jcr/bf33c285-ee92-455a-a9c3-8d4e3a1ee4b4/btw21_sitzberechnung.pdf .

456 Dies geschah etwa bei der Bundestagswahl 2002, als die PDS an der 5-%-Hürde scheiterte, zwei ihrer Kandidaten jedoch Direktmandate erringen konnten, oder bei der Bundestagswahl 2021, als die Partei Die Linke mit 4,9 % knapp unterhalb der 5-%-Hürde blieb, aber drei Direktmandate gewinnen konnte. Diese direkt gewonnenen Sitze wurden dann nicht berücksichtigt und nur 596 bzw. 595 Sitze mit der Zweitstimme vergeben.

222a Im **ersten Schritt** wird ein sog. Zuteilungsdivisor ermittelt (§ 6 Abs. 2 S. 5 BWahlG). Dieser Divisor stellt die Grundlage für die Berechnung der Stimmverhältnisse dar. Man ermittelt ihn anhand dieser Formel:

Zuteilungsdivisor = Gesamtzahl der Zweitstimmen / Gesamtzahl der zu vergebenden Sitze

Fallbeispiel: Der Zuteilungsdivisor beträgt 5.400 / 25 = 216.

222b Anschließend werden in einem **zweiten Schritt** die Ergebnisse der einzelnen Landeslisten durch den Zuteilungsdivisor dividiert, die Ergebnisse gerundet (§ 6 Abs. 2 S. 3 BWahlG) und anschließend zusammengezählt:

Fallbeispiel: Liste A: 3.500 / 216 = 16,279, gerundet **16**; Liste B: 1.400 / 216 = 6,481, gerundet **6**; Liste C: 500 / 216 = 2,315, gerundet **2**. Für alle Landeslisten zusammen: 16 + 6 + 2 = **24**.

222c Entspricht das Additionsergebnis nicht der Sitzzahl (wie z. B. im Fallbeispiel), muss in einem nächsten Schritt ein **anderer Zuteilungsdivisor** gesucht werden, indem der ursprüngliche Zuteilungsdivisor entweder heraufgesetzt wird (wenn das Additionsergebnis höher ist als die tatsächliche Sitzzahl) oder herabgesetzt wird (wenn es, wie im Fallbeispiel, niedriger ist). Dies muss so lange gemacht werden, bis ein Divisor gefunden ist, der Additionsergebnis und Sitzzahl in Einklang bringt (§ 6 Abs. 2 S. 7 BWahlG). Ist er gefunden, ergibt sich aus den Divisionen die Sitzverteilung.

Fallbeispiel: Ein tauglicher Divisor ist 215: Liste A: 3.500 / 215 = 16,204, gerundet **16**; Liste B: 1.400 / 215 = 6,512, gerundet **7**; Liste C: 500 / 215 = 2,326, gerundet **2**. Für alle Landeslisten zusammen: 16 + 7 + 2 = **25**. Liste A besetzt also 16 Sitze, Liste B besetzt 7 Sitze und Liste C besetzt 2 Sitze.

222d Es ist möglich, dass **mehrere Divisoren** zum gewünschten Ergebnis kommen (im Fallbeispiel z. B. 214 und 213 sowie alle rationalen Zahlen dazwischen). Welchen man auswählt, ist gleichgültig: Jeder taugliche Divisor führt zur gleichen Sitzverteilung.

222e Nun müssen in einem **vierten Schritt** die Erststimmenergebnisse berücksichtigt werden: Die mit der Erststimme von Parteikandidaten errungenen Sitze werden der Landesliste beim Zweitstimmenergebnis abgezogen (§ 6 Abs. 4 S. 1 BWahlG). Dies geschieht in jedem Bundesland einzeln.

Fallbeispiel: Hat Partei A im Land y zehn Kandidaten mit der Erststimme in das Parlament gebracht, werden nur sechs der 16 Sitze, die die Partei im Land über die Zweitstimme errungen hat, über ihre Landesliste besetzt.

Bei dieser Verteilung kann es passieren, dass die Zahl der von Kandidaten einer Partei (mit der Erststimme) errungenen Direktmandate größer ist als die Zahl der ihr (über die Zweitstimme) zustehenden Listenmandate. Diese überzähligen Direktmandate können dann nicht mehr verrechnet werden und verbleiben als sogenannte **Überhangmandate** der Partei als zusätzliche Sitze (§ 6 Abs. 5 BWahlG).

Die Gesamtsitzzahl im Bundestag steigt dann um diese Anzahl Sitze. Bei der Bundestagswahl 2005 etwa ergab die Stimmauszählung 16 Überhangmandate, 9 davon für die SPD, 7 für die CDU, bei der Bundestagswahl 2021 immerhin noch 3 Überhangmandate für die CSU.

Fallbeispiel: Partei B ist nach dem Zweitstimmenergebnis im Bundesland y zu 6 Sitzen gekommen (s. o.). Wenn in den Wahlkreisen des Landes y 11 Kandidaten der Partei B mit Erststimme gewählt wurden, ziehen alle in das Parlament ein. Partei B ist dann im Parlament mit **11** Abgeordneten vertreten. Der Bundestag vergrößert sich um 5 Sitze (Überhangmandate).

Damit die Überhangmandate das Wahlergebnis nicht zu Lasten der Wahlrechtsgleichheit verzerren, hat der Gesetzgeber in § 6 Abs. 5 BWahlG das sog. **Ausgleichsverfahren** eingerichtet. 222f

Im Ausgleichsverfahren wird zunächst für jede Partei eine **Mindestsitzzahl** festgelegt. Diese Mindestsitzzahl errechnet sich aus dem Zweitstimmenergebnis aller Landeslisten dieser Partei und den darüber hinaus errungenen Überhangmandaten.

Fallbeispiel: Erhält Partei B nach dem bundesweiten Zweitstimmenergebnis 100 Sitze und hat sie außer den 5 Überhangmandaten im Land y noch 7 im Land z errungen, beträgt ihre Mindestsitzzahl 112.

Anschließend wird der Bundestag schrittweise vergrößert. Seit der Wahlrechtsreform von 2020[457] reduziert § 6 Abs. 5 Satz 4 BWahlG die Erhöhung der Sitze und legt fest, dass bis zu drei Überhangmandate nicht ausgeglichen werden. Die Gesamtzahl der Sitze – bundesweit – wird so lange erhöht, bis in der Sitzverteilung das Zweitstimmenverhältnis – unter Berücksichtigung der Nichtberücksichtigung dieser genannten drei Überhangmandate – erreicht ist und die Parteien dennoch ihre Mindestsitzzahl (einschließlich aller Überhangmandate) erreicht haben (**Oberverteilung,** § 6 Abs. 5 S. 1 BWahlG). Die Überhangmandate sind damit weitgehend kompensiert und es ist zweierlei erreicht: Alle mit der Erststimme gewählten Kandidaten ziehen in das Parlament ein und gleichzeitig bildet die Sitzverteilung im Parlament das Zweitstimmenergebnis im Großen und Ganzen ab.

Fallbeispiel: Die Berechnungen nach Erst- und Zweitstimme haben bundesweit folgende Verteilung ergeben:

457 Art. 1 des 25. Gesetzes zur Änderung des Bundeswahlgesetzes v. 14.11.2020, BGBl. I, S. 2395.

Partei	Zweit-stimmen	% Zweit-stimmen	Sitze nach Zweit-stimmen	Zzgl. Über-hang-mandate	Zu berücksich-tigende Über-hangmandate	Mindestsitzzahl, abzgl. Überhang-mandate
Partei A	4.180.000	41,8 %	250	8	5	255
Partei B	1.670.000	16,7 %	100	12	9	109
Partei C	800.000	8,0 %	48	0	0	48
Partei D	3.350.000	33,5 %	200	2	2	199
Gesamt	10.000.000	100 %	598	22	19	611

Um zu erreichen, dass sich die Verteilung der Sitze ausschließlich nach den Prozentanteilen der Zweitstimmen richtet und zugleich jede Partei ihre Mindestsitzzahl erreicht, muss die Größe des Parlamentes auf 661 Sitze erhöht werden:

Partei	Zweitstimmen	% Zweitstimmen	Sitze nach Zweit-stimmen	Sitze nach Zweitstimmen zuzüglich nicht zu berücksich-tigender Überhangmandate
Partei A	4.180.000	41,8 %	273	276
Partei B	1.670.000	16,7 %	109	112
Partei C	800.000	8,0 %	52	52
Partei D	3.350.000	33,5 %	219	221
Gesamt	10.000.000	100 %	653	661

222g Nun steht für jede Partei die endgültige Sitzzahl fest und es ist fast geschafft! Der letzte Schritt ist nun noch die **Unterverteilung** der Sitze nach dem Stimmergebnis für jedes einzelne Bundesland. In allen Bundesländern ist sicherzustellen, dass eine Landesliste nicht weniger Sitze erhalten darf, als ihre Partei Direktmandate dort errungen hat (§ 6 Abs. 6 BWahlG). Damit sich die Gesamtsitzzahl im Bundestag aber nicht weiter erhöht, werden diese Direktmandate mit Sitzen in anderen Bundesländern verrechnet.

Sofern eine Partei die **absolute Mehrheit** der Zweitstimmen erhält, stellt § 6 Abs. 7 BWahlG durch zusätzliche Sitzzuteilung sicher, dass sich diese Mehrheit trotz aller zwischenzeitlichen Rechenschritte auch parlamentarisch bemerkbar macht (§ 6 Abs. 7 BWahlG).

223 Dieses komplexe Wahlsystem setzt einige Vorgaben des Bundesverfassungsgerichts der vergangenen Jahre um. Danach darf bei Bundestagswahlen nicht hingenommen werden, dass eine Zweitstimme für eine Partei dieser schaden kann, anstatt ihr zu nutzen (sog. **negatives Stimmgewicht**).[458] Auch seien Überhangmandate nur in einem gewissen – in der Vergangenheit überschrittenen – Umfang hinnehmbar.[459]

458 BVerfGE 121, 266 ff.; hierzu auch unten Rdnr. 470.

459 BVerfGE 131, 316 ff., 357 ff. Zum Ganzen siehe auch *Holste*, NVwZ 2013, 529 ff. sowie *Krüper*, Jura 2013, 1147 ff.

E. Rechtsstellung der Abgeordneten

Die einzelnen Abgeordneten können aus dem Grundgesetz ebenfalls bestimmte Rechte ableiten.[460] 224

1. Grundsatz des freien Mandats

Der Grundsatz des **freien Mandats** ist in Art. 38 Abs. 1 S. 2 GG enthalten: Die Abgeordneten *„sind […] an Weisungen nicht gebunden und nur ihrem Gewissen unterworfen"*. Diese Freiheit gilt sowohl gegenüber Partei und Fraktion, als auch gegenüber den Wählern, bestimmten gesellschaftlichen Gruppen und Vereinigungen und gegenüber dem Staat. Es ist nicht zulässig, die Rechtsstellung eines Abgeordneten an einen bestimmten Wählerauftrag oder an den Willen seiner Partei zu knüpfen. Dies bezieht sich allerdings nur auf die Rechtsstellung als Abgeordneter. Fraktionsinterne Maßnahmen bis hin zum Ausschluss eines Abgeordneten aus seiner Fraktion sind grundsätzlich möglich, da damit das Mandat selbst nicht angetastet wird. Die Willensbildung der Abgeordneten muss von staatlichem Einfluss frei sein. Staatliche Eingriffe in das freie Mandat unterliegen strengen Verhältnismäßigkeitsanforderungen.[461] 225

Rechtsgeschäfte, die den Grundsatz des freien Mandates umgehen (etwa Belohnungen für ein bestimmtes Abstimmungsverhalten, Strafzahlungen bei Fehlverhalten oder die Abgabe von „Blankoverzichtserklärungen") sind nichtig, § 134 BGB.[462]

Aus dem Grundsatz des freien Mandates ergeben sich auch die Grenzen der **Einflussnahme** von Fraktionen oder Parteien auf den einzelnen Abgeordneten, etwa, wenn er von seiner Fraktion angewiesen wird, auf eine bestimmte Weise abzustimmen. Man unterscheidet hierbei zwischen (zulässiger) Fraktionsdisziplin und (unzulässigem) Fraktionszwang. Die Grenzen zwischen diesen Begriffen sind fließend und im Einzelfall schwierig zu bestimmen; im öffentlichen Diskurs werden die Begriffe häufig verwechselt. **Fraktionsdisziplin** ist das *„politische Eingebundensein"* des Abgeordneten in Partei und Fraktion.[463] Zulässig sind dabei die Einflussnahme auf den Meinungsbildungsprozess des Abgeordneten[464] sowie der Entzug bestimmter Vergünstigungen, die Nichtnominierung für künftige Wahllisten durch die eigene 226

460 BVerfG NVwZ 2013, 1468 ff. – Beobachtung durch den Verfassungsschutz. Siehe hierzu auch *Morlok/Sokolov*, DÖV 2014, 405 ff. sowie den Übungsfall von *Holterhus*, JuS 2014, 233 ff.

461 BVerfG NVwZ 2013, 1468 ff. – Beobachtung durch den Verfassungsschutz. Siehe hierzu auch *Morlok/Sokolov*, DÖV 2014, 405 ff. sowie den Übungsfall von *Holterhus*, JuS 2014, 233 ff.

462 Siehe auch *Ch. Peter*, JZ 1968, S. 783 ff. zum „Abgeordnetenmandat gegen Schuldschein".

463 BVerfGE 102, 224 ff., 239 f.; krit. zum Begriff *Schreiber*, in: *Friauf/Höfling*, GG, Art. 38, Rdnr. 195 f., der stattdessen den Begriff „Fraktionssolidarität" verwendet.

464 *Badura*, Staatsrecht, S. 635.

Partei oder sogar – äußerstenfalls – der Ausschluss aus der Fraktion.[465] Unzulässig ist hingegen der **Fraktionszwang.** Hierunter fallen für den Abgeordneten bindende Beschlüsse zu seiner Amtsführung[466] oder Vereinbarungen, die einen Mandatsverzicht zum Gegenstand haben.[467]

2. Grundsatz des gleichen Mandats

227 Aus dem Grundsatz der Wahlrechtsgleichheit (oben Rdnr. 107 f.) ergibt sich der Grundsatz des gleichen Mandates: Alle Parlamentsmitglieder sind **formal gleichgestellt**. Aus diesem Grunde sind z. B. zusätzliche Zulagen („Funktionszulagen") für einzelne Abgeordnete verfassungswidrig, wenn dadurch die Gefahr besteht, dass „Abgeordnetenlaufbahnen" entstehen – eine Ausnahme gilt nur für politisch besonders herausgehobene parlamentarische Funktionen, wie z. B. einen Fraktionsvorsitzenden.[468] Diese Beschränkung soll verhindern, dass sich Hierarchien bilden, innerhalb derer ein willfähriges Verhalten eines einzelnen Abgeordneten durch zusätzliche Vergünstigungen oder Beförderungen erkauft werden kann. Die Gleichheit des Mandates verbietet nicht grundsätzlich die Bildung von Ausschüssen und Gremien innerhalb der Abgeordnetenschaft mit eigenen Informations- und Kontrollrechten; diese müssen aber ein repräsentativer Ausschnitt aus dem gesamten Parlament sein („Spiegelbildlichkeit"), zudem muss sichergestellt sein, dass die nicht beteiligten Abgeordneten ausreichend informiert und unterrichtet werden.[469]

3. Indemnität und Immunität

228 Jeder Abgeordnete besitzt Indemnität und Immunität. **Indemnität** (*indemnatus*, lat.: „unverurteilt") bedeutet: Er darf nicht wegen einer Stimmabgabe oder Äußerung im Bundestag oder den Ausschüssen gerichtlich oder dienstlich verfolgt werden. Eine Verfolgung ist *„zu keiner Zeit"* möglich, die Indemnität gilt also auch nach Ende der Abgeordnetenzeit weiter, so dass kein Abgeordneter befürchten muss, später doch noch für seine parlamentarischen Äußerungen verfolgt zu werden. Von der Indemnität ausgenommen sind Verleumdungen (Art. 46 Abs. 1 S. 1 und 2 GG).[470]

229 **Immunität** (*immunis*, lat.: „frei, verschont") bedeutet: Eine Strafverfolgung gegen ihn darf nur mit Genehmigung des Bundestages erfolgen, es sei denn, er wird bei

---

465 Vgl. § 10 Abs. 4 PartG: *„Ein Mitglied kann nur dann aus der Partei ausgeschlossen werden, wenn es vorsätzlich gegen die Satzung oder erheblich gegen Grundsätze oder Ordnung der Partei verstößt und ihr damit schweren Schaden zufügt."*

466 *Trute*, in: *v. Münch/Kunig*, GG, Art. 38, Rdnr. 121.

467 *Badura*, Staatsrecht, S. 635.

468 BVerfGE 102, 224 ff., 239.

469 BVerfGE 130, 318 ff., 353 ff. – Sondergremium nach § 3 Abs. 3 StabMechG.

470 Weiterführend zur Indemnität *Walter*, Jura 2000, 496 ff.

Begehung der Tat oder im Laufe des folgenden Tages festgenommen (Art. 46 Abs. 2 GG). Die Immunität wird dogmatisch nicht als Recht des einzelnen Abgeordneten, sondern des gesamten Bundestages verstanden, der damit vor willkürlichen Eingriffen der Exekutive geschützt werden soll.[471] Diese Ansicht ist richtig, denn nur der Bundestag, nicht aber der einzelne Abgeordnete kann die Strafverfolgung einschränken, so dass hiermit nur dem Bundestag ein Recht gewährt wird, mag dessen Ausübung auch dem einzelnen Abgeordneten nützen. Anders als die Indemnität wird dem einzelnen Abgeordneten Immunität nur für die Dauer des Mandates gewährt.[472]

4. Angemessene Entschädigung

Die Entschädigungen der Abgeordneten (**Diäten**) müssen angemessen sein und die 230
Unabhängigkeit der Abgeordneten sicherstellen (Art. 48 Abs. 3 S. 1 GG). Aus dem Grundsatz des gleichen Mandates ergibt sich, dass die Diäten für alle Abgeordneten gleich hoch sein müssen und Zulagen nur in Ausnahmefällen gezahlt werden dürfen (s. o. Rdnr. 227). Die **Höhe der Zahlungen** muss so bemessen sein, dass sie sowohl Berufslosen als auch jenen, die einen Beruf zugunsten des Mandats aufgegeben haben, eine angemessene Lebensführung gestattet.[473] Sie ist durch Gesetz zu bestimmen (Art. 48 Abs. 3 S. 3 GG), also durch die Abgeordneten selbst. Dieser Verpflichtung hat der Bundestag selbständig nachzukommen; er kann sich ihr nicht dadurch entziehen, dass er die Höhe der Diäten per Gesetz automatisch an andere Einkommenshöhen koppelt, z. B. an Ministergehälter. Eine solche Regelung wäre unzulässig, da jede Erhöhung im Plenum *„vor den Augen der Öffentlichkeit"* diskutiert und entschieden werden muss.[474] Der Begriff **„Entschädigung"** impliziert, dass der Abgeordnete keine Gegenleistung erbringen muss; er schuldet keine Dienste.[475] Die Höhe der Entschädigung ist in den §§ 11 ff. AbgG festgelegt – diese Vorschrift nennt einen festen Betrag (€ 10.083,47[476]), legt aber gleichzeitig eine *„Orientierung"* an die Bezüge der Besoldungsgruppen B6 bzw. R6 fest. Ab dem 01.07.2016 bis zum Ende der Legislaturperiode werden die Diäten jährlich an den Nominallohnindex des Statistischen Bundesamtes angepasst (§ 11 Abs. 4 AbgG).[477]

---

471 *Badura*, Staatsrecht, S. 639 f. Vgl. aber BVerfG NJW 2014, 3085 ff., 3086, BVerfGE 104, 310 ff., 331.: Der einzelne Abgeordnete hat wegen Art. 46 Abs. 2 i. V. m. Art. 38 Abs. 1 S. 2 GG einen Anspruch gegenüber dem Parlament darauf, dass es willkürfrei über eine Aufhebung der Immunität entscheidet.

472 Zur Immunität ausf. *Trute*, JZ 2003, 148 ff.

473 BVerfGE 40, 296 ff., 315 ff.

474 BVerfGE 40, 296 ff., 316 f.

475 BVerfGE 40, 296 ff., 316.

476 § 11 Abs. 1 Satz 1 AbgG (i. d. F. d. Bekanntm. v. 21.02.1996, BGBl. I, S. 326, zuletzt geänd. durch Art. 1 d. G v. 08.10.2021, BGBl. I, S. 4650.

477 Krit. hierzu v. *Arnim*, DVBl. 2014, 605 ff.

231 Zur Entschädigung gehört auch eine angemessene **Amtsausstattung**, die weitere Leistungen in Form von Geldzahlungen (§ 12 Abs. 2 und 3 AbgG) und Sachleistungen (§ 12 Abs. 4 AbgG) umfasst. Zur Amtsausstattung gehört auch freie Benutzung der staatlichen Verkehrsmittel (Art. 48 Abs. 3 S. 2 GG). Dies ist einschlägig nur noch für Reisen mit der Deutschen Bahn (§§ 12 Abs. 4 Nr. 2, 16 AbgG). Andere notwendige Reisekosten per Bahn oder Flugzeug werden den Abgeordneten erstattet (§ 16 Abs. 1 S. 2 AbgG).

5. Weitere Rechte

232 **Weitere Rechte** sind das Zeugnisverweigerungsrecht, das Recht auf Wahlvorbereitungsurlaub und das Hinderungsverbot. Sie ergeben sich aus den Art. 47, 48 GG.

233 Das **Zeugnisverweigerungsrecht** (Art. 47 S. 1 GG) erstreckt sich auf alle Personen, die dem Abgeordneten Tatsachen mitgeteilt haben oder solche von ihm empfangen haben sowie auf die Tatsachen selbst; mit dem Zeugnisverweigerungsrecht geht ein Beschlagnahmeverbot von Schriftstücken einher (Art. 47 S. 2 GG).

234 Das Recht auf **Wahlvorbereitungsurlaub** (Art. 48 Abs. 1 GG) wird gewährt, sobald der Bewerber eine konkrete Aussicht hat, in einen Wahlvorschlag als Listen- bzw. Wahlkreisbewerber aufgenommen zu werden. Dieses Recht gilt gegenüber öffentlich-rechtlichen und privaten Arbeitgebern. Der Umfang des zusätzlichen Urlaubs richtet sich nach dem erforderlichen Aufwand; zwei Monate sind ausreichend.[478] Ein Anspruch auf bezahlten Urlaub besteht per Verfassung nicht und wird in § 3 S. 2 AbgG ausdrücklich ausgeschlossen.

235 Ein Abgeordneter darf nicht an der Amtsübernahme und -ausübung gehindert werden (**Hinderungsverbot**, Art. 48 Abs. 2 S. 1 AbgG). Die Hinderung ist ein Verhalten, das die Übernahme oder Ausübung des Abgeordnetenmandates erschweren oder unmöglich machen soll, die Vorschrift verbietet also nicht jedes, sondern nur das zielgerichtete hinderliche Verhalten.[479] Als Beispiele für eine Hinderung sind in Art. 48 Abs. 2 S. 2 GG die Kündigung oder Entlassung aus einem Arbeitsverhältnis angeführt. Das Hinderungsverbot beginnt nach einfachem Recht – über den Wortlaut der Verfassung hinaus – bereits mit der Aufstellung zur Wahl und endet ein Jahr nach Beendigung des Mandates (§ 2 Abs. 3 S. 3 und 4 AbgG). Dies ist zweckmäßig, jedoch nicht verfassungsrechtlich geboten, da der Verfassungswortlaut ausdrücklich nur die Amtsübernahme erfasst, nicht aber deren Vorbereitung.[480]

478 *Magiera*, in: *Sachs*, GG, Art. 48, Rdnr. 4.
479 BVerfGE 42, 312 ff., 329.
480 A.A. *Trute*, in: *v. Münch/Kunig*, GG, Art. 48, Rdnr. 16.

F. Fraktionen

Gruppen von Abgeordneten können sich zu **Fraktionen** zusammenschließen (§§ 45 ff. AbgG, 10 ff. GOBT). Das Grundgesetz setzt die Existenz von Fraktionen voraus (Art. 53a Abs. 1 S. 2 GG), ohne dies allerdings näher auszuführen oder ihnen einen ausdrücklichen Existenzgrund zuzuweisen. Gleichwohl erachtet das Bundesverfassungsgericht Fraktionen als *„notwendig"* und als *„maßgebliche Faktoren der politischen Willensbildung"*. Es leitet ihre Existenz aus dem freien Mandat der Abgeordneten ab, das eben auch Zusammenschlüsse gestattet.[481] 236

Eine Fraktion muss mindestens **5 % aller Bundestagsmitglieder** umfassen; kleinere Fraktionen sind unzulässig (§ 10 Abs. 1 S. 1 GOBT). Außerdem dürfen die Angehörigen einer Fraktion nicht solchen Parteien angehören, die in einem Bundesland miteinander im Wettbewerb stehen (§ 10 Abs. 1 S. 1 GOBT). Die Bildung einer gemeinsamen Fraktion („Union") von Abgeordneten der beiden Parteien CDU und CSU ist zulässig, weil die CDU *nicht*, die CSU hingegen *nur* in Bayern zu Bundestags- und Landtagswahlen antritt. Strittig war, ob Mitglieder der Parteien WASG und Linkspartei.PDS bei der (vorgezogenen) Bundestagswahl 2005 auf einer (von der Linkspartei.PDS initiierten) Wahlliste kandidieren und eine gemeinsame Fraktion („Die Linke") im Bundestag bilden konnten, obwohl ihre Parteien bei Landtagswahlen gegeneinander anzutreten beabsichtigten.[482] Die aus diesem Grunde eingelegten Wahleinsprüche gegen die Gültigkeit der Bundestagswahl wies der Bundestag zurück.[483] Mittlerweile haben sich die beiden Parteien zur Partei Die Linke vereinigt. 237

Die hauptsächliche **Aufgabe** der Fraktionen ist in § 47 Abs. 1 AbgG sehr allgemein beschrieben: Sie *„wirken an der Erfüllung der Aufgaben des Deutschen Bundestages mit"*. In der Praxis bedeutet dies vor allem die Bündelung des politischen Willens der einzelnen Abgeordneten in einer mehr oder weniger stringenten „Parteilinie".[484] Die Fraktionen besitzen einige einfachgesetzlich geregelte **Rechte**, z. B. Benennungsrechte bei der Besetzung der Ausschüsse (§§ 12 S. 1, 57 Abs. 2 S. 1 GOBT) oder des Ältestenrates (§ 6 Abs. 1 S. 1 GOBT) sowie Berücksichtigung bei der Besetzung der Ämter der Bundestagsvizepräsidenten (§ 2 Abs. 1 S. 2 GOBT). Fraktionen sind rechtsfähig sowie aktiv- und passivlegitimiert, d. h. sie können unter ihrem Namen klagen und verklagt werden (§ 46 Abs. 1 und 2 AbgG). 238

481 BVerfGE 84, 304 ff., 322.

482 Hierzu *Ipsen*, NVwZ 2006, 176 ff.

483 BT-Prot. 16/76 v 18.01.2007, S. 7579 f.

484 Zu Fraktionsdisziplin und Fraktionszwang siehe oben Rdnr. 226.

239 Die privilegierte Rechtsstellung der Fraktionen durch die Vorschriften des Abgeordnetengesetzes und der Geschäftsordnung des Bundestages darf nicht dazu führen, dass ein **fraktionsloser Abgeordneter** nicht mehr an der Bundestagsarbeit beteiligt ist, weil ihm z. B. faktisch die Mitarbeit in den Ausschüssen des Bundestages verwehrt wird.[485]

485 BVerfGE 80, 188 ff., 223.

§ 15 Bundesrat

Der Bundesrat ist das Organ der Bundesrepublik, das neben dem Bundestag maßgeblich an der Bundesgesetzgebung beteiligt ist. Daher wird er häufig auch als **zweite Kammer** der Gesetzgebung bezeichnet, auch wenn seine Stellung beim Gesetzgebungsprozess nicht dem Bundestag gleichwertig ist.[486] Obwohl der Bundesrat sich aus Vertretern der Länder zusammensetzt, ist er ein Bundesorgan.[487] 240

Die **Mitglieder** des Bundesrates werden nicht gewählt, sondern von den Landesregierungen entsendet (Art. 51 Abs. 1 S. 1 GG). Die Zahl der entsendeten Mitglieder richtet sich nach der Einwohnerzahl jedes Bundeslandes (Art. 51 Abs. 2 GG); zu den Einwohnern zählen auch die dort lebenden Ausländer.[488] Dieses Entsendungsprinzips wegen hat der Bundesrat keine Legislaturperiode wie der Bundestag. Der Bundesrat ist ein „ewiges Organ", seine Zusammensetzung ändert sich nur dann – und nur teilweise –, wenn in einem Bundesland die Regierung wechselt und die neue Regierung andere Mitglieder entsendet. Die **Mitgliederzahl** ändert sich, wenn sich in einem Bundesland die Bevölkerungszahl ändert. Anders als die Bundestagsabgeordneten (oben Rdnr. 225 f.) sind die Mitglieder des Bundesrates nicht frei, sondern an die Weisungen der jeweiligen Landesregierung gebunden. 241

Bei **Abstimmungen** müssen die Stimmen eines Landes einheitlich abgegeben werden (Art. 51 Abs. 3 S. 2 GG).[489] Stützt sich eine Landesregierung auf eine Koalition mehrerer Parteien, enthält der zugrundeliegende Koalitionsvertrag Vereinbarungen über das zukünftige Abstimmungsverhalten im Bundesrat.[490] 242

Der Bundesrat wählt sich einen **Präsidenten** für die Dauer eines Jahres (Art. 52 Abs. 1 GG). Traditionell wird (gemäß der sog. „Königsteiner Vereinbarung") jedes Jahr der Regierungschef eines anderen Landes zum Bundesratspräsidenten gewählt, und zwar nach der Reihenfolge der Bevölkerungszahlen, beginnend beim bevölkerungsstärksten Bundesland. Seit dem 01.11.2023 hat die Ministerpräsidentin des Landes Mecklenburg-Vorpommern Manuela Schwesig (SPD) das Amt der Bundesratspräsidentin inne. 243

486 Zum Gesetzgebungsverfahren s. u. Rdnr. 310 ff.

487 BVerfGE 1, 299 ff., 310 f.

488 *Maurer*, Staatsrecht I, S. 490 f.; *Jarass*, in: *Jarass/Pieroth*, GG, Art. 51, Rdnr. 4; *Krebs*, in: Münchner Kommentar zum GG, Art. 51, Rdnr. 12; *Müller Terpitz* in: *Dürig/Herzog/Scholz*, GG, Art. 51, Rdnr. 52.

489 Ausf. BVerfGE 106, 310 ff., 329 – Zuwanderungsgesetz.

490 Vgl. zuletzt den Koalitionsvertrag zwischen CDU und den Grünen für Nordrhein-Westfalen v. 23.06.2022 („Zukunftsvertrag für Nordrhein-Westfalen"), im Internet abrufbar unter https://www.cdu-nrw.de/sites/www.neu.cdu-nrw.de/files/zukunftsvertrag_cdu-grune.pdf, S. 145 (letzter Abruf: 24.04.2023).

244 Derzeit sieht die Ländervertretung im Bundesrat wie folgt aus (Stand: Februar 2024):

Bundesland	**Stimmanzahl im Bundesrat**	**Regierungsparteien im Bundesland**
Baden-Württemberg	6	Grüne / CDU
Bayern	6	CSU / Freie Wähler
Berlin	4	CDU / SPD
Brandenburg	4	SPD / CDU / Grüne
Bremen	3	SPD / Grüne / Die Linke
Hamburg	3	SPD / Grüne
Hessen	5	CDU / SPD
Mecklenburg-Vorpommern	3	SPD / Die Linke
Niedersachsen	6	SPD / Grüne
Nordrhein-Westfalen	6	CDU / Grüne
Rheinland-Pfalz	4	SPD / Grüne / FDP
Saarland	3	SPD
Sachsen	4	CDU / Grüne / SPD
Sachsen-Anhalt	4	CDU / SPD /FDP
Schleswig-Holstein	4	CDU / Grüne
Thüringen	4	Die Linke / SPD / Grüne
Gesamt	69	

Tabelle 2: Verteilung der Ländervertreter im Bundesrat

245 Anders als im Bundestag ist für Entscheidungen im Bundesrat grundsätzlich nicht Stimmen-, sondern **Mitgliedermehrheit** erforderlich. Dies ergibt sich aus Art. 52 Abs. 3 S. 1 GG, der vorschreibt, dass der Bundesrat mit der *„Mehrheit seiner Stimmen"* entscheidet – gemeint sind damit nicht die Stimmen der gerade Anwesenden, sondern eben die Stimmen des Bundesrates (*„seiner"*).[491]

Eine **qualifizierte Mitgliedermehrheit** enthalten folgende Vorschriften:

- Art. 61 Abs. 1 S. 2 GG (Antrag auf Erhebung der Präsidentenanklage, $^1/_4$ der Stimmen);
- Art. 61 Abs. 1 S. 3 GG (Beschluss zur Erhebung der Präsidentenanklage, $^2/_3$ der Stimmen);
- Art. 77 Abs. 4 S. 2 GG (qualifizierter Einspruch gegen ein vom Bundestag beschlossenes Gesetz, $^2/_3$ der Stimmen);
- Art. 79 Abs. 2 GG (Grundgesetzänderung, $^2/_3$ der Stimmen).

491 *Schwerdtfeger*, in: *v. Münch/Kunig*, Art. 52, Rdnr. 13 f. m. w. N.; *Müller-Terpitz*, in: *Dürig/Herzog/Scholz*, GG, Art. 52, Rdnr. 23 f.

Der Bundesrat wirkt mit verschiedenen Mitteln (Initiativrecht, Einspruchsrecht, Zustimmungsrecht) bei der **Gesetzgebung** mit (hierzu unten Rdnr. 315 ff.). Außerdem ist er an den **Exekutivaufgaben** beteiligt: Bei Gesetzen, Rechtsverordnungen und Verwaltungsvorschriften des Bundes ist seine Zustimmung erforderlich, wenn sie die Ausführung der Bundesgesetze durch die Länder betreffen (Art. 84 Abs. 1 S. 6, 85 Abs. 1 S. 1, 80 Abs. 2, 84 Abs. 2 und 85 Abs. 2 S. 1 GG; hierzu unten Rdnr. 332 ff.). Zudem besitzt der Bundesrat, wie der Bundestag, ein **Zitierrecht** (Art. 53 S. 1 GG). Ferner wählt er die Hälfte der Richter am Bundesverfassungsgericht (Art. 94 Abs. 1 GG). Wie der Bundestag gibt sich auch der Bundesrat eine **Geschäftsordnung** (Art. 52 Abs. 3 S. 2 GG). 246

Bundestag und Bundesrat bilden gemeinsam den **Gemeinsamen Ausschuss** (Art. 53a GG), der im Verteidigungsfall[492] bestimmte Legislativaufgaben übernimmt (Art. 115e GG). 247

492 Hierzu unten Rdnr. 804 ff.

§ 16 Bundespräsident

248 Der Bundespräsident ist das **Staatsoberhaupt** der Bundesrepublik Deutschland und als solches **Teil der Exekutive**[493], wenngleich gelegentlich Stimmen zu hören sind, die ihn einer besonderen „vierten Gewalt" zuordnen wollen.[494]

A. Wahl und Amtszeit

249 Der Bundespräsident wird von der **Bundesversammlung** gewählt (Art. 54 Abs. 1 S. 1 GG). Die Bundesversammlung ist ein Gremium, das nur zu diesem Anlass zusammentritt. Sie besteht aus den Mitgliedern des Bundestages und einer gleichen Anzahl von Ländervertretern, die von den 16 Landtagen gewählt werden (Art. 54 Abs. 3 GG). Die Ländervertreter müssen nicht selbst den Landtagen angehören; häufig entsenden die Landesparlamente Prominente – bei der Bundesversammlung im Jahr 2022 waren unter anderem der Virologe *Dr. Christian Drosten*, die Rapperin *Lady Bitch Ray* (bürgerlich: *Dr. Reyhan Şahin*), der Schlagersänger *Roland Kaiser* (bürgerlich: *Ronald Keiler*), die Fußballtrainer *Hans-Dieter Flick* sowie *Christian Streich* oder die Schauspielerin *Sibel Kekilli* dabei. Die Mitglieder der Bundesversammlung genießen wegen § 7 BPräsWahlG Immunität, Indemnität und Kündigungsschutz wie die Mitglieder des Bundestages und sind nicht an Weisungen gebunden. Gleichwohl haben sie nicht die gleichen Rechte wie die Bundestagsabgeordneten; Art. 38 Abs. 1 S. 2 GG ist nicht entsprechend anwendbar.[495]

250 Die **Wahl** des Bundespräsidenten findet gemäß Art. 54 Abs. 1 S. 1 GG *„ohne Aussprache"* statt.[496] Zum Verfahren zur Kandidatenauswahl enthält das Grundgesetz keine Regelung. In der Praxis ist die Auswahl stark parteipolitisch bestimmt: Die in der Bundesversammlung vertretenen Parteien benennen meistens eigene Kandidaten, wobei manchmal auch Absprachen zwischen einzelnen Parteien getroffen werden. Das Wahlverfahren besteht aus bis zu **drei Wahlgängen**. Wer im ersten Wahlgang die Mitgliedermehrheit der Bundesversammlung auf sich vereinigt, ist gewählt. Erhält niemand die Mitgliedermehrheit, folgt ein zweiter Wahlgang. Wenn dieser wiederum keinen Kandidaten mit Mitgliedermehrheit versieht, wird in einem dritten Wahlgang derjenige Kandidat gewählt, der die meisten Stimmen erhält (Art. 54 Abs. 6 GG). So kam es bei der vorvorletzten Wahl zum Bundespräsidenten am 30.06.2010: *Christian Wulff* konnte sich erst im dritten Wahlgang mit 625 zu 494 Stimmen gegen den Gegenkandidaten *Joachim Gauck* durchsetzen; es gab

---

493 *v. Arnauld*, in: *v. Münch/Kunig*, GG, Art. 54, Rdnr. 2.

494 Nachweise bei *Hemmrich*, in: *v. Münch/Kunig*, GG, 5. Auflage 2001, Art. 54, Rdnr. 2.

495 BVerfG NVwZ 2014, 1149 ff., 1152 – Zur Rechtsstellung der Bundestagsabgeordneten siehe Rdnr. 224 ff.

496 Hierzu ausf. BVerfG NVwZ 2014, 1149 ff., 1154.

121 Enthaltungen und zwei ungültige Stimmen; zwei Abgeordnete waren nicht anwesend. Am 18.03.2012 wurde *Joachim Gauck* im ersten Wahlgang gewählt, ebenso wie *Frank-Walter Steinmeier* am 12.02.2017 zu seiner ersten und am 13.02.2022 zu seiner zweiten Amtszeit

Vor seinem Amtsantritt legt der Bundespräsident einen **Amtseid** ab (Art. 56 GG).

Die **Amtszeit** des Bundespräsidenten beträgt fünf Jahre; er darf nur einmal wiedergewählt werden (Art. 54 Abs. 2 GG). Die Amtszeit kann **vorzeitig enden**. Dies sieht Art. 54 Abs. 4 GG vor, ohne jedoch Beendigungsgründe zu nennen; in Betracht kommen der Tod des Bundespräsidenten, sein Rücktritt oder der Verlust seiner Wählbarkeit. Bisher sind drei Bundespräsidenten vorzeitig zurückgetreten, *Heinrich Lübke* am 30.06.1969, *Horst Köhler* am 31.05.2010 und *Christian Wulff* am 17.02.2012. 251

Die Amtszeit endet auch dann vorzeitig, wenn das Bundesverfassungsgericht in einem **Präsidentenanklageverfahren** feststellt, dass der Bundespräsident vorsätzlich gegen Bundesgesetze verstoßen hat (Art. 61 Abs. 1 und 2 GG, § 13 Nr. 4 BVerfGG; siehe u. Rdnr. 497 f.).

Ist der Bundespräsident vorübergehend **verhindert** (z.B. durch Krankheit, Auslandsaufenthalt, aber auch bei Befangenheit in einer Sachfrage) oder nicht mehr im Amt (z.B. nach einem Rücktritt), vertritt ihn gemäß Art. 57 GG der Präsident des Bundesrates. 252

B. Aufgaben

Das deutsche Modell der parlamentarischen Demokratie bringt es mit sich, dass der Präsident hierzulande kaum Einfluss auf die Regierungsgeschäfte hat und dem Bundeskanzler die tragende politische Rolle überlässt. Um diese **schwache Machtposition** des Bundespräsidenten zu erklären, wird häufig auf die verhängnisvollen Erfahrungen verwiesen, die man in der Weimarer Republik mit der starken Stellung des Reichspräsidenten machen musste.[497] Gleichwohl nimmt der Bundespräsident durchaus bedeutende Aufgaben im Staatsgefüge der Bundesrepublik wahr; er ist mehr als nur ein „Staatsnotar“. 253

1. Staatsoberhaupt

Der Bundespräsident ist das deutsche **Staatsoberhaupt**. Dieser Umstand wird zwar im Grundgesetz an keiner einzigen Stelle erwähnt, er folgt jedoch daraus, dass er eben jene Befugnisse wahrnimmt, die fast überall auf der Welt den jeweiligen 254

497 Hierzu oben Rdnr. 73 f.

Staatsoberhäuptern zugeteilt sind:[498] Ihm obliegt die Repräsentation des Staates, und er schließt im Namen des Bundes völkerrechtliche Verträge (Art. 59 Abs. 1 GG). Allerdings haben dabei die gesetzgebenden Körperschaften umfassende Zustimmungs- bzw. Mitwirkungsbefugnisse (Art. 59 Abs. 2 S. 1 GG). Als Staatsoberhaupt ist der Bundespräsident der **völkerrechtliche Vertreter** der Bundesrepublik (Art. 59 Abs. 1 S. 1 GG). Darüber hinaus nimmt er weitere **staatsnotarielle Aufgaben** und **Repräsentationsaufgaben** wahr, z. B. ernennt er den Bundeskanzler, die Bundesminister, die Bundesrichter und weitere Amtsträger (Art. 63 Abs. 2 S. 2 und Abs. 4 S. 2 und 3, 64 Abs. 1, 60 Abs. 1 GG) und spricht Begnadigungen aus (Art. 60 Abs. 2 GG). Außerdem ist er für die Verleihung von Orden und Titeln zuständig (§§ 2, 3 OrdenG).

Als Staatsoberhaupt hat der Bundespräsident nach dem Bundesverfassungsgericht eine **integrative Aufgabe**, er repräsentiert Staat und Volk „nach innen und nach außen" und „soll die Einheit des Staates verkörpern". Auf welche Weise er das tut, entscheidet er allerdings selbst und genießt dabei einen weiten Gestaltungsspielraum. Eine zugespitzte Wortwahl sei dabei zulässig, Schmähkritik hingegen nicht. Eine „gewisse Distanz" zu politischen Parteien und gesellschaftlichen Gruppen sei „Verfassungstradition", aber nicht gerichtlich herstellbar. Der Gestaltungsspielraum endet aber dort, wo die Chancengleichheit der Parteien verletzt wird.[499]

2. Mitwirkung bei Vertrauensfrage und konstruktivem Misstrauensvotum

255 Bei einem erfolgreichen **Misstrauensvotum** (oben Rdnr. 208 f.) des Bundestages muss der Bundespräsident den alten Kanzler entlassen und den neu gewählten ernennen (Art. 67 Abs. 1 S. 2 GG). Entzieht der Bundestag dem amtierenden Bundeskanzler das Vertrauen (**Vertrauensfrage**, Art. 68 GG, oben Rdnr. 210 ff.), so besitzt der Bundespräsident ein Ermessen, ob er den Bundestag auflöst oder nicht. Löst er ihn nicht auf, kann er für einzelne Gesetzesvorlagen den **Gesetzgebungsnotstand** erklären (Art. 81 Abs. 1 S. 1 GG). Der Gesetzgebungsnotstand bewirkt, dass Gesetze unter bestimmten Voraussetzungen auch ohne den Bundestag zustande kommen können; der Bundespräsident hat dabei allerdings keine über das übliche Maß hinausgehenden Befugnisse (Art. 81 Abs. 2 – 4 GG).

3. Mitwirkung bei der Regierungsbildung

256 Der Bundespräsident ist an der **Regierungsbildung** beteiligt: Er ernennt den gewählten Bundeskanzler, wobei ihm aber kein eigener Ermessensspielraum zusteht, er

498 So auch *Herzog*, in: *Dürig/Herzog/Scholz*, GG, Art. 54, Rdnr. 3.

499 BVerfG NVwZ 2014, 1156 ff., 1158: Die Bezeichnung von NPD-Anhängern als „Spinner und Ideologen" durch den Bundespräsidenten *Gauck* sei zulässig, siehe hierzu *Degenhart*, Staatsrecht I, Rdnr. 796; s. u. Rdnr. 432a. Zur Chancengleichheit der Parteien vgl. Rdnr. 55 f.

also die Ernennung nicht verweigern darf (Art. 63 Abs. 2 S. 2 GG). Außerdem ernennt er die Bundesminister *„auf Vorschlag des Bundeskanzlers"* (Art. 64 Abs. 1 GG). Inwieweit er dabei eine Ernennung verweigern kann, ist umstritten. Nach zutreffender h. M. hat er ein lediglich formelles Prüfungsrecht: Er kann die Ernennung z. B. dann verweigern, wenn ein Kandidat nicht die erforderliche Wählbarkeit besitzt oder mit der Ernennung gar nicht einverstanden ist. Er kann sie nicht verweigern, wenn er die Auswahl des Bundeskanzlers für politisch verfehlt oder den Kandidaten für fachlich ungeeignet hält.[500]

C. Sonstige Aufgaben und Regelungen

Der Bundespräsident ernennt und entlässt die **Bundesrichter, Bundesbeamten** sowie die **Offiziere** und **Unteroffiziere**, soweit nicht etwas anderes gesetzlich geregelt ist (Art. 60 Abs. 1 GG). Zum Umfang seines Prüfungsrechts siehe oben Rdnr. 256. Er kann diese Befugnis an andere Stellen delegieren (Art. 60 Abs. 3 GG); hiervon hat er weitgehend Gebrauch gemacht.[501] 257

In Bundessachen besitzt der Bundespräsident ein **Begnadigungsrecht** (Art. 60 Abs. 2 GG) – dies gilt allerdings nur für die Fälle, die erstinstanzlich durch die Gerichtsbarkeit des Bundes entschieden wurden (§ 452 S. 1 StPO). Da die meisten Strafverfahren vor den Gerichten der Länder beginnen, beschränkt sich das Gnadenrecht des Bundespräsidenten auf jene Delikte, die in Art. 96 Abs. 5 GG genannt sind; dies sind u. a. Völkermord und Staatsschutzdelikte. 258

Scheidet der **Bundeskanzler** aus dem Amt, ohne dass ein Nachfolger ernannt ist, kann der Bundespräsident den Bundeskanzler ersuchen, die Amtsgeschäfte bis zur Ernennung seines Nachfolgers weiterzuführen (Art. 69 Abs. 3 GG). 259

Der Bundespräsident besitzt **Immunität**,[502] er darf ähnlich einem Bundestagsabgeordneten (vgl. o. Rdnr. 229) nur mit Genehmigung des Bundestages wegen einer Straftat verfolgt oder verhaftet werden, es sei denn, dass er bei Tatbegehung oder im Lauf des darauffolgenden Tages festgenommen wird (Art. 60 Abs. 4 i. V. m. Art. 46 Abs. 2 – 4 GG). 260

500 *Ipsen*, Staatsrecht I, § 9 Rdnr. 491 f.; ähnlich *Maurer*, Staatsrecht I, S. 455 ff., der allerdings eine Ausnahme für Kandidaten zulässt, bei denen die Verfassungstreue nicht gewährleistet sei, da diese *„Voraussetzung für die Ernennung zum Bundesminister"* sei. Darüber hinaus seien Fälle denkbar, die *„eine Ernennung zum Minister schlechthin ausschließen"*, wie z. B. *„die Ernennung eines mehrfach Vorbestraften zum Justizminister"*. Diese Fälle seien indes *„rein theoretisch"*. Übungsfall: *Jochum*, JuS 2014, 350 ff.

501 Vgl. Anordnung des Bundespräsidenten über die Ernennung und Entlassung der Beamtinnen, Beamten, Richterinnen und Richter des Bundes v. 23.06.2004, BGBl. I S. 1286.

502 Hierzu *Glauben*, DÖV 2012, 378 ff., 383 f.

261 Strafbar sind **Nötigung** (§ 106 StGB) und **Verunglimpfung des Bundespräsidenten** (§ 90 StGB) – letzteres Delikt wird jedoch nur verfolgt, wenn der Bundespräsident die Strafverfolgungsbehörden im konkreten Fall dazu ermächtigt (§ 90 Abs. 4 StGB). Dies ist bislang nur in wenigen Fällen geschehen.[503]

262 Im **Verteidigungsfall** gehen verschiedene staatliche Befugnisse auf den Bund, die Exekutive bzw. den Gemeinsamen Ausschuss über (Art. 115aff. GG). Der Bundespräsident ist dabei dafür zuständig, die Feststellung und das Ende des Verteidigungsfalls zu verkünden (Art. 115a Abs. 3 S. 1, 115l Abs. 2 S. 1 GG) und wirkt bei einer gegebenenfalls notwendigen Neuwahl des Bundeskanzlers mit (Art. 115h Abs. 2 S. 1 GG).

263 Der Bundespräsident ist kein Beamter. Das Rechtsverhältnis zwischen seiner Person und dem Bund ist ein Verhältnis eigener Art, das auch als **„persönliches Statusverhältnis"** bezeichnet wird.[504] Es ist rechtlich nur bruchstückhaft geregelt, u. a. im Gesetz über die Ruhebezüge des Bundespräsidenten.[505] Der Bundespräsident enthält Amtsbezüge, deren Höhe nicht materiell-gesetzlich bestimmt ist, sondern jährlich im Bundeshaushalt festgelegt wird.[506] Traditionell werden hierfür $^{10}/_{9}$ der Amtsbezüge des Bundeskanzlers veranschlagt; für das Jahr 2022 waren dies 217.000 Euro. Außerdem spricht der Bundeshaushalt dem Bundespräsidenten *„freie Amtswohnung mit Ausstattung"* zu. Nach Ausscheiden aus dem Amt erhält der Bundespräsident einen Ehrensold in Höhe seiner Amtsbezüge (§ 1 BPräsRuhebezG), und zwar unabhängig von den Gründen seines Ausscheidens.[507]

D. Gegenzeichnung

264 Akte des Bundespräsidenten müssen vom Bundeskanzler gegengezeichnet werden (Art. 58 S. 1 GG); Ausnahmen hiervon sind gemäß Art. 58 S. 2 GG jene Akte, bei denen der Bundespräsident vom Einfluss des Bundeskanzlers unabhängig sein soll: Ernennung und Entlassung des Bundeskanzlers, Auflösung des Bundestages gemäß Art. 63 GG und das Ersuchen gemäß Art. 69 Abs. 3 GG (hierzu oben Rdnr. 259). Gegengezeichnet werden müssen gemäß Art. 58 S. 1 GG **„Anordnungen und Verfü-**

503 *Grotemeier*, legal tribune online v. 11.01.2012, abrufbar im Internet unter https://www.lto.de/recht/hintergruende/h/verunglimpfung-des-bundespraesidenten-das-comeback-der-majestaets-beleidigung/ (abgerufen am 24.04.2023).

504 *Nierhaus*, in: *Sachs*, GG, Art. 54, Rdnr. 22 m. w. N.

505 Gesetz über die Ruhebezüge des Bundespräsidenten (BPräsRuhebezG) v. 17.06.1953 in der im BGBl. III, Gliederungsnr. 1100-2, veröffentl. bereinigten Fassung, geänd. durch Art. 15 Abs. 2 d. G. v. 05.02.2009, BGBl. I, S. 160.

506 Bundeshaushalt 2014, Einzelplan 01, Titel F 421 01, im Internet abrufbar unter http://www.bundesfinanzministerium.de.

507 Hierzu *Wagner*, DÖV 2012, 517 ff. – Wulff.

gungen" des Bundespräsidenten. Nur dann erlangen sie *„Gültigkeit"*. Die Auslegung dieser Begriffe ist umstritten.

Die früher herrschende Ansicht subsumierte hierunter alle amtlichen und politisch bedeutsamen Handlungen und Erklärungen des Bundespräsidenten.[508] Umfasst waren danach auch Reden und Interviews des Bundespräsidenten. Demgegenüber spricht sich heute der überwiegende Teil der Lehre dafür aus, die Gegenzeichnungspflicht nur bei rechtlich verbindlichen Akten des Bundespräsidenten einzufordern.[509]

Richtigerweise ist die Gegenzeichnungspflicht auf die **rechtsverbindlichen Handlungen** des Bundespräsidenten zu beschränken. Die Gegenmeinung legt den Wortlaut des Grundgesetzes zu weit aus: „Anordnungen und Verfügungen" sind nach richtigem Verständnis und allgemeinem Sprachgebrauch nur solche Akte, die eine Rechtsfolge zeitigen sollen. Zudem kann ein Interview keine „Gültigkeit" erlangen: Was sollte geschehen, wenn der Bundeskanzler einem Präsidenteninterview, mit dem er nicht einverstanden ist, seine Zustimmung verweigert? Auch ein „ungültiges" Interview wird gedruckt, auch eine „ungültige" Rede wird gehalten. In der Staatspraxis werden weder Reden noch Interviews des Bundespräsidenten gegengezeichnet; die andere Auffassung konstruiert hier eine Gegenzeichnung *„konkludent durch stillschweigende Billigung"*.[510] Diese Konstruktion ist abzulehnen. Eine Auseinandersetzung um die verweigerte Gegenzeichnung einer Präsidentenrede oder eines Interviews wäre ein reiner Phantomstreit, den man den Verfassungsorganen ersparen sollte. 265

E. Mitwirkung beim Gesetzgebungsverfahren, Prüfungsrecht

Der Bundespräsident wirkt beim **Gesetzgebungsverfahren** mit: Gemäß Art. 82 Abs. 1 GG fertigt er die *„nach den Vorschriften dieses Grundgesetzes zustande gekommenen Gesetze"* aus und verkündet sie im Bundesgesetzblatt. Über die Auslegung dieser Formulierung wird in der Rechtswissenschaft seit Jahrzehnten gestritten. Drei Lager haben sich gebildet: 266

Eine Auffassung billigt dem Bundespräsidenten ein **ausschließlich formelles Prüfungsrecht** zu. Demzufolge hat der Bundespräsident die Kompetenz, ein Gesetz daraufhin zu untersuchen, ob die Formvorschriften des Grundgesetzes zum Gesetzgebungsverfahren (Art. 76 ff. GG) eingehalten wurden, nicht aber die Befugnis, ein Gesetz 267

---

508 *Degenhart*, Staatsrecht I, Rdnr. 803.

509 *Ipsen*, Staatsrecht I, § 9, Rdnr. 524.; *Nierhaus*, in: *Sachs*, GG, Art. 58, Rdnr. 18 f.; *Schenke*, in: *Dolzer/Vogel/Graßhoff*, Bonner Kommentar zum GG, Art. 58, Rdnr. 42 ff.; siehe auch *Degenhart*, Staatsrecht I, Rdnr. 803 ff.

510 *Degenhart*, Staatsrecht I, Rdnr. 805.

materiell, also inhaltlich auf seine Vereinbarkeit mit dem Grundgesetz, z.B. den Grundrechten zu überprüfen.[511]

Die Gegenmeinung sieht in Art. 82 Abs. 1 GG ein umfassendes Recht des Bundespräsidenten zur **formellen und materiellen Überprüfung** von Gesetzen verankert. Danach hat der Bundespräsident das Recht – oder sogar die Pflicht –, ein Gesetz, das er für formell oder materiell verfassungswidrig hält, nicht auszufertigen.[512]

Eine dritte Auffassung beschränkt das materielle Prüfungsrecht des Bundespräsidenten auf die Fälle der **Evidenzkontrolle**: Nur bei evidenter materieller Verfassungswidrigkeit, bei *„Fällen evidenten Verfassungsbruchs"* soll der Bundespräsident die Ausfertigung und Verkündung verweigern dürfen. Hat er lediglich Zweifel, muss er das Gesetz ausfertigen.[513]

268 Das **Bundesverfassungsgericht** hat sich zur Prüfungskompetenz des Bundespräsidenten bisher nicht geäußert – im fehlte der Anlass hierzu. Zwar ist in der Vergangenheit anhand konkreter Fälle schon mehrfach politischer Streit um die Prüfungskompetenz des Bundespräsidenten ausgebrochen; ein verfassungsgerichtliches Verfahren wurde dazu aber nie angestrengt.

269 In der **Praxis** haben bisher alle Bundespräsidenten von ihrem materiellen Prüfungsrecht Gebrauch gemacht, sich dabei aber auf eine Evidenzkontrolle beschränkt.[514] *Horst Köhler* beispielsweise verweigerte zweimal die Ausfertigung eines Gesetzes – jedes Mal aus materiellen Gründen. Am 24.10.2006 weigerte er sich, das Flugsicherungsgesetz und die darin enthaltene Privatisierung der Deutschen Flugsicherung auszufertigen.[515] Am 08.12.2006 verweigerte er die Ausfertigung des Verbraucherinformationsgesetzes (VIG), das seiner Ansicht nach den Kommunen durch Bundesgesetz unzulässiger Weise Aufgaben übertrug und damit gegen Art. 84 Abs. 1 S. 7 GG verstieß.[516] Beide Male sorgten Regierung und Gesetzgeber für Nachbesserung und ließen es nicht auf einen verfassungsgerichtlichen Streit ankommen.

270 Richtigerweise ist dem Bundespräsidenten ein **Recht zur materiellen Evidenzkontrolle** zuzusprechen. Zwar lässt sich für die Auslegung, die ein lediglich formelles Prüfungsrecht annimmt, im Gesetzeswortlaut (*„[d]ie nach den Vorschriften dieses Grundgesetzes zustande gekommenen Gesetze werden vom Bundespräsidenten [...] ausgefertigt"*) eine gute Stütze finden: Nach den Vorschriften des Grundgeset-

511 *Friesenhahn*, FS für *Carstens*, Band II, Köln 1984, S. 545.

512 *Schoch*, Jura 2007, 354 ff., 360 f. m. w. N.

513 *Degenhart*, Staatsrecht I, Rdnr. 809 ff.; *Wallrabenstein*, in: *v. Münch/Kunig*, GG, Art. 82, Rdnr. 15 ff.

514 Nachweis bei *Mann* Rdnr. 14 ff. sowie bei *Rau*, DVBl. 2004, 1 ff., 3 f. – Übungsfälle zum Prüfungsrecht; *Stumpf*, JuS 2010, S. 35 ff.; *Barthel/Jank*, JA 2007, S. 519 ff.; *Winkler*, VR 2007, S. 166 ff.

515 Siehe BT-Drs. 16/3262.

516 Siehe BT-Drs. 16/3866.

zes zustande gekommen ist eben jedes Gesetz, das die formellen Voraussetzungen erfüllt. Zudem spricht die Vorschrift dem Bundespräsidenten keinerlei Entscheidungsspielraum bei der Ausfertigung zu („*werden […] ausgefertigt*"), was ebenfalls gegen ein materielles Prüfungsrecht spricht. Die Auslegung eines Gesetzestextes darf sich aber nicht allein am Wortlaut festhalten, sondern muss den Sinn und Zweck der Vorschrift beachten. Ein wesentliches Ziel des Grundgesetzes ist die Stabilität des Staatswesens. Dem Bundespräsidenten kommt im Staatsgefüge eine rechts- und verfassungswahrende Kontrollfunktion zu,[517] z. B. bei der Auflösung des Bundestages und bei der Ausübung von Notstandsbefugnissen. Aus Gründen der Stabilität ist es ratsam, diese Kontrollfunktion zumindest bei evident verfassungswidrigen Gesetzen als Prüfungsrecht wirksam werden zu lassen. In Zweifelsfällen (also dann, wenn der Verfassungsbruch nicht „evident" ist) sollte der Bundespräsident allerdings die Prüfung auf Verfassungsmäßigkeit dem dafür vorgesehenen Bundesverfassungsgericht überlassen. Die materielle Evidenzkontrolle besitzt auch eine befriedende Funktion im deutschen Verfassungsleben, wie sich am Fehlen verfassungsgerichtlicher Streitigkeiten zeigt. Dies ist aus rechtspolitischer Sicht zu begrüßen.[518]

517 *Nierhaus*, in: *Sachs*, GG, Art. 54, Rdnr. 6.

518 Für eine Anerkennung des materiellen Prüfungsrechts als Verfassungsgewohnheitsrecht *Ipsen*, Staatsrecht I, § 9 Rdnr. 500.

§ 17 Bundesregierung

271 Die Bundesregierung ist **Teil der Exekutive** in der Bundesrepublik. Sie besteht aus dem Bundeskanzler und den Bundesministern (Art. 62 GG). Die Bundesregierung nimmt die **politischen Leitungsaufgaben** wahr, die der Staatstätigkeit die Richtung geben.[519] Dabei wird ihre Kompetenz allerdings begrenzt durch den Vorbehalt des Gesetzes, der sich aus dem Rechtsstaatsprinzip ergibt: Wesentliche Entscheidungen muss der Gesetzgeber selbst treffen (siehe oben Rdnr. 131 ff.). In der Praxis erarbeitet meist[520] die Bundesregierung – unter Zuhilfenahme ihrer Ministerialverwaltung – die Gesetzesvorlagen und bringt sie in den Bundestag zur Abstimmung ein. Da die Bundesregierung im Regelfall von einer Mehrheit im Bundestag getragen wird (schließlich wurde ja der Kanzler vom Bundestag gewählt), werden ihre Vorlagen in den meisten Fällen dort verabschiedet; andererseits werden Vorlagen, die nicht der Politik der Bundesregierung entsprechen, aus dem gleichen Grunde nicht von der Mehrheit angenommen.

272 Um eine stabile Regierung zu gewährleisten, gestattet das Grundgesetz die **Abwahl der Regierung** nur dem Bundestag und nur in bestimmten Fällen, nämlich beim Misstrauensvotum und der Vertrauensfrage (oben Rdnr. 208 ff.).

273 Die Bundesregierung als Kollegialorgan ist im Grundgesetz mit einigen **staatsorganisatorischen Aufgaben** betraut. Sie entscheidet bei Meinungsverschiedenheiten zwischen den Bundesministern (Art. 65 S. 3 GG) und erlässt die eigene Geschäftsordnung (Art. 65 S. 4 GG). Bei der **Gesetzgebung**[521] wirkt sie mit durch das Recht zur Gesetzesinitiative (Art. 76 Abs. 1, 1. Alt. GG), das Recht zur Anrufung des Vermittlungsausschusses (Art. 77 Abs. 2 S. 4 GG) und durch ihr Zustimmungserfordernis bei finanzwirksamen Gesetzen (Art. 113 Abs. 1 GG). Darüber hinaus kann sie, sofern sie gesetzlich dazu ermächtigt ist, **Rechtsverordnungen** (Art. 80 Abs. 1 S. 1 GG) und **Verwaltungsvorschriften** erlassen (Art. 84 Abs. 2, 85 Abs. 2, 86 GG) und übt in den verfassungsrechtlichen Grenzen die **Rechts- bzw. Fachaufsicht** bei der Ausführung der Bundesgesetze durch die Länder aus (Art. 84 Abs. 3, 85 Abs. 3 GG).[522] Weitere Aufgaben haben der Bundeskanzler und die Bundesminister (hierzu sogleich).

A. Bundeskanzler

274 Der Bundeskanzler ist der **Regierungschef**. Der Bundestag wählt ihn in bis zu drei Wahlgängen in sein Amt (oben Rdnr. 207). Seine Amtszeit (und damit die Amtszeit

519 *Stern*, Staatsrecht Bd. 2, S. 681.
520 Zur Statistik siehe unten Rdnr. 313.
521 Hierzu unten Rdnr. 310 ff.
522 Hierzu unten Rdnr. 331 ff.

der gesamten Regierung) endet durch seinen Tod, seinen Rücktritt, durch ein konstruktives Misstrauensvotum (oben Rdnr. 208), durch die Wahl eines anderen Bundeskanzlers nach verlorener Vertrauensfrage (oben Rdnr. 210) oder bei Zusammentritt eines neuen Bundestages (Art. 69 Abs. 2 GG). Das Amt des Bundeskanzlers ist also in mehrfacher Hinsicht an den Bundestag geknüpft und von diesem abhängig.

Der Bundeskanzler ist den Bundesministern vorgeordnet. Gemäß Art. 65 S. 1 GG 275
bestimmt der Kanzler die „Richtlinien" der Politik (**Richtlinienkompetenz**), während innerhalb dieser Richtlinien die Bundesminister ihr Ressort eigenverantwortlich leiten (**Ressortprinzip**, Art. 65 S. 2 GG). Die Umrisse der Richtlinienkompetenz sind unscharf; was eine Richtlinie ist, ist nicht eindeutig bestimmbar.[523] Ohnehin variiert der Führungsstil des Bundeskanzlers mit der Person im Amt. Richtlinienkompetenz ist daher die Fähigkeit des Bundeskanzlers zur Durchsetzung des eigenen Führungsanspruchs innerhalb der Bundesregierung bei grundlegenden politischen Fragen. Der Bundeskanzler hat dabei einen Beurteilungsspielraum hinsichtlich der Frage, was er für grundlegend erachtet, also zur „Chefsache" erklärt; allerdings muss den Ministern ein eigener Ressortspielraum bleiben. Auch eine ganz unwesentlich erscheinende Detailregelung kann in die Richtlinienkompetenz des Kanzlers fallen, wenn sie so bedeutend ist, dass sie die Richtung der Politik über die Einzelentscheidung hinaus prägen kann.

Streit zwischen Kanzler und Ministern um Richtlinien- oder Ressortkompetenz wird 276
selten vor dem Bundesverfassungsgericht ausgetragen, da der Kanzler gegenüber den Ministern eine dominierende Stellung einnimmt und er im Streitfall dem Bundespräsidenten ihre Entlassung vorschlägt, ohne dass ihnen die Möglichkeit einer Gegenwehr bleibt.

Bei **Meinungsverschiedenheiten** zwischen einzelnen Bundesministern entscheidet 277
die Bundesregierung (Art. 65 S. 3 GG), also alle Mitglieder (Bundeskanzler und Bundesminister), durch Mehrheitsbeschluss (**Kollegialprinzip**). Dies gilt allerdings nur, soweit nicht der Kanzler von seiner Richtlinienkompetenz Gebrauch macht.

B. Bundesminister

Die **Bundesminister** sind die übrigen Mitglieder der Regierung; sie sind jeweils eigen- 278
verantwortlich für ihren Geschäftsbereich (ihr Ressort) zuständig (Art. 65 S. 2 GG). Das Grundgesetz schließt dabei nicht aus, dass der Regierung auch „Minister ohne Geschäftsbereich" bzw. **„Minister für besondere Aufgaben"** angehören, die (z. B. aus

523 *Mager/Holzner*, in: *v. Münch/Kunig*, GG, Art. 65, Rdnr. 19; vgl. *Busse*, in: *Friauf/Höfling*, GG, Art. 65, Rdnr. 5: *„Richtlinienentscheidungen sind Akte, durch welche die Staatsleitung regierungsintern gegenüber den einzelnen Ressorts zur Geltung gebracht werden soll."*

Proporzgründen) zwar Mitglied im Kabinett sind, aber kein Fachressort besetzen. Ein Beispiel hierfür ist der Chef des Bundeskanzleramtes, der seit 1964 einen Kabinettsposten, aber kein Ressort hat („Kanzleramtsminister").

279 Die Minister sind **vom Bundeskanzler abhängig**: Sie werden *„auf Vorschlag des Bundeskanzlers"* vom Bundespräsidenten ernannt und entlassen (Art. 64 Abs. 1 GG). Der Bundeskanzler trifft also die materielle Entscheidung darüber, wer bei ihm Minister ist und wer nicht.[524] In der Verfassungswirklichkeit haben allerdings die Parteien der Mehrheitsfraktionen im Bundestag erheblichen Einfluss auf diese Entscheidung, insbesondere bei Koalitionsregierungen. Es gibt weder Kündigungsfristen, noch Rechtsschutz gegen eine Entlassung oder Nichternennung.

Der **Bundestag** hat keinen Einfluss auf die Besetzung der Ministerposten: Mit dem Misstrauensvotum kann er nur den Bundeskanzler abwählen. Dann allerdings ist die gesamte Regierung nicht mehr im Amt: Wenn der Bundeskanzler sein Amt verliert, durch Misstrauensvotum oder anderweitig, endet auch die Amtszeit der Minister (Art. 69 Abs. 2, 2. Alt. GG).

280 Der Bundeskanzler kann frei bestimmen, welche **Ressorts** er bildet, allerdings muss es jene Ressorts geben, die im Grundgesetz ausdrücklich genannt und mit Kompetenzen ausgestattet sind (Verteidigung, Art. 65a GG; Finanzen, Art. 108 Abs. 4 GG; Justiz, Art. 96 Abs. 2 S. 3 GG).

524 Zur begrenzten Prüfungskompetenz des Bundespräsidenten bei der Ernennung vgl. oben Rdnr. 256.

§ 18 Bundesverfassungsgericht

Das Bundesverfassungsgericht (BVerfG) ist innerhalb der Judikative das Organ mit der höchsten Autorität. Es ist gegenüber allen übrigen Verfassungsorganen selbständig und unabhängig (§ 1 BVerfGG). 281

A. Zusammensetzung und Aufgaben

Das Bundesverfassungsgericht ist im deutschen Staatsgefüge verantwortlich für die **Verfassungsauslegung.** Es wird nur auf Antrag tätig. 282

Die **Zusammensetzung** des Bundesverfassungsgerichts ist im Grundgesetz nur teilweise geregelt. Die Mitglieder werden je zur Hälfte von Bundestag und Bundesrat gewählt; einige Mitglieder müssen Bundesrichter sein (Art. 94 Abs. 1 S. 1 und 2 GG).

Alles Weitere hat das Grundgesetz dem Gesetzgeber überlassen. Die Details der Zusammensetzung sind im Bundesverfassungsgerichtsgesetz (BVerfGG) geregelt. Danach besteht das Bundesverfassungsgericht aus zwei **Senaten** zu je acht Richtern (§ 2 Abs. 1 und 2 BVerfGG), von denen jeweils drei Richter Bundesrichter sind (§ 2 Abs. 3 BVerfGG). Die beiden Senate sind für unterschiedliche Verfahrensarten zuständig (§ 14 BVerfGG). Die Senate bilden aus ihren Mitgliedern jeweils „mehrere" (zurzeit: je Senat drei) **Kammern** zu je drei Richtern (§ 15a BVerfGG), die bei der Verfassungsbeschwerde (§§ 93a-93d BVerfGG) oder der konkreten Normenkontrolle (§ 81a BVerfGG) unter bestimmten Voraussetzungen anstelle der Senate entscheiden können.

Will ein Senat von der Rechtsauffassung des anderen Senates abweichen, wird das **Plenum** des Bundesverfassungsgerichts einberufen (§ 16 Abs. 1 BVerfGG). Das Plenum besteht aus allen 16 Richtern des Bundesverfassungsgerichts. Bislang wurde es erst fünfmal einberufen.[525] 283

Die Richter am Bundesverfassungsgericht werden von Bundestag und Bundesrat **gewählt** (Art. 94 Abs. 1 S. 2 GG, § 5 Abs. 1 S. 1 BVerfGG). Das Bundesverfassungsgerichtsgesetz sieht hierfür die Bildung eines 12-köpfigen Wahlausschusses im Bundestag vor (§ 6 Abs. 2 BVerfGG), der seinerseits die Richter wählt (§ 6 Abs. 2 S. 2–4 BVerfGG). Im Bundesrat stimmen alle Mitglieder ab; dort ist eine qualifizierte Abstimmungsmehrheit von $^2/_3$ der Stimmen erforderlich (§ 7 BVerfGG). 284

Das Bundesverfassungsgericht wird nur auf Antrag tätig. Es ist für eine Reihe von **Verfahrensarten** das zuständige Gericht. Diese werden ausführlich im 6. Kapitel, Rdnr. 345 ff. behandelt. 285

525 BVerfGE 4, 27 ff.; BVerfGE 54, 277 ff.; BVerfGE 95, 322 ff.; BVerfGE 107, 395 ff.; BVerfGE 133, 241 ff.

B. Staatsrechtliche Stellung

286 Art. 20 Abs. 3 GG schreibt die umfassende Bindung aller staatlichen Organe an die verfassungsmäßige Ordnung vor. Daher kann jedes staatliche Handeln irgendwann Gegenstand einer verfassungsgerichtlichen Prüfung werden. Auch wenn das Bundesverfassungsgericht von der herrschenden Lehre zu Recht als **Teil der Judikative** begriffen wird,[526] hat es eine **herausgehobene Position** gegenüber allen anderen Staatsorganen. Das Gericht beansprucht die verbindliche Verfassungsauslegung für sich.[527] Es hat im Verlauf seines Bestehens zahlreiche grundgesetzliche Vorschriften durch Auslegung präzisiert und häufig eigene verfassungsrechtliche Vorgaben aufgestellt, die sich nicht ausdrücklich aus dem Verfassungstext ergeben, so z. B. beim Verhältnismäßigkeitsgrundsatz, beim Recht auf informationelle Selbstbestimmung oder bei der Rückwirkung.[528]

287 Diese herausragende Stellung des Gerichts wird allerdings dadurch eingeschränkt, dass es ausschließlich **auf Antrag** tätig wird und nicht aus eigenem Antrieb Rechtsfragen prüfen darf.[529] Außerdem ist es sowohl bei seinen Entscheidungen als auch in seiner Existenz insgesamt an den Verfassungstext gebunden, den der Verfassungsgeber vorgibt.[530]

288 Das Bundesverfassungsgericht legt sich selbst ein Gebot richterlicher Selbstbeschränkung auf, den **judicial self-restraint**. Dies ist der *„Verzicht ‚Politik zu treiben', d. h. der Verzicht darauf, in den von der Verfassung geschaffenen und begrenzten Raum freier politischer Gestaltung einzugreifen."*[531] Der Raum freier politischer Gestaltung müsse den anderen Verfassungsorganen offen bleiben.[532] Diese Selbstbeschränkung ergibt sich aus dem Prinzip der Gewaltenteilung und aus dem Demokratieprinzip.[533]

289 Erkennt das Bundesverfassungsgericht, dass eine gesetzliche Regelung verfassungswidrig ist, erklärt es sie für **nichtig** (vgl. § 31 Abs. 2 BVerfGG). Eine Ausnahme gilt

---

526 *Detterbeck*, in: *Sachs*, GG, Art. 93, Rdnr. 9 f.; *Grigoleit*, Bundesverfassungsgericht und deutsche Frage, Tübingen 2004, S. 55 m. w. N.; differenzierend *Roellecke* HdbStR III, § 67, Rdnr. 40.: Die Verfassungsgerichtsbarkeit *„sprengt […] das klassische Gewaltenteilungsschema"*.

527 BVerfGE 36, 1 ff., 13 f.

528 Siehe Rdnr. 168 ff. (Verhältnismäßigkeitsgrundsatz); Rdnr. 595 (informationelle Selbstbestimmung); Rdnr. 151 ff. (Rückwirkung).

529 *„Das deutsche Verfassungsprozessrecht ermächtigt nicht zur Rasterfahndung nach Verfassungsfehlern des Gesetzgebers"*, *Steiner*, NJW 2001, 2920.

530 BVerfGE 94, 49 ff., 85.

531 BVerfGE 36, 1 ff., 14 f.

532 BVerfGE 36, 1 ff., 14 f.; vgl. hierzu auch Rdnr. 172: Einschätzungs- und Prognosespielraum des Gesetzgebers.

533 BVerfGE 56, 54 ff., 81; *Siedler*, Gesetzgeber und Bundesverfassungsgericht, Hamburg 1999, 64 ff.

allerdings, wenn bei Nichtigkeit des Gesetzes die Rechtslage dem Grundgesetz, insbesondere den Grundrechten, dem Rechts- und dem Sozialstaatsprinzip, *„noch ferner stünde"* als bei einem weiteren Bestand des Gesetzes.[534] In diesen Fällen erklärt das Bundesverfassungsgericht das Gesetz nicht für nichtig, sondern nimmt den Rechtszustand vorübergehend hin und setzt dem Gesetzgeber eine Frist zur Nachbesserung.[535]

534 BVerfG NVwZ 2015, 136 ff., 147.
535 S. z. B. BVerfGE 119, 181 ff., 241; BVerfGE 83, 130 ff., 154; BVerfGE 85, 386 ff., 401 m. w. N.

§ 19 Bundesrechnungshof

290 Der Bundesrechnungshof (BRH) ist die Einrichtung zur **Kontrolle der Haushalts- und Wirtschaftsführung** des Bundes (Art. 114 Abs. 2 GG). Seine Aufgaben und Befugnisse sind im Gesetz über den Bundesrechnungshof (BRHG) und in den §§ 88 ff. BHO geregelt.

A. Struktur und Aufgaben

291 An der Spitze des Bundesrechnungshofs stehen der Präsident und ein Vizepräsident (§ 3 Abs. 1 BRHG). Der Bundesrechnungshof ist in verschiedene Prüfungsabteilungen (derzeit neun) und Prüfungsgebiete (derzeit knapp 50) gegliedert (§ 2 Abs. 2 BRHG). Präsident, Vizepräsident und die Leiter der Prüfungsabteilungen und Prüfungsgebiete sind Mitglieder des Bundesrechnungshofs und besitzen richterliche Unabhängigkeit (§ 3 Abs. 1, Abs. 4 S. 1 BRHG); darüber hinaus verfügt der Bundesrechnungshof über einen Beamtenapparat (§ 4 BRHG). Er kann ihm nachgeordnete Prüfungsämter einrichten (§ 20a Abs. 1 BRHG, wobei die bisherigen Prüfungsämter zum 01.01.2017 aufgelöst wurden). Für die verschiedenen Aufgaben und Entscheidungen sind innerhalb des Bundesrechnungshofs neben dem Präsidenten verschiedene **Kollegialorgane** zuständig (§§ 8 ff. BRHG), die sich aus zwei oder mehr Mitgliedern rekrutieren: Die Kollegien, die Prüfungsgruppen, die Senate und der Große Senat.

292 Dem Bundesrechnungshof obliegt die **Prüfung der gesamten** Haushaltsführung des Bundes (Art. 114 Abs. 2 S. 1 GG, § 88 BHO); hierzu gehören auch bestimmte Stellen außerhalb der Bundesverwaltung (§ 91 BHO) und die Körperschaften des Bundes (§ 111 BHO) einschließlich der Sozialversicherungsträger (§§ 111, 112 BHO, 274 Abs. 4 SGB V), privatrechtliche Beteiligungen des Bundes (§ 92 BHO), bestimmte andere privatrechtliche Körperschaften (§ 104 BHO), die Fraktionen des Bundestages (§ 53 Abs. 1 AbgG) und die Auszahlung von Bundesmitteln an politische Parteien (§ 21 Abs. 2 PartG). Die zu prüfenden Organe und Körperschaften sind dem Bundesrechnungshof gegenüber auskunftspflichtig (§ 95 BHO). **Umfang und Ablauf** der Prüfung bestimmt Art. 114 Abs. 2 S. 1 GG. Danach sind dem Bundesrechnungshof drei Prüfungen aufgegeben: Die Rechnungsprüfung auf buchhalterische Korrektheit, die Wirtschaftlichkeitsprüfung und die Prüfung der Ordnungsmäßigkeit, d.h. der Rechtmäßigkeit der Haushaltsführung. Die Einzelheiten sind in den §§ 89 ff. BHO festgelegt.

Nach abgeschlossener Prüfung erstellt der Bundesrechnungshof **Prüfungsmitteilungen**, die er an die geprüften Stellen und ggf. an das Finanzministerium und den Haushaltsausschuss des Bundestages übermittelt (§ 96 BHO). Die Ergebnisse der Prüfungen fasst er in einem Bericht (BHO: **„Bemerkungen"**) zusammen, die er an den Bundestag, den Bundesrat und die Bundesregierung weiterleitet (Art. 114 Abs. 2 S. 2 GG, § 97 BHO).

Der Rechnungshof ist berechtigt, Bundestag, Bundesrat und Bundesregierung außerhalb seiner Prüfberichte jederzeit über *„Angelegenheiten von besonderer Bedeutung"* zu **unterrichten** (§ 99 S. 1 BHO); er muss seinerseits unterrichtet werden, wenn die Exekutive bestimmte haushaltsrelevante Entscheidungen trifft (§§ 69, 102 BHO) und über den Verlauf der Erstellung des Haushaltsplanes auf dem Laufenden gehalten werden (§§ 27 Abs. 2, 28 Abs. 3, 66 BHO). Bei einigen Handlungen der Exekutive, z. B. beim Erlass bestimmter Verwaltungsvorschriften oder Anordnungen, ist sein **Einvernehmen** erforderlich (z. B. §§ 44 Abs. 1, 73 Abs. 1 BHO). Er hat allerdings bei der anschließenden Aufstellung und Ausführung des Haushaltsplanes **keine Mitentscheidungsbefugnis** (vgl. §§ 8 ff. HGrG). 293

Der Bundesrechnungshof prüft die Finanzen des Bundes; die **Länder** haben für ihre Finanzen entsprechende Landesrechnungshöfe eingerichtet. Sind sowohl der Bundesrechnungshof als auch ein oder mehrere Landesrechnungshöfe für eine Prüfung zuständig, z. B. bei gemeinsam getragenen Körperschaften oder bei gemeinsamen privatrechtlichen Beteiligungen, so prüfen sie gemeinsam (§ 93 BHO). 294

B. Staatsrechtliche Stellung

Die staatsrechtliche Zuordnung des Bundesrechnungshofs im System der Gewaltenteilung ist **umstritten**; er wird teilweise der Exekutive,[536] selten der Judikative[537] und teilweise der Legislative[538] zugeordnet, von der h. M. wird er als außerhalb der drei Gewalten stehende Institution eigener Art betrachtet.[539] 295

Das geschriebene Recht verschafft hier keine Klärung. Nach § 1 BRHG ist der Bundesrechnungshof *„eine oberste Bundesbehörde"*. Gemäß Art. 114 Abs. 2 S. 1 GG allerdings besitzen die Mitglieder des Rechnungshofs *„richterliche Unabhängigkeit"*; für sie gelten gemäß § 3 Abs. 4 BRHG verschiedene Vorschriften für Bundesrichter, u. a. im Disziplinarrecht, und sie können bei Befangenheit ausgeschlossen werden (§ 17 BRHG).

Richtigerweise ist der Bundesrechnungshof als **Organ der ausführenden Gewalt** anzusehen. Gegen die Einordnung des Rechnungshofs als Organ der Gerichtsbarkeit spricht insbesondere der Umstand, dass er keine Entscheidungen mit Rechtskraft 296

536 *Groß*, VerwArch 2004, 194 ff., 202 f.; *Gröpl*, in: *Stern/Sodan/Möstl*, Staatsrecht II, § 56, Rdnr. 96.

537 Nachweise bei *Stern*, Staatsrecht II, 1988, S. 444 f.

538 Nachweise ebd.

539 OVG Berlin-Brandenburg, NVwZ-RR 2014, 58 ff., 61; *Hauser*, DVBl. 2006, 539 ff., 542; *Siekmann*, in: *Sachs*, GG, Art. 114, Rdnr. 24 m. w. N.; ebenso für den LRH Brandenburg: LVfG Bbg NVwZ-RR 1998, 209 ff., 209; dieser Auffassung ist offenbar auch die Bundesregierung, vgl. *Bundesministerium der Finanzen*, Haushaltswesen des Bundes und Rechenschaftspflicht in der Bundesrepublik Deutschland, Berlin 2004, S. 11.

fällen kann. Nach der Prüfung leitet er das Prüfungsergebnis weiter, ohne daraus selbst Rechtsfolgen ableiten zu können. Dies unterscheidet ihn fundamental von der Gerichtsbarkeit, deren Besonderheit es gerade ist, durch die Anwendung bestehenden Rechts verbindliche Rechtsfolgen herbeiführen („Recht sprechen") zu können. Hinzu kommt, dass er von sich aus berechtigt ist, ein Prüfverfahren einzuleiten (z. B. § 91 Abs. 1 BHO), während die Gerichtsbarkeit nur auf Antrag tätig wird. Auch die fehlende Öffentlichkeit der Beratungen spricht gegen eine Einordnung als Gericht. Indes besteht kein Grund zur Einordnung als Institut eigener Art und damit zur Sprengung des Gewaltenteilungsschemas. Auch ein Organ der Exekutive kann kontrollierende und beratende Funktionen übernehmen. Die drei Gewalten stellen keine monolithischen, in sich geschlossenen Systeme dar; auch innerhalb der Gewalten kann es eine gegenseitige Kontrolle geben. Ebenso wie Teile der ausführenden Gewalt die Rechts- oder Fachaufsicht über nachgeordnete Körperschaften und Organe ausüben, kann der Bundesrechnungshof als Exekutivorgan die finanzielle Lage der restlichen Bundesexekutive überprüfen.

5. Kapitel: Staatsaufgaben

Die Bundesrepublik Deutschland ist ein Bundesstaat; Bund und Länder besitzen eigene Staatsgewalt. Die Staatsaufgaben sind auf Bund und Länder verteilt; somit besteht neben der horizontalen Gewaltenteilung in Legislative, Exekutive und Judikative auch eine **vertikale Gewaltenteilung**. 297

Die zentrale Vorschrift der Kompetenzverteilung ist Art. 30 GG: „*Die Ausübung der staatlichen Befugnisse und die Erfüllung der staatlichen Aufgaben ist Sache der Länder, soweit dieses Grundgesetz keine andere Regelung trifft oder zuläßt.*" Damit wird für alle Staatsaufgaben ein **Regel-Ausnahme-Verhältnis** festgeschrieben: Die Länder sind zuständig, es sei denn, das Grundgesetz weist dem Bund eine Zuständigkeit ausdrücklich zu. Dies geschieht insbesondere in Art. 70 ff., 83 ff. und 92 ff. GG für Gesetzgebung, Verwaltung und Rechtsprechung.

Trotz dieses Regel-Ausnahme-Verhältnisses enthält das Grundgesetz kein allgemeines innerstaatliches **Subsidiaritätsprinzip**, wie es z. B. auf europäischer Ebene ausdrücklich geregelt ist (Art. 5 Abs. 1 und 3 EUV) und für diesen Bereich auch vom Grundgesetz gefordert wird (Art. 23 Abs. 1 GG). Das Subsidiaritätsprinzip besagt, dass in einer mehrgliedrigen staatlichen Hierarchie im Zweifel die untergeordneten, lokalen Glieder für eine Aufgabe zuständig sind, wenn sie in der Lage sind, sie besser zu erfüllen als die höhere Ebene.[540] Die Kompetenzen zwischen den einzelnen Ebenen sind in der Bundesrepublik bereits so detailliert verteilt, dass für ein solches allgemeines Auffangprinzip kein Raum mehr verbleibt.[541]

Umstritten ist das Verhältnis zwischen Art. 30 und Art. 32 GG. Art. 32 Abs. 1 GG erklärt die **Pflege auswärtiger Beziehungen** zur „Sache des Bundes". Vertreten wird u. a., dass die Anwendungsbereiche der beiden Vorschriften voneinander getrennt seien: Art. 30 gelte für die innerstaatliche, Art. 32 für die auswärtige Gewalt.[542] Anderer Auffassung nach besteht ein Regel-Ausnahme-Verhältnis: Art. 30 gelte im Grundsatz auch für die auswärtige Gewalt; Art. 32 enthalte darauf aufbauend eine eingeschränkte Kompetenzzuweisung an den Bund.[543] Letztgenannter Ansicht ist zuzustimmen; im Wortlaut des Art. 30 fehlt ein Hinweis darauf, dass er nur für die Staatsgewalt nach innen gelte. Für den Kompetenzbereich der Länder in der Gesetzgebung enthält Art. 32 Abs. 3 GG eine Rückübertragung völkerrechtlicher Kompetenzen auf die Länder. Umstritten ist dabei, ob auch der Bund auf diesen 297a

---

540 *Kenntner*, NJW 1998, 2871 ff.; *Frenz*, Jura 2010, 641 ff.

541 *Otting*, DVBl. 1997, 1258 ff., 1260; *Šarčević*, ZG 2000, 328 ff., 343 f.; a. A. *Oppermann*, JuS 1996, 569 ff., 570 m. w. N.

542 *Streinz*, in: *Sachs*, GG, Art. 32, Rdnr. 9.

543 *Heintschel v. Heinegg/Frau*, in: *Epping/Hillgruber*, GG, Art. 32, Rdnr. 1.

Feldern völkerrechtliche Abkommen schließen könnte.[544] In der Staatspraxis haben sich Bund und Länder im **Lindauer Abkommen**[545] darauf geeinigt, dass der Bund bei Verträgen, die die Gesetzgebungskompetenz der Länder berühren, deren Einverständnis einholen muss, *„bevor die Verpflichtung völkerrechtlich verbindlich wird"*.

544 Dafür *Menzel*, VVDStRL 12 (1954), 179 ff., 219; vermittelnd *Starski*, in: *v. Münch/Kunig*, Art. 32, Rdnr. 70; *Streinz*, in: *Sachs*, GG, Art. 32, Rdnr. 34: Bund hat Recht zum Vertragsschluss, die Länder sind für die Umsetzung zuständig.

545 Vom 14.11.1957; abgedruckt z. B. bei *Streinz*, in: *Sachs*, GG, Art. 32, Rdnr. 35 sowie im Internet abrufbar unter http://www.lexexakt.de/glossar/lindauerabkommentxt.php. Zur Verfassungsmäßigkeit dieses Abkommens *Papier*, DÖV 2003, 265 ff.

§ 20 Gesetzgebung

A. Kompetenzen

1. Grundsatz der Landeskompetenz

Die Länder haben gemäß Art. 70 Abs. 1 GG das Recht zur Gesetzgebung (Regel), wenn nicht das Grundgesetz dem Bund Gesetzgebungsbefugnisse verleiht (Ausnahme). Alle Rechtsgebiete, die nicht ausdrücklich dem Bund zugewiesen werden, sind ausschließlich den Ländern zur gesetzgeberischen Regelung überlassen. Grundgesetzliche Vorschriften, die dem Bund Gesetzgebungskompetenzen zuweisen (**Kompetenztitel**), finden sich u. a. in den Art. 71, 73 und 105 Abs. 1 GG (ausschließliche Gesetzgebung) sowie in den Art. 72, 74 und 105 Abs. 2 GG (konkurrierende Gesetzgebung). Hinzu kommt die Kompetenz des Bundes zum Abschluss völkerrechtlicher Verträge auf den Gebieten der Landesgesetzgebung nach Art. 32 GG und dem Lindauer Abkommen (hierzu o. Rdnr. 297a). 298

Umfang und Inhalt der Kompetenztitel des Grundgesetzes sind durch Auslegung zu ermitteln, wobei in diesem Fall der historischen Auslegung – anders als im Regelfall der Gesetzes- und Verfassungsauslegung[546] – besonderes Gewicht zukommt.[547]

2. Ausschließliche Gesetzgebung des Bundes

Ist dem Bund die Gesetzgebungskompetenz auf einem Gebiet als ausschließlich zugewiesen, dürfen die Länder keine Gesetze auf diesem Gebiet erlassen, es sei denn, sie werden hierzu in einem Bundesgesetz ausdrücklich ermächtigt (Art. 71 GG). Etliche Rechtsgebiete der ausschließlichen Gesetzgebung zählt das Grundgesetz in Art. 73 Abs. 1 ausdrücklich auf. Demnach gehören zur ausschließlichen Gesetzgebungskompetenz z. B. das Staatsangehörigkeitsrecht (Nr. 2), das Währungswesen (Nr. 4), der Luftverkehr (Nr. 6) und die Kernenergie (Nr. 14). Weitere ausschließliche Kompetenzzuweisungen enthält das Grundgesetz an zahlreichen anderen Stellen.[548] 299

3. Konkurrierende Gesetzgebung des Bundes

Ist dem Bund die konkurrierende Gesetzgebungskompetenz zugewiesen, dürfen die Länder auf diesem Gebiet Gesetze erlassen, *„solange und soweit"* nicht der Bund von seiner Kompetenz Gebrauch macht (Art. 72 Abs. 1 GG). Sobald der Bund auf einem der Gebiete ein Gesetz erlassen hat, sind die entsprechenden Landes- 300

---

546 Hierzu oben Rdnr. 40 ff.
547 BVerfGE 106, 62 ff., 104 ff.; ausf. *Degenhart*, Staatsrecht I, Rdnr. 169.
548 Z. B. Art. 4 Abs. 3 S. 2, Art. 21 Abs. 3, Art. 87 Abs. 1 S. 2 und Abs. 3 S. 1, Art. 105 Abs. 1 GG.

gesetze bedeutungslos und der Landesgesetzgeber ist in Zukunft daran gehindert, ein Gesetz auf diesem Gebiet zu erlassen (**„Sperrwirkung“** des Bundesgesetzes).[549] Die Rechtsgebiete der konkurrierenden Gesetzgebung zählt das Grundgesetz insbesondere in Art. 74 Abs. 1 GG auf; hierzu gehören z. B. das bürgerliche Recht und das Strafrecht (Art. 74 Abs. 1 Nr. 1 GG), das Arbeitsrecht (Nr. 12), das Kartellrecht (Nr. 16) und der Naturschutz (Nr. 29). Eine weitere konkurrierende Gesetzgebungskompetenz ergibt sich im Steuerrecht aus Art. 105 Abs. 2 GG. Im Verteidigungsfall hat der Bund gemäß Art. 115c Abs. 1 GG das Recht der konkurrierenden Gesetzgebung auch auf den Zuständigkeitsgebieten der Länder. Mit dieser vorübergehenden Zentralisierung soll der Staat im Ernstfall handlungsfähiger sein.

Auf europäischer Ebene besteht mit der **geteilten Zuständigkeit** (Art. 2 Abs. 2 AEUV) ein ähnlicher Kompetenzverteilungsmechanismus.

301 In einigen der in Art. 74 Abs. 1 GG genannten Rechtsgebiete erlegt Art. 72 Abs. 2 GG dem Bundesgesetzgeber mit der **„Erforderlichkeitsklausel“** eine weitere Einschränkung auf: Der Bund hat in diesen Fällen nur dann das Gesetzgebungsrecht, *„wenn und soweit“* eine bundesgesetzliche Regelung erforderlich ist

- zur Herstellung gleichwertiger Lebensverhältnisse im Bundesgebiet *oder*
- zur Wahrung der Rechts- oder Wirtschaftseinheit im gesamtstaatlichen Interesse.

Beispiel: Ob ein Bundesgesetz, das die Rechtsverhältnisse der Schornsteinfeger bundeseinheitlich regelt (vgl. Art. 74 Abs. 1 Nr. 11 GG), zur Herstellung gleichwertiger Lebensverhältnisse erforderlich ist, ist nach dem Bundesverfassungsgericht zumindest zweifelhaft. Das Schornsteinfegergewerbe bilde *„in der Regel lokale oder regionale Arbeitsbereiche“*, so dass Regelungen auch in jedem Land getroffen werden könnten.[550]

302 Vor der Föderalismusreform zum 01.09.2006 waren alle Rechtsgebiete der konkurrierenden Gesetzgebung diesen Einschränkungen unterworfen; Art. 72 Abs. 2 GG lautete damals: *„Der Bund hat in diesem Bereich* [nämlich dem der konkurrierenden Gesetzgebung] *das Gesetzgebungsrecht, wenn und soweit die Herstellung gleichwertiger Lebensverhältnisse im Bundesgebiet oder die Wahrung der Rechts- oder Wirtschaftseinheit im gesamtstaatlichen Interesse eine bundesgesetzliche Regelung erforderlich macht.“* Die Föderalismusreform beschränkte die Erforderlichkeitsklausel auf wenige Rechtsgebiete und erweiterte damit die Einflussmöglichkeiten des Bundes.

303 Mit der Föderalismusreform 2006 neu eingeführt wurde die **Abweichungsgesetzgebung**. Auf den in Art. 72 Abs. 3 GG genannten Rechtsgebieten der konkurrierenden

549 BVerfG NJW 1994, 750 ff., 755.

550 BVerfG NVwZ-RR 2011, 385 ff. Im Ergebnis ließ es die Frage offen, da die zugrundeliegende Verfassungsbeschwerde insoweit nicht begründet worden war.

Gesetzgebung sowie bei Regelung der Bundesaufsichtsverwaltung gemäß Art. 84 Abs. 1 S. 2 GG können die Länder auch dann Gesetze erlassen, wenn der Bund bereits von seiner Gesetzgebungszuständigkeit Gebrauch gemacht hat. Der Bund hat wiederum die Möglichkeit, diese Gesetze durch ein neues Bundesgesetz zu überwinden, allerdings mit einer Sperrfrist von sechs Monaten (Art. 72 Abs. 3 S. 2 GG). Das jeweils spätere Gesetz geht dem früheren Gesetz vor (Art. 72 Abs. 3 S. 3 GG). Dieser Mechanismus wurde vielfach kritisiert: Bund und Länder könnten einander mit immer neuen Gesetzen übertrumpfen (*„Pingpong-Gesetzgebung*[551]*"*); für den Bürger sei nur schwierig erkennbar, ob gerade Bundes- oder Landesrecht gelte; außerdem sei dieses Prinzip eine Durchbrechung der Normenhierarchie, nach der Bundesrecht dem Landesrecht vorgeht (Art. 31 GG).[552] Das Bundesverfassungsgericht hatte bislang[553] über keinen Fall von Abweichungsgesetzgebung zu entscheiden.

Aus rechtspolitischer Sicht ist die Abweichungsgesetzgebung abzulehnen. Sie ermöglicht politischen Streit zwischen Bund und Ländern, vermag ihn aber nicht zu lösen. Dabei geht die Gefahr nicht von einem ewigen „Pingpong" zwischen Bund und Ländern aus; ein solches ist denkbar, aber eher unwahrscheinlich. Plausibler erscheint es, dass im Konfliktfall ein Kompromiss getroffen wird – unter Einschluss des Bundes. Dieser Umstand nimmt dem Föderalismus die Kraft, die ihm durch den Wettbewerb der besseren Rechtssetzung zukommt: Der Konsens siegt über das Ringen um die beste Regelung. 304

Vor der Föderalismusreform zum 01.09.2006 enthielt das Grundgesetz als dritte Kompetenzform die **Rahmengesetzgebung** (Art. 75 GG a. F.), die es dem Bund gestattete, auf bestimmten Rechtsgebieten (z. B. Hochschulrecht, Beamtenrecht) Rahmenvorschriften zu erlassen.[554] Die Detailregelungen auf diesen Gebieten waren Sache der Länder. Dieses – wegen seiner Unbestimmtheit streitfördernde – Institut wurde **abgeschafft**; die Rechtsgebiete wurden teilweise in die konkurrierende Gesetzgebung eingegliedert (z. B. Art. 74 Abs. 1 Nr. 27 GG), teilweise wurden sie nicht in die Kataloge der Art. 72 Abs. 1, 74 Abs. 1 GG aufgenommen und damit den Ländern zur Regelung überlassen.

4. Ungeschriebene Gesetzgebungszuständigkeiten des Bundes

Das Gefüge von konkurrierender und ausschließlicher Gesetzgebung ist nach der Rechtsprechung des Bundesverfassungsgerichts **nicht abschließend**. Der Bundesgesetzgeber kann im Einzelfall Kompetenzen besitzen, die nicht ausdrücklich im 305

551 So die Formulierung u. a. im Entschließungsantrag der FDP-Fraktion v. 28.06.2006, BT-Drs. 16/2053, S. 2.

552 Zum Ganzen eingehend *Degenhart*, DÖV 2010, 422 ff.; *Franzius*, NVwZ 2008, 492 ff.; *Papier*, NJW 2007, 2145 ff., 2147 f.; *Schulze-Fielitz*, NVwZ 2007, 249 ff., 253; *Knopp*, NVwZ 2006, 1216 ff., 1217; *Grandjot*, UPR 2006, 97 ff.

553 Stand: November 2023; siehe aber BVerfG NJW 2018, 361 ff., Rdnr. 233 ff., wenn auch im vorliegenden Fall nicht anwendbar.

554 Hierzu *Maurer*, Staatsrecht I, S. 530 f.; zur Neuordnung der Gesetzgebungskompetenzen siehe auch *Degenhart*, NVwZ 2006, 1209 ff.

Grundgesetz genannt sind; ebenso kann den Ländern eine begrenzte Kompetenz auf einem Gebiet zukommen, das ausdrücklich dem Bund zugewiesen ist (ungeschriebene Zuständigkeiten). Das Bundesverfassungsgericht hat zwei Fallgruppen gebildet: Die Gesetzgebungskompetenz kraft Sachzusammenhangs und die Kompetenz kraft Natur der Sache.

306 **Gesetzgebungskompetenz kraft Sachzusammenhangs** kommt einem Gesetzgeber zu, wenn eine Materie *„verständigerweise nicht geregelt werden kann, ohne dass zugleich eine nicht ausdrücklich zugewiesene andere Materie mitgeregelt wird, wenn also das Übergreifen unerlässliche Voraussetzung für die Regelung der zugewiesenen Materie ist"*.[555] Überschneiden sich Kompetenztitel, so ist aus dem Regelungszusammenhang zu schließen, wo der Schwerpunkt der Regelung liegt.[556]

Beispiel: Die konkurrierende Gesetzgebungskompetenz für Strafrecht (Art. 74 Abs. 1 Nr. 1 GG) umfasst kraft Sachzusammenhang auch die therapeutische Unterbringung von Straftätern.[557]

307 **Annexkompetenz** ist ein Unterfall der Kompetenz kraft Sachzusammenhangs.[558] Annexkompetenz liegt vor, wenn der Bund Vorschriften zur Vorbereitung oder Durchführung von Aufgaben auf einem Gebiet erlässt, für das er im Übrigen zuständig ist. So kann er wegen Art. 74 Abs. 6a GG bahnpolizeiliche Vorschriften erlassen und das Verwaltungsverfahren regeln.[559]

308 Teile der Literatur unterscheiden Annexkompetenz und Kompetenz kraft Sachzusammenhangs voneinander. Erstere gehe *„in die Tiefe"* und erstrecke eine bereits zugeteilte Kompetenz auf Vorbereitung und Durchführung, letztere hingegen *„in die Breite"* und dehne die Zuständigkeit auf andere, verwandte Kompetenzen aus.[560] Diese Differenzierung überzeugt nicht. Das Bild von „Tiefe" oder „Breite" einer Regelung ist zur Darstellung komplexer Rechtsmaterien ungeeignet und außerdem schwer handhabbar: Die bahnpolizeiliche Regelungskompetenz z. B. geht zugleich in die Tiefe und in die Breite, indem sie in polizeirechtliche Regelungskompetenzen der Länder hineinragt. Die Unterscheidung ist auch nicht notwendig, denn aus der Zuordnung einer ungeschriebenen Kompetenz zu einer der beiden Gruppen leiten

555 BVerfGE 106, 62 ff., 114 f. m. w. N.; die Formulierung ist st. Rspr. seit BVerfGE 3, 407 ff., 421.

556 BVerfGE 97, 228 ff., 251 f.

557 BVerfG NJW 2013, 3151 ff.

558 So auch das BVerfG, BVerfGE 98, 265 ff., 299; vgl. BVerfG NJW 1996, 2497 ff., 2497 f.: *„Annexkompetenz kraft Sachzusammenhangs"*.

559 *Degenhart*, in: *Sachs*, GG, Art. 70, Rdnr. 37 ff., 43; ebenso *Zippelius/Würtenberger*, Deutsches Staatsrecht, § 45 Rdnr. 43. Zur Kompetenz des Bundes *„kraft zeitlichen Annexes"* zur Aufhebung von Gesetzen, die nach einer Verfassungsänderung nicht mehr der Bundeskompetenz unterfallen siehe *Lindner*, NVwZ 2007, 180 ff.

560 *Degenhart*, in: *Sachs*, GG, Art. 70, Rdnr. 43.

sich keine unterschiedlichen Rechtsfolgen ab: In beiden Fällen kommt es darauf an, ob die Materie notwendigerweise mitgeregelt werden muss. Ist dies nicht der Fall, gelten die sonstigen Kompetenzbestimmungen, insbesondere der Grundsatz der Länderzuständigkeit gemäß Art. 70 Abs. 1 GG. Für eine ungeschriebene Gesetzgebungskompetenz des Bundes ist dann kein Raum.

Gesetzgebungskompetenz **aus der Natur der Sache** liegt vor, wenn ein Gegenstand 309
begriffsnotwendig und zwingend durch Bundesgesetz geregelt werden muss, ohne im Zusammenhang mit einem geschriebenen Kompetenztitel zu stehen. Sie besteht z. B. für die Bestimmung der Bundessymbole, den Sitz der Bundesregierung und die Festlegung des Nationalfeiertages, nicht aber für die Einrichtung eines nationalen Rundfunksenders.[561]

B. Gesetzgebungsverfahren des Bundes

Die Gesetzgebung des Bundes obliegt den dafür grundgesetzlich vorgesehenen Or- 310
ganen. Die **Delegation** der Gesetzgebung an andere Organe durch einfaches Gesetz oder auf andere Weise ist wegen Art. 122 Abs. 1 GG unzulässig.

Der **Ablauf** des Gesetzgebungsverfahrens auf Bundesebene richtet sich nach Art. 76 ff. GG. Das folgende Schaubild verdeutlicht den Gang des Gesetzgebungsverfahrens im Überblick *(siehe Seite 144).*

1. Einleitung des Gesetzgebungsverfahrens

Das Gesetzgebungsverfahren wird dadurch eingeleitet, dass eine Gesetzes- 311
vorlage beim Bundestag eingebracht wird (**Gesetzesinitiative**) – und zwar entweder durch die Bundesregierung, den Bundesrat oder *„aus der Mitte des Bundestages"* (Art. 76 Abs. 1 GG). Die Formulierung *„aus der Mitte"* wird in § 76 Abs. 1 GOBT konkretisiert: Dafür braucht es mindestens 5 % der Bundestagsabgeordneten oder eine Fraktion. Gesetzesvorlagen müssen begründet werden (§ 76 Abs. 2 GOBT).

Gesetzesvorlagen werden (wie alle anderen Vorlagen) gedruckt und verteilt (§ 77 Abs. 1 GOBT); sie erhalten eine Bundestags-Drucksachen-Nummer und werden auch online bereitgestellt.[562]

---

561 BVerfGE 12, 205 ff., 242 ff.

562 Eine Suchmaschine für Drucksachen und andere Dokumente ist unter dieser Adresse abrufbar: http://dipbt.bundestag.de.

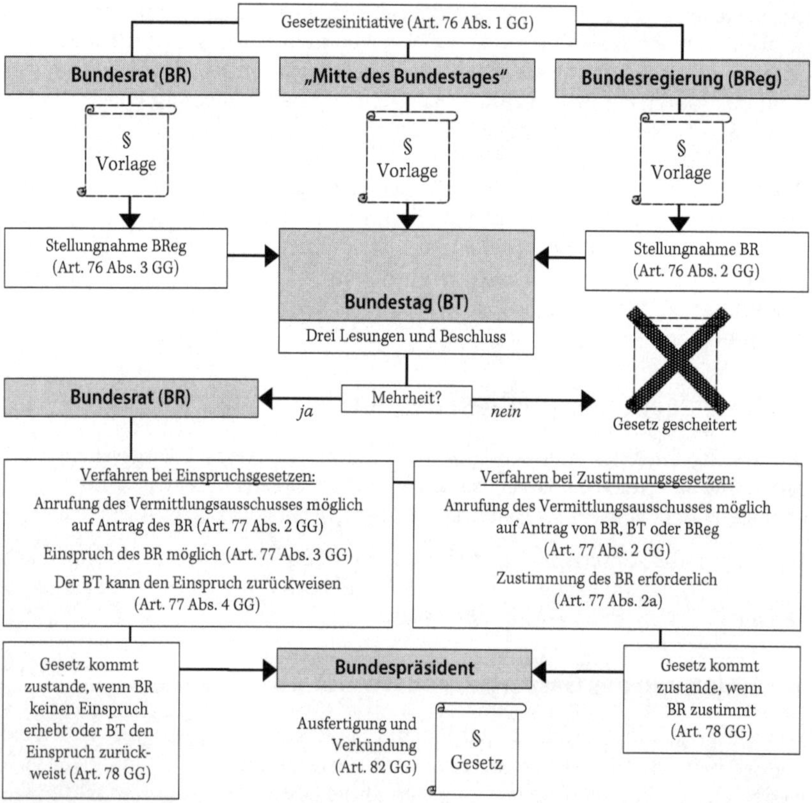

Abbildung 6: Gesetzgebungsverfahren des Bundes

312 Für Vorlagen, die nicht aus der Mitte des Bundestages eingebracht werden, enthalten Art. 76 Abs. 2 und 3 GG einige besondere Verfahrensvorschriften: Vorlagen der Bundesregierung müssen zuerst dem Bundesrat zur Stellungnahme zugeleitet werden; umgekehrt sind Vorlagen des Bundesrates zunächst der Bundesregierung zuzuleiten. In beiden Fällen beträgt die Frist zur Stellungnahme sechs Wochen, kann aber jeweils auf neun Wochen verlängert oder bei Eilbedürftigkeit auf drei Wochen verkürzt werden.

313 Die meisten Gesetzesinitiativen kommen von der Bundesregierung: In der laufenden (20.) Wahlperiode kamen von 391 beim Bundestag eingebrachten Gesetzesvorlagen 208 von der Regierung (53 %), 149 vom Bundestag (38 %) und 34 vom Bun-

desrat (9 %). Von den 232 bis zum 30.01. schließlich verkündeten Gesetzen wurden sogar 169 von der Regierung initiiert (73 %); nur 58 kamen aus dem Bundestag (25 %) und nur zwei aus dem Bundesrat (1 %).[563] Zu bedenken ist dabei, dass Regierungsvorlagen gelegentlich aus politischen Gründen pro forma „aus der Mitte des Bundestages" eingebracht werden, um deren öffentliche Akzeptanz zu erhöhen.

2. Gang des Gesetzgebungsverfahrens

Ist die Vorlage in den Bundestag eingebracht, finden dort drei **Beratungen** (auch 314
„Lesungen") statt (§ 78 Abs. 1 GOBT). Nach der ersten Beratung (§ 79 GOBT) wird der Entwurf in einen Bundestagsausschuss überwiesen, es sei denn, der Bundestag verzichtet mit Zweidrittelmehrheit darauf (§ 80 Abs. 1 und 2 GOBT). Im Ausschuss beraten die jeweiligen Experten der Fraktionen und hören ggf. Sachverständige an (§§ 54 ff. GOBT). Nach der Beratung im Ausschuss wird die zweite Beratung im Bundestag eröffnet (§ 81 GOBT), die sich mit den Empfehlungen des Ausschusses auseinandersetzt. Dabei können Änderungsanträge gestellt werden (§ 82 GOBT). Der Zeitpunkt der dritten Beratung im Bundestag hängt vom Ergebnis der zweiten Beratung ab: Bleibt die Vorlage nach der zweiten Beratung unverändert, folgt die dritte Beratung sofort anschließend (§ 84 S. 1 a GOBT); wurden Änderungen beschlossen, folgt sie später (§ 84 S. 1 b GOBT). In der zweiten Beratung beschlossene Änderungen dürfen in der dritten Beratung nochmals geändert werden (§ 85 Abs. 2 GOBT). Nach der dritten Beratung folgt die Schlussabstimmung (§ 86 GOBT). Grundsätzlich gilt hierbei gemäß Art. 77 Abs. 1, 42 Abs. 2 GG, dass ein Gesetz mit der Mehrheit der abgegebenen Stimmen beschlossen ist (Abstimmungsmehrheit, siehe oben Rdnr. 200). Bei bestimmten Gesetzesvorlagen sind allerdings besondere Mehrheiten notwendig (Art. 79 Abs. 2 GG). Nach § 45 Abs. 1 GOBT ist der Bundestag allerdings nur beschlussfähig, wenn mehr als die Hälfte seiner Mitglieder anwesend ist.

Anschließend befasst sich der **Bundesrat** mit dem Gesetz (Art. 77 Abs. 1 GG). Was 315
dann geschieht, hängt davon ab, ob es sich bei dem Gesetz um ein Einspruchs- oder Zustimmungsgesetz handelt.

Wenn nichts Anderes im Grundgesetz bestimmt ist, ist das Gesetz ein **Einspruchs-** 316
gesetz: Der Bundesrat kann gegen dieses Gesetz innerhalb einer bestimmten Frist Einspruch einlegen (Art. 77 Abs. 3 GG). Wird der Einspruch mit Stimmenmehrheit des Bundesrates eingelegt, kann der Bundestag ihn seinerseits mit Mitgliedermehrheit zurückweisen. Wird der Einspruch von $^2/_3$ der Stimmen des Bundesrates eingelegt, benötigt der Bundestag zur Zurückweisung entweder $^2/_3$ seiner Stimmen oder

563 Quelle: Bundestag v. 30.01.2024, Statistik der Gesetzgebung – Überblick 20. Wahlperiode. Zu 100 fehlende Prozent bei den verkündeten Gesetzen: Abspaltungen und Vereinigungen von Gesetzentwürfen, Paralleleinbringungen.

die Mitgliedermehrheit. Weist der Bundestag den Einspruch zurück oder nimmt der Bundesrat den Einspruch zurück, kommt das Gesetz zustande (Art. 78 GG). Anderenfalls ist das Gesetz gescheitert.

317 An verschiedenen Stellen des Grundgesetzes ist geregelt, dass bestimmte Gesetzesvorhaben die Zustimmung des Bundesrates benötigen (**Zustimmungsgesetz**, z.B. Art. 29 Abs. 7 S. 1 und 2, Art. 79 Abs. 2, 84 Abs. 1 S. 6, Abs. 5, Art. 85 Abs. 1 S. 1 GG). Der Bundesrat hat *„in angemessener Frist“* über die Zustimmung zu beschließen. Stimmt er zu, kommt das Gesetz zustande (Art. 78 GG). Anderenfalls ist es gescheitert.

318 Der Bundesrat hat (sowohl bei Einspruchs- wie bei Zustimmungsgesetzen) die Möglichkeit, die Einberufung eines **Vermittlungsausschusses** zu verlangen, der aus Mitgliedern des Bundestages und des Bundesrates gebildet wird (Art. 77 Abs. 2 GG). Bei Zustimmungsgesetzen können auch der Bundestag oder die Bundesregierung diese Einberufung verlangen (Art. 77 Abs. 2 S. 4 GG). Der Vermittlungsausschuss hat die Möglichkeit, Änderungen des Beschlusses vorzuschlagen; macht er dies, muss der Bundestag erneut beschließen (Art. 77 Abs. 2 S. 5 GG). Die Kompetenzen des Vermittlungsausschusses sind im Grundgesetz nicht ausdrücklich geregelt; sie ergeben sich jedoch aus seiner Funktion und seiner Stellung im Gesetzgebungsverfahren: Der Vermittlungsausschuss hat **kein eigenes Initiativrecht**; sein Vermittlungsvorschlag muss so ausgestaltet sein, *„dass er dem Bundestag aufgrund der dort zu führenden Debatte zurechenbar ist.“* Daher ist der Ausschuss inhaltlich und formal an den vom Bundestag vorgegebenen Rahmen gebunden.[564]

3. Ausfertigung und Verkündung

319 Nach dem Zustandekommen des Gesetzes wird es vom Bundespräsidenten ausgefertigt und im Bundesgesetzblatt (BGBl.) verkündet (Art. 82 Abs. 1 S. 1 GG). Zum Prüfungsrecht des Bundespräsidenten bei der Ausfertigung siehe oben Rdnr. 266 ff.

4. Grundgesetzänderung

320 Eine Grundgesetzänderung erfolgt durch Bundesgesetz; es gelten die grundgesetzlichen Vorschriften für das Gesetzgebungsverfahren. Allerdings ist eine Grundgesetzänderung nur möglich, wenn $^2/_3$ der Bundestagsmitglieder und $^2/_3$ der Bundesratsmitglieder dem Änderungsgesetz zustimmen (Art. 79 Abs. 2 GG).

321 Einige grundgesetzliche Vorschriften dürfen überhaupt nicht geändert werden (**Ewigkeitsgarantie**, Art. 79 Abs. 3 GG). Dabei handelt es sich um jene Vorschriften,

564 BVerfGE 120, 56 ff., 75 f.; BVerfG NVwZ 2010, 634 ff., 636.

die *„die Gliederung des Bundes in Länder"* bzw. *„die grundsätzliche Mitwirkung der Länder bei der Gesetzgebung"* vorsehen, außerdem um die *„in den Art. 1 und 20 niedergelegten Grundsätze"*.

Das **Bundesverfassungsgericht** hat in mehreren Entscheidungen ausführlich erläutert, was seiner Ansicht nach dem Schutz von Art. 79 Abs. 3 GG unterfällt.[565] Geschützt sind danach: 322

- Der Schutz der Menschenwürde (Art. 1 Abs. 1 GG);
- das Bekenntnis zu unveräußerlichen Menschenrechten (Art. 1 Abs. 2 GG);
- die Grundrechte, soweit sie *„zur Aufrechterhaltung einer dem Art. 1 Abs. 1 und 2 GG entsprechenden Ordnung unverzichtbar sind"*;
- *„grundlegende Elemente des Rechts- und des Sozialstaatsprinzips"*;[566]
- *der Anspruch aus dem Demokratieprinzip „auf freie und gleiche Teilhabe an der öffentlichen Gewalt"*;[567]
- *„grundlegende Gerechtigkeitspostulate"*, zu denen der *„Grundsatz der Rechtsgleichheit"* und der allgemeine Gleichheitssatz (Art. 3 Abs. 1 GG) gehören;
- der *„Kern"* des Gewaltenteilungsgrundsatzes.[568]

Ob dieser Katalog abschließend ist, hat das Bundesverfassungsgericht nicht erläutert. An anderer Stelle hat es angedeutet (aber nicht eindeutig bejaht), es könne einen *„durch Art. 79 Abs. 3 GG verbürgten Kernbereich der Eigentumsgarantie"* geben.[569]

Die genannten Schutzgüter sind teilweise vage formuliert (*„grundlegende Elemente"*). Nach dem Wortlaut der Vorschrift sind nur *„Grundsätze"* geschützt. Sie bilden den *„unantastbaren und nicht abwägungsfähigen Kernbestand des Grundgesetzes"*[570]

Die **Literatur** bemüht sich zum Teil um eine genauere Bestimmung des Schutzumfangs von Art. 79 Abs. 3 GG. Ebenfalls geschützt sind danach 323

- die Bindung des gesamten Staates an die Grundrechte (Art. 1 Abs. 3 GG);[571]
- Teile des Demokratieprinzips (Art. 20 Abs. 1 GG): Freiheit und Gleichheit des politischen Prozesses, das Mehrheitsprinzip, die Existenz von Wahlen, Allgemeinheit, Freiheit und Gleichheit der Wahl, das Prinzip der geheimen

565 BVerfGE 109, 279 ff., 310; BVerfGE 89, 90 ff., 120 f.
566 Allerdings nicht das Rechtsstaatsprinzip insgesamt: BVerfGE 30, 1 ff., 24 f.
567 BVerfGE 123, 267 ff., 341.
568 BVerfGE 95, 48 ff., 62.
569 BVerfGE 95, 48 ff., 60.
570 BVerfG 2 BvR 2728/13 v. 14.1.2014 – in NJW 2014, 907 ff., nicht mit abgedruckt.
571 *Sachs*, in: *Sachs*, GG, Art. 79, Rdnr. 55 ff.

Wahl, soweit es für die Freiheit der Wahl erforderlich ist, sowie die Existenz einer Volksvertretung;[572]
- Teile des Rechtsstaatsprinzips: Der Grundsatz der Gewaltenteilung einschließlich der Vorbehalte der Verfassung und des Gesetzes, außerdem „*in ihrer Grundsatzbedeutung*" Rechtssicherheit, Rechtsschutz und das Prinzip der Verhältnismäßigkeit.[573] Nicht umfasst ist das Widerstandsrecht gemäß Art. 20 Abs. 4 GG;[574]
- Art. 79 Abs. 3 GG selbst.[575]

Noch nicht geklärt ist einstweilen, ob auch das Prinzip der Wahlöffentlichkeit (hierzu o. Rdnr. 109a) „auf ewig" geschützt ist, ob also der Einsatz von Wahlcomputern durch Verfassungsänderung möglich wäre. Für eine Einbeziehung in die Ewigkeitsklausel spricht, dass das Bundesverfassungsgericht die Öffentlichkeit der Wahl als „*Grundvoraussetzung für die demokratische Willensbildung*" ansieht.[576]

324 Nicht geschützt sind die **einzelnen Grundrechte**. Der Verfassungsgeber kann ein Grundrecht abschaffen bzw. erheblich beschränken,[577] soweit nicht die Existenz des Grundrechts wesentlich für eines der o. g. geschützten Prinzipen ist. So wäre wohl die vollständige Abschaffung der politischen Kommunikationsgrundrechte (hierzu oben Rdnr. 113) unzulässig, da diese die Voraussetzung für einen funktionierenden politischen Prozess sind. Auch nicht geschützt ist das Widerstandsrecht (Art. 20 Abs. 4 GG), da es erst 1968 in das Grundgesetz eingefügt wurde.[578]

325 Rechtlich gilt die Ewigkeitsgarantie für die „Ewigkeit"; faktisch ließe sie sich durchaus überwinden. Zwar ist eine **Abschaffung des Grundgesetzes** auf formal-legalem Wege nicht möglich.[579] Vor einem Staatsstreich oder einer Revolution aber schützt Art. 79 Abs. 3 GG nicht, auch nicht davor, dass die staatlichen Organe das Grundgesetz ignorieren und eine neue Rechtsordnung schaffen („Revolution von oben"). Auch eine Rechtsprechungsänderung des Bundesverfassungsgerichts könnte die von der Ewigkeitsgarantie geschützten Grundlagen modifizieren: Die Ewigkeits-

---

572 *Sachs*, in: *Sachs*, GG, Art. 79, Rdnr. 64 ff.
573 *Sachs*, in: *Sachs*, GG, Art. 79, Rdnr. 73 ff. m. w. N.
574 *Sachs*, in: *Sachs*, GG, Art. 79, Rdnr. 79;
575 H.M., s. *Ipsen*, Staatsrecht I, § 20, Rdnr. 16 m. w. N.; A. A. *Bryde*, in: *v. Münch/Kunig*, GG, Art. 79, Rdnr. 36.
576 BVerfGE 121, 266 ff., 291.
577 BVerfGE 94, 49 ff., 102 ff. (Asylrecht).
578 *Sachs*, in: *Sachs*, GG, Art. 79, Rdnr. 79.
579 Ob eine Verfassungsablösung nach Art. 146 GG nur in den Grenzen des Art. 79 Abs. 3 GG möglich ist, hat das BVerfG offengelassen: BVerfGE 123, 267 ff., 343. Zu Art. 146 GG s. o. Rdnr. 44.

garantie könnte nicht verhindern, dass das Bundesverfassungsgericht das Grundgesetz und die darin enthaltenen Begriffe in Zukunft anders auslegt als heute.[580]

C. Gesetzgebungsverfahren der Länder

Das Gesetzgebungsverfahren in den einzelnen **Bundesländern** ist in den jeweiligen 326
Landesverfassungen geregelt. Die demokratischen Anforderungen entsprechen denen des Bundes. Auf Landesebene gibt es allerdings keine dem Bundesrat vergleichbaren Organe. Ausfertigung und Verkündung übernimmt der Ministerpräsident bzw. sein Pendant in den Stadtstaaten (z. B. Art. 120 Verf. Hess., Art. 113 Abs. 1 Verf. RLP), die Regierung (z. B. Art. 71 Abs. 1 Verf. NRW) oder der Präsident der Volksvertretung (z. B. Art. 81 Abs. 1 Verf. Bbg.), wobei nicht immer ein Organ beide Handlungen vornimmt.[581]

Anders als auf Bundesebene sind in den Ländern vielfach **direktdemokratische Möglichkeiten** eingerichtet (s. o. Rdnr. 111).

580 Zur staatsrechtlichen Stellung des BVerfG vgl. oben Rdnr. 286 ff.; zum sog. „stillen Verfassungswandel" durch Gesetzgebung und Rechtsprechung siehe *Zippelius/Würtenberger*, Deutsches Staatsrecht, § 7, Rdnr. 67 ff.

581 Vgl. z. B. Art. 60 Abs. 2 LVerf. Bln.: Ausfertigung durch den Präsidenten des Abgeordnetenhauses, Verkündung durch den Regierenden Bürgermeister.

§ 21 Verwaltung

327 Verwaltung ist jene Tätigkeit eines Trägers öffentlicher Gewalt oder eines ihm zugeordneten Rechtssubjekts, die **nicht Gesetzgebung oder Rechtsprechung** ist. Diese negative Definition von Verwaltung ist die eingängigste, wenn auch nicht unbestritten. Verschiedene Versuche, den Begriff positiv zu umschreiben,[582] scheitern an der Materie, die sie beschreiben wollen und an der Abgrenzung des Begriffs zu anderem staatlichen Handeln. Umstritten ist, ob die Regierung, d.h. die Staatsleitung begrifflich mitumfasst ist.[583] Diese dogmatische Frage ist für die vorliegende Darstellung bedeutungslos. Die Regierung ist teilweise besonderen verfassungsrechtlichen Vorschriften unterworfen, so dass sie hier auch an anderer Stelle behandelt wird.[584]

A. Verfassungsrechtliche Bindungen der Verwaltung

328 Die Bindung des Staates an die Verfassung gilt auch für die Verwaltung. Insbesondere muss sie beachten:

- Vorrang und Vorbehalt des Gesetzes: Die Verwaltung muss sich an die Verfassung und die geltenden Gesetze halten (oben Rdnr. 130) und darf in bestimmten Fragen nur aufgrund gültiger Rechtsnormen tätig werden (oben Rdnr. 131ff.);
- das Bestimmtheitsgebot: Verwaltungsentscheidungen müssen so bestimmt wie möglich sein (oben Rdnr. 143ff.);
- das Gebot der Normenklarheit und Widerspruchsfreiheit der Rechtsordnung (oben Rdnr. 147f.);
- den Vertrauensschutz (oben Rdnr. 150ff.);
- den Grundsatz der Verhältnismäßigkeit (oben Rdnr. 168ff.).

329 Das Grundgesetz gibt dem Staat nicht vor, bestimmte **Formen des Verwaltungshandelns** und der Organisation zu schaffen; dieser ist frei darin, die Verwaltung so zu gestalten und zu organisieren, wie er es für erforderlich hält, solange die o.g. Grundsätze beachtet werden.

330 Nicht zur Verwaltung, sondern zur Rechtsprechung gehört das verwaltungsgerichtliche **Vorverfahren** gemäß §§ 68ff. VwGO, da es Voraussetzung für eine gerichtliche

---

582 *Stober*, in: *Wolff/Bachof/Stober*, Verwaltungsrecht I, § 3, Rdnr. 5; *Siegel*, in: *Stern/Sodan/Möstl*, Staatsrecht II, § 46, Rdnr. 4f.

583 Dafür: *Ipsen*, Allgemeines Verwaltungsrecht, S. 13; dagegen: *Kopp/Ramsauer*, VwVfG, § 1, Rdnr. 5.

584 Zur Bundesregierung s.o. Rdnr. 271ff.

Sachentscheidung ist.[585] Anders soll dies beim Einspruchsverfahren nach § 347 ff. AO sein, das nach h. M. ein Verwaltungsverfahren darstellt.[586]

B. Aufteilung der Verwaltungskompetenzen

Die Aufteilung der **Verwaltungskompetenzen** zwischen Bund und Ländern richtet sich nach Art. 30, 83 ff. GG. Der Grundsatz der Verwaltungszuständigkeit lautet: Die Ausübung der staatlichen Befugnisse und die Erfüllung der staatlichen Aufgaben ist Sache der Länder (Art. 30 GG); dies gilt insbesondere für die Ausführung der Landesgesetze. Für die Ausführung der Bundesgesetze gelten die besonderen Regelungen der Art. 83 ff. GG. Danach werden auch die Bundesgesetze grundsätzlich von den Ländern ausgeführt; und zwar *„als eigene Angelegenheit"*, sofern das Grundgesetz nichts anderes bestimmt (Art. 83 GG). Die Verwaltungskompetenz folgt also nicht zwangsläufig der Gesetzgebungskompetenz. 331

1. Vollzug von Bundesgesetzen

a) Landeseigener Vollzug von Bundesgesetzen

Die Bundesgesetze werden in der Regel von den Ländern als eigene Angelegenheit ausgeführt (**landeseigener Vollzug von Bundesgesetzen**, Art. 83 GG). Die Länder regeln dabei die Einrichtung der Behörden und das Verwaltungsverfahren. 332

Der Bund ist dabei gegenüber den Ländern nicht weisungsberechtigt; die Bundesregierung übt allerdings gemäß Art. 84 Abs. 3 S. 1 GG die **Rechtsaufsicht** aus; Rechtsaufsicht ist die Kontrolle darüber, ob der zu Beaufsichtigende die gesetzlichen Vorschriften einhält. Ist der Verwaltung Ermessen eingeräumt, kann die Aufsicht überprüfen, ob ein Ermessensfehler vorliegt. Eine inhaltliche Kontrolle der Verwaltungsentscheidungen (Fachaufsicht) ist ihr aber verwehrt. Bei Verstößen hat die Bundesregierung gemäß Art. 84 Abs. 4 GG die Möglichkeit der Mängelrüge; wird der gerügte Mangel nicht beseitigt, kann sie oder das Land den Bundesrat damit befassen. Gegen die Entscheidung des Bundesrates ist der Bund-Länder-Streit vor dem Bundesverfassungsgericht zulässig.[587]

Die Bundesregierung kann für den landeseigenen Vollzug der Bundesgesetze **allgemeine Verwaltungsvorschriften** erlassen, wenn der Bundesrat zustimmt (Art. 84 Abs. 2 GG). Für *„besondere Fälle"*, d. h. Einzelfälle, kann sie durch zustimmungspflichtiges Bundesgesetz ermächtigt werden, den Ländern **Einzelweisungen** zu erteilen (Art 84 Abs. 5 S. 1 GG). 333

585 *Degenhart*, in: *Sachs*, GG, Art. 74, Rdnr. 26.
586 *Rätke*, in: *Klein*, AO, vor § 347 ff., Rdnr. 3.
587 Hierzu unten Rdnr. 482 ff.

b) Bundeseigener Vollzug von Bundesgesetzen

334 In grundgesetzlich besonders geregelten Fällen vollzieht die Bundesverwaltung gemäß Art. 86 GG die Bundesgesetze selbst (bundeseigener Vollzug von Bundesgesetzen, auch: **bundeseigene Verwaltung**). Dies betrifft z. B. die Bundesfinanzverwaltung oder die Bundeswehr. Hier richtet der Bund die Verwaltungsorgane selbst ein. Unterschieden wird dabei zwischen **bundesunmittelbarer Verwaltung** durch Behörden des Bundes und **mittelbarer Bundesverwaltung** durch selbständige Körperschaften oder Anstalten (Art. 87 Abs. 2 und 3 GG).

335 Bundeseigener Vollzug von Bundesgesetzen ist u. a. vorgesehen in Art. 87 Abs. 1 S. 1 und Abs. 2, 88 S. 1, 114 Abs. 2 und 130 GG (**obligatorische Bundesverwaltung**); in einigen Fällen können dabei einzelne Verwaltungskompetenzen an die Länder abgegeben werden (z. B. Art. 87d Abs. 2 GG). In weiteren Fällen ist eine Bundesverwaltung nicht vorgeschrieben, kann aber durch Gesetz ermöglicht werden (**fakultative Bundesverwaltung,** z. B. Art. 87 Abs. 1 S. 2 und Abs. 3, 108 Abs. 4 S. 1 GG).

c) Bundesauftragsverwaltung

336 Die **Bundesauftragsverwaltung** ist in Art. 85 GG geregelt. Auf den im Grundgesetz ausdrücklich genannten Gebieten (Art. 87c GG i. V. m. § 24 Abs. 1 AtG, Art. 90 Abs. 2, 104a Abs. 3 S. 2, 108 Abs. 3 GG) führen die Länder die Bundesgesetze im Auftrag des Bundes aus (Art. 85 Abs. 1 S. 1 GG). Ihnen obliegt die Einrichtung der Behörden, wenn nicht bundesgesetzlich mit Zustimmung des Bundesrates etwas anderes bestimmt ist.

Die Landesbehörden unterstehen dabei den Weisungen der zuständigen obersten Bundesbehörden (Art. 85 Abs. 3 S. 1 GG). Die Bundesregierung übt gemäß Art. 85 Abs. 4 GG die Aufsicht über die Ausführung aus; die Aufsicht erstreckt sich auf die Rechtmäßigkeit der Ausführung (**Rechtsaufsicht**) und auf die Zweckmäßigkeit (**Fachaufsicht**). Bei Meinungsverschiedenheiten kann das Bundesverfassungsgericht angerufen werden.[588]

d) Stillschweigende Verwaltungskompetenzen des Bundes

337 Wie bei der Gesetzgebung (oben Rdnr. 305 ff.), so kann es auch in der Verwaltung ungeschriebene („stillschweigende") Kompetenzen des Bundes geben. Man unterscheidet entsprechend zwischen Verwaltungskompetenz kraft Sachzusammenhangs und Verwaltungskompetenz aus der Natur der Sache. Die Voraussetzungen entsprechen den zur Gesetzgebungskompetenz beschriebenen.[589]

---

588 Bund-Länder-Streit; hierzu unten Rdnr. 465 ff.

589 *Degenhart*, Staatsrecht I, Rdnr. 533; *Winkler*, in: *Sachs*, GG, Art. 83, Rdnr. 16.

2. Vollzug von Landesgesetzen

Im Grundgesetz ist nicht geregelt, wer die Landesgesetze ausführt: Dies ist wegen Art. 30 GG und der Eigenstaatlichkeit der Länder ebenfalls Sache der Länder (**landeseigener Vollzug von Landesgesetzen**). Das Verfahren ist in den jeweiligen Landesverfassungen geregelt (z. B. Art. 96 Verf. Bbg.). Dem Bund ist es untersagt, Verwaltungskompetenzen der Länder auszuüben.[590] 338

3. Gemeinschaftsaufgaben und Mischverwaltung

Das Grundgesetz geht davon aus, dass die Verwaltungsräume von Bund und Ländern grundsätzlich getrennt sind. Ein Zusammenwirken von Bundes- und Länderverwaltung („**Mischverwaltung**") ist nur in Ausnahmefällen erlaubt. 339

Erlaubt ist sie dann, wenn sie ausdrücklich grundgesetzlich geregelt ist. Die Möglichkeit der Zusammenarbeit besteht z. B. bei den **Gemeinschaftsaufgaben** gemäß Art. 91a – 91e GG: Auf den dort genannten Rechtsgebieten (Verbesserung der regionalen Wirtschaftsstruktur und Küstenschutz, Wissenschafts- und Forschungsförderung, Planung, Errichtung und Betrieb informationstechnischer Systeme zur Aufgabenerfüllung, Vergleichsstudien zur Verwaltungsleistung, Grundsicherung für Arbeitssuchende) wirken Bund und Länder bei der Ausführung der Bundesgesetze zusammen. Auch bei der Finanzverwaltung ist ein Zusammenwirken von Bundes- und Länderbehörden vorgesehen (Art. 108 Abs. 4 GG).

Umstritten ist, inwieweit über die im Grundgesetz ausdrücklich genannten Fälle hinaus eine Mischverwaltung möglich ist. Das Bundesverfassungsgericht hat sie für zulässig erklärt, wenn die beiden Verwaltungsebenen ihre Aufgaben **eigenverantwortlich** wahrnehmen und die Regelung auch ansonsten der Verfassung entspricht, insbesondere dem Gebot der Normenklarheit und der Widerspruchsfreiheit der Rechtsordnung (oben Rdnr. 147). Abweichungen vom Grundsatz der Eigenverantwortlichkeit lässt das Bundesverfassungsgericht zu, wenn sie nur eine *„eng umgrenzte Verwaltungsmaterie"* betreffen und ein *„besonderer sachlicher Grund"* für sie besteht.[591] Sachgerechter wäre allerdings eine Prüfung am Verhältnismäßigkeitsmaßstab.[592] In der Praxis gibt es etliche Fälle von Mischverwaltung, z. B. im Küstenschutz.[593] Bund und Länder haben sogar gemeinsame Körperschaften eingerichtet (z. B. die Bundesanstalt für den Digitalfunk oder die Versorgungsanstalt des Bundes und der Länder). 340

590 BVerfGE 21, 312 ff., 325. Er muss aber die landesrechtlichen Regelungen – wie jedermann – beachten, vgl. BVerfGE 21, 312 ff., 327.

591 BVerfGE 63, 1 ff., 41; BVerfGE 119, 331 ff., 370 ff.

592 Ausf. *B. Küchenhoff*, Die verfassungsrechtlichen Grenzen der Mischverwaltung, Baden-Baden 2010, S. 159 ff.

593 Vgl. *D. König*, DÖV 2002, 639 ff., 646.

§ 22 Rechtsprechung

341 Neben dem Bundesverfassungsgericht (Art. 93 GG, hierzu oben Rdnr. 281 ff.) sieht das Grundgesetz in Art. 95 Abs. 1 GG die Einrichtung von fünf obersten Bundesgerichten vor. Die nachgeordneten Organe der Rechtsprechung sind die Gerichte der Länder (Art. 92 GG); sie werden aufgrund von Bundesgesetzen (GVG, ArbGG, VwGO, FGO, SGG; konkurrierende Bundeskompetenz gemäß Art. 74 Abs. 1 Nr. 1 GG) von den Ländern eingerichtet.

342 Oberstes Bundesgericht der ordentlichen Gerichtsbarkeit[594] ist der **Bundesgerichtshof** (BGH). Die ordentliche Gerichtsbarkeit ist die Gerichtsbarkeit für Zivil- und Strafsachen, sofern sie nicht (z.B. im Arbeitsrecht) ausdrücklich anderen Gerichten zugeordnet ist (§ 13 GVG). Unterhalb des Bundesgerichtshofs haben die Länder – in aufsteigender Reihenfolge – Amtsgerichte (AG), Landgerichte (LG) und Oberlandesgerichte (OLG) eingerichtet. Welches Gericht erstinstanzlich zuständig ist, richtet sich nach dem Gegenstand (siehe z.B. §§ 23 – 24, 71 – 74c, 118 – 121 GVG). Zivilgerichtliche Verfahren in arbeitsrechtlichen Angelegenheiten sind einer besonderen Gerichtsbarkeit zugeordnet: Der Arbeitsgerichtsbarkeit. Hier ist das **Bundesarbeitsgericht** (BAG) der oberste Gerichtshof des Bundes; unterhalb folgen die Arbeitsgerichte (ArbG) und Landesarbeitsgerichte (LAG). In der allgemeinen Verwaltungsgerichtsbarkeit ist oberstes Bundesgericht das **Bundesverwaltungsgericht** (BVerwG). Die allgemeine Verwaltungsgerichtsbarkeit ist zuständig für alle öffentlich-rechtlichen Streitigkeiten nichtverfassungsrechtlicher Art (§ 40 Abs. 1 VwGO). Unterhalb des Bundesverwaltungsgerichts gibt es Verwaltungsgerichte (VG) und Oberverwaltungsgerichte, die in einigen Ländern die Bezeichnung „Verwaltungsgerichtshof" (VGH) weiterführen (s. § 184 VwGO).

Neben der allgemeinen Verwaltungsgerichtsbarkeit sind die beiden obersten Bundesgerichte **Bundesfinanzhof** und **Bundessozialgericht** als besondere Verwaltungsgerichte des Bundes eingerichtet; sie sind zuständig für Finanz- und Steuerangelegenheiten (§ 33 FGO) bzw. für verschiedene sozialrechtliche Streitigkeiten (§ 51 SGG). Unterhalb des Bundesfinanzhofes haben die Länder Finanzgerichte (FG) eingerichtet; unterhalb des Bundessozialgerichts stehen die Sozialgerichte (SG) und Landessozialgerichte (LSG). Die fünf obersten Bundesgerichte bilden einen **gemeinsamen Senat** zur Wahrung der Einheitlichkeit der Rechtsprechung (Art. 95 Abs. 3 GG).

343 Den Aufbau der Gerichtsbarkeit in der Bundesrepublik Deutschland verdeutlicht die folgende Abbildung:

594 „Ordentlich" ist der Gegenbegriff zu „außerordentlich", nicht zu „unordentlich".

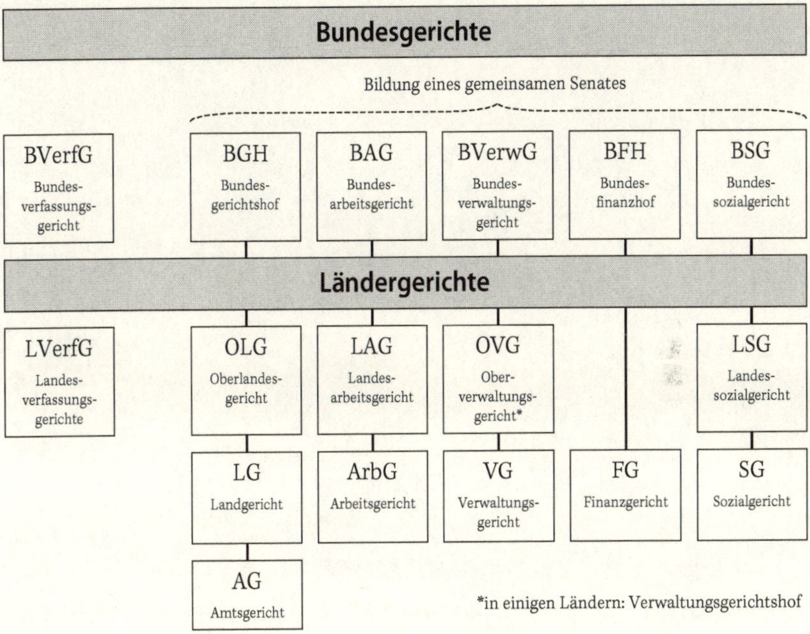

Abbildung 7: Gerichtsbarkeit in der Bundesrepublik Deutschland

Das **Verhältnis** der Ländergerichte zu den obersten Bundesgerichten ist ein Verhältnis der Über-/Unterordnung: Im Instanzenzug sind die Gerichte der Länder den obersten Bundesgerichten nachgeordnet. Die **Verfassungsgerichte der Länder** hingegen sind dem Bundesverfassungsgericht nicht untergeordnet, sondern eigenständige Gerichte, die für die Auslegung der Landesverfassungen zuständig sind.[595] Das Bundesverfassungsgericht kann Urteile der Landesverfassungsgerichte daraufhin überprüfen, ob sie mit dem Bundesverfassungsrecht, namentlich mit dem Homogenitätsprinzip[596] übereinstimmen; in die Sphäre der Landesverfassungsgerichtsbarkeit darf es aber nur eingreifen, soweit es *„unvermeidbar"* ist.[597] 344

595 BVerfGE 6, 445 ff., 449. Zum Verhältnis der Landesverfassungen zum GG vgl. o. Rdnr. 20 f.

596 Hierzu oben Rdnr. 21.

597 BVerfG NJOZ 2006, 3534 ff.

6. Kapitel: Verfassungsprozessrecht

§ 23 Einführung in das Verfassungsprozessrecht

Nach Art. 20 Abs. 3 GG ist die Rechtsprechung an die verfassungsmäßige Ordnung gebunden. Diese Regelung bindet jedes Gericht an die Verfassung und verpflichtet es, die durch das Grundgesetz vorgegebenen Verfassungsbestimmungen anzuwenden. Dennoch kann es nicht ausbleiben, dass ein Gericht oder auch ein anderes Organ der staatlichen Gewalt verfassungsrechtliche Gebote nicht oder nicht richtig deutet und es hierüber zu Streit kommt. Die **endgültige Entscheidung** über verfassungsrechtliche Streitigkeiten trifft auf Bundesebene, sofern es angerufen wird, das Bundesverfassungsgericht. 345

Für welche **Fälle** das Bundesverfassungsgericht zuständig ist, regelt Art. 93 GG. Die Aufzählung in Art. 93 GG ist abschließend, der Bundesgesetzgeber hat allerdings über Art. 93 Abs. 3 GG die Möglichkeit, dem Bundesverfassungsgericht durch Bundesgesetz weitere Verfahren zuzuweisen, wovon er auch in einigen besonders verfassungsnahen Gegenständen Gebrauch gemacht hat (siehe hierzu Rdnr. 506). 346

Art. 93 GG ist die **zentrale Vorschrift** der Verfassungsgerichtsbarkeit im Bund. Die Regelung enthält die dem Bundesverfassungsgericht zugewiesenen Verfahrensarten, sie begründet die Zuständigkeit des Gerichts für diese Verfahren und eröffnet damit den Rechtsweg zum Bundesverfassungsgericht.[598]

Die **Verfahren**, für die das Bundesverfassungsgericht zuständig ist, sind recht unterschiedlicher Rechtsnatur. Der Rahmen reicht von der fast strafprozessual anmutenden Präsidentenanklage (Art. 61 Abs. 1 S. 1 GG) bis zu Fallgestaltungen, in denen die Entscheidung eher Gutachtenqualität hat, wie z. B. der konkreten Normenkontrolle (Art. 100 GG).

Die Verfahren vor dem Bundesverfassungsgericht werden im Bundesverfassungsgerichtsgesetz spezifiziert. Einige Regelungen (§§ 17 ff. BVerfGG) gelten für alle Verfahrensarten gemeinsam. Beispielsweise leitet das Bundesverfassungsgericht ausschließlich **auf Antrag** (oder Vorlage) ein Verfahren ein; es prüft nicht von sich aus. Alle Anträge müssen schriftlich eingereicht werden (§ 23 Abs. 1 S. 1 BVerfGG). Ein Antrag hat nur dann **Erfolg**, wenn er zulässig und begründet ist, und, wenn es sich um eine Verfassungsbeschwerde handelt, wenn er zur Entscheidung angenommen wurde. 347

---

598 *Detterbeck*, in: *Sachs*, GG, Art. 93 Rdnr. 31; *Hillgruber/Goos*, Verfassungsprozessrecht, Rdnr. 56.

348 **Zulässig** ist ein Antrag, wenn die Verfahrensvorschriften eingehalten wurden, die für das jeweilige Verfahren gelten. Nur dann, wenn ein Antrag zulässig ist, entscheidet das Gericht über die Begründetheit, d.h. darüber, ob der Antrag in der Sache erfolgreich ist.

349 **Begründet** ist der Antrag, wenn das Bundesverfassungsgericht feststellt, dass eine Verfassungsnorm verletzt wurde. Dies können materielle Verfassungsregelungen sein, wie z. B. Grundrechte, aber auch formelle Verfahrensrechte eines Verfassungsorgans. Die Begründetheitsvoraussetzungen richten sich also nach dem geltend gemachten Recht.

350 Für das Verfassungsbeschwerdeverfahren ist darüber hinaus noch ein **Annahmeverfahren** erfolgreich zu durchlaufen. Selbst wenn eine Verfassungsbeschwerde zulässig und begründet ist, kann sie das Bundesverfassungsgericht ablehnen, wenn ihr die grundsätzliche Bedeutung fehlt oder wenn sie nicht zur Durchsetzung von Grundrechten oder grundrechtsgleicher Rechte des Beschwerdeführers angezeigt ist (§ 93a Abs. 2 BVerfGG).[599]

351 Andere Regelungen sind je nach Verfahrensart unterschiedlich, z. B. der Kreis der antragsbefugten Personen oder Institutionen, außerdem der Kreis der möglichen Antragsgegner (sofern ein Antragsgegner nötig ist) oder bestimmte Fristerfordernisse. In bestimmten Fällen haben die Entscheidungen des Bundesverfassungsgerichts Gesetzeskraft (§ 31 Abs. 2 S. 1 BVerfGG).

599 *Klein/Sennekamp*, NJW 2007, 945 ff., 946.

§ 24 Verfassungsbeschwerde

A. Überblick

Die bekannteste Verfahrensart vor dem Bundesverfassungsgericht ist die Verfassungsbeschwerde (Art. 93 Abs. 1 Nr. 4a GG, §§ 13 Nr. 8a, 90 ff. BVerfGG). Sie ist (abgesehen von der Wahlprüfungsbeschwerde gemäß Art. 41 Abs. 2 GG) das einzige Verfahren dort, das von **„jedermann"** (Art. 93 Abs. 1 Nr. 4a GG) eingeleitet werden kann, der behauptet, in einem seiner verfassungsmäßigen Rechte verletzt zu sein; die übrigen Verfahren können nur von Verfassungsorganen oder anderen Institutionen angestrengt werden. Die Verfassungsbeschwerde ist mit Abstand das häufigste Verfahren vor dem Bundesverfassungsgericht: Seit 1951 bis Ende 2020 wurden mehr als 240.000 Verfassungsbeschwerden erhoben[600] – das sind 96,5 % aller Verfahren vor dem Bundesverfassungsgericht. Von diesen Beschwerden waren allerdings nur wenige erfolgreich, der Rest wurde nicht zur Entscheidung angenommen oder wurde zurückgewiesen.[601] Mit den beiden „Recht auf Vergessen I" und Recht auf Vergessen II"-Beschlüssen vom 06.11.2019[602] hat das Bundesverfassungsgericht die Verfassungsbeschwerde auch für Verfahren gegen die Verletzung von Unionsgrundrechten erweitert.[603] 352

1. Zweck der Verfassungsbeschwerde

Die Verfassungsbeschwerde gewährt ein verfassungsrechtlich abgesichertes subjektiv-öffentliches **Verfahrensrecht**. Damit kann der in seinen Grundrechten betroffene Grundrechtsträger deren Geltung gegenüber der Legislative, der Exekutive und der Judikative geltend machen (Art. 1 Abs. 3 GG).[604] Die Verfassungsbeschwerde dient nicht der abstrakten Klärung von Rechtsfragen, sondern ganz konkret der **Beseitigung einer grundrechtswidrigen Beschwer.**[605] 353

600 Zur Statistik des BVerfG: https://www.bundesverfassungsgericht.de/DE/Verfahren/Jahresstatistiken/2020/gb2020/A-I-4.pdf?__blob=publicationFile&v=2.

601 2021 waren lediglich 1,29 % der Verfassungsbeschwerden erfolgreich; siehe Legal Tribune Online vom 23.2.2023, abrufbar unter https://www.lto.de/recht/justiz/j/bverfg-2021-begruendungen-nicht-annahmen-jahresstatistik-2021/; siehe auch *Klein/Sennekamp*, NJW 2007, 945 ff., 945; *Detterbeck*, in: *Sachs*, GG, Art. 93, Rdnr. 80 und dort Fn. 304.

602 BVerfGE 152, 152 – Recht auf Vergessen I; BVerfGE 152, 216 ff. = NJW 2020, 314 ff. – „Recht auf Vergessen II".

603 Kritisch vor allem im Hinblick auf das Risiko, dass andere Höchstgerichte in anderen Mitgliedstaaten mit derselben Kompetenz auch zum Abbau europäischer Grundrechte beitragen könnten; siehe *Kämmerer/Kotzur*, NVwZ 2020, 177 ff., 183.

604 Siehe hierzu *Detterbeck*, in: *Sachs*, GG, Art. 93, Rdnr. 77 m. w. N.

605 BVerfGE 2, 139 ff., 141; BVerfGE 29, 304 ff., 310.

354 Die Verfassungsbeschwerde dient hingegen nicht dazu, nachzuprüfen, ob eine Behörden- oder Gerichtsentscheidung die beste, angemessenste oder zweckmäßigste Lösung darstellt.[606] Wenn also ein mit der Verfassungsbeschwerde angegriffener Akt der öffentlichen Gewalt trotz vorhandener Bedenken bei Abwägung aller in Betracht kommenden Gesichtspunkte noch als mit der Verfassung vereinbar erscheint, so muss die Verfassungsbeschwerde abgewiesen werden.

2. Annahmeverfahren

355 Seit 1956 in §§ 93a BVerfGG und seit 1969 in Art. 94 Abs. 2 GG geregelt, soll das Annahmeverfahren zur **Bewältigung der hohen Fallzahlen** bei den Verfassungsbeschwerden dienen. Eine Verfassungsbeschwerde muss zunächst entweder einstimmig in der Kammer oder von mindestens drei Richtern im Senat angenommen werden.[607] In offensichtlichen Fällen kann die Kammer bereits einer Verfassungsbeschwerde stattgeben, sofern es sich nicht um eine Normenkontrollentscheidung mit Gesetzeskraft handelt (§ 93c Abs. 1 Satz 3 BVerfGG).

356 Das Bundesverfassungsgericht ist zur Annahme **verpflichtet**, wenn die Verfassungsbeschwerde grundsätzliche Bedeutung hat oder wenn die Annahme zur Durchsetzung von Grundrechten, z.B. bei schweren Nachteilen, angezeigt ist.[608] Die Ablehnung der Annahme muss nicht begründet werden und ist unanfechtbar (§ 93 d Abs. 1 S. 2 BVerfGG). **Grundsätzliche Bedeutung** hat ein Fall dann, wenn es um klärungsbedürftige, kontrovers diskutierte verfassungsrechtliche Fragen geht, die über den Einzelfall hinausgehen.[609] Die **Durchsetzung von Grundrechten** erscheint angezeigt bei besonderem Gewicht der Grundrechtsverletzung oder bei existentieller Betroffenheit. Letztere wird generell angenommen bei strafgerichtlicher Verurteilung.[610] In jedem Fall ist aber erforderlich, dass die Verfassungsbeschwerde hinreichende Aussicht auf Erfolg hat.[611]

357 Besonderheit des Annahmeverfahrens ist, dass auch zulässige und begründete Verfassungsbeschwerden nicht zur Entscheidung angenommen werden (können). Man spricht hier auch vom **„Annahmeverfahren als Filter"**[612] **oder** vom **„Nadelöhr des Annahmeverfahrens"**.[613] Hierauf sollte bei der Prüfung einer Verfassungsbeschwerde unbedingt eingegangen werden.

606 BVerfGE 3, 58 ff., 135 f.; BVerfGE 3, 162 ff., 182; BVerfGE 18, 315 ff., 325.
607 *Klein/Sennekamp*, NJW 2007, 945 ff., 946.
608 *Detterbeck*, in: *Sachs*, GG, Art. 94, Rdnr. 24.
609 BVerfGE 90, 22 ff., 24 f.
610 BVerfGE 96, 245 ff., 249.
611 BVerfGE 90, 22 ff., 26; BVerfGE 96, 245 ff., 250.
612 *Benda/Klein*, Verfassungsprozessrecht, 3. Auflage 2012, Rdnr. 428.
613 *Schwerdtfeger*, Öffentliches Recht in der Fallbearbeitung, 13. Auflage 2007, S. 246.

3. Außerordentlicher Rechtsbehelf

Die Verfassungsbeschwerde ist ein außerordentlicher Rechtsbehelf und gehört nicht zum Rechtsweg gemäß Art. 19 Abs. 4 GG.[614] Daher wird der Rechtsschutz der Fachgerichte, der (natürlich) auch die Prüfung von Grundrechten umfasst, nicht verdrängt, sondern ergänzt.[615] 358

Macht der Beschwerdeführer eine Rechtsverletzung durch mehrere aufeinander aufbauende Akte öffentlicher Gewalt geltend, z. B. durch einen Verwaltungsakt und die Abweisung seiner gegen diesen Akt gerichteten Klage in erster und zweiter Instanz, ist Beschwerdegegenstand der zeitlich letzte Akt – in diesem Fall also das Gerichtsurteil zweiter Instanz. Wird ein Gerichtsurteil mit der Verfassungsbeschwerde angegriffen, legt das Bundesverfassungsgericht Wert auf die Feststellung, es sei keine **„Superrevisionsinstanz"**: Urteile werden nicht im vollen Umfang überprüft, sondern nur darauf, ob sie Verfassungsrecht verletzen.[616] 359

4. Dauer

Immer wieder Anlass für Kritik ist die teilweise **überlange Verfahrensdauer** von einzelnen verfassungsgerichtlichen Verfahren, wodurch nach Ansicht des Europäischen Gerichtshofs für Menschenrechte teilweise Menschenrechte, konkret Art. 6 Abs. 1 EMRK, verletzt werden.[617] 360

5. Missbrauch der Verfassungsbeschwerde

Um der Gefahr der missbräuchlichen Nutzung der Verfassungsbeschwerde zu begegnen, kann das Bundesverfassungsgericht eine **Missbrauchsgebühr** erheben, wenn eine Verfassungsbeschwerde *„völlig substanzlos"* ist und ihr Erfolg *„von jedem Einsichtigen als völlig aussichtslos angesehen werden muss"*.[618] 361

Die Verfassungsbeschwerde hat Erfolg, wenn sie zulässig und begründet ist. Vor der Prüfung von Zulässigkeit und Begründetheit ist auf das in §§ 93a ff. BVerfGG geregelte Annahmeverfahren und dessen enge Voraussetzungen einzugehen (s. o. Rdnr. 355 ff.). 362

---

614 BVerfGE 18, 315 ff., 325; BVerfGE 51, 130 ff., 139; BVerfGE 79, 365 ff., 376; BVerfGE 107, 395 ff., 413 (Plenum des BVerfG).

615 *Detterbeck*, in: *Sachs*, GG, Art. 93, Rdnr. 78.

616 BVerfG NJW 2005, 1344 ff., 1344.

617 Siehe EGMR, NJW 2001, 211 f.; EGMR, NJW 2005, 41 f.; zum Ganzen auch *Grabenwarter*, EMRK, 2003, S. 359 m. w. N.

618 BVerfG NJW 1997, 1433 f., 1434; siehe auch BVerfGE 51, 130 ff., 139 sowie *B. Küchenhoff*, NJ 2011, 92 ff.

B. Zulässigkeitsvoraussetzungen

363 Die Zulässigkeit einer Verfassungsbeschwerde richtet sich nach Art. 93 Abs. 1 Nr. 4a GG, §§ 13 Nr. 8a, 90, 92–95 BVerfGG und lässt sich wie folgt gliedern:

1. Zuständigkeit des Bundesverfassungsgerichts
2. Beschwerde- bzw. Beteiligtenfähigkeit
3. Beschwerdegegenstand
4. Beschwerdebefugnis
5. Form
6. Frist
7. Rechtsschutzbedürfnis

Nachfolgend werden die Zulässigkeitsvoraussetzungen im Einzelnen besprochen.

1. Zuständigkeit des Bundesverfassungsgerichts

364 Die Zuständigkeit des Bundesverfassungsgerichts ergibt sich aus Art. 93 Abs. 1 Nr. 4a GG, §§ 13 Nr. 8a BVerfGG.

2. Beschwerde- bzw. Beteiligtenfähigkeit

365 Beschwerdefähig ist nach Art. 93 Abs. 1 Nr. 4a GG, § 90 Abs. 1 BVerfGG **„jedermann"**. Das ist jeder, dem das in Frage kommende Grundrecht zustehen kann; das Verfahrensrecht folgt also der Grundrechtsberechtigung. Deshalb kann ein Nichtdeutscher nur Jedermann-Grundrechte, eine juristische Person nur die auf sie anwendbaren Grundrechte geltend machen (Art. 19 Abs. 3 GG sowie unten Rdnr. 534 ff.). Juristische Personen des öffentlichen Rechts können eine Verfassungsbeschwerde nur geltend machen, wenn sie grundrechtsfähig sind.[619] Parteien[620] und Abgeordnete[621] können grundsätzlich Verfassungsbeschwerde erheben, allerdings nicht, wenn es um Fragen ihres verfassungsrechtlichen Status geht; in diesen Fällen ist das Organstreitverfahren die richtige Verfahrensart.[622]

366 Das Bundesverfassungsgerichtsgesetz regelt keine Fragen der **Verfahrensfähigkeit**. Die Regelungen des Zivil- oder Verwaltungsprozessrechts[623] lassen sich wegen der Besonderheiten des Verfassungsbeschwerdeverfahrens nicht ohne weiteres auf dieses übertragen. **Minderjährige** und **Betreute** (bzw. Entmündigte) müssen sich

619 Zum Ganzen siehe *Hillgruber/Goos*, Verfassungsprozessrecht, Rdnr. 145 ff. m.w.N. – zur Grundrechtsfähigkeit siehe unten Rdnr. 534 ff.

620 BVerfGE 4, 27 ff., 27 (Plenumsbeschluss); BVerfGE 27, 10 ff., 17; BVerfGE 111, 382 ff., 397 ff.

621 BVerfGE 64, 302 ff., 312 ff.

622 Siehe hierzu unten Rdnr. 432 ff.

623 §§ 51 ff. ZPO, 62 VwGO.

grundsätzlich durch ihren gesetzlichen Vertreter vertreten lassen; dies gilt jedoch nicht, wenn das Beschwerdeverfahren gerade das Betreuungsverhältnis betrifft.[624] Minderjährige sind selbst verfahrensfähig, wenn das geltend gemachte Grundrecht einen Bereich eigener Entscheidungsbefugnis eröffnet, wie dies z. B. bei Art. 4 Abs. 1, 2 GG schon bei 14-Jährigen der Fall ist.[625]

Die Verfassungsbeschwerde kennt **keinen Verfahrensgegner.**[626] Die für den angegriffenen Akt verantwortlichen Stellen können höchstens dem Verfahren beitreten und können angehört werden (§ 94 Abs. 1, 5 BVerfGG). 367

Im Verfassungsbeschwerdeverfahren besteht grundsätzlich kein **Anwaltszwang**; wird allerdings eine mündliche Verhandlung anberaumt, dann muss sich der Beschwerdeführer vertreten lassen (§ 22 Abs. 1 S. 1, 2. Halbs. BVerfGG). 368

3. Beschwerdegegenstand

Zulässiger Beschwerdegegenstand sind alle rechtlich relevanten **Akte der öffentlichen staatlichen Gewalt**. Das betrifft insbesondere Verwaltungshandeln und Gerichtsentscheidungen, aber auch Normen.[627] Hingegen scheiden Akte ausländischer Hoheitsträger, Akte internationaler Organisationen ohne Durchgriffswirkung auf den Einzelnen,[628] nichthoheitliche Vorgänge oder bloße Meinungsäußerungen[629] aus. 369

Differenziert ist die Situation bei **Akten supranationaler Organisationen** wie der EU oder der NATO im Sinne von Art. 23 oder Art. 24 Abs. 1 GG zu betrachten. Das Bundesverfassungsgericht zählt Akte solcher Institutionen grundsätzlich zu den beschwerdefähigen Akten. Allerdings hat es, um Kompetenzschwierigkeiten zwischen europäischem und nationalem Recht (bzw. Kompetenzkonflikte zwischen EuGH und Bundesverfassungsgericht) zu minimieren, derart hohe Zulässigkeitshürden aufgebaut, dass solche Akte faktisch mit der Verfassungsbeschwerde nicht angreifbar sind.[630] 370

---

624 In diesem Sinne *Detterbeck*, in: *Sachs*, GG, Art. 93, Rdnr. 83 mit Verweis auf BVerfGE 10, 302 ff., 306; BVerfGE 65, 317 ff., 321.

625 Differenzierend *Hillgruber/Goos*, Verfassungsprozessrecht, Rdnr. 180 ff.; siehe auch *Detterbeck*, in: *Sachs*, GG, Art. 93, Rdnr. 84.

626 BVerfGE 79, 365 ff., 367 f.

627 *Schwerdtfeger/Schwerdtfeger*, Öffentliches Recht in der Fallbearbeitung, Rdnr. 501.

628 BVerfG NJW 2006, 2908 f. – IWF.

629 BVerfGE 2, 237 ff., 244; BVerfGE 37, 57 ff., 61 (st. Rspr.).

630 Siehe hierzu *Detterbeck*, in: *Sachs*, GG, Art. 93, Rdnr. 85; *Hillgruber/Goos*, Verfassungsprozessrecht, Rdnr. 224 ff., insbesondere Rdnr. 226 f. und oben Rdnr. 193 f. m. w. N.

371 Akte sind nicht nur aktive Handlungen, sondern können auch – allerdings nur, wenn ein gesetzlicher oder verfassungsrechtlicher Handlungsauftrag vorliegt – in einem **Unterlassen** liegen.[631]

372 **Öffentliche Gewalt** ist die Gesamtheit aller Organe der legislativen, der exekutiven und der rechtsprechenden Gewalt. Tatsächlich richtet sich die absolut überwiegende Zahl der Verfassungsbeschwerden gegen Gerichtsentscheidungen und Rechtssätze. Das liegt an § 90 Abs. 2 S. 1 BVerfGG, der die Zulässigkeit der Verfassungsbeschwerde von der Erschöpfung des Rechtswegs abhängig macht.[632]

4. Beschwerdebefugnis

373 Eine Verfassungsbeschwerde kann nur geltend machen, wer in seinem Vortrag deutlich macht, dass die **Möglichkeit einer Grundrechtsverletzung** besteht. Der Antrag muss sich auf **Grundrechte** (oder grundrechtsgleiche Rechte) des Grundgesetzes beziehen. Eine Verletzung landesverfassungsrechtlicher Vorschriften[633] oder der EMRK[634] kann nicht mit der Verfassungsbeschwerde angegriffen werden. Verletzung europäischen Unionsrechts überprüft das Bundesverfassungsgerichts erst seit den Beschlüssen „Recht auf Vergessen I" und „Recht auf Vergessen II".[635]

Ferner ist Voraussetzung, dass der Beschwerdeführer durch den angegriffenen Akt selbst, gegenwärtig und unmittelbar betroffen ist.

374 **„Selbst"** bedeutet in diesem Zusammenhang, dass nur der Rechteinhaber Verfassungsbeschwerde erheben kann. So kann weder eine Organisation Rechte ihrer Mitglieder, noch können Mitglieder die Rechte ihrer Organisation geltend machen.[636] Eine „Popularbeschwerde" stellvertretend für andere Betroffene, z.B. eines Verbraucherschutzvereines für einen (oder alle) Verbraucher ist somit ausgeschlossen.

375 **„Gegenwärtig"** bedeutet, dass die vorgebrachte Grundrechtsverletzung vorliegen muss, wenn die Verfassungsbeschwerde eingelegt wird. Völlig ungewisse Folgen in der Zukunft, also virtuelle Folgen, reichen nicht.[637] Ist aber sicher, dass der Beschwerdeführer in der Zukunft betroffen sein wird, dann soll die Verfassungsbe-

631 Grundlegend BVerfGE 6, 257 ff., 263 ff.

632 Hierzu sogleich Rdnr. 381 ff.

633 BVerfGE 41, 88 ff., 118 ff.

634 BVerfGE 41, 126 ff., 149; BVerfGE 74, 102 ff., 128; differenzierend BVerfGE 74, 358 ff., 370; BVerfG NJW 2005, 1567 f.

635 BVerfGE 115, 276 ff., 299 f. – Sportwettenmonopol; zur Entwicklung der Rechtsprechung des BVerfG hierzu s. o. Rdnr. 193 c und 352.

636 Siehe hierzu BVerfGE 44, 353 ff., 366 f.; *Detterbeck*, in: *Sachs*, GG, Art. 93, Rdnr. 92.

637 BVerfGE 72, 1 ff., 5 – Rente.

schwerde zulässig sein.[638] Hat sich der Einzelakt erledigt, kann beim Vorliegen eines Feststellungsinteresses eine Verfassungsbeschwerde erhoben werden. Dies ist z. B. dann der Fall, wenn Wiederholungsgefahr besteht, der Eingriff diskriminierenden Charakter hatte, oder wenn der Eingriff besondere Grundrechtsrelevanz hatte.[639]

„Unmittelbar" ist als Kriterium schwer zu bestimmen und hat seine maßgebliche 376
Bedeutung bei Verfassungsbeschwerden gegen Rechtsnormen. Wehrt sich der Beschwerdeführer gegen eine Rechtsnorm anlässlich einer darauf gestützten Vollzugsentscheidung, dann soll er nicht unmittelbar betroffen sein; denn er könnte zunächst den Vollzugsakt angreifen, wobei dort inzident auch die Verfassungsmäßigkeit der Rechtsgrundlage geprüft würde.[640] Dies gilt insbesondere bei bloß zivilrechtlichen Gesetzesfolgen.[641] Von diesem Grundsatz lässt das Bundesverfassungsgericht aber **Ausnahmen** zu, wenn das Abwarten dem Betroffenen unzumutbar wäre, wie z. B. im Falle der Abschussermächtigung im Sicherheitsgesetz.[642] Das Gleiche gilt bei Gesetzen, die Straf- oder Ordnungswidrigkeiten regeln: Hier kann dem Einzelnen *„das Risiko einer Zuwiderhandlung"* in der Regel nicht zugemutet werden.[643] Auch hier kann er sich unmittelbar gegen das Gesetz wehren.

5. Form

Voraussetzung für ein Verfassungsbeschwerdeverfahren ist ein **schriftlicher** und 377
substantiiert begründeter Antrag (§ 23 Abs. 1 BVerfGG). Dieser muss auch das nach Ansicht des Beschwerdeführers verletzte Grundrecht bezeichnen, wobei es nicht notwendig ist, den Artikel zu benennen.[644] Ferner muss der angegriffene Hoheitsakt bezeichnet werden. Die Begründung muss das Bundesverfassungsgericht in die Lage versetzen, über den Sachverhalt urteilen zu können. Das bedeutet, dass beispielsweise Gerichtsentscheidungen mindestens ihrem wesentlichen Inhalt nach mitzuteilen sind. Da dies fehleranfällig ist, wird geraten, in diesem Fall die Gerichtsentscheidung(en) beizufügen.[645] Die Einlegung per Fax oder (bis zur Einstellung des

---

638 BVerfGE 26, 246 ff., 252; BVerfGE 50, 290 ff., 321 – Mitbestimmung; BVerfGE 97, 157 ff., 164; BVerfGE 101, 54 ff., 73 f.

639 Zum Ganzen siehe *Detterbeck*, in: *Sachs*, GG, Art. 93, Rdnr. 93 m. w. N.; *Hillgruber/Goos*, Verfassungsprozessrecht, Rdnr. 279.

640 BVerfGE 1, 97 ff., 102 f.; BVerfGE 79, 174 ff., 187 f., st. Rspr.; siehe auch *Detterbeck*, in: *Sachs*, GG, Art. 93, Rdnr. 94.

641 BVerfG NJW 2006, 42 f., 43.

642 BVerfGE 115, 118 ff., 137 ff.

643 BVerfGE 46, 246 ff., 256.

644 BVerfGE 91, 176 ff., 181.

645 *Klein/Sennekamp*, NJW 2007, 945 ff., 952.

Dienstes zum 31.12.2022 auch per Telegramm)[646] ist ausreichend,[647] aber wegen der Menge an beizufügenden Unterlagen meist nicht praktikabel.[648]

6. Frist

378 Gegen **Gerichtsentscheidungen** und **Akte der Exekutive** muss die Verfassungsbeschwerde spätestens binnen eines Monats nach Bekanntgabe eingelegt werden (§ 93 Abs. 1 BVerfGG). Die Verfassungsbeschwerde ist, anders als in der fachgerichtlichen Praxis, nur fristgemäß erhoben, wenn sowohl Antrag als auch Begründung binnen Monatsfrist eingehen.[649] Für Personen, die nicht am Verfahren beteiligt waren, beginnt die Frist mit Kenntnis zu laufen.[650] Soll ein Unterlassen angegriffen werden, läuft regelmäßig keine Frist.[651]

379 Richtet sich die Verfassungsbeschwerde gegen **Gesetze** oder andere **Normen**, die nicht mit der Normenkontrolle gemäß § 47 VwGO angegriffen werden können, beträgt die Frist ein Jahr nach Inkrafttreten (§ 93 Abs. 3 BVerfGG). Bedarf das Gesetz noch einer Konkretisierung durch untergesetzliches Regelwerk, beginnt die Frist erst mit Inkrafttreten der Rechtsverordnung zu laufen.[652] Wird eine Norm vom Gesetzgeber anlässlich der Änderung anderer Vorschriften erneut behandelt, inhaltlich jedoch unverändert gelassen oder lediglich redaktionell angepasst, setzt kein erneuter Fristlauf ein.[653]

380 Die **Fristberechnung** selbst richtet sich nach §§ 187 ff. BGB.[654]

7. Rechtsschutzbedürfnis

381 Bevor jemand Verfassungsbeschwerde erheben kann, muss er zunächst alle sonst zulässigen Maßnahmen gegen den angegriffenen staatlichen Akt ergriffen haben. Insbesondere muss er alle sonstigen gerichtlichen Mittel genutzt haben (**Rechtswegerschöpfung**, § 90 Abs. 2 BVerfGG).

---

646 Siehe Stuttgarter Zeitung v. 29.12.2022, abrufbar unter: https://www.stuttgarter-zeitung.de/inhalt.ende-einer-aera-das-telegramm-hat-ausgedient.7b844a3e-eb0b-42fc-8ba6-9a64da21d121.html.

647 *Voßkuhle*, in: *v. Mangoldt/Klein/Stark*, GG, 4. Art. 93, Rdnr. 193, aber Einlegung per E-Mail wird überwiegend abgelehnt.

648 Siehe hierzu *Klein/Sennekamp*, NJW 2007, 945 ff., 955.

649 *Klein/Sennekamp*, NJW 2007, 945 ff., 954.

650 BVerfGE 99, 145 ff., 155 f.

651 BVerfG NJW 1997, 2811 f., 2812; BVerfG NJW 1999, 2582 f.

652 BVerfGE 110, 370 ff., 382; siehe auch *Hillgruber/Goos*, Verfassungsprozessrecht, Rdnr. 320.

653 BVerfG, NVwZ 2010, 181 ff., 182; siehe hierzu *Lenz/Würtenberger*, NVwZ 2010, 168 ff.

654 BVerfGE 17, 67 ff., 75; BVerfGE 102, 254 ff., 295.

Beispiel: Wer seinen Steuerbescheid angreifen will, muss Einspruch bei der Finanzbehörde einlegen (§ 347 AO), und kann erst anschließend, wenn das keinen Erfolg gebracht hat, beim Finanzgericht klagen. Weist das Finanzgericht die Klage ab, kann er sich mit einer Revision oder einer Beschwerde an den Bundesfinanzhof (BFH) wenden. Erst wenn er dort abgewiesen wird, ist der Rechtsweg erschöpft und die Verfassungsbeschwerde vor dem Bundesverfassungsgericht zulässig. Da sich die Verfassungsbeschwerde regelmäßig gegen den letzten staatlichen Akt richtet, muss er seine Verfassungsbeschwerde in diesem Fall gegen die letzte abweisende Entscheidung des Bundesfinanzhofs erheben.

Sinn und Zweck dieser Regelung ist es, die grundgesetzliche Zuständigkeitsverteilung zu bewahren, die den Fachgerichten die Aufgabe zuweist, Recht zu sprechen, auch unter Berücksichtigung von Verfassungsvorschriften. Ferner wird mit dieser Vorschrift gesichert, dass die vor das Bundesverfassungsgericht gebrachte Verfassungsbeschwerde gerichtlich vorher geprüftes Material enthält und die Meinung eines fachnahen Gerichts in das Verfahren einbezogen wird.[655] Schließlich führt diese Vorschrift zu einer gewissen Entlastung des Bundesverfassungsgerichts.[656] 382

Mit **Rechtsweg** ist jede gesetzlich vorgesehene Möglichkeit der Anrufung eines Gerichts gemeint.[657] Darunter fällt auch das obligatorische Vorverfahren, z. B. nach § 68 VwGO,[658] nicht jedoch Beschwerdestellen in Form von Kommissionen als Kontrollorgane eigener Art (siehe z. B. § 9 Abs. 2 S. 3 G 10).[659] 383

Erschöpft ist der Rechtsweg, wenn der Beschwerdeführer form- und fristgerecht alle Rechtsbehelfe eingelegt hat, die nicht von vornherein aussichtslos sind. Die Fachgerichte müssen die Möglichkeit haben, den Grundrechtsverstoß aus der Welt zu schaffen. Weist ein Revisionsgericht an eine untere Instanz zurück, ist der Rechtsweg regelmäßig nicht erschöpft.[660] 384

Als **Ausnahmen** vom Erfordernis der Rechtswegerschöpfung lässt § 90 Abs. 2 Satz 2 BVerfGG die Annahme einer Verfassungsbeschwerde zu, wenn sie allgemeine Bedeutung hat. Die Entscheidung darüber liegt im Ermessen des Bundesverfassungsgerichts. Allgemeine Bedeutung kann dann vorliegen, wenn die Verfassungsbeschwerde grundsätzliche verfassungsrechtliche Probleme aufwirft, die eine Vielzahl gleich gelagerter Einzelfälle betreffen.[661] Die Erschöpfung des Rechtswegs ist auch dann nicht erforderlich, wenn dem Beschwerdeführer durch die Verzögerung ein 385

655 BVerfGE 9, 3 ff., 7; BVerfGE 86, 382 ff., 386 ff.

656 BVerfGE 4, 193 ff., 196; BVerfGE 51, 130 ff., 139.

657 BVerfGE 30, 1 ff., 23; BVerfGE 67, 157 ff., 170 f.

658 Hierzu und zu weiteren Einzelheiten siehe *Detterbeck*, in: *Sachs*, GG, Art. 94, Rdnr. 17 m. w. N.; *Klein/Sennekamp*, NJW 2007, 945 ff., 949.

659 BVerfGE 67, 157 ff., 171.

660 *Detterbeck*, in: *Sachs*, GG, Art. 94, Rdnr. 18 m. w. N. und Ausnahmen.

661 BVerfGE 19, 268 ff., 273; BVerfGE 94, 49 ff., 83.

„schwerer und unabwendbarer Nachteil“ entstünde, wenn er erst den Rechtsweg beschreiten müsste (§ 90 Abs. 2 S. 2 BVerfGG).[662] Sie ist schließlich nicht erforderlich im Verfahren der einstweiligen Anordnung (§ 32 BVerfGG).

386 Neben der Erschöpfung des Rechtswegs hat das Bundesverfassungsgericht den Grundsatz der **Subsidiarität der Verfassungsbeschwerde** entwickelt.[663] Dieser ist weder in § 90 Abs. 2 BVerfGG niedergelegt, noch findet er sich sonst im Verfassungsprozessrecht. Das Bundesverfassungsgericht verlangt vom Beschwerdeführer, dass er neben den Mitteln der Ausnutzung des vorgegebenen Rechtswegs alle ihm zur Verfügung stehenden **verfahrensrechtlichen Möglichkeiten** ergreift, um den Verfassungsverstoß zu korrigieren oder zu verhindern.[664] Dies können etwa sein:

- Das Stellen geeigneter Beweisanträge im Strafprozess;[665]
- die Berufung auf Ausnahmevorschriften;[666]
- die Beantragung einer Billigkeitsmaßnahme;[667]
- das Stellen eines Abänderungsantrags gemäß § 80 Abs. 7 VwGO;[668]
- das Vorbringen eines hinreichend konkreten Tatsachenvortrags im Zivilverfahren.[669]

387 Im **vorläufigen Rechtsschutzverfahren** ist vor Einlegung der Verfassungsbeschwerde regelmäßig erst das Hauptsacheverfahren durchzuführen, soweit Verfassungsverstöße gerügt werden, die das Hauptsacheverfahren betreffen.[670]

388 Der Grundsatz der Subsidiarität fordert nicht das Einlegen von Rechtsbehelfen, die von vornherein aussichtslos sind. Ist jedoch eine gewisse Erfolgswahrscheinlichkeit gegeben, und sei sie auch gering, dann ist der Beschwerdeführer zum Tätigwerden verpflichtet.[671]

---

662 Siehe hierzu *Klein/Sennekamp*, NJW 2007, 945 ff., 949.

663 Zur Kritik hierzu siehe u. a. die Nachweise bei *Detterbeck*, in: *Sachs*, GG, Art. 94, Rdnr. 20 f.

664 *Klein/Sennekamp*, NJW 2007, 945 ff., 951; *Schwerdtfeger/Schwerdtfeger*, Öffentliches Recht in der Fallbearbeitung, Rdnr. 506.

665 BVerfGE, NJW 2005, 3769 ff., 3770.

666 BVerfGE 78, 58 ff., 68 f.; BVerfG NVwZ 2000, 1407 f., 1408.

667 BVerfGE 93, 165 ff., 171.

668 BVerfGE 70, 180 ff., 187 ff.; BVerfG NVwZ 2002, 848; zu weiteren Möglichkeiten siehe *Detterbeck*, in: *Sachs*, GG, Art. 94, Rdnr. 20 m. w. N.

669 BVerfG NJW 2011, 1339 ff.

670 BVerfGE 77, 382 ff., 401; BVerfGE 104, 65 ff., 70 f.; siehe aber auch BVerfGE 110, 77 ff., 88; zum Ganzen *Hillgruber/Goos*, Verfassungsprozessrecht, Rdnr. 307 ff.; siehe auch *Schwerdtfeger/Schwerdtfeger*, Öffentliches Recht in der Fallbearbeitung, Rdnr. 506 c; *Voßkuhle*, in: *v. Mangoldt/Klein/Stark*, GG, Art. 93, Rdnr. 191; zu Ausnahmen siehe *Detterbeck*, in: *Sachs*, GG, Art. 94, Rdnr. 20; instruktiv auch BVerfG, Beschluss vom 14. September 2016 – 1 BvR 1335/13, BeckRS 2016, 53085 und NVwZ 2017, 149 ff., 150 f. – Tagebau Cottbus-Nord (Lakoma).

671 *Voßkuhle*, in: *v. Mangoldt/Klein/Stark*, GG, Art. 93, Rdnr. 191.

Eine Verfassungsbeschwerde erledigt sich nach Ansicht des Bundesverfassungsgerichts auch grundsätzlich mit dem **Tod** des Beschwerdeführers.[672] 389

C. Entscheidung

Ist die Verfassungsbeschwerde unzulässig, so wird sie verworfen.[673] 390

Die Verfassungsbeschwerde ist **begründet**, wenn der Beschwerdeführer in seinen Grundrechten oder grundrechtsgleichen Rechten verletzt ist (zur Grundrechtsprüfung von Freiheitsrechten siehe unten Rdnr. 553, zu Gleichheitsrechten Rdnr. 785).

Ist der Beschwerdeführer tatsächlich in einem oder mehreren Grundrechten oder 391 grundrechtsgleichen Rechten verletzt, stellt das Bundesverfassungsgericht dies gemäß § 95 Abs. 1 S. 2 BVerfGG fest, z. B.: *„Die zulässigen Verfassungsbeschwerden sind begründet. Die angegriffenen gerichtlichen Entscheidungen verletzen die Beschwerdeführer in ihrem Grundrecht aus Art. 14 Abs. 1 S. 1 GG."*[674] Es kann weiter aussprechen, dass jede Wiederholung des angegriffenen Akts eine Grundrechtsverletzung darstellt (§ 95 Abs. 1 S. 2 BVerfGG). Soweit die Grundrechtsverletzung einzelne Entscheidungen, wie z. B. Verwaltungsakte oder Gerichtsentscheidungen betrifft, hebt das Bundesverfassungsgericht diese auf (§ 95 Abs. 2 BVerfGG) und verweist die Sache bei Rechtswegerschöpfung, was regelmäßig der Fall ist (s. o. Rdnr. 381 ff.), an ein zuständiges Gericht zurück. Dies ist deswegen notwendig, weil meist noch (mindestens) eine Kostenentscheidung zu ergehen hat.[675]

Die Entscheidungen des Bundesverfassungsgerichts über Verfassungsbeschwerden 392 haben **Gesetzeskraft**, sofern das Bundesverfassungsgericht ein Gesetz für vereinbar oder unvereinbar mit höherrangigem Recht erklärt oder für nichtig erklärt (§ 31 Abs. 2 S. 2 BVerfGG).

672 BVerfGE 6, 389 ff., 443; BVerfGE 12, 311 ff., 315.

673 Siehe z. B. BVerfGE 72, 1 ff., 1.

674 BVerfGE 102, 1 ff., 14.

675 BVerfGE 6, 386 ff., 389; BVerfGE 74, 264 ff., 264; BVerfGE 84, 1 ff., 3 f.

§ 25 Abstrakte Normenkontrolle

A. Überblick

393 Im abstrakten Normenkontrollverfahren (Art. 93 Abs. 1 Nr. 2 GG, §§ 13 Nr. 6, 76 ff. BVerfGG) prüft das Bundesverfassungsgericht die **Vereinbarkeit von Rechtsnormen mit höherrangigem Recht.** Eine Norm des Bundesrechts oder des Landesrechts kann in diesem Verfahren daran gemessen werden, ob sie mit dem Grundgesetz vereinbar ist; außerdem kann die Vereinbarkeit von Landesrecht mit Bundesrecht überprüft werden.

Im Gegensatz zur konkreten Normenkontrolle, die einen anhängigen Rechtsstreit voraussetzt, wird im abstrakten Normenkontrollverfahren eine **Vorschrift** als **unmittelbarer Prüfgegenstand** betrachtet.[676] Das abstrakte Normenkontrollverfahren gibt es in zwei Ausgestaltungen, einmal als **Normbestätigungsverfahren** (§ 76 Abs. 1 Nr. 2 BVerfGG)[677] und zum anderen als **Normverwerfungsverfahren** (§ 76 Abs. 1 Nr. 1 BVerfGG).

394 Abstrakte Normenkontrollverfahren sind eine wichtige **politische Waffe** der Parlamentsopposition, sofern sie mindestens ein Viertel der Bundestagsmandate hält oder eine Landesregierung stellt. Bundesgesetze, die gegen die Stimmen der Opposition beschlossen worden sind, können so außerhalb des politischen Verfahrens juristisch überprüft werden.[678]

B. Aktuelle Fälle

395 Die **bekanntesten Fälle** abstrakter Normenkontrollverfahren sind die Verfahren um das Zuwanderungsgesetz, den ZDF Staatsvertrag und den Berliner Mietendeckel.

1. Zuwanderungsgesetz – BVerfGE 106, 310 ff.

396 Auf Antrag einiger CDU/CSU regierter Bundesländer erklärte das Bundesverfassungsgericht am 18.12.2002 das Zuwanderungsgesetz für verfassungswidrig wegen Verstoßes gegen Verfahrensbestimmungen. Der damalige Vorsitzende des Bundesrats *Klaus Wowereit* hatte das auf Nachfrage abgegebene positive Votum des Ministerpräsidenten *Manfred Stolpe* als Stimmführer für Brandenburg als entscheidend für die Stimmabgabe Brandenburgs angesehen, obwohl zunächst der Sozialminister

676 *Hillgruber/Goos,* Verfassungsprozessrecht, Rdnr. 645.

677 Zu Einzelheiten siehe *Hillgruber/Goos,* Verfassungsprozessrecht, Rdnr. 656.

678 *Sachs,* Verfassungsprozessrecht, Rdnr. 117; siehe hierzu den Überblick bis 2001 von *Stüwe,* Aus Politik und Zeitgeschichte (B 37-38/2001), S. 34 ff., im Internet abrufbar unter http://www.bpb.de/files/6GUYIN.pdf.

Brandenburgs *Alwin Ziel* mit ja, der Innenminister *Jörg Schönbohm* aber mit nein abgestimmt hatten. Das von einer SPD/CDU-Koalition regierte Brandenburg habe, so das Bundesverfassungsgericht, in der fraglichen Bundesratssitzung kein einheitliches Votum abgegeben. Damit sei das Votum ungültig, und das zustimmungspflichtige Gesetz habe im Bundesrat keine Mehrheit erhalten.[679]

2. ZDF-Staatsvertrag – BVerfGE 136, 9 ff.

Die Bundesländer Hamburg und Rheinland-Pfalz griffen mit zwei inhaltsgleichen Normenkontrollklagen den seinerzeitigen ZDF-Staatsvertrag[680] an. Hintergrund war ein Streit um die Vertragsverlängerung des ZDF-Chefredakteurs *Nikolaus Brender*. Das Bundesverfassungsgericht stellte in seiner Entscheidung vom 25.03.2014 fest, dass der Anteil staatlicher und staatsnaher Mitglieder *„ein Drittel der gesetzlichen Mitglieder des jeweiligen Gremiums nicht übersteigen“* dürfe.[681] Das Bundesverfassungsgericht bekräftigte das Gebot der Staatsferne im öffentlich-rechtlichen Rundfunk, wonach der der Einfluss *„staatlicher und staatsnaher Mitglieder“* konsequent zu begrenzen sei.[682] Damit hielt das Bundesverfassungsgericht die seinerzeitigen Regelungen des Staatsvertrages zur Besetzung der Aufsichtsgremien des ZDF als nicht mit der durch Art. 5 des Grundgesetzes gewährleisteten Presse- und Rundfunkfreiheit vereinbar.[683] Den Bundesländern, die den ZDF-Staatsvertrag untereinander ausgehandelt hatten, wurde aufgegeben, bis zum 30.06.2015 eine verfassungskonforme Neuregelung zu finden.[684] 397

3. Berliner Mietendeckel – BVerfGE 157, 223 ff.

Auf Initiative der rot-rot-grünen Regierungskoalition in Berlin hatte das Abgeordnetenhaus von Berlin am 30. Januar 2020 das Gesetz zur Neuregelung gesetzlicher Vorschriften zur Mietenbegrenzung (kurz MietenWoG Bln),[685] umgangsprachlich auch „Berliner Mietendeckel“ genannt, beschlossen. Es enthielt Vorschriften zu Mietenstopp, Mietobergrenzen, Mietabsenkungen sowie eine Begrenzung von Modernisierungsumlagen. Umstritten war sowohl, ob dieses Gesetz materiell-rechtlich verfassungsmäßig war, als auch, ob Berlin die Gesetzgebungskompetenz für ein 398

679 BVerfGE 106, 310 ff., 329 ff.; siehe auch Fall 2 unten, Rdnr. 874 ff.

680 Gesetz zu dem Staatsvertrag über den Rundfunk im vereinten Deutschland und zu dem Vertrag zum Europäischen Fernsehkulturkanal vom 19. November 1991, u. a. GBl. BW, S. 745.

681 BVerfGE 136, 9 ff., 36.

682 BVerfGE 136, 9 ff., 51.

683 BVerfGE 136, 9 ff., 65.

684 BVerfGE 136, 9 ff., 59; siehe ZDF-Staatsvertrag (ZDF-StV) v. 31.08.1991, GVBl. I Bbg., S. 594, zul. geänd. durch Art. 5 d. Staatsvertrages zur Modernisierung der Medienordnung in Deutschland v. 28.04.2020 (GVBl. I Bbg., S. 1, GVBl. I Bbg., S. 70.

685 GVBl vom 22. Februar 2020 S. 50.

solches Gesetz habe. Das Bundesverfassungsgericht erklärte am 25.03.2021 den „Berliner Mietendeckel“ für nichtig, weil der Bundesgesetzgeber das Mietpreisrecht in den §§ 556 bis 561 BGB abschließend geregelt habe und somit für die Länder kein Regelungsspielraum verbleibe (Art. 70, Art. 72 Abs. 1 GG).[686] Ob die Regelungen des „Berliner Mietendeckels“ materiell-rechtlich mit der Verfassung vereinbar sind, wurde vom Bundesverfassungsgericht nicht geprüft; allerdings führte es aus, dass der Gesetzgeber, etwa mit entsprechenden Ausgestaltungen des bürgerlichen Rechts auch soziale und andere Ziele verfolgen könne, indem er für die Vertragsgestaltung Vorgaben macht und ihre Beachtung und Durchsetzung sichert.

C. Zulässigkeitsvoraussetzungen

399 Die abstrakte Normenkontrolle unterscheidet sich hinsichtlich ihrer Zulässigkeitsvoraussetzungen von anderen Verfahren. Das **Prüfungsschema** sieht wie folgt aus:

1. Zuständigkeit des Bundesverfassungsgerichts (Art. 93 Abs. 1 Nr. 2, 2a GG, § 13 Nr. 6, 6a BVerfGG)
2. Tauglicher Prüfgegenstand (Art. 93 Abs. 1 Nr. 2, 2a GG, § 76 Abs. 1, 2 BVerfGG)
3. Antragsbefugnis (Art. 93 Abs. 1 Nr. 2, 2a GG, § 76 Abs. 1, 2 BVerfGG)
4. Objektives Klarstellungsinteresse als Antragsgrund (§ 76 Abs. 1 Nr. 1, 2, Abs. 2 BVerfGG)
5. Einhaltung der Formvorschriften (§ 23 Abs. 1 BVerfGG)

1. Zuständigkeit des Bundesverfassungsgerichts

400 Die Zuständigkeit des Bundesverfassungsgerichts ergibt sich aus Art. 93 Abs. 1 Nr. 2, 2a GG und § 13 Nr. 6, 6a BVerfGG. Für die Prüfung der Vereinbarkeit von **Landesverfassungsrecht** mit dem Grundgesetz ergibt sich die Zuständigkeit aus dem Grundsatz, wonach auch die Landesverfassungen dem grundgesetzlichen Homogenitätsgebot aus Art. 28 Abs. 1, 142 GG unterliegen.[687]

2. Tauglicher Prüfungsgegenstand

401 Nur **bereits existierendes Recht** kann im Wege der Normenkontrolle überprüft werden. Ist das Normsetzungsverfahren noch nicht abgeschlossen, ist der Antrag unzulässig. Die Regelung muss jedoch noch nicht in Kraft getreten sein, so dass auch Vorschriften überprüft werden können, die erst zu einem späteren Zeitpunkt in

---

686 BVerfGE 157, 223 ff., 264 f. – Berliner Mietendeckel.

687 BVerfGE 103, 111 ff., 134; siehe hierzu ausf. *Schwarz*, in: *v. Mangoldt/Klein/Stark*, GG, Art. 28, Rdnr. 2 ff.; *Hillgruber/Goos*, Verfassungsprozessrecht, Rdnr. 653.

Kraft treten.[688] Hierzu wird jedoch eine **Ausnahme** zugelassen, nämlich Zustimmungsgesetze zu internationalen Verträgen gemäß Art. 59 Abs. 2 Satz 1 GG, die bereits dann angegriffen werden können, wenn sie zwar beschlossen, aber noch nicht ausgefertigt und verkündet sind. Diese Vorverlagerung ist notwendig, da die Zustimmung zu völkerrechtlichen Verträgen in den meisten Fällen nicht einfach rückgängig gemacht werden kann, wenn die Ratifikationsurkunde erst einmal an der richtigen Stelle, z. B. bei den Vereinten Nationen hinterlegt ist.[689]

Tauglicher Prüfungsgegenstand einer abstrakten Normenkontrolle können folgende – auch vorkonstitutionelle[690] – Regelungen sein:[691] 402

- Verfassungsändernde Bundesgesetze, die daraufhin überprüft werden sollen, ob sie mit Art. 79 GG vereinbar sind;
- Allgemeine Regeln des Völkerrechts (Art. 25 S. 1 GG);
- Landesverfassungsrecht;[692]
- Einfaches Bundesrecht;
- Einfaches Landesrecht;
- Untergesetzliches Regelwerk (Rechtsverordnungen, Satzungen);[693]
- Ausschließlich formelle Gesetze (Haushaltsgesetz);[694]
- Zustimmungsgesetze zu völkerrechtlichen Verträgen (Art. 59 Abs. 2 S. 1 GG);[695]
- Autonome Satzungen von bundes- oder landesunmittelbaren Körperschaften, Anstalten und Stiftungen des öffentlichen Rechts;
- Kommunalsatzungen;
- Gewohnheitsrecht;
- Richterrecht;[696]
- Geschäftsordnungen der Verfassungsorgane;[697]
- Tarifverträge, sofern sie nach § 5 Abs. 4 TVG für allgemeinverbindlich erklärt wurden.[698]

---

688 BVerfGE 1, 396 ff., 410; BVerfGE 104, 23 ff., 29.

689 Siehe hierzu *Herdegen*, Völkerrecht, § 15, Rdnr. 10.

690 BVerfGE 2, 124 ff., 131; BVerfGE 24, 174 ff., 79 f.; BVerfGE 103, 111 ff., 124.

691 Siehe hierzu auch *Hillgruber/Goos*, Verfassungsprozessrecht, Rdnr. 653 f.; *Sachs*, Verfassungsprozessrecht, Rdnr. 133.

692 BVerfGE 103, 111 ff., 124.

693 BVerfGE 1, 117 ff., 126; BVerfGE 101, 1 ff., 30; BVerfGE 106, 1 ff., 12.

694 BVerfGE 20, 56 ff., 89 ff.; BVerfGE 79, 311 ff., 326; BVerfG DÖV 2007, 789 ff.

695 BVerfGE 1, 396 ff., 410 ff.; BVerfGE 4, 157 ff., 162; BVerfGE 6, 290 ff., 294 f.; BVerfGE 12, 281 ff., 288.

696 Ihm kommt keine Normqualität zu (s. o. Rdnr. 32). Richterliche Rechtsprechung sollte dennoch verfassungsgerichtlich angreifbar sein, um sie nicht auch noch zu privilegieren, siehe hierzu *Hillgruber/Goos*, Verfassungsprozessrecht, Rdnr. 653.

697 BVerfGE 1, 144 ff., 148; auch wenn diese Entscheidung ein Organstreitverfahren betraf, so kann diese Materie auch im abstrakten Normenkontrollverfahren überprüft werden; siehe hierzu *Hillgruber/Goos*, Verfassungsprozessrecht, Rdnr. 653.

698 BVerfGE 44, 322 ff., 338 ff.; BVerfGE 55, 7 ff., 20.

403 Nicht überprüfbar im Verfahren der abstrakten Normenkontrolle ist **originäres Verfassungsrecht**. Es gibt kein verfassungswidriges Verfassungsrecht,[699] so dass beispielsweise Art. 38 Abs. 2 GG, wonach wahlberechtigt nur ist, wer das achtzehnte Lebensjahr vollendet hat, nicht gegen den Wahlrechtsgrundsatz des Art. 38 Abs. 1 S. 1 GG (Grundsatz der allgemeinen Wahl) verstoßen kann.[700]

404 Nicht angreifbar mit der abstrakten Normenkontrolle sind ferner **Verwaltungsvorschriften**, denen die Außenwirkung fehlt,[701] sowie **ausländisches Recht**, Völkerrecht inklusive Europarecht. Überprüfbar sind hier lediglich die Zustimmungsgesetze zu völkerrechtlichen oder europäischen Verträgen, wobei die Vertragsinhalte auf ihre Vereinbarkeit mit dem Grundgesetz überprüft werden können. Sekundäres Europarecht in der Form von Verordnungen und Richtlinien kann hingegen im Ausnahmefall (zu den Ausnahmen siehe sogleich Rdnr. 404a) nicht verfassungsgerichtlich überprüft werden (siehe hierzu oben Rdnr. 193ff.), wohl aber ein Gesetz zur Umsetzung einer Richtlinie, soweit der Mitgliedsstaat hier autonome Rechtssetzungsbefugnisse hat.[702]

404a Im Rahmen der Ultra-Vires-Kontrolle behält sich das Bundesverfassungsgericht seit dem Lissabon-Urteil[703] vor, ausbrechende europäische Rechtsakte zu überprüfen. Und schließlich hat das Bundesverfassungsgericht mit den Entscheidungen „Recht auf Vergessen I"[704] und „Recht auf Vergessen II"[705] vom 06.11.2019 seine Entscheidungskompetenz auch auf Verstöße gegen unionale Grundrechte ausgeweitet,[706] so dass nunmehr auch europäische Grundrechtsvorschriften vor dem Bundesverfassungsgericht angreifbar sind.

3. Antragsbefugnis

405 Antragsbefugt sind nur die **Bundesregierung**, eine **Landesregierung** oder ein **Drittel der Mitglieder des Bundestages**. Einen Antragsgegner gibt es nicht; der Antrag richtet sich unmittelbar gegen das Gesetz.

---

699 *Hillgruber/Goos*, Verfassungsprozessrecht, Rdnr. 655; *v. Campenhausen/de Wall*, Religionsverfassungsrecht, § 18, Rdnr. 2. a. A. *Sachs*, Verfassungsprozessrecht, Rdnr. 133; danach *gehe* – unter Verweis auf BVerfGE 3, 325ff., 233 sowie BVerfGE 95, 96ff., 134f. – auch das BVerfG davon aus, dass bei Verstößen gegen überpositives Recht auch eine „theoretische Möglichkeit originärer verfassungswidriger Verfassungsnormen bestehe".

700 Siehe hierzu Rdnr. 104.

701 BVerfGE 12, 180ff., 199.

702 *Hillgruber/Goos*, Verfassungsprozessrecht, Rdnr. 683.

703 BVerfGE 123, 267; siehe hierzu oben Rdnr. 193d.

704 BVerfGE 152, 152ff.

705 BVerfGE 152, 216ff.; NJW 2020, 314ff.

706 Siehe oben unter Rdnr. 193c.

Ein Sonderfall ist die abstrakte Normenkontrolle nach Art. 93 Abs. 1 Nr. 2a GG, mit der Gesetze daraufhin überprüft werden können, ob sie die **Erforderlichkeitsklausel** des Art. 72 Abs. 2 GG erfüllen (hierzu unten Rdnr. 485 ff.). Dabei sind auch die **Landesregierungen**, die **Landtage** und der **Bundesrat** antragsbefugt.

4. Objektives Klarstellungsinteresse als Antragsgrund

Art. 93 Abs. 1 Nr. 2 GG i.V.m. § 76 Abs. 1 Nr. 1, 2, Abs. 2 BVerfGG verlangt, dass **Meinungsverschiedenheiten** oder **Zweifel** in Bezug auf die Verfassungsmäßigkeit von Bundes- oder Landesrecht vorliegen. 406

Meinungsverschiedenheiten oder Zweifel sind der Anstoß dafür, dass überhaupt eine verfassungsgerichtliche Überprüfung stattfinden kann. Insofern reichen rein theoretische Zweifel nicht aus; es muss sich um konkrete Meinungsverschiedenheiten oder Gültigkeitszweifel handeln, die ein **objektives Klarstellungsinteresse** begründen.[707] 407

Dieses Interesse ist aber nicht zu verwechseln mit einem **subjektiven Rechtsschutzbedürfnis** analog § 42 Abs. 2 VwGO, welches nach Ansicht des Bundesverfassungsgerichts hier nicht erforderlich ist.[708] § 76 Abs. 1 Nr. 1 BVerfGG führt insofern ein subjektives Element in die abstrakte Normenkontrolle ein, als die Vorschrift fordert, der Antragsteller müsse die fragliche Vorschrift für nichtig halten. Dies wird teilweise als verfassungswidrig angesehen, denn diese einfachgesetzliche Vorschrift schränkt die Regelung des Grundgesetzes in Art. 93 Abs. 1 Nr. 2 GG ein.[709] Das Bundesverfassungsgericht hat diese Frage noch nicht entschieden,[710] offensichtlich war bislang jeder Antragsteller von der Ungültigkeit der angegriffenen Norm überzeugt.

5. Einhaltung der Formvorschriften

Ein abstrakter Normenkontrollantrag ist wie alle übrigen Verfahren schriftlich einzureichen (§ 23 Abs. 1 BVerfGG). 408

---

707 BVerfGE 6, 104 ff., 110; BVerfGE 88, 203 ff., 334; BVerfGE 113, 167 ff., 193; BVerfG DÖV 2007, 789 ff.; *Hillgruber/Goos*, Verfassungsprozessrecht, Rdnr. 663 m. w. N.

708 BVerfGE 52, 63 ff., 80; BVerfGE 100, 249 ff., 257 f.; BVerfGE 103, 111 ff., 124; BVerfGE 108, 169 ff., 178; *Hillgruber/Goos*, Verfassungsprozessrecht, Rdnr. 664.

709 Zum Meinungsstreit siehe *Hillgruber/Goos*, Verfassungsprozessrecht, Rdnr. 667 ff.

710 Offengelassen z. B. in BVerfGE 1, 184 ff., 196; BVerfGE 6, 104 ff., 110; BVerfG, 2 BvF 3/02 v. 19.09.2007, Abs. 40 (in DVBl. 2007, 1359 ff. nicht abgedruckt).

6. Entscheidung

409 Ein **unzulässiger Antrag** wird verworfen.[711]

410 Eine **Sachentscheidung** enthält entweder den Tenor, dass eine Norm mit dem Grundgesetz oder, falls es um die Überprüfung einer landesrechtlichen Vorschrift geht, mit dem Bundesrecht, vereinbar ist, oder dass sie dagegen verstößt und somit nichtig ist.

411 Ist eine Vorschrift oder ein Gesetz verfassungswidrig, so ist sie grundsätzlich für **nichtig** zu erklären (§§ 95 Abs. 3 S. 1, 78 S. 1 BVerfGG). Ist der verfassungswidrige Teil der Vorschrift **abtrennbar** und bleiben die übrigen Regelungen des Gesetzes sinnvoll anwendbar, beschränkt sich die Entscheidung auf den abtrennbaren Teil.[712] Etwas anderes gilt, wenn der verfassungswidrige Teil der Norm nicht klar abgrenzbar ist, eine Personen- oder Fallgruppe nicht einbezogen wurde, oder wenn der Gesetzgeber verschiedene Möglichkeiten hat, den verfassungswidrigen Zustand zu beseitigen.[713] Dann verpflichtet das Bundesverfassungsgericht den Gesetzgeber, den verfassungswidrigen Zustand innerhalb einer bestimmten Frist zu beseitigen, z. B. bis zum Ende der Legislaturperiode.[714] Auch ein einheitliches hinter der Regelung stehendes Reformkonzept kann die Nichtigkeit des ganzen Gesetzes auslösen, selbst wenn nur Teile der Regelung verfassungswidrig sind. Dabei besteht aber immer die Gefahr, dass das Bundesverfassungsgericht sich als **Ersatzgesetzgeber** geriert. So hat das Bundesverfassungsgericht die Hochschulreform von 2002 insgesamt für nichtig erklärt,[715] obwohl lediglich zwei Teilbereiche, nämlich die Juniorprofessur und die Gebührenfreiheit verfassungswidrig waren, was z. T. heftig (und zu Recht) kritisiert worden ist.[716]

412 Ferner kommt es vor, dass das Bundesverfassungsgericht eine Vorschrift zum Zeitpunkt der Entscheidung (noch) nicht für verfassungswidrig hält, sich dies aber durch eine Änderung der tatsächlichen Verhältnisse in der Zukunft ergeben könnte.[717] Ein solcher Hinweis des Bundesverfassungsgerichts, auch **Appellentscheidung** genannt,[718] erlangt keine Gesetzeskraft und entfaltet auch keine Bindungswirkung gemäß § 31 Abs. 1 BVerfGG. Vielmehr soll der Gesetzgeber erinnert werden, die tatsächlichen Verhältnisse zu beobachten und gegebenenfalls die entsprechenden Vorschriften anzupassen.

711 BVerfGE 96, 133 ff.
712 BVerfGE 8, 274 ff., 301; BVerfGE 100, 249 ff., 263; BVerfGE 111, 226 ff., 273.
713 BVerfGE 90, 263 ff., 275; BVerfGE 92, 158 ff., 186; BVerfGE 101, 397 ff., 409; BVerfGE 105, 73 ff., 133.
714 BVerfGE 92, 158 ff., 187; BVerfGE 90, 263 ff., 276.
715 Siehe oben Rdnr. 397.
716 Siehe nur *Knopp*, ZBR 2005, 145 ff. m. w. N.
717 BVerfGE 34, 269 ff., 288; BVerfGE 82, 6 ff., 12.
718 *Hillgruber/Goos*, Verfassungsprozessrecht, Rdnr. 706; *Sachs*, Verfassungsprozessrecht, Rdnr. 171.

Die Entscheidungen des Bundesverfassungsgerichts bei der abstrakten Normenkontrolle haben **Gesetzeskraft** gemäß § 31 Abs. 2 S. 1 BVerfGG. Die Entscheidung ist vom Bundesjustizministerium im Bundesgesetzblatt zu veröffentlichen (§ 31 Abs. 2 S. 3 BVerfGG). Die Folge ist, dass auf der einen Seite der Normadressat von seiner Pflicht zur Normbefolgung befreit wird. Erklärt das Bundesverfassungsgericht eine Norm für gültig, steht die Gesetzeskraft der Entscheidung einer (erneuten) Anrufung des Bundesverfassungsgerichts entgegen.[719] 413

719 *Hillgruber/Goos,* Verfassungsprozessrecht, Rdnr. 711.

§ 26 Konkrete Normenkontrolle

A. Überblick

414 Die konkrete Normenkontrolle ist die verfassungsgerichtliche **Überprüfung eines Gesetzes auf Vorlage eines anderen Gerichtes**, wenn es für die Entscheidung dieses Gerichts auf die Gültigkeit des Gesetzes ankommt (Art. 100 Abs. 1 GG, §§ 13 Nr. 11, 80 ff. BVerfGG). Diese Normenkontrolle ist „konkret", weil sie, anders als die „abstrakte" Normenkontrolle, anlässlich eines Einzelfallverfahrens stattfindet. Auch hier gibt es keinen Antragsgegner.

415 Nur ein Verfassungsgericht kann ein formelles Gesetz für verfassungswidrig erklären (Normverwerfungsmonopol). Die Frage, ob ein Landes- oder Bundesgesetz gegen das Grundgesetz verstößt, darf deshalb nicht jedes beliebige Gericht, sondern nur das Bundesverfassungsgericht beantworten. Deshalb dürfen die übrigen Gerichte nicht selbst über die Verfassungswidrigkeit einer Norm entscheiden, sondern müssen sie dem Bundesverfassungsgericht vorlegen. Das Normenkontrollverfahren schützt also letztlich den Gesetzgeber vor der Nichtanwendung von Gesetzen durch die Gerichte.[720] Diese sind zwar befugt, unklare Vorschriften verfassungskonform auszulegen, sie sind aber nicht berechtigt, Vorschriften als verfassungswidrig einzustufen und dann nicht anzuwenden.[721]

416 Im konkreten Normenkontrollverfahren kann ferner überprüft werden, ob Landesrecht gegen Bundesrecht (und damit gegen **Art. 31 GG**) verstößt.[722]

417 Über die Vereinbarkeit von Landesrecht mit den **Landesverfassungen** entscheiden die Landesverfassungsgerichte; siehe z. B. Art. 113 Nr. 3 Verf. Bbg. Hinsichtlich formeller Landesgesetze haben sie ebenfalls ein Normverwerfungsmonopol.

418 Das konkrete Normenkontrollverfahren ist, was die Eingangszahlen betrifft, das nach der Verfassungsbeschwerde zweitwichtigste verfassungsgerichtliche Verfahren. Um den steigenden Zahlen begegnen zu können, hat das Bundesverfassungsgericht sukzessive die Zulässigkeitsanforderungen an die konkrete Normenkontrolle angehoben. Das ist nicht unproblematisch, denn die vorlegenden Gerichte kommen einer verfassungsrechtlichen Pflicht nach. Ist ein konkreter Normenkontrollantrag unzulässig, bleibt dem Fachgericht nichts Anderes übrig, als die fragliche Norm irgendwie anzuwenden, und sei es im Wege richterlicher Rechtsfortbildung vielleicht

720 BVerfGE 1, 184 ff., 197 f.; *Siekmann/Kessal-Wulf*, in: *v. Mangoldt/Klein/Stark*, GG, Art. 100, Rdnr. 1 f.
721 *Hillgruber/Goos*, Verfassungsprozessrecht, Rdnr. 738; *Sachs*, Verfassungsprozessrecht, Rdnr. 198.
722 *Hillgruber/Goos*, Verfassungsprozessrecht, Rdnr. 747.

in eine Richtung, die der Gesetzgeber gar nicht intendierte. Gerade das soll ja mit der Vorlagepflicht verhindert werden.[723]

B. Bekannte Normenkontrollverfahren

1. Gemeinderat – BVerfGE 93, 373 ff.

In dieser Entscheidung des Bundesverfassungsgerichts ging es um eine Regelung der baden-württembergischen Gemeindeordnung,[724] wonach in Gemeinden bis 20.000 Einwohner in einem eine Befangenheit begründenden Verhältnis stehende Personen nicht gleichzeitig Gemeinderäte sein konnten. Dazu zählten gemäß § 18 Abs. 1 Nr. 1 GemO BW auch der frühere Ehegatte. Im konkreten Fall konnte die Klägerin nicht in den Gemeinderat einziehen, weil sie weniger Stimmen auf sich vereinen konnte als ihr geschiedener früherer Ehegatte. Das Bundesverfassungsgericht erklärte die Regelung wegen Verstoßes gegen 28 Abs. 1 S. 2 GG für verfassungswidrig, denn es fehle an einem zwingenden Grund für eine derartige Einschränkung. Das Bundesverfassungsgericht begründete dies damit, dass die eheliche Lebensgemeinschaft, die Anlass zu vereintem Handeln im Gemeinderat bieten kann, im vorliegenden Fall beendet sei und somit die Gefahr einer sachfremden gemeinschaftlichen Förderung von Eigen- oder Drittinteressen hier weit geringer einzuschätzen sei, als bei Gemeinderatsmitgliedern, zwischen denen enge persönliche oder berufliche Beziehungen bestehen.[725] 420

2. „Recht auf Rausch" – BVerfGE 90, 145 ff.

Das Bundesverfassungsgericht hatte in diesem konkreten Normenkontrollverfahren die Frage zu klären, ob Art. 2 Abs. 1 GG und – im Hinblick auf die mögliche Freiheitsentziehung – Art. 2 Abs. 2 GG nicht ein sog. „Recht auf Rausch" vermitteln. Dem trat das Bundesverfassungsgericht entgegen und hielt das Betäubungsmittelgesetz im Hinblick auf Cannabis mit seinen strafrechtlichen Konsequenzen für (noch) verfassungsgemäß. Das Bundesverfassungsgericht erschwerte aber gleichzeitig die strafrechtliche Verfolgung von Konsumenten im „Probierstadium" erheblich.[726] So ist bei gelegentlichem Eigenverbrauch geringer Mengen von Cannabisprodukten, der 421

---

723 Zum Ganzen *Sachs*, Verfassungsprozessrecht, Rdnr. 198 ff.; *Hillgruber/Goos*, Verfassungsprozessrecht, Rdnr. 742.

724 § 29 Abs. 2 S. 1 i. V. m. § 18 Abs. 1 Nr. 1 GemO BW (GBl. 1983, S. 578).

725 BVerfGE 93, 373 ff., 378.

726 BVerfGE 90, 145 ff., 187 f.

nicht mit einer Fremdgefährdung verbunden ist, nach dem Übermaßverbot von der Verfolgung der in § 31a BtMG bezeichneten Straftaten grundsätzlich abzusehen.[727]

3. Ende der Schonung von Betriebsvermögen im ErbStG – BVerfGE 138, 136 ff.

421a In dieser Entscheidung vom 17. Dezember 2014 urteilte das Bundesverfassungsgericht auf Vorlage des Bundesfinanzhofs darüber, ob die Privilegierung von Betriebsvermögen im Verhältnis zu sonstigem Vermögen im Erbfall mit der Verfassung vereinbar ist. Konkret ging es um die Frage, ob die Bestimmungen über die Befreiung von der Erbschaft- und Schenkungsteuer für Betriebsvermögen, Betriebe der Land- und Forstwirtschaft und Anteile an Kapitalgesellschaften in §§ 13a und 13b ErbStG i. V. mit der Tarifvorschrift des § 19 Abs. 1 ErbStG in ihrer im Jahre 2009 maßgeblichen Fassung gegen Art. 3 Abs. 1 GG verstoßen. Hintergrund der Regelung war, dass die im Erbfall trotz Begünstigung anfallende Erbschaftsteuer häufig nicht aus liquidem Vermögen oder aus laufenden Erträgen beglichen werden konnte. Damit bestand die Gefahr, dass Betriebe nicht weiter geführt werden konnten mit der Folge des Verlusts von Arbeitsplätzen.[728] Dieses Ziel hat das Bundesverfassungsgericht ausdrücklich als legitimes Ziel anerkannt,[729] die konkrete Ausgestaltung wurde aber als unverhältnismäßig eingestuft, insbesondere die Befreiung von der Erbschaft- und Schenkungsteuer auf den unentgeltlichen Erwerb betrieblichen und land- und forstwirtschaftlichen Vermögens und von Anteilen an Kapitalgesellschaften. Dies betraf vor allem Fallgestaltungen mit Unternehmen, welche die Größe kleiner und mittlerer Unternehmen überschreiten.[730] Dem Gesetzgeber wurde aufgegeben, bis spätestens zum 30. Juni 2016 eine verfassungskonforme Neuregelung zu schaffen.[731]

C. Zulässigkeitsvoraussetzungen

422 Die Zulässigkeitsvoraussetzungen des konkreten Normenkontrollverfahrens richten sich nach Art. 100 Abs. 1 GG, §§ 13 Nr. 11, 80 ff. BVerfGG und lassen sich wie folgt gliedern:

---

727 Um nicht falsch verstanden zu werden und zur Warnung: Das Bundesverfassungsgericht führte auch aus, dass *„das allgemeine Konzept des Gesetzgebers, den Umgang mit Cannabisprodukten […] umfassend zu verbieten, […] für sich nicht gegen das Übermaßverbot [verstößt]. Es wird durch die erstrebten Zwecke gerechtfertigt, die Bevölkerung – zumal die Jugend – vor den von der Droge ausgehenden Gesundheitsgefahren sowie vor der Gefahr einer psychischen Abhängigkeit von der Droge zu schützen“* (BVerfGE 90, 145 ff., 184).

728 BVerfGE 138, 136 ff., 155 f.

729 BVerfGE 138, 136 ff., 188 f.

730 BVerfGE 138, 136 ff., 202 f.

731 BVerfGE 138, 136 ff., 251.

1. Zuständigkeit des Bundesverfassungsgerichts (Art. 100 Abs. 1 GG, § 13 Nr. 11 BVerfGG)
2. Vorlageberechtigung
3. Vorlagegegenstand
4. Überzeugung des vorlegenden Gerichts von der Verfassungswidrigkeit
5. Entscheidungserheblichkeit
   Wenn die Voraussetzungen 1.–5. erfüllt sind, muss das Gericht vorlegen. Dann ist zusätzlich zu prüfen:
6. Form, Begründung

Nachfolgend werden die Zulässigkeitsvoraussetzungen im Einzelnen besprochen.

1. Zuständigkeit des Bundesverfassungsgerichts

Die Zuständigkeit des Bundesverfassungsgerichts ergibt sich aus Art. 100 Abs. 1 GG i.V.m. §§ 13 Nr. 11 BVerfGG. 423

2. Vorlageberechtigung

Vorlageberechtigt sind nach Art. 100 Abs. 1 GG **alle Gerichte gem. Art. 92 GG.** Auch aus einem Verfahren der freiwilligen Gerichtsbarkeit kann eine konkrete Normenkontrolle eingereicht werden.[732] Landesverfassungsgerichte sind ebenfalls vorlageberechtigt.[733] Stellt ein Beteiligter im Gerichtsverfahren den Antrag auf Einleitung einer konkreten Normenkontrolle, dann ist das Gericht daran nicht gebunden (§ 80 Abs. 3 BVerfGG). Es handelt sich dabei lediglich um eine Anregung. Eine Nichtvorlage kann dann nach Abschluss des Verfahrens als Entziehung des gesetzlichen Richters gerügt werden (Art. 101 Abs. 1 S. 2 i.V.m. Art. 100 Abs. 1 GG).[734] 424

3. Vorlagegegenstand

Vorgelegt werden können lediglich **formelle Bundes- oder Landesgesetze.** Die Prüfung, ob untergesetzliche Normen, insbesondere Rechtsverordnungen, gegen Verfassungsvorschriften verstoßen, sind vom jeweiligen Gericht selbst zu entscheiden.[735] Das konkrete Normenkontrollverfahren soll den Gesetzgeber, also insbesondere das Parlament schützen, nicht die Exekutive in ihrer Rolle als Verordnungsgeber. Hält aber das vorlegende Gericht die Ermächtigungsgrundlage für die Rechtsver- 425

732 BVerfGE 4, 45 ff., 48; BVerfGE 7, 183 ff., 186; BVerfGE 14, 163 ff., 273.
733 BVerfGE 69, 112 ff., 117.
734 *Hillgruber/Goos*, Verfassungsprozessrecht, Rdnr. 752.
735 BVerfGE 48, 40 ff., 44 f.; BVerfG JuS 2006, 263.

ordnung für verfassungswidrig, dann kann ein konkretes Normenkontrollverfahren eingeleitet werden.[736]

426 Das Gesetz muss in der Regel **verkündet** sein und darf **noch nicht außer Kraft** getreten sein. **Vorkonstitutionelle** Gesetze, d. h. solche, die vor In-Kraft-Treten des Grundgesetzes verkündet wurden, können von jedem Gericht selbst geprüft und verworfen werden, es sei denn der nachkonstitutionelle Gesetzgeber hat sie *„in seinen Willen aufgenommen"*.[737] Dies ist insbesondere der Fall, wenn der Gesetzgeber vorkonstitutionelles Recht neu verkündet oder wenn in einem nachkonstitutionellen Gesetz auf eine vorkonstitutionelle Norm verwiesen wird.[738]

4. Überzeugung des vorlegenden Gerichts von der Verfassungswidrigkeit

427 Das Gericht muss die Norm wegen **Verfassungswidrigkeit** oder, falls Landesrecht betroffen ist, wegen **Unvereinbarkeit mit Bundesrecht** für rechtswidrig halten. Zweifel allein reichen nicht aus, es muss **überzeugt** sein und diese Darlegungen begründen.[739] Das Bundesverfassungsgericht verlangt, dass das vorlegende Gericht sich mit der Rechtsprechung des Bundesverfassungsgerichts sowie mit den in Literatur und Rechtsprechung vertretenen Ansichten auseinandersetzt[740] und die Verfassungsmäßigkeit der Vorschrift selbst sorgfältig prüft.[741]

Kann das vorlegende Gericht die fragliche Vorschrift verfassungskonform auslegen, ist eine Vorlage im konkreten Normenkontrollverfahren unzulässig.[742]

5. Entscheidungserheblichkeit

428 Für die Entscheidung des vorlegenden Gerichts muss es auf die Gültigkeit der Norm **ankommen**. Das vorlegende Gericht muss also darlegen, dass bei Gültigkeit der Norm eine andere Entscheidung ergehen müsste als bei ihrer Ungültigkeit.[743] Entscheidend ist hier der Tenor der (späteren) Entscheidung. Wenn also der Klage stattzugeben wäre, anstatt sie abzuweisen, dann kommt es auf die Gültigkeit der

---

736 BVerfGE 58, 137 ff., 143 f.; BVerfGE 107, 218 ff., 232.

737 BVerfGE 6, 55 ff., 65; BVerfGE 70, 126 ff., 129; BVerfGE 97, 117 ff., 122 f.

738 *Hillgruber/Goos*, Verfassungsprozessrecht, Rdnr. 764 m. w. N.; zum Ganzen *Sachs*, Verfassungsprozessrecht, Rdnr. 217 ff.

739 BVerfGE 107, 218 ff., 232.

740 BVerfGE 86, 52 ff., 57; BVerfGE 88, 198 ff., 201; BVerfGE 105, 61 ff., 68 f.

741 BVerfGE 92, 277 ff., 312; BVerfGE 105, 48 ff., 56; siehe auch jüngst BVerfG NJW 2011, 441 ff., 442 f.

742 BVerfGE 22, 373 ff., 377; BVerfGE 90, 145 ff., 170.

743 BVerfGE 93, 373 ff., 376; BVerfGE 105, 61 ff., 66 f.; BVerfGE 22, 175 ff., 176 f.; BVerfGE 84, 233 ff., 236 f.; BVerfGE 90, 145 ff., 166; BVerfGE 91, 118 ff., 121.

Norm an. Müsste, wenn eine Strafnorm verfassungswidrig wäre, auf Freispruch statt auf Verurteilung entschieden werden, ist die Vorschrift entscheidungserheblich.[744]

Sind die Voraussetzungen (1) bis (5) erfüllt, muss das Gericht die Frage dem Bundesverfassungsgericht vorlegen.

6. Form, Begründung

Die Form der konkreten Normenkontrolle richtet sich nach §§ 80 Abs. 2, 23 Abs. 1 BVerfGG, d.h. es muss ein **schriftlicher Antrag mit Begründung** eingereicht werden. Hat das Bundesverfassungsgericht die Verfassungsmäßigkeit des Gesetzes bereits bejaht, gelten gesteigerte Begründungsanforderungen. Ausgehend von den früheren Entscheidungen hat das Gericht darzulegen, inwiefern sich die Umstände seitdem geändert haben.[745] 429

D. Entscheidung

Bei **Unzulässigkeit** der konkreten Normenkontrolle stellt das Gericht dies fest („*die Vorlage ist unzulässig*").[746] 430

Ist die Vorlage zulässig, aber **unbegründet**, entscheidet das Bundesverfassungsgericht etwa wie folgt: „*Die zur verfassungsrechtlichen Prüfung gestellten Strafvorschriften des Betäubungsmittelgesetzes sind [...] mit dem Grundgesetz vereinbar.*"[747]

Ist der Antrag zulässig und **begründet**, gibt das Bundesverfassungsgericht dem Normenkontrollantrag statt, etwa: „*§ 29 Abs. 2 Satz 1 GemO BW in Verbindung mit 18 Abs. 1 Nr. 1 GemO BW ist mit Art. 28 Abs. 1 Satz 2 GG unvereinbar und nichtig, soweit [...].*"[748]

Im Rahmen der Begründetheitsprüfung wird das vorgelegte Gesetz unter allen verfassungsrechtlichen Gesichtspunkten vom Bundesverfassungsgericht geprüft.[749]

Die Entscheidung des Bundesverfassungsgerichts bei der konkreten Normenkontrolle wirkt *inter omnes* und hat **Gesetzeskraft** (§ 31 Abs. 2 S. 1 i.V.m. § 13 Abs. 1 Nr. 11 BVerfGG). 431

---

744 BVerfGE 105, 61 ff., 64.

745 BVerfGE 105, 61 ff., 70 f.; BVerfG, Beschl. vom 06.11.2009, AZ.: 2 BvL 4/07, BeckRS 2009, 41676.

746 Z.B. BVerfGE 105, 61 ff., 66.

747 BVerfGE 90, 145 ff., 171.

748 BVerfGE 93, 373 ff., 376.

749 *Hillgruber/Goos*, Verfassungsprozessrecht, Rdnr. 786.

§ 27 Organstreitverfahren

A. Überblick

432 Im Organstreitverfahren können bestimmte Staatsorgane des Bundes ihre Meinungsverschiedenheiten austragen, wenn sie sich über die **Auslegung des Grundgesetzes** hinsichtlich ihrer **Rechte und Pflichten** nicht einig sind (Art. 93 Abs. 1 Nr. 1 GG, §§ 13 Nr. 5, 63 ff. BVerfGG). Da alle Staatsorgane an Verfassung, Recht und Gesetz gebunden sind (Art. 20 Abs. 3 GG), geht es im Organstreitverfahren letztlich darum, irrtümliche Ansichten hinsichtlich verfassungsrechtlicher Rechte und Pflichten richtig zu stellen. Das Bundesverfassungsgericht schlichtet hier also durch bindende Verfassungsauslegung.[750]

B. Beispiele für bekannte Organstreitverfahren

1. Spinner, Ideologen und Fanatiker – BVerfG, BVerfGE 136, 323 ff.

432a Im August 2013 bezeichnete der Bundespräsident *Gauck* im Rahmen einer Diskussion mit Schülern des Oberstufenzentrums in Berlin-Kreuzberg Anhänger der NPD als Spinner, Ideologen und Fanatiker. Hiergegen wendete sich die NPD im Rahmen eines Organstreitverfahrens mit der Begründung, *Gauck* habe im Vorfeld der Wahlen in Hessen und des Bundestages als Bundespräsident in die Chancengleichheit des politischen Wettbewerbs zu Lasten der NPD eingegriffen. Das Bundesverfassungsgericht hat zwar grundsätzlich die Verpflichtung auch des Bundespräsidenten zur Wahrung des Rechts politischer Parteien auf Chancengleichheit als wesentlichen Bestandteil der demokratischen Grundordnung anerkannt.[751] Die Verwendung des Wortes „Spinner" im konkreten Zusammenhang sei aber „verfassungsrechtlich nicht zu beanstanden". Mit der *„Bezeichnung als ‚Spinner' – neben derjenigen als ‚Ideologen' und ‚Fanatiker' – als Sammelbegriff für Menschen, die die Geschichte nicht verstanden haben und, unbeeindruckt von den verheerenden Folgen des Nationalsozialismus, rechtsradikale – nationalistische und antidemokratische – Überzeugungen vertreten"*, habe er *„die ihm von Verfassungs wegen gesetzten Grenzen negativer öffentlicher Äußerungen über politische Parteien nicht überschritten."*[752]

---

750 *Hillgruber/Goos*, Verfassungsprozessrecht, Rdnr. 412.
751 BVerfGE 136, 323 ff., 338; BVerfG, NVwZ 2014, 1156 ff.; 1158.
752 BVerfGE 136, 323 ff., 338; BVerfG, NVwZ 2014, 1156 ff.; 1159.

2. Wüppesahl-Urteil – BVerfGE 80, 188 ff.

Kernpunkt des Wüppesahl-Urteils des Bundesverfassungsgerichts war die Frage, welche Rechte ein fraktionsloser Bundestagsabgeordneter hat (und welche nicht). Der Abgeordnete *Wüppesahl* zog 1987 für die Grünen in den Bundestag ein, wurde aber später aus der Partei und Fraktion ausgeschlossen. Dadurch verlor er seinen Sitz in den Ausschüssen. Außerdem beantragte er Zuschüsse aus dem Haushalt analog den Fraktionen und wollte in der vorderen Reihe des Bundestages sitzen. Diese Anträge wurden abgelehnt und ihm wurde, als er Aussprache dazu im Bundestag verlangte, das Rederecht verweigert. Hiergegen wendete sich der Abgeordnete *Wüppesahl* durch ein Organstreitverfahren. Das Bundesverfassungsgericht entschied, dass die Versagung der Mitgliedschaft in einem Ausschuss mit Rede- und Antragsrecht gegen das Recht des Abgeordneten aus Art. 38 Abs. 1 S. 2 GG verstößt. Die Parlamentsausschüsse müssen die Zusammensetzung des Plenums verkleinert abbilden, sog. Grundsatz der Spiegelbildlichkeit.[753] Die Anträge auf finanziellen Zuschuss analog den Fraktionen sowie weitere Anträge beschied das Bundesverfassungsgericht jedoch abschlägig.[754] 433

3. Finanzierung Desiderius-Erasmus-Stiftung (DES) – NJW 2023, 831 ff.

Das Bundesverfassungsgericht entschied am 22.02.2023, dass der Ausschluss der AfD-nahen Desiderius-Erasmus-Stiftung von der staatlichen Förderung die Partei in ihrem Recht auf Chancengleichheit verletzt. Die Förderung parteinaher Stiftungen beruhte bislang auf der Ausweisung im Haushaltsgesetz und einem Urteil des Bundesverfassungsgerichts von 1986,[755] in dem es feststellte, dass „alle dauerhaften, ins Gewicht fallenden politischen Grundströmungen in der Bundesrepublik Deutschland angemessen berücksichtigt" werden müssen.[756] Für die praktische Umsetzung hatten die Stiftungen 1998 selbst einen Vorschlag gemacht und erklärt, ein geeigneter Anhaltspunkt dürfte „eine wiederholte Vertretung" der entsprechenden Partei im Bundestag sein, und zwar zumindest einmal in Fraktionsstärke.[757] Daran hatte sich die Politik seither orientiert. Die AfD war 2021 zum zweiten Mal nach 2017 in den 434

---

753 Dieser Grundsatz wurde später vom Bundesverfassungsgericht durch die Entscheidung zum Gruppenstatus der damaligen PDS (BVerfGE 96, 264 ff.) sowie zur Sitzverteilung im Vermittlungsausschuss (BVerfGE 106, 253 ff.) spezifiziert.

754 BVerfGE 80, 188 ff., 230 ff.

755 BVerfGE 73, 1 ff. – Politische Stiftungen.

756 BVerfGE 73, 1 ff., 38 – Politische Stiftungen.

757 Die „Gemeinsame Erklärung zur staatlichen Finanzierung der Politischen Stiftungen" wurde am 06.11.1998 von der Konrad-Adenauer-Stiftung, Friedrich-Ebert-Stiftung, Friedrich-Naumann-Stiftung, Hanns-Seidel-Stiftung und Heinrich-Böll-Stiftung abgegeben. Die Rosa-Luxemburg-Stiftung hat sich ihr im Jahre 2003 angeschlossen. Die Erklärung ist z. B. abrufbar unter https://www.kas.de/de/gemeinsame-erklaerung-zur-staatlichen-finanzierung%20der-politischen-stiftungen.

Bundestag eingezogen, die DES erhielt aber weiter keine Zuschüsse, da seit 2022 ein neuer Passus im Haushaltsgesetz zu finden ist, wonach Zuschüsse „nur politischen Stiftungen gewährt werden, die nach ihrer Satzung und ihrer gesamten Tätigkeit jederzeit die Gewähr bieten, dass sie sich zu der freiheitlichen demokratischen Grundordnung im Sinne des Grundgesetzes bekennen und für deren Erhaltung eintreten".[758] Das Bundesverfassungsgericht stellte nun fest, dass solch wesentliche Fragen, wie Dauerhaftigkeit der politischen Repräsentanz im Parlament oder das Eintreten für die freiheitliche demokratische Grundordnung als Voraussetzung für staatliche Förderung als „wesentliche" Frage durch ein Gesetz zu regeln sein.[759]

4. ISAF-Mandat – BVerfGE 118, 244 ff.

435 Eine vergleichbare Zielrichtung wie im Fall des NATO-Doppelbeschlusses,[760] nun aber unter völlig veränderten politischen Voraussetzungen, hatte der Antrag der Fraktion PDS/Die Linke gegen die Beteiligung bewaffneter deutscher Streitkräfte an dem Einsatz einer Internationalen Sicherheitsunterstützungstruppe in Afghanistan (ISAF). Die Antragstellerin rügte, die Antragsgegnerin habe an einer Fortentwicklung des NATO-Vertrags über dessen gesetzlichen Ermächtigungsrahmen hinaus mitgewirkt und dadurch Rechte des Deutschen Bundestages aus Art. 59 Abs. 2 GG verletzt. Das Bundesverfassungsgericht wies den Antrag als unbegründet ab. Die Bundesregierung überschreite nicht *„wesentliche Strukturentscheidungen des NATO-Vertrags"*. Weiter führte das Gericht aus, dass weder *„der Bezug konkreter militärischer Einsätze der NATO zur Sicherheit des euro-atlantischen Raums gelöst worden"* sei, noch habe *„die NATO sich von ihrer friedenswahrenden Zwecksetzung abgekoppelt."*[761]

C. Zulässigkeitsvoraussetzungen

436 Die Zulässigkeitsvoraussetzungen des Organstreitverfahrens richten sich nach Art. 93 Abs. 1 Nr. 1 GG, §§ 13 Nr. 5, 63 ff. BVerfGG und lassen sich wie folgt gliedern:

1. Zuständigkeit des Bundesverfassungsgerichts
2. Beteiligtenfähigkeit
3. Streitgegenstand
4. Antragsbefugnis
5. Form
6. Frist
7. Rechtsschutzbedürfnis

Nachfolgend werden die Zulässigkeitsvoraussetzungen im Einzelnen besprochen.

758 Siehe Haushaltsvermerk (Ziff. 5), vgl. BT-Drs. 20/1626, S. 35.
759 BVerfG, NJW 2023, 831 ff., 838.
760 BVerfGE 68, 1 ff.; siehe hierzu ausführlich die dritte Aufl., Rdnr. 434.
761 BVerfGE 118, 244 ff., 263.

1. Zuständigkeit des Bundesverfassungsgerichts

Die Zuständigkeit des Bundesverfassungsgerichts für Organstreitverfahren ergibt sich aus Art. 93 Abs. 1 Nr. 1 GG, §§ 13 Nr. 5, 63 ff. BVerfGG. 437

2. Beteiligtenfähigkeit

Wer Antragsteller und Antragsgegner sein kann, richtet sich nach § 63 BVerfGG: **Antragsteller und Antragsgegner** sind danach der Bundespräsident, der Bundeskanzler, der Bundestag, der Bundesrat und die Bundesregierung sowie *„die im Grundgesetz oder in den Geschäftsordnungen des Bundestages und des Bundesrates mit eigenen Rechten ausgestatteten Teile dieser Organe"*. Dazu zählen z. B. die einzelnen Bundestagsabgeordneten sowie die **Fraktionen**, die als freiwilliger Zusammenschluss von Abgeordneten (§ 45 Abs. 1 AbgG) zwar nicht durch das Grundgesetz, aber durch die Geschäftsordnung des Bundestages mit eigenen Rechten ausgestattet wurden (z. B. §§ 60 Abs. 2, 61 Abs. 2, 62 Abs. 2 GOBT). 438

Ferner sind anerkannte Gruppen nach § 10 Abs. 4 S. 1 GOBT mit eigenen Rechten ausgestattet,[762] ebenso wie die ständigen Ausschüsse des Bundestages[763] und des Bundesrats.[764] Das Bundesverfassungsgericht hat darüber hinaus auch politische Parteien wegen Art. 21 GG als beteiligtenfähig angesehen.[765] Diese lassen sich zwar kaum unter § 63 BVerfGG fassen, die Beteiligtenfähigkeit der Parteien wurde vom Bundesverfassungsgericht aber direkt über Art. 93 Abs. 1 GG begründet[766] und später nicht mehr problematisiert.[767] 439

3. Streitgegenstand

Streitgegenstand eines Organstreitverfahrens kann jede **Maßnahme oder Unterlassung des Antragsgegners** sein. Erforderlich ist aber, dass die Maßnahme rechtserheblich ist.[768] Was eine rechtserhebliche Maßnahme ist, ist nicht immer leicht zu bestimmen; mindestens erforderlich ist aber, dass die Maßnahme geeignet sein kann, die Rechte des Antragstellers zu verletzen. Das wird bei Meinungsäußerungen oder Beschlussentwürfen nicht anzunehmen sein.[769] Unerheblich ist hingegen, 440

762 Siehe hierzu BVerfGE 83, 304 ff., 318.
763 BVerfGE 2, 142 ff., 160.
764 Siehe § 11 Abs. 1 Satz GOBR.
765 BVerfGE 4, 27 ff., 30 f.
766 BVerfGE 1, 208 ff., 222; zweifelnd *Sachs*, Verfassungsprozessrecht, Rdnr. 310 ff.; siehe zur ganzen Problematik *Hillgruber/Goos*, Verfassungsprozessrecht, Rdnr. 422 ff. m. w. N.
767 Siehe z. B. BVerfGE 110, 403 ff., 405.
768 BVerfGE 97, 408 ff., 414; BVerfGE 103, 81 ff., 86; *Sachs*, Verfassungsprozessrecht, Rdnr. 318 f.; siehe hierzu auch *Hillgruber/Goos*, Verfassungsprozessrecht, Rdnr. 474 f. m. w. N.
769 Siehe hierzu *Hillgruber/Goos*, Verfassungsprozessrecht, Rdnr. 475.

ob der Antragsteller mit seinem Antrag die Rückgängigmachung der behaupteten Rechtsverletzung erreichen kann. Das bedeutet, dass es beim Organstreitverfahren nicht darauf ankommt, ob der Antragsteller irgendeinen praktischen Nutzen von der Entscheidung hat.

4. Antragsbefugnis

441 Ähnlich wie bei der Verfassungsbeschwerde (Beschwerdebefugnis, oben Rdnr. 373 ff.) muss der Antragsteller geltend machen, selbst in eigenen Rechten, oder das Organ, dem er angehört, durch die Maßnahme oder die Unterlassung des Antragsgegners in seinen Rechten verletzt oder unmittelbar gefährdet zu sein (§ 64 Abs. 1 BVerfGG). Unter den Begriff der Rechte und Pflichten fallen auch Zuständigkeiten und Kompetenzen. Die geltend gemachten Rechte müssen solche des Grundgesetzes sein. Rechte aus einer Geschäftsordnung reichen daher nicht.

442 Rechte, die im Wege einer **Verfassungsbeschwerde** vom Antragsteller geltend gemacht werden können, führen zur Unzulässigkeit des Organstreitantrags. Hinsichtlich der Rechte des einzelnen Abgeordneten und der Rechte von Parteien kann es hier aber zu Abgrenzungsschwierigkeiten kommen. Generell gilt, dass ein Organstreitverfahren zulässig ist, wenn der Antragsteller Rechte geltend macht, die nur er in seiner Funktion geltend machen kann, und die nicht auch Dritten zustehen könnten.[770]

443 Sollen **Rechte eines Organs** geltend gemacht werden, stellt sich die Frage, welche Voraussetzungen hier einzuhalten sind. Wäre beispielsweise ein Organstreitantrag des Bundestages gegen die Bundesregierung von einem entsprechenden Beschluss und einer entsprechenden Vertretungsbefugnis abhängig, würden die Rechte der Parlamentsopposition vermutlich meist leerlaufen, denn die die Regierung tragende Parlamentsmehrheit hätte es in der Hand, jeden Organstreit zu verhindern. Daher hat das Bundesverfassungsgericht in ständiger Rechtsprechung die Befugnis der **Fraktionen** anerkannt, auch **Rechte des Bundestages** im eigenen Namen geltend machen zu können. Es handelt sich also um einen Fall der gesetzlichen Prozessstandschaft.[771] Das dient der Sicherung der Rechte des Parlaments innerhalb des parlamentarischen Regierungssystems. Die Wahrnehmung solcher Rechte kann daher auch gegen den Willen der Mehrheit des Bundestages erfolgen.

444 Fraglich ist, ob auch der **einzelne Abgeordnete** Rechte des Bundestages geltend machen kann. Hier ist zu berücksichtigen, dass die Rechtsfigur der gesetzlichen Prozessstandschaft als Ausnahme von dem allgemeinen Grundsatz, dass Verfah-

770 Siehe hierzu ausf. *Hillgruber/Goos*, Verfassungsprozessrecht, Rdnr. 458 ff. m. w. N.
771 *Sachs*, Verfassungsprozessrecht, Rdnr. 330; *Hillgruber/Goos*, Verfassungsprozessrecht, Rdnr. 509.

rensbeteiligte nur eigene Rechte geltend machen können, ausgestaltet ist. Ohne eine ausdrückliche gesetzliche Zulassung kann es folglich eine gesetzliche Prozessstandschaft nicht geben. Die Ausnahme in §§ 63, 64 Abs. 1 BVerfGG bezieht sich jedoch nur auf die Prozessstandschaft eines Organteils für das Gesamtorgan und eben nicht auf einen einzelnen Abgeordneten.[772]

5. Form

Gemäß § 64 Abs. 2 BVerfGG ist ein ordnungsgemäßer Antrag erforderlich, der die verletzte Bestimmung des Grundgesetzes bezeichnet. Nach § 23 Abs. 1 BVerfGG ist der Antrag **schriftlich** einzureichen und mit einer **Begründung** zu versehen. 445

6. Frist

Der Antrag auf Einleitung eines Organstreitverfahrens beträgt nach § 64 Abs. 3 BVerfGG **sechs Monate** nach Bekanntwerden der beanstandeten Maßnahme oder Unterlassung. 446

7. Rechtsschutzbedürfnis

Das Rechtsschutzbedürfnis ist bei einem Organstreitverfahren **regelmäßig gegeben.** 447
Diskutieren lässt sich das Rechtschutzbedürfnis aber bei einem Statuswegfall des Antragstellers, z. B. wenn ein Bundestagsabgeordneter, der eigene Abgeordnetenrechte rügt, aus dem Bundestag ausscheidet. Besteht Wiederholungsgefahr beim Antragsgegner, wird man ein Rechtsschutzinteresse mit guten Gründen annehmen können, da das ganze Verfahren (auch) der objektiven Klärung von verfassungsrechtlichen Rechte-und-Pflichten-Beziehungen dient.[773]

Hätte der Antragsteller die dargelegte Verletzung durch eigenes politisches Handeln vermeiden können, könnte das Rechtsschutzbedürfnis ebenfalls fehlen. Das Bundesverfassungsgericht hat aber selbst einen Organstreitantrag einer Fraktion für zulässig erachtet, die den angegriffenen Beschluss im Bundestag zuvor selbst mitgetragen hat.[774] 448

772 BVerfGE 90, 286 ff., 342 ff.; BVerfGE 94, 351 ff., 365.; BVerfGE 99, 19 ff., 29; *Hillgruber/Goos*, Verfassungsprozessrecht, Rdnr. 510.

773 Siehe hierzu auch *Hillgruber/Goos*, Verfassungsprozessrecht, Rdnr. 521.

774 BVerfGE 90, 286 ff., 340; siehe aber hierzu auch das Sondervotum der Richter *Böckenförde* und *Kruis* (BVerfGE 90, 286 ff., 394); kritisch auch *Hillgruber/Goos*, Verfassungsprozessrecht, 4. Auflage 2015, Rdnr. 389.

D. Entscheidung

449 § 76 BVerfGG regelt den Inhalt der Entscheidung. Ist der Antrag **unzulässig**, so wird er als unzulässig verworfen.

Ist der Antrag zulässig, aber **unbegründet**, weist das Gericht den Antrag mit der Formulierung *„Der Antrag wird zurückgewiesen“*[775] ab. Damit stellt das Bundesverfassungsgericht fest, dass die beanstandete Maßnahme oder Unterlassung des Antragsgegners nicht gegen eine (vom Antragsteller zu benennende) Bestimmung des Grundgesetzes verstoßen.

Ist der Antrag **begründet**, stellt das Bundesverfassungsgericht fest, dass die beanstandete Maßnahme oder das Unterlassen gegen eine Verfassungsregelung verstoßen hat. Als Beispiel sei hier die Entscheidung im Fall *Wüppesahl* (s. o. Rdnr. 433) genannt:

> *„Der Deutsche Bundestag verletzt die Rechte des Antragstellers aus Artikel 38 Absatz 1 Satz 2 Grundgesetz dadurch, dass er ihm keine Möglichkeit eingeräumt hat, in einem Ausschuss als Mitglied mit Rede- und Antragsrecht mitzuwirken.“*[776]

775 Beispiel: BVerfGE 68, 1 ff., 3.
776 BVerfGE 80, 188 ff., 190.

§ 28 Parteienverbotsverfahren

A. Überblick

Das Bundesverfassungsgericht ist die einzige Instanz in der Bundesrepublik, die ein **Verbot** für eine **politische Partei** aussprechen darf (Art. 21 Abs. 2 S. 2 GG, §§ 13 Nr. 2, 43 ff. BVerfGG). 450

Was eine **Partei** ist, ergibt sich aus § 2 PartG.[777] Wesentliches Merkmal einer Partei ist nach dieser Vorschrift der Wille, im Bundestag oder in einem Landtag vertreten sein zu wollen und dass die Ernsthaftigkeit dieser Zielsetzung nach dem Gesamtbild der tatsächlichen Verhältnisse ausreichend gesichert ist. Darin unterscheiden sich die Parteien von den Vereinen, die im Rahmen von Art. 9 Abs. 2 GG, § 3 Abs. 2 VereinsG von den Behörden verboten werden können, wenn die gesetzlichen Voraussetzungen vorliegen. Mit diesem **Verbotsmonopol** hat das Grundgesetz der besonderen Bedeutung der politischen Parteien in der Demokratie Rechnung getragen: Auch missliebige Parteien sollen sich zur Wahl stellen können, ohne behördliche Verfolgung befürchten zu müssen. Daher sind umgekehrt Verfahren zur Feststellung der Verfassungsmäßigkeit vor dem Bundesverfassungsgericht unzulässig.[778]

Verfassungswidrig sind Parteien, wenn sie *„nach ihren Zielen oder nach dem Verhalten ihrer Anhänger darauf ausgehen, die freiheitliche demokratische Grundordnung zu beeinträchtigen oder zu beseitigen oder den Bestand der Bundesrepublik Deutschland zu gefährden“* (Art. 21 Abs. 2 S. 1 GG).[779] 451

In der Geschichte der Bundesrepublik gab es **vier Parteienverbotsverfahren** vor dem Bundesverfassungsgericht: 452

- Das Verfahren gegen die „Sozialistische Reichspartei“ (SRP), eine Vereinigung ehemaliger Nationalsozialisten im Jahr 1952;[780]
- das Verfahren gegen die „Kommunistische Partei Deutschlands“ (KPD) im Jahr 1956;[781]
- die Verfahren gegen die „Nationaldemokratische Partei Deutschlands“ (NPD) im Jahr 2003 sowie im Jahr 2017.[782]

In den ersten beiden Verfahren stellte das Bundesverfassungsgericht die Verfassungswidrigkeit der Parteien fest; im letztgenannten Verfahren (NPD-Verbotsver-

777 Hierzu auch Rdnr. 749.
778 Siehe zu einem entsprechenden Antrag der NPD: BVerfG NVwZ 2013, 568 ff.
779 Zur freiheitlichen demokratischen Grundordnung siehe oben Rdnr. 113.
780 BVerfGE 2, 1 ff.
781 BVerfGE 5, 85 ff.
782 BVerfGE 107, 339 ff. und BVerfGE 144, 20 ff.

fahren) lehnte es den Antrag ab und stellte das Verfahren ein. Seit dem 03.12.2013 ist ein weiteres Verbotsverfahren gegen die NPD beim Bundesverfassungsgericht anhängig, das durch Urteil vom 17.01.2017 ebenfalls abgelehnt wurde.

B. Zulässigkeitsvoraussetzungen

453 Die Zulässigkeit eines Parteiverbotsverfahrens richtet sich nach Art. 21 Abs. 2 S. 2 GG, §§ 13 Nr. 2, 43 ff. BVerfGG und lässt sich wie folgt gliedern:

1. Zuständigkeit des Bundesverfassungsgerichts
2. Beteiligtenfähigkeit
3. Vorverfahren
4. Form

Nachfolgend werden die Zulässigkeitsvoraussetzungen im Einzelnen besprochen.

1. Zuständigkeit des Bundesverfassungsgerichts

454 Die Zuständigkeit des Bundesverfassungsgerichts für das Parteienverbotsverfahren ergibt sich aus Art. 21 Abs. 2 S. 2; §§ 13 Nr. 2, 43 ff. BVerfGG.

2. Beteiligtenfähigkeit

455 **Antragsberechtigt** im Parteienverbotsverfahren sind nur der Bundestag, der Bundesrat und die Bundesregierung. Soll eine Partei für verfassungswidrig erklärt werden, die nur in einem Bundesland tätig ist, so kann den Antrag außerdem die jeweilige Landesregierung stellen.

456 Offen ist, ob es eine **Verpflichtung** zur Einleitung eines Verbotsverfahrens gibt oder ob diese Entscheidung im politischen Ermessen der möglichen Antragsteller liegt. Gäbe es eine Verpflichtung zur Einleitung eines Verbotsverfahrens, könnte dies gegebenenfalls im Wege eines Organstreitverfahrens nach Art. 93 Abs. 1 Nr. 1 GG durchgesetzt werden. Das Bundesverfassungsgericht und die Literatur gehen im Parteienverbotsverfahren von einem recht weiten politischen Ermessensspielraum aus.[783]

457 **Antragsgegner** ist die Partei, gegen die sich der Verbotsantrag richtet. Die Vertretung der Partei richtet sich nach § 44 BVerfGG i. V. m. den gesetzlichen Vorschriften, hilfsweise der Satzung.

---

783 BVerfGE 5, 85 ff., 113; siehe auch *Hillgruber/Goos*, Verfassungsprozessrecht, Rdnr. 886.

3. Vorverfahren

Gemäß § 45 BVerfGG ist vor der Verhandlung ein **Vorverfahren** durchzuführen, indem dem Vertretungsberechtigten der Partei Gelegenheit zur Äußerung binnen einer zu bestimmenden Frist gegeben wird. Das Bundesverfassungsgericht entscheidet dann darüber, ob das Verfahren fortzuführen oder einzustellen ist. 458

Der Beschluss zur Fortführung des Verfahrens ist eine für die betroffene Partei nachteilige Entscheidung, weshalb hier eine **Zweidrittel-Mehrheit** erforderlich ist (§ 15 Abs. 4 S. 1 BVerfGG). Mit dem Erfordernis dieser qualifizierten Mehrheit errichtet das Bundesverfassungsgerichtsgesetz eine **besondere verfahrensrechtliche Hürde** für besonders einschneidende Freiheitseingriffe oder für schwerwiegende Maßnahmen gegen Staatsorgane. 459

Im ersten **NPD-Verbotsverfahren** wurde diese qualifizierte Mehrheit beispielsweise verfehlt. Vier Richter stimmten gegen den Antrag des Antragsgegners auf Einstellung des Verfahrens, drei Richter für den Antrag.[784] Die Begründung der drei für den Einstellungsantrag stimmenden Richter war das Vorliegen eines nicht behebbaren Verfahrenshindernisses als *„Folge mangelnder Staatsfreiheit der Antragsgegnerin auf der Führungsebene sowie mangelnder Staatsfreiheit des zur Antragsbegründung ausgebreiteten Bildes der Partei."*[785] Insbesondere rügte das Bundesverfassungsgericht die Beobachtung der Partei *„durch V-Leute staatlicher Behörden, die als Mitglieder des Bundesvorstands oder eines Landesvorstands fungieren, unmittelbar vor und während der Durchführung eines Verfahrens vor dem Bundesverfassungsgericht zur Feststellung der Verfassungswidrigkeit der Partei."* Dies sei, so das Bundesverfassungsgericht weiter, *„in der Regel unvereinbar mit den Anforderungen an ein rechtsstaatliches Verfahren, die sich aus Art. 21 Abs. 1 und Abs. 2 GG i. V. m. dem Rechtsstaatsprinzip, Art. 20 Abs. 3 GG, ergeben."*[786]

4. Form

Für die Form gelten die allgemeinen Vorschriften. Danach ist gemäß § 23 Abs. 1 BVerfGG der Antrag **schriftlich** einzureichen und mit einer **Begründung** zu versehen. 460

C. Entscheidung

Die Entscheidung des Bundesverfassungsgerichts im Parteienverbotsverfahren ergeht in Form eines **Feststellungsurteils.** Erst mit der Verkündung verliert die Partei 461

784 Die Ablehnung des Antrags auf Einstellung des Verfahrens ist eine für die Antragsgegnerin nachteilige Entscheidung, BVerfGE 107, 339 ff., 356.

785 BVerfGE 107, 339 ff., 359; ausführl. begründet ab S. 360 ff.

786 BVerfGE 107, 339 ff., 365.

ihren besonderen verfassungsrechtlichen Schutz. Das bedeutet insbesondere, dass das Parteienverbot nicht rückwirkend gilt.[787]

Nach § 15 Abs. 4 S. 1 BVerfGG muss in einem Parteiverbotsverfahren nach Art. 21 Abs. 2 GG i. V. m. §§ 43 ff. BVerfGG bei für den Antragsgegner nachteiligen Entscheidungen eine Mehrheit von **zwei Dritteln** der Mitglieder des entscheidenden Senats zustimmen (s. o. Rdnr. 459). Das gilt insbesondere für den Antrag auf Einstellung des Verfahrens. Kann das Verfahren fortgeführt werden, weil der Antrag auf Einstellung des Verfahrens nicht die nach § 15 Abs. 4 BVerfGG für eine Ablehnung erforderliche Mehrheit verfehlt hat,[788] entscheidet das Gericht wie folgt:

> *„Die Verfahren werden eingestellt.“*[789]

462 Löst das Bundesverfassungsgericht eine Partei auf, dann muss es gemäß § 46 Abs. 3 S. 1 BVerfGG die **Auflösung der Partei** und das Verbot, eine Ersatzorganisation zu schaffen, anordnen. Die Parteiorganisation ist also zu zerschlagen.

463 Eine **Ersatzorganisation** ist eine Organisation, die die verfassungsfeindlichen Ziele der verbotenen Partei an deren Stelle weiterverfolgt, also materielle Kontinuität bei formeller Diskontinuität.[790] Für die Ersatzorganisation greift im Übrigen das Parteienprivileg nicht erneut, sondern ist mit dem vorherigen Verbotsverfahren „verbraucht." Die Auflösung der Ersatzorganisation richtet sich dann nach § 8 Abs. 2 VereinsG in entsprechender Anwendung (siehe § 33 Abs. 3 PartG).

464 Als weitere Folge des Verbots einer Partei verlieren deren Abgeordnete ihr **Mandat**. Dies ist gesetzlich in § 46 Abs. 1 S. 1 Nr. 5, Abs. 4 BWahlG geregelt. Das freie Mandat des Abgeordneten aus Art. 38 Abs. 1 S. 2 GG wird durch die verfassungsimmanente Schranke der Sicherung der freiheitlichen Demokratie in zulässiger Weise beschränkt.

---

787 BVerfGE 12, 296 ff., 305 f.; BVerfGE 47, 198 ff., 228; siehe zum Ganzen auch *Hillgruber/Goos*, Verfassungsprozessrecht, Rdnr. 893.

788 Siehe zum konkreten Fall des NPD-Verbotsverfahrens BVerfGE 107, 339 ff., 356, wonach *„eine Mehrheit von vier Richtern (...) der Auffassung (ist), dass ein Verfahrenshindernis nicht besteht. Drei Richter sind der Auffassung, dass ein nicht behebbares Verfahrenshindernis vorliegt.“*

789 BVerfGE 107, 339 ff., 340.

790 So *Hillgruber/Goos*, Verfassungsprozessrecht, Rdnr. 897; siehe auch *Sachs*, Verfassungsprozessrecht, Rdnr. 423.

§ 29 Wahlprüfung

A. Überblick

Gegenstand der Wahlprüfung nach Art. 41 GG ist das gesamte Wahlverfahren, beginnend mit der Wahlvorbereitung über die eigentliche Wahlhandlung bis zur Feststellung des Wahlergebnisses und der Sitzverteilung.[791] Dazu gehören auch Entscheidungen des Wahlleiters über die Ablehnung von Wahlvorschlägen oder über die Zuerkennung der Parteieigenschaft.[792] Das Verfahren ist ein zweistufiges Verfahren. Ein Einspruch gegen die Wahl ist beim Bundestag einzulegen und führt zu einem Wahlprüfungsverfahren (Art. 41 Abs. 1 S. 1 GG). Gegen die Entscheidung im Wahlprüfungsverfahren kann **Beschwerde** vor dem Bundesverfassungsgericht nach Art. 41 Abs. 2, Art. 93 Abs. 1 Nr. 5 GG i. V. m. § 13 Nr. 3 BVerfGG erhoben werden. Die Wahlprüfung ist grundsätzlich ein der Wahl nachgelagertes Verfahren (§ 49 BWahlG). Dies wurde bislang mit dem Interesse an einem reibungslosen Ablauf der Wahl verfassungsrechtlich gerechtfertigt. Bestünde nämlich die Möglichkeit, Entscheidungen während der Wahlvorbereitung anzugreifen, könnte es im Wahlorganisationsverfahren zu erheblichen Beeinträchtigungen kommen.[793] Da dies im Einzelfall eine erhebliche Verkürzung des Rechtsschutzes gegen Wahlfehler, wie sie besonders im Vorfeld der Bundestagswahl 2009 zu verzeichnen waren, bedeuten kann, wurde dem mit der Einführung einer Beschwerdemöglichkeit zum Bundesverfassungsgericht durch das Gesetz zur Verbesserung des Rechtsschutzes in Wahlsachen vom 12. Juli 2012 abgeholfen.[794] Diese Ergänzung des Bundeswahlgesetzes regelt, dass eine Partei oder Vereinigung binnen vier Tagen nach Bekanntgabe Beschwerde zum Bundesverfassungsgericht erheben kann. In diesem Fall ist die Partei oder Vereinigung von den Wahlorganen bis zu einer Entscheidung des Bundesverfassungsgerichts, längstens bis zum Ablauf des neunundfünfzigsten Tages vor der Wahl wie eine wahlvorschlagsberechtigte Partei zu behandeln (§ 18 Abs. 4a BWahlG). In Bezug auf die Nichtzulassung von Landeslisten ermöglicht § 28 Abs. 2 BWahlG eine Beschwerde an den **Bundeswahlausschuss** binnen drei Tagen schriftlich oder zur Niederschrift beim Landeswahlleiter oder telegrafisch, fernschriftlich oder mittels Telefax beim Landeswahlleiter einzulegen.[795] 465

Das Wahlprüfungsverfahren dient dem **Schutz des objektiven Wahlrechts**, d. h. der Gewährleistung dafür, dass der Bundestag gesetzmäßig zusammengesetzt ist.[796] Sein 466

791 *Brocker*, in: *Epping/Hillgruber*, GG, Art. 41, Rdnr. 2.

792 BVerfG, NVwZ 2009, 1367 f., 1368; *Frenzel*, NVwZ 2009, 1349 ff.

793 BVerfG, NVwZ 2009, 1367 f., 1367 m. w. N.

794 BGBl. I, S. 1501.

795 Siehe § 42 Abs. 1 Sätze 1 und 2 BWO; zu Details siehe *Wolf*, in: *Schreiber*, BWahlG, § 28, Rdnr. 29.

796 BVerfGE 1, 208 ff., 238; BVerfGE 22, 277 ff., 281; BVerfGE 89, 266 ff., 273 (st. Rspr.); *Austermann*, in: *Schreiber*, BWahlG, § 49, Rdnr. 4 sowie Rdnr. 10 m. w. N.

eigentliches Ziel ist somit nicht subjektiver Rechtsschutz, sondern die Feststellung, ob die angefochtenen Wahl gültig ist oder nicht.[797] Seit 2012 wurde im Hinblick auf die Mandatsprüfung dahingehend geändert, dass der Bundestag nunmehr nach § 1 WahlPrG[798] auch die Verletzung von subjektiven Rechten bei der Vorbereitung oder der Durchführung der Wahl prüft.[799] Als Konsequenz ist in diesen Fällen eine substantiierte Darlegung der Mandatsrelevanz nicht mehr erforderlich.[800]

Damit kann das Bundesverfassungsgericht im öffentlichen Interesse auch dann über den Einspruch entscheiden, wenn der Beschwerdeführer seine Beschwerde zurückgezogen hat oder in der Zwischenzeit ein neuer Bundestag gewählt wurde.[801] Dies hat unmittelbare Auswirkungen auf den Prüfungsumfang im Wahlprüfungsverfahren und die Rechtsfolge. Ist nämlich der geltend gemachte Wahlfehler nicht kausal für das Ergebnis der Wahl, tritt das subjektive Recht des Beschwerdeführers hinter das Recht aller anderen Wähler auf Gültigkeit der Wahl zurück. Damit können erfolgreich nur solche Wahlfehler gerügt werden, die „erheblich" für das Wahlergebnis sind, also **„Mandatsrelevanz"** besitzen.[802] Aus diesem Grund sind die bislang vergleichsweise häufig erhobenen Wahlprüfungsbeschwerden[803] bislang meist ohne Erfolg geblieben. Sind Wahlfehler vorgekommen, wurden diese für das Wahlergebnis als nicht „erheblich" eingeschätzt. Die lange Reihe erfolgloser Wahlanfechtungsverfahren wurde auch in Bezug auf die Wahl zum Bundestag 2009 fortgeführt, obwohl es hier zu offensichtlichen und gravierenden Fehlern bei der Entscheidung über die Zulassung der beiden Parteien „Freien Union" und der Titanic-Partei „Die PARTEI" gekommen ist.[804] Angesichts des erratischen Wahlverhaltens und der diffusen politischen Stimmung der Wahlberechtigten bei der Bundestagswahl 2009 war beileibe nicht auszuschließen, dass das Wahlergebnis

797 BVerfGE 1, 208 ff., 238; BVerfGE 22, 277 ff., 280 f.; BVerfGE 89, 266 ff., 273 (st. Rspr.); *Austermann*, in: *Schreiber*, BWahlG, § 49, Rdnr. 10; *Sachs*, Verfassungsprozessrecht, Rdnr. 460 f.

798 Wahlprüfungsgesetz – WahlPrG – vom 12.03.1951, zuletzt geänd. durch Art. 11 V v. 19.06.2020, BGBl. I, S. 1328

799 Sachs, Verfassungsprozessrecht, Rdnr. 461.

800 BVerfGE 151, 1, 14.

801 BVerfGE 89, 291 ff., 299; BVerfG, Beschluss v. 23.03.2022 – 2 BvC 22/19 –, Rdnr. 44; siehe auch *Sachs*, Verfassungsprozessrecht, Rdnr. 466.

802 BVerfGE 103, 111 ff., 134 f.; *Austermann*, in: *Schreiber*, BWahlG, § 49, Rdnr. 14 m. w. N.; *Brocker*, in: *Epping/Hillgruber*, GG, Art. 41, Rdnr. 4.

803 Bis Ende 2020 wurden insgesamt 447 Wahlprüfungsbeschwerden eingereicht, siehe die Statistik bei https://www.bundesverfassungsgericht.de/DE/Verfahren/Jahresstatistiken/2020/gb2020/A-I-4.pdf?__blob=publicationFile&v=2

804 Siehe hierzu ausführlich *Frenzel*, NVwZ 2009, 1349 ff., 1350 ff.; zum Verfahren insgesamt siehe den Kommentar von *Hipp*, Spiegel-online vom 7.8.2009, http://www.spiegel.de/politik/deutschland/0,1518,641042,00.html.

bei einer Zulassung der beiden o. g. Parteien anders ausgefallen wäre[805] und – auch wenn kaum zu erwarten ist, dass eine der beiden Parteien die 5-%-Sperrklausel durchbrochen haben dürfte – dies Mandatsrelevanz gehabt hätte. Damit drohte eine Wiederholung der Bundestagswahl 2009, falls eine Wahlanfechtung erfolgreich gewesen wäre. Dies war aber nicht der Fall, denn das Bundesverfassungsgericht hat in sämtlichen Fällen die Wahlprüfungsbeschwerden zurückgewiesen, zum Teil mit Verweis auf Förmlichkeiten,[806] die in einem (damals noch ausschließlich[807]) der objektiven Rechtskontrolle dienenden Verfahren eigentlich nicht zu erwarten sein sollten. Die inzwischen eingeführte Prüfung subjektiver Rechtspositionen auch im Wahlprüfungsverfahren führt hier nicht zu einer grundsätzlichen Änderung; allerdings ist, wenn eine Verletzung subjektiver Rechtspositionen festgestellt wird, der Wahleinspruch begründet, ohne dass dies zu Konsequenzen bei der Zusammensetzung des Bundestages führt.[808]

Problematisch ist auch, dass Entscheidungen über Wahlanfechtungen inzwischen kaum vor Ablauf von zwei Jahren nach der Wahl ergehen. Die ersichtlich letzten Entscheidungen zu Wahlprüfungsbeschwerden gegen die Bundestagswahl 2009 ergingen am 31.01.2012,[809] also nach mehr als der Hälfte der Wahlperiode. 466a

Zu dieser Verzögerung trägt in besonderem Maße das Vorverfahren vor dem Bundestag nach § 49 BWahlG bei, das erhebliche Zeit in Anspruch nimmt. Über den letzten Wahleinspruch gegen die Bundestagswahl 2005 wurde 22 Monate, gegen die Bundestagswahl 2009 21 Monate nach dem Wahltag entschieden.[810] Kritisieren könnte man auch, dass der Bundestag hier in eigener Sache entscheidet, was dem Grundsatz „*nemo iudex in causa sua*“ widerspricht, aber der deutschen Rechts- 466b

805 So vermutet das Bundeswahlausschussmitglied *Geil* (Grüne), dass die Freie Union der CSU in Bayern wohl Wähler hätte abwerben können, Spiegel-online http://www.spiegel.de/politik/deutschland/0,1518,641623,00.html.

806 BVerfG, Beschluss vom 12.04.2011 – 2 BvC 12/10, Rdnr. 4ff.: Unzulässigkeit der Wahlprüfungsbeschwerde der Partei „Die PARTEI“, weil der Beschwerdeführer den Wahleinspruch nicht für sich, sondern als Vertreter der Partei geltend gemacht habe, die Partei selbst aber nicht beschwerdebefugt vor dem BVerfG sei. Weiter führt das BVerfG aus, es komme hinzu, „dass jede Wählergruppe – einschließlich der politischen Parteien – ihr mit dem Einspruch verfolgtes sachliches Begehren beschwerdefähig erhalten kann, wenn nur eines ihrer Mitglieder den Einspruch auch im eigenen Namen erhebt“ (Rdnr. 6) oder BVerfG, Beschluss vom 31.01.2012 – 2 BvC 11/11: Unzulässigkeit der Wahlprüfungsbeschwerde (in Bezug auf die Nichtzulassung zweier Parteien), weil dieser Punkt im Einspruchsverfahren vor dem Deutschen Bundestag in unzureichender Weise vorgebracht worden sei (Rdnr. 5).

807 Sachs, Verfassungsprozessrecht, Rdnr. 461.

808 *Jarass/Pieroth*, GG, Art. 41, Rdnr. 7; *Sachs*, Verfassungsprozessrecht, Rdnr. 474; siehe auch BT-Drs. 17/9391, S. 11.

809 BVerfG. Beschlüsse vom 31.01.2012 – 2 BvC 3/11 sowie 2 BvC 11/11.

810 *Austermann*, in: *Schreiber*, BWahlG, § 49, Rdnr. 35 m. w. N.

entwicklung in Wahlprüfungsverfahren folgt.[811] Und, da dieses Verfahren – soweit ersichtlich – für den Beschwerdeführer regelmäßig erfolglos ist, wurde diskutiert, dass man es auch abschaffen könne.[812] Allerdings sollte die Bundestagswahl 2021, nachdem alleine aus Berlin 1.959 Einsprüche eingegangen sind,[813] zunächst in 431 der 2.256 Wahlbezirke in Berlin wegen erheblicher Unregelmäßigkeiten bei der Bundestagswahl wiederholt werden. Hiergegen wurden jedoch im Januar 2023 Wahlprüfungsbeschwerden durch die Fraktionen der CDU/CSU sowie der AfD eingelegt; das Bundesverfassungsgericht hat im Dezember 2023 die Neuwahl in 455 Wahlbezirken angeordnet, die nun für den 11.02.2024 angesetzt ist.[814]

467 Das Wahlprüfungsverfahren wird gemäß § 26 Abs. 2 EuWG auch für die Wahl zum Europäischen Parlament unter grundsätzlich den gleichen Voraussetzungen durchgeführt.

468 Der Bundestag entscheidet auch darüber, ob ein Abgeordneter sein **Mandat verloren** hat (Art. 41 Abs. 1 S. 2 GG). Hierbei geht es nur um den späteren Verlust eines schon erlangten Mandats (§ 15 S. 1 WPG). Die Verlustgründe ergeben sich insbesondere aus den Wahlrechtsregelungen (§ 46 Abs. 1 BWahlG).[815] Das Verfahren folgt weitgehend denselben Regelungen wie das Wahlprüfungsverfahren.[816]

469 Das Verhältnis zwischen der Wahlprüfungsbeschwerde und anderen Verfahren, in denen Wahlrechtsverstöße gerügt werden könnten, ist nicht ganz einfach zu bestimmen. So wurden Wahlrechtsvorschriften schon in ganz unterschiedlichen Verfahren einer verfassungsgerichtlichen Überprüfung unterzogen.[817] Dabei ist insbesondere der Vorrang der Wahlprüfung zur Grundrechtsverfassungsbeschwerde problematisch, insbesondere vor dem Hintergrund, dass eine Verletzung von subjektiven Wahlrechtsvorschriften von den Betroffenen im Wege des Wahlprüfungsverfahrens bis zur Rechtsänderung 2012 erst im Nachgang zur Wahl geltend

811 *Austermann*, in: *Schreiber*, BWahlG, § 49, Rdnr. 10 m. w. N.

812 Siehe etwa *Albrecht/Küchenhoff*, Staatsrecht, 3. Aufl. 2015 (Vorauflage), Rdnr. 466a.

813 Siehe Dritte Beschlussempfehlung und Bericht des Wahlprüfungsausschusses zu Einsprüchen anlässlich der Wahl zum 20. Deutschen Bundestag am 26. September 2021, BT-Drs. 20/4000 v. 7.11.2022.

814 BVerfG, Urteil v. 19.12.2023 (2 BvC 4/23), BeckRS 2023, 36480.

815 *Magiera*, in: *Sachs*, GG, Art. 41, Rdnr. 19.

816 Zu Details siehe *Magiera*, in: *Sachs*, GG, Art. 41, Rdnr. 19.

817 Verfassungsbeschwerde gegen die 5-%-Klausel bei Europawahlen, BVerfGE 51, 222 ff. (siehe aber in der Zwischenzeit BVerfGE 129, 300 – Unzulässigkeit der 5-%-Klausel bei Europawahlen sowie BVerfG, Urteil vom 26. Februar 2014 – 2 BvE 2/13 – Unzulässigkeit der 3-%-Sperrklausel)) oder gegen bestimmte Wahlregelungen der ersten gesamtdeutschen Wahl, BVerfGE 82, 322 ff.; Landesorganstreitverfahren gegen die 5-%-Sperrklausel bei Kommunalwahlen in Schleswig-Holstein, BVerfGE 120, 82 ff.; Organstreitverfahren gegen eine Bestimmung zur Parteienfinanzierung, BVerfGE 111, 382 ff.

gemacht werden konnte.[818] Dies führt zu einer zum Teil (und zu Recht) drastisch kritisierten Rechtschutzverkürzung bei der Geltendmachung grundlegender demokratischer Rechte.[819] Das Bundesverfassungsgericht sah jedoch einen ausschließlich nachträglichen Rechtsschutz im Wahlprüfungsverfahren als mit Art. 19 Abs. 4 GG vereinbar an.[820] Vor dem Hintergrund gravierender Wahlfehler bei der Bundestagswahl 2009[821] wurden jedoch Rechtsschutzmöglichkeiten vor der Wahl eingeführt (insbesondere §§ 18 Abs. 4a und § 28 Abs. 2 BWahlG; s. o. Rdnr. 465 f.).

B. Bekannte Wahlprüfungsbeschwerden

1. Negatives Stimmgewicht – BVerfGE 121, 266 ff.

Im Verfahren ging es um eine Paradoxie des Bundeswahlgesetzes, wonach es als Folge des Ausgleichs von Überhangmandaten bei einer Verringerung der Anzahl von Zweitstimmen zu einem Mandatsgewinn kommen konnte bzw. umgekehrt, sich die Erhöhung des Zweitstimmenanteils in Form des Verlusts von Mandaten auswirken konnte.[822] Die gegen die Bundestagswahl 2005 erhobenen Wahleinsprüche, die u. a. mit dem oben geschilderten Effekt begründet worden waren, wurden vom Bundestag zurückgewiesen. Das Bundesverfassungsgericht hielt die Wahlprüfungsbeschwerden, soweit sie diesen Punkt betrafen, für begründet und die entsprechenden Vorschriften des Bundeswahlgesetzes für verfassungswidrig. Es gab dem Bundesgesetzgeber auf, bis zum 30.06.2011 das Bundeswahlgesetz auf eine verfassungsmäßige Grundlage zu stellen.[823] Das Ergebnis der Bundestagswahl 2005 als solches wurde jedoch nicht in Frage gestellt. So rechtfertige die relativ geringe Anzahl von Mandaten, die von diesem Effekt betroffen seien, nicht die Auflösung des Bundestages.[824] Die lange Übergangsfrist, die das Bundesverfassungsgericht dem Gesetzgeber zur Änderung des Bundeswahlgesetzes gesetzt hat, hatte auch zur Konsequenz, dass der 17. Bundestag (Legislaturperiode 2009 – 2013) auf verfassungswidriger Grundlage gewählt wurde, Wahlbeschwerden aber, jedenfalls so- 470

818 Siehe *Sachs*, Verfassungsprozessrecht, Rdnr. 478; BVerfG NVwZ 2009 1367 f., 1368.

819 So der Sachverständige *Lang* in der Anhörung des Innenausschusses zu einem Gesetzentwurf zur Änderung des Bundeswahlgesetzes (BT-Drs. 16/11885) v. 04.05.2009; Protokoll Nr. 16/92, Rdnr. 28; grundlegend *Schenke*, NJW 1981, 2440 ff., 2442 ff.

820 Siehe nur BVerfGE 46, 196 ff., 198; BVerfGE 66, 232 ff., 234; BVerfGE 74, 96 ff., 101.

821 Etwas verharmlosend *Hahlen*, in: *Schreiber*, BWahlG, 9. Aufl. 2013, § 49, Rdnr. 6 m. w. N. „Hinweise bei der Beobachtung der BT-Wahl 2009 durch die OSZE sowie öffentliche Kontroversen über einige Entscheidungen des BWA zur BT-Wahl 2009".

822 Details bei BVerfGE 121, 266 ff., 267 ff.

823 BVerfGE 121, 266 ff., 316 ff., zum Wahlsystem s. ausf. Rdnr. 217 ff.

824 BVerfGE 121, 266 ff., 313 f.

weit sie die entsprechenden Vorschriften des Bundeswahlgesetzes betrafen, vom Bundesverfassungsgericht abzuweisen waren.[825]

2. Wahlcomputer – BVerfGE 123, 39 ff.

471 Im Verfahren um den Einsatz von Wahlcomputern ging es um den Einsatz von Wahlcomputern bei der Wahl zum 16. Bundestag. Angegriffen wurde der Einsatz von Wahlcomputern vor allem mit dem Hinweis darauf, dass die eingesetzte Technologie keinen Nachweis des tatsächlichen Wahlverhaltens sicherstelle, und zudem die Software der eingesetzten Wahlcomputer manipuliert werden könnte, ohne dass dies in jedem Fall entdeckt werden könnte. Der Bundestag hat die Wahleinsprüche als unbegründet zurückgewiesen.[826] Das Bundesverfassungsgericht hatte die Frage zu klären, ob und unter welchen Voraussetzungen der Einsatz von Wahlcomputern möglich ist. Es gab der Wahlprüfungsbeschwerde in zentralen Punkten statt und ließ Wahlcomputer nur unter engen Voraussetzungen zu. So müsse sichergestellt sein, dass die *„wesentlichen Schritte der Wahlhandlung und Ergebnisermittlung zuverlässig und ohne besondere Sachkenntnis überprüft werden können."*[827] Der Wähler müsse nachvollziehen können, ob seine Stimme erfasst wurde oder nicht. Allein das Vertrauen darauf, dass das System fehlerfrei funktioniert, reiche – so das Bundesverfassungsgericht – nicht aus.[828] Eine Ablage der Stimmen ausschließlich auf einem elektronischen Speicher genügt somit den verfassungsrechtlichen Anforderungen nicht.[829]

3. Wahlanfechtung wegen Nichtzulassung – BVerfGE, NVwZ 2009, 1367 f.

471a Das Zulassungsverfahren zur Wahl zum Deutschen Bundestag 2009 war geprägt von einer ganzen Reihe von Streitigkeiten. So ließ der damalige Bundeswahlleiter gleich mehrere Parteien nicht zur Bundestagswahl zu, u. a. die „Freie Union" sowie die Partei der Satirezeitschrift Titanic „die PARTEI". Beruhte die Nichtzulassung der Freien Union im Wesentlichen auf Formfehlern, wie fehlenden Unterschriften usw., wurde die PARTEI wegen fehlender bundesweiter Ausstrahlungswirkung nicht zugelassen, obwohl zum damaligen Zeitpunkt elf Landesverbände bestanden und die PARTEI an mehreren Wahlen zuvor teilgenommen hatte. Die offensichtlich falsche Entscheidung des Bundeswahlleiters, die PARTEI nicht zuzulassen, war allerdings wegen der Verlagerung der Überprüfung auf den Zeitpunkt nach der

825 So der Sachverständige *Mahrenholtz* in der Anhörung des Innenausschusses zu einem Gesetzentwurf zur Änderung des Bundeswahlgesetzes (BT-Drs. 16/11885) vom 04.05.2009; Protokoll Nr. 16/92, Rdnr. 80.

826 Beschl. v. 30.11.2006, BT-Drs. 16/3600, Anlagen 1 und 2.

827 BVerfGE 123, 39 ff., 71.

828 BVerfGE 123, 39 ff., 72.

829 BVerfGE 123, 39 ff., 73. Zum neu entwickelten Grundsatz der Öffentlichkeit der Wahl s. o. Rdnr. 109 a.

Wahl nicht mehr korrigierbar. Das gegen die Nichtzulassung zur Wahl angestrengte Eilverfahren wurde vom Bundesverfassungsgericht mangels gesetzlicher Grundlage abgewiesen und die PARTEI auf die Wahlanfechtung nach der Wahl verwiesen. Hier scheiterte die PARTEI aber an Formalien in Bezug auf die Zulässigkeitsvoraussetzungen. Das für die Wahlanfechtungsbeschwerde erforderliche Vorverfahren in Form eines Wahleinspruchs vor dem Bundestag hatte der Vorsitzende der PARTEI, *Martin Sonneborn*, in seiner Funktion als Vorsitzender betrieben. Parteien sind aber in der Wahlprüfungsbeschwerde vor dem Bundesverfassungsgericht nicht beschwerdebefugt. Für die Wahlanfechtungsbeschwerde des Wahlberechtigten *Sonneborn* fehlte dem Bundesverfassungsgericht hingegen die Durchführung des Vorverfahrens, da er dieses nicht als Wahlberechtigter betrieben habe, sondern als Vorsitzender seiner Partei.

C. Zulässigkeitsvoraussetzungen

Die Zulässigkeitsvoraussetzungen für die Wahlprüfungsbeschwerde sind nicht im Grundgesetz, sondern vor allem in § 48 BVerfGG geregelt. 472

1. Zuständigkeit des Bundesverfassungsgerichts
2. Vorverfahren
3. Beteiligtenfähigkeit
4. Beschwerdegegenstand
5. Beschwerdebefugnis
6. Form und Frist
7. Rechtsschutzbedürfnis

Nachfolgend werden die Zulässigkeitsvoraussetzungen im Einzelnen besprochen.

1. Zuständigkeit des Bundesverfassungsgerichts

Die Zuständigkeit des Bundesverfassungsgerichts ergibt sich aus Art. 41 Abs. 2, 3 GG, § 18 WPG, §§ 13 Nr. 3, 48 BVerfGG. 473

2. Vorverfahren

Die **Wahlprüfung** selbst ist Sache des Bundestages (Art. 41 Abs. 1 Satz 1 GG). Voraussetzung hierfür ist ein Einspruch. Details sind in § 2 Abs. 1, 2 WPG geregelt. Der Einspruch wird zunächst im Wahlprüfungsausschuss behandelt (§ 3 WPG), der eine Entscheidung des Bundestages vorschlägt (§ 11 WPG). Der Beschluss des Bundestages ergeht im Plenum mit einfacher Mehrheit und ist anschließend den Beteiligten mit Rechtsmittelbelehrung zuzustellen (§ 13 WPG). Wird der Einspruch vom Bundestag verworfen, ist die Beschwerdemöglichkeit vor dem Bundesverfassungsgericht statthaft. 474

3. Beteiligtenfähigkeit

475 Beschwerdeberechtigt ist zunächst jeder Wahlberechtigte, ferner ein Abgeordneter, dessen Mandat abgelehnt wurde, eine Fraktion oder ein Zehntel der Bundestagsabgeordneten (§ 48 Abs. 1 BVerfGG). Antragsgegner ist der Bundestag. Das frühere Erfordernis des Beitritts von 100 Wahlberechtigten ist wegen des inzwischen eingeführten Schutzes subjektiver Rechte entfallen.[830]

4. Beschwerdegegenstand

476 Die Beschwerde richtet sich gegen den Beschluss des Bundestages über die Gültigkeit einer Wahl oder Erwerb oder Verlust des Abgeordnetenstatus (§ 48 Abs. 1 BVerfGG).

5. Beschwerdebefugnis

477 Der Kreis der möglichen Beschwerdeführer nach § 48 Abs. 1 Halbs. 1 BVerfGG ist abschließend und wesentlich enger als der Kreis der Einspruchsberechtigten nach § 2 Abs. 2 WahlprG.[831] Die Beschwerdebefugnis für einen Wahlberechtigten oder einer Gruppe von Wahlberechtigten ergibt sich aus der ablehnenden Entscheidung des Bundestages über den Wahleinspruch.[832] Gleiches gilt für den Abgeordneten, dessen Mitgliedschaft im Bundestag bestritten wird. Ferner sind eine Fraktion (§ 10 GOBT) sowie eine Minderheit des Bundestages, die mindestens 10 % der gesetzlichen Mitgliederzahl, also aller 10 % der Mitglieder, die nach Maßgabe des Bundeswahlgesetzes im konkreten Zeitpunkt sitz- und stimmberechtigt sind, beschwerdebefugt.[833] Weitere Voraussetzungen, wie die Möglichkeit der Verletzung eigener subjektiver Rechte, gibt es hingegen nicht, weil das Wahlprüfungsbeschwerdeverfahren nach wie vor grundsätzlich objektiven Charakter hat.[834] Macht der Einspruchsführer jedoch alleine die Verletzung subjektiver Rechte geltend, hat er die Möglichkeit, eine solche Verletzung darzulegen.[835] Hingegen sind weder Landes-, noch der Bundeswahlleiter, noch der Bundestagspräsident beschwerdeberechtigt; ebensowenig sind Parteien, oder Gruppen von Kandidaten beschwerdebefugt.[836]

---

830 *Sachs*, Verfassungsprozessrecht, Rdnr. 464; siehe zum Ganzen oben Rdnr. 466.

831 *Hillgruber/Goos*, Verfassungsprozessrecht, Rdnr. 945.

832 *Jarass*, in: *Jarass/Pieroth*, GG, Art. 41, Rdnr. 4; *Hillgruber/Goos*, Verfassungsprozessrecht, Rdnr. 945

833 *Jarass*, in: *Jarass/Pieroth*, GG, Art. 121, Rdnr. 3.

834 BVerfGE 1, 208 ff., 238; BVerfGE 85, 148 ff., 158 f.; BVerfGE 89, 291 ff., 304, 309; BVerfGE 122, 304 ff., 306; BVerfGE 151, 1 ff., 16 (st. Rspr.); *Jarass*, in: *Jarass/Pieroth*, GG, Art. 41, Rdnr. 4; *Austermann*, in: *Schreiber*, BWahlG, § 49, Rdnr. 10; *Sachs*, Verfassungsprozessrecht, Rdnr. 464.

835 *Jarass*, in: *Jarass/Pieroth*, GG, Art. 41, Rdnr. 8.

836 BVerfGE 2, 300 ff., 303 f.; BVerfGE 79, 49 ff.; *Hillgruber/Goos*, Verfassungsprozessrecht, Rdnr. 946.

6. Form und Frist

Für die Form gelten die allgemeinen Vorschriften. Danach ist gemäß § 23 Abs. 1 BVerfGG der Antrag **schriftlich** einzureichen und mit einer **Begründung** zu versehen. Die Wahlprüfungsbeschwerde muss innerhalb einer Frist von zwei Monaten seit der Beschlussfassung durch den Bundestag beim Bundesverfassungsgericht eingelegt und begründet werden (§ 48 Abs. 1 BVerfGG). 478

7. Rechtsschutzbedürfnis

Das Rechtsschutzbedürfnis für eine Wahlprüfungsbeschwerde liegt regelmäßig vor. 479
Allerdings wird sie mit Ablauf der Wahlperiode grundsätzlich gegenstandslos,[837] so dass das Rechtsschutzbedürfnis des Beschwerdeführers entfällt. Das erscheint insoweit gerechtfertigt, als sich die Wahlprüfung auf die konkrete und ordnungsgemäße Zusammensetzung des Parlaments bezieht. Mit Ablauf der Legislaturperiode kann die Entscheidung des Bundesverfassungsgerichts keine Auswirkungen auf das Parlament mehr haben.[838] Gleiches gilt bei vorzeitiger Auflösung des Bundestages.[839] Ob dies auch für Fälle einschlägig ist, in denen die Wahlprüfung beim Bundestag nicht in der gebotenen Geschwindigkeit bearbeitet wird, erscheint jedoch fraglich Und schließlich könnte man ein Bedürfnis für eine gerichtliche Entscheidung auch nach Ablauf der Legislaturperiode zumindest in den Fällen annehmen, bei denen Verstöße gegen Wahlrechtsgrundsätze auf der Anwendung verfassungswidriger Rechtsgrundlagen beruhen. Allerdings steht es dem Bundesverfassungsgericht frei, auch bei Wahlprüfungsbeschwerden, die sich „erledigt" haben, über wahlrechtliche Fragen zu entscheiden, wenn dem Wahlfehler grundsätzliche, in die Zukunft wirkende und für den Gesetzgeber relevante Bedeutung zukommt.[840]

D. Entscheidung

Eine unzulässige Wahlprüfungsbeschwerde wird verworfen.[841] 480

Im Übrigen ist der Entscheidungsinhalt in § 48 BVerfGG nicht weiter geregelt. Da sich die Beschwerde vor dem Bundesverfassungsgericht jedoch gegen den Beschluss des Bundestages richtet, müsste das Bundesverfassungsgericht im Erfolgsfalle den Bundestagsbeschluss aufheben. Eine Zurückverweisung an den Bundestag,

---

837 BVerfGE 22, 277 ff., 280; BVerfGE 34, 201 ff., 203.
838 BVerfGE 22, 277 ff., 280 f.; BVerfGE 34, 201 ff., 203; *Austermann*, in: *Schreiber*, BWahlG, § 49, Rdnr. 44 m. w. N.
839 *Austermann*, in: *Schreiber*, BWahlG, § 49, Rdnr. 44 m. w. N.
840 *Austermann*, in: *Schreiber*, BWahlG, § 49, Rdnr. 44.
841 BVerfGE 59, 119 ff., 119 – Briefwahl II; BVerfG, Beschl. v. 18.10.2010, 2 BvC 3/10.

nunmehr nach Maßgabe der Entscheidung des Bundesverfassungsgerichts zu entscheiden, wäre grundsätzlich denkbar, ist aber unpraktikabel. Deshalb entscheidet das Bundesverfassungsgericht auch über die Gültigkeit der angegriffenen Wahl.[842] Ist die Beschwerde unbegründet, formuliert das Bundesverfassungsgericht etwa wie folgt: „*Die Wahlprüfungsbeschwerde wird zurückgewiesen.*“[843] Hält das Bundesverfassungsgericht eine Beschwerde für begründet, könnte die Entscheidung wie folgt lauten: „*Der angegriffene Bundestagsbeschluss vom … wird aufgehoben.*“ In den Fällen, in denen die Beschwerdeführer zu Recht die Verfassungswidrigkeit einer Vorschrift des Wahlrechts rügen, das Bundesverfassungsgericht aber den Verstoß oder die Auswirkungen auf das Wahlergebnis für nicht erheblich hält, erklärt es die entsprechende Regelung, ggf. mit einer Übergangsfrist,[844] für verfassungswidrig und weist im Übrigen die Wahlprüfungsbeschwerde zurück. Rügen die Beschwerdeführer zu Recht die Verfassungswidrigkeit von Vorschriften im Wahlprüfungsverfahren, so können ihnen nach § 19 Abs. 1 WPG i. V. m. § 34a Abs. 3 BVerfGG die notwendigen Auslagen erstattet werden.[845]

842 *Sachs*, Verfassungsprozessrecht, Rdnr. 479.

843 BVerfGE 97, 317 ff., 317 – Überhang-Nachrücker; BVerfGE 89, 243 ff., 244; siehe zu teilweiser Zurückweisung auch BVerfGE 123, 39 ff., 40 und BVerfGE 121, 266 ff., 267.

844 BVerfGE 121, 266 ff., 316.

845 BVerfGE 121, 266 ff., 316; BVerfGE 123, 39 ff., 88.

§ 30 Weitere Verfahren

Das Bundesverfassungsgericht ist über die oben ausführlicher behandelten Fälle hinaus für folgende weitere Verfahren zuständig: 481

A. Bund-Länder-Streitverfahren

Im Bund-Länder-Streitverfahren entscheidet das Bundesverfassungsgericht, wenn es zwischen dem Bund und den Ländern **Meinungsverschiedenheiten über die Rechte und Pflichten des Bundes und der Länder** gibt, insbesondere bei der Ausführung von Bundesrecht durch die Länder sowie bei der Ausübung der Bundesaufsicht (Art. 93 Abs. 1 Nr. 3 GG). Diese Entscheidungskompetenz des Bundesverfassungsgerichts dient der Bewahrung der föderalen Struktur der Bundesrepublik (Art. 20 Abs. 1 GG).[846] Sie ist theoretisch von besonderer Bedeutung, denn das Verhältnis zwischen Bund und Ländern kann *„im Bundesstaat rechtlich nicht im Ungewissen bleiben,“*[847] spielt im Vergleich zu anderen Verfahren in der Praxis jedoch nur eine **untergeordnete Rolle.**[848] Dies liegt zum einen daran, dass Bund und Länder bei Konflikten häufig nach einer politischen Lösung suchen,[849] zum anderen daran, dass Streitpunkte zwischen Bund und Ländern meist Gesetzgebungskompetenzen berühren, die sich im Rahmen eines abstrakten Normenkontrollverfahrens klären lassen (s. o. Rdnr. 393 ff.), welches erleichterte Zulassungsvoraussetzungen hat.[850] Dennoch gibt es einige bekannte Bund-Länder-Streitverfahren. Beispielhaft genannt seien die Kalkar-II-Entscheidung[851] und die Entscheidung zur EG-Fernsehrichtlinie.[852] Vor allem die Bundestreue[853] spielt bei Bund-Länder-Streitverfahren eine Rolle. 482

Prozess- und beteiligtenfähig im Bund-Länder-Streit sind der **Bund** und die **Länder.** 483
§ 68 BVerfGG regelt, wer wirksame Prozesshandlungen vornehmen kann. Dies ist für den Bund die Bundesregierung und für die Länder die jeweilige Landesregie-

846 *Detterbeck*, in: *Sachs*, GG, Art. 93, Rdnr. 62.

847 BVerfGE 11, 6 ff., 14; siehe auch *Hillgruber/Goos*, Verfassungsprozessrecht, Rdnr. 540.

848 Bis Ende 2020 waren lediglich 47 Anträge im Bund-Länder-Streitverfahren anhängig (bei insgesamt 249.023Verfahren; siehe hierzu die Statistik des Bundesverfassungsgerichts unter https://www.bundesverfassungsgericht.de/DE/Verfahren/Jahresstatistiken/2020/gb2020/A-I-4.pdf?__blob=publicationFile&v=2; siehe hierzu *Hillgruber/Goos*, Verfassungsprozessrecht, S. 545; *Detterbeck*, in: *Sachs*, GG, Art. 93, Rdnr. 63, jew. m. w. N.

849 *Hillgruber/Goos*, Verfassungsprozessrecht, Rdnr. 546 m. w. N.

850 *Sachs*, Verfassungsprozessrecht, Rdnr. 351; *Hillgruber/Goos*, Verfassungsprozessrecht, Rdnr. 547.

851 BVerfGE 81, 310 ff.

852 BVerfGE 92, 203 ff.

853 S. oben Rdnr. 180; *Sachs*, in: *Sachs*, GG, Art. 20, Rdnr. 68 ff. m. w. N.

rung.[854] Nach anderer Ansicht sind Bundes- bzw. Landesregierung selbst Partei des Verfahrens, die als gesetzliche Prozessstandschaftler die Rechte des Bundes bzw. des Landes in eigenem Namen wahrnehmen.[855]

484 Angriffsgegenstand im Bund-Länder-Streitverfahren ist eine **Maßnahme** oder ein **Unterlassen** des Antragsgegners (§§ 69, 64 Abs. 1 BVerfGG). Typische Fälle solcher Maßnahmen sind Weisungen des Bundes an ein Land im Rahmen der Bundesauftragsverwaltung,[856] Normsetzungsakte[857] oder die Mitwirkung daran.[858]

485 Grundsätzlich gelten für das Bund-Länder-Verfahren über den Verweis des § 69 BVerfGG die Sachentscheidungsvoraussetzungen des Organstreitverfahrens. Dies gilt jedoch nicht bei Meinungsverschiedenheiten über die Ausführung von Bundesgesetzen als eigene Angelegenheit der Länder (s.o. Rdnr. 332f.). Hier verlangt Art. 84 Abs. 4 GG, dass entweder die Bundesregierung oder das betroffene Land den **Bundesrat** anrufen. Nur wenn der Bundesrat gemäß Art. 84 Abs. 4 S. 1 GG beschließt, dass das Land das Recht verletzt hat, kann das Bundesverfassungsgericht angerufen werden. Für alle anderen Streitigkeiten zwischen dem Bund und den Ländern ist kein Vorverfahren vorgesehen.[859]

486 Der Beschluss nach Art. 84 Abs. 4 S. 1 GG ist innerhalb eines Monats beim Bundesverfassungsgericht anhängig zu machen (§ 70 BVerfGG). Alle anderen Verfahren sind innerhalb von sechs Monaten nach Bekanntwerden der beanstandeten Maßnahme einzuleiten (§§ 69, 64 Abs. 3 BVerfGG). Diese Frist ist eine Ausschlussfrist.[860] Für die Fristberechnung sind §§ 187ff. BGB heranzuziehen.[861] Ist der Antragsteller unsicher, ob die von ihm vorgebrachte Angelegenheit eine verfassungsrechtliche Bund-Länder-Streitigkeit ist oder eine öffentlich-rechtliche Streitigkeit nichtverfassungsrechtlicher Art gemäß § 50 Abs. 1 Nr. 1 VwGO, dann reicht zur Fristwahrung der rechtzeitige Antrag beim Bundesverwaltungsgericht, so jedenfalls das Bundesverfassungsgericht.[862] Damit erspart es sich und dem Antragsteller, parallel beide Verfahren einzuleiten.[863]

---

854 Siehe hierzu ausf. *Hillgruber/Goos*, Verfassungsprozessrecht, Rdnr. 564 m.w.N; *Detterbeck*, in: *Sachs*, GG, Art. 93, Rdnr. 64. So auch das BVerfG in BVerfGE 8, 122ff., 129; vgl. auch die Tenorierung in BVerfGE 21, 312ff., 313; BVerfGE 41, 291ff., 292f.; BVerfGE 84, 25ff., 26.

855 So z.B. *Degenhart*, Staatsrecht I, Rdnr. 849.

856 BVerfGE 81, 310ff., 335ff.; zur Bundesauftragsverwaltung siehe oben Rdnr. 336; BVerfGE 84, 25ff., 31ff.

857 BVerfGE 92, 80ff., 87.

858 *Hillgruber/Goos*, Verfassungsprozessrecht, Rdnr. 575.

859 *Sachs*, Verfassungsprozessrecht, Rdnr. 358ff.; *Hillgruber/Goos*, Verfassungsprozessrecht, Rdnr. 605.

860 BVerfGE 99, 361ff., 366 m.w.N.

861 *Hillgruber/Goos*, Verfassungsprozessrecht, Rdnr. 614.

862 BVerfGE 109, 1ff., 10.

863 *Hillgruber/Goos*, Verfassungsprozessrecht, Rdnr. 615.

B. Abstrakte Normenkontrolle am Maßstab des Art. 72 Abs. 2 GG

Mit dem Verfahren nach Art. 93 Abs. 1 Nr. 2a GG i.V.m. §§ 13 Nr. 6a, 76 Abs. 2, 77–79 BVerfGG werden die Länder vor einer überzogenen **Inanspruchnahme von Bundeskompetenzen** für die in Art. 72 Abs. 2 GG genannten Bereiche abgesichert. In den dort genannten Fällen der konkurrierenden Gesetzgebung, wie z. B. Lebens- und Genussmittelrecht (Art. 74 Abs. 1 Nr. 20 GG), Straßenverkehrsrecht (Art. 74 Abs. 1 Nr. 22 GG) oder dem Recht über Embryonen- und Genforschung sowie Transplantation (Art. 74 Abs. 1 Nr. 26 GG) darf der Bund nämlich nur tätig werden, wenn und soweit die **Herstellung gleichwertiger Lebensverhältnisse** im Bundesgebiet oder die **Wahrung der Rechts- und Wirtschaftseinheit** im gesamtstaatlichen Interesse eine bundesgesetzliche Regelung erforderlich macht (Art. 72 Abs. 2 GG, siehe oben Rdnr. 301 f.). Um einer Überdehnung dieser Kriterien durch den Bund entgegenzuwirken, können der Bundesrat, eine Landesregierung oder ein Länderparlament das Bundesverfassungsgericht anrufen. Das Bundesverfassungsgericht hat das Erfordernis einer bundeseinheitlichen Regelung in den vergangenen Jahren zunehmend hinterfragt.[864] 487

Systematisch ist das Verfahren nach Art. 93 Abs. 1 Nr. 2a GG ein **spezielles abstraktes Normenkontrollverfahren** und steht selbständig neben der abstrakten Normenkontrolle nach Art. 93 Abs. 1 Nr. 2 GG. Die eigentliche Erweiterung des Art. 93 Abs. 1 Nr. 2 a GG liegt in der zusätzlichen Antragsmöglichkeit des Bundesrats und der Länderparlamente. Landesregierungen können eine Überprüfung des Kriteriums „Erfordernis einer bundeseinheitlichen Regelung" auch nach dem regulären abstrakten Normenkontrollverfahren überprüfen lassen, da sie zu den dort genannten Antragsbefugten zählen. Sie haben daher ein Wahlrecht, welches Verfahren sie wählen.[865] 488

Antragsgegenstand sind nur förmliche Bundesgesetze. Antragsvoraussetzung ist das Bestehen einer **Meinungsverschiedenheit**, d.h. Zweifel reichen nicht aus. Der Antragsteller muss das Gesetz wegen Verstoßes gegen Art. 72 Abs. 2 GG für nichtig halten (§ 76 Abs. 2 BVerfGG). 489

C. Sonstige föderative Streitigkeiten

Sonstige föderative Streitigkeiten nach Art. 93 Abs. 1 Nr. 4 GG i. V. m. §§ 13 Nr. 8, 71 f. BVerfGG in Ergänzung zum in Art. 93 Abs. 1 Nr. 3 GG genannten Bund-Länder-Streit können in den folgenden drei Konstellationen vor das Bundesverfassungsgericht gebracht werden: 490

---

864 Bejaht in BVerfGE 106, 62 ff., 135 ff. (Altenpflege); verneint (leider) in BVerfGE 111, 226 ff., 252 ff. (Hochschulreform); siehe hierzu die 3. Aufl., Rdnr. 397 m. w. N.

865 Siehe hierzu *Detterbeck*, in: *Sachs*, GG, Art. 93, Rdnr. 61 m. w. N.

- Bund-Länder-Streit nicht-verfassungsrechtlicher Art
- Zwischenländerstreit
- Landesinnenstreit

491 **Bund-Länder-Streitigkeiten nicht-verfassungsrechtlicher Art** sind primär vom Bundesverwaltungsgericht zu entscheiden (§§ 40 Abs. 1, 50 Abs. 1 Nr. 1 VwGO sowie §§ 51, 30 Abs. 2 SGG).[866] Neben den Streitigkeiten nicht-verfassungsrechtlicher Art können auch verfassungsrechtliche Streitigkeiten von nicht mehr bestehenden Ländern gegen den Bund nach Art. 93 Abs. 1 Nr. 4 GG geltend gemacht werden.[867] Das betrifft auch Fallgestaltungen im Zusammenhang mit dem Einigungsvertrag.[868] Antragsbefugt sind gemäß § 71 Nr. 1 BVerfGG der Bund und die Länder, vertreten durch ihre jeweiligen Regierungen.

492 In einem **Zwischenländerstreitverfahren** können alle öffentlich-rechtlichen Streitigkeiten zwischen verschiedenen Ländern behandelt werden. Auch hier übt das Bundesverfassungsgericht wegen der vorrangigen Zuweisung an das Bundesverwaltungsgericht (§§ 40 Abs. 1, 50 Abs. 1 Nr. 1 VwGO) lediglich eine Reservekompetenz aus. Parteifähig sind die durch ihre Landesregierung vertretenen Länder. Ist ein untergegangenes Land beteiligt, werden dessen Rechte in Prozessstandschaft durch die Landkreise oder kreisfreien Städte vertreten.[869]

493 Der **Landesinnenstreit** betrifft ausschließlich verfassungsrechtliche Streitigkeiten innerhalb eines Landes. Das Verfahren hat (derzeit) keine Bedeutung, denn inzwischen wird in allen Bundesländern diese Art von Streitigkeiten von eigenen Verfassungsgerichten entschieden, nachdem seit dem 01.05.2008 auch in Schleswig-Holstein ein eigenes Landesverfassungsgericht besteht.[870] Neben Schleswig-Holstein hatte das Verfahren in den Ländern der ehemaligen DDR bis zum Aufbau einer eigenen Verfassungsgerichtsbarkeit Bedeutung.[871] Parteifähig sind analog der Regelung zum Bundes-Organstreitverfahrens (siehe oben Rdnr. 432 ff.) die obersten Staatsorgane der Länder sowie Teile derselben. Antragsbefugt ist, wer die Verletzung oder unmittelbare Gefährdung eigener landesverfassungsrechtlicher Rechte oder Kompetenzen geltend machen kann.[872] Das Landesinnenstreitverfahren wird von der spezielleren Regelung des **Verfassungsstreits innerhalb eines Landes** nach

866 *Voßkuhle*, in: *v. Mangoldt/Klein/Stark*, GG, Art. 93, Rdnr. 152.
867 BVerfGE 49, 10 ff., 13 ff. – ehemaliges Land Oldenburg.
868 BVerfGE 94, 297 ff., 309 ff.
869 *Detterbeck*, in: *Sachs*, GG, Art. 93, Rdnr. 72. – für Baden, Württemberg-Baden und Württemberg-Hohenzollern.
870 *Wolff*, in: *Hömig/Wolff*, GG, Art. 99, Rdnr. 2; *Morgenthaler*, in: *Epping/Hillgruber*, GG, Art. 99, Rdnr. 3.
871 BVerfGE 99, 332 ff., 333; BVerfGE 102, 224 ff., 231; *Detterbeck*, in: *Sachs*, GG, Art. 93, Rdnr. 74.
872 BVerfGE 88, 63 ff., 67 ff.; BVerfGE 93, 195 ff., 203.

Art. 99 GG verdrängt, wenn es um die dort zu behandelnden Gegenstände geht (siehe u. unter Rdnr. 501).[873]

D. Kommunalverfassungsbeschwerde

Die Kommunalverfassungsbeschwerde nach Art. 93 Abs. 1 Nr. 4b GG i. V. m. §§ 13 Nr. 8a, 90 Abs. 2, 93, 94 f. BVerfGG ist nach der Konzeption des Grundgesetzes und des Bundesverfassungsgerichtsgesetzes an die reguläre **Verfassungsbeschwerde** angelehnt. So sind die meisten Verfahrensvorschriften des Verfassungsbeschwerdeverfahrens anwendbar, inklusive des Annahmeverfahrens.[874] Das Verfahren soll die kommunale Selbstverwaltung gegen Eingriffe durch Gesetze schützen. Es handelt sich also um ein **Normenkontrollverfahren spezieller Ausprägung.** Die Kommunalverfassungsbeschwerde ist gegenüber landesverfassungsrechtlichen Verfahren **subsidiär** (Art. 93 Abs. 1 Nr. 4b 2. Halbs. GG i. V. m. § 91 S. 2 BVerfGG) und deswegen nur von untergeordneter Bedeutung.[875] 494

Beschwerdefähig sind Gemeinden und Gemeindeverbände, nicht aber einzelne Bürger oder kommunale Organisationen, wie z. B. Zweckverbände.[876] Beschwerdegegenstand sind Bundes- und Landesgesetze, die Außenwirkung gegenüber den Kommunen entfalten und in das Recht auf Art. 28 Abs. 2 GG eingreifen können.[877] Wie beim regulären Verfassungsbeschwerdeverfahren prüft das Bundesverfassungsgericht, ob der Beschwerdeführer **selbst, gegenwärtig und unmittelbar**[878] betroffen ist (siehe hierzu oben Rdnr. 373 ff.). Eine unmittelbare Betroffenheit soll z. B. fehlen, wenn ein Gesetz erst noch durch untergesetzliches Regelwerk konkretisiert werden muss. Eine Kommunalverfassungsbeschwerde kann erst nach **Erschöpfung des Rechtswegs** eingeleitet werden.[879] Außerdem gilt die Jahresfrist des § 93 Abs. 3 BVerfGG.[880] 495

E. Grundrechtsverwirkung

Das **Grundrechtsverwirkungsverfahren** gemäß Art. 18, Art. 93 Abs. 1 Nr. 5 GG i. V. m. §§ 13 Nr. 1 BVerfGG hat keine große Bedeutung. Insgesamt gab es lediglich vier solcher Verfahren, die alle erfolglos blieben.[881] Alle zeichneten sich durch eine (über-) 496

873 *Detterbeck*, in: *Sachs*, GG, Art. 93, Rdnr. 74. Siehe auch unten Rdnr. 501.
874 BVerfGE 95, 1 ff., 27.
875 *Voßkuhle*, in: *v. Mangoldt/Klein/Stark*, GG, Art. 93, Rdnr. 196.
876 *Detterbeck*, in: *Sachs*, GG, Art. 93, Rdnr. 101.
877 BVerfGE 76, 107 ff., 114.
878 BVerfGE 71, 25 ff., 34 f.; etwas abschwächend BVerfGE 76, 107 ff., 111 f.
879 BVerfGE 76, 107 ff., 114 f.
880 Siehe hierzu BVerfGE 76, 107 ff., 114 ff.
881 Siehe Rdnr. 531 sowie BVerfGE 11, 282 f; BVerfGE 38, 23 ff., BVerfG, Beschl. v. 18.07.1996, 2 BvA 1/ 92, 2 BvA 2/92 (juris).

lange Verfahrensdauer aus, was auch durch die Notwendigkeit umfassender Beweiserhebung durch das Bundesverfassungsgericht bedingt ist.

497 **Antragsberechtigt** ist der Bundestag, die Bundesregierung oder eine Landesregierung (§ 36 BVerfGG). Das Verfahren selbst ist ähnlich dem Parteienverbotsverfahren aufgebaut, also inklusive Vorverfahren mit Anhörung des Betroffenen.[882] Zur Grundrechtsverwirkung selbst siehe unten Rdnr. 531.

F. Präsidentenanklage

498 Das Präsidentenanklageverfahren nach Art. 61, Art. 93 Abs. 1 Nr. 5 GG i. V. m. §§ 13 Nr. 4 BVerfGG ist, anders als es der Wortlaut vermuten lässt, kein Straf- oder Disziplinarverfahren. Es geht vielmehr um den Schutz der verfassungsmäßigen Ordnung und die **Amtsenthebung** des Präsidenten.[883] Das Verfahren wird durch einen Antrag des Bundestages oder des Bundesrats von einem Viertel der Mitglieder des beantragenden Organs eingeleitet. Die Bundesregierung ist nicht antragsbefugt.[884] Der Antrag selbst muss mit einer **Zweidrittel-Mehrheit** beschlossen werden (Art. 61 Abs. 1 S. 3 GG). Die Anklage ist binnen drei Monaten nach Bekanntwerden des der Anklage zugrunde liegenden Sachverhalts einzureichen (§ 50 BVerfGG) und kann auch durch Mehrheitsbeschluss (Achtung: einfache Mehrheit genügt!) wieder zurückgenommen werden (§ 52 BVerfGG).

Dieses Verfahren vor dem Bundesverfassungsgericht ist dem **strafrechtlichen Verfahren** jedoch angenähert, insbesondere der in § 55 BVerfGG geregelte Gang der mündlichen Verhandlung.[885] Die Beweisaufnahme folgt dem Untersuchungsgrundsatz; am Ende des Verfahrens folgen die Plädoyers der Anklage und der Verteidigung sowie das letzte Wort, das dem Bundespräsidenten zusteht.

499 Das Bundesverfassungsgericht entscheidet durch **Urteil** zunächst die Frage, ob der Bundespräsident sich einer vorsätzlichen Verletzung des Grundgesetzes schuldig gemacht hat. Falls das bejaht wird, ist darüber zu entscheiden, ob er seines Amtes für verlustig zu erklären ist. (Art. 61 Abs. 2 S. 1 GG, § 56 Abs. 2 S. 1 BVerfGG).[886] Da es in der Geschichte der Bundesrepublik noch kein Verfahren dieser Art gegeben hat,[887] sind die Details noch nicht verfassungsgerichtlich geklärt.

---

882 Zu Details siehe *Hillgruber/Goos*, Verfassungsprozessrecht, Rdnr. 913 ff.

883 *Nierhaus*, in: *Sachs*, GG, Art. 61, Rdnr. 5.

884 *Fink*, in: *v. Mangoldt/Klein/Stark*, GG, Art. 61, Rdnr. 17.

885 *Nierhaus*, in: *Sachs*, GG, Art. 61, Rdnr. 11 m. w. N.

886 Details bei *Nierhaus*, in: *Sachs*, GG, Art. 61, Rdnr. 13 m. w. N.

887 Siehe hierzu die Statistik des Bundesverfassungsgerichts, im Internet abrufbar unter https://www.bundesverfassungsgericht.de/DE/Verfahren/Jahresstatistiken/2020/gb2020/A-I-4.pdf?__blob=publicationFile&v=2.

G. Richteranklagen

Ebenfalls noch nie ist es bislang zu einer **Richteranklage** nach Art. 98 Abs. 2, 5, Art. 93 Abs. 1 Nr. 5 GG i. V. m. §§ 13 Nr. 9 BVerfGG gekommen.[888] In diesem Verfahren geht es – ähnlich wie bei der Bundespräsidentenanklage – nicht um strafrechtliche Verantwortlichkeit, sondern um den Schutz der Verfassung vor verfassungsfeindlichen Richtern. Das bedeutet, dass auch falsche oder abwegige Gerichtsurteile und Urteilsbegründungen überhaupt nur zu einer Richteranklage führen können, wenn der Richter eine **aggressiv-kämpferische Haltung** gegenüber der freiheitlich-demokratischen Grundordnung an den Tag legt.[889] Das bedeutet, dass eine Richteranklage nach Art. 98 Abs. 2, 5 GG selbst dann nicht in Betracht kommt, wenn ein Urteil als Skandalurteil bezeichnet wird.[890] Diskutiert wurde Art. 98 Abs. 2, 5 GG zumindest einmal im Zusammenhang mit dem *Deckert*-Urteil des Landgerichts Mannheim, das dem wegen Volksverhetzung und Aufstachelung zum Rassenhass verurteilten Angeklagten *Günther Deckert* bescheinigte, eine *„politische Überzeugung, die ihm Herzenssache ist, (...) mit großem Engagement und erheblichem Aufwand an Zeit und Energie*“ zu verfechten.[891] 500

Die prozessualen Voraussetzungen im Richteranklageverfahren sind nicht einfach zu erfüllen. So muss bei Bundesrichtern der Bundestag, bei Landesrichtern das jeweilige Landesparlament und schließlich das Bundesverfassungsgericht jeweils mit Zweidrittel-Mehrheit entscheiden.[892]

888 Siehe hierzu die Statistik des Bundesverfassungsgerichts, im Internet abrufbar unter https://www.bundesverfassungsgericht.de/DE/Verfahren/Jahresstatistiken/2020/gb2020/Gesamtstatistik%202020.pdf?__blob=publicationFile&v=2; siehe auch *Detterbeck*, in: *Sachs*, GG, Art. 98, Rdnr. 12 und dort Fn. 16.

889 *Detterbeck*, in: *Sachs*, GG, Art. 98, Rdnr. 14. Zur freiheitlich-demokratischen Grundordnung s. o. Rdnr. 113.

890 Beispiele aus der jüngeren Vergangenheit: AG Frankfurt a. M. (nicht veröffentlicht), Rechtfertigung ehelicher Gewalt durch Koran; siehe hierzu Focus-Online vom 22.03.2007, abrufbar unter http://www.focus.de/politik/deutschland/skandal-urteil_aid_51478.html; AG Stuttgart, Durchgestrichenes Hakenkreuz führt zur Anklage wegen Verwendung von Kennzeichen verfassungswidriger Organisationen, siehe hierzu auch Tagesspiegel-online vom 05.10.2006, abrufbar unter http://www.tagesspiegel.de/meinung/Kommentare;art141,1895641; FIFA-Sperre gegen *Torsten Frings* vor dem WM-Halbfinale 2006, siehe hierzu Bild-online, abrufbar unter http://www.bild.de/BTO/sport/wm2006/aktuell/07/04/frings-urteil/frings-urteil.html. Das Urteil des LG Erfurt, Urt. v. 23.08.2023, Az. 2 KLs 542 Js 11498/21, als „Skandalurteil“ zu bezeichnen, ist hingegen ziemlich überzogen (so etwa TE, abrufbar unter https://www.tichyseinblick.de/podcast/te-wecker-am-26-august-2023/; abgerufen am 02.09.2023).

891 LG Mannheim 6 KLs 2/92 (nicht veröffentlicht); hierzu nachfolgend BGH NJW 1995, 340 f. sowie *Wassermann*, NJW 1995, 303 f.

892 *Detterbeck*, in: *Sachs*, GG, Art. 98, Rdnr. 16.

H. Verfassungsstreitigkeiten innerhalb eines Landes

501 Art. 99, Art. 93 Abs. 1 Nr. 5 GG i. V. m. §§ 13 Nr. 10 BVerfGG eröffnet die Zuständigkeit des Bundesverfassungsgerichts, wenn ein Bundesland auf die Errichtung eines **eigenen Landesverfassungsgerichts** verzichtet. Dies war in Schleswig-Holstein bis zum 01.05.2008 der Fall, und galt auch nur für bestimmte Fallkonstellationen, wie die abstrakte Normenkontrolle, die Zulässigkeit von Volksbegehren sowie die Richteranklage.[893] Das Bundesverfassungsgericht wurde bis Ende 2020 in 26 Fällen im Rahmen von Art. 99 GG angerufen,[894] was nicht für eine überragende Bedeutung spricht. Die Vorschrift geht dem Landesinnenstreit nach Art. 93 Abs. 1 Nr. 4, 3. Var. GG vor, weil sie die speziellere Regelung ist.[895]

I. Verifikation von Völkerrechtsbestimmungen

502 Mit dem Verfahren nach Art. 100 Abs. 2, Art. 93 Abs. 1 Nr. 5 GG i. V. m. § 13 Nr. 12 BVerfGG sollen die **allgemeinen Regeln des Völkerrechts** in das Bundesrecht integriert werden. Dies sind zum einen das Völkergewohnheitsrecht sowie allgemeine Rechtsgrundsätze nach Art. 38 Abs. 1 b) und c) des IGH-Statuts.[896] Nicht von Art. 100 Abs. 2 GG erfasst sind internationale Vertragsbestimmungen.[897]

Gemeinsam ist dem Völkergewohnheitsrecht und den allgemeinen Rechtsgrundsätzen, dass sie nicht in einem irgendwie gearteten Verfahren erzeugt worden sind, sondern einfach bestehen, und auch grundsätzlich innerhalb Deutschlands gelten. Das Verifikationsverfahren **ersetzt das Gesetzgebungsverfahren** und stellt damit klar, ob eine ungeschriebene völkerrechtliche Norm gilt oder nicht.[898]

Auch das Verifikationsverfahren setzt eine Vorlage eines Gerichts im Rahmen eines **konkreten Rechtsstreits** voraus. Es muss nach Ansicht des vorlegenden Gerichts auf die Anwendbarkeit der Norm im Ausgangsprozess ankommen.[899] Das Verfahren nach Art. 100 Abs. 2 GG wurde seit Bestehen des Bundesverfassungsgerichts bis 2020 in immerhin 28 Fällen durchgeführt.[900]

---

893 Siehe hierzu *Detterbeck*, in: *Sachs*, GG, Art. 99, Rdnr. 4.

894 https://www.bundesverfassungsgericht.de/DE/Verfahren/Jahresstatistiken/2020/gb2020/A-I-4.pdf?__blob=publicationFile&v=2.

895 *Detterbeck*, in: *Sachs*, GG, Art. 93, Rdnr. 74.

896 Siehe hierzu *Herdegen*, Völkerrecht, § 22, Rdnr. 12; das IGH-Statut ist mit einer Einführung abgedruckt u. a. bei *Albrecht/Egute/Wanki/Ezeamama* (Hrsg.), International Environmental Law (IEL) – Agreements and Introduction –, 6. Aufl. 2022, S. 1 ff., siehe auch o. Rdnr. 17 f.

897 BVerfGE 94, 315 ff., 328.

898 *Detterbeck*, in: *Sachs*, GG, Art. 100, Rdnr. 26 m. w. N.

899 BVerfGE 75, 1 ff., 12 (Grundsatz *„ne bis in idem"*); BVerfGE 94, 315 ff., 328 ff.; siehe auch *Detterbeck*, in: *Sachs*, GG, Art. 100, Rdnr. 28 m. w. N.

900 Siehe hierzu die Statistik des Bundesverfassungsgerichts, im Internet abrufbar unter https://www.bundesverfassungsgericht.de/DE/Verfahren/Jahresstatistiken/2020/gb2020/A-I-4.pdf?__blob=publicationFile&v=2.

J. Divergenzvorlage eines Landesverfassungsgerichts

Die Divergenzvorlage nach Art. 100 Abs. 3, Art. 93 Abs. 1 Nr. 5 GG i. V. m. §§ 13 Nr. 1 BVerfGG kommt nur in Frage, wenn ein **Landesverfassungsgericht** hinsichtlich der Auslegung von Grundgesetzvorschriften zu einer anderen Auffassung kommt als das Bundesverfassungsgericht. Es geht also um die Sicherung einer **einheitlichen Auslegung** des Grundgesetzes. Divergenzvorlagefälle sind selten; insgesamt hat sich das Bundesverfassungsgericht in acht Verfahren hiermit beschäftigt.[901] Auch in diesem Verfahren muss die auszulegende Norm entscheidungserheblich sein.[902] 503

K. Fortgeltung von Bundesrecht

Streitverfahren über die **Fortgeltung alten Rechts** (Art. 93 Abs. 1 Nr. 5, Art. 126 GG i. V. m. §§ 13 Nr. 14 BVerfGG) wurden in immerhin 151 Fällen vor das Bundesverfassungsgericht gebracht.[903] In diesem Verfahren geht es darum, durch das Bundesverfassungsgericht feststellen zu lassen, ob eine Vorschrift des vor Inkrafttreten des Grundgesetzes geltenden Rechts auch nach Inkrafttreten gilt. Die Vorschrift bezog sich ursprünglich auf den Übergangszeitraum nach 1949, allerdings wird aber auch diskutiert, ob es nicht auch auf die Frage der Fortgeltung **alten DDR-Rechts** angewendet werden kann.[904] 504

Antragsteller in diesem Verfahren können der Bundestag, der Bundesrat, die Bundesregierung und eine Landesregierung sein. § 86 Abs. 2 BVerfGG sieht darüber hinaus auch Richtervorlagen vor, die tatsächlich die absolute Mehrheit der Fälle ausmachen. Lediglich in einem Fall ist ein Verfahren nach Art. 126 GG nicht von einem Gericht, sondern von einer Landesregierung, nämlich der Bayerischen Staatsregierung, eingeleitet worden.[905]

Die Entscheidung des Bundesverfassungsgerichts, ob eine Norm als Bundesrecht fort gilt oder nicht, hat **Gesetzeskraft** (§ 31 Abs. 1, 2 S. 1 BVerfGG).

L. Rückholverfahren

Art. 72 Abs. 4 GG regelt das Verfahren zur Rückholung von Kompetenzen des Bundes an die Länder. Nach Art. 93 Abs. 2 GG i. V. m. §§ 13 Nr. 6b, 97 BVerfGG sind Streitfragen hierüber vor dem Bundesverfassungsgericht zu klären.[906] 505

---

901 Siehe hierzu *Detterbeck*, in: *Sachs*, GG, Art. 100, Rdnr. 29; zur Statistik des Bundesverfassungsgerichts siehe https://www.bundesverfassungsgericht.de/DE/Verfahren/Jahresstatistiken/2020/gb2020/A-I-4.pdf?__blob=publicationFile&v=2.

902 *Detterbeck*, in: *Sachs*, GG, Art. 100, Rdnr. 30; *Sachs*, Verfassungsprozessrecht, Rdnr. 463.

903 Zur Statistik des Bundesverfassungsgerichts siehe https://www.bundesverfassungsgericht.de/DE/Verfahren/Jahresstatistiken/2020/gb2020/A-I-4.pdf?__blob=publicationFile&v=23162.

904 *Jasper*, in: *Sachs*, GG, Art. 126, Rdnr. 5.

905 BVerfGE 8, 143 ff., 147; siehe hierzu *Schulze*, in: *Sachs*, GG, Art. 126, Rdnr. 3.

906 *Detterbeck*, in: *Sachs*, GG, Art. 93, Rdnr. 106 ff.

Die Föderalismusreform hat zwei Arten von konkurrierender Gesetzgebung geschaffen: zum einen die Bereiche, in denen der Bund keinen Beschränkungen bei der Inanspruchnahme seiner konkurrierenden Gesetzgebungskompetenz unterliegt, zum anderen die Bereiche, die der Erforderlichkeitsklausel unterliegen (hierzu o. Rdnr. 300 ff.). Für letztere ist das Verfahren nach Art. 93 Abs. 2 GG von Bedeutung.

Anwendbar ist dieses Verfahren für die Gesetze, die vor dem Inkrafttreten der Grundgesetzänderung von 1994 die damals geltende **Bedürfnisklausel** erfüllten, nach der Neuregelung aber nicht mehr „erforderlich" im Sinne der jetzt geltenden Vorschriften sind.[907]

Antragsberechtigt sind der Bundesrat, eine Landesregierung oder ein Landesparlament. Bislang wurde noch kein Verfahren nach Art. 93 Abs. 2 GG durchgeführt.[908] Ein Verfahren würde mit einer **Feststellungsentscheidung** enden.[909]

M. Sonstige durch Bundesgesetz zugewiesene Fälle

506 Die Zahl der Verfahren, die aufgrund von Art. 93 Abs. 3 GG i. V. m. §§ 13 Nr. 15 BVerfGG an das Bundesverfassungsgericht gebracht wurden, ist mit sechs Verfahren relativ gering. Derzeit enthalten (in nicht abschließender Aufzählung) folgende Bundesgesetze Verweise zur Entscheidung:[910]

- § 105 BVerfGG
- § 33 Abs. 2 PartG
- § 50 Abs. 3 VwGO
- § 39 Abs. 2 S. 2, 3 SGG
- § 24 Abs. 5 S. 3 G Artikel 29 Abs. 6[911]
- § 13 Nr. 11a, 82a BVerfGG i. V. m. § 36 Abs. 2 PUAG
- § 97b BVerfGG
- § 26 Abs. 3 EuWG
- § 28 Abs. 4a BWahlG

Dieser Katalog ist **nicht abschließend** und kann vom Bundesgesetzgeber erweitert werden.[912] Es sollte sich dabei um verfassungsrechtlich geprägte Regelungstatbestände handeln, aber letztlich ist der Gesetzgeber in dieser Entscheidung frei.

---

907 Siehe hierzu *Detterbeck*, in: *Sachs*, GG, Art. 93, Rdnr. 109 m. w. N.
908 *Schnappauf/von Knoblauch*, in: *Hömig/Wolff*, GG, Art. 72, Rdnr. 5.
909 Details bei *Detterbeck*, in: *Sachs*, GG, Art. 93, Rdnr. 111 m. w. N.
910 Aufzählung nach *Detterbeck*, in: *Sachs*, GG, Art. 93, Rdnr. 113.
911 Siehe hierzu BVerfGE 96, 139 ff. – Volksbegehren Franken.
912 *Detterbeck*, in: *Sachs*, GG, Art. 93, Rdnr. 112 f.

7. Kapitel: Grundrechte und grundrechtsgleiche Rechte

§ 31 Einführung in die Grundrechte

A. Was sind Grundrechte?

507 **Grundrechte** sind wesentliche, von der Verfassung garantierte Rechte, mit denen einzelne Bürger und – teilweise – juristische Personen und Personengesellschaften ihre Freiheiten gegenüber dem Staat verteidigen können. Sie binden das gesamte staatliche Handeln (Art. 1 Abs. 3 GG). Zwischen Privatpersonen gelten sie nicht unmittelbar,[913] wirken sich aber gleichwohl auf die Rechtsbeziehungen von Privatrechtssubjekten untereinander aus.[914]

Das Grundgesetz enthält die Grundrechte in Abschnitt I (Art. 1 – 19 GG) und weitere Rechte, die sog. grundrechtsgleichen Rechte, in den übrigen Abschnitten. Daneben enthalten auch die **Landesverfassungen** einzelne Grundrechte und grundrechtsgleiche Rechte. Diese sind vom Grundsatz des Art. 31 GG („Bundesrecht bricht Landesrecht") ausgenommen, gelten also neben dem Grundgesetz (Art. 142 GG) sowohl dann, wenn sie einen umfangreicheren Grundrechtsschutz bewirken, als auch dann, wenn der Schutz geringer ist.[915] Im letzteren Fall ist das Grundgesetz zusätzlich anwendbar.

Seit Inkrafttreten des Vertrags von Lissabon ist zudem die **Europäische Grundrechtecharta** verbindlicher Teil des Unionsrechts (Art. 6 Abs. 1 EUV). Zum Verhältnis von Unionsrecht und nationalem Recht siehe oben Rdnr. 19a.

1. Grundrechte und grundrechtsgleiche Rechte

508 Außerhalb des I. Abschnitts enthält das Grundgesetz einige sogenannte **grundrechtsgleiche Rechte**; das sind jene Rechte, die nicht in Abschnitt I aufgeführt sind, aber ähnlich den Grundrechten individuelle Einzelrechte enthalten.[916]

Nach ihrer Rechtsnatur sind Grundrechte und grundrechtsgleiche Rechte weitgehend identisch. Insbesondere ist gegen ihre Verletzung jeweils die Verfassungsbeschwerde zulässig (Art. 93 Abs. 1 Nr. 4a GG), und Art. 19 Abs. 3 GG (Geltung der Grundrechte auch für inländische juristische Personen) umfasst auch die grund-

---

913 S. u. Rdnr. 525.

914 Hierzu unten Rdnr. 525 f.

915 *Jarass*, in: *Jarass/Pieroth*, GG, Art. 142, Rdnr. 3 f. Siehe auch *Wolff, in: Hömig/Wolff*, GG, Art. 142, Rdnr. 2; *Huber*, in: *Sachs*, GG, Art. 142, Rdnr. 12; BVerfGE 96, 345 ff., 365.

916 BVerfGE 85, 386 ff., 404; BVerfGE 37, 217 ff., 241; *Sachs*, in: *Sachs*, GG, vor Art. 1, Rdnr. 17.

rechtsgleichen Rechte. Unterschiede bestehen nur am Rande, z.B. bei der Reichweite des Zitiergebotes (Art. 19 Abs. 1 S. 2 GG).

509 Die Grundrechte lassen sich in Freiheitsrechte und Gleichheitsrechte einteilen. **Freiheitsrechte** sind Rechte, die dem Bürger gegenüber dem Staat ein bestimmtes Recht einräumen (zu ihnen Rdnr. 532ff.); **Gleichheitsrechte** sind Rechte, die vor Ungleichbehandlung durch den Staat schützen (zu ihnen Rdnr. 760ff.).

2. Unterschied zu den Menschenrechten

510 Die Grundrechte verkörpern die in der Verfassung schriftlich fixierten Rechte. Die unverletzlichen und unveräußerlichen **Menschenrechte** (Art. 1 Abs. 2 GG) sind *„Rechte, die dem Menschen als solchem kraft seines Menschseins zustehen“*.[917]

511 Die **Quelle** der Menschenrechte wird unterschiedlich beurteilt. Zum Teil werden sie als Bestandteil des Naturrechts, als *„überpositive Normreserve“* angesehen.[918] Das Bundesverfassungsgericht hat demgegenüber eine naturrechtliche Einordnung vermieden und Art. 1 Abs. 2 GG als Bekenntnis zum völkerrechtlichen *ius cogens* verstanden – also zum zwingenden, nicht abdingbaren Teil des Völkerrechts (vgl. Art. 53 WVK[919]), der auch die Menschenrechte umfasse.[920] Allerdings werden die Menschenrechte innerhalb des Völkerrechts teilweise aus dem Naturrecht hergeleitet. So formuliert Art. 6 Abs. 1 S. 1 IBPR:[921] *„Jeder Mensch hat ein angeborenes Recht auf Leben“*.

Das Wesen der Verfassung bringt es mit sich, dass die Frage, wie die Menschenrechte begründet werden, offenbleiben kann. Art. 1 Abs. 2 GG enthält **kein Bekenntnis zum Naturrecht**. Während das Grundgesetz in Art. 1 Abs. 2 GG ausdrücklich eine Werteordnung jenseits des Verfassungsrechts anerkennt, lässt es deren Herkunft offen. Somit ist es dem Einzelnen selbst überlassen, aus welchen Quellen (naturrechtlich, spirituell, anthropogen) er diese Werteordnung ableitet.

512 Weitgehende Einigkeit besteht im Übrigen darüber, dass die Menschenrechte **dem Wirken des Gesetz- oder Verfassungsgebers entzogen** sind.[922] Die Menschenrechte enthalten das unaufhebbare Minimum an Individualschutz. Sie umfassen das Recht auf Leben, die Menschenwürde, die Pressefreiheit und das Eigentum, soweit von

917 *Rohr*, Staatsrecht, S. 32.

918 Hierzu *Isensee*, in: HdbStR II, § 15, Rdnr. 57f.; s. auch *Jarass*, in: *Jarass/Pieroth*, GG, Art. 1, Rdnr. 27. Zum Naturrecht s. o. Rdnr. 13.

919 Wiener Vertragsrechtskonvention v. 23.05.1969, BGBl. II 1985, S. 927.

920 BVerfGE 112, 1ff., 27f. Zur Europäischen Menschenrechtskonvention im deutschen Verfassungsrecht vgl. BVerfGE 128, 326ff., 366ff.

921 Internationaler Pakt über bürgerliche und politische Rechte v. 16.12.1966, BGBl. II 1973, S. 1534.

922 BVerfGE 112, 1ff., 27f.

ihm die persönliche und wirtschaftliche Existenz abhängt.[923] In Deutschland sind sie durch die Grundrechte konkretisiert, so dass ein unmittelbarer Rückgriff auf sie nicht erforderlich ist.[924]

Teile der Literatur weichen von der hier vorgenommenen Unterscheidung zwischen Grund- und Menschenrechten ab und legen dem Begriffspaar eine **andere Bedeutung** bei: Die Menschenrechte seien jene grundgesetzlichen Rechte, die jedermann zustehen (Jedermanngrundrechte, z. B. die Meinungsfreiheit, Art. 5 Abs. 1 GG), die Grund- oder Bürgerrechte hingegen jene verfassungsmäßigen Rechte, die nur den Deutschen zustehen (Deutschengrundrechte, z. B. die Versammlungsfreiheit, Art. 9 Abs. 1 GG).[925] Diese Aufteilung ist abzulehnen, denn sie entspricht nicht der Bedeutung, die dem Begriff der Menschenrechte in Art. 1 Abs. 2 GG zukommt.[926] 513

3. Auflistung der Grundrechte und grundrechtsgleichen Rechte

Die folgenden Tabellen enthalten eine Aufstellung aller Grundrechte und grundrechtsgleichen Rechte. Die mit einem **G** gekennzeichneten Rechte sind die Gleichheitsrechte, die übrigen sind Freiheitsrechte. 514

Tabelle 3: Die Grundrechte

Grundrecht	**Genaue Artikelbezeichnung**
Schutz der Menschenwürde	Art. 1 Abs. 1 S. 1 GG
Recht auf freie Entfaltung der Persönlichkeit („allgemeine Handlungsfreiheit")	Art. 2 Abs. 1 GG
Recht auf Leben	Art. 2 Abs. 2 S. 1, 1. Alt. GG
Recht auf körperliche Unversehrtheit	Art. 2 Abs. 2 S. 1, 2. Alt. GG
Freiheit der Person	Art. 2 Abs. 2 S. 2 GG
Allgemeines Persönlichkeitsrecht	Art. 2 Abs. 1 i. V. m. Art. 1 Abs. 1 GG
G Allgemeiner Gleichheitssatz	Art. 3 Abs. 1 GG
Religions- und Weltanschauungsfreiheit	Art. 4 Abs. 1 und 2 GG
Gewissensfreiheit	Art. 4 Abs. 1, 2. Alt. GG
Freiheit der Religionsausübung	Art. 4 Abs. 2 GG
Grundrecht der Kriegsdienstverweigerung	Art. 4 Abs. 3 S. 1 GG
Recht der freien Meinungsäußerung und -verbreitung (Meinungsfreiheit)	Art. 5 Abs. 1 S. 1, 1. Halbs. GG
Informationsfreiheit	Art. 5 Abs. 1 S. 1, 2. Halbs. GG
Pressefreiheit	Art. 5 Abs. 1 S. 2, 1. Alt. GG

923 *Starck*, in: *v. Mangold/Klein/Starck*, GG, Art. 1, Rdnr. 133. Das BVerfG hat offengelassen, ob das Eigentum der „Ewigkeitsgarantie" des Art. 79 Abs. 3 GG unterfällt, BVerfGE 95, 48 ff., 60.

924 *Starck*, in: *v. Mangold/Klein/Starck*, GG, Art. 1, Rdnr. 131; vgl. *Stern*, HdbStR V, 1. Auflage 1992, § 108, Rdnr. 53: *„Ist das Natur- oder Vernunftrecht einmal in positives Recht transformiert, so handelt es sich rechtlich um Grundrechte, mögen es auch philosophisch-anthropologisch Menschenrechte sein."*

925 *Zippelius/Würtenberger*, Deutsches Staatsrecht, § 18 Rdnr. 28; *Ipsen*, Staatsrecht II, Rdnr. 61 f.

926 *Starck*, in: *v. Mangold/Klein/Starck*, GG, Art. 1, Rdnr. 131.

Freiheit der Rundfunk- und Filmberichterstattung	Art. 5 Abs. 1 S. 2, 2. Alt. GG
Kunstfreiheit	Art. 5 Abs. 3 S. 1, 1. Alt. GG
Wissenschaftsfreiheit	Art. 5 Abs. 3 S. 1, 2. Alt. GG
Schutz von Ehe und Familie	Art. 6 Abs. 1 GG
Elternrecht	Art. 6 Abs. 2 und 3 GG
Mutterschutz	Art. 6 Abs. 4 GG
G Gleichstellung unehelicher Kinder	Art. 6 Abs. 5 GG
Recht der Erziehungsberechtigten, über die Teilnahme des Kindes im Religionsunterricht zu bestimmen	Art. 7 Abs. 2 GG
Recht der Lehrer, nicht gegen ihren Willen Religionsunterricht erteilen zu müssen	Art. 7 Abs. 3 S. 3 GG
Privatschulfreiheit	Art. 7 Abs. 4 S. 1 GG
Versammlungsfreiheit	Art. 8 Abs. 1 GG
Vereinigungsfreiheit	Art. 9 Abs. 1 GG
Koalitionsfreiheit	Art. 9 Abs. 3 S. 1 GG
Recht auf Arbeitskampf im Notstandsfall	Art. 9 Abs. 3 S. 3 GG
Briefgeheimnis	Art. 10 Abs. 1, 1. Alt. GG
Postgeheimnis	Art. 10 Abs. 1, 2. Alt. GG
Fernmeldegeheimnis	Art. 10 Abs. 1, 3. Alt. GG
Freizügigkeit	Art. 11 Abs. 1 GG
Berufsfreiheit	Art. 12 Abs. 1 S. 1 GG
Freiheit von Arbeitszwang und Zwangsarbeit	Art. 12 Abs. 2 und 3 GG
Unverletzlichkeit der Wohnung	Art. 13 Abs. 1 GG
Eigentumsgarantie	Art. 14 Abs. 1, 1. Alt. GG
Gewährleistung des Erbrechts	Art. 14 Abs. 2, 2. Alt. GG
Verbot des Entzuges der Staatsangehörigkeit	Art. 16 Abs. 1 S. 1 GG
Auslieferungsverbot	Art. 16 Abs. 2 S. 1 GG
Asylrecht	Art. 16a Abs. 1 GG
Petitionsrecht	Art. 17 GG
Rechtsschutz gegen Akte öffentlicher Gewalt	Art. 19 Abs. 4 GG

Tabelle 4: Die grundrechtsgleichen Rechte

Grundrechtsgleiches Recht	**Genaue Artikelbezeichnung**
Widerstandsrecht	Art. 20 Abs. 4 GG
Parteienfreiheit	Art. 21 Abs. 1 S. 2 GG
G Parteiengleichheit	Art. 21 Abs. 1 GG
G Gleicher Zugang zu öffentlichen Ämtern	Art. 33 Abs. 2 GG
G Gleichheit der Wahl	Art. 38 Abs. 1 S. 1 GG
Wahlrecht	Art. 38 Abs. 2 GG
Garantie des gesetzlichen Richters	Art. 101 Abs. 1 S. 2 GG
Gewährung rechtlichen Gehörs	Art. 103 Abs. 1 GG
Keine Strafe ohne Gesetz (*nulla poena sine lege*)	Art. 103 Abs. 2 GG
Keine Mehrfachbestrafung wegen derselben Tat (*ne bis in idem*)	Art. 103 Abs. 3 GG
Keine Misshandlung festgehaltener Personen	Art. 104 Abs. 1 S. 2 GG
Vereinigungsfreiheit der Religionsgemeinschaften	Art. 140 GG i. V. m. Art. 137 Abs. 2 S. 1 WRV

B. Funktionen der Grundrechte

Grundrechte erfüllen im Verfassungsleben verschiedene Funktionen, manche gleichzeitig, manche alternativ. Zur Einordnung der Funktionen verwendet die Wissenschaft vielfach die Begriffe der *Jellinek*schen Statuslehre.[927] Danach unterscheiden sich die Grundrechte darin voneinander, welche Stellung des Bürgers (welchen *status*) sie gewährleisten. Als Abwehrrechte gewähren sie einen *status negativus*, als Leistungs-, Teilhabe- und Anspruchsrechte einen *status activus* und als Mitwirkungsrechte einen *status positivus*. 515

1. Abwehrrechte (status negativus)

Zuallererst sind die Grundrechte Abwehrrechte des Bürgers gegen den Staat: Sie verbieten der öffentlichen Gewalt ein bestimmtes Verhalten gegenüber dem Bürger. 516

Die Abwehrrechte eröffnen dem Bürger eine verneinende, abwehrende Stellung (= *status negativus*) gegenüber dem Staat.

Beispiel: Art. 5 Abs. 1 S. 1 GG gibt jedem Bürger das Recht, seine Meinung zu äußern. Beschränkt der Staat jemanden unzulässig in diesem Recht, kann der Betroffene sich dagegen wehren.

2. Leistungs-, Teilhabe und Anspruchsrechte (status positivus)

Die zweite Gruppe der gewährten Rechte sind die Leistungs-, Teilhabe- und Anspruchsrechte, die dem Bürger eine positive Rechtsposition einräumen (*status positivus*). Im Einzelnen umfassen sie z. B. 517

- die Teilhabe der Bürger an den Ausbildungseinrichtungen des Staates[928] (Art. 5 Abs. 3, 12 Abs. 1 GG);
- die Teilhabe der *„in der Wissenschaft Tätigen"* am staatlich organisierten Wissenschaftsbetrieb[929] (Art. 5 Abs. 3 GG);
- die Teilhabe der Unternehmen am Wettbewerb *„nach Maßgabe seiner Funktionsbedingungen"*[930] (Art. 12 Abs. 1 GG);
- die Gewährung eines lückenlosen Rechtsschutzes (Art. 19 Abs. 4 S. 1 GG).[931]

---

927 *Jellinek*, System der subjektiven öffentlichen Rechte, Tübingen 1905 (Nachdruck Darmstadt 1963), S. 94 ff.; krit. *Sachs*, in: *Sachs*, GG, vor Art. 1, Rdnr. 24. Aus neuerer Zeit *Voßkuhle/Kaiser*, JuS 2011, 411 ff.

928 BVerfGE 33, 303 ff., 330 ff.

929 BVerfGE 111, 333 ff., 354; BVerfGE 35, 79 ff., 114.

930 BVerfGE 105, 252 ff., 265; BVerfGE 106, 275 ff., 298.

931 Hierzu ausf. oben Rdnr. 161 ff.

3. Mitwirkungsrechte (status activus)

518 Einige Grundrechte (und grundrechtsgleiche Rechte) gewähren das Recht zur **Mitwirkung** im Staat und seinen Einrichtungen. Den Bürgern kommt hier eine tätige Stellung (*status activus*) im Gemeinwesen zu. Im Einzelnen sind dies

- die Teilhabe an der politischen Willensbildung;[932] sie ergibt sich aus Art. 5 Abs. 1, 8 Abs. 1, 9 Abs. 1 u. 3, 17 GG;[933]
- die Vereinigungsfreiheit[934] (Art. 9 Abs. 1 GG);
- das Petitionsrecht (Art. 17 GG);
- das Recht auf Zugang zu öffentlichen Ämtern (Art. 33 Abs. 2 GG);
- das Wahlrecht (Art. 38 Abs. 2 GG);
- landesrechtliche Bestimmungen zu Volksbefragungen.[935]

4. Objektive Funktionen der Grundrechte

519 Im *Lüth*-Urteil hat das Bundesverfassungsgericht seine bis heute vertretene Rechtsprechung entwickelt, wonach die Grundrechte nicht nur subjektive Rechte sind, sondern eine objektive Wertordnung abbilden:

> „Ohne Zweifel sind die Grundrechte in erster Linie dazu bestimmt, die Freiheitssphäre des einzelnen vor Eingriffen der öffentlichen Gewalt zu sichern; sie sind Abwehrrechte des Bürgers gegen den Staat. [...]
>
> *Ebenso richtig ist aber, daß das Grundgesetz, das keine wertneutrale Ordnung sein will [...], in seinem Grundrechtsabschnitt auch eine objektive Wertordnung aufgerichtet hat und daß gerade hierin eine prinzipielle Verstärkung der Geltungskraft der Grundrechte zum Ausdruck kommt [...]. Dieses Wertsystem, das seinen Mittelpunkt in der innerhalb der sozialen Gemeinschaft sich frei entfaltenden menschlichen Persönlichkeit und ihrer Würde findet, muß als verfassungsrechtliche Grundentscheidung für alle Bereiche des Rechts gelten; Gesetzgebung, Verwaltung und Rechtsprechung empfangen von ihm Richtlinien und Impulse.*“[936]

a) Schutzpflichten

520 Aus dieser objektiven Funktion der Grundrechte folgen für den Staat **Schutzpflichten:** Er ist verpflichtet, die in den Grundrechten verankerten Rechtsgüter zu erhalten und ihre Verwirklichung zu ermöglichen. Ein solcher Schutzpflichtgehalt kann

---

932 BVerfGE 69, 92 ff., 107; BVerfGE 78, 350 ff., 358 f.; BVerfGE 107, 339 ff., 360.

933 BVerfGE 20, 56 ff., 97 f.

934 Str.; dafür *Scholz*, in: *Dürig/Herzog/Scholz*, Art. 9, Rdnr. 35; dagegen *Höfling*, in: *Sachs*, GG, Art. 9, Rdnr. 28 f.

935 BVerfGE 8, 104 ff., 114.

936 BVerfGE 7, 198 ff., 204 f.; siehe auch BVerfGE 39, 1 ff., 41 f.; BVerfGE 49, 89 ff., 141 f.; BVerfGE 81, 242 ff., 254.

grundsätzlich allen Grundrechten zukommen.[937] Ausdrücklich anerkannt hat das Bundesverfassungsgericht Schutzpflichten z. B. für

- das Leben und die körperliche Unversehrtheit;[938]
- die Privatsphäre;[939]
- die Sonn- und Feiertage;[940]
- die aktive Religionsausübung der Bürger (Raum für Glaubensüberzeugung);[941]
- die Familie;[942]
- das Fernmeldegeheimnis;[943]
- das Berufswesen;[944]
- das Eigentum;[945]
- die künftige Freiheitsausübung durch rechtzeitige freiheitssichernde Maßnahmen („Klimaschutz").[946]

Auf welche Weise die staatliche Schutzpflicht verwirklicht wird, ist vorrangig Sache des Gesetzgebers. Dieser besitzt hierfür einen angemessenen Prognose- und Gestaltungsspielraum, der nur durch zwingende verfassungsrechtliche Vorgaben begrenzt ist.[947] Je nach Bedeutung des zu schützenden Rechtsgutes fällt das verfassungsrechtlich erforderliche Schutzniveau unterschiedlich aus; es kann bis zur Verpflichtung des Gesetzgebers reichen, Strafvorschriften zu erlassen.[948]

b) Einrichtungsgarantien

Einige Grundrechte geben Einrichtungsgarantien; sie gewährleisten ausdrücklich 521
oder inzident die Existenz eines bestimmten privatrechtlichen Rechtsinstituts (**Institutsgarantien**) oder einer Institution (**institutionelle Garantien**). Die Institutsgarantien umfassen:

---

937 BVerfGE 92, 26 ff., 46; *Sachs*, in: *Sachs*, GG, vor Art. 1, Rdnr. 35 m. w. N.

938 BVerfG NJW 2013, 1664 f. (Leistungspflicht der gesetzlichen Krankenversicherung); BVerfGE 115, 118 ff., 152 ff. (Luftsicherheitsgesetz); BVerfGE 39, 1 ff., 42 ff. (Schwangerschaftsabbruch).

939 BVerfGE 97, 125 ff., 146.

940 BVerfG NVwZ 2010, 570 ff., 571; siehe auch BVerwG, Urteil vom 26.11.2014 (Az.: 6 CN 1.13), BeckRS 2015, 40660; siehe hierzu die Pressemitteilung des BVerwG Nr. 69/2014, im Internet abrufbar unter http://www.bverwg.de/presse/pressemitteilungen/pressemitteilung.php?jahr=2014&nr=69.

941 BVerfGE 93, 1 ff., 16.

942 BVerfG NVwZ 2002, 849 ff., 849.

943 BVerfG NJW 2007, 3055 ff., 3057.

944 BVerfGE 92, 26 ff., 46.

945 BVerfG NJW 2005, 2376 ff., 2378.

946 BVerfGE 157, 30 ff., 130 f. – Klimaschutz.

947 BVerfG NJW 1998, 3264 ff., 3266.

948 BVerfGE 39, 1 ff., 45 f. (Schwangerschaftsabbruch).

- Ehe[949] und Familie[950] (Art. 6 Abs. 1 GG);
- das private Vereinswesen (Art. 9 Abs. 1 GG);
- die Tarifautonomie[951] (Art. 9 Abs. 3 GG);
- das Eigentum[952] einschließlich des Urheberrechts[953] und das Erbrecht (Art. 14 Abs. 1 S. 1 GG).

522 Die institutionellen Garantien umfassen:

- Presse[954] und Rundfunk[955] (Art. 5 Abs. 1 GG);
- den freien Wissenschaftsbetrieb[956] (Art. 5 Abs. 3 GG);
- Privatschulen[957] (Art. 7 Abs. 4 S. 1 GG);
- den Bestand der Koalitionen[958] (Art. 9 Abs. 3 GG).

523 Jenseits der Grundrechte und grundrechtsgleichen Rechte enthält das Grundgesetz **weitere Einrichtungsgarantien.** Im Einzelnen sind dies:

- die kommunale Selbstverwaltung[959] (Art. 28 Abs. 2 S. 1 und 2 GG);
- die grundsätzliche Verantwortlichkeit des Staates für Amtspflichtverletzungen[960] (Art. 34 GG);
- das Berufsbeamtentum[961] (Art. 33 Abs. 4 GG);
- einige staatskirchenrechtliche Institute (Art. 140 GG i. V. m. Art. 136 ff. WRV).

c) Keine Grundrechtshierarchie

524 Aus der Funktion der Grundrechte als Darstellung einer „Wertordnung" folgt jedoch **nicht**, dass die Grundrechte bei ihrer Abwägung gegeneinander in einer bestimmten **Rangfolge** verankert wären. Kein Grundrecht ist *per se* wichtiger als ein anderes Grundrecht, es gibt keine Grundrechtshierarchie. Die Grundrechte stehen als Abwehrrechte jedem Grundrechtsträger zu,[962] unabhängig davon, welche Ziele er mit seinen Handlungen verfolgt. Welches Grundrecht im Kollisionsfall Vorrang

949 BVerfGE 105, 313 ff., 344 f.
950 BVerfGE 80, 81 ff., 92.
951 BVerfGE 88, 103 ff., 114 f.
952 BVerfG NVwZ 2005, 1412 ff., 1413 f.; BVerfGE 83, 201 ff., 211 f.; BVerfGE 58, 81 ff., 109 f.
953 BVerfGE 31, 229 ff., 240 f.
954 BVerfGE 66, 166 ff., 133 f.
955 BVerfGE 119, 181 ff., 214; BVerfGE 90, 60 ff., 91 m. w. N.
956 BVerfGE 111, 333 ff., 353 m. w. N.
957 BVerfGE 75, 40 ff., 61 f.; BVerfGE 27, 195 ff., 200 f.
958 BVerfGE 28, 295 ff., 304 f. Zum Begriff der Koalition s. u. Rdnr. 696.
959 BVerfGE 67, 321 ff., 322 ff.; siehe hierzu unten unter Rdnr. 824 ff.
960 BVerfGE 79, 127 ff., 143; BVerfGE 61, 149 ff., 198 f.
961 Hierzu unten Rdnr. 786 ff.
962 *Ipsen*, Staatsrecht II, Rdnr. 91.

erhält, ist anhand einer Verhältnismäßigkeitsprüfung zu untersuchen (hierzu oben Rdnr. 168 ff.).

C. „Drittwirkung" von Grundrechten

Die Grundrechte binden die gesamte staatliche Gewalt (Art. 1 Abs. 3 GG). **Zwischen Privatpersonen** gelten sie nicht unmittelbar.[963] Der objektive Charakter der in den Grundrechten enthaltenen Werteordnung führt jedoch dazu, dass die Grundrechtsordnung auch die Beziehungen zwischen Privatrechtssubjekten beeinflusst. Gesetzeslage, Verwaltungshandeln und Rechtsprechung müssen so beschaffen sein, dass der Staat seine aus den Grundrechten erwachsende Schutzpflicht erfüllt. Dieser Umstand wird weithin als **mittelbare Drittwirkung** von Grundrechten bezeichnet.[964] 525

Das **Bundesverfassungsgericht** hat den Begriff der „Drittwirkung" nur vereinzelt verwendet[965] und stattdessen darauf abgestellt, dass die Grundrechte sich auf das gesamte Recht auswirken, was folgerichtig auch das Zivilrecht betreffe.[966] Ähnlich bekräftigen auch Teile der Literatur die Überkommenheit der Drittwirkungslehre und betrachten die Ausstrahlung der Grundrechte auf Private als Ausdruck ihrer den Staat verpflichtenden Schutzfunktion.[967]

Dem juristischen Begriff der „mittelbaren Drittwirkung" kommt insofern Bedeutung zu, als er den Effekt beschreibt, den die Grundrechte auf Privatrechtsverhältnisse ausüben. Der Rechtsgrund für diesen Effekt ist hingegen mit dem Begriff „**Schutzpflichten**" besser umschrieben, denn nur im Rahmen dieser staatlichen Schutzpflichten können sich die Grundrechte auf den privaten Rechtsverkehr auswirken – insofern, als die Schutzpflichten die Gestalt von Gesetzen, Verwaltungshandeln und Rechtsprechung beeinflussen. Deshalb sollte der Begriff der „mittelbaren Drittwirkung" nur dann verwendet werden, wenn konkret der Einfluss des Verfassungsrechts auf Zivilrechtssubjekte beschrieben werden soll. 526

Ein **Beispiel** für die Auswirkung der Grundrechtsordnung auf den Privatrechtsverkehr ist die Anwendung der zivilrechtlichen Generalklauseln (z. B. §§ 138, 242 BGB) durch die Gerichte, welche unter Beachtung der staatlichen Schutzpflichten erfolgen muss.[968]

---

963 Heute nahezu einhellige Meinung, s. *Höfling*, in: *Sachs*, GG, Art. 1, Rdnr. 111; *Ipsen*, Staatsrecht II, Rdnr. 68 ff. m. w. N.; *Guckelberger*, JuS 2003, 1151 ff.; a. A. noch BAGE 1, 185 ff., 193 f., vgl. aber BAGE 52, 88 ff., 97 f.; differenzierend *Kingreen/Poscher*, Grundrechte Staatsrecht II, Rdnr. 187.

964 *Badura*, Staatsrecht, S. 138.; *Enders*, in: *Friauf/Höfling*, GG, vor Art. 1, Rdnr. 69.

965 Aus neuerer Zeit nur BVerfGE 104, 65 ff., 73; außerdem BVerfGE 73, 261 ff., 269; BVerfGE 89, 1 ff., 13.

966 BVerfGE 7, 198 ff., 204 f. Siehe ausf. zur Rechtsprechung des BVerfG *Ruffert*, JZ 2009, 389 ff.

967 *Höfling*, in: *Sachs*, GG, Art. 1, Rdnr. 116 f. m. w. N.; *Hufen*, Staatsrecht II, § 7 Rdnr. 9 f.; BVerfGE 128, 226 ff., 250 – Fraport.

968 BVerfGE 81, 242 ff., 255 f.

D. Grundrechtsverzicht, Grundrechtsverwirkung

1. Grundrechtsverzicht

527 Grundsätzlich ist es möglich, auf ein Grundrecht zu **verzichten**, d. h. zu erklären, sich auf ein bestimmtes Grundrecht gegenüber staatlichen Eingriffen nicht berufen zu wollen. Dabei genügt es nicht, dass jemand eine grundrechtlich geschützte Handlung nicht ausübt, z. B. seine Meinung nicht äußert.[969] Vielmehr muss er gerade auf das in der Vorschrift enthaltene Recht ausdrücklich verzichten.

Ein solcher Verzicht ist nicht in jedem Fall zulässig. Das Bundesverfassungsgericht betont, er müsse freiwillig sein und stünde nur dem offen, *„der wählen kann"*, der also frei entscheiden kann, ob er von seinem Grundrecht Gebrauch macht oder nicht.[970] Auf die Menschenwürde kann in keinem Fall verzichtet werden.[971]

Beispiel: Wer einer Untersuchung durch den Lügendetektor zustimmt, hat nicht wirksam auf sein Grundrecht aus Art. 2 Abs. 1 i. V. m. Art. 1 Abs. 1 GG (allgemeines Persönlichkeitsrecht) verzichtet. Seine Wahlfreiheit wird eingeschränkt, da sich die Untersuchung ihm als *„eine günstige Gelegenheit darstellen muß, die er nicht ausschlagen darf"*.[972]

528 An diese **Wahlfreiheit** sind strenge Voraussetzungen geknüpft. Im Unterschied zu den Rechten, die das Zivilrecht gewährt, markieren die Grundrechte die Grenze eines Über-/Unterordnungsverhältnisses gegenüber dem Staat. Der in Grundrechte eingreifende Staat tritt dem Einzelnen stets „von oben" gegenüber, d. h. als stärkere Partei. Im Zweifel ist daher davon auszugehen, dass tatsächliche Wahlfreiheit nicht besteht und daher auf ein Grundrecht nicht verzichtet werden kann.

530 Verzichtet jemand wirksam auf sein Grundrecht, ist eine entsprechende staatliche Maßnahme insofern **kein Grundrechtseingriff**. Dies gilt aber nur, soweit die Verzichtserklärung reicht.

Beispiel: Wer freiwillig die Polizei zu einer Durchsuchung in seine Wohnung lässt, obwohl er dazu nicht verpflichtet wäre, verzichtet damit auf das Grundrecht in Art. 13 Abs. 1 GG. Die Polizei ist aber dennoch nicht berechtigt, die Wohnung dauerhaft zu besetzen oder Einrichtungsgegenstände mitzunehmen, denn so weit reicht die Verzichtserklärung nicht.

969 *Ipsen*, Staatsrecht II, Rdnr. 82.
970 BVerfG NJW 1982, 375.
971 S. Rdnr. 560.
972 BVerfG NJW 1982, 375.

2. Grundrechtsverwirkung

Gemäß Art. 18 S. 1 GG verwirkt derjenige bestimmte Grundrechte, der eben diese zum Kampf gegen die freiheitlich-demokratische Grundordnung[973] missbraucht. Die Verwirkung spricht das Bundesverfassungsgericht aus.[974] 531

Bislang gab es nur vier Verfahren nach Art. 18 GG;[975] dabei wurde keinem einzigen Antrag stattgegeben. Bedeutsamer ist Art. 18 GG als Markstein einer rechtsstaatlichen Grenze: Jenseits dieser Vorschrift ist es dem Staat verwehrt, eine Verwirkung von Grundrechten festzustellen; zudem hat das Bundesverfassungsgericht das Monopol auf diese Feststellung.[976]

E. Einschüchterungseffekte

Auch ohne dass der Staat unmittelbar in den Schutzbereich eines Grundrechts eingreift, kann sein Verhalten den Bürger davon abhalten, seine ihm zustehenden Grundrechte wahrzunehmen. Das Bundesverfassungsgericht verwendet für dieses Phänomen den Begriff „Einschüchterung";[977] in der Literatur ist zuweilen – in Anlehnung an das amerikanische Recht – von **„chilling effects"** bzw. „abkühlenden Effekten" die Rede.[978] Dieses Phänomen wird besonders bei den Kommunikationsgrundrechten (Art. 5 Abs. 1 GG) diskutiert. 531a

973 Zum Begriff oben Rdnr. 113.

974 Hierzu oben Rdnr. 493.

975 BVerfGE 11, 282 f.; BVerfGE 38, 23 ff.; BVerfG, Beschl. v. 18.07.1996, 2 BvA 1/92 und 2 BvA 2/92 (juris).

976 Zum Verhältnis von Art. 18 zu anderen Normen siehe z. B. BVerfG NJW 1969, 742 ff., 742 sowie *Pagenkopf*, in: *Sachs*, GG, Art. 18, Rdnr. 18 f. m. w. N.

977 BVerfG NJW 2008, 1654 ff., 1655; BVerfGE 114, 339 ff., 349; siehe auch BVerfGE 120, 274 ff., 323: Die Furcht vor Überwachung kann eine unbefangene Individualkommunikation verhindern.

978 Ausf. *Frowein*, EuGRZ 2008, 117 ff.; siehe auch *S. Assion*, http://www.telemedicus.info/categories/10-Chilling-Effects.

§ 32 Freiheitsrechte

A. Überblick

532 Jedes Freiheitsrecht schützt ein bestimmtes menschliches Verhalten. Das geschützte Gut des Freiheitsrechts wird **Schutzbereich** genannt. Ein staatlicher Eingriff in den Schutzbereich unterliegt bestimmten **Schranken**; diese können je nach Grundrecht unterschiedlich ausgestaltet sein. Außerdem benötigt jeder Eingriff eine **verfassungsrechtliche Rechtfertigung.**

1. Schutzbereich

533 Der Schutzbereich ist das, was das jeweilige Grundrecht schützen soll. Er lässt sich unterteilen in einen persönlichen und einen sachlichen Schutzbereich.

a) Persönlicher Schutzbereich

534 Der **persönliche Schutzbereich** bezeichnet den Kreis derjenigen Personen, die von dem Grundrecht geschützt sind („*Wer ist geschützt?*"). Einige Grundrechte schützen nur Deutsche („Deutschengrundrechte"), z. B. Art. 8 Abs. 1 GG (Versammlungsfreiheit) – Ausländer können nicht Träger dieses Grundrechts sein. Andere Grundrechte, wie z. B. Art. 5 Abs. 1 GG (Meinungsfreiheit) gelten für alle natürlichen Personen („Jedermanngrundrechte").

535 Die Deutschengrundrechte gelten trotz des Diskriminierungsverbotes gem. Art. 18 AEUV (ex-Art. 12 EGV) nicht unmittelbar für **EU-Ausländer.**[979] Ausländer (aus der EU und außerhalb) können sich jedoch auf einen Schutz durch das „Auffanggrundrecht" des Art. 2 Abs. 1 GG berufen, der allerdings nicht gleichwertig sein muss, sondern den ansonsten angewendeten Maßgaben des Art. 2 Abs. 1 GG gehorcht.[980]

536 Der persönliche Schutzbereich umfasst auch **inländische juristische Personen**, wenn das Grundrecht „*dem Wesen nach*" auf sie anwendbar ist (Art. 19 Abs. 3 GG), z. B. Aktiengesellschaften, GmbHs, Vereine und politische Parteien. Soweit einer **Personengesellschaft** Teilrechtsfähigkeit zukommt (z. B. die OHG, die KG, der nichtrechtsfähige Verein oder die BGB-Außengesellschaft), ist sie auch Grundrechtsträger.[981]

---

979 Str., siehe *Sachs*, in: *Sachs*, GG, vor Art. 1, Rdnr. 73 m. w. N.
980 Siehe BVerfGE 35, 382 ff., 399 f., siehe auch *Kingreen/Poscher*, Grundrechte Staatsrecht II, Rdnr. 198.
981 *Sachs*, in: *Sachs*, GG, Art. 19, Rdnr. 62 ff. m. w. N.

Ob eine juristische Person „inländisch" ist, richtet sich nach ihrem Sitz. Trotz des europarechtlichen Diskriminierungsverbotes (Art. 18, 54 AEUV) umfasst der Schutzbereich keine **EU-ausländischen** juristischen Personen.[982]

Juristische Personen des öffentlichen Rechts sind grundsätzlich nicht grundrechtsberechtigt.[983] Da sie selbst Bestandteil der staatlichen Ordnung sind und ihr Handlungsspielraum durch Gesetze bestimmt wird, ist ein Eingriff in ihre Rechtssphäre durch andere staatliche Organe kein Grundrechtseingriff, sondern eine Kompetenzüberschreitung. Allerdings hat das Bundesverfassungsgericht einige Ausnahmen festgelegt: Die Grundrechte sollen dann auf öffentlich-rechtliche juristische Personen anwendbar sein, 537

- wenn diese von ihren Aufgaben her *„unmittelbar einem durch bestimmte Grundrechte geschützten Lebensbereich zugeordnet sind"*[984] – was z. B. bei den Hochschulen[985] und Hochschulfakultäten[986] (Art. 5 Abs. 3 GG) und den Rundfunkanstalten[987] (Art. 5 Abs. 1 und 10 Abs. 1 GG) der Fall ist;
- wenn die juristischen Personen nicht dem Staat inkorporiert sind, sondern ihm *„wie jedermann"* gegenüberstehen, was auf die Kirchen[988] zutrifft;
- wenn es um eine Verletzung der Justizgrundrechte geht.[989]

Die Zurückhaltung des Bundesverfassungsgerichts bei der Gewährung von Grundrechtsschutz für staatliche Einrichtungen ist **umstritten**. Etliche Körperschaften seien rechtlich selbständig und müssten daher anders behandelt werden, so die Kritik. Zudem müsse bei öffentlich-rechtlichem Handeln zwischen fiskalischer und hoheitlicher Tätigkeit unterschieden werden; zumindest im fiskalischen Bereich müssten auch öffentlich-rechtliche Körperschaften Grundrechtsträger sein können.[990] Dies überzeugt nicht. Im Konzept des Grundgesetzes herrscht eine klare Trennung zwischen „öffentlicher Gewalt" und den Gewaltunterworfenen. Die Grundrechte sind in erster Linie Abwehrrechte *gegen* den Staat, nicht *für* den Staat. Körperschaften, 538

982 Str., vgl. *Sachs*, in: *Sachs*, GG, Art. 19, Rdnr. 55 m. w. N.

983 BVerfGE 21, 362 ff., 369 ff., siehe auch BVerfGE 81, 310 ff., 334 (Bundesländer); BVerfGE 75, 192 ff., 197 (Sparkassen); BVerfGE 68, 193 ff., 208 (Handwerksinnungen, soweit sie Aufgaben öffentlicher Verwaltung wahrnehmen); BVerfGE 61, 82 ff., 100 f. (Gemeinden); BVerfGE 39, 302 ff., 312 ff. (Krankenkassen).

984 BVerfGE 75, 192 ff., 195 f.

985 BVerfGE 15, 256 ff., 262.

986 BVerfGE 111, 333 ff., 352.

987 Für die Rundfunkfreiheit: BVerfGE 31, 314 ff., 322; BVerfGE 107, 299 ff., 312; BVerfGE 119, 181 ff., 211. Dagegen sind die Rundfunkanstalten nicht Träger des Grundrechts aus Art. 14 Abs. 1 GG, BVerfGE 78, 101 ff., 102 f.

988 BVerfGE 70, 138 ff., 160 f.

989 BVerfG NJW 2008, 507 ff. Siehe auch unten Rdnr. 751.

990 *Hufen*, Staatsrecht II, § 7 Rdnr. 11.; siehe auch *Kingreen/Poscher*, Grundrechte Staatsrecht II, Rdnr. 244 ff.

die ihre Existenz vom Staat ableiten, sind nicht im gleichen Maße schutzbedürftig wie „jedermann".

539 Für **juristische Personen des Privatrechts mit staatlicher Beteiligung** ist zwischen solchen Personen zu unterscheiden, die vollständig in staatlicher Hand sind (staatliche Privatrechtskörperschaften) und solchen, an denen der Staat und Privatpersonen gleichzeitig beteiligt sind (gemischtwirtschaftliche Körperschaften). Die **staatlichen Privatrechtskörperschaften** sind den gleichen Regeln unterworfen wie die sonstigen öffentlich-rechtlichen Körperschaften, soweit sie öffentliche Aufgaben übernehmen.[991] Sie genießen daher (fast) keinen Grundrechtsschutz. Die Behandlung **gemischtwirtschaftlicher Körperschaften** hingegen ist umstritten. Während das Bundesverfassungsgericht einen Grundrechtsschutz dann ablehnt, wenn der Staat auf die Entscheidungen der Körperschaft *„entscheidenden"* [992] bzw. *„beherrschenden"*[993] Einfluss ausüben kann, herrscht in der Literatur die Ansicht vor, solche Unternehmen müssten in jedem Fall Grundrechtsträger sein können, um die privaten (Minderheits-)Gesellschafter schützen zu können.[994] Für die Auslegung des Bundesverfassungsgerichts spricht indes das Argument, ein Hoheitsträger dürfe nicht *„durch die Gründung einer juristischen Person des Privatrechts die eigene Grundrechtsbindung abstreifen und mittelbar eine eigene Grundrechtsfähigkeit erwerben"*.[995] Eine Flucht in das Privatrecht soll dem Staat nicht gestattet sein.

b) Sachlicher Schutzbereich

540 Der **sachliche Schutzbereich** bezeichnet den genauen Inhalt des Rechts (*„Was ist geschützt?"*). Der Inhalt des sachlichen Schutzbereiches ist von Grundrecht zu Grundrecht verschieden.[996]

2. Schrankenbereich

541 Der Schrankenbereich bezeichnet, inwieweit das Grundrecht oder grundrechtsgleiche Recht eingeschränkt werden kann.

542 Einige Grundrechte können durch Gesetz oder aufgrund eines Gesetzes eingeschränkt werden. Solche sog. **Gesetzesvorbehalte** enthalten z.B. Art. 2 Abs. 2 S. 3 GG (für das Recht auf Leben und körperliche Unversehrtheit und die Freiheit der

991 BVerfG NJW 1990, 1783.

992 BVerfG NJW 1990, 1783.

993 BVerfG NVwZ 2006, 1041 ff., 104: abgelehnt für die Deutsche Telekom AG.

994 *Sachs, in: Sachs,* GG, Art. 19, Rdnr. 112; *Manssen,* Staatsrecht II, § 4 Rdnr. 108, *Goldhammer,* JuS 2014, 891 ff.

995 BVerfG NVwZ 2009, 1282 f.

996 Siehe ausführlich die Darstellung der einzelnen Freiheitsrechte, unten Rdnr. 554 ff.

Person) oder Art. 14 Abs. 2 GG (für das Eigentum). Wo ein Gesetzesvorbehalt dies gestattet, können Eingriffe sowohl *durch* ein (formelles) Gesetz als auch – wenn Exekutive oder Judikative handeln – *auf Grundlage* eines solchen Gesetzes erfolgen, z. B. durch Verordnung, behördlichen Einzelakt oder Gerichtsentscheidung. Die Formulierung *„durch Gesetz oder aufgrund eines Gesetzes"* (z. B. Art. 8 Abs. 2, 12 Abs. 1 S. 2 GG) weist explizit auf diesen Umstand hin; Gleiches gilt aber auch für Gesetzesvorbehalte, die anders formuliert sind, z. B. Art. 2 Abs. 2 S. 3, 5 Abs. 2 GG.

Einige Gesetzesvorbehalte stellen zusätzliche Anforderungen an ein einschrän- 543
kendes Gesetz (**qualifizierter Gesetzesvorbehalt**), z. B. Art. 8 Abs. 2 GG, der eine Einschränkung des Rechts der Versammlungsfreiheit nur für *„Versammlungen unter freiem Himmel"* gestattet: Das Recht auf Versammlungen in geschlossenen Räumen darf nicht durch Gesetz beschränkt werden.

Alle Grundrechte, auch wenn sie keine Schrankenbestimmung enthalten (z. B. die 544
Kunstfreiheit, Art. 5 Abs. 3, 1. Alt. GG sowie die in Art. 4 Abs. 1 und 2 GG enthaltenen Grundrechte), werden darüber hinaus durch in der Verfassung selbst enthaltene Rechtsgüter eingeschränkt (**verfassungsimmanente Schranke**) – eine Ausnahme ist lediglich Art. 1 Abs. 1 GG.[997]

Rechtsgüter von Verfassungsrang und damit verfassungsimmanente Schranken sind 545

- die Grundrechte und grundrechtsgleichen Rechte Anderer;
- das Rechtsstaatsprinzip und seine einzelnen Elemente (oben Rdnr. 114 ff.);
- das Sozialstaatsprinzip (oben Rdnr. 178);[998]
- die Staatsziele (oben Rdnr. 182a ff.);
- die freiheitlich-demokratische Grundordnung (oben Rdnr. 113);
- die menschliche Gesundheit des Einzelnen und der Bevölkerung insgesamt;[999]
- der Jugendschutz;[1000]
- der Ehrschutz;[1001]
- die Friedensstaatlichkeit (Art. 26 GG);[1002]
- die Repräsentations- und Funktionsfähigkeit des Parlaments.[1003]

997 Hierzu unten Rdnr. 562.
998 BVerfGE 103, 293 ff., 307.
999 BVerfGE 90, 145 ff., 174.
1000 BVerfGE 83, 130 ff., 139.
1001 Str., vgl. *Bethge*, in: *Sachs*, GG, Art. 5, Rdnr. 163 m. w. N.
1002 BVerfGE 47, 327 ff., 382.
1003 BVerfG NJW 1998, 3042 ff., 3044.

546 Der **Gesetzesvorbehalt** gilt bei den Grundrechten, die bloß verfassungsimmanenten Schranken unterliegen, ergänzend: Eine staatliche Maßnahme, die diese Grundrechte einschränkt, darf auch hier nur durch Gesetz oder aufgrund eines Gesetzes erfolgen.[1004]

547 Ein Grundrecht darf überhaupt nicht eingeschränkt werden: Die Menschenwürde (Art. 1 Abs. 1 S. 1 GG, s. ausf. Rdnr. 554 ff.) ist *„unantastbar"*.

548 Einfache (formelle) Gesetze können bestimmen, dass Meinungsfreiheit, Versammlungsfreiheit und Teile des Petitionsrechts für Wehr- und Ersatzdienstleistende eingeschränkt werden (Art. 17a Abs. 1 GG). Dies gilt allerdings nur, soweit dies für die Funktionsfähigkeit der Bundeswehr erforderlich ist.[1005]

3. Verfassungsrechtliche Rechtfertigung

549 Jeder zulässige Eingriff in ein Grundrecht im Rahmen der Grundrechtsschranken benötigt eine **verfassungsrechtliche Rechtfertigung.** In der Rechtswissenschaft hat sich hierfür das zweifelhafte Wort „Schranken-Schranken" eingebürgert.[1006] Verfassungsrechtliche Rechtfertigung bedeutet, dass sich auch eine zulässige Grundrechtsbeschränkung ihrerseits an den sonstigen Verfassungsbestimmungen messen lassen muss.

a) Formelle Voraussetzungen

550 Jeder Grundrechtseingriff muss in formeller Hinsicht verfassungsgemäß sein, d. h. die förmlichen Voraussetzungen erfüllen, die die Verfassung an seine Gültigkeit stellt.

Für die – bei einem Grundrechtseingriff notwendige – gesetzliche Grundlage bedeutet dies: Sie muss vom **zuständigen** Gesetzgeber erlassen worden sein, sie muss in einem ordnungsgemäßen **Verfahren** zustande gekommen sein und in ihrer **Form** den Anforderungen des Grundgesetzes genügen.

Wer der zuständige Gesetzgeber ist, richtet sich nach den Kompetenzbestimmungen der Art. 70 ff. GG.[1007] Das Gesetzgebungsverfahren des Bundes ist in Art. 76 ff.

1004 BVerfGE 108, 282 ff., 303.
1005 *Kokott,* in: *Sachs,* GG, Art. 17a, Rdnr. 7. Seit Aussetzung der Wehrpflicht und des Zivildienstes hat diese Regelung kaum noch praktische Bedeutung.
1006 *Katz,* Staatsrecht, S. 348.
1007 Hierzu oben Rdnr. 298 ff.

GG niedergelegt;[1008] die einzelnen Landesverfassungen enthalten entsprechende Regelungen für die Bundesländer.[1009]

Die **Form** des Gesetzes muss ebenfalls verfassungsgemäß sein, insbesondere muss es ordnungsgemäß verkündet worden sein (Art. 82 Abs. 1 GG). Eine besondere Formvoraussetzung für Grundrechtseingriffe enthält das **Zitiergebot**: Der Gesetzgeber ist dazu verpflichtet, in jedem Gesetz, das ein Grundrecht einschränkt, dieses Grundrecht zu nennen (Art. 19 Abs. 1 S. 2 GG). Das Zitiergebot muss allerdings nach der Rechtsprechung des Bundesverfassungsgerichts für viele Grundrechte nicht angewendet werden.[1010] 551

b) Materielle Voraussetzungen

Die materiellen Grenzen der Grundrechtsschranken sind 552

- der **Grundsatz der Verhältnismäßigkeit**: Alles staatliche Handeln, das in Rechte des Bürgers eingreift, muss verhältnismäßig sein, d.h., es muss einen legitimen Zweck verfolgen sowie geeignet, erforderlich und angemessen sein (hierzu oben Rdnr. 168 ff.). Bei der Angemessenheitsprüfung ist eine Abwägung zwischen betroffenen und geschützten Rechtsgütern von Verfassungsrang vorzunehmen (hierzu oben Rdnr. 173 ff.).
- Das Prinzip der **Rechtssicherheit**: Bestimmtheitsgrundsatz, Grundsatz der Normenklarheit und Vertrauensschutz (hierzu oben Rdnr. 143 ff.);
- das **Verbot des Einzelfallgesetzes**: Grundrechtseinschränkende Gesetze müssen allgemein, nicht nur für den Einzelfall gelten (Art. 19 Abs. 1 S. 1 GG, siehe oben Rdnr. 138 ff.).
- die **Wesensgehaltsgarantie**: Kein Grundrecht darf in seinem „*Wesensgehalt*" angetastet werden (Art. 19 Abs. 2 GG). Jedes Grundrecht hat also einen unantastbaren Kern, dessen Umfang häufig umstritten ist.[1011]

4. Prüfungsschema: Verletzung eines Freiheitsrechts

Bei der Prüfung, ob eine staatliche Maßnahme (d.h. ein Akt der Legislative, Exekutive oder Judikative) ein bestimmtes Freiheitsrecht verletzt, ist folgendes Prüfungsschema anzuwenden: 553

1008 Hierzu oben Rdnr. 310 ff.
1009 Siehe oben Rdnr. 326.
1010 Hierzu *Kingreen/Poscher*, Grundrechte Staatsrecht II, Rdnr. 435.
1011 Ausf. *Ipsen*, Staatsrecht II, Rdnr. 209 ff.

1. Greift die Maßnahme in den **Schutzbereich** ein?
   - Persönlicher Schutzbereich – Wer ist geschützt?
   - Sachlicher Schutzbereich – Was ist geschützt?
   - Liegt ein Eingriff in den Schutzbereich vor?
2. Erfolgt der Eingriff im Rahmen der **Schranken**?
   - Welchen Schranken ist das Grundrecht unterworfen? (Gesetzesvorbehalte/verfassungsimmanente Schranken/Unantastbarkeit)
   - Hält sich der Eingriff im Rahmen dieser Schranken?
3. Sind die verfassungsrechtlichen **Grenzen der Schranken** eingehalten?
   - Grundsatz der Verhältnismäßigkeit
   - Bestimmtheitsgebot, Grundsatz der Normenklarheit
   - Verbot des Einzelfallgesetzes
   - Zitiergebot
   - Wesengehaltsgarantie

B. Einzelne Freiheitsrechte

1. Menschenwürde (Art. 1 Abs. 1 S. 1 GG)

554 Das systematisch erste Grundrecht im Katalog der Art. 1 – 19 GG ist die Menschenwürde. Vereinzelt wird Art. 1 Abs. 1 GG die **Grundrechtsqualität** abgesprochen,[1012] dies überzeugt allerdings nicht.[1013] Es entspräche nicht der systematischen Stellung im Grundrechtsteil, nicht der Bedeutung der Menschenwürde und auch nicht der Formulierung des Art. 1 Abs. 1 GG, wenn man aus der *„unantastbaren"* Menschenwürde keinen subjektiv-rechtlichen Anspruch ableitete.

a) Schutzbereich

aa) Sachlich

555 Der Begriff der „Menschenwürde" ist schwierig zu definieren. Die Offenheit des Begriffs lässt Raum für Interpretationen, der Begriffsinhalt ist nur unter Zuhilfenahme ethischer Erwägungen zu bestimmen: Wer „Menschenwürde" definieren will, muss sich fragen, welches Menschenbild er besitzt. Auf diese Frage gibt es religiöse, philosophische und wissenschaftliche Antworten. Die Literatur enthält zahlreiche Versuche, eine schlüssige Theorie der Menschenwürde zu entwerfen –

1012 *Isensee*, AöR 131 (2006), 173 ff., 191; *Böckenförde*, JZ 2003, 809; *Enders*, in: *Friauf/Höfling*, GG, Art. 1, Rdnr. 63; weitere Nachweise bei *Höfling*, in: *Sachs*, GG, Art. 1, Rdnr. 7.

1013 H.M., *Hufen*, Staatsrecht II, § 10 Rdnr. 12 ff., *Höfling*, in: *Sachs*, GG, Art. 1, Rdnr. 5 ff. m. w. N. Vgl. BVerfGE 125, 175 ff., 222: *„Anspruch aus Art. 1 Abs. 1"*.

mit unterschiedlichen Ergebnissen.[1014] Das Bundesverfassungsgericht hat sich an derlei Diskussionen nicht beteiligt, sondern sich damit beholfen, festzustellen, welche Maßnahmen die Würde verletzen, ohne den Begriff an sich zu definieren. Danach darf der Mensch nicht zum bloßen **Objekt im Staat** werden oder einer Behandlung ausgesetzt werden, die seine **Subjektqualität prinzipiell in Frage stellt.**[1015]

> **Beispiele:** Niemand darf gefoltert werden.[1016] Der Abschuss einer Passagiermaschine, in der sich Terroristen, aber auch Zivilisten befinden, *„verdinglicht"* und *„entrechtlicht"* die Flugzeuginsassen und ist daher unzulässig.[1017]

Art. 1 Abs. 1 GG schützt auch die **persönliche Identität** und die **geistige Integrität.**[1018] 556
Die persönliche Identität ist das Bild des Menschen, das er nach außen darstellt und nach innen von sich selbst kennt. Wie der Einzelne diese Identität entwickelt und welche Gestalt sie hat, ist ihm selbst überlassen. Der öffentlichen Gewalt ist es verwehrt, ein staatliches Menschenbild zu bestimmen. Die Identität darf nicht gebrochen werden – dies ist insbesondere dort von Bedeutung, wo der Betroffene dem staatlichen Handeln nicht ausweichen kann, z. B. im Strafvollzug, im Strafverfahren oder beim Wehrdienst.[1019]

> **Beispiele:** Es ist unzulässig, einen Strafgefangenen unter menschenunwürdigen Haftbedingungen unterzubringen.[1020] Weil eine Haft ohne Aussicht auf spätere Freiheit unerträglich ist, benötigt jeder Verurteilte eine Chance auf Resozialisierung, d. h. die *„konkrete und grundsätzlich auch realisierbare Chance"*, wieder in Freiheit zu gelangen.[1021]

Ob es gegen die Menschenwürde verstößt, die Unterhaltspflicht für ein **Kind** als 557
ersatzfähigen **„Schaden"** zu betrachten, wenn ein Schwangerschaftsabbruch fehlschlägt, ist zwischen den beiden Senaten des Bundesverfassungsgerichts umstritten.[1022] Richtigerweise ist zu trennen zwischen der Würde eines Menschen an sich und den Verpflichtungen, die sich aus dem rechtlichen Einstehenmüssen für diesen Menschen ergeben. Diese sind ein – als solcher – neutraler Vermögensnachteil. Aus

---

1014 Ausführlich *Hufen*, Staatsrecht II, § 10 Rdnr. 5 ff.

1015 BVerfGE 50, 166 ff., 175 m. w. N.

1016 BVerfG NJW 2005, 656 f. – *„Daschner"*; *Hufen*, Staatsrecht II, § 10 Rdnr. 63 f. .; für die Zulässigkeit von Folter in bestimmten Fällen *Brugger*, JZ 2000, 165 ff., 168 ff.; weiterführend *Jäger*, JA 2008, 678 ff.

1017 BVerfGE 115, 118 ff., 154.

1018 Ausf. *Höfling*, in: *Sachs*, GG, Art. 1, Rdnr. 37 ff.

1019 Vgl. die Rechtsprechungsnachweise zum Wehrdienst bei *Höfling*, in: *Sachs*, GG, Art. 1, Rdnr. 46.

1020 BVerfG NJW 1993, 3190 f., 3191.

1021 Neuere Rspr. des BVerfG; die Sicherungsverwahrung (§ 67d Abs. 3 StGB) ist unter Berücksichtigung dieser Maßstäbe verfassungsgemäß, BVerfGE 109, 133 ff., 150 sowie BVerfGE 117, 71 ff., 89 ff. Das Resozialisierungsgebot aus Art. 2 Abs. 1 i. V. m. Art. 1 Abs. 1 GG ableitend noch BVerfGE 45, 187 ff., 245.

1022 Einerseits BVerfGE 88, 203 ff., 296, andererseits BVerfGE 96, 375 ff., 399 ff.

der Schadenersatzpflicht des Arztes bei fehlerhaftem Schwangerschaftsabbruch ist keine staatliche Missbilligung der Entstehung von Leben zu entnehmen.[1023]

558 Auch eine umfassende **Registrierung und Katalogisierung** des Menschen ist unzulässig, wenn er damit wie eine Sache behandelt wird, *„die einer Bestandsaufnahme in jeder Beziehung zugänglich ist"*.[1024]

559 Art. 1 Abs. 1 GG schützt in Verbindung mit dem Sozialstaatsprinzip (oben Rdnr. 178) auch das **menschenwürdige Dasein.**[1025] Dies gilt sowohl im Steuerrecht – der Staat muss dem Steuerpflichtigen so viel von seinem Einkommen belassen, wie er zu einem menschenwürdigen Dasein mindestens benötigt[1026] – als auch im Sozialrecht. Zum menschenwürdigen Existenzminimum gehören sowohl die physische Existenz, die durch *„Nahrung, Kleidung, Hausrat, Unterkunft, Heizung, Hygiene und Gesundheit"* gesichert wird, als auch die ein Mindestmaß an Teilhabe am gesellschaftlichen, kulturellen und politischen Leben.[1027]

560 Die Menschenwürde ist nicht disponibel, sie ist *„ein objektiver, unverfügbarer Wert"*.[1028]

Nach dem Bundesverfassungsgericht steckt ein *„Menschenwürdekern in jedem Grundrecht"*, nicht immer aber schlage der Gebrauch eines Grundrechts auch auf diesen Kern durch. Dies geschehe nur bei einer *„treffenden Verletzung"* der Menschenwürde.[1029]

bb) Persönlich

561 Art. 1 Abs. 1 GG schützt den Menschen, also jede natürliche Person, unabhängig von der Staatsangehörigkeit. Geschützt ist die Würde des **lebenden Menschen** und in bestimmten Grenzen die Würde des **Verstorbenen.**[1030] Auch das **ungeborene Leben** besitzt grundsätzlich Menschenwürde, weshalb Schwangerschaftsabbrüche nur in engen Grenzen zulässig sind.[1031] Menschenwürde besitzt auch derjenige, der sich

1023 So auch *Höfling*, in: *Sachs*, GG, Art. 1, Rdnr. 36.
1024 BVerfGE 27, 1 ff., 6.
1025 BVerfGE 45, 187 ff., 228 f.
1026 BVerfGE 82, 60 ff., 85.
1027 BVerfG FamRZ 2014, 1765 ff.; BVerfGE 125, 175 ff., 123 – „Hartz IV". Ausführlich BVerfGE 132, 134 ff., 158 ff. – Asylbewerberleistungsgesetz.
1028 BVerfGE 64, 274 ff., 279.
1029 BVerfG NJW 2009, 3089 ff., 3090.
1030 BVerfGE 30, 173 ff., 194; Spilker, DÖV 2014, 637 ff., 637 f.
1031 BVerfGE 88, 203 ff., 251.

seiner Würde nicht bewusst ist oder der *„nicht sinnhaft handeln kann"*, oder wer sich selbst *„unwürdig"* verhält.[1032]

b) Schrankenbereich und verfassungsrechtliche Rechtfertigung

Die Menschenwürde ist *„unantastbar"* – eine Einschränkung dieses Rechts ist also weder durch Gesetz noch durch verfassungsimmanente Schranken möglich. Das bedeutet: Sobald der Schutzbereich eröffnet ist, ist das Grundrecht verletzt. Umgekehrt kann die Menschenwürde allerdings als Schranke für Eingriffe in andere Grundrechte herangezogen werden. 562

2. Recht auf freie Entfaltung der Persönlichkeit (Art. 2 Abs. 1 GG)

Das Recht auf freie Entfaltung der Persönlichkeit wird häufig auch **allgemeine Handlungsfreiheit** genannt. 563

a) Schutzbereich

aa) Sachlich

Das Recht auf freie Entfaltung der Persönlichkeit garantiert jedem Grundrechtsträger die Freiheit, zu tun und zu lassen, was er will.[1033] Dies gilt für jegliche denkbare Handlung. 564

Beispiele: Art. 2 Abs. 1 GG schützt das Recht auf entgeltliche Verwertung der eigenen Arbeitskraft,[1034] die freie Wahl der Eltern bei der Namensgebung des Kindes,[1035] das Tragen einer selbstgewählten Haartracht (relevant z. B. bei Polizisten und Soldaten)[1036] und sogar das Reiten im Wald[1037] sowie das Taubenfüttern.[1038]

Dass die allgemeine Handlungsfreiheit damit jedes menschliche Verhalten schützt, wird teilweise als **zu weitgehend** kritisiert. Art. 2 Abs. 1 GG beziehe sich seinem Wortlaut nach auf die Persönlichkeit, nicht jede Handlung habe aber Relevanz für deren Entfaltung.[1039] Diese Behauptung mag zutreffen; es ist jedoch nicht Aufgabe des Staates festzustellen, wann eine Handlung die Persönlichkeit ausdrückt und

1032 BVerfGE 109, 133 ff., 149 f.

1033 *Ipsen*, Staatsrecht II, Rdnr. 770 ff.; *Rixen*, in: *Sachs*, GG, Art. 2, Rdnr. 42 ff., BVerfGE 6, 32 ff., 36 (st. Rspr.).

1034 BVerwGE 35, 201 ff., 205.

1035 BVerfG 1 BvR 684/82 v. 31.08.1982 = StAZ 1983, 70 ff.

1036 BVerwG DVBl. 2006, 1187 ff. = BVerwGE 125, 85 ff., 88.

1037 BVerfGE 80, 137 ff., 152 ff.

1038 BVerfGE 54, 143 ff., 144.

1039 Vgl. z. B. das abweichende Sondervotum des Richters *Grimm* in BVerfGE 80, 137 ff., 164 ff.; s. auch *Peters*, FS *Laun*, 1953, S. 669.

wann nicht – zumal der Begriff der „Persönlichkeit" selbst bereits schwer zu bestimmen ist.[1040] Der öffentlichen Gewalt – auch dem Bundesverfassungsgericht – ist es verwehrt, das Handeln der Bürger einer Motivkontrolle zu unterziehen. Daher muss das Recht auf freie Entfaltung der Persönlichkeit als **umfassende Handlungsfreiheit** verstanden werden.[1041]

565 Die allgemeine Handlungsfreiheit umfasst auch das Recht, sich **selbst zu gefährden**, weshalb das Bundesverfassungsgericht folgerichtig die Rechtmäßigkeit einer Gurt- und Helmpflicht für Auto- bzw. Motorradfahrer damit begründet, dass sie auch das Leben anderer schütze.[1042] Das Selbstgefährdungsrecht findet seine Grenze bei lebensgefährdenden Behandlungen sowie bei besonderer staatlicher Schutzverpflichtung, z. B. bei Minderjährigen oder psychisch Kranken.[1043] Inwieweit der Staat eingreifen darf, wenn sich jemand aus freiem Willen selbst töten will, ist umstritten.[1044]

566 Die allgemeine Handlungsfreiheit ist gegenüber den übrigen Grundrechten subsidiär: Sie schützt als **Auffanggrundrecht** all jene Handlungen, die nicht von einem anderen Grundrecht erfasst sind. Nur wenn ein spezielleres Grundrecht nicht einschlägig ist, ist zuletzt Art. 2 Abs. 1 GG zu prüfen.[1045] Dies ist z. B. dann der Fall, wenn ein spezielles Grundrecht nur Deutschen zusteht, z. B. die Versammlungsfreiheit, Art. 8 Abs. 1 GG. Versammlungen von Ausländern unterfallen dem Schutzbereich der allgemeinen Handlungsfreiheit. Allerdings sind dann auch deren Schranken zu beachten.

Weiteres **Beispiel**: Von der Freizügigkeit (Art. 11 Abs. 1 GG, s. u. Rdnr. 702 ff.) geschützt ist nur die Bewegungsfreiheit innerhalb der Bundesrepublik Deutschland. Das Recht auf freie Ausreise ins Ausland ist nicht von Art. 11 Abs. 1 GG umfasst. Ein anderes spezielles Grundrecht, das die freie Ausreise gestattet, gibt es nicht. Deshalb ist das Recht auf freie Ausreise als Teil der allgemeinen Handlungsfreiheit Gegenstand des Schutzbereiches von Art. 2 Abs. 1 GG.[1046]

566a Ein besonders weitgehendes Beispiel aus der Rechtsprechung des Bundesverfassungsgerichts zur Einstufung von Art. 2 Abs. 1 GG als Auffanggrundrecht stellt der

---

1040 Hierzu Rdnr. 588.

1041 Ebenso – mit ausf. Begründung – *Höfling*, in: *Friauf/Höfling*, GG, Art. 2, Rdnr. 19 ff., 31 sowie *Ipsen*, Staatsrecht II, Rdnr. 771 ff.

1042 BVerfG NJW 1987, 180 (Gurtpflicht); BVerfG NJW 1982, 1276 (Helmpflicht).

1043 BVerwGE 82, 45 ff., 48 f. Zum Jugendschutz siehe BVerfG NJW 2012, 1062 ff.: Solariumverbot für Minderjährige verfassungsgemäß. Übungsfall: *Kube*, JuS 2014, 726 ff.

1044 Gegen ein Recht zur Beendigung des eigenen Lebens die h. M., z. B. *Kunig*, in: *v. Münch/Kunig*, GG, Art. 2, Rdnr. 97; *Roellecke*, JZ 1991, 1045 ff., 1046; a. A. *Rixen*, in: *Sachs*, GG, Art. 2, Rdnr. 210 f.: Nur bei Einschränkung der selbstbestimmten Entscheidungsfähigkeit.

1045 BVerfGE 6, 32 ff., 37.

1046 BVerfGE 6, 32 ff., 35 f. – *„Elfes"*. Siehe auch Fall 1 in der dritten Aufl. dieses Lehrbuchs, Rdnr. 833 ff.

sog. Klimabeschluss zum Klimaschutzgesetz 2021 dar. Zunächst stellte das Bundesverfassungsgericht fest, unzureichende Schutzmaßnahmen begründeten eine Gefahr dafür, dass die „durch das Grundgesetz geschützte Freiheit der Beschwerdeführenden“[1047] in Zukunft viel stärker eingeschränkt werden müsse (und auch dürfe), wenn nicht schon jetzt ausreichende Abwehrmaßnahmen gegen den Verbrauch des der Bundesrepublik zugewiesenen CO_2-Kontingentes ergriffen werden.[1048] Dabei spricht es nicht von einer speziellen Freiheit, sondern der Freiheit an sich, deren unterschiedliche Erscheinungsformen durch jeweilige spezielle Freiheitsgrundrecht geschützt seien. Namentlich stellt das Bundesverfassungsgericht sodann darauf ab, dass diese „Freiheitsbetätigungen“ jedenfalls durch die in Art. 2 Abs. 1 GG verbürgte allgemeine Handlungsfreiheit geschützt seien.[1049]

bb) Persönlich

Geschützt ist „jeder“, also alle natürlichen Personen, unabhängig von der Staatsangehörigkeit. Geschützt sind auch inländische juristische Personen gemäß Art. 19 Abs. 3 GG, die zwar keine „Persönlichkeit“, aber eine „Handlungsfreiheit“ besitzen.[1050] 567

b) Schrankenbereich

Begrenzung für Art. 2 Abs. 1 GG sind drei Schranken („**Schrankentrias**“), nämlich die Rechte anderer, die verfassungsmäßige Ordnung und das Sittengesetz. Eine Grundrechtseinschränkung muss sich einer dieser Schranken zuordnen lassen, um gerechtfertigt sein zu können. Der Spielraum dieser Schranken ist allerdings sehr weit. 568

Als **Rechte anderer** kommen alle subjektiven Rechte anderer Personen in Betracht, d. h. sowohl die Grundrechte und grundrechtsgleichen Rechte wie auch Rechte ohne verfassungsrechtlichen Rang. 569

Die **verfassungsmäßige Ordnung** umfasst alle Rechtsnormen, soweit sie ihrerseits formell und materiell verfassungsgemäß sind.[1051] Nicht verfassungsgemäß zustande gekommene Vorschriften können keine taugliche Grundrechtsschranke darstellen – was bedeutet, dass eine Verfassungsbeschwerde auch mit der Begründung erhoben werden kann, dass eine bestimmte Regelung gegen formelle Vorschriften verstößt, denn sie gehört dann nicht zur verfassungsmäßigen Ordnung.[1052] 570

1047 BVerfGE 157, 30 ff., 130 f.
1048 BVerfGE 157, 30 ff., 110.
1049 BVerfGE 157, 30 ff., 130 f.
1050 Vorausgesetzt in BVerfGE 70, 1 ff., 27.
1051 BVerfGE 6, 32 ff., 37 f.; BVerfGE 90, 145 ff., 171 f.
1052 Hierzu *Ipsen*, Staatsrecht II, Rdnr. 782.

571 Dem **Sittengesetz** wird von der heute herrschenden Meinung keine eigenständige Bedeutung zugebilligt. Früher wurden hierunter ungeschriebene, *„außerrechtliche“*[1053] Regeln des Anstands verstanden.[1054] Es erscheint jedoch bedenklich, diese Formulierung als Türöffner für subjektive Wertvorstellungen jenseits des geschriebenen Rechts zu verwenden. Betrachtet der Gesetzgeber ein bestimmtes Verhalten als unerträglich, muss er es mit einer Rechtsnorm untersagen[1055] – tut er dies nicht, ist kein Raum für eine ergänzende Eingriffserlaubnis zugunsten anderer staatlicher Organe. Zudem sind die „guten Sitten“ bereits positiv normiert, z. B. in §§ 138, 242, 826 BGB. Richtigerweise reicht das „Sittengesetz“ nur so weit wie das geschriebene Recht, es geht daher in der verfassungsrechtlichen Ordnung auf und hat keine eigenständige, darüber hinausreichende Bedeutung.[1056] In der Tat hat sich das Bundesverfassungsgericht nur ein einziges Mal darauf berufen – als es im Jahr 1957 feststellte, homosexuelle Betätigung verstoße gegen das Sittengesetz und dürfe daher nach § 175 StGB a. F. bestraft werden.[1057] Diese Rechtsprechung – und auch die zugrundeliegende „Sitte“ – darf mittlerweile als aufgehoben betrachtet werden.[1058]

3. Die Grundrechte auf Leben und körperliche Unversehrtheit (Art. 2 Abs. 2 S. 1, S. 2 GG)

a) Schutzbereich

aa) Sachlich

572 Der Staat schützt das **Leben**, also die biologisch-physische Existenz (Schutz des **„Daseins“**). Der schwerste Eingriff in das Leben ist die gezielte Tötung eines Menschen; darüber hinaus sind aber auch mittelbare Eingriffe denkbar, z. B. die Auslieferung des Betroffenen an ein Land, in dem ihm der Tod droht. Der Staat muss sich *„schützend und fördernd“* vor das Leben stellen und es vor rechtswidrigen Eingriffen anderer bewahren.[1059]

573 Das Grundrecht auf **körperliche Unversehrtheit** (Schutz des **„Soseins“**) verpflichtet den Staat, die biologisch-physische Integrität des Einzelnen zu gewährleisten. Darüber hinaus sind auch psychische Beeinträchtigungen umfasst, sofern sie körperlich

1053 *Ipsen*, Staatsrecht II, Rdnr. 788.

1054 *So noch Manssen*, Staatsrecht II, § 10 Rdnr. 279.

1055 So zu Recht *Hufen*, Staatsrecht II, § 14 Rdnr. 22.

1056 Ebenso *Kingreen/Poscher* Grundrechte Staatsrecht II S. 148; ähnlich *Rixen*, in: *Sachs*, GG, Art. 2, Rdnr. 98 f.: Unterfall der Menschenwürde.

1057 BVerfGE 6, 389 ff., 434 ff.

1058 Vgl. BVerfGE 105, 313 ff. – LPartG.

1059 BVerfGE 46, 160 ff., 164 f. Ausf. *Augsberg*, JuS 2011, 28 ff., 128 ff.

spürbar sind.[1060] Auch nicht zielgerichtete oder ungewollte Beeinträchtigungen der körperlichen Unversehrtheit sind Eingriffe.[1061]

> **Beispiele:** Eingriffe in die körperliche Unversehrtheit sind z. B. die Zufügung von Schmerzen,[1062] die Blutentnahme, Heileingriffe oder Zwangsernährung.[1063]

Art. 2 Abs. 2 GG enthält allerdings kein umfassendes „Recht auf Gesundheit". Er schützt nur vor Integritätsbeeinträchtigungen, während „Gesundheit" nach der Definition der WHO ein *„Zustand des vollkommenen körperlichen, geistigen und sozialen Wohlergehens"* ist.[1064] Dies kann der Staat nicht garantieren.

bb) Persönlich

Geschützt sind alle natürlichen lebenden Personen – das Leben endet mit dem Hirntod.[1065] Der Schutz erstreckt sich auch auf das ungeborene, **werdende Leben,** beginnend mit der Einnistung (Nidation) der befruchteten Eizelle in die Gebärmutter.[1066] 574

b) Schrankenbereich und verfassungsrechtliche Rechtfertigung

Die Rechte auf Leben und auf körperliche Unversehrtheit dürfen gemäß Art. 2 Abs. 2 S. 3 GG nur aufgrund eines Gesetzes eingeschränkt werden (**Gesetzesvorbehalt**). 575

Das Leben stellt einen verfassungsrechtlichen *„Höchstwert"*[1067] dar. Deshalb sind **Eingriffe** in das Leben einer besonders strengen Verhältnismäßigkeitsprüfung zu unterziehen. Dabei muss insbesondere die Menschenwürde desjenigen berücksichtigt werden, dessen Leben auf dem Spiel steht.[1068] Eingriffe in das Leben sind aber nicht von vornherein unzulässig. So kann z. B. der polizeiliche „finale Todesschuss" auf einen Geiselnehmer zulässig sein, wenn er die einzige Möglichkeit zur Rettung des Lebens der Geiseln ist.[1069] Die darüber hinaus vertretene Auffassung, der Todes- 576

1060 *Rixen*, in: *Sachs*, GG, Art. 2, Rdnr. 149; *Ipsen*, Staatsrecht II, Rdnr. 257; Frage der körperlichen Spürbarkeit offengelassen in BVerfGE 56, 54 ff., 73 ff.

1061 *Rixen*, in: *Sachs*, GG, Art. 2, Rdnr. 152 f.

1062 BVerfGE 56, 54 ff., 73 ff.

1063 *Rixen*, in: *Sachs*, GG, Art. 2, Rdnr. 154 m. w. N.

1064 Präambel WHO-Satzung, BGBl. II 1974, S. 43 ff.

1065 *Rixen*, in: *Sachs*, GG, Art. 2, Rdnr. 142.

1066 Str. – wie hier die h. M.: *Rixen*, in: *Sachs*, GG, Art. 2, Rdnr. 143, *Hufen*, Staatsrecht II, § 13 Rdnr. 7; BVerfGE 39, 1 ff., 37; BVerfGE 88, 203 ff., 251 – a. A. *Ipsen*, Staatsrecht II, Rdnr. 250: Grundrechtsträgerschaft ab dem Zeitpunkt der Geburt; diff. *Manssen*, Staatsrecht II, § 12 Rdnr. 323: Grundrechtsschutz ohne Grundrechtsträgerschaft.

1067 BVerfGE 46, 160 ff., 164.

1068 BVerfGE 115, 118 ff., 151 ff.

1069 *Hufen*, Staatsrecht II, § 13 Rdnr. 24; *Kutscha*, NVwZ 2004, 801 ff., 802 f.

schuss könne auch für *„ein vergleichbar hochwertiges Rechtsgut"* zu rechtfertigen sein,[1070] geht demgegenüber zu weit.

577 Ebenfalls ausgeschlossen ist eine Rechtfertigung der **Tötung Unschuldiger** zum Schutz des Lebens Dritter[1071] jedenfalls bei *„nichtkriegerischen"* Angriffen.[1072] Art. 102 GG schließt außerdem die Todesstrafe ausdrücklich aus.

578 Eingriffe in die körperliche Unversehrtheit – allerdings nicht in das Leben[1073] – sind dann gerechtfertigt, wenn der Betroffene **einwilligt.**[1074]

Beispiel: Amtsärztliche Untersuchungen mit Eingriffscharakter, z. B. Blutentnahme,[1075] nicht aber Corona-Tests oder kurzfristige Veränderungen der Bart- und Haartracht.[1076]

579 Wie ein effektiver Lebensschutz zu erreichen ist, ist grundsätzlich von den Staatsorganen in eigener Verantwortung zu entscheiden, sie haben hierbei zumeist einen verfassungsgerichtlich nicht überprüfbaren **Entscheidungsspielraum**; deshalb ist der Staat nicht verpflichtet, zur Rettung von Menschenleben erpresserischen Forderungen nachzukommen.[1077]

4. Das Grundrecht auf Freiheit der Person (Art. 2 Abs. 2 S. 2 GG)

a) Schutzbereich

aa) Sachlich

580 Das Grundrecht auf **Freiheit der Person** schützt die körperliche Bewegungsfreiheit. Die Reichweite dieses Schutzbereichs ist umstritten.

581 Unstreitig geschützt ist die **positive Bewegungsfreiheit**, d. h. die Freiheit, einen bestimmten Ort zu verlassen und einen beliebigen anderen Ort aufzusuchen.[1078]

1070 *Rixen*, in: *Sachs*, GG, Art. 2, Rdnr. 182 nennt Angriff auf Leben, körperliche Unversehrtheit oder ein vergleichbares hochwertiges Rechtsgut.

1071 *Schenke*, NJW 2006, 736 ff., 738; *Kersten*, NVwZ 2005, 661 ff., 663; krit. für Grenzfälle *Hufen*, Staatsrecht II, § 13 Rdnr. 25.; zum Problem der „Triage" ebd. Rdnr. 28.

1072 BVerfGE 115, 118 ff., 157 – Luftsicherheitsgesetz; krit. zu diesem Urteil *Manssen*, Staatsrecht II, § 12 Rdnr. 329 sowie *Gramm*, DVBl. 2006, 433 ff.

1073 *Hufen*, Staatsrecht II, § 13 Rdnr. 9; siehe auch § 216 StGB.

1074 Für eine Pflicht zum Einschreiten des Staates bei drohender Selbsttötung die h. M., z. B. *Kunig*, in: *v. Münch/Kunig*, Art. 2, Rdnr. 106; dagegen *Rixen*, in: *Sachs*, GG, Art. 2, Rdnr. 211.

1075 Zur Rechtfertigung einer erzwungenen Blutentnahme vgl. BVerfG NJW 1996, 3071 ff.

1076 *Hufen*, Staatsrecht II, § 13 Rdnr. 10; zu letzterem siehe BVerfGE 47, 239 ff., 248.

1077 BVerfGE 46, 160 ff., 164 f. – *„Schleyer"*.

1078 *Rixen*, in: *Sachs*, GG, Art. 2, Rdnr. 229.

Fraglich ist, ob darüber hinaus auch die **negative Bewegungsfreiheit** geschützt ist, d.h. die Freiheit, an einem bestimmten Ort zu bleiben und nicht einen anderen Ort aufsuchen zu müssen.[1079] Hierfür spricht der Wortlaut der Vorschrift: „Freiheit" ist die Möglichkeit, sich zu bewegen, wie man will. Dagegen spricht allerdings die Systematik: Bereits die allgemeine Handlungsfreiheit (Art. 2 Abs. 1 GG) garantiert die negative Bewegungsfreiheit. Art. 2 Abs. 2 S. 2 GG ist daher so zu verstehen, dass er einen speziellen Schutz gegen eine „Gefangennahme" durch den Staat darstellt, nicht aber eine zusätzliche Gewährleistung der allgemeinen Handlungsfreiheit.[1080] 582

Geschützt ist nicht das Recht, sich an jedem beliebigen Ort aufhalten zu dürfen, sondern „nur" das Recht, einen bestimmten Ort verlassen zu dürfen sowie das Recht, sich dort aufzuhalten, wo man sich *„tatsächlich und rechtlich"* aufhalten kann und darf.[1081] Ein Recht auf „Heimat" gibt es somit nach der Rechtsprechung des Bundesverfassungsgerichts nicht.[1082] 583

bb) Persönlich

Geschützt sind alle natürlichen Personen. 584

b) Schrankenbereich

Die Bewegungsfreiheit kann durch Gesetz eingeschränkt werden, Art. 2 Abs. 2 S. 3 GG, welches gemäß Art. 104 Abs. 1 S. 1 GG ein nach Maßgabe des Art. 103 Abs. 2 GG bestimmtes, förmliches Gesetz sein muss.[1083] Für die **Freiheitsentziehung**, d.h. die nicht nur kurzzeitige Einschränkung der Fortbewegungsfreiheit enthält Art. 104 Abs. 2 GG besondere Schranken, insbesondere den Richtervorbehalt gemäß Art. 104 Abs. 2 S. 1 GG. Die „Unverletzlichkeit" der Freiheit bedeutet nicht, dass sie „unantastbar" i.S. des Art. 1 Abs. 1 GG wäre. Gleichwohl darf sie nur „aus besonders gewichtigem Gründen und unter strengen formellen Gewährleistungen" beschränkt werden.[1084] 585

Die Freiheit der Person führt in **Haftsachen** zu einem Beschleunigungsgebot.[1085] So darf die Verhängung von **Untersuchungshaft** eines Tatverdächtigen nicht außer Verhältnis zur erwarteten Strafe stehen. Dies gilt auch für die Dauer der Haft; mit

1079 Dafür *Rixen*, in: *Sachs*, GG, Art. 2, Rdnr. 230; dagegen die h.M., z.B. *Ipsen*, Staatsrecht II, Rdnr. 265; *Hufen*, Staatsrecht II, § 18 Rdnr. 4 f. BVerfGE 134, 242 ff., 322.

1080 Krit. daher zu den Begriffen der „positiven" und „negativen" Bewegungsfreiheit *Ipsen*, Staatsrecht II, Rdnr. 265.

1081 *Manssen*, Staatsrecht II, § 13 Rdnr. 102.

1082 BVerfGE 134, 242 ff., 322 – Garzweiler.

1083 BVerfGE 131, 268 ff., 306; zu Art. 103 Abs. 2 siehe Rdnr. 145.

1084 BVerfG NJW 2013, 3228 ff. – *Mollath*.

1085 BVerfGE 46, 194 f.

zunehmender Dauer der Untersuchungshaft vergrößert sich das Gewicht des Freiheitsanspruchs gegenüber dem Interesse an einer wirksamen Strafverfolgung.[1086] Die **Sicherungsverwahrung** in ihrer jetzigen Form (§ 66b StGB) ist verfassungsgemäß.[1087]

5. Allgemeines Persönlichkeitsrecht (Art. 2 Abs. 1 i.V.m. Art. 1 Abs. 1 GG)

586 Das Allgemeine Persönlichkeitsrecht ist nicht ausdrücklich im Grundgesetz erwähnt, sondern ein vom Bundesverfassungsgericht aus Art. 2 Abs. 1 i.V.m. Art. 1 Abs. 1 GG entwickeltes *„unbenanntes"*[1088] Recht. Es ist ein Oberbegriff für eine Reihe von geschützten Rechtsgütern, die das Bundesverfassungsgericht nach und nach aus den genannten Vorschriften entwickelt hat.[1089]

a) Schutzbereich

aa) Sachlich

587 Nach heutiger Rechtsprechung des Bundesverfassungsgerichts schützt das allgemeine Persönlichkeitsrecht *„Elemente der Persönlichkeit, die nicht Gegenstand der besonderen Freiheitsgarantien des Grundgesetzes sind, aber diesen in ihrer konstituierenden Bedeutung für die Persönlichkeit nicht nachstehen"*.[1090] Es ist nicht mit dem Recht auf freie Entfaltung der Persönlichkeit (**allgemeine Handlungsfreiheit**) zu verwechseln, welches bestimmte Handlungen gestattet („jeder soll das tun dürfen, was er will" – **Schutz des Handelns**). Das allgemeine Persönlichkeitsrecht schützt nicht die Handlungen, sondern die Persönlichkeit selbst (**Schutz des Seins**). Die Grenzen zwischen Handeln und Sein sind nicht immer eindeutig; dort, wo sowohl Handeln als auch Sein betroffen sind, ist das allgemeine Persönlichkeitsrecht zu prüfen, da die allgemeine Handlungsfreiheit gegenüber den anderen Grundrechten subsidiär ist (s. o. Rdnr. 566).

588 Die **Persönlichkeit** ist die Summe der Eigenschaften eines Menschen, die seinen Charakter ausmachen. Was im Einzelnen dazugehört, ist nicht von vornherein zu bestimmen. Die Vielfalt der menschlichen Eigenschaften und die Subjektivität der Einschätzung, was den Charakter bildet, machen dies unmöglich. Das Bundesverfassungsgericht hat folgerichtig den Umfang des allgemeinen Persönlichkeitsrechts

---

1086 BVerfG StV 2011, 31 ff.

1087 BVerfG NJW 2009, 980 ff.; BVerfG NJW 2010, 1514 ff.

1088 BVerfGE 54, 148 ff., 153.

1089 Z. B. BVerfGE 30, 173 ff., 193 f. Erstmalige Nennung des „allgemeinen Persönlichkeitsrechts" in BVerfGE 54, 148 ff., 153, seitdem st. Rspr., zuletzt z. B. BVerfG NJW 2014, 2777 ff.

1090 BVerfGE 99, 185 ff., 193; BVerfG NJW 2007, 2464 ff., 2465.

nicht abschließend bemessen, sondern jeweils anhand des konkret zu entscheidenden Falles bestimmt.[1091] Bei seinen Entscheidungen hat es dennoch verschiedene Regeln aufgestellt, um den Persönlichkeitsschutz zu präzisieren.

(1) Intim- und Privatsphäre

Dem Einzelnen soll zur Persönlichkeitsentfaltung ein **privater Raum** bleiben, der dem staatlichen Zugriff entzogen ist, und wo sich der Einzelne ungestört entfalten können soll. Das Bundesverfassungsgericht unterscheidet zwischen Intim- und Privatsphäre. 589

Die **Intimsphäre** ist der unantastbare Kernbereich privater Lebensgestaltung, sie bildet den Kern der Persönlichkeit. Ein Eingriff in die Intimsphäre ist stets unzulässig und kann nicht gerechtfertigt werden.[1092] 590

Beispiele: Ein Strafvollzugsbeamter verletzt die Intimsphäre, wenn er eine Haftzelle ohne Vorwarnung (z. B. Anklopfen, Schließgeräusche) betritt.[1093] Transsexuellen muss es ermöglicht werden, einen Vornamen zu tragen, der ihrer sexuellen Identität entspricht, damit sie ein *„unauffällige[s]"* Leben führen können.[1094]

Der Bereich der **Sexualität** ist nicht in jedem Fall der Intimsphäre zuzuordnen. Wer Sexualstraftaten begangen hat, drückt damit nicht seine Persönlichkeit aus – er muss daher gegebenenfalls hinnehmen, dass auch nach Verbüßung seiner Strafe in der Presse unter voller Namensnennung über ihn berichtet wird.[1095]

Nicht zum Kernbereich gehört nach der Vorstellung des Bundesverfassungsgerichts auch der **Beischlaf zwischen Geschwistern**, denn dieser betreffe *„nicht ausschließlich diese selbst, sondern kann in die Familie und die Gesellschaft hineinwirken und außerdem Folgen für aus der Verbindung hervorgehende Kinder haben"*.[1096] Daher sei das strafbewehrte Inzestverbot in § 173 StGB verfassungsgemäß. Diese Entscheidung ist in der Rechtswissenschaft – mit Recht – auf große Ablehnung gestoßen.[1097]

Jenseits der Intimsphäre beginnt die **Privatsphäre**, die ebenfalls geschützt, aber nicht unantastbar ist. Sie umfasst den engeren persönlichen Lebensbereich des Individu- 591

1091 BVerfGE 79, 256 ff., 268.
1092 BVerfG NJW 1973, 891 ff., 892; BVerfGE 119, 1 ff., 29 f. – *„Esra"*.
1093 BVerfG, 2 BvR 460/01 v. 04.06.2007 (juris).
1094 BVerfGE 49, 286 ff., 297 f.; siehe auch BVerfGE 116, 243 ff., 264.
1095 BVerfG NJW 2009, 3357 ff., 3359.
1096 BVerfGE 120, 224 ff., 242 f.
1097 *Hörnle*, NJW 2008, 2085 ff.; *Zabel*, JR 2008, 453 ff.; *Roxin*, StV 2009, 544 ff. Zu Recht nennt es Richter *Hassemer* im Sondervotum (BVerfGE 120, 224 ff., 258 f.) *„absurd"*, dass hier das mutmaßliche Interesse *„potentiell gezeugten Nachwuchses an einem Leben mit genetischen Defekten einerseits mit einem mutmaßlichen Interesse an der eigenen Nichtexistenz andererseits"* abgewogen werde. Der Argumentation des BVerfG weitgehend folgend hingegen *Hufen/Jahn*, JuS 2008, 550 ff.

ums; ihm soll ein *„abgeschirmter Bereich persönlicher Entfaltung“*[1098] *verbleiben, in den der Staat nicht ohne Weiteres eingreifen darf.*

Beispiele: Das Verhältnis eines Menschen zur Sexualität,[1099] die Kenntnis der eigenen Abstammung,[1100] der Geburtsname,[1101] der Familienname.[1102]

592 Die Grenzen zwischen Intim- und Privatsphäre sind allerdings fließend, so dass die genannten Beispiele keine sich ausschließenden Fallgruppen darstellen. Die Zuordnung hängt von der Untersuchung im Einzelfall ab. Diese Unsicherheit, der nicht nur die Betroffenen, sondern auch Gesetzgeber, Behörden und Rechtsprechung ausgesetzt sind, ist bedauerlich, aber wohl hinzunehmen. Die Komplexität der menschlichen Persönlichkeit verhindert eine umfassende Abgrenzung von Privat- und Intimsphäre im Abstrakten.

593 Geschützt ist auch die **Selbstdarstellung des Einzelnen in der Öffentlichkeit:** Informationen, die sich auf die Privat- oder Intimsphäre beziehen, dürfen nicht ohne Weiteres der Öffentlichkeit oder dem Staat preisgegeben werden.

Beispiele: Im Strafverfahren darf niemand zur Selbstbezichtigung gezwungen werden.[1103] Wer in den Medien dargestellt wird, muss ein Recht auf Gegendarstellung erhalten.[1104] Die Verwertung heimlicher Tonbandaufnahmen im Strafverfahren ist ein Eingriff in die Privatsphäre und kann einen Eingriff in die Intimsphäre darstellen; hier kommt es auf den konkreten Einzelfall an.[1105] Tagebuchaufzeichnungen sind nach Auffassung des Bundesverfassungsgerichts nicht Gegenstand der Intim-, sondern der Privatsphäre, da sie, wenn sie in Schriftform vorliegen, bereits *„aus dem [...] beherrschbaren Innenbereich entlassen und der Gefahr eines Zugriffs preisgegeben“* sind.[1106] Der Einsatz eines Lügendetektors ist auch dann unzulässig, wenn der Betroffene einwilligt.[1107]

Den Umfang des Persönlichkeitsrechts bestimmt auch das **Verhalten** desjenigen, der sich darauf beruft: Zum allgemeinen Persönlichkeitsrecht gehört auch die Entscheidung darüber, wie man sich in der Öffentlichkeit darstellen will. Die Frage, ob daraus ein Recht abgeleitet werden kann, nicht gegen seinen Willen zum Objekt medialer Berichterstattung gemacht zu werden, hat das Bundesverfassungsgericht offengelassen.[1108]

1098 *Rixen*, in: *Sachs*, GG, Art. 2, Rdnr. 69.
1099 BVerfGE 47, 46 ff., 73 f.
1100 BVerfGE 79, 256 ff., 268 f.
1101 BVerfGE 78, 38 ff., 49.
1102 BVerfGE 123, 90 ff., 102.
1103 BVerfGE 38, 105 ff.; 114 f.
1104 BVerfGE 63, 131 ff., 142.
1105 BVerfGE 34, 234 ff., 248.
1106 BVerfG StraFo 2009, 276 f.; BVerfG NStZ-RR 2007, 378; BVerfGE 103, 21 ff., 32 f.
1107 BVerfG NJW 1982, 375, siehe auch oben Rdnr. 527.
1108 BVerfG NJW 2011, 740 ff., 742.

Geschützt ist im Rahmen der Selbstdarstellung u. a. das **Recht am eigenen Bild** und **am eigenen Wort.**[1109] Auch der **Ehrschutz** ist Gegenstand des allgemeinen Persönlichkeitsrechts. Der Staat muss demjenigen Schutz bieten, dessen sozialer Geltungsanspruch durch andere in Frage gestellt wird.[1110] Gerade hierbei entstehen häufig Konflikte mit der Meinungs- und Pressefreiheit (Art. 5 Abs. 1 GG)[1111] sowie der Kunstfreiheit (Art. 5 Abs. 3 GG).[1112] 594

(2) Recht auf informationelle Selbstbestimmung

Im Volkszählungs-Urteil aus dem Jahr 1983 ging das Bundesverfassungsgericht über seine bisherige Rechtsprechung, die nur die Preisgabe persönlichkeitsbezogener Daten schützte, hinaus. Es erklärte, angesichts der Möglichkeiten automatischer Datenverarbeitung gebe es *„kein ‚belangloses' Datum mehr"*.[1113] Dies beachtend, hat es in der genannten Entscheidung das **Recht auf informationelle Selbstbestimmung** entwickelt: Der Einzelne hat das Recht, über die Preisgabe und Verwendung seiner persönlichen Daten selbst zu bestimmen. Jede Erhebung, Speicherung, Weitergabe und Veröffentlichung von Daten stellt einen Grundrechtseingriff dar.[1114] Sie darf nur durch Gesetz oder aufgrund eines Gesetzes erfolgen[1115] und bedarf der Rechtfertigung. 595

Beispiele: Die Angabe von Personalien gegenüber der Polizei,[1116] die Feststellung, Speicherung und künftige Verwendung von DNA-Proben,[1117] Radaraufnahmen zur Geschwindigkeitsmessung („Blitzer");[1118] die „automatisierte Kennzeichenerfassung" zu Fahndungszwecken.[1119] – Ein heimlicher Vaterschaftstest verletzt das informationelle Selbstbestimmungsrecht des Kindes.[1120] – Das Verbot von Fernsehaufnahmen im Gerichtssaal schützt die informationelle Selbstbestimmung der Verfahrensbeteiligten.[1121]

Bei der Weitergabe personenbezogener Daten von einer Behörde an eine andere muss sowohl die Abfrage als auch die Übermittlung von Daten auf einer verfassungsgemäßen Rechtsgrundlage beruhen („Doppeltürmodell").[1122]

1109 Hierzu *Rixen*, in: *Sachs*, Art. 2, Rdnr. 71.
1110 BVerfGE 54, 148 ff., 155.
1111 Hierzu unten Rdnr. 633 ff.
1112 Hierzu unten Rdnr. 654.
1113 BVerfGE 130, 151 ff., 183 f.; BVerfGE 65, 1 ff., 45.
1114 BVerfGE 65, 1 ff., 43; seitdem st. Rspr., siehe zul. BVerfG 1 BvR 3541/13 v. 06.03.2014, in NJW 2014, 1581 ff. nicht mit abgedruckt.
1115 BVerfG NJW 2009, 3293 f. – Verkehrsvideoüberwachung zur Geschwindigkeitsmessung aufgrund eines ministeriellen Erlasses unzulässig.
1116 BVerfGE 92, 191 ff., 197.
1117 BVerfGE 103, 21 ff., 32 f.
1118 BVerfG NJW 2010, 2717 f.
1119 BVerfGE 120, 378 ff., 397 ff. – Hierzu *Sachs*, JuS 2008, 825 ff.; *Roßnagel*, NJW 2008, 2547 ff.
1120 BVerfGE 117, 202 ff., 224 ff. – Hierzu *Gröschner*, Jura 2008, 132 ff.
1121 BVerfGE 103, 44 ff., 68.
1122 BVerfGE 130, 151 ff., 184; BVerfG NJW 2014, 1581 ff., 1582.

596 Ein Eingriff in die informationelle Selbstbestimmung setzt voraus, dass eine **staatliche Stelle** die Daten erhebt. Wenn eine Strafverfolgungsbehörde bei einem privaten Kreditkartenunternehmen eine Datensuche nach bestimmten Transaktionen (hier: Zahlungen von 79,99 US-Dollar an eine bestimmte philippinische Bank) veranlasst, die Suche aber nicht selbst durchführt, sondern dem Unternehmen überlässt, greift sie nur in die Rechte derjenigen Personen ein, deren Daten das Unternehmen – wegen einer Übereinstimmung – an die Staatsanwaltschaft übermittelt hat.[1123]

Die Zulässigkeit einer **Telefonüberwachung** sowie einer den Telekommunikationsunternehmen auferlegten Speicherungspflicht (**Vorratsdatenspeicherung**) ist nicht am Recht auf informationelle Selbstbestimmung, sondern am spezielleren Grundrecht des Art. 10 Abs. 1 GG zu messen.[1124]

(3) Recht auf Resozialisierung

597 Das allgemeine Persönlichkeitsrecht umfasst auch das Recht des Einzelnen auf **Resozialisierung.** Ein verurteilter Straftäter muss die Chance erhalten, sich nach der Strafverbüßung *„wieder in die Gemeinschaft einzuordnen"*.[1125] In der neueren Rechtsprechung des Bundesverfassungsgerichts wird das Recht auf Resozialisierung allerdings nicht als Unterfall des allgemeinen Persönlichkeitsrechts, sondern der Menschenwürde betrachtet.[1126]

(4) IT-Vertraulichkeit

597a Zum allgemeinen Persönlichkeitsrecht gehört nach neuer Rechtsprechung des Bundesverfassungsgerichts auch das „Grundrecht auf Gewährleistung der Vertraulichkeit und Integrität informationstechnischer Systeme" (**IT-Vertraulichkeit**). Dieses Grundrecht ist ebenso wie das Recht auf informationelle Selbstbestimmung eine Ausprägung des allgemeinen Persönlichkeitsrechts.[1127] Es ist also kein „neues Grundrecht", sondern eine Konkretisierung des bereits bisher durch Art. 2 Abs. 1 i. V. m. 1 Abs. 1 GG bestehenden Grundrechtsschutzes für IT-Systeme. Gleichwohl hat das Bundesverfassungsgericht einige speziell für diese Ausprägung des Grundrechts geltende Regeln aufgestellt.

597b Geschützt sind **informationstechnische Systeme**; das Bundesverfassungsgericht fasst diesen Begriff weit auf und wendet ihn sowohl auf einzelne Rechner und sonstige elektronische Geräte als auch auf elektronische Netzwerke an. Informationstechnische Systeme sind danach z. B. Personalcomputer, Telekommunikationsgeräte, elektronische Geräte in Wohnungen oder Kraftfahrzeugen, elektronische Termin-

1123 BVerfG NJW 2009, 1405 ff., 1406 – „Mikado"; dagegen *Schnabel*, CR 2009, 384 f.
1124 BVerfGE 100, 313 ff., 358; BVerfGE 125, 260 ff., 310. Siehe hierzu unten Rdnr. 699.
1125 BVerfGE 35, 202 ff., 25 f.; BVerfGE 45, 187 ff., 239.
1126 BVerfGE 109, 133 ff., 150; BVerfGE 117, 71 ff., 89; siehe auch oben Rdnr. 556.
1127 BVerfGE 120, 274 ff., 302.

kalender und Rechnernetzwerke.[1128] Diese Systeme sind vor einem **Zugriff** geschützt, d.h. vor jeder Einwirkung auf das System. Eine direkte Einwirkung auf den Datenbestand ist nicht erforderlich.[1129] Geschützt sind auch Daten, die nur flüchtig im Arbeitsspeicher eines Systems abgebildet oder nur temporär auf Datenträgern abgespeichert sind.[1130] Nicht erforderlich ist, dass der Zugriff **heimlich** geschieht, bei heimlichen Zugriffen gelten allerdings besonders hohe Anforderungen an die Verhältnismäßigkeit.[1131]

Der Schutzbereich ist nur dann eröffnet, wenn die **Persönlichkeit** des Betroffenen durch den Zugriff gefährdet ist. Dies ist der Fall, wenn der Zugriff auf das System es ermöglicht, *„einen Einblick in wesentliche Teile der Lebensgestaltung einer Person zu gewinnen oder gar ein aussagekräftiges Bild der Persönlichkeit zu erhalten"*. Ein **Eingriff** in den Schutzbereich liegt vor, wenn *„die Integrität des geschützten informationstechnischen Systems angetastet wird, indem auf das System so zugegriffen wird, dass dessen Leistungen, Funktionen und Speicherinhalte durch Dritte genutzt werden können"*.[1132] 597c

Die IT-Vertraulichkeit ist gegenüber den anderen Grundrechten, z.B. Art. 10 Abs. 1, 13 Abs. 1 GG und dem Recht auf informationelle Selbstbestimmung **subsidiär** und daher nur soweit anwendbar, wie diese Grundrechte *„Schutzlücken"* aufweisen, die aus Gründen des Persönlichkeitsschutzes aufgefüllt werden müssen.[1133] 597d

bb) Persönlich

Das allgemeine Persönlichkeitsrecht schützt alle **natürlichen Personen**. Ob und in welchem Umfang auch **juristische Personen** geschützt sind, ist umstritten. Der Bundesgerichtshof bejaht dies unter bestimmten Voraussetzungen.[1134] Das Bundesverfassungsgericht hat die Frage für das Recht am geschriebenen Wort ebenfalls bejaht,[1135] für alle anderen Ausprägungen des allgemeinen Persönlichkeitsrechts jedoch ausdrücklich offengelassen.[1136] Auch in der Literatur gibt es dazu unterschiedliche Ansichten.[1137] Richtigerweise kommt der Persönlichkeitsschutz nur natürlichen Personen zu, denn nur diese besitzen überhaupt eine „Persönlichkeit" 598

1128 BVerfGE 120, 274ff., 276, 303f., 314. Auch das Internet ist ein „Rechnernetzwerk".
1129 BVerfGE 120, 274ff., 323f.
1130 BVerfGE 120, 274ff., 324.
1131 BVerfGE 120, 274ff., 325.
1132 BVerfGE 120, 274ff., 314.
1133 BVerfGE 120, 274ff., 306ff. Zum Schutzauftrag des Grundgesetzes im Kommunikationsbereich vgl. grundlegend *Hoffmann-Riem*, JZ 2014, 53ff.
1134 BGH NJW 1986, 2951.
1135 BVerfGE 106, 28ff., 42.
1136 BVerfG NJW 2005, 883f.; BVerfG NJW 2010, 3501f.
1137 Nachweis bei *Rixen*, in: *Sachs*, GG, Art. 2, Rdnr. 77.

jenseits ihrer rechtlichen Existenz und nur bei ihnen kommt ein Schutz durch die im allgemeinen Persönlichkeitsrecht mitenthaltene Menschenwürde in Betracht.[1138] Die Erstreckung des Schutzes aus Art. 2 Abs. 1 i.V.m. 1 Abs. 1 GG auf juristische Personen wäre eine unzulässige Überspannung, denn sie würde dieses Recht von seinen maßgeblichen Koordinaten „Menschenwürde" und „Persönlichkeit" abkoppeln und diese Verbindung durch Analogien ersetzen. Dies aber ginge zu weit. Will der Verfassungsgeber einen vergleichbaren Schutz für juristische Personen gewährleisten, muss er ihn ausdrücklich in die Verfassung hineinschreiben. Der Schutz juristischer Personen reicht nach geltendem Recht also nicht über den der allgemeinen Handlungsfreiheit, Art. 2 Abs. 1 GG, hinaus.

599 Geschützt ist auch die Persönlichkeit **Verstorbener** – auch *post mortem* darf die Intim- oder Privatsphäre des Menschen nicht ohne Weiteres verletzt werden. Der Schutz richtet sich dann allerdings nicht nach Art. 2 Abs. 1 GG, da diese Vorschrift nur lebende Personen schützt, sondern ausschließlich nach Art. 1 Abs. 1 GG.[1139]

Beispiel: Die Darstellung eines Leichnams im Fernsehen kann unter Umständen die Persönlichkeit des Toten verletzen.[1140]

b) Schrankenbereich und verfassungsrechtliche Rechtfertigung

600 Bei Eingriffen in das allgemeine Persönlichkeitsrecht gilt die **Schrankentrias** (hierzu oben Rdnr. 568 ff.) des Art. 2 Abs. 1 GG.[1141] Zur Abwägung zwischen dem allgemeinen Persönlichkeitsrecht und der Meinungs- und Pressefreiheit siehe ausf. unten Rdnr. 633 ff.

In die **Intimsphäre** darf gar nicht eingegriffen werden. Der Kernbereich privater Lebensgestaltung ist unantastbar und Eingriffe nicht zu rechtfertigen: *„Eine Abwägung findet nicht statt"*.[1142] Jenseits der Intimsphäre ist der Einzelfall zu betrachten.[1143] Eingriffe in das Recht auf informationelle Selbstbestimmung müssen den

1138 Ähnlich BVerfG NJW 2005, 883, wo es *obiter dictum* mutmaßt, dass der Schutz für juristische Personen, falls er bestünde, aus diesem Grund *„eher schwächer"* sein *„dürfte"*.

1139 BVerfG NVwZ 2008, 549 f.; BVerfG NJW 2001, 594 ff., 594; BGH NJW 2006, 605 ff., 606; *Badura*, Staatsrecht, S. 154.; *Manssen*, Staatsrecht II, § 9 Rdnr. 255; anders z.T. die Lit., siehe *Hufen*, Staatsrecht II, § 11 Rdnr. 16.; anders noch BVerfGE 45, 187 ff., 245: Schutz aus Art. 2 Abs. 1 i.V.m. 1 Abs. 1 GG.

1140 BGH NJW 2006, 605 ff., 606.

1141 BVerfGE 65, 1 ff., 46.

1142 BVerfGE 80, 367 ff., 373 f.

1143 Vgl. BVerfG NJW 2009, 3357 ff. – Namensnennung eines Sexualstraftäters; BVerfG NJ 2009, 215 f. – Untersuchung von *„normalerweise bedeckten Körperöffnungen"* eines Untersuchungshäftlings; weitere Fälle bei *Hufen*, Staatsrecht II, § 11 Rndr. 34 f. „Me Too" (siehe hierzu *Rodenbeck*, NJW 2018, 1227 ff.); Kennzeichnungspflicht für Polizeibeamte im Dienst (siehe hierzu BVerwG, NVwZ 2020, 247 ff.).

Verwendungszweck der betroffenen Informationen hinreichend präzise eingrenzen, um dem Bestimmtheitsgebot und dem Gebot der Normenklarheit zu genügen.[1144] Der Austausch von Daten zwischen Polizeien und Nachrichtendiensten ist nur in Ausnahmefällen zulässig („Trennungsprinzip").[1145]

6. Religions- und Weltanschauungsfreiheit (Art. 4 Abs. 1 GG)

a) Schutzbereich

aa) Sachlich

Geschützt ist die Freiheit des Glaubens an eine Religion oder Weltanschauung sowie die Freiheit, *nicht* an eine Religion oder Weltanschauung zu glauben.[1146] Kennzeichnend für den **Glauben** an eine **Religion** ist der *„transzendente Bezug"*, d. h. die subjektive Gewissheit, dass der Einzelne in einen jenseitigen, nicht vollkommen wissenschaftlich zu erklärenden Zusammenhang eingegliedert ist.[1147] Eine **Weltanschauung** ist ein gedankliches System, das wertende Stellungnahmen zur Existenz der Welt und ihrem Sinn enthält, ohne dabei auf das Transzendente zurückzugreifen.[1148] 601

Zur Freiheit des Glaubens gehört auch die **Freiheit des Bekenntnisses** (Art. 4 Abs. 1 GG), also die Freiheit, religiöse oder weltanschauliche Überzeugungen kundzutun bzw. nicht kundtun zu müssen. 602

Beispiel: Schulgebete sind zulässig, solange sie freiwillig sind.[1149]

Auch die religiöse Vereinigungsfreiheit, d. h. die Freiheit, sich zu religiösen Gemeinschaften zusammenzuschließen, ist in Art. 4 Abs. 1 GG, nicht in Art. 9 Abs. 1 GG geschützt.[1150]

Ebenfalls zur Glaubensfreiheit gehört die Freiheit der **Glaubensausübung** (Art. 4 Abs. 2 GG), die sich über den Wortlaut des Art. 4 Abs. 2 GG hinaus sowohl auf Religionen wie auf Weltanschauungen bezieht. 603

Beispiele: Das Tragen eines Kopftuches ist für Musliminnen Ausdruck ihres religiösen Bekenntnisses.[1151] Das Bundesverwaltungsgericht hat offengelassen, ob das Rauchen von Haschisch Teil

1144 BVerfGE 130, 151 ff., 202; zum Bestimmtheitsgebot siehe oben Rdnr. 143 ff., zur Normenklarheit Rdnr. 147.
1145 BVerfGE 133, 277 ff., 329.
1146 BVerfGE 93, 1 ff., 15 ff.
1147 *Kokott*, in: *Sachs*, GG, Art. 4, Rdnr. 19.; *Hufen*, Staatsrecht II § 22 Rdnr. 6 ff.
1148 *Kokott*, in: *Sachs*, GG, Art. 4, Rdnr. 22.
1149 BVerfGE 52, 223 ff., 239.
1150 BVerfGE 83, 341 ff., 354.
1151 BVerfGE 108, 282 ff., 298.

der Religionsausübung sein kann, da die verfassungsimmanente Schranke des Schutzes der Volksgesundheit einen Haschischkonsum in jedem Fall verbiete, also auch dann, wenn er der Religionsausübung diene.[1152]

604 Für die Eröffnung des Schutzbereiches genügt es nicht, dass ein Betroffener behauptet, einer Religion oder Weltanschauung anzugehören; maßgeblich sind **geistiger Gehalt und äußeres Erscheinungsbild** der Gemeinschaft, der er angehört.[1153] Allerdings bestimmt die Religionsgemeinschaft selbst, welche Handlungen im Einzelnen von der Religionsausübung erfasst sind; dem Staat ist es verwehrt, genuin religiöse Fragen zu bestimmen und zu bewerten.[1154]

Ob die **Scientology**-Gemeinde eine Religionsgemeinschaft ist, hat das Bundesverfassungsgericht noch nicht entschieden. Das Bundesverwaltungsgericht gewährte einer Scientologin in einem Fall Grundrechtsschutz aus Art. 4 Abs. 1 GG, allerdings ohne eine Festlegung zu treffen, ob es sich bei Scientology um eine Religion oder um eine Weltanschauung handelt.[1155]

bb) Persönlich

605 Geschützt sind alle natürlichen Personen sowie juristische Personen, sofern sie an der Ausübung der Religion bzw. Weltanschauung mitwirken, wie z.B. Glaubensgemeinschaften.

b) Schranken und verfassungsrechtliche Rechtfertigung

606 Art. 4 GG enthält keinen ausdrücklichen **Gesetzesvorbehalt**. Die Konstruktion, einen allgemeinen Gesetzesvorbehalt aus Art. 140 GG i.V.m. Art. 136 Abs. 1 oder Abs. 3 S. 2 WRV abzuleiten, ist abzulehnen.[1156] Art. 136 Abs. 3 S. 2 WRV bezieht sich dem Wortlaut nach nur auf die Offenbarung der Zugehörigkeit zu einer Religionsgemeinschaft gegenüber Behörden und damit auf die negative Bekenntnisfreiheit – nur insofern besteht ein Gesetzesvorbehalt.[1157] Im Übrigen wird die Religions- und Weltanschauungsfreiheit schrankenlos gewährleistet.

1152 „Rastafari-Urteil", BVerwG NJW 2001, 1365 ff., 1366.

1153 BVerfGE 83, 341 ff., 353.

1154 BVerfG DVBl. 2007, 119 ff., 120.

1155 BVerwG NJW 2006, S. 1303 ff., 1304; siehe hierzu auch BAG NJW 1996, 143 ff. Einen anspruchsvollen Übungsfall zum Thema bieten *Kahl/Zimmermann*, JA 2007, 783 ff.

1156 H. M.: BVerfGE 33, 23 ff., 29, 31, ebenso *Mager*, in: *v. Münch/Kunig*, Art. 4, Rdnr. 66 ff.; *Kingreen/Poscher*-Grundrechte Staatsrecht II, S. 200 f.; *Hufen*, Staatsrecht II, § 22 Rdnr. 27; a. A. BVerwGE 112, 227 ff., 231 f.; *Pauly/Pagel*, NVwZ 2002, 441 ff., 443: Gesetzesvorbehalt aus dem Wortlaut des Art. 4 GG.

1157 BVerfGE 65, 1 ff., 38 f. – Volkszählung.

Eingriffe in den Schutzbereich können also nur dann gerechtfertigt sein, wenn sie zur Durchsetzung anderer Rechtsgüter von Verfassungsrang erfolgen. Von Bedeutung sind besonders die **Gesundheit** der Bevölkerung,[1158] die Neutralität der Berufsbeamten (Art. 33 Abs. 5 GG), das Erziehungsrecht der Eltern (Art. 6 Abs. 2 S. 1 GG), die Schulaufsicht des Staates (Art. 7 Abs. 1 GG)[1159] sowie der Tierschutz. 607

Umstritten ist hierbei insbesondere das Verhältnis zwischen Religionsfreiheit und **Tierschutz** beim sogenannten **Schächten** – bei dieser Prozedur werden den Tieren ohne vorherige Betäubung die Blutgefäße am Hals durchtrennt, damit sie möglichst vollständig ausbluten. Dieser Streit hat an Unsicherheit gewonnen, seit im Jahr 2002 Art. 20a GG um das Staatsziel „Tierschutz" ergänzt wurde. Die Rechtsprechung gestattet das Schächten aus religiösen Gründen, obwohl § 1 TierSchG es grundsätzlich verbietet, Tieren unnötige Schmerzen, Leiden oder Schäden zuzufügen. Die Vorschrift sei, so das Bundesverfassungsgericht, vor der Änderung von Art. 20a GG, zugunsten der Religionsfreiheit eingeschränkt auszulegen, wenn die Handlungen ein *„Ausdruck einer religiösen Grundhaltung"* sind; gegebenenfalls sei eine Ausnahmegenehmigung zu erteilen.[1160] Seit der Einführung des Tierschutzes in Art. 20a GG hat das Bundesverfassungsgericht zu dieser Frage keine Stellung genommen.[1161] Das Bundesverwaltungsgericht, das zuletzt mit dem Fall befasst war, hat offengelassen, ob nunmehr der konkrete Nachweis erforderlich sei, dass ein Nicht-Schächten religiöse Vorschriften verletze.[1162]

Auch die **Glaubensfreiheit** selbst ist eine Schranke, wenn die Glaubensfreiheit des einen die negative Glaubensfreiheit des anderen beeinträchtigt. Zwar gibt es in einer offenen Gesellschaft keinen Anspruch darauf, von fremden Glaubensbekundungen verschont zu bleiben; etwas anderes ergibt sich jedoch, wenn der Staat – wie z. B. im Schulwesen – eine Lage schafft, in der ein Einzelner ohne Ausweichmöglichkeit dem Einfluss eines bestimmten Glaubens ausgesetzt ist.[1163] 608

1158 BVerwG NJW 2001, 1365 ff., 1366.

1159 Hierzu BVerfG FamRZ 2006, 1094 ff. sowie BVerfG DVBl. 2007, 693 ff.

1160 BVerfGE 104, 337 ff., 346 – dort allerdings prüfte das BVerfG die Berufsfreiheit eines Ausländers gemäß Art. 2 Abs. 1 GG und nahm erst bei der Rechtfertigungsprüfung auf Art. 4 Abs. 1 GG Bezug. Krit. zum Urteil *Casper*, NuR 2002, 402 ff., 403.

1161 Offengelassen in BVerfG GewArch 2009, 82 (Nichtannahmebeschluss) und in BVerfG GewArch 2009, 487 ff. (Eilverfahren).

1162 BVerwGE 127, 183 ff., 186 f. – Der Nachweis war nach Ansicht des Gerichts erbracht worden.

1163 BVerfGE 93, 1 ff., 14 f. – „Kruzifix"; BVerfGE 108, 282 ff., 301 f. – „Kopftuch". Siehe aber auch BVerfGE 138, 296 ff., 338.

7. Gewissensfreiheit (Art. 4 Abs. 1 GG)

a) Schutzbereich

aa) Sachlich

609 In Art. 4 Abs. 1, 2. Alt. GG besonders geschützt ist die Gewissensfreiheit, die ein selbständiges Grundrecht darstellt.[1164] Eine **Gewissensentscheidung** ist eine sittliche, *„an den Kategorien von ‚Gut' und ‚Böse' orientierte Entscheidung […], die der Einzelne in einer bestimmten Lage als für sich bindend und unbedingt verpflichtend innerlich erfährt, so daß er gegen sie nicht ohne ernste Gewissensnot handeln könnte"*.[1165] Im Unterschied zur Religions- und Weltanschauungsfreiheit setzt die Gewissensfreiheit nicht voraus, dass ein gedankliches System hinter der sittlichen Entscheidung steckt. Wichtig ist hierbei insbesondere die Unterscheidung von „Gut" und „Böse". Keine Gewissensentscheidungen sind daher Entscheidungen nach den Kategorien „richtig" / „falsch" bzw. „sinnlos" / „sinnvoll", da sie einer rationalen Diskussion zugänglich sind.[1166]

610 Geschützt ist das Denken und Glauben des Einzelnen, also **innere Tatbestände** (*„forum internum"*) – niemand soll durch staatliches Handeln in einen Gewissenskonflikt gebracht werden.[1167] Ob darüber hinaus auch das **Handeln** nach dem Gewissen (*„forum externum"*) geschützt ist, ist umstritten, wird von der h. M. allerdings bejaht.[1168]

bb) Persönlich

611 Träger eines Gewissens können nur natürliche Personen sein; geschützt sind sowohl Deutsche wie Nichtdeutsche.

b) Schrankenbereich und verfassungsrechtliche Rechtfertigung

612 Die allgemeine Gewissensfreiheit steht nicht unter Gesetzesvorbehalt, so dass eine Einschränkung nur im Hinblick auf kollidierendes Verfassungsrecht möglich ist. Art. 4 Abs. 3 GG enthält keine besondere Schrankenbestimmung, sondern eine Ermächtigung zur Verfahrensausgestaltung.[1169]

1164 *Manssen*, Staatsrecht II, § 15 Rdnr. 383.

1165 BVerfGE 12, 45 ff., 55.

1166 *Ipsen*, Staatsrecht II, Rdnr. 391 f.

1167 *Kokott*, in: *Sachs*, GG, Art. 4, Rdnr. 91.

1168 *Kokott*, in: *Sachs*, GG, Art. 4, Rdnr. 92 m. w. N.; *Wolff*, in: *Hömig/Wolff*, GG, Art. 4, Rdnr. 2; ebenso BVerfGE 48, 127 ff., 163; dagegen *Ipsen*, Staatsrecht II, Rdnr. 393. Siehe ausf. *Naujok*, Gewissensfreiheit und Steuerpflicht, Berlin 2003, S. 63 f.

1169 *Manssen*, Staatsrecht II, § 15 Rdnr. 388.

Eine echte Schrankenbestimmung enthält dagegen Art. 12a Abs. 2 GG, der den Gesetzgeber ermächtigt,[1170] Kriegsdienstverweigerer zu einem **Ersatzdienst** zu verpflichten.

8. Meinungsfreiheit, Informationsfreiheit, Pressefreiheit, Rundfunkfreiheit und Filmfreiheit (Art. 5 Abs. 1 S. 1 – 2 GG)

Art. 5 Abs. 1 S. 1 – 2 GG enthält **fünf Grundrechte:** 613

- Meinungsäußerungs- und -verbreitungsfreiheit (Meinungsfreiheit, Art. 5 Abs. 1 S. 1, 1. und 2. Alt. GG);
- Informationsfreiheit (Art. 5 Abs. 1 S. 1, 3. Alt. GG);
- Pressefreiheit (Art. 5 Abs. 1 S. 2, 1. Alt. GG);
- Rundfunkfreiheit (Art. 5 Abs. 1 S. 2, 2. Alt. GG);
- Freiheit der Filmberichterstattung (Art. 5 Abs. 1 S. 2, 3. Alt. GG).

a) Schutzbereich

aa) Sachlich

(1) Meinungsfreiheit

Meinungsfreiheit bedeutet, dass jeder frei sagen kann, was er denkt.[1171] Damit sind 614
alle **Werturteile** geschützt, unabhängig davon, ob sie wertvoll oder wertlos, vernünftig oder unvernünftig sind.[1172] Eine Meinungsäußerung ist eine Positionsbeziehung, sie enthält eine Stellungnahme.

Damit unterscheidet sich die Meinungsäußerung von der **Tatsachenbehauptung.** 615
Diese ist eine Äußerung, die dem Beweis zugänglich ist und keine Wertung enthält.

> **Beispiel** zur Abgrenzung von Werturteil und Tatsachenbehauptung: Der Satz „es regnet“ ist eine bloße Tatsachenbehauptung, weil seine Wahrheit oder Unwahrheit objektiv festgestellt werden kann. Der Satz „das Wetter ist schlecht“ ist ein Werturteil.

Die Tatsachenbehauptung ist nach der Rechtsprechung des Bundesverfassungsgerichts[1173] und der h. M. in der Literatur[1174] von Art. 5 Abs. 1 GG geschützt, soweit sie zur Meinungsbildung beitragen kann. Dies sei der Fall bei Tatsachenbehauptungen, die wahr sind oder deren Wahrheit oder Unwahrheit nicht von vornherein feststand

---

1170 Weitergehend *Kokott*, in: *Sachs*, GG, Art. 12a, Rdnr. 21: *Verpflichtung* des Gesetzgebers zur Einrichtung eines Ersatzdienstes; mit Aussetzen der Wehrpflicht zum 01.07.2011 wurde der Zivildienst (als Ersatzdienst) durch den Bundesfreiwilligendienst ersetzt (§ 1 BFWDG) ersetzt.

1171 BVerfGE 61, 1 ff., 7.

1172 BVerfGE 61, 1 ff., 7; BVerfGE 124, 300 ff., 320.

1173 BVerfG NJW 2012, 1273 ff., 1274; BVerfGE 90, 241 ff., 247.

1174 *Bethge*, in: *Sachs*, GG, Art. 5, Rdnr. 27 ff.; *Manssen*, Staatsrecht II, § 16 Rdnr. 397 f.

oder nicht erweislich ist. Bei bewusst oder erwiesen unwahren Tatsachenbehauptungen hingegen sei der Schutzbereich nicht eröffnet.[1175]

Beispiel: Der Gesetzgeber kann das Leugnen des Holocaust unter Strafe stellen (§ 130 StGB), ohne dadurch in den Schutzbereich des Art. 5 Abs. 1 GG einzugreifen.[1176]

Die Herausnahme „erwiesen unwahrer" Tatsachen aus dem Schutzbereich geht allerdings zu weit, wenn der Äußernde von ihrer Unwahrheit nichts weiß. Die Meinungsfreiheit muss auch den Irrtum gestatten.[1177] Zudem erscheint es fragwürdig, dass diese Konstruktion eine staatliche Stelle – das Bundesverfassungsgericht – dazu ermächtigt, Tatsachen als wahr oder unwahr zu qualifizieren.

616 Geschützt ist die **Äußerung** und die **Verbreitung** von Meinungen, d.h. jede friedliche[1178] Art von Artikulation und Übermittlung. Das Grundgesetz nennt in Art. 5 Abs. 1 GG die Äußerung und Verbreitung *„in Wort, Schrift und Bild"*. Diese Aufzählung ist nicht abschließend, vielmehr sind sämtliche Äußerungs- und Verbreitungsformen erfasst, z.B. Gesten, Symbole, Musik und elektronische Übermittlung.[1179] Art. 5 Abs. 1 GG ist zudem anwendbar, wenn versammlungsbezogene Maßnahmen an die vertretenen Meinungen bzw. die Inhalte der Versammlung anknüpfen.[1180]

617 Auch **Werbung** kann in Ausnahmefällen geschützt sein, sofern sie *„einen wertenden, meinungsbildenden Inhalt hat oder Angaben enthält, die der Meinungsbildung dienen"*.[1181]

(2) Informationsfreiheit

618 Die Informationsfreiheit ist das Recht, sich aus *„allgemein zugänglichen Quellen ungehindert zu unterrichten"* (Art. 5 Abs. 1 S. 1 GG). Geschützt sind sowohl die passive Entgegennahme als auch die aktive Beschaffung von Informationen.[1182]

619 Eine **Quelle** ist dabei jeder beliebige Träger von Informationen, schriftlich, mündlich oder bildlich: Zeitungen und Zeitschriften, Bücher, Filme, Hörfunksendungen und dergleichen mehr. Auch das Internet ist eine „Quelle", unabhängig davon, ob die

---

1175 BVerfGE 61, 1 ff., 8; BVerfGE 99, 185 ff., 197; krit. hierzu und m.w.N. *Ipsen*, Staatsrecht II, Rdnr. 415: Die Unterscheidung zwischen Meinungen und Tatsachenmitteilungen ist *„verfehlt"*.

1176 BVerfGE 90, 241 ff., 247 f.; siehe etwa jüngst LG Berlin, Urteil vom 01.04.2022 560 Ns 9/18: 93-jährige Holocaust-Leugnerin *Eva Haverbeck* wegen Volksverhetzung zu einer Haftstrafe von einem Jahr ohne Bewährung verurteilt.

1177 Ebenso *Kingreen/Poscher*, Grundrechte Staatsrecht II, S. 207.

1178 *Bethge*, in: *Sachs*, GG, Art. 5, Rdnr. 35.

1179 *Bethge*, in: *Sachs*, GG, Art. 5, Rdnr. 44 f. Die elektronische Verbreitung von Informationen kann nach hier vertretener Ansicht auch von der Pressefreiheit geschützt sein, vgl. u. Rdnr. 623.

1180 BVerfGE 82, 236 ff., 258; BVerfGE 90, 241 ff., 246; BVerfGE 111, 147 ff., 154 f.

1181 BVerfGE 71, 162 ff., 175; BVerfGE 102, 347 ff., 359 f. – „Benetton"-Werbung.

1182 BVerfGE 27, 71 ff., 82 f.

Daten als Text, als Audiodatei oder als Bild bzw. Film zugänglich sind. Es besteht kein Unterschied zwischen in- und ausländischen Quellen.[1183]

Allgemein zugänglich ist die Quelle, wenn sie *„technisch geeignet und bestimmt ist"*, einen nicht individuell bestimmbaren Personenkreis zu informieren.[1184] Dass die Quelle bestimmten staatlichen Zugangsbeschränkungen unterliegt, nimmt ihr nicht die allgemeine Zugänglichkeit; schließlich soll das Recht auf Informationsfreiheit den Zugriff ja gegen den Staat durchsetzen, so dass die Frage, inwieweit der Zugang staatlich beschränkt ist, nicht den Schutzbereich ausschließt, sondern auf der Schranken- und der Rechtfertigungsebene beantwortet werden muss.[1185] 620

> **Beispiel:** Der staatliche Einzug von abonnierten Zeitungen aus der DDR durch die bundesdeutschen Behörden musste sich am Grundrecht der Informationsfreiheit messen lassen.[1186]

„Allgemein zugänglich" bedeutet dabei nicht, dass jede Information kostenlos verfügbar sein muss.[1187] 621

(3) Pressefreiheit

Art. 5 Abs. 1 S. 2 GG gewährleistet die Pressefreiheit. Die Presse ist gegenüber den „normalen" Meinungsäußernden wegen ihrer *„übersteigende[n] Bedeutung"* für die Meinungsbildung privilegiert;[1188] allerdings ist umstritten, welche Arten der Informationsverbreitung von der Pressefreiheit umfasst sind. 622

Richtigerweise umfasst **Presse** die Herstellung von Druckwerken und Informationsträgern, die zur öffentlichen Verbreitung bestimmt sind und die nicht „Film" oder „Rundfunk" darstellen. Dies sind z. B. Bücher, Zeitungen und Zeitschriften, Plakate, Flugblätter und Handzettel (gedruckte Presse), aber auch Datenträger (CDs, DVDs, Disketten).[1189]

Darüber hinaus können auch **Internet-Publikationen** als „Presse" einzuordnen sein, obwohl sie als reine Datenmenge ihre Leser nicht in verkörpertem Zustand errei- 623

1183 BVerfG NJW 2013, 2180 ff., 2181 – Parabolantenne in Mietwohnung zum Empfang von Sendern in turkmenischer Sprache.

1184 BVerfGE 27, 71 ff., 83.

1185 Vgl. BVerfGE 27, 71 ff., 84 f; BVerfGE 90, 27 ff., 32; ebenso *Ipsen*, Staatsrecht II, Rdnr. 430; a. A. noch *Dürig*, AöR 81 (1956), 139: Die Allgemeinzugänglichkeit ergibt sich aus den bestehenden Vorschriften – dies wird aber, soweit erkennbar, von niemandem mehr vertreten.

1186 BVerfGE 27, 71 ff., 82 ff.

1187 BVerwGE 29, 214 ff., 218; *Wendt*, in: *v. Münch/Kunig*, Art. 5, Rdnr. 56.

1188 BVerfGE 85, 1 ff., 12.

1189 *Bethge*, in: *Sachs*, GG, Art. 5, Rdnr. 68; *Schemmer*, in: *Epping/Hillgruber*, GG, Art. 5, Rdnr. 42 f.; a. A. *Manssen*, Staatsrecht II, § 16, Rdnr. 414; *Ipsen*, Staatsrecht II, Rdnr. 444: nur Druckerzeugnisse.

chen und daher weder „Druckwerke“ noch „Informationsträger“ darstellen. Dies lässt sich aus der Rechtsprechung des Bundesverfassungsgerichts ableiten, das verschiedentlich von den „Medien“ als Schutzadressaten der Pressefreiheit spricht.[1190] Auf eine physische „Press“-Arbeit kommt es bei Art. 5 Abs. 1 S. 2 GG daher nicht an. Dabei ist es ebenso wie beim Flugblatt[1191] unerheblich, welche Reichweite eine Webseite erlangt hat. Diese Erkenntnis wird bestätigt durch die Schutzrichtung der Pressefreiheit: Privilegiert wird die öffentliche Meinungsbildung durch die Verbreitung von Informationen an einen unbegrenzt großen Empfängerkreis.[1192] Dass nunmehr dank des technologischen Fortschritts jedermann diesen Empfängerkreis erreichen kann, lässt die Notwendigkeit des Schutzes nicht entfallen. Zudem wäre das Bundesverfassungsgericht damit überfordert, die Online-Landschaft in „Qualitätspresse“ und „irrelevante Publikationen“ einzuteilen. Internet-Publikationen sind also geschützt, wenn sie, z. B. im WWW, an einen unbegrenzten Personenkreis gerichtet sind. Begrenzt sichtbare Äußerungen in Internetanwendungen wie Newsgroups und E-Mail gehören hingegen nicht zur Presse.

624 Die Presse ist umfassend geschützt *„von der Beschaffung der Information bis zur Verbreitung der Nachrichten und Meinungen“*.[1193] Geschützt sind auch das Vertraulichkeitsverhältnis zwischen Medien und Informanten und die Vertraulichkeit der Redaktionsarbeit.[1194]

Beispiel: Eine Durchsuchung von Redaktionsräumen ist unzulässig, wenn sie nur dem Zweck dient, einen Informanten ausfindig zu machen.[1195]

625 Der Schutz der Pressefreiheit umfasst nicht einzelne Äußerungen in den Medien. Diese sind von der **Meinungsfreiheit** geschützt.[1196] Die Pressefreiheit schützt in diesen Fällen aber wiederum jene, die an der Erstellung dieses Mediums beteiligt sind.[1197]

(4) Rundfunkfreiheit

626 Der Begriff „**Rundfunk**“ ist schwierig zu definieren. Nach dem Rundfunkstaatsvertrag umfasst er *„die für die Allgemeinheit und zum zeitgleichen Empfang bestimmte Veranstaltung und Verbreitung von Angeboten in Bewegtbild oder Ton entlang eines Sendeplans unter Benutzung elektromagnetischer Schwingungen“*

1190 BVerfGE 117, 244 ff., 258 – „Cicero“.
1191 BVerfGE 85, 1 ff., 13.
1192 In dieser Richtung auch *Bethge*, in: *Sachs*, GG, Art. 5, Rdnr. 45.
1193 BVerfGE 117, 244 ff., 259; BVerfG NJW 2005, 965 f., 965; BVerfGE 77, 65 ff., 74, st. Rspr.
1194 BVerfGE 117, 244 ff., 266 f.
1195 BVerfGE 117, 244 ff., 265 – „Cicero“; BVerfGE 20, 162 ff., 186 ff. – „SPIEGEL“.
1196 BVerfGE 85, 1 ff., 12.
1197 BVerfGE 102, 347 ff., 358 f.

(§ 2 Abs. 1 S. 1 RStV).[1198] Diese Definition kann allerdings für das Verfassungsrecht nicht vollständig nutzbar gemacht werden. Während der Rundfunkstaatsvertrag die **Telemedien** ausdrücklich einem anderen Rechtsregime unterwirft (vgl. §§ 2 Abs. 1 S. 3, 54 ff. RStV), sind sie nach h. M. verfassungsrechtlich zum Teil dem Rundfunk zuzuordnen.[1199] Der Rundfunkbegriff ist gegenüber neuen Technologien offen.[1200]

Die Rundfunkfreiheit ist nach der Rechtsprechung des Bundesverfassungsgerichts vorrangig eine **objektiv-rechtliche Gewährleistung** und gewährt erst in zweiter Linie ein subjektives Recht.[1201] Nach der Rechtsprechung des Bundesverfassungsgerichts enthält die Rundfunkfreiheit vor allem den Auftrag an den Staat, einen öffentlich-rechtlichen Rundfunk zu unterhalten, um eine „**Grundversorgung**" mit Rundfunkangeboten zu gewährleisten.[1202] Dies ist angesichts der neuen technischen Möglichkeiten, auch mit geringem Aufwand einen eigenen TV-Sender zu betreiben, nicht mehr zeitgerecht. Das hat auch das Bundesverfassungsgericht erkannt und zuletzt die Legitimität des öffentlich-rechtlichen Rundfunks nicht mehr mit den fehlenden technischen Möglichkeiten, sondern damit begründet, dass der Rundfunk wegen seiner *„besondere[n] ökonomische[n] Eigenschaften"* nicht dem Markt überlassen werden dürfe, ansonsten bestünden *„Risiken einseitiger publizistischer Betätigung"*.[1203] Auch dies überzeugt nicht, denn dieses Risiko besteht bei anderen Medien (z. B. bei der gedruckten Presse) auch, ohne dass ein öffentlich-rechtliches Zeitungswesen erforderlich wäre.

Als **Abwehrrecht** entspricht die Rundfunkfreiheit in ihrer Reichweite der Pressefreiheit. Sie schützt die Rundfunktätigkeit umfassend *„von der Beschaffung der Information bis zur Verbreitung der Nachrichten und Meinungen"*.[1204]

(5) Freiheit der Filmberichterstattung

Die Freiheit der **Filmberichterstattung** betrifft Filme, die nicht gesendet, sondern 627
einem Publikum vorgeführt werden.[1205] Da die vorrangige Kunstfreiheit die meisten Filme umfassend schützt, sofern sie einen künstlerischen Wert aufweisen, spielt die Filmfreiheit vor allem bei *„berichterstattenden"*[1206] Filmen sowie bei Werbespots eine Rolle.

1198 Rundfunkstaatsvertrag i. d. F. d. 15. RÄStV v. 15.12.2010.

1199 *Schemmer*, in: *Epping/Hillgruber*, GG, Art. 5, Rdnr. 66 ff.; *Manssen*, Staatsrecht II, § 16, Rdnr. 422; *Hufen*, Staatsrecht II, § 28, Rdnr. 5 f.

1200 *Hufen*, Staatsrecht II, § 28, Rdnr. 38.

1201 BVerfGE 57, 295 ff., 320; krit. hierzu *Ipsen*, Staatsrecht II, Rdnr. 455 ff.

1202 BVerfGE 12, 205 ff., 261; BVerfGE 57, 295 ff., 322 f. Zur Zusammensetzung der Aufsichtsgremien siehe BVerfG NVwZ 2014, 867 ff., 869 ff. – ZDF-Staatsvertrag sowie *Starck*, JZ 2014, 552 ff.

1203 BVerfGE 119, 181 ff., 216.

1204 BVerfGE 77, 65 ff., 74.

1205 *Manssen*, Staatsrecht II, § 16, Rdnr. 435.

1206 *Manssen*, Staatsrecht II, § 16, Rdnr. 436; *Ipsen*, Staatsrecht II, Rdnr. 462.

bb) Persönlich

628 Von den genannten Grundrechten geschützt sind alle natürlichen Personen und inländische juristische Personen (Art. 19 Abs. 3 GG), soweit sie Meinungen bilden oder verbreiten oder Teil der Medien sind. So können Verlage, private Rundfunksender, aber auch andere Unternehmen geschützt sein.

Die **Rundfunkfreiheit** schützt nach der Rechtsprechung des Bundesverfassungsgerichts die öffentlich-rechtlichen Rundfunkanstalten[1207] sowie auch private Rundfunkbetreiber,[1208] nicht aber die Konsumenten.[1209]

b) Schrankenbereich

629 Art. 5 Abs. 2 GG enthält drei spezielle Schrankenvorbehalte für Art. 5 Abs. 1 GG, nämlich

- die allgemeinen Gesetze,
- die gesetzlichen Bestimmungen zum Schutz der Jugend und
- das Recht der persönlichen Ehre.

630 **Allgemeine Gesetze** sind dabei jene Gesetze, die sich nicht gegen eine bestimmte Meinung richten, sondern dem Schutz eines ohne Rücksicht auf eine bestimmte Meinung zu schützenden Rechtsgutes (eines Gemeinschaftswerts) dienen.[1210] Hierunter fallen z. B. die Strafgesetze (z. B. §§ 185 ff. StGB), die Gesetze zum Schutz der öffentlichen Sicherheit und Ordnung und die Vorschriften des Bürgerlichen Rechts. Ein Gesetz, das die Verbreitung einer bestimmten Meinung verbietet, wäre keine zulässige Schranke und deshalb verfassungswidrig.

630a Das Bundesverfassungsgericht hat eine **Ausnahme** gemacht für Gesetze, *„die der propagandistischen Gutheißung des nationalsozialistischen Regimes in den Jahren zwischen 1933 und 1945 Grenzen setzen“*. Diese könnten auch als nicht-allgemeine Gesetze verfassungsgemäß sein. Diese Einschränkung sei Art. 5 Abs. 1 GG *„immanent“* angesichts *„des sich allgemeinen Kategorien entziehenden Unrechts und des Schreckens, die die nationalsozialistische Herrschaft über Europa und weite Teile der Welt gebracht hat, und der als Gegenentwurf hierzu verstandenen Entstehung der Bundesrepublik Deutschland“*.[1211] Daher sei § 130 Abs. 4 StGB verfassungsgemäß. Diese Entscheidung ist ausgesprochen fragwürdig. Auch wenn man das Urteil aus rechtspolitischer Sicht gutheißen mag: Die Konstruktion „immanenter“ Grund-

1207 BVerfGE 119, 181 ff., 211; BVerfGE 107, 299 ff., 309 f., st. Rspr. seit BVerfGE 31, 314 ff., 321 f.

1208 Vgl. BVerfG DVBl. 2009, 120 ff. (Einstweilige Verfügung auf Antrag des Fernsehsenders „N24“, allerdings erfolglos).

1209 *Hufen*, Staatsrecht II, § 28, Rdnr. 15.

1210 BVerfGE 7, 198 ff., 209 f.

1211 BVerfGE 124, 300 ff., 327 ff.

rechtseinschränkungen jenseits des Wortlautes eröffnet einer politisch genehmen Verfassungsauslegung Tür und Tor.[1212]

Das **Recht der persönlichen Ehre** und der **Jugendschutz** sind verfassungsmäßige Rechte, die außerdem als Grundrechtsschranken zu beachten sind (siehe oben Rdnr. 545). Ihre gesonderte Nennung in Art. 5 Abs. 2 GG ist allerdings nicht bloß deklaratorisch, sondern ein Hinweis darauf, dass ein Gesetz, das diese Rechte schützt, kein „allgemeines Gesetz" sein muss.[1213] 631

Eine weitere Schranke enthält Art. 17a Abs. 1 GG, der für **Wehr- oder Ersatzdienstleistende** eine zusätzliche Möglichkeit zur Einschränkung der Meinungsfreiheit vorsieht.[1214] 632

c) Verfassungsrechtliche Grenzen der Schranken

aa) Verhältnismäßigkeit

Wer eine **Tatsache** behauptet, die vom Schutzbereich des Art. 5 Abs. 1 GG umfasst ist, besitzt nach der Rechtsprechung des Bundesverfassungsgerichts[1215] eine Sorgfaltspflicht zur Überprüfung, ob diese Tatsache wahr ist. Der Umfang der Sorgfaltspflicht sei abgestuft *„nach den jeweils gegebenen Aufklärungsmöglichkeiten"*; für Medien sei sie strenger als für Privatleute. Das Ausmaß der Sorgfaltspflichtverletzung sei bei der Abwägung zwischen der Meinungsfreiheit und anderen Rechtsgütern zu berücksichtigen. Die Wahrheitspflicht dürfe aber wegen der Bedeutung der Meinungsfreiheit für den *„freie[n] Kommunikationsprozess"* nicht überspannt werden. 632a

Die Meinungsfreiheit steht nicht unter einem **generellen Abwägungsvorbehalt:** Eine Meinung darf nicht allein deshalb beschränkt werden, weil sie wertlos oder gefährlich ist. Eingriffe in die Meinungsfreiheit sind nicht legitim, wenn sie bezwecken, *„Schutzmaßnahmen gegenüber rein geistig bleibenden Wirkungen von bestimmten Meinungsäußerungen"* zu treffen.[1216] 632b

1212 Zu dieser Entscheidung *Degenhart*, JZ 2010, 306 ff.; *Hörnle*, JZ 2010, 310 ff.; *Lepsius*, Jura 2010, 527 ff.; *Volkmann*, NJW 2010, 417 ff.

1213 *Ipsen*, Staatsrecht II, Rdnr. 472 f.

1214 *Gärditz*, in: *Dürig/Herzog/Scholz*, GG, Art. 5, Rdnr. 31; *Schmidt-Radefeldt*, in: *Epping/Hillgruber*, GG, Art. 17a, Rdnr. 11 ff.

1215 BVerfG NJW 2004, 589 f., 589.

1216 BVerfGE 124, 300 ff., 332.

(1) Allgemeines Persönlichkeitsrecht

633 Die Meinungsfreiheit gerät insbesondere in Konflikt mit dem **allgemeinen Persönlichkeitsrecht.** Die Verfassung schützt die Objekte von Meinungsäußerung und Berichterstattung vor **verfälschender oder entstellender Darstellung** sowohl in Wort wie in Bild. Dabei reicht der Schutz vor Wort- und Bildberichterstattung unterschiedlich weit.[1217]

Beispiele: Nicht gestattet sind unrichtige Zitate, untergeschobene Äußerungen und gefälschte Interviews[1218] sowie falsche Tatsachenbehauptungen, sofern sie für die Persönlichkeit bedeutsam sind, wie z. B. die Erklärung, jemand sei Mitglied der Scientology-Gruppe.[1219]

Wahre Aussagen müssen dabei grundsätzlich hingenommen werden; nur in bestimmten Fällen kann die Abwägung zugunsten des Persönlichkeitsrechts ausfallen. Bei Eingriffen in die Intim- und Privatsphäre ist dies der Fall, wenn die Aussage sich nicht durch ein berechtigtes Interesse der Öffentlichkeit rechtfertigen lässt.[1220] Ist nur die **Sozialsphäre** getroffen, obsiegt das Persönlichkeitsrecht nur dann, wenn ein Persönlichkeitsschaden zu befürchten ist, *„der außer Verhältnis zu dem Interesse an der Verbreitung der Wahrheit steht"*.[1221]

634 Im Verhältnis zum **Ehrschutz** muss die Meinungsfreiheit dann zurücktreten, wenn es um herabsetzende Äußerungen geht, die eine Schmähkritik oder eine Formalbeleidigung darstellen.[1222] Der Begriff der Schmähkritik ist allerdings eng auszulegen – eine solche liegt nur dann vor, wenn nicht mehr die Auseinandersetzung in der Sache, sondern die Diffamierung der Person im Vordergrund steht.[1223] Unterhalb dieser Schwelle kommt es auf die Abwägung im Einzelfall an. Eine Rolle spielt auch, inwieweit der Herabgesetzte seinerseits am Prozess öffentlicher Meinungsbildung teilgenommen und sich dabei scharf geäußert hat (*„Recht zum Gegenschlag"*[1224]) oder ob er wegen seiner besonderen Stellung schärfere Kritik hinzunehmen hat.

Beispiele: Als zulässig wurde angesehen die Bezeichnung eines verstorbenen Politikers als *„Zwangsdemokrat"*[1225] sowie die Bezeichnung der CSU als *„NPD Europas"* im Wahlkampf.[1226] Unzulässig war die Bezeichnung eines Arztes als *„Mengele des DDR-Dopings"*.[1227] Ob der Ausruf *„Diese Ver-*

1217 BVerfG DVBl. 2010, 1499 ff.
1218 BVerfGE 54, 148 ff., 155.
1219 BVerfGE 99, 185 ff., 194 f.
1220 BVerfGE 99, 185 ff., 196 f.
1221 BVerfG JA 2010, 759 f. – im konkreten Fall verneint für Flugblätter, auf denen ein Arzt *„rechtswidriger Abtreibungen"* beschuldigt wurde.
1222 BVerfG NJW 2008, 358 ff., 359; BVerfGE 99, 185 ff., 196; BVerfGE 93, 266 ff., 294.
1223 BVerfG NJW 2014, 3357 f.; BVerfG NJW 2009, 3016 ff., 3018; BVerfGE 82, 272 ff., 284.
1224 Begriff u. a. bei *Hufen*, Staatsrecht II, § 25, Rdnr. 35 f.; siehe auch BVerfGE 54, 129 ff., 138.
1225 BVerfGE 82, 272 ff., 280 ff.
1226 BVerfGE 61, 1 ff., 7 ff.
1227 BVerfG NJW 2006, 3266.

handlung ist eine Farce!" eine Beleidigung des Gerichts darstellt oder noch zulässig ist, hängt von den näheren Umständen ab;[1228] ebenso verhält es sich bei der Bezeichnung eines Verkehrspolizisten als „*Wegelagerer*".[1229]

Auch **Kollektivbeleidigungen** können die persönliche Ehre verletzen, allerdings ist das Schutzbedürfnis umso schwächer, je größer das beleidigte Kollektiv ist. Die Aussage „*Soldaten sind Mörder*" ist daher von der Meinungsfreiheit noch gedeckt.[1230] 635

Einschränkungen des Ehrschutzes müssen angesichts der Bedeutung der Meinungsfreiheit im Einzelfall in Kauf genommen werden, so das Bundesverfassungsgericht: 636

> „*Die Spontanität freier Rede [...] ist Voraussetzung der Kraft und der Vielfalt der öffentlichen Diskussion, die ihrerseits Grundbedingung eines freiheitlichen Gemeinwesens ist. Soll diese Kraft und Vielfalt generell erhalten bleiben, dann müssen im Einzelfall Schärfen und Übersteigerungen des öffentlichen Meinungskampfes oder ein Gebrauch der Meinungsfreiheit in Kauf genommen werden, der zu sachgemäßer Meinungsbildung nichts beitragen kann [...]. Die Befürchtung, wegen einer wertenden Äußerung einschneidenden gerichtlichen Sanktionen ausgesetzt zu werden, trägt die Gefahr in sich, jene Diskussion zu lähmen oder einzuengen und damit Wirkungen herbeizuführen, die der Funktion der Freiheit der Meinungsäußerung in der durch das Grundgesetz konstituierten Ordnung zuwiderlaufen [...]*".[1231]

Die hohe Stellung der Meinungsfreiheit in der Rechtsprechung des Bundesverfassungsgerichts ist verschiedentlich als **zu weitgehend** kritisiert worden.[1232] Sie ist jedoch notwendig für eine freie Rede – für den eigenen Ehrschutz hingegen kann jeder selbst sorgen. Der Bürger des Grundgesetzes ist ein freier und mündiger Bürger. Er kann sich selbst wehren, z. B. durch Gegenrede, wenn er diffamiert wird. Es ist auch nicht notwendig, Dritte davor zu schützen, dass sie zweifelhafte Dinge über andere Personen zu hören bekommen: Wer Ehrverletzendes zu Lasten Anderer zu hören, sehen oder lesen bekommt, kann den Wahrheitsgehalt selbst überprüfen. Scharfe Kritik an der Grenze zur Schmähung ist zudem nicht immer ein besonders taugliches Mittel, um in der öffentlichen Diskussion zu überzeugen; insofern regelt sich die Meinungsöffentlichkeit zum Teil selbst. Dort, wo ein ungleiches Verhältnis zwischen dem Meinungsäußerer und dem Betroffenen besteht, z. B. wenn sich eine große Zeitung äußert, ist das Gegendarstellungsrecht[1233] das taugliche Mittel, um sich gegen ehrverletzende Behauptungen zu wehren.

1228 BVerfG NJW 2007, 2839 f.

1229 BayObLG NJW 2005, 1291 ff., 1291 f. Ebenso BVerfG NJW 2009, 3016 ff. für „*Durchgeknallter Staatsanwalt*"; BVerfG NJW 2009, 749 f. für „*Dummschwätzer*".

1230 BVerfGE 93, 266 ff., 301 ff.

1231 BVerfGE 54, 129 ff., 139.

1232 *Kriele*, NJW 1994, 1897 ff., 1898 f.; *Sendler*, NJW 1993, 2157 f.; *Kiesel*, NVwZ 1992, 1129 ff., 1133; *Schmitt Glaeser*, NJW 1996, 873 ff.

1233 Hierzu BVerfG NJW 2008, 1654 ff.; BVerfGE 63, 131 ff., 142.

637 Der Schutz **mehrdeutiger Aussagen** hängt davon ab, ob es um zukünftig zu unterlassende oder um bereits getätigte Aussagen geht. Einer auf **künftige Unterlassung** einer mehrdeutigen Aussage gerichteten Klage ist stattzugeben, wenn bei Zugrundelegung *„einer nicht fern liegenden Deutungsvariante"* das allgemeine Persönlichkeitsrecht gegenüber der Meinungsfreiheit überwiegt;[1234] erforderlich ist aber, dass die Aussage überhaupt als aussagekräftige Tatsachenbehauptung wahrgenommen werden kann.[1235] Bei einer **straf- oder zivilgerichtlichen Verurteilung** wegen einer bereits getätigten mehrdeutigen Aussage ist die Meinungsfreiheit dann verletzt, wenn das Gericht *„die zu einer Verurteilung führende Bedeutung zugrunde legt"*, ohne vorher andere Deutungen nachvollziehbar ausgeschlossen zu haben.[1236] Dass es bei der Auslegung der mehrdeutigen Aussage auf das *„Verständnis eines unvoreingenommenen und verständigen Durchschnittspublikums"* ankommen soll,[1237] verdient Kritik. Die Meinungsfreiheit soll gerade nicht nur mehrheitsfähige Aussagen schützen. Auch unüberlegte, übersteigerte und ungerechte Äußerungen müssen in einer freien Gesellschaft sanktionslos möglich sein.

638 Der Schutz der Persönlichkeit von **Minderjährigen** in der Berichterstattung wird durch Art. 6 Abs. 1 GG zu Lasten der Pressefreiheit verstärkt, wenn die Berichterstattung die spezifisch elterliche Hinwendung zu den Kindern zum Gegenstand hat.[1238]

639 Für die Abwägung zwischen Persönlichkeitsrecht und Meinungsfreiheit wird gelegentlich der Begriff **„Wechselwirkungslehre"** verwendet.[1239] Diese bezieht sich auf die Feststellung des Bundesverfassungsgerichts:

> *„Die gegenseitige Beziehung zwischen Grundrecht und ‚allgemeinem Gesetz' ist also nicht als einseitige Beschränkung der Geltungskraft des Grundrechts durch die ‚allgemeinen Gesetze' aufzufassen; es findet vielmehr eine Wechselwirkung in dem Sinne statt, daß die ‚allgemeinen Gesetze' zwar dem Wortlaut nach dem Grundrecht Schranken setzen, ihrerseits aber aus der Erkenntnis der wertsetzenden Bedeutung dieses Grundrechts im freiheitlichen demokratischen Staat ausgelegt und so in ihrer das Grundrecht begrenzenden Wirkung selbst wieder eingeschränkt werden müssen."*[1240]

Diese „Wechselwirkung" ist jedoch keine Spezialität der Meinungsfreiheit; vielmehr müssen alle verfassungsrechtlichen Rechtsgüter gegeneinander abgewogen werden.

1234 BVerfGE 114, 339 ff., 350 – „IM Sekretär".

1235 Verneint für „Gen-Milch" in BVerfG, NJW 2010, 3501 f.

1236 BVerfG NJW 2008, 1654 ff., 1655; s. auch BVerfGE 86, 1 ff., 11 f.

1237 BVerfGE 114, 339 ff., 348; hierzu zu Recht krit. *Seelmann-Eggebrecht*, AfP 2007, 86 ff.

1238 BVerfG NJW 2000, 1021 ff., 1023 – *„Caroline"*. Zu Minderjährigen s. auch den Übungsfall von *Bäcker*, JuS 2013, 522 ff.

1239 *Manssen*, Staatsrecht II, § 16, Rdnr. 448 f.

1240 BVerfGE 7, 198 ff., 208 f.; BVerfGE 71, 206 ff., 214; BVerfGE 124, 300 ff., 331 f.; BVerfG NJW 2012, 1273 ff., 1275.

Insofern findet immer eine „Wechselwirkung“ statt. Der Begriff vermag inhaltlich nichts zur Rechtsfindung beizutragen.[1241]

(2) Bedeutung der Meinungsfreiheit für die politische Willensbildung

Bei der Prüfung, ob ein Eingriff in die Meinungsfreiheit verhältnismäßig ist, muss 640
die besondere Bedeutung dieses Grundrechts für das Funktionieren der Demokratie berücksichtigt werden. Wo das Volk als Souverän die grundlegenden Entscheidungen trifft, ist es wichtig, dass jeder Einzelne sich ungehindert am Prozess der **politischen Willensbildung** beteiligen kann.

Diese Einschätzung liegt auch der Rechtsprechung des Bundesverfassungsgerichts 641
zugrunde.[1242] In einer ausführlicheren Auseinandersetzung mit dieser Frage hat das Gericht erklärt:

> *„Wird von dem Grundrecht nicht zum Zwecke privater Auseinandersetzung Gebrauch gemacht, sondern will der Äußernde in erster Linie zur Bildung der öffentlichen Meinung beitragen, dann sind Auswirkungen seiner Äußerung auf den Rechtskreis Dritter zwar unvermeidliche Folge, nicht aber eigentliches Ziel der Äußerung. Der Schutz des betroffenen Rechtsguts kann und muß um so mehr zurücktreten, je weniger es sich um eine unmittelbar gegen dieses Rechtsgut gerichtete Äußerung im privaten, namentlich im wirtschaftlichen Verkehr und in Verfolgung eigennütziger Ziele handelt, sondern um einen Beitrag zum geistigen Meinungskampf in einer die Öffentlichkeit wesentlich berührenden Frage durch einen dazu Legitimierten; hier spricht die Vermutung für die Zulässigkeit der freien Rede (BVerfGE 7, 198 [212]), weil sonst die Meinungsfreiheit, die Voraussetzung eines freien und offenen politischen Prozesses ist, in ihrem Kern betroffen wäre.“*[1243]

Diese Rechtsprechung verdient im Grundsatz Zustimmung, im Einzelnen einige Kritik. Die Bedeutung der Meinungsfreiheit für den politischen Prozess ist hier zu Recht hervorgehoben, die Unterscheidung von „politisch bedeutsamen“ und „unbedeutenden“ Meinungen ist jedoch bedenklich. Das Bundesverfassungsgericht beansprucht eine **inhaltliche Bewertung** der Äußerung sowohl in persönlicher („ein Legitimierter“) als auch in sachlicher Hinsicht („die Öffentlichkeit wesentlich berührende Frage“). Darüber hinaus will es **innere Umstände** bewerten: „Eigennützige“ Äußerungen sollen weniger schützenswert sein. Dies ist verfehlt. Für die Stärke des Grundrechts auf Meinungsfreiheit darf es auf diese Umstände nicht ankommen, denn in einem demokratischen Staat ist jedermann gleichermaßen legitimiert, seine Meinung zu äußern. Was die Öffentlichkeit wesentlich bewegt, ergibt sich bei jedem Einzelnen daraus, worüber er tatsächlich redet, und ist vermutlich nicht deckungsgleich mit dem, was die Verfassungsrichter wesentlich bewegt. Einer inhaltlichen Nachprüfung durch die Gerichte sollte dies nicht zugänglich sein, ganz gleich, ob es sich dabei um grundsätzliche politische Fragen, um Details aus dem

1241 Ähnlich *Ipsen*, Staatsrecht II, Rdnr. 488: *„Frühform des Übermaßverbots“.*

1242 BVerfG NJW 2007, 2391 ff., 2393; BVerfGE 107, 275 ff., 291; BVerfGE 7, 198 ff., 208.

1243 BVerfGE 61, 1 ff., 11.

Privatleben eines Politikers oder um die Verfehlungen von Filmschauspielerinnen handelt.[1244] Und schließlich: Eigennutz und Gemeinnutz sind leicht unterstellt oder beansprucht, ohne dass sich daraus das Maß an Legitimität der Meinungsäußerung ableiten ließe. Richtigerweise ist daher die Meinungsfreiheit in der Abwägung mit anderen Grundrechten stets gleich hoch zu bewerten, unabhängig vom Inhalt der getroffenen Aussage.

Beispiel: Unternehmerin A vertritt den Standpunkt, bestimmte steuerliche Abschreibungsmöglichkeiten für Unternehmen müssten beibehalten werden, weil sie ansonsten Verluste für ihr Unternehmen befürchtet. Sozialpolitiker B ist für eine Abschaffung dieser Abschreibungsmöglichkeiten; er möchte mit dem eingesparten Geld ein Sozialprogramm für alleinerziehende Mütter auflegen. In einer Diskussion geraten A und B lautstark aneinander. Es ist nicht zu erkennen, woraus sich hier ein unterschiedliches Gewicht der Meinungsfreiheit ableiten ließe.

bb) Zensurverbot

642 Neben den allgemeinen Grundsätzen für die Bestimmung der verfassungsrechtlichen Grenzen von Grundrechtsschranken (oben Rdnr. 549 ff.) enthält Art. 5 Abs. 1 S. 3 GG mit dem **Zensurverbot** eine besondere „Schranken-Schranke". Dieses Verbot (genauer: Verbot der Vor- oder Präventivzensur) besagt, dass eine Meinung in keinem Fall[1245] vor ihrer ersten Äußerung oder Verbreitung untersagt werden darf, z. B. durch das Erfordernis behördlicher Genehmigungen. Eine „Nachzensur", also eine Untersagung nach der Meinungsäußerung ist hingegen – bei Beachtung der Schranken des Art. 5 Abs. 1 GG und ihrer Grenzen im Übrigen – zulässig.[1246]

9. Kunstfreiheit (Art. 5 Abs. 3 S. 1, 1. Alt. GG)

a) Schutzbereich

aa) Sachlich

643 Das Bundesverfassungsgericht verwendet einen **„offenen" Kunstbegriff**. Es sei unmöglich, Kunst generell zu definieren oder ihre Grenzen zu bestimmen, da das Streben der Künstler, die Grenzen der Kunst zu erweitern („Avantgarde"), respektiert werden müsse.[1247] Die Kunstfreiheit verbiete dem Staat, auf Methoden, Inhalte und Tendenzen der künstlerischen Tätigkeit einzuwirken.[1248] Gleichwohl hat das Bun-

1244 Die *„gesellschaftliche[n] Funktionen"* der Unterhaltung und ihre Bedeutung für die Pressefreiheit anerkennend hingegen BVerfG NJW 2000, 1021 ff., 1024.

1245 Unzutreffend insofern *Manssen*, Staatsrecht II, § 16, Rdnr. 454 f., der das Zensurverbot gegenüber kollidierendem Verfassungsrecht nicht gelten lassen will.

1246 Ausf. BVerfGE 33, 52 ff., 71 ff.

1247 BVerfGE 67, 213 ff., 224 f.

1248 BVerfGE 30, 173 ff., 190.

desverfassungsgericht Regeln aufgestellt, die als Anhaltspunkte für die Bestimmung von Kunst im Einzelfall dienen können.[1249]

Das Wesentliche der künstlerischen Betätigung ist nach der Rechtsprechung des Bundesverfassungsgerichts die freie schöpferische Gestaltung, in welcher der Künstler Eindrücke, Erfahrungen und Erlebnisse durch das Medium einer bestimmten Formensprache zu unmittelbarer Anschauung bringt (**materialer Kunstbegriff**).[1250] 644

Hilfsweise verwendet das Bundesverfassungsgericht einen **„formalen" Kunstbegriff**, 645 demzufolge Kunst ist, was einer bestimmten Kunstgattung angehört (Malerei, Musik, Lyrik).[1251] Dabei stellt das Gericht unter anderem auf die Kunsttradition ab.[1252] Angesichts der Bemühungen der Kunst um Avantgarde sowie neuer Techniken darf allerdings die Nichtzugehörigkeit zu einer dieser Gattungen nicht zum Ausschluss aus dem Schutzbereich führen.

> **Beispiel:** Auch Computerspiele können Kunstwerke sein.[1253]

Ein weiteres Merkmal zur Kunstbestimmung ist der **„mannigfaltige Aussagegehalt"**, 646 an dem man ein Kunstwerk erkennen kann. Nach diesem Ansatz ist eine Darstellung Kunst, wenn sie es ermöglicht, ihr *„im Wege einer fortgesetzten Interpretation immer weiterreichende Bedeutungen zu entnehmen, so daß sich eine praktisch unerschöpfliche, vielstufige Informationsvermittlung ergibt"*.[1254] Das Bundesverfassungsgericht hat allerdings offengelassen, ob diese Definition entscheidend für die Kunstbestimmung sein kann.[1255] An diese vielfältige Interpretationsmöglichkeit als Voraussetzung für die Eröffnung des Schutzbereichs von Art. 5 Abs. 3 GG sind ohnehin keine übermäßig hohen Anforderungen zu stellen – dies liefe auf eine unzulässige Inhaltskontrolle[1256] hinaus.

> **Beispiele:** Auch ein pornografischer Roman,[1257] eine Karikatur, die einen Politiker als kopulierendes Schwein zeigt,[1258] oder eine Abbildung eines Soldaten, der auf die Bundesflagge uriniert,[1259] können Kunstwerke sein.

1249 Hierzu auch *Zöbeley*, NJW 1998, 1372 f.
1250 BVerfGE 30, 173 ff., 188 f.; BVerfGE 75, 369 ff., 377; BVerfGE 119, 1 ff., 20 f.
1251 BVerfGE 67, 213 ff., 226 f.
1252 BVerfGE 67, 213 ff., 226 f.
1253 *B. Küchenhoff*, NJ 2007, 337 ff., 338 ff.
1254 BVerfGE 67, 213 ff., 226 f.
1255 BVerfGE 67, 213 ff., 227.
1256 BVerfGE 83, 130 ff., 139.
1257 BVerfGE 83, 130 ff., 139 – *„Josefine Mutzenbacher"*.
1258 BVerfGE 75, 269 ff., 377; krit. hierzu *Ipsen*, Staatsrecht II, Rdnr. 522 f.: Art. 5 Abs. 1 GG hätte angewendet werden müssen.
1259 BVerfGE 81, 278 ff., 291.

647 Auf das **künstlerische Selbstverständnis** kommt es nicht entscheidend an, es besitzt aber zumindest Indizwirkung.[1260]

648 Eine Grenze findet die Kunst bei vorwiegend **technischen Tätigkeiten**, auch wenn sie sich künstlerischen Sphären nähern.

Beispiele: Keine Kunst ist die Arbeit des Klavierstimmers, Restaurators oder Zauberkünstlers.[1261]

649 Ob **Satire** Kunst oder bloße Meinungsäußerung ist, hängt vom Einzelfall, insbesondere von den bereits erwähnten Maßstäben ab: *„Satire kann Kunst sein; nicht jede Satire ist jedoch Kunst."*[1262]

Beispiele: Die Ergänzung eines Politikerfotos um Sprechblasen, die ihm ehrverletzende Behauptungen in den Mund legen, unterfällt nicht dem Schutzbereich der Kunstfreiheit.[1263] Kennzeichen verfassungswidriger Organisationen können der Kunstfreiheit unterfallen, wenn sie erkennbar satirisch verwendet werden.[1264]

650 Sachbücher, Dokumentarfilme und vergleichbare **Darstellungen der Realität** sind in der Regel nicht von der Kunstfreiheit geschützt, es sei denn, sie stellen ihr Sujet in künstlerische Beziehungen, bei denen *„nicht die Realitätsthematik, sondern das künstlerische Gebot der anschaulichen Gestaltung im Vordergrund steht"*.[1265]

651 Geschützt sind Werkbereich und Wirkbereich der Kunst. Der **Werkbereich** bezeichnet die eigentliche künstlerische Betätigung; der **Wirkbereich** umfasst die Darbietung und Verbreitung des Kunstwerks.[1266] Nicht von Art. 5 Abs. 3 GG, sondern von Art. 14 Abs. 1 GG geschützt ist das **Urheberrecht** des Künstlers.[1267]

bb) Persönlich

652 Geschützt sind alle kunstschaffenden natürlichen und juristischen Personen (z. B. Orchester, Ensembles) in ihrem Werk- und Wirkbereich, außerdem natürliche und

1260 *Bethge*, in: *Sachs*, GG, Art. 5, Rdnr. 184.
1261 Nachweise bei *Hufen*, Staatsrecht II, § 33, Rdnr. 21.
1262 BVerfGE 86, 1 ff., 9.
1263 BVerfG NJW 2002, 3767 f.
1264 AG Kassel NJW 2014, 801 ff. (*Jonathan Meese*); vgl. hierzu *Hufen*, JuS 2014, 855 ff.
1265 OLG Hamburg NJW-RR 2007, 1268 ff. – bejaht für den „Contergan"-Fernsehfilm, vgl. nachgehend BVerfG NJW 2007, 3197 ff., 3199, wo der Film ohne weitere Begründung als *„Werk der Filmkunst"* in den Schutzbereich des Art. 5 Abs. 3 GG eingeordnet wird.
1266 BVerfGE 30, 173 ff., 189; BVerfGE 119, 1 ff., 21 f.
1267 BVerfGE 31, 229 ff., 238; BVerfGE 49, 382 ff., 392.

inländische juristische Personen, die eine *„unentbehrliche Mittlerfunktion"* zwischen Künstler und Publikum ausüben, z. B. Galerien, Kinos, Verleger, etc.[1268]

b) Schrankenbereich und verfassungsrechtliche Rechtfertigung

Kunst ist häufig auch Grenzüberschreitung, so dass Kollisionen mit etlichen ande- 653
ren verfassungsrechtlich geschützten Rechtsgütern möglich sind und auch immer wieder geschehen. Die Kunstfreiheit steht allerdings nicht unter Gesetzesvorbehalt, insbesondere ist Art. 5 Abs. 2 GG nicht analog anwendbar.[1269]

Das **allgemeine Persönlichkeitsrecht** kann betroffen sein, wenn in einem Kunstwerk 654
Figuren abgebildet oder beschrieben sind, die ein reales, erkennbares Vorbild haben. Nach der Rechtsprechung des Bundesverfassungsgerichts wiegt eine Persönlichkeitsverletzung umso schwerer, je stärker Abbild und Urbild übereinstimmen. Grundsätzlich seien auch negative Abbildungen hinzunehmen; je stärker aber die Darstellung *„besonders geschützte Dimensionen"* des Persönlichkeitsrechts berühre, umso stärker müsse der Künstler sie *„fiktionalisieren"*.[1270] In seiner neuen Rechtsprechung stellt das Bundesverfassungsgericht fest, dass solche Darstellungen nicht gerechtfertigt seien, welche die zum Menschenwürdekern des Persönlichkeitsrechts zählende Intimsphäre betreffen, wenn die dargestellte Person *„eindeutig erkennbar"* sei: Diese müsse es *„aufgrund des überragend bedeutenden Schutzes der Intimsphäre nicht hinnehmen, dass sich Leser die durch den Roman nahegelegte Frage stellen, ob sich die dort berichteten Geschehnisse auch in der Realität zugetragen haben."*[1271] Voraussetzung ist allerdings, dass sich die geschilderten Handlungen als Berichte über tatsächliche Ereignisse begreifen lassen.[1272] Dieser Schutz des Persönlichkeitsrechts geht zu weit. Für einen erzählenden Künstler wird es schwierig, sich reale, erkennbare Vorbilder für seine Figuren zu suchen, wenn er vorhat, diese Figuren Intimes erleben zu lassen. Denn sobald er das tut, wird der Leser darüber nachdenken, wieviel davon wahr ist – und dann ist nach den Maßstäben des Bundesverfassungsgerichts die Intimsphäre verletzt. Dies ist nicht hinnehmbar, zumal nicht einmal ausreichen soll, dass der Autor einen Hinweis („Disclaimer") einfügt, dass Übereinstimmungen zwischen dem Erzählten und realen Personen zufällig sind.[1273]

1268 *Bethge*, in: *Sachs*, GG, Art. 5, Rdnr. 191 f. – Zu eng *Hufen*, Staatsrecht II, § 33, Rdnr. 27 f.: Nur bei gestaltender Einflussnahme.

1269 BVerfGE 30, 173 ff., 192 f.

1270 BVerfGE 119, 1 ff., 30; enger noch BVerfGE 30, 173 ff., 195: Es kommt auf eine Rufschädigung an.

1271 BVerfGE 119, 1 ff., 34.

1272 BVerfG NVwZ 2008, 594 f.

1273 BVerfGE 119, 1 ff., 39 – in ihrer abweichenden Meinung weisen die Richter *Hohmann-Dennhardt* und *Gaier* zu Recht darauf hin, dass nach diesen Maßstäben auch *Goethes „Werther"* hätte verboten werden können.

655 Im Verhältnis zwischen Kunst- und **Religionsfreiheit** sind insbesondere das Christentum und der Islam immer wieder Ziel von herabsetzenden künstlerischen Darstellungen. Zum Schutz der Religionen hat der Gesetzgeber mit §§ 166, 167 StGB in verfassungskonformer Weise Verbotsnormen aufgestellt, die sich in ihrer konkreten Anwendung jeweils an der Kunstfreiheit messen lassen müssen und daher restriktiv auszulegen sind.[1274] Nach den verfassungsrechtlich und durch § 166 StGB gesetzten Maßstäben stellen z. B. die *Mohammed*-Karikaturen keine Beschimpfungen dar, die geeignet wären, den öffentlichen Frieden zu stören.

656 Der **Jugendschutz** kann der Kunstfreiheit ebenfalls Grenzen setzen. Kinder und Jugendliche benötigen den Schutz des Staates bei ihrer Entwicklung zu einer eigenverantwortlichen Persönlichkeit; dies berechtigt den Staat dazu, sie von schädlichen Einflüssen fernzuhalten.[1275] Bei der Abwägung kommt es auf den Einzelfall an; eine Rolle spielen dabei die Einbettung der jugendgefährdenden Inhalte in das Kunstwerk sowie auch das *„Ansehen"* des Kunstwerks in der Öffentlichkeit[1276] – zulässig ist in diesem Fall also auch eine inhaltliche Kontrolle und Bewertung.

657 Kollisionen mit dem **Tierschutz** werden seit Inkrafttreten des erweiterten Art. 20a GG nicht mehr ohne Weiteres zugunsten der Kunstfreiheit zu lösen sein.[1277]

658 Staatskritische Kunst kann unzulässig sein, wenn sie sich gegen die **freiheitlich-demokratische Grundordnung** richtet. Zu dieser gehört nach Ansicht des Bundesverfassungsgerichts auch *„die Identifikation der Bürger mit den in der Bundesflagge versinnbildlichten Grundwerten"*, weshalb die Verbrennung der Flagge auch dann untersagt sein soll, wenn es sich bei dieser Aktion um Kunst handelt.[1278]

10. Wissenschaftsfreiheit (Art. 5 Abs. 3 S. 1, 2. Alt. GG)

a) Schutzbereich

aa) Sachlich

659 Der Wortlaut des Art. 5 Abs. 3 GG ist so zu verstehen, dass „Forschung und Lehre" Teile der Wissenschaft sind. **Wissenschaft** ist demnach die Gesamtheit der Prozesse, Verhaltensweisen und Entscheidungen, soweit dadurch Erkenntnisse gesucht,

---

1274 Vgl. z. B. OVG Koblenz NJW 1997, 1174 ff., 1175 (Theateraufführung „Maria-Syndrom") sowie nachfolgend BVerwG NJW 1999, 304 f.

1275 BVerfGE 83, 130 ff., 140.

1276 BVerfGE 83, 130 ff., 147 f.

1277 Z. B. AG Tiergarten, 14 Js 1085/06 v. 04.06.2007 (juris): Töten eines Kaninchens vor Publikum bei einer Performance untersagt. Vgl. zur alten Rechtslage z. B. AG Kassel ZUM 1993, 43 f. (Quälen eines Wellensittichs). Weiterführend *Hufen*, Staatsrecht II, § 33, Rdnr. 54.

1278 BVerfGE 81, 278 ff., 293 f.

gedeutet oder weitergegeben werden.[1279] Sie ist ein „grundsätzlich von Fremdbestimmung freier Bereich autonomer Verantwortung".[1280] **Forschung** ist die Suche und Deutung von Erkenntnissen, **Lehre** ist deren Weitergabe. Der wesentliche Charakterzug der Wissenschaft ist die **Wahrheitssuche**.

Beispiel: Ein Buch („Wahrheit für Deutschland – Die Schuldfrage des Zweiten Weltkrieges"), das *„von dem Willen einer bestimmten historisch-politischen Auffassung"* geprägt wird und nicht *„vom Bestreben nach Wahrheitssuche"*, wird von Art. 5 Abs. 3 GG nicht geschützt.[1281]

Da der Staat über die Wissenschaft nicht inhaltlich urteilen darf, sind grundsätzlich 660
auch solche Erkenntnisse und Methoden geschützt, die der Staat für **fehlerhaft** oder **irrig** hält. Eine Arbeit ist erst dann dem Schutzbereich der Wissenschaft entzogen, wenn sie *„den Anspruch von Wissenschaftlichkeit nicht nur im einzelnen oder nach der Definition bestimmter Schulen, sondern systematisch verfehlt."*[1282]

Die Tätigkeit der Wissenschaft ist **umfassend** geschützt; auch die Vorbereitung, 661
Unterstützung und Organisation wissenschaftlicher Tätigkeit sowie die Publikation von Forschungsergebnissen ist Bestandteil des Schutzbereichs.[1283]

bb) Persönlich

Jeder, der sich wissenschaftlich betätigt, d. h. forscht oder lehrt, oder der dies vor- 662
hat, kann Wissenschaftsfreiheit beanspruchen.[1284] Das Bundesverfassungsgericht hatte lange Zeit offengelassen, ob und in welchem Umfang **Fachhochschullehrer** von der Wissenschaftsfreiheit geschützt sind.[1285] Nunmehr hat es sie den Universitätsprofessoren gleichgestellt, wenn sie ein Fach in Forschung und Lehre eigenständig vertreten.[1286] Geschützt sind natürliche Personen (z. B. Studenten, wissenschaftliche Mitarbeiter, Professoren, Forscher in der Industrie) sowie nach Art. 19 Abs. 3 GG inländische Institutionen, wie z. B. Hochschulen, Labore und Institute. Auch **öffentlich-rechtliche Körperschaften** wie die staatlichen Hochschulen sind geschützt.[1287]

1279 BVerfGE 90, 1 ff., 11 f.
1280 BVerfG NVwZ 2014, 1370 ff., 1371. Krit. zu sog. „Zivilklauseln" *Lassahn*, JZ 2014, 650 ff.
1281 BVerfGE 90, 1 ff., 14 – wohl aber Schutz nach Art. 5 Abs. 1 GG.
1282 BVerfGE 90, 1 ff., 13.
1283 *Manssen*, Staatsrecht II, § 17, Rdnr. 457.
1284 BVerfGE 15, 256 ff., 263.
1285 BVerfGE 61, 210 ff., 237 ff.; BVerfGE 64, 323 ff., 353 ff.
1286 BVerfGE 126, 1 ff., 19.
1287 *Bethge*, in: *Sachs*, GG, Art. 5, Rdnr. 210 f.

b) Schrankenbereich und verfassungsrechtliche Rechtfertigung

663 Das Grundgesetz fordert von der Wissenschaft **„Treue zur Verfassung"** (Art. 5 Abs. 3 S. 2 GG). Die Bedeutung dieses Satzes ist umstritten.[1288] Richtigerweise ist dieser Vorschrift keine eigenständige Rechtsqualität (mehr) zu entnehmen. Die Befürchtung, dass ähnlich wie in der Weimarer Zeit antirepublikanische Umtriebe die Verfassung gefährden könnten,[1289] erscheint heute allzu weit hergeholt.

664 Die Wissenschaftsfreiheit ist daher als **schrankenlos** gewährtes Grundrecht ausschließlich an anderen Verfassungsgütern zu messen. Eine spezielle Treuepflicht besteht nicht, wohl aber kann beispielsweise die freiheitlich-demokratische Grundordnung (hierzu oben Rdnr. 113) einer staatsgefährdenden Wissenschaft Grenzen setzen.

665 Eine besondere Bedeutung hat die Abwägung mit dem **Tierschutz** bei der Überprüfung der Rechtmäßigkeit von Tierversuchen.[1290]

666 In der Theologie kann das **Selbstbestimmungsrecht der Kirche** aus Art. 140 GG i. V. m. Art. 137 Abs. 3 WRV die Wissenschaftsfreiheit begrenzen.[1291]

11. Schutz von Ehe und Familie, Elternrecht, Mutterschutz (Art. 6 GG)

667 Art. 6 GG enthält drei Grundrechte: Den Schutz von Ehe und Familie, das Elternrecht und den Mutterschutz.

a) Schutzbereich

aa) Sachlich

(1) Schutz von Ehe und Familie

668 Art. 6 Abs. 1 GG schützt die Ehe und die Familie. Diese Norm ist die Institutsgarantie für die Ehe, enthält aber auch entsprechende subjektive Rechte.

1288 *Manssen*, Staatsrecht II, § 17, Rdnr. 460: *„Konkretisierung der dienstrechtlichen Verpflichtung zur Loyalität"*; anders *Bethge*, in: *Sachs*, GG, Art. 5, Rdnr. 225 ff. sowie *Ipsen*, Staatsrecht II, Rdnr. 536: *„Immanente Missbrauchsschranke"* zur Verhinderung der *„Diskreditierung der Verfassung"*.

1289 So *Ipsen*, Staatsrecht II, Rdnr. 536.

1290 Ausf. *Lindner*, NordÖR 2009, 329 ff.

1291 BVerfGE 122, 89 ff., 108 ff.: Die Versetzung eines Theologieprofessors, der sich vom Glauben losgesagt hat, ist zulässig.

Die **Ehe** ist die Vereinigung eines Mannes und einer Frau zu einer grundsätzlich[1292] nicht auflösbaren Lebensgemeinschaft.[1293] Dabei kommt es auf die Verschiedengeschlechtlichkeit an; gleichgeschlechtliche Paare können keine Ehe, wohl aber anderweitige dauerhafte, rechtlich privilegierte Bindungen eingehen.[1294] Geschützte Handlungen sind z. B. die Eheschließung, das eheliche Zusammenleben und die Entscheidung über Nachwuchs.

Die **Familie** ist die tatsächliche Lebensgemeinschaft zwischen Eltern und Kin- 669
dern[1295] – ein Ehepaar ist noch keine Familie.[1296] Maßgebend ist nicht die biologische Abstammung, sondern vor allem die Gemeinschaft, das rechtliche und tatsächliche füreinander Einstehen, weshalb auch Adoptivkinder[1297] und zum Teil auch Pflegekinder[1298] mit ihren Erziehungsberechtigten eine Familie bilden können.[1299] Ob auch enge familiäre Bindungen über mehrere Generationen hinweg dem Schutzbereich unterfallen können, ist umstritten.[1300]

(2) Elternrecht

Das Elternrecht ist das *„natürliche Recht"* der Eltern auf Pflege und Erziehung der 670
Kinder (Art. 6 Abs. 2 S. 1 GG) – trotz dieser Formulierung ist es ein Grundrecht, nicht etwa ein Menschen- oder Naturrecht. Es gibt den Eltern ein Recht zur erzieherischen **Einwirkung** auf das Kind[1301] sowie zur **Wahrnehmung** der Rechte und Pflichten des Kindes nach außen.[1302] Daneben enthält Art. 6 Abs. 2 GG auch eine **Pflicht** der Eltern zur Kindererziehung – eine „negative Elternfreiheit" ist damit ausgeschlossen. Die Eltern können also ihr Elternrecht nicht in der Weise ausüben, dass sie auf die Erziehung verzichten.[1303]

1292 Die Möglichkeit der Scheidung ist aber zulässig, BVerfGE 31, 58 ff., 82 f.

1293 BVerfGE 10, 59 ff., 66; BVerfGE 105, 313 ff., 342.

1294 BVerfGE 105, 313 ff., 342 – Lebenspartnerschaft.

1295 BVerfG NJW 2014, 2853 ff., 2854; BVerfGE 80, 81 ff., 90.

1296 *Ipsen*, Staatsrecht II, Rdnr. 346.

1297 *Hufen*, Staatsrecht II, § 16 Rdnr. 12.

1298 BVerfGE 79, 51 ff., 59 f.

1299 Zur Leihmutterschaft vgl. *Dethloff*, JZ 2014, 922 ff.

1300 Nur Eltern und Kinder: *Ipsen*, Staatsrecht II, Rdnr. 346 m. w. N.; ggf. auch die Verbindung zwischen Großeltern und Enkeln: BVerfG NJW 2014, 2853 ff., 2854 f.; *Hufen*, Staatsrecht II, § 16, Rdnr. 13.

1301 *v. Coelln*, in: *Sachs*, GG, Art. 6, Rdnr. 53.

1302 BVerfGE 84, 168 ff., 180.

1303 BVerfGE 24, 119 ff., 143 f. – Zur Ungeeignetheit eines Zwangs zum Umgang mit dem Kind vgl. allerdings BVerfGE 121, 69 ff., 98 ff.

(3) Mutterschutz

671 Der Mutterschutz verpflichtet den Gesetzgeber dazu, **wirtschaftliche Belastungen** der Mütter bei Schwangerschaft und Mutterschaft auszugleichen.[1304] Das Bundesverfassungsgericht hat ausdrücklich offengelassen, ob der in Art. 6 Abs. 4 GG gewährte Schutz der Mutter ein eigenes **Grundrecht** darstellt.[1305] Die Nähe von „Anspruch" und „subjektivem Recht" spricht indes dafür, auch den Mutterschutz den eigenständigen Grundrechten zuzuordnen und nicht nur im Rahmen von Abwägungsentscheidungen[1306] zu beachten.

bb) Persönlich

672 Art. 6 Abs. 1 GG schützt die **Eheleute** (1. Alt.) sowie alle **Familienmitglieder** (2. Alt.) einschließlich der Adoptivkinder.[1307] Das Elternrecht schützt ausschließlich die Eltern, auch die nicht leiblichen Eltern, aber nicht die Kinder.[1308] Der Mutterschutz dient sowohl Müttern als auch werdenden Müttern.[1309]

b) Schrankenbereich und verfassungsrechtliche Rechtfertigung

673 Über die Pflege und Erziehung der Kinder übt der Staat ein Wächteramt aus (Art. 6 Abs. 2 S. 2 GG): Sind die Eltern nicht zur Pflege und Erziehung des Kindes in der Lage, ist der Staat berechtigt und dazu verpflichtet, diese zu sichern.[1310] Dabei ist das Kindeswohl der *„bestimmende Maßstab"*.[1311] Art. 6 Abs. 3 GG enthält einen qualifizierten Gesetzesvorbehalt für die Trennung eines Kindes von der Familie.

674 Im Übrigen sind die in Art. 6 GG genannten Grundrechte den **verfassungsimmanenten Schranken** unterworfen. So kann z. B. die allgemeine Schulpflicht, deren Einrichtung dem Staat durch Art. 7 Abs. 1 GG ermöglicht ist, das Elternrecht einschränken.[1312]

1304 BVerfGE 60, 68 ff., 74.
1305 BVerfG NJW 2005, 2382 f.
1306 Z. B. BVerfGE 88, 203 ff., 258.
1307 BVerfGE 80, 81 ff., 90.
1308 BVerfGE 28, 104 ff., 112; *v. Coelln*, in: *Sachs*, GG, Art. 6, Rdnr. 54.
1309 Vgl. BVerfGE 60, 68 ff., 74.
1310 BVerfGE 107, 104 ff., 117.
1311 BVerfGE 99, 145 ff., 156 m. w. N. – Siehe auch BVerfG NJW 2006, 1414 ff.: Wahl eines Vornamens für das eigene Kind.
1312 BVerfG DVBl. 2002, 971 f. Rechtmäßig ist es auch, Verstöße gegen die Schulpflicht strafrechtlich zu sanktionieren, BVerfG 2 BvR 920/14 v. 15.10.2014. Krit. zur Einführung einer Kindergartenpflicht *Hartman*, DVBl. 2014, 478 ff.

12. Freiheitsrechte im Schulwesen (Art. 7 GG)

Art. 7 Abs. 2 GG verleiht den Erziehungsberechtigten das Recht, über die **Teilnahme** ihres Kindes **am Religionsunterricht** zu bestimmen – gemäß § 5 KErzG können allerdings Kinder mit Vollendung des 14. Lebensjahrs selbst darüber entscheiden. Art. 7 Abs. 3 S. 3 GG berechtigt Lehrer, die **Erteilung von Religionsunterricht** zu verweigern. 675

Art. 7 Abs. 4 S. 1 GG gewährleistet das Recht, **Privatschulen** einzurichten, schränkt es allerdings durch einen in S. 2 – 4 im Einzelnen bestimmten Genehmigungsvorbehalt ein. Verschärfte Schranken gelten gemäß Art. 7 Abs. 5 GG für die Volksschulen, d. h. die Grund- und Hauptschulen.

13. Versammlungsfreiheit (Art. 8 Abs. 1 GG)

a) Schutzbereich

aa) Sachlich

Art. 8 Abs. 1 GG gestattet friedliche Versammlungen ohne Waffen. 676

Eine **Versammlung** ist die Zusammenkunft von mindestens zwei Personen mit einem gemeinsamen Willen, der die Anwesenden verbindet.[1313] Der gemeinsame **Wille** fehlt bei zufälligen Zusammenkünften, z. B. bei Warteschlangen, bei Schaulustigen nach einem Verkehrsunfall oder an einem Informationsstand.[1314] Nicht nur politische Demonstrationen, auch Versammlungen zu privaten Zwecken sind geschützt, wie z. B. das gemeinsame Musizieren oder eine Vereinshauptversammlung.[1315] 677

Versammlungen sind **friedlich**, wenn keine Gewalttätigkeiten gegen Personen oder Sachen oder aggressive Ausschreitungen stattfinden.[1316] Für in der Zukunft liegende Veranstaltungen kommt es hierbei auf eine Prognose an: Der Schutzbereich ist wegen fehlender Friedlichkeit dann nicht eröffnet, wenn *„die Prognose mit hoher Wahrscheinlichkeit ergibt, dass der Veranstalter und sein Anhang Gewalttätigkeiten beabsichtigen oder ein solches Verhalten anderer zumindest billigen werden"*.[1317] Auch Sitzblockaden können friedlich sein – selbst dann, wenn sie Nötigungen gemäß § 240 StGB darstellen.[1318] Die Grenze der Friedlichkeit ist erst erreicht, 678

1313 *Höfling*, in: *Sachs*, GG, Art. 8, Rdnr. 13 f. Grundlegend zum Versammlungsrecht *Trumit*, JURA 2014, 486 ff.

1314 Hierzu BVerwG NJW 1978, 1933.

1315 *Höfling*, in: *Sachs*, GG, Art. 8, Rdnr. 19.

1316 BVerfGE 69, 315 ff., 359 f.

1317 BVerfGE 69, 315 ff., 359 f.

1318 BVerfGE 87, 399 ff., 406.

wenn *„Handlungen von einiger Gefährlichkeit wie etwa Gewalttätigkeiten oder aggressive Ausschreitungen gegen Personen oder Sachen stattfinden".*[1319]

679 Versammlungen sind außerdem nur dann geschützt, wenn **keine Waffen** (zum Begriff siehe § 1 WaffG) getragen werden.

680 Auch **Vorbereitung** und Organisation der Versammlung sowie Werbemaßnahmen sind von Art. 8 Abs. 1 GG geschützt, ebenso die Anreise.[1320]

bb) Persönlich

681 Geschützt sind alle Deutschen; für Ausländer kommt das „Auffanggrundrecht" des Art. 2 Abs. 1 GG in Frage (siehe oben Rdnr. 563 ff., 566). Geschützt sind auch **inländische juristische Personen,**[1321] soweit sie die Veranstaltungen organisieren, vorbereiten und leiten, nicht aber hinsichtlich der Teilnahme, da es hierbei auf die Zusammenkunft von Personen ankommt.[1322]

b) Schrankenbereich und verfassungsrechtliche Rechtfertigung

682 Art. 8 Abs. 2 GG enthält einen Gesetzesvorbehalt für Versammlungen **unter freiem Himmel.** Unter freiem Himmel findet eine Versammlung statt, wenn der Veranstaltungsort nicht fest von der Außenwelt abgegrenzt ist – es kommt nicht darauf an, ob der Ort überdacht ist oder nicht.[1323]

Beispiel: Eine Versammlung in einem Stadion oder in einem ummauerten Innenhof findet nicht *„unter freiem Himmel"* statt, eine Versammlung auf einem bloß überdachten Platz hingegen schon.[1324]

683 Unter anderem sehen die Versammlungsgesetze der Länder eine generelle **Anmeldepflicht** für Versammlungen vor, die allerdings nach der Rechtsprechung des Bundesverfassungsgerichts für Spontanversammlungen nicht eingreift, da diese ansonsten unmöglich würden.[1325]

Hinweis: Mit der Föderalismusreform 2006 wurde die konkurrierende Gesetzgebungskompetenz für das Versammlungsrecht (Art. 74 Abs. 3 Nr. 3 GG a. F.) aufgehoben – das Versammlungsrecht ist nun

---

1319 BVerfGE 87, 399 ff., 406.
1320 BVerfGE 84, 203 ff., 209.
1321 *Ipsen,* Staatsrecht II, Rdnr. 560.
1322 H. M., s. *Höfling,* in: *Sachs,* GG, Art. 8, Rdnr. 50 m. w. N.
1323 *Ipsen,* Staatsrecht II, Rdnr. 570.
1324 *Höfling,* in: *Sachs,* GG, Art. 8, Rdnr. 61.
1325 BVerfGE 69, 315 ff., 350 f.

Angelegenheit der Länder (Übergangsvorschrift: Art. 125a Abs. 1 GG). Ein erfolgreicher Eilantrag gegen das Bayerische Versammlungsgesetz führte bereits zu dessen Änderung – es ging dabei um Bild- und Tonaufzeichnungen von Versammlungen durch die Polizei.[1326]

Versammlungen in **geschlossenen Räumen** unterliegen dieser Schranke nicht. Hier gelten lediglich die verfassungsimmanenten Schranken. 684

Die Frage der **Verhältnismäßigkeit** spielt bei Eingriffen in die Versammlungsfreiheit eine besonders große Rolle. Behörden und Gerichte haben darauf zu achten, dass die Versammlungsbehörde das mildeste Mittel ergreift. Ein Verbot einer Versammlung ist daher unverhältnismäßig, wenn das Ziel ebenso gut durch Auflagen hätte erreicht werden können.[1327] 685

Schränkt ein Eingriff neben Art. 8 Abs. 1 GG auch die **Meinungsfreiheit** ein, so ergeben sich die Maßstäbe für die verfassungsrechtliche Prüfung aus Art. 5 Abs. 1 GG, nicht aus Art. 8 Abs. 1 GG[1328] – die besonders hohe Stellung der Meinungsfreiheit (hierzu oben Rdnr. 640) ist dann also maßgebend. Aber auch darüber hinaus ist die besondere Bedeutung der Versammlungsfreiheit als **„Kommunikationsgrundrecht"** bei der Abwägung zu berücksichtigen. 686

Beispiel: Ein Versammlungsverbot kann nicht darauf gestützt werden, dass eine Gefahr für die öffentliche Ordnung droht.[1329]

14. Vereinigungsfreiheit (Art. 9 Abs. 1 GG)

a) Schutzbereich

aa) Sachlich

Art. 9 Abs. 1 GG enthält das Grundrecht, *„Vereine und Gesellschaften"* zu bilden. Zwischen diesen beiden Begriffen besteht kein rechtlicher Unterschied – beide können unter den Oberbegriff „Vereinigungen" gefasst werden (siehe auch Art. 9 Abs. 2 GG).[1330] 687

Der Begriff der **Vereinigung** ist in § 2 Abs. 1 VereinsG in verfassungskonformer Form[1331] niedergelegt. Ein Verein (und damit eine Vereinigung) ist danach 688

1326 BVerfGE 122, 342 ff.
1327 BVerfG NVwZ 2006, 586 ff., 588.
1328 BVerfGE 90, 241 ff., 246; *Jarass/Pieroth*, GG, Art. 5 Rdnr. 2.
1329 BVerfG NJW 2004, 2814 ff., 2815.
1330 *Manssen*, Staatsrecht II, § 22, Rdnr. 585.
1331 *Höfling*, in: *Sachs*, GG, Art. 9, Rdnr. 9.

„...ohne Rücksicht auf die Rechtsform jede Vereinigung, zu der sich eine Mehrheit natürlicher oder juristischer Personen für längere Zeit zu einem gemeinsamen Zweck freiwillig zusammengeschlossen und einer organisierten Willensbildung unterworfen hat.“

689 Geschützt ist das Recht des Einzelnen, Vereinigungen zu gründen und sich in ihnen zu betätigen (**individuelle Vereinigungsfreiheit**). Dies umfasst auch das Recht, Vereinigungen fernzubleiben (negative Vereinigungsfreiheit).[1332] Umstritten ist, ob diese negative Freiheit auch denjenigen schützt, der zur **Mitgliedschaft in einer öffentlich-rechtlichen Vereinigung**, z. B. einer Handwerks- oder Handelskammer gezwungen wird. Das Bundesverfassungsgericht und Teile der Literatur verneinen diese Frage, u. a. mit dem Hinweis darauf, bei der Pflichtmitgliedschaft fehle ein korrespondierendes Recht zur Mitgliedschaft, weshalb nicht Art. 9 Abs. 1 GG, sondern nur Art. 2 Abs. 1 GG einschlägig sei.[1333] Hiergegen ist mit Recht eingewendet worden, dass Art. 9 Abs. 1 GG ein klassisches Freiheitsrecht ist, für dessen Verwirklichung es nicht darauf ankommt, welche Qualität die in Frage stehende Vereinigung hat.[1334] Art. 9 Abs. 1 GG ist ein Abwehrrecht gegenüber einer Mitgliedschaft in Verbänden, das erst recht gelten muss, wenn dem Staat selbst die Vereinigung zuzurechnen ist und er eine Mitgliedschaft mit den ihm zur Verfügung stehenden Mitteln erzwingen kann. Auf das fehlende korrespondierende Mitgliedschaftsrecht kann es schon deshalb nicht ankommen, weil es für das Ergebnis des Eingriffs keinen Unterschied macht.

690 Geschützt ist auch das Recht der Vereinigungen selbst, zu bestehen, sich zu organisieren und die eigenen Geschäfte zu führen (**kollektive Vereinigungsfreiheit**).[1335] Nicht umfasst ist aber all jene Vereinstätigkeit, die den Vereinszweck realisiert, ohne selbst einen Bezug zum Vereinswesen zu haben.

Beispiel: Der Kaninchenzüchterverein ist in seiner Vereinsfreiheit verletzt, wenn er verboten wird, nicht aber, wenn die in den Vereinsräumen gehaltenen Kaninchen wegen Hygienemängeln vom städtischen Amt für Tierschutz entfernt und in ein Tierheim gebracht werden.

Bestimmte Vereinigungen sind vom Schutzbereich des Art. 9 Abs. 1 GG ausgenommen, weil es für sie **spezielle Schutzrechte** gibt. Dies gilt für die Religionsgemeinschaften (Art. 4 Abs. 1, Art. 140 GG i. V. m. Art. 137 Abs. 2 WRV), die Parteien (Art. 21 GG, siehe unten Rdnr. 749) und die Koalitionen (Art. 9 Abs. 3 GG, siehe Rdnr. 696).

1332 *Höfling*, in: *Sachs*, GG, Art. 9, Rdnr. 22 ff.

1333 BVerfGE 10, 89 ff., 102; BVerfG NVwZ 2002, 335 ff., 336; ebenso *Winkler*, in: *v. Münch/Kunig*, GG, Art. 9, Rdnr. 52; *Hatje/Terhechte*, NJW 2002, 1849 ff., 1850.

1334 *Höfling*, in: *Sachs*, GG, Art. 9, Rdnr. 23; *Kingreen/Poscher*, Grundrechte Staatsrecht II, S. 266 f.

1335 H. M., s. *Manssen*, Staatsrecht II, § 22, Rdnr. 591; BVerfGE 84, 372 ff., 378; dagegen *Ipsen*, Staatsrecht II, Rdnr. 588: Dieser Schutz nur durch die allgemeine Handlungsfreiheit; *Höfling*, in: *Sachs*, GG, Art. 9, Rdnr. 27.

bb) Persönlich

Geschützt sind **alle Deutschen** als natürliche Personen, soweit sie in ihrer individuellen Vereinigungsfreiheit betroffen sind. Da auch **juristische Personen** sich zu Vereinigungen zusammenschließen können, sind auch sie insoweit geschützt. Von der kollektiven Vereinigungsfreiheit geschützt sind die (inländischen) Vereinigungen selbst. 691

b) Schrankenbereich und verfassungsrechtliche Rechtfertigung

Art. 9 Abs. 2 GG enthält eine Schrankenbestimmung, keine Verkleinerung des Schutzbereichs.[1336] 692

Der Gesetzgeber darf die Tätigkeit von Vereinen durch den Erlass von **Strafvorschriften** beschränken. Soweit die Mitglieder eines Vereins gegen Strafvorschriften verstoßen, folgt daraus unmittelbar („*sind verboten*") ein Verbot. 693

Verboten „*sind*" gemäß Abs. 2 auch Vereinigungen, „*die sich gegen die verfassungsmäßige Ordnung oder gegen den Gedanken der Völkerverständigung richten*". Die **verfassungsmäßige Ordnung** entspricht nach h. M. der freiheitlich-demokratischen Grundordnung.[1337] Der Gedanke der **Völkerverständigung** ist erst dann betroffen, wenn sich die Vereinigung gegen die „*elementaren, für ein friedliches Miteinander der Völker unverzichtbaren Regeln des Völkerrechts*" richten.[1338] Vereinigungen „*richten*" sich nur dann gegen die in Art. 9 Abs. 2 GG genannten Rechtsgüter, wenn sie eine kämpferisch-aggressive Haltung einnehmen.[1339] 694

Im Übrigen wird die Vereinigungsfreiheit **schrankenlos** gewährleistet. Zu Recht weist *Höfling* darauf hin, dass nach der auch hier vertretenen Auffassung zur Zwangsmitgliedschaft in öffentlich-rechtlichen Vereinigungen etliche Zwangsmitgliedschaften mangels entsprechender verfassungsrechtlicher Schutzgüter unzulässig sind.[1340] 695

15. Koalitionsfreiheit (Art. 9 Abs. 3 GG)

Die Koalitionsfreiheit ist ein Spezialgrundrecht gegenüber der Vereinigungsfreiheit und schützt das Recht, Vereinigungen zur Wahrung und Förderung der Arbeits- und Wirtschaftsbedingungen (**Koalitionen**) zu bilden. Diese Koalitionen müssen „*frei* 696

1336 *Ipsen*, Staatsrecht II, Rdnr. 597.

1337 *Höfling*, in: *Sachs*, GG, Art. 9, Rdnr. 46 m. w. N. Zur freiheitlich-demokratischen Grundordnung siehe oben Rdnr. 113.

1338 *Ipsen*, Staatsrecht II, Rdnr. 600; *Höfling*, in: *Sachs*, GG, Art. 9, Rdnr. 47.

1339 BVerwGE 61, 218 ff., 220.

1340 *Höfling*, in: *Sachs*, GG, Art. 9, Rdnr. 24 m. Nachw. der anderslautenden verfassungs- und verwaltungsgerichtlichen Spruchpraxis (in Rdnr. 23).

gebildet, gegnerfrei und auf überbetrieblicher Grundlage organisiert" sein[1341] – „*gegnerfrei*" bedeutet hierbei, dass sie keine Mitglieder haben dürfen, die zugleich auf der jeweils „anderen" Seite (Arbeitgeber/Arbeitnehmer) organisiert sind. Geschützt ist die **individuelle Koalitionsfreiheit** des Einzelnen, einer Koalition beizutreten oder ihr fernzubleiben und ebenso die **kollektive Koalitionsfreiheit** für den Bestand und die Tätigkeit der Koalitionen selbst.[1342]

16. Brief-, Post- und Fernmeldegeheimnis (Art. 10 Abs. 1 GG)

a) Schutzbereich

697 Die Vorschrift schützt das Briefgeheimnis, das Postgeheimnis und das Fernmeldegeheimnis als unverletzlich. Aus dem Suffix „-geheimnis" ergibt sich, dass die **Privat- und Intimsphäre** geschützt sind. Geschützt ist die Vertraulichkeit der Kommunikation in den drei genannten Varianten.

698 Das **Briefgeheimnis** schützt alle schriftlichen verkörperten Mitteilungen, unabhängig davon, ob sie in einem Umschlag eingeschlossen sind oder nicht.[1343] Das **Postgeheimnis** erfasst darüber hinaus alle übermittelten Sendungen, z. B. Pakete.[1344] Es gilt gegenüber jedem staatlichen Eingriff, nicht nur gegenüber einem Eingriff einer staatlichen Post, so dass es nicht mit der Privatisierung der Post hinfällig geworden ist.[1345] Das **Telekommunikationsgeheimnis** (früher auch: Fernmeldegeheimnis) schließlich schützt die nicht verkörperte Kommunikation – z. B. Telefongespräche, SMS, Faxnachrichten, E-Mails und andere Kommunikationsdienste im Internet. Dabei ist die Vertraulichkeit der Kommunikation nur insoweit geschützt, wie sie mit besonderen Sperren und Zugriffsbeschränkungen vor fremdem Zugriff gesichert ist. Eine öffentlich zugängliche Webseite, ein Forum oder ein Blog erfüllen diese Voraussetzung nicht, wohl aber – trotz der relativ leichten Einblickmöglichkeit – E-Mails.[1346]

699 Geschützt ist sowohl der **Inhalt** der Kommunikation als auch ihre näheren Umstände, d. h. die Informationen darüber, wer wann wie oft kommuniziert oder eine Kommunikation versucht hat.[1347] Nicht geschützt sind allerdings die nach Abschluss der Kommunikation gespeicherten Inhalte und sonstigen Daten zur Kommunikation.[1348]

700 **Persönlich geschützt** sind natürliche und inländische juristische Personen.

1341 BVerfGE 50, 290 ff., 367 f.
1342 BVerfG NJW 2014, 1874 ff., 1875.
1343 H. M., *Ipsen*, Staatsrecht II, Rdnr. 302 m. w. N.
1344 BVerfGE 67, 157 ff., 171 f.
1345 *Ipsen*, Staatsrecht II, Rdnr. 304.
1346 BVerfGE 125, 260 ff., 310 f. – Vorratsdatenspeicherung. Dagegen noch *Pagenkopf*, in: *Sachs*, GG, Art. 10, Rdnr. 14a.
1347 BVerfGE 125, 260 ff., 309; BVerfGE 120, 274 ff., 307.
1348 BVerfGE 120, 274 ff., 307 f.

b) Schrankenbereich und verfassungsrechtliche Rechtfertigung

Die Kommunikationsgeheimnisse sind zwar gemäß Art. 10 Abs. 1 GG *„unverletzlich"*, unterliegen gleichwohl Schranken gemäß Art. 10 Abs. 2 GG (**Gesetzesvorbehalt**). Beschränkt werden sie insbesondere durch die §§ 99 ff. StPO und 28 ff. StVollzG. Das Gesetz zur Beschränkung des Brief-, Post- und Fernmeldegeheimnisses (G 10) regelt die in Art. 10 Abs. 2 S. 2 GG vorgesehene Beschränkung ohne Wissen des Betroffenen.[1349] 701

17. Freizügigkeit (Art. 11 Abs. 1 GG)

a) Schutzbereich

Freizügigkeit ist das Recht, ungehindert von der Staatsgewalt an jedem Ort innerhalb des Bundesgebietes Aufenthalt und Wohnsitz zu nehmen sowie zu diesem Zweck in das Bundesgebiet einzureisen.[1350] Bei juristischen Personen ist damit die freie Wahl des Sitzes geschützt. Die Ausreise aus dem Bundesgebiet ist nicht von Art. 11 Abs. 1 GG geschützt – wohl aber von Art. 2 Abs. 1 GG (hierzu oben Rdnr. 566). Bis zur Bundesgrenze gilt also Art. 11 Abs. 1 GG, dahinter Art. 2 Abs. 1 GG. 702

Grundrechtsträger sind alle Deutschen. Auch inländische juristische Personen können geschützt sein (Art. 19 Abs. 3 GG). 703

b) Schrankenbereich und verfassungsrechtliche Rechtfertigung

Art. 11 Abs. 2 GG enthält einen **qualifizierten Gesetzesvorbehalt**. Die Beschränkung der Freizügigkeit durch Gesetz oder auf Grund eines Gesetzes ist nur zulässig 704

- wenn eine *„ausreichende Lebensgrundlage"* fehlt und der Allgemeinheit besondere Lasten entstehen würden; diese Beschränkung ist in *„normalen Zeiten"*, d. h. wenn keine massiven Flüchtlings- oder Aussiedlerströme über das Land hereinbrechen, bedeutungslos;[1351]
- zur Abwehr von Gefahren für die freiheitlich-demokratische Grundordnung, z. B. bei Terrorismus oder inneren Unruhen;[1352]
- bei Seuchengefahr, Naturkatastrophen oder besonders schweren Unglücksfällen, z. B. bei Flugzeugabstürzen, Hochwassern etc.;
- zum Schutz Jugendlicher vor Verwahrlosung (siehe § 42 SGB VIII) *oder*

1349 Hierzu ausf. BVerfGE 67, 157 ff., 171 ff.

1350 BVerfGE 2, 266 ff., 273.

1351 *Pagenkopf*, in: *Sachs*, GG, Art. 11, Rdnr. 24; i. Erg. ebenso *Ipsen*, Staatsrecht II, Rdnr. 617; a. A. *Manssen*, Staatsrecht II, § 25, Rdnr. 649: Eine *„ausreichende Lebensgrundlage"* fehlt auch bei drohender Sozialhilfe.

1352 Zum Begriff der *freiheitlich-demokratischen Grundordnung* siehe oben Rdnr. 113.

- um strafbaren Handlungen vorzubeugen (Führungsaufsicht und Weisung, §§ 56c Abs. 2, 68 ff. StGB). Erfasst ist hier nur die Prävention, nicht die Bestrafung; zur Zulässigkeit des Freiheitsentzugs durch Freiheitsstrafe siehe Art. 104 Abs. 1 GG.

18. Berufsfreiheit (Art. 12 Abs. 1 S. 1 GG)

a) Schutzbereich

aa) Sachlich

705 Ein **Beruf** ist jede auf Dauer angelegte, der Schaffung und Erhaltung einer Lebensgrundlage dienende Tätigkeit.[1353] Zu den Berufen zählt auch die **gewerbliche Tätigkeit** von Individuen und juristischen Personen; dieser Teil der Berufsfreiheit wird auch als **Gewerbefreiheit** bezeichnet.

706 Teilweise wird vertreten, dass nur **erlaubte** Tätigkeiten geschützt sind.[1354] Dies ist abzulehnen. Die Frage der gesetzlichen Erlaubnis ist die Frage nach dem Schrankenbereich und der verfassungsrechtlichen Rechtfertigung. Ansonsten hätte es der Gesetzgeber in der Hand, durch ein Verbot jeder beliebigen Tätigkeit den Schutz der Berufsfreiheit zu beseitigen. Zwar käme dann nach wie vor ein Schutz durch die allgemeine Handlungsfreiheit in Betracht; Art. 12 Abs. 1 GG verlöre aber als eigenständiges Grundrecht jegliche Bedeutung. Einschränkend vertritt daher die h. M. die Auffassung, dass zumindest sozial unwertige[1355] oder evident dem Menschenbild des Grundgesetzes entgegenstehende[1356] Tätigkeiten aus dem Schutzbereich des Art. 12 Abs. 1 GG herausfallen. Auch dies überzeugt nicht. Soziale oder wertende Kriterien sind bei der Güterabwägung im Rahmen der Verhältnismäßigkeit besser aufgehoben, da sie dort an erprobten Maßstäben gemessen werden können. Richtigerweise ist daher jede dauerhafte Erwerbstätigkeit geschützt, unabhängig von ihrem sozialen, moralischen oder rechtlichen Stellenwert.

707 Geschützt ist auch die gewerbliche **gemeinnützige** Tätigkeit ohne Gewinnerzielungsabsicht.[1357]

708 Art. 12 Abs. 1 GG schützt die Freiheit der Berufswahl und der Berufsausübung, wobei jeweils unterschiedliche Anforderungen an die Schranken gestellt werden

1353 BVerfGE 115, 276 ff., 300; BVerfGE 105, 252 ff., 265 m. w. N.; BVerfGE 7, 377 ff., 397 f.
1354 So das BVerfG in früherer Rechtsprechung, BVerfGE 7, 377 ff., 397 f., BVerfGE 14, 19 ff., 22.
1355 *Ipsen*, Staatsrecht II, Rdnr. 637.
1356 *Mann*, in: *Sachs*, GG, Art. 12, Rdnr. 54 m. w. N.
1357 Str.; wie hier BVerfGE 95, 15 ff., 20; offengelassen in BVerfG DVBl. 2007, 1555 ff., 1559; dagegen *Wieland*, JZ 1995, 96 ff., 97.

(s. u.). Der Schutz der **Berufsausbildung** ist in Art. 12 Abs. 1 S. 1 GG ausdrücklich erwähnt. Schafft der Staat selbst Bildungsangebote, so haben all jene, die die Zulassungsvoraussetzungen erfüllen, ein **Recht auf freien und gleichen Zugang zu einem Hochschulstudium** ihrer Wahl. Dies folgt aus Art. 12 Abs. 1 GG i. V. m. Art. 3 Abs. 1 und dem Sozialstaatsprinzip. Studiengebühren dürfen „nicht prohibitiv wirken" und müssen „sozialverträglich ausgestaltet" sein.[1358]

Art. 12 Abs. 1 GG schützt nicht nur vor **gezielten** Eingriffen in die Berufsfreiheit; 709
alle Vorschriften, die die Berufswahl oder -ausübung tatsächlich beeinträchtigen, müssen sich an dieser Vorschrift messen lassen.[1359]

bb) Persönlich

Geschützt sind alle **Deutschen** sowie **inländische juristische Personen** (Art. 19 Abs. 3 710
GG), sofern sie ein Gewerbe ausüben. Ausländer und ausländische juristische Personen können einen vergleichbaren Schutz aus Art. 2 Abs. 1 GG erreichen; zudem sind sie durch die europarechtlichen Grundfreiheiten der Arbeitnehmerfreizügigkeit (Art. 45 AEUV) bzw. Niederlassungsfreiheit (Art. 49 AEUV) geschützt.

b) Schrankenbereich und verfassungsrechtliche Rechtfertigung

Art. 12 Abs. 1 S. 2 GG enthält einen Gesetzesvorbehalt zur Regelung der Berufs- 711
ausübung. Gleichwohl bestehen nach der Rechtsprechung des Bundesverfassungsgerichts Schranken sowohl für die Berufsausübung wie auch für die Berufswahl. Hierzu hat das Bundesverfassungsgericht mit der sog. **„Drei-Stufen-Theorie"** eine differenzierte Schrankenbestimmung entwickelt.[1360] Je nachdem, ob die Berufswahl oder die Berufsausübung betroffen sind, stellt es unterschiedlich hohe Anforderungen an die Schranken – wobei stets die Verhältnismäßigkeit der Maßnahme zu prüfen ist.

Berufswahl ist dabei die Entscheidung, in einen bestimmten Beruf einzutreten sowie 712
die Entscheidung darüber, wie lange jemand in dem Beruf tätig sein will.[1361] Die **Berufsausübung** umfasst die Art und Weise der geschützten Tätigkeit (Form, Mittel, Umfang und Inhalt); allerdings lassen sich Berufswahl und Berufsausübung häufig nicht deutlich voneinander trennen.[1362]

1358 BVerfG NJW 2013, 2498 ff., 2498. Zum Gleichheitssatz vgl. Rdnr. 764 ff.; zum Sozialstaatsprinzip oben Rdnr. 178.

1359 BVerfGE 46, 120 ff., 137.

1360 Zuerst BVerfGE 7, 377 ff., 402 ff., seitdem st. Rspr., siehe aber unten Rdnr. 718.

1361 BVerfGE 9, 338 ff., 344 f.

1362 BVerfGE 7, 377 ff., 400 f.

713 Für die Unterscheidung zwischen „Wahl“ und „Ausübung“ ist der Begriff des „Berufs“ **weit** zu verstehen. Eine Tätigkeit als Teil eines Berufes ist dann kein eigenständiger Beruf, sondern eine *„Ausübungsform“* des Berufs, wenn sie sich *„nicht so aus dem Kreis“* der sonstigen Tätigkeiten heraushebe, dass man sie *„als besonderen Beruf bezeichnen“* kann.[1363]

Beispiele: Der „Kassenarzt“ ist kein eigener Beruf, sondern eine Ausübungsform des Arztberufs, weshalb Beschränkungen im Kassenarztrecht die Berufsausübung, nicht die Berufswahl betreffen.[1364] Dagegen ist der „selbständige Apotheker“ gegenüber dem „angestellten Apotheker“ ein eigener Beruf.[1365]

714 Die **drei Stufen** gliedern sich wie folgt:

715 1. Ist die **Berufsausübung** betroffen, muss sich eine Schranke an *„vernünftigen Erwägungen des Allgemeinwohls orientieren“.*

Beispiele: Nachtbackverbot für Bäckereien,[1366] die Außendarstellung Gewerbetreibender und Freiberufler,[1367] wettbewerbsrechtliche Beschränkungen,[1368] Sperrgebietsverordnungen zur Beschränkung der Prostitution.[1369]

716 2. Wird die **Berufswahl** durch **subjektive Zulassungsvoraussetzungen** eingeschränkt, z. B. Befähigungsnachweise, darf die Berufsfreiheit nur eingeschränkt werden, wenn dies zum Schutz eines *„wichtigen Gemeinschaftsgutes“* erforderlich ist, z. B. zum Schutz vor gesundheitlichen Gefahren, zur Verkehrssicherheit oder zum Verbraucherschutz.

Beispiele: Die Altersgrenze für Hebammen[1370] oder Prüfingenieure,[1371] das Erfordernis der bestandenen Steuerberaterprüfung.[1372]

717 3. Wird die Berufswahl durch **objektive Zulassungsvoraussetzungen** eingeschränkt, z. B. durch Monopole oder Zulassungszahlbegrenzungen (Kontingentierungen), darf die Berufsfreiheit nur eingeschränkt werden, wenn eine schwere Gefahr für ein überragend wichtiges Gemeinschaftsgut droht oder eingetreten ist.

1363 BVerfGE 11, 30 ff., 41.
1364 BVerfGE 11, 30 ff., 41. Übungsfall: *Keese*, JURA 2014, 741 ff.
1365 BVerfGE 7, 377 ff., 398 f.
1366 BVerfGE 32, 311 ff., 317 f.
1367 BVerfGE 85, 248 ff., 256.
1368 BVerfGE 32, 311 ff., 317 f.
1369 BVerfG NVwZ 2009, 905 ff., 907.
1370 BVerfGE 9, 338 ff., 345.
1371 BVerfGE 64, 72 ff., 82.
1372 BVerfGE 69, 209 ff., 218.

Als **überragend wichtige Gemeinschaftsgüter** erkennt das Bundesverfassungsgericht z. B. die Gesundheit der Bevölkerung,[1373] die Vermeidung und Abwehr von Suchtgefahren,[1374] die finanzielle Stabilität der Krankenversicherung,[1375] die Existenz und das Funktionieren des Taxigewerbes,[1376] die zügige Neuordnung der Verhältnisse in den neuen Bundesländern[1377] und die Funktionsfähigkeit der Universitäten[1378] an. Auch die Nichtzulassung von Männern zum Hebammenberuf soll zulässig sein, weil männliche Hebammen bei der Geburt einen *„Störfaktor"* bilden und die Volksgesundheit gefährden könnten.[1379]

Abweichend sind Eingriffe in die Berufswahl durch objektive Zulassungsvoraussetzungen auch dann zulässig, wenn zwar keine überragend wichtigen Gemeinschaftsgüter betroffen sind, der Beruf aber durch **„atypische Besonderheiten"** gekennzeichnet ist, z. B. weil seine Tätigkeit *„an sich unerwünscht"* ist, was bei einem Spielbankbetreiber der Fall sein soll.[1380]

718 In **neueren Entscheidungen** hat das Bundesverfassungsgericht zum Teil nicht mehr zwischen objektiven und subjektiven Berufswahlvoraussetzungen unterschieden, sondern für alle Eingriffe in die Berufswahl festgestellt:

> *„Solche Eingriffe [...] sind nur zum Schutz eines besonders wichtigen Gemeinschaftsgutes und unter strikter Beachtung des Grundsatzes der Verhältnismäßigkeit statthaft."*[1381]

Eine **endgültige Abkehr** von der Drei-Stufen-Theorie ist damit zwar nicht verbunden; nach wie vor unterscheidet das Bundesverfassungsgericht zwischen objektiven und subjektiven Zulassungsvoraussetzungen.[1382] Dennoch enthalten die neueren Entscheidungen des Gerichts eine gegenüber der etwas starr wirkenden Dreistufigkeit eine differenzierendere Betrachtung.[1383]

719 Die Stufentheorie des Bundesverfassungsgerichts verdient **Kritik.** Konsequenterweise sollte das Bundesverfassungsgericht seine Drei-Stufen-Theorie endgültig aufgeben und – wie bei verschiedenen anderen Grundrechten auch – die Zulässigkeit

---

1373 BVerfGE 7, 377 ff., 414 f.; BVerwGE 40, 17 ff., 19 ff.; Reichweite des Gesundheitsschutzes offengelassen in BVerfGE 115, 276 ff., 304.

1374 BVerfGE 115, 276 ff., 304 f. – Spielsucht.

1375 BVerfG 1 BvR 866/07 vom 15.05.2007 (juris); BVerfG NVwZ 2006, 191 ff., 199.

1376 BVerfGE 11, 168 ff., 191.

1377 BVerfGE 85, 360 ff., 375 (Forschung); BVerfGE 92, 140 ff., 152, BVerfGE 84, 133 ff., 151 (Verwaltungsumbau); BVerfGE 93, 213 ff., 236 f. (Rechtspflege).

1378 BVerfGE 33, 303 ff., 339 (*numerus clausus*).

1379 BVerfGE 40, 17 ff., 19 ff.

1380 BVerfGE 102, 197 ff., 214 f.

1381 BVerfGE 93, 213 ff., 235; BVerfGE 97, 12 ff., 26; BVerfG NJW 2006, 3706 f.

1382 Siehe z. B. BVerfGE 102, 197 ff., 214.

1383 Z. B. BVerfG NJW 2006, 1261 ff., 1263.

eines Eingriffs allein an der **Verhältnismäßigkeit** messen. Das Prinzip der Verhältnismäßigkeit schafft ausreichende Maßstäbe für eine Prüfung auch im Einzelfall. Die Drei-Stufen-Theorie hat jedenfalls nicht dazu geführt, dass die Berufsfreiheit ein besonders wirksam geschütztes Grundrecht wäre. Im Gegenteil zeugen die zahlreichen vom Bundesverfassungsgericht für „überragend" erachteten Gemeinschaftsgüter eher vom Gegenteil: Die Berufsfreiheit ist eines der am schlechtesten geschützten Grundrechte überhaupt. Warum z. B. das funktionierende Taxigewerbe „überragend" wichtig sein soll – und die Zahl der Taxiunternehmer in einem Gebiet aus diesem Grund beschränkt werden darf – erschließt sich kaum. Hier zeigt sich deutlich die Gefahr der Stufenprüfung: Sie ersetzt die ausführliche, notwendigerweise an den Einzelfall anzupassende Verhältnismäßigkeitsprüfung durch die sehr viel oberflächlichere Frage nach der „überragenden" Wichtigkeit des auf dem Spiel stehenden Gemeinschaftsgutes.

19. Unverletzlichkeit der Wohnung (Art. 13 Abs. 1 GG)

a) Schutzbereich

aa) Sachlich

720 Eine **Wohnung** ist ein Raum, der Privatsphäre gewähren soll und in dem jedermann das Recht hat, in Ruhe gelassen zu werden.[1384] Über den allgemeinen Sprachgebrauch hinaus schützt Art. 13 Abs. 1 GG deshalb auch **Arbeits-, Geschäfts- und Betriebsräume** und Vereinslokale,[1385] soweit und solange sie nicht allgemein zugänglich sind.[1386] Dabei schadet es nicht, wenn der Berechtigte eine Räumlichkeit aus eigenem Entschluss der Öffentlichkeit zugänglich gemacht hat, da er auch dann in seiner Entscheidung darüber geschützt ist, wer zu welchem Zweck ein Zutrittsrecht erhalten soll.[1387]

bb) Persönlich

721 Geschützt sind natürliche und inländische juristische Personen. Für den persönlichen Schutzbereich kommt es nicht auf das Eigentum, sondern den (rechtmäßigen) Besitz an der Wohnung an.[1388]

1384 BVerfG NVwZ 2006, 925 f., 926; BVerfGE 89, 1 ff., 12.
1385 BVerfG NJW 2005, 454 ff., 455.
1386 BVerfGE 32, 54 ff., 69 ff.; *Manssen*, Staatsrecht II, § 27, Rdnr. 727.
1387 BVerfGE 97, 228 ff., 265.
1388 *Manssen*, Staatsrecht II, § 27, Rdnr. 730.

b) Schrankenbereich und verfassungsrechtliche Rechtfertigung

Ungeachtet der Wendung, dass die Wohnung „unverletzlich" ist, enthalten die Absätze 2 – 7 zahlreiche Einschränkungen dieses Grundrechts. 722

In Abs. 2 ist die **Wohnungsdurchsuchung** geregelt. Diese darf außer bei Gefahr im Verzug nur durch einen Richter angeordnet werden.[1389] **Gefahr im Verzug** liegt vor, wenn das vorherige Einholen der richterlichen Anordnung den Durchsuchungserfolg gefährden würde.[1390] Diese Vorschrift ist eng auszulegen, da die nichtrichterliche Durchsuchung den Ausnahmefall darstellt.[1391]

> **Beispiel:** „Gefahr im Verzuge" ist nicht gegeben, wenn in einer Großstadt bei einer Durchsuchung bei Tage (§ 104 Abs. 3 StPO) nicht zumindest der Versuch unternommen wird, einen Durchsuchungsrichter aufzutreiben.[1392]

In jedem Fall benötigt die Durchsuchung eine gesetzliche Grundlage (vgl. § 102 ff. StPO).

Die Abs. 3 – 6 regeln im Einzelnen die verfassungsrechtlichen Anforderungen an Gesetze zur **Wohnraumüberwachung mit technischen Mitteln.**[1393] Die Überwachung zur Strafverfolgung richtet sich nach Abs. 3, jene zur Gefahrenabwehr nach Abs. 4.

Art. 13 Abs. 7 GG enthält eine **generelle Schrankenbestimmung** jenseits der Spezialfälle von Abs. 2 – 6. Eingriffe und Beschränkungen dürfen nur zu den dort genannten Zwecken vorgenommen werden.

20. Eigentums- und Erbrechtsgarantie (Art. 14 Abs. 1 S. 1 GG)

a) Schutzbereich

aa) Sachlich

Das verfassungsrechtliche **Eigentum** unterscheidet sich vom Eigentum des Bürgerlichen Rechts. Im Zivilrecht ist das Eigentum das umfängliche Herrschaftsrecht an einer Sache, also an einem körperlichen Gegenstand.[1394] Im Verfassungsrecht ist Eigentum jedes vermögenswerte Recht, das *„dem Berechtigten [...] zur privaten Nutzung und zur eigenen Verfügung zugeordnet ist"*.[1395] Betroffen sind also nicht 723

1389 Zu den Voraussetzungen im Einzelnen siehe BVerfG NJW 2014, 1650 f.
1390 BVerfGE 103, 142 ff., 154; BVerfGE 51, 97 ff., 111.
1391 BVerfGE 103, 142 ff.,153.
1392 BVerfG NJW 2007, 1444.
1393 Vgl. hierzu den Übungsfall von *Werkmeister/Pötters*, JuS 2012, 223 ff., 226.
1394 *Herrler*, in: *Grüneberg*, BGB, Überbl. v. § 903, Rdnr. 1.
1395 BVerfGE 89, 1 ff., 6; BVerfGE 68, 193 ff., 222 f.

nur fassbare Gegenstände, sondern auch Rechtspositionen, sofern sie einen Vermögenswert besitzen; nicht aber das Vermögen selbst.[1396]

724 Art. 14 Abs. 1 S. 2 GG ermächtigt den Gesetzgeber, den **Inhalt** des Eigentums zu bestimmen. Der Schutzbereich wird daher maßgeblich von einfachgesetzlichen Vorschriften ausgestaltet. Allerdings gilt die Befugnis der Inhaltsbestimmung nicht unbegrenzt. Sie ist dort besonders eingeschränkt, wo *„es um die Funktion des Eigentums als Element der Sicherung der persönlichen Freiheit des Einzelnen geht."*[1397] Dort, wo *„das Eigentumsobjekt in einem sozialen Bezug und einer sozialen Funktion steht"* ist sie andererseits besonders weit.[1398]

725 Im Einzelnen sind z. B. geschützt:

- dingliche Rechte;[1399]
- schuldrechtliche Forderungen;[1400]
- Nutzungsrechte;[1401]
- Anteile an Kapitalgesellschaften;[1402]
- das „geistige Eigentum", soweit es einen Vermögenswert hat (Urheberrecht, Patent, Markenrecht).[1403]

726 **Öffentlich-rechtliche Rechtspositionen** sind geschützt, *„wenn der ein subjektiv-öffentliches Recht begründende Sachverhalt dem Einzelnen eine Rechtsposition verschafft, die derjenigen des Eigentümers entspricht".*[1404] Dies ist z. B. bei Rentenansprüchen der Fall;[1405] sonstige Sozialleistungsansprüche sind nur dann geschützt, wenn es vermögenswerte Rechtspositionen sind, die dem Empfänger ausschließlich und privatnützig zugeordnet sind und dessen Existenzsicherung dienen. Zudem greift der Schutz nur dann, wenn die Sozialleistungen auf „nicht unerheblichen Eigenleistungen" beruhen.[1406]

1396 *Jasper*, DÖV 2014, 872 ff., 876.

1397 BVerfGE 53, 257 ff., 292.

1398 BVerfGE 53, 257 ff., 292.

1399 BVerfGE 79, 174 ff., 191.

1400 BVerfGE 68, 193 ff., 222.

1401 BVerfG NJW 2004, 589 ff., 589 – Domainnutzung.

1402 BVerfG NJW 2007, 3266 ff., 3267. Nicht geschützt ist allerdings der „bloße Vermögenswert" einer Aktie, siehe BVerfGE 132, 99 ff., 119.

1403 H. M., vgl. z. B. *Wendt*, in: *Sachs*, GG, Art. 14, Rdnr. 24; *Jarass*, in: *Jarass/Pieroth*, GG, Art. 14, Rdnr. 8; BVerfGE 83, 201 ff., 209; a. A. *H. Möller*, JurPC Web-Dok. 225/2002, Abs. 55.

1404 BVerfGE 53, 257 ff., 289.

1405 BVerfGE 53, 257 ff., 289; BVerfGE 100, 1 ff., 32 f. Das BVerfG hat bislang offengelassen, ob auch die allgemeine jährliche Rentenanpassung dem Schutzbereich unterfällt, BVerfG BetrAV 2014, 563 f.

1406 Verneint für die Sozialhilfe in BVerfG NJW 2011, 1058 ff., 1059.

Geschützt sind nur **gegenwärtige** Rechtspositionen, nicht zukünftige Chancen und Verdienstmöglichkeiten.[1407] Nicht geschützt ist das **Vermögen** selbst, d.h. der Inbegriff aller geldwerten Güter einer Person.[1408] 727

Ob über die vermögenswerten Rechtspositionen hinaus auch das **Recht am eingerichteten und ausgeübten Gewerbebetrieb** von Art. 14 GG geschützt ist, ist umstritten. Die h.M. bejaht diese Frage, da der Gewerbebetrieb in der zivil- und verwaltungsrechtlichen Rechtsprechung ein „sonstiges Recht" i.S. des § 823 Abs. 1 BGB sei.[1409] Das Bundesverfassungsgericht hat sie bislang offengelassen.[1410] 728

Der Schutz des **Erbrechts** umfasst die Testierfreiheit (das Recht, Vermögensgegenstände zu vererben) und das Recht des Erben, die Rechtsposition des Erblassers zu erlangen. 729

bb) Persönlich

Geschützt sind natürliche und inländische juristische Personen. Öffentlich-rechtliche Körperschaften hingegen sind nicht geschützt. *„Art. 14 als Grundrecht schützt nicht das Privateigentum, sondern das Eigentum Privater"*.[1411] 730

b) Schrankenbereich und verfassungsrechtliche Rechtfertigung

Art. 14 Abs. 1 S. 2 GG enthält neben der Inhaltsbestimmung mit dem Hinweis auf die „Schranken" auch einen **allgemeinen Gesetzesvorbehalt**. 731

Die **Enteignung**, ist die vollständige oder teilweise Entziehung des Eigentums Einzelner zur Erfüllung bestimmter öffentlicher Aufgaben.[1412] Sie darf gemäß Art. 14 Abs. 3 S. 1 GG nur durch Gesetz (Legalenteignung) oder aufgrund eines Gesetzes (Administrativenteignung) erfolgen. In diesem Gesetz muss zugleich die Entschädigung geregelt werden (sog. **Junktim-Klausel**). Eine Enteignung kann nur durch ein Gemeinwohlziel „von besonderem Gewicht" gerechtfertigt sein; hierzu gehört z.B. die Gewinnung von Braunkohle.[1413] Diskutieren könnte man, ob dies nach dem 732

1407 BVerfGE 68, 193 ff., 222.

1408 BVerfGE 95, 267 ff., 299.

1409 *Wendt*, in: *Sachs*, GG, Art. 14, Rdnr. 26 m.w.N. auch zur Gegenmeinung; *Manssen*, Staatsrecht II, § 28, Rdnr. 751 mit Verweis auf BGHZ 23, 157 ff., 162 und BVerwGE 62, 224 ff., 226; differenzierend *Jarass*, in: *Jarass/Pieroth*, GG, Art. 14, Rdnr. 9.

1410 BVerfG NJW 2010, 3501 f.; BVerfG NJW-RR 2004, 1710 ff., 1712; BVerfGE 96, 375 ff., 397; BVerfGE 68, 193 ff., 222 f.

1411 BVerfG NVwZ 2002, 1366 f., 1366; BVerfGE 61, 82 ff., 108 f.

1412 BVerfG DÖV 2014, 242 ff., 244 – Garzweiler.

1413 BVerfG DÖV 2014, 242 ff., 245 – Garzweiler.

Klimaschutz-Beschluss des Bundesverfassungsgerichts[1414] heute ebenso entschieden würde.

733 Bei der verfassungsrechtlichen Abwägung eines Eingriffs mit anderen Schutzgütern[1415] ist Art. 14 Abs. 2 GG zu beachten, der die **Sozialpflichtigkeit** des Eigentums hervorhebt. Aus dieser Sozialpflichtigkeit ergibt sich das Gebot der Rücksichtnahme auf die Allgemeinheit – z. B. auf jene, die auf die Mitbenutzung des Eigentums angewiesen sind. Die Interessen der Beteiligten sind dabei *„in einen gerechten Ausgleich und ein ausgewogenes Verhältnis"* zu bringen.[1416]

Die Sozialpflichtigkeit spielt insbesondere im Mietrecht eine Rolle. Der Wohnungseigentümer muss wegen der besonderen sozialen Funktion von Wohnraum bestimmte Einschränkungen wie z. B. ein *„Zweckentfremdungsverbot von Wohnraum"* dulden.[1417] Ebenso haben Grundstückseigentümer bestimmte staatliche Eingriffe, wie z. B. den Bau von Telekommunikationsleitungen, zu dulden[1418] und sind verantwortlich für Gefahren, die von ihrem Grundstück ausgehen.[1419] Eine Wohnungseigentümergemeinschaft darf nicht ohne Weiteres dem Besucher einer Wohnungseigentümerin ein Hausverbot erteilen.[1420] Besondere soziale Funktion haben auch Kleingärten,[1421] Denkmäler[1422] und das Jagdrecht.[1423]

734 Für einige Zeit vertrat das Bundesverfassungsgericht die Auffassung, aus der Formulierung *„zugleich"* in Art. 14 Abs. 2 S. 2 GG ergebe sich eine maximale Steuerbelastung des Bürgers in Höhe von etwa 50 % (**Halbteilungsgrundsatz** im Steuerrecht).[1424] Nach z. T. massiver Kritik[1425] ist das Bundesverfassungsgericht im Jahr 2006 von dieser Rechtsprechung abgerückt.[1426]

1414 BVerfGE 157, 30 – Klimaschutz; siehe hierzu oben Rdnr. 194e und 566a.

1415 Hierzu grundlegend *Shirvani*, DÖV 204, 173 ff.

1416 BVerfG NJW 2000, 1471 ff., 1472.

1417 BVerfGE 38, 248 ff., 370 f.; BVerfGE 37, 132 ff., 140 f.

1418 BVerfG NJW 2003, 196 ff., 198.

1419 BVerfGE 102, 1 ff., 15 f.; siehe hierzu ausf. *Albrecht*, Die Kostenkonzeption des Bundes-Bodenschutzgesetzes, 2003, S. 157 ff. m. w. N.

1420 BVerfG NJW 2010, 220 ff.

1421 BVerfG NJW 1998, 3559.

1422 BVerfG NVwZ 2010, 957 f.; BVerfG NJW 1999, 2877 ff., 2878.

1423 BVerfG NVwZ 2007, 808 ff., 809.

1424 BVerfGE 93, 121 ff., 138.

1425 Z. B. *Bull*, NJW 1996, 281 ff., 281; vgl. auch die abw. Meinung von *Böckenförde*, BVerfGE 93, 121 ff., 149 ff.

1426 BVerfGE 115, 97 ff., 109 f.

21. Schutz vor Ausbürgerung und Auslieferung (Art. 16 GG)

a) Schutz vor Ausbürgerung (Abs. 1)

Art. 16 Abs. 1 GG schützt jeden Deutschen, nicht aber den Statusdeutschen,[1427] vor Entziehung und vor Verlust der Staatsangehörigkeit. 735

Der **Verlust** der Staatsangehörigkeit ist jede staatliche Maßnahme, durch die der Betroffene seine Staatsangehörigkeit verliert. Die **Entziehung** betrifft jene Fälle des Verlustes, in denen der Staat die Staatsbürgerschaft durch zielgerichteten Hoheitsakt wegnimmt (Zwangsausbürgerung).[1428] Das Bundesverfassungsgericht definiert die Entziehung als *„jede Verlustzufügung, die die – für den Einzelnen und für die Gesellschaft gleichermaßen bedeutsame – Funktion der Staatsangehörigkeit als verlässliche Grundlage gleichberechtigter Zugehörigkeit beeinträchtigt."*[1429] Eine Entziehung liegt nur dann vor, wenn der Betroffene auf den Fortbestand der Staatsangehörigkeit vertraut (*„verlässliche Grundlage"*), nicht aber, wenn der Betroffene seine Einbürgerung durch falsche Angaben erschleicht und diese daraufhin zurückgenommen wird.[1430] 736

Verlust und Entziehung der Staatsangehörigkeit unterliegen gemäß Art. 16 Abs. 1 GG unterschiedlichen **Schranken**. Die Entziehung ist in jedem Fall unzulässig (S. 1). Der Verlust kann dagegen gesetzlich bestimmt werden (Gesetzesvorbehalt), er darf jedoch in keinem Fall dazu führen, dass der Betroffene gegen seinen eigenen Willen staatenlos wird (S. 2).[1431] 737

b) Schutz vor Auslieferung (Abs. 2)

Auslieferung ist die **zwangsweise Entfernung** eines Bürgers aus dem inländischen Hoheitsgebiet und **Überstellung** an eine ausländische Hoheitsgewalt für ein Strafverfahren oder zur Strafvollstreckung.[1432] 738

Die Auslieferung ist grundsätzlich nicht gestattet. Nur innerhalb der EU oder an einen internationalen Gerichtshof[1433] sieht Art. 16 Abs. 2 S. 2 GG die Möglichkeit zur Auslieferung vor und enthält hierzu einen **qualifizierten Gesetzesvorbehalt**: *„Rechtsstaatliche Grundsätze"* müssen gewahrt sein – unzulässig ist also eine Auslieferung

1427 Zum Begriff siehe unten Rdnr. 812 f.

1428 *Ipsen*, Staatsrecht II, Rdnr. 955.

1429 BVerfGE 116, 24 ff., 44.

1430 BVerfGE 116, 24 ff., 45, dazu *Kämmerer*, NVwZ 2006, 1015 ff.

1431 BVerfG NJW 2014, 1364 ff., 1365 f.: Eine behördliche Anfechtung der Vaterschaft darf nicht zum Verlust der Staatsangehörigkeit des Kindes führen.

1432 BVerfGE 113, 273 ff., 293 – „Europäischer Haftbefehl"; hierzu ausf. *Knopp*, JR 2005, 448 ff.; BVerfGE 29, 183 ff., 192; BVerfGE 10, 136 ff., 139.

1433 Z. B. IStGH; weitere bei *Kokott*, in: *Sachs*, GG, Art. 16, Rdnr. 48.

an ein Land, dessen Verfahrensgrundsätze nicht dem Rechtsstaatsprinzip entsprechen, so dass im Einzelfall Grundrechtseinschränkungen für den Betroffenen zu befürchten sind.[1434] Darüber hinaus ist eine Auslieferung auch dann unzulässig, wenn die zugrundeliegende Straftat einen maßgeblichen **Inlandsbezug** aufweist; d. h. wesentliche Teile von Tathandlung und -erfolg auf deutschem Boden stattfanden; insoweit muss der Verfolgte auf die eigene Rechtsordnung vertrauen dürfen, die er kennt und die er selbst demokratisch mitbestimmen konnte.[1435]

22. Asylrecht (Art. 16a GG)

739 Politisch Verfolgte besitzen („*genießen*") Asylrecht, Art. 16a Abs. 1 GG.

740 **Verfolgt** ist, wem eine Beeinträchtigung von Leib, Leben oder persönlicher Freiheit droht, die so schwerwiegend ist, dass sie die Menschenwürde verletzt.[1436] Dabei reicht nicht jeder drohende Rechtseingriff aus, auch dann nicht, wenn er nach bundesdeutschem Recht unzulässig wäre.[1437]

Die Verhinderung einer freien Religionsausübung oder einer beruflichen oder wirtschaftlichen Betätigung kann eine Verfolgung i. S. des Art. 16a GG darstellen, wenn sie die Menschenwürde verletzt und über das hinausgeht, „*was die Bewohner des Heimatstaats aufgrund des dort herrschenden Systems allgemein hinzunehmen haben*".[1438] Für die Bedrohung kommt es auf einen objektiven Maßstab an, nicht darauf, dass der Betroffene sich verfolgt fühlt.[1439]

741 **Politisch verfolgt** ist, wer wegen seiner Religion, seiner politischen Überzeugung oder wegen seiner „*unverfügbaren Merkmale, die sein Anderssein prägen*", verfolgt wird.[1440] Als solche unverfügbaren Merkmale kommen z. B. die Ethnie oder die Nationalität in Betracht.[1441] Auch die Verfolgung wegen Homosexualität oder die drohende Zwangsbeschneidung wurden in der Vergangenheit als Asylgründe anerkannt.[1442] Ob sog. **Nachfluchtgründe**, d. h. Gründe für eine politische Verfolgung, die erst nach dem Verlassen des Heimatstaates entstanden sind, zu berücksichtigen sind, hängt vom Einzelfall ab, u. a. davon, ob sie der Betroffene selbst verursacht (subjektive Nachfluchtgründe).[1443]

1434 BVerfGE 113, 273 ff., 299.
1435 BVerfGE 113, 273 ff., 302.
1436 BVerfGE 76, 143 ff., 157 f.; BVerfGE 54, 341 ff., 357.
1437 *Will*, in: *Sachs*, GG, Art. 16a, Rdnr. 15.
1438 BVerfGE 54, 341 ff., 357.
1439 BVerfGE 54, 341 ff., 359.
1440 BVerfGE 80, 315 ff., 348 f.
1441 *Will*, in: *Sachs*, GG, Art. 16a, Rdnr. 21.
1442 Nachw. b. *Manssen*, Staatsrecht II, § 30, Rdnr. 818.
1443 *Will*, in: *Sachs*, GG, Art. 16a, Rdnr. 32 ff.

Politische Verfolgung i.S. des Art. 16a Abs. 1 GG ist nur die **staatliche** oder **quasi-staatliche** Verfolgung, d.h. eine solche, die vom Staat selbst oder von Dritten, deren Handlungen dem Staat zuzurechnen sind, begangen wird.[1444] 742

Vom Schutzbereich des Asylrechts ist gemäß Art. 16a Abs. 2 GG nicht umfasst, wer aus einem **sicheren Drittstaat** eingereist ist. Aus einem Drittstaat reist ein, wer sich dort – wenn auch nur kurz – befunden hat und dort nach den Bestimmungen der Genfer Flüchtlingskonvention hätte Schutz finden können.[1445] Sicher ist der Drittstaat, wenn dort die in Abs. 2 S. 1 genannten völkerrechtlichen Vorschriften eingehalten werden, was gemäß S. 2 gesetzlich zu bestimmen ist (siehe § 26a AsylVfG und Anlage I zum AsylVfG). Da die Bundesrepublik von sicheren Drittstaaten umgeben ist, kann faktisch nur noch derjenige Asyl beanspruchen, der mit dem Flugzeug oder dem Schiff einreist. Ebenfalls nicht geschützt ist, wer aus einem **sicheren Herkunftsstaat** einreist, es sei denn er trägt Tatsachen vor, die seine Verfolgung ausnahmsweise begründen. Abs. 3 S. 1 ermächtigt den Gesetzgeber, eine Liste sicherer Herkunftsstaaten aufzustellen (siehe § 29a AsylVfG und Anlage II zum AsylVfG). 743

Geschaffen wurde Art. 16a GG im Jahr 1993; zuvor war das Asylrecht in Art. 16 Abs. 2 S. 2 GG a.F. geregelt. Die Regelungen der Absätze 2 – 5 wurden neu eingefügt. Die weitgehenden Einschränkungen (Drittstaatenregelung, Herkunftsstaatenregelung) wurden vom Bundesverfassungsgericht für **verfassungsgemäß** erklärt: Der Verfassungsgeber sei jenseits der Grenze des Art. 79 Abs. 3 GG rechtlich frei darin, die Verfassung zu gestalten.[1446] 744

23. Petitionsrecht (Art. 17 GG)

Das Petitionsrecht ist das Recht, einzeln oder gemeinsam mit anderen bei den Behörden und Volksvertretungen **Bitten oder Beschwerden** vorzubringen. Dieses Recht ergänzt die förmlichen Rechtsbehelfe der Verwaltungs- und Gerichtsverfahren um ein informelles Äußerungsrecht. Es gibt dabei kein Recht auf Entscheidung zu Gunsten des Petenten, wohl aber auf sachliche Prüfung und auf Beantwortung der Petition.[1447] 745

1444 „Quasi-staatlich" sind z.B. Anhänger der Staatsreligion, die Andersgläubige verfolgen, BVerfGE 54, 341 ff., 358.

1445 BVerfGE 94, 49 ff., 94.

1446 BVerfGE 94, 49 ff., 85 ff.

1447 *Pagenkopf*, in: *Sachs*, GG, Art. 17, Rdnr. 13; BVerfGE 2, 225 ff., 230; BVerwG NJW 1976, 637 f., 638.

Im **Bundestag** ist gemäß Art. 45c GG ein Petitionsausschuss eingerichtet, dessen Tätigkeit sich nach den §§ 108 ff. GOBT richtet. Im Jahr 2021 hat der Petitionsausschuss 11.667 Petitionen erhalten.[1448]

24. Widerstandsrecht (Art. 20 Abs. 4 GG)

746 Art. 20 Abs. 4 GG sieht ein Widerstandsrecht aller Deutschen vor, das sich gegen jeden richten kann, der *„es unternimmt"*, die verfassungsmäßige Ordnung zu beseitigen.[1449] Mit dieser Ordnung ist die **freiheitlich-demokratische Grundordnung** gemeint.[1450]

Das Widerstandsrecht richtet sich gegen „jeden", d.h. sowohl gegen Organe und Vertreter des Staates („Staatsstreich von oben") als auch gegen Angreifer außerhalb der staatlichen Einrichtungen („Staatsstreich von unten").[1451]

747 Voraussetzung für das Recht auf Widerstand ist ein Angriff gegen die verfassungsmäßige Ordnung insgesamt; einzelne verfassungswidrige Entscheidungen oder Maßnahmen genügen nicht. Das Widerstandsrecht ist **subsidiär** und wird deshalb nur dann gewährt, *„wenn andere Abhilfe nicht möglich ist"*. Solange die Justiz, insbesondere das Bundesverfassungsgericht sowie andere staatliche Stellen die verfassungsmäßige Ordnung aufrechterhalten können, ist eine Selbstjustiz daher unzulässig.[1452]

748 Ein Recht auf **zivilen Ungehorsam** gewährt Art. 20 Abs. 4 GG nicht; es ist auch nicht an anderer Stelle der Verfassung enthalten. Ziviler Ungehorsam ist insbesondere dann unzulässig, wenn Rechte Dritter berührt werden; im Übrigen kann eine solche Motivation aber in strafgerichtliche Entscheidungen zu Gunsten eines Angeklagten einbezogen werden.[1453]

25. Parteienfreiheit (Art. 21 Abs. 1 S. 2 GG)

749 Art. 21 Abs. 1 S. 2 GG gewährt die Freiheit zur Gründung einer Partei. Parteien sind gemäß der verfassungsrechtlich zutreffenden[1454] Definition in § 2 Abs. 1 S. 1 PartG

1448 Siehe Jahresbericht des Petitionsausschusses 2022, S. 14; abrufbar im Internet unter: https://www.bundestag.de/resource/blob/945260/66edb3a827e9efc2cf7099828e489277/Ausgabe_2022.pdf.

1449 Zur Entstehungsgeschichte siehe *Klein*, DÖV 1968, 856 ff.

1450 *Degenhart*, Staatsrecht I, Rdnr. 472. Zum Begriff s. o. Rdnr. 113.

1451 *Degenhart*, Staatsrecht I, Rdnr. 472.

1452 *Sachs* bewertet das Widerstandsrecht daher als *„kaum praktisch relevant"*, in: *Sachs*, GG, Art. 20, Rdnr. 168. Zum Verhältnis zum zivilen Ungehorsam vgl. *Degenhart*, Staatsrecht I, Rdnr. 473 zur „Letzten Generation", „Extinction Rebellion".

1453 BVerfGE 73, 206 ff., 252.

1454 BVerfGE 91, 276 ff., 384; BVerfGE 89, 266 ff., 269 f.; 47, 187 ff., 222.

„Vereinigungen von Bürgern, die dauernd oder für längere Zeit für den Bereich des Bundes oder eines Landes auf die politische Willensbildung Einfluß nehmen und an der Vertretung des Volkes im Deutschen Bundestag oder einem Landtag mitwirken wollen, wenn sie nach dem Gesamtbild der tatsächlichen Verhältnisse, insbesondere nach Umfang und Festigkeit ihrer Organisation, nach der Zahl ihrer Mitglieder und nach ihrem Hervortreten in der Öffentlichkeit eine ausreichende Gewähr für die Ernsthaftigkeit dieser Zielsetzung bieten."

Die Gründungsfreiheit schließt eine **staatliche Genehmigungshürde** (z. B. eine Lizenzierung oder ein Parteienregister) für die Gründung von Parteien aus.[1455]

Neben der Gründungsfreiheit enthält Art. 21 Abs. 1 S. 2 GG auch eine umfassende **Betätigungsfreiheit** der Parteien.[1456]

Grundrechtsträger sind sowohl die Parteien selbst als auch die einzelnen Parteimitglieder.

26. Wahlrecht (Art. 38 Abs. 1 S. 1 GG)

Art. 38 Abs. 1 S. 1 GG enthält das **Wahlrecht**, ein grundrechtsgleiches Recht, das dem 750
Einzelnen das Recht zur Teilnahme an einer unmittelbaren, freien, gleichen, allgemeinen, geheimen und öffentlichen Bundestagswahl verleiht.[1457] Das Wahlrecht ist auch dann verletzt, wenn das Volk nicht mehr dasjenige Organ wählen kann, das einen bestimmenden Einfluss auf die Regierung und die Gesetzgebung des Bundes hat.[1458] Damit gewährt Art. 38 Abs. 1 S. 1 GG dem Einzelnen einen subjektiven Anspruch gegen den Staat auf Einhaltung des **Demokratieprinzips**.[1459] Art. 38 Abs. 1 S. 1 GG erfasst allerdings nur die Bundestagswahlen und die Demokratie auf **Bundesebene**; wegen der Eigenständigkeit der Länder scheidet eine Übertragung dieses subjektiven Rechts auf Landesebene aus. Auch aus dem Homogenitätsprinzip lässt sich kein subjektiver grundgesetzlicher Anspruch auf ein entsprechendes Wahlrecht in den Ländern herleiten.[1460]

Eingriffe in das Wahlrecht sind unzulässig; zulässig sind allerdings die bereits erwähnten Abweichungen von der formalen Gleichheit wie die Fünf-Prozent-Hürde und die Überhangmandate.[1461]

1455 *Ipsen*, in: *Sachs*, GG, Art. 21, Rdnr. 28.
1456 Weiterführend *Ipsen*, in: *Sachs*, GG, Art. 21, Rdnr. 30 ff.
1457 Zu den Wahlrechtsgrundsätzen siehe oben Rdnr. 103 ff.
1458 BVerfGE 123, 267 ff., 340.
1459 Zum Demokratieprinzip s. o. Rdnr. 97 ff.
1460 BVerfG 2 BvR 511/10 v. 11.05.2010 (juris).
1461 Hierzu oben Rdnr. 107.

27. Justizgrundrechte

751 Die in Art. 101 ff. GG niedergelegten sogenannten Justizgrundrechte gewährleisten bestimmte Rechte im gerichtlichen Verfahren.

Der **persönliche Schutzbereich** der Justizgrundrechte ist weiter gefasst als bei den sonstigen Grundrechten und grundrechtsgleichen Rechten. Da die Justizgrundrechte jeden schützen sollen, der im bundesdeutschen Rechtskreis an einem gerichtlichen Verfahren beteiligt ist, gelten sie für alle natürlichen Personen sowie für in- und ausländische juristische Personen und Personenvereinigungen, soweit sie Inhaber subjektiver Rechte sein können.[1462] Auch öffentlich-rechtliche juristische Personen sind umfasst, denn vor Gericht sind alle Beteiligten, ob staatlich oder privat, aus Gründen der Gewaltenteilung gleich. Daher ist es erforderlich, dass sie auch die gleichen Rechte haben.[1463]

a) Anspruch auf Rechtsschutz, Justizgewährungsanspruch

752 Der Anspruch auf Rechtsschutz und der allgemeine Justizgewährungsanspruch, seine Voraussetzungen und seine Grenzen werden in Rdnr. 161 ff. ausführlich behandelt.

b) Gesetzlicher Richter (Art. 101 Abs. 1 GG)

753 Art. 101 Abs. 1 S. 2 GG garantiert jedem Bürger, der sich vor Gericht befindet, dass der gesetzliche Richter seinen Fall entscheidet. Gesetzlich ist der Richter, der im Voraus *„abstrakt-generell"* aufgrund eines Gesetzes[1464] und mit Hilfe eines Geschäftsverteilungsplans konkret bestimmt wurde.[1465] Der Richter darf also nicht erst in Ansehung des konkreten Verfahrens *„ad hoc"*[1466] bestimmt werden; seine Zuständigkeit muss sich aus vorher feststehenden **Geschäftsverteilungsregeln** ergeben.[1467]

Unzulässig sind insbesondere **Ausnahmegerichte**, d. h. *„Gerichte, die in Abweichung von der gesetzlichen Zuständigkeit besonders gebildet und zur Entscheidung einzelner konkreter oder individuell bestimmter Fälle berufen sind"*[1468] (Art. 101 Abs. 1 S. 1 GG).

1462 *Ipsen*, Staatsrecht II, Rdnr. 897 f. sowie 912 f., jew. m. w. N.; BVerfGE 75, 201 ff., 215 (für Art. 103 Abs. 1 GG).
1463 Diff. BVerfGE 61, 82 ff., 104.
1464 BVerfGE 82, 286 ff., 298.
1465 BVerfGE 17, 294 ff., 298.
1466 *Degenhart*, in: *Sachs*, GG, Art. 101, Rdnr. 5.
1467 BVerfGE 95, 322 ff., 327 ff.
1468 BVerfGE 3, 213 ff., 223.

c) Rechtliches Gehör (Art. 103 Abs. 1 GG)

Art. 103 Abs. 1 GG gewährt jedem Bürger Anspruch auf rechtliches Gehör vor Gericht. Rechtliches Gehör ist die Möglichkeit für den Einzelnen, vor einer gerichtlichen Entscheidung, die seine Rechte betrifft, sich zu informieren und zu Wort zu kommen, um Einfluss auf Verfahrensablauf und -ergebnis nehmen zu können.[1469] Die Ausgestaltung des Verfahrens im Einzelnen ist Sache des Gesetzgebers; er darf in den Prozessordnungen grundsätzlich auch Fristen und Formvorschriften vorsehen[1470] – diese müssen aber angemessen sein.[1471] 754

Beispiel: Im schriftlichen Verfahren muss das Gericht – z. B. durch förmliche Zustellung mit Empfangsbekenntnis – überwachen, ob die Beteiligten tatsächlich in den Besitz der für die Entscheidung relevanten Schriftsätze gelangt sind.[1472] Das Gericht darf nur solche Tatsachen bei der Entscheidung verwerten, die von den Beteiligten oder dem Gericht zum Gegenstand des Verfahrens gemacht wurden.[1473]

d) Keine Strafe ohne Gesetz (Art. 103 Abs. 2 GG)

Gemäß Art. 103 Abs. 2 GG darf eine Tat nur bestraft werden, wenn die Strafbarkeit vor Begehung der Tat gesetzlich bestimmt war (lat: *„nulla poena sine lege"* = keine Strafe ohne Gesetz). Die Vorschrift betrifft ausschließlich das Straf- sowie das Ordnungswidrigkeitenrecht. Sie verschärft das allgemein geltende **Rückwirkungsverbot**[1474] für Gesetze auf diesen Rechtsgebieten insoweit, als auch keine unechte Rückwirkung („tatbestandliche Rückanknüpfung") möglich ist. 755

Darüber hinaus enthält Art. 103 Abs. 2 GG nach ständiger Rechtsprechung des Bundesverfassungsgerichts auch ein besonderes **Bestimmtheitsgebot** (siehe hierzu oben Rdnr. 145). 756

e) Verbot der Doppelbestrafung (Art 103 Abs. 3 GG)

Niemand darf wegen derselben Tat zweimal bestraft werden, dies bestimmt Art. 103 Abs. 3 GG. **Tat** ist dabei abweichend von §§ 52, 52 StGB[1475] der *„geschichtliche Vorgang, auf welchen Anklage- und Eröffnungsbeschluss hinweisen und innerhalb dessen der Angeklagte als Täter oder Teilnehmer einen Straftatbestand verwirk-* 757

1469 BVerfGE 84, 188 ff., 190.
1470 BVerfGE 67, 208 ff., 211.
1471 *Degenhart*, in: *Sachs*, GG, Art. 103, Rdnr. 27.
1472 BVerfG NJW 2006, 2248 f.
1473 BVerfG Beschluss vom 24.04.2004, 1 BvR 1418/03, BeckRS 2004, 17422.
1474 Hierzu oben Rdnr. 151 ff.
1475 BVerfGE 56, 22 ff., 30 ff.

licht haben soll."[1476] Ist jemand wegen einer Tat verurteilt, besteht ein Verfahrenshindernis gegenüber erneuter Strafverfolgung.

758 Die Vorschrift des **§ 362 StPO**, die unter bestimmten Voraussetzungen (z. B. Geständnis des Freigesprochenen; falsches Zeugnis eines Zeugen) die Wiederaufnahme eines durch Urteil abgeschlossenen Strafverfahren gestattet, wird als bereits beim Entstehen des Grundgesetzes existente **vorkonstitutionelle Schranke** zu Art. 103 Abs. 3 GG angesehen. Erweiterungen der Wiederaufnahmegründe sind jedenfalls unzulässig.[1477]

759 Das Verbot der Doppelbestrafung gilt laut Art. 103 Abs. 3 GG nur für eine Strafe „auf Grund der **allgemeinen Strafgesetze**", weshalb z. B. eine disziplinarrechtliche Sanktion und eine Bestrafung nach dem Strafgesetzbuch zugleich möglich sind.[1478]

1476 BVerfGE 23, 191 ff., 202.
1477 „Restriktive Handhabung ist geboten", so *Degenhart*, in: *Sachs*, GG, Art. 103, Rdnr. 84.
1478 BVerfGE 21, 378 ff., 384.

§ 33 Gleichheitsrechte

A. Überblick

Die Freiheitsrechte gewähren dem Bürger das Recht zu einem bestimmten Handeln oder Unterlassen. Die Gleichheitsrechte hingegen enthalten einen grundsätzlichen Schutz des Bürgers davor, ohne sachlichen Grund anders behandelt zu werden als andere. 760

Die Gleichheitsrechte lassen sich gliedern in den allgemeinen Gleichheitssatz (Art. 3 Abs. 1 GG) und die speziellen Gleichheitsrechte (Art. 3 Abs. 2 u. 3, 6 Abs. 5, 33 Abs. 1 u. 2 GG).

Die Gleichheitsrechte sind, wie die Freiheitsrechte auch, vor allem **Abwehrrechte** des Bürgers gegen den Staat. Anders als die Freiheitsrechte besitzen sie aber keinen Schutzbereich, der die Grenze des Grundrechtsschutzes markiert.[1479] Der allgemeine Gleichheitssatz ist in jedem denkbaren Bereich von Bedeutung, sein Anwendungsbereich ist nicht auf ein bestimmtes Sachgebiet begrenzt. Die speziellen Gleichheitssätze sind zwar in ihrem Grundrechtsinhalt begrenzt. Da sie aber nicht auf bestimme Handlungen abstellen, sondern vor allem auf bestimmte Eigenschaften (z. B. das Geschlecht), spricht man auch hier nicht von Schutzbereichen. 761

Die pathetische **Formulierung** des allgemeinen Gleichheitssatzes in Art. 3 Abs. 1 GG („*Alle Menschen sind vor dem Gesetz gleich*") gibt Anlass zu Missverständnissen. Der Satz bedeutet nicht, dass die Gleichheit nur im Rahmen der Gesetze („*vor*" den Gesetzen) gilt. Die verfassungsmäßige Gleichheit muss im Gesetz selbst enthalten sein (Gleichheit „*im*" Gesetz).[1480] Der Satz ist trotz der Wendung „*sind... gleich*" keine bloße Zustandsbeschreibung.[1481] 762

Im **Verhältnis zu den Freiheitsrechten** sind die Gleichheitsrechte subsidiär. Verletzt ein bestimmtes staatliches Verhalten ein Freiheitsrecht, so kommt es auf eine Verletzung der Gleichheitsrechte nicht mehr an – dies gilt für die Verfassungspraxis, nicht aber für eine Klausur![1482] 763

1479 H. M., vgl. *Ipsen*, Staatsrecht II, Rdnr. 799; *Kingreen/Poscher*, Grundrechte Staatsrecht II, Rdnr. 589.

1480 *Manssen*, Staatsrecht II, § 32, Rdnr. 890.

1481 *Ipsen*, Staatsrecht II, Rdnr. 794.

1482 *Manssen*, Staatsrecht II, § 2, Rdnr. 45.

B. Der allgemeine Gleichheitssatz (Art. 3 Abs. 1 GG)

764 Art. 3 Abs. 1 GG enthält das allgemeine Grundrecht auf Gleichbehandlung, den allgemeinen Gleichheitssatz.

Die Prüfung, ob der allgemeine Gleichheitssatz verletzt ist, erfolgt in zwei Schritten („Neue Formel"). Zunächst muss festgestellt werden, ob eine **Ungleichbehandlung** vorliegt. Trifft das zu, so ist herauszuarbeiten, ob diese Ungleichbehandlung verfassungsrechtlich **gerechtfertigt** ist.

Zu beachten sind bei einer Prüfung allerdings noch die speziellen Gleichheitsrechte. Ein vollständiges Prüfungsschema finden Sie unter Rdnr. 785.

1. Ungleichbehandlung

765 Eine verfassungsrechtlich relevante Ungleichbehandlung liegt vor, wenn wesentlich Gleiches ungleich behandelt wird.

Wesentlich gleich sind Sachverhalte, Personen oder Personengruppen, wenn sie auf einen bestimmten **gemeinsamen Oberbegriff** bezogen miteinander vergleichbar sind. Notwendig ist nur die Vergleichbarkeit, nicht die Identität. Eine **Ungleichbehandlung** ist dementsprechend die unterschiedliche rechtliche Behandlung der vergleichbaren Sachverhalte, Personen oder Personengruppen.

Beispiele: Apotheken und Warenhäuser lassen sich unter den gemeinsamen Oberbegriff „Verkaufsstellen" subsumieren; Taxiunternehmen und Busreiseveranstalter unter den Begriff „Personenbeförderung".

Verfassungsrechtlich relevant ist auch die **Gleichbehandlung** von wesentlich Ungleichem.[1483]

2. Rechtfertigung von Ungleichbehandlungen

766 Zur Prüfung, ob eine Maßnahme gegen den allgemeinen Gleichheitssatz verstößt, hat das Bundesverfassungsgericht ein ausdifferenziertes Rechtsinstrumentarium entwickelt, bei dem es auf die näheren Umstände der Ungleichbehandlung ankommt. Das Gericht unterscheidet dabei unter anderem zwischen Maßnahmen des Gesetzgebers, der Verwaltung und der Rechtsprechung, aber auch innerhalb dieser Gruppen gibt es starke Unterschiede, insbesondere bei gesetzgeberischen Maßnahmen.

1483 BVerfGE 49, 148 ff., 165; BVerfGE 98, 365 ff., 385; BVerfG NZA 1999, 194 ff., 194 f.

a) Differenzierungsverbote

767 In jedem Fall unzulässig – und nicht zu rechtfertigen – sind Differenzierungen wegen jener Gründe, die in **Art. 3 Abs. 3 GG** genannt sind. Dies betrifft – abgesehen von der Behinderung, siehe Art. 3 Abs. 3 S. 2 GG – sowohl Bevorzugungen als auch Benachteiligungen.

768 **Abstammung** ist die *„natürliche biologische Beziehung eines Menschen zu seinen Vorfahren"*; **Heimat** *„die örtliche Beziehung zur Umwelt"* und **Herkunft** die *„sozial-standesmäßige Verwurzelung"*.[1484] Der Begriff **„Rasse"** ist dabei als überholter Ausdruck für Ethnie zu verstehen und bezeichnet einen Unterschied aufgrund bestimmter genetischer Merkmale.[1485] Die Begriffe **Glaube** und **religiöse Anschauung** entsprechen den von Art. 4 Abs. 1 GG geschützten Sachverhalten[1486] und umfassen auch die nichtreligiöse (nicht transzendente) Weltanschauung, während die **politische Anschauung** nur insoweit geschützt ist, wie sie sich nicht gegen die freiheitlich-demokratische Grundordnung richtet.[1487]

Die Differenzierung nach dem **Geschlecht** verbietet Art. 3 Abs. 3 S. 1 GG – Art. 3 Abs. 2 GG erweitert dieses Abwehrrecht um einen objektivrechtlichen **staatlichen Schutzauftrag**.[1488]

769 Eine Differenzierung **„wegen"** eines solchen Grundes ist eine Unterscheidung, die gerade auf diese Merkmale abstellt und sie mit den Unterschieden in diesen Merkmalen begründet.

b) Maßnahmen des Gesetzgebers

770 Für den Gesetzgeber ergeben sich aus Art. 3 Abs. 1 GG *„je nach Regelungsgegenstand und Differenzierungsmerkmalen unterschiedliche Grenzen"*.[1489]

771 Die niedrigste Stufe der gesetzgeberischen Einschränkung stellt das **Willkürverbot** dar. Dieses verbietet *„die willkürlich ungleiche Behandlung von Sachverhalten, die in wesentlichen Punkten gleich sind."*[1490] Bei der Bewertung der Sachverhalte hat der

---

1484 BVerfGE 9, 124 ff., 128.

1485 Vgl. Erwägungsgrund 9 der RL 2000/43/EG des Rates v. 29.06.2000: *„Die Europäische Union weist Theorien, mit denen versucht wird, die Existenz verschiedener menschlicher Rassen zu belegen, zurück. Die Verwendung des Begriffs „Rasse" in dieser Richtlinie impliziert nicht die Akzeptanz solcher Theorien."*

1486 H. M., vgl. *Nußberger*, in: *Sachs*, GG, Art. 3, Rdnr. 305 m. w. N.

1487 BVerfGE 13, 46 ff., 49.

1488 *Nußberger*, in: *Sachs*, GG, Art. 3, Rdnr. 253 ff. Zur Gleichbehandlung der Geschlechter im Strafvollzug s. BVerfG NJW 2009, 661 ff.

1489 BVerfGE 92, 53 ff., 68 f.; BVerfGE 121, 108 ff., 119; st. Rspr.

1490 BVerfGE 102, 254 ff., 299 m. w. N.

Gesetzgeber allerdings einen weiten Abschätzungs- und Entscheidungsspielraum: *„Welche Sachverhaltselemente so wichtig sind, dass ihre Verschiedenheit eine Ungleichbehandlung rechtfertigt, unterliegt regelmäßig seiner Entscheidung.“*[1491] Bei der Frage, wann diese niedrigste Stufe anzuwenden ist, hat das Bundesverfassungsgericht wiederholt auf den allgemeinen Gestaltungsspielraum des Gesetzgebers verwiesen.[1492]

Beispiele: „Nur“ das Willkürverbot zu beachten hat der Gesetzgeber beispielsweise bei Fragen der Wiedergutmachung von NS- oder DDR-Unrecht[1493] und im Besoldungsrecht.[1494]

772 Bei der Ungleichbehandlung nach **Personengruppen** unterliegt der Gesetzgeber *„regelmäßig einer strengen Bindung“*.[1495] Die Bindungen sind dabei *„umso enger“*, je mehr sich die für die Ungleichbehandlung ausschlaggebenden personenbezogenen Merkmale den in Art. 3 Abs. 3 GG genannten annähern[1496] oder sich die Ungleichbehandlung nachteilig auf die Verwirklichung der grundgesetzlichen Freiheitsrechte auswirken kann.[1497] Eine enge Bindung des Gesetzgebers an den allgemeinen Gleichheitssatz gilt auch dann, wenn er nach Sachverhalten differenziert, dies aber eine **mittelbare Ungleichbehandlung nach Personengruppen** bewirkt.

Eine Ungleichbehandlung wegen der **sexuellen Orientierung** der Betroffenen verlangt nach dem Bundesverfassungsgericht eine *„strenge Gleichheitsprüfung“*. Daher bedürfe es *„hinreichend gewichtiger Unterschiede“* zwischen einer Ehe und einer eingetragenen Lebenspartnerschaft nach dem Lebenspartnerschaftsgesetz, um eine konkrete Ungleichbehandlung zu rechtfertigen. Solche Unterschiede konnte das Bundesverfassungsgericht in der Vergangenheit – zu Recht – nicht erkennen.[1498]

773 Ist eine Ungleichbehandlung lediglich **verhaltensbezogen**, *„so hängt das Maß der Bindung davon ab, inwieweit die Betroffenen in der Lage sind, durch ihr Verhalten die Verwirklichung der Merkmale zu beeinflussen, nach denen unterschieden wird“*.[1499]

1491 BVerfGE 102, 254 ff., 299.

1492 Z. B. BVerfGE 102, 254 ff., 299; BVerfGE 107, 218 ff., 244. Zum Einschätzungs- und Prognosespielraum des Gesetzgebers siehe oben Rdnr. 172.

1493 BVerfGE 102, 254 ff., 299.

1494 BVerfGE 107, 218 ff., 244.

1495 BVerfGE 88, 87 ff., 96.

1496 BVerfGE 88, 87 ff., 96.

1497 BVerfGE 126, 29 ff., 47 f.; BVerfGE 111, 160 ff., 169; BVerfGE 88, 87 ff., 96.

1498 BVerfGE 124, 199 ff., 220 f. – Hinterbliebenenversorgung im öffentlichen Dienst; BVerfGE 126, 400 ff., 419 – Erbschaft- und Schenkungsteuer; BVerfGE 131, 239 ff., 260 – Familienzuschlag; BVerfGE 133, 59 ff., 96 f. – Sukzessivadoption; BVerfGE 133, 377 ff., 411 f. – Ehegattensplitting. Übungsfall: *Hofmann*, JuS 2014, 617 ff.

1499 BVerfGE 88, 87 ff., 96.

Im **Steuerrecht** hat der Gesetzgeber das Gebot der Besteuerung nach der finanziellen Leistungsfähigkeit (Steuergerechtigkeit) und das Gebot der Folgerichtigkeit zu beachten.[1500] Die Besteuerung nach der finanziellen Leistungsfähigkeit erfordert es, Steuerpflichtige bei gleich hoher Leistungsfähigkeit auch gleich hoch zu besteuern (horizontale Steuergerechtigkeit) und die Besteuerung höherer Einkommen im Vergleich mit niedrigeren Einkommen *„angemessen"* auszugestalten. Die *„Belastungsentscheidung"* muss *„folgerichtig im Sinne von Belastungsgleichheit umgesetzt werden"*; Ausnahmen bedürfen eines besonderen sachlichen Grundes.[1501] 774

Bei der Behandlung von **Massenerscheinungen** können typisierende und generalisierende Regelungen besonders praktikabel oder gar notwendig sein und müssen hingenommen werden, solange der Verstoß gegen den Gleichheitssatz nicht allzu intensiv ist und kein Missverhältnis zwischen den wirtschaftlichen Folgen einer solchen Regelung und den durch die Typisierung erreichten Vorteilen besteht.[1502] 775

Im Geltungsbereich des Gleichheitssatzes besitzt der Gesetzgeber einen **Beurteilungs- und Gestaltungsspielraum**: Ihm obliegt zunächst die Bestimmung der für die Unterscheidung relevanten Merkmale und somit auch die Beantwortung der Frage, ob die festgestellten Unterschiede so erheblich sind, dass sie eine unterschiedliche rechtliche Behandlung rechtfertigen.[1503] 776

Maßnahmen des Gesetzgebers müssen darüber hinaus verhältnismäßig sein (s. o. Rdnr. 168 ff.): Die Ungleichbehandlung muss einen legitimen Zweck verfolgen; darüber hinaus muss sie geeignet und erforderlich sein, diesen Zweck zu erfüllen, und sie muss angemessen sein. Je stärker sich die Ungleichbehandlung auswirkt, umso strenger sind die Anforderungen an eine verhältnismäßige Maßnahme. 777

c) Maßnahmen der Exekutive

Gegenüber Maßnahmen der Exekutive gelten die gleichen Vorgaben wie gegenüber dem Gesetzgeber, soweit es die **Normsetzung** durch Rechtsverordnung oder Satzung betrifft.[1504] 778

Verwaltungsentscheidungen im **Einzelfall**, z. B. Verwaltungsakte, müssen ebenfalls das Gleichbehandlungsgebot beachten. Die Verwaltung darf niemanden willkürlich benachteiligen, sie ist aber nicht verpflichtet, gegen rechtswidrige Zustände

1500 BVerfGE 126, 400 ff., 416 f.; BVerfGE 122, 210 ff., 231; BVerfGE 121, 108 ff., 119.
1501 BVerfG NJW 2006, 2757 ff., 2758 m. w. N.
1502 BVerfG NJW 2006, 2175 ff., 2177 m. w. N.
1503 BVerfGE 13, 237 ff., 242 f.; BVerfGE 13, 225 ff., 227 f.
1504 *Osterloh*, in: *Sachs*, GG, Art. 3, Rdnr. 115.

„flächendeckend" einzuschreiten, sondern darf sich auch einen *„Musterfall"* heraussuchen.[1505]

d) Gerichtsentscheidungen

779 Gerichte verletzten den Gleichheitssatz dann, wenn *„fehlerhafte Rechtsanwendung unter Berücksichtigung der das Grundgesetz beherrschenden Gedanken nicht mehr verständlich ist und sich daher der Schluss aufdrängt, dass sie auf sachfremden und damit willkürlichen Erwägungen beruht."*[1506] Aus der Rechtsprechung des Bundesverfassungsgerichts[1507] lässt sich schließen, dass dieses „Willkürverbot" die einzige Grenze des Art. 3 GG für Gerichtsentscheidungen darstellen soll.

Das Bundesverfassungsgericht hat aus dem Gleichheitssatz in Verbindung mit dem Sozialstaats- und dem Rechtsstaatsprinzip außerdem das Gebot abgeleitet, dass Bemittelte und Unbemittelte weitgehend gleichgestellt werden müssen, wenn sie **Rechtsschutz** suchen.[1508]

C. Spezielle Gleichheitsrechte

780 Neben dem allgemeinen Gleichheitssatz enthält das Grundgesetz weitere spezielle Gleichheitsrechte. Diese gehen dem allgemeinen Gleichheitssatz vor und sind in einer Klausur vor diesem zu prüfen.

1. Gleichstellung unehelicher Kinder (Art. 6 Abs. 5 GG)

781 **Uneheliche Kinder**, d. h. Kinder, deren Eltern bei ihrer Geburt nicht miteinander verheiratet waren, sind gegenüber ehelichen Kindern gleich zu behandeln. Eine entsprechende Ungleichbehandlung ist nicht zu rechtfertigen.[1509]

Damit ähnelt Art. 6 Abs. 5 GG den Differenzierungsverboten in Art. 3 Abs. 3 GG, ist aber als eigenständiges Grundrecht zu behandeln.[1510]

2. Chancengleichheit der Parteien (Art. 21 Abs. 1 GG)

782 Politische Parteien[1511] haben ein Recht darauf, im politischen Wettbewerb gleich behandelt zu werden; dies ergibt sich nach dem Bundesverfassungsgericht aus Art. 21

1505 BVerwG NVwZ-RR 1992, 360.
1506 BVerfG DVBl. 2009, 909 f.; BVerfG NJW 2006, 711 f., siehe auch BVerfGE 87, 273 ff., 278 f.
1507 BVerfGE 87, 273 ff., 278 f.
1508 BVerfG NJW 2009, 3417 ff., 3417; BVerfG NJW 2009, 209 ff., 209 f.
1509 *Kingreen/Poscher*, Grundrechte Staatsrecht II, Rdnr. 626.
1510 BVerfGE 25, 167 ff., 173.
1511 Zur Definition siehe oben Rdnr. 749.

Abs. 1 GG i. V. m. Art. 3 Abs. 1 GG;[1512] bei der Teilnahme der Parteien an Wahlen ist auch Art. 38 Abs. 1 S. 1 GG (Gleichheit der Wahl) Quelle dieses Rechts.[1513]

Diese Chancengleichheit verbietet es staatlichen Organen, zugunsten oder zuungunsten einer Partei in den Wahlkampf einzugreifen.[1514] Die öffentlich-rechtlichen Rundfunksender müssen nach einem älteren Urteil des Bundesverfassungsgerichts jeder Partei – abgestuft nach ihrer Bedeutung – die Möglichkeit zur **Wahlwerbung** geben.[1515] In diesem Urteil stellte das Bundesverfassungsgericht allerdings entscheidend auf die damals noch bestehende Konzentration des Rundfunkbetriebes in der öffentlichen Hand ab und deutete an, anderenfalls könne die Wahlwerbung *„dem freien Spiel der Kräfte überlassen"* bleiben.[1516] Die Voraussetzungen haben sich zwischenzeitlich geändert, von einer „Konzentration" kann keine Rede mehr sein. Dementsprechend hat das Bundesverfassungsgericht in einer Entscheidung aus dem Jahr 2002 offengelassen, ob und in welchem Umfang eine Bindung der öffentlich-rechtlichen Rundfunkanstalten an die Chancengleichheit bestehe.[1517]

Eine Durchbrechung der Chancengleichheit ist nur zulässig, wenn ein *„zwingender Grund"* vorliegt.[1518]

> **Beispiel:** Zulässig ist die Berücksichtigung vergangener Wahlergebnisse bei der Bemessung der Wahlkampfkostenerstattung gemäß § 5 Abs. 1 S. PartG.[1519]

3. Gleicher Zugang zu öffentlichen Ämtern (Art. 33 Abs. 2 GG)

Dieses spezielle Gleichheitsrecht steht deutschen natürlichen Personen zu. Es be- 783
schränkt die zulässigen **Unterscheidungskriterien** bei der Auswahl öffentlicher Amtsträger auf Eignung, Befähigung und Leistung. Andere Kriterien, z. B. Geschlecht oder Partei- und Verbandszugehörigkeit, dürfen nicht berücksichtigt werden. Ein öffentliches Amt ist jedes Beschäftigungsverhältnis zwischen Bürger und Staat, geschützt sind also z. B. Beamte, Arbeiter, Angestellte, Richter, Soldaten und Lehrbeauftragte.[1520] Bei der Beurteilung der Eignung, Befähigung und Leistung hat der Dienstherr einen nur eingeschränkt überprüfbaren Beurteilungsspielraum.[1521]

1512 BVerfG NVwZ 2004, 1473 ff., 1473 m. w. N.; BVerfGE 107, 286 ff., 294.
1513 BVerfGE 95, 335 ff., 354.
1514 BVerfGE 44, 125 ff.
1515 BVerfGE 14, 121 ff., 134 ff.
1516 BVerfGE 14, 121 ff., 133 f.
1517 BVerfG NJW 2002, 2939 f.
1518 BVerfGE 24, 300 ff., 354 f.; BVerfGE 51, 222 ff., 235.
1519 BVerfGE 24, 300 ff., 354 f.
1520 *Jarass*, in: *Jarass/Pieroth*, GG, Art. 33, Rdnr. 18.
1521 BVerfG NVwZ 2002, 1368 f.

4. Gleichheit der Wahl (Art. 38 Abs. 1 S. 1 GG)

784 Ebenfalls ein spezielles Gleichheitsrecht – die Wahlrechtsgleichheit – enthält Art. 38 Abs. 1 S. 1 GG (siehe hierzu Rdnr. 107 f.). Ebenso wie bei der Chancengleichheit der Parteien ist für eine Differenzierung ein zwingender Grund erforderlich.[1522]

D. Prüfungsschema für die Verletzung von Gleichheitsrechten

785 Um zu prüfen, ob eine bestimmte Maßnahme gegen Gleichheitsrechte verstößt, ist dieses Schema anzuwenden:

1. Verfassungsrechtlich relevante **Ungleichbehandlung**?
   - Ungleichbehandlung von wesentlich Gleichem? *oder*
   - Gleichbehandlung von wesentlich Ungleichem?
2. Verstoß gegen einen speziellen **Gleichheitssatz**?
   - Parteiengleichheit (Art. 21 Abs. 1 GG)
   - Gleichheit staatsbürgerlicher Rechte (Art. 33 Abs. 1 GG)
   - Gleicher Zugang zu öffentlichen Ämtern (Art. 33 Abs. 2 GG)
   - Gleichheit der Wahl (Art. 38 Abs. 1 S. 1 GG)
3. **Rechtfertigung** der Ungleichbehandlung?
   - Differenzierungsverbot (Art. 3 Abs. 3 GG)
   - Bei gesetzgeberischen Maßnahmen: Nach Regelungsgegenstand und Differenzierungsmerkmalen abgestufte Prüfung
   - Bei Maßnahmen der Exekutive: Normsetzung (dann wie gesetzgeberische Maßnahmen) oder Einzelfall?
   - Bei Gerichtsentscheidungen: Willkürverbot
   - Verhältnismäßigkeit

1522 BVerfGE 82, 322 ff., 338.

8. Kapitel: Sonstiges

§ 34 Beamte

Art. 33 Abs. 5 GG schützt die hergebrachten Grundsätze des Berufsbeamtentums. **Hergebracht** sind die Grundsätze, weil sie zum Teil bereits vor Inkrafttreten des Grundgesetzes galten.[1523] Das Bundesverfassungsgericht hat dieser allgemein gehaltenen Norm im Laufe der Jahrzehnte einige konkrete Grundsätze entnommen: 786

- **Institutionelle Garantie**: Aus Art. 33 Abs. 5 GG ergibt sich, dass es in der Bundesrepublik ein Beamtentum geben muss.[1524] Es darf kein einheitliches Dienstrecht für Beamte und Angestellte geben; das Beamtenverhältnis muss öffentlich-rechtlicher Natur sein. 787
- **Lebenszeitprinzip**: In der Regel dauert das Beamtenverhältnis lebenslang.[1525] In Einzelfällen kann davon abgewichen werden, z. B. bei der Vergabe von Führungs- oder Wahlämtern auf Zeit.[1526]
- **Treuepflicht**: Der Beamte ist verpflichtet, sich für die Belange seines Dienstherrn einzusetzen; er ist zu einer *„rechtsgebundenen, unparteilichen, ausschließlich gemeinwohlorientierten Amtsführung"* verpflichtet, darf keine Sonderinteressen verfolgen und nicht bestechlich sein.[1527] Diese Pflicht kann die Grundrechte des Beamten aus Art. 5 Abs. 1, Art. 8 Abs. 1 und Art. 9 Abs. 1 GG einschränken.[1528]
- **Fürsorge- und Schutzpflicht des Dienstherrn**: Der Dienstherr ist verpflichtet, für den Beamten und seine Familie einzustehen, u. a. durch Besoldung, Versorgung und Unfallfürsorge.[1529]
- **Vereinigungsfreiheit**: Beamte können aus Art. 33 Abs. 5 GG das Recht ableiten, sich zu Vereinigungen (Gewerkschaften und Berufsverbänden) zusammenzuschließen. Streiks sind ihnen allerdings nicht erlaubt – auch dieses **Streikverbot** ergibt sich aus Art. 33 Abs. 5 GG.[1530]

1523 Vgl. Art. 129 WRV, der die „wohlerworbenen Rechte" der Beamten schützte.

1524 BVerfGE 107, 218 ff., 236.

1525 BVerfGE 121, 205 ff., 219 ff. Das Beamtenverhältnis muss i. d. R. hauptberuflich sein: BVerfGE 119, 247 ff., 263 ff.

1526 BVerfGE 121, 205 ff., 222 ff.: Beamtenverhältnisse auf Zeit (im konkreten Fall Zulässigkeit verneint); BVerfGE 7, 155 ff., 268.

1527 *Germelmann*, in: *Friauf/Höfling*, GG, Art. 33, Rdnr. 128; zur politischen Treuepflicht des Beamten s. BVerfG NJW 2008, 2568 ff., 2569.

1528 BVerfGE 108, 282 ff., 296.

1529 BVerfG NVwZ 2005, 926 f.

1530 BVerfGE 44, 249 ff., 264.

- **Alimentationsprinzip**: Die Dienst- und Versorgungsbezüge des Beamten müssen „je nach Dienstrang, Bedeutung und Verantwortung des Amtes und entsprechender Entwicklung der allgemeinen Verhältnisse" einen angemessenen Lebensunterhalt darstellen.[1531]
- Auch der **gleiche Zugang zu öffentlichen Ämtern** (Art. 33 Abs. 2 GG, s.o. Rdnr. 783) ist Teil der hergebrachten Grundsätze.

Die hergebrachten Grundsätze sind gemäß Art. 33 Abs. 5 GG zu **berücksichtigen** und nach der Rechtsprechung des Bundesverfassungsgerichts im Einzelfall auch **zu beachten.**[1532]

Die Grundsätze bilden keinen unverrückbaren *status quo* ab; sie gestatten dem Gesetzgeber auch eine zukunftsgerichtete **Neugestaltung** des Beamtenrechts.[1533]

788 In Art. 33 Abs. 4 GG enthalten ist der Funktionsvorbehalt: Die Ausübung **hoheitlicher Befugnisse** soll im Regelfall Beamten übertragen sein.[1534] Das bedeutet aber auch, dass in Ausnahmefällen die Übertragung solcher Befugnisse auf Private möglich ist, insbesondere in den Bereichen, die nicht als „primär hoheitlich geprägt" erachtet werden.[1535] Abweichungen vom Funktionsvorbehalt des Art. 33 Abs. 4 GG bedürfen eines besonderen sachlichen Grunds, der beispielsweise beim Einsatz nicht beamteter Pflegekräfte im hessischen Maßregelvollzug vorliegen.[1536] Werden aber hoheitliche Befugnisse von Privaten wahrgenommen, kommt gleichfalls Art. 33 Abs. 4 GG zur Anwendung.[1537]

1531 BVerfGE 44, 249 ff., 265 f.
1532 BVerfGE 121, 205 ff., 219; BVerfGE 61, 43 ff., 48. *Jarass*, in: *Jarass/Pieroth*, GG, Art. 33, Rdnr. 55.
1533 BVerfGE 121, 205 ff., 220; BVerfGE 15, 167 ff., 196; *Germelmann*, in: *Friauf/Höfling*, GG, Art. 33, Rdnr. 97.
1534 BVerfGE 130, 76 ff., 111 f.
1535 BVerfGE 130, 76 ff., 115 f.; weiterführend *Germelmann*, in: *Friauf/Höfling*, GG, Art. 33, Rdnr. 88 ff.
1536 BVerfGE 130, 76 ff., 120 f.
1537 BVerfGE 130, 76 ff., 111.

§ 35 Finanzverfassung

A. Überblick

Die **Finanzverfassung** ist im Grundgesetz in einem eigenen Abschnitt X (Art. 104a-115 GG) geregelt. Weitere Regelungen zur Finanzverfassung finden sich außerdem in den Vorschriften über die Gemeinschaftsaufgaben (Art. 91a ff. GG), über die Kriegsfolge- und Sozialversicherungslasten (Art. 120 f. GG) sowie über das Reichsvermögen und das Vermögen aufgelöster Länder (Art. 134 f. GG). Im Zusammenhang mit der Finanzverfassung sind ferner die Übergangsregelungen für die geänderten Gemeinschaftsaufgaben in Art. 125c und 143c GG zu nennen sowie das Recht der öffentlich-rechtlichen Religionsgesellschaften, eigene Steuern zu erheben (Art. 140 GG i. V. m. Art. 137 Abs. 6 WRV). 789

Das **Bundesverfassungsgericht** hat mehrfach festgestellt, dass die *„in den Art. 104a bis 108 GG enthaltenen finanzverfassungsrechtlichen Normen [...] einer der tragenden Eckpfeiler der bundesstaatlichen Ordnung des Grundgesetzes“* sind. Weiter führt es aus, dass sie eine Finanzordnung sicherstellen sollen, *„die den Gesamtstaat und die Gliedstaaten am Gesamtertrag der Volkswirtschaft sachgerecht beteiligt; Bund und Länder müssen im Rahmen der verfügbaren Gesamteinnahmen so ausgestattet werden, dass sie die zur Wahrnehmung ihrer Aufgaben erforderlichen Ausgaben leisten können.“*[1538] 790

B. Konnexität

Kernprinzip der Finanzverfassung des Grundgesetzes ist das Prinzip der **gesonderten Ausgabentragung.** Bund und Länder tragen nach Art. 104a Abs. 1 GG jeweils die Ausgaben, die sich aus der Wahrnehmung ihrer Aufgaben ergeben (sog. Konnexitätsprinzip).[1539] Hiervon gibt es Ausnahmen, in denen der Bund die Kosten ganz oder teilweise übernimmt: 791

- Art. 104a Abs. 2 GG – Kosten bei Auftragsverwaltung;
- Art. 104a Abs. 3 GG – Kostentragung für Leistungsgesetze des Bundes;
- Art. 91a Abs. 3 Satz 1 und 2 GG – Mitwirkung des Bundes bei Länderaufgaben;
- Art. 91b Abs. 3 GG – Zusammenwirken bei der Forschungsförderung;
- Art. 91e Abs. 2 S. 2 GG – Zusammenwirken in der Arbeitsverwaltung;
- Art. 120 GG – Finanzierung der Kriegsfolge- und Sozialversicherungslasten.

1538 BVerfGE 55, 274 ff., 300; ähnlich auch BVerfGE 32, 333 ff., 338.
1539 *Hellermann*, in: *v. Mangoldt/Klein/Starck*, GG, Art. 104a, Rdnr. 37.

Die nicht im Grundgesetz ausdrücklich geregelte Kosten- und Ausgabenübernahme des Bundes oder der Länder ist grundsätzlich unzulässig.[1540]

C. Steuerertragshoheit

792 Art. 106 f. GG regeln die Frage, wie die **Verteilung des Steueraufkommens** zwischen dem Bund und den Ländern und zwischen den Ländern untereinander vorzunehmen ist.

793 Dem **Bund** stehen die ausschließlichen Erträge aus folgenden Steuern zu:

- Finanzmonopole und Zölle;
- Verbrauchsteuern, soweit nicht anderweitig zugewiesen (siehe Art. 106 Abs. 2 Nr. 4 GG), wie Alkopopsteuer, Branntweinsteuer, Zwischenerzeugnissteuer (Likörsteuer), Kaffeesteuer, Strom- und Energiesteuer, Sektsteuer, Tabaksteuer;
- einige Verkehrsteuern, wie Kraftfahrzeugsteuer und Versicherungsteuer sowie die derzeit nicht erhobenen Straßengüterverkehrsteuer, Kapitalverkehrsteuer und Wechselsteuer;
- Abgaben im Rahmen der europäischen Union.

794 Die ausschließlichen Erträge aus folgenden Steuern stehen den **Ländern** zu:

- Vermögen-, Erbschaft- und Schenkungsteuer;
- Sonstige Verkehrsteuern, wie die Feuerschutzabgabe und Grunderwerbsteuer; Rennwett- und Lotteriesteuer;
- Spielbankabgabe;[1541]
- Biersteuer.

795 Ohne eine finanzielle Absicherung der kommunalen Selbstverwaltungsgarantie ist diese nicht in ausreichendem Maße gegen Einflüsse und Eingriffe anderer Einrichtungen geschützt. Die Gemeinden und Gemeindeverbände haben danach aus Art. 28 Abs. 2 GG einen Anspruch auf eine aufgabenangemessene Finanzausstattung.[1542] Einen Teil der angemessenen Finanzausstattung stellen die ausschließlich den **Kommunen** zustehenden Erträge aus folgenden Steuern:

1540 *Degenhart*, Staatsrecht I, Rdnr. 557 f.

1541 Die Spielbankabgabe ist eine Steuer im verfassungsrechtlichen Sinn, siehe *Siekmann*, in: *Sachs*, GG, Art. 106, Rdnr. 11 m. w. N.

1542 *Schwarz*, in: *v. Mangoldt/Klein/Stark*, GG, Art. 106, Rdnr. 101 m. w. N.

- Grundsteuer;
- Gewerbesteuer;
- Getränkesteuer;
- Hundesteuer;
- Schankerlaubnissteuer, Vergnügungssteuer.

Ob kommunale Verpackungssteuern auf Einwegverpackungen, Einweggeschirr und Einwegbesteck („Tübinger McDonald's-Steuer") zulässig sind, wird derzeit vom Bundesverfassungsgericht geprüft (1 BvR 1726/23; siehe auch oben Fußnote 266). Zu diesen Steuern kommen Anteile an Einkommensteuer nach Art. 106 Abs. 5 GG in Höhe von derzeit 15 % des Aufkommens an Lohn- und Einkommensteuer und 12 % des Aufkommens der Kapitalertragsteuer sowie der Umsatzsteuer nach Art. 106 Abs. 5a GG in Höhe eines Anteils von derzeit 2,2 %. Den Gemeinden kommt hinsichtlich beider Steuern somit eine eigenständige Ertragshoheit zu.[1543]

Folgende Steuern stehen **Bund und Ländern** gemeinsam jeweils zur Hälfte zu: 796

- Körperschaftsteuer;
- Einkommensteuer (nach Abzug des Gemeindeanteils).

Die Verteilung der **Umsatzsteuer** zwischen dem Bund und den Ländern erfolgt durch einfaches, den Anforderungen des Art. 106 Abs. 3 Satz 4 GG genügenden Bundesgesetz,[1544] um einen beweglichen Puffer für flexible Reaktionen auf gesamtwirtschaftliche Anforderungen zur Verfügung zu haben.[1545] Das Umsatzsteuerverteilungsverfahren zeichnete sich vor allem dadurch aus, dass die Bundesregierung in Verhandlungen mit den Landesregierungen einen alle zufriedenstellenden Verteilungsschlüssel fand. Da hierbei teilweise weniger verfassungsrechtliche als politische Erwägungen eingingen, reglementierte das Bundesverfassungsgericht das Verfahren und forderte den Erlass eines „Maßstabegesetzes," in dem *„seine Maßstäbe und Indikatoren gegen aktuelle Finanzierungsinteressen, Besitzstände und Privilegien"* abgeschirmt werden.[1546] Das geforderte Gesetz ist in der Zwischenzeit ergangen.[1547] 797

1543 *Siekmann*, in: *Sachs*, GG, Art. 106, Rdnr. 36 sowie Rdnr. 40.

1544 Gesetz über den Finanzausgleich zwischen Bund und Ländern (Finanzausgleichsgesetz – FAG) vom 20.12.2001, BGBl. I S. 3955, zuletzt geänd. durch Artikel 2 des Gesetzes vom 27.05.2010, BGBl. I S. 671.

1545 Siehe hierzu *Siekmann*, in: *Sachs*, GG, Art. 106, Rdnr. 14.

1546 BVerfGE 101, 158 ff., 218.

1547 Gesetz über verfassungskonkretisierende allgemeine Maßstäbe für die Verteilung des Umsatzsteueraufkommens, für den Finanzausgleich unter den Ländern sowie für die Gewährung von Bundesergänzungszuweisungen (Maßstäbegesetz – MaßstG) in der Fassung der Bekanntmachung des Gesetzes vom 09.09.2001, BGBl. I S. 2302, zul. geänd. durch G. v. 20.05.2009, BGBl. I S. 1170.

D. Finanzausgleich

798 Die Aufteilung der Steuern wird durch den **horizontalen Finanzausgleich** zwischen leistungsfähigen und leistungsschwachen Ländern korrigiert, den sog. Länderfinanzausgleich (Art. 107 Abs. 2 GG).

Das Bundesverfassungsgericht hat zur Verteilung des Steueraufkommens und zu den dabei anzuwendenden Prinzipien in der „Finanzausgleich III"-Entscheidung ausführlich Stellung genommen und ein **Vier-Stufen-Prinzip** entwickelt.[1548] Danach wird auf einer ersten vertikalen Stufe das Steueraufkommen dem Bund und den Ländern zugeordnet. Auf der zweiten Stufe werden dann nach Maßgabe des Art. 107 Abs. 1 GG die Steuererträge horizontal zwischen den Ländern verteilt. Auf der dritten Stufe des sog. sekundären horizontalen Finanzausgleichs erhalten finanzschwache Länder Ausgleichsansprüche. Auf der vierten Stufe kann dann der Bund unter Einhaltung bestimmter Voraussetzungen mittels Ergänzungszuweisungen nach Art. 107 Abs. 2 S. 2 GG finanzschwache Länder stärken.

E. Gesetzgebungskompetenz für Steuern

800 **Steuern** im Sinne des Art. 105 GG sind Geldleistungen die einem öffentlich-rechtlichen und nach dem Grundgesetz zur Steuererhebung berechtigten Gemeinwesen zur Deckung seines Finanzbedarfs zufließen.[1549] Keine Steuern im Sinne des Art. 105 GG sind Gebühren und Beiträge als Vorzugslasten für die Inanspruchnahme besonderer staatlicher Leistungen[1550] sowie Sozialversicherungsbeiträge.

Für die Steuergesetzgebung besteht eine umfassende **konkurrierende Gesetzgebungskompetenz** des Bundes[1551] nach Art. 105 Abs. 2 GG. Selbst wenn der Bund von seinen Kompetenzen keinen Gebrauch gemacht hat, können die Länder nicht ohne weiteres neue Steuern einführen, wenn zwischen einer bestehenden Bundessteuer und einer neu einzuführenden Landessteuer eine gewisse Gleichartigkeit besteht.[1552] Eine Gleichartigkeit zwischen Grundsteuer und Zweitwohnungsteuer hat das Bundesverfassungsgericht verneint, so dass diese verfassungsrechtlich zulässig ist.[1553]

1548 Siehe hierzu ausf. *Degenhart*, Staatsrecht I, S. 204 ff.
1549 Vgl. § 3 Abs. 1 AO.
1550 *Degenhart*, Staatsrecht I, S. 205 f.
1551 Zur konkurrierenden Kompetenz ausführlich oben Rdnr. 300 ff.
1552 *Degenhart*, Staatsrecht I, Rdnr. 566.
1553 BVerfGE 65, 325 ff., 350 f.

F. Gesetzgebungskompetenz für nichtsteuerliche Abgaben

Die Gesetzgebungskompetenz für **nichtsteuerliche Abgaben** verbleibt gemäß Art. 70ff. GG grundsätzlich bei den Ländern. Allerdings gelten besondere sachliche **Zulässigkeitsvoraussetzungen**, um nicht das System der grundgesetzlichen Finanzverfassung zu unterlaufen.[1554] Nichtsteuerliche Abgaben dürfen nur eingeführt werden, wenn sie sich von Steuern deutlich unterscheiden und bedürfen einer besonderen, über die reine Einnahmenerzielung hinausgehenden sachlichen Rechtfertigung.[1555] 801

Ohne weiteres zulässig sind die herkömmlichen **Gebühren und Beiträge** als Gegenleistung für die Inanspruchnahme von öffentlichen Leistungen. Ebenso stoßen Sozialversicherungsbeiträge nicht auf verfassungsrechtliche Bedenken, da sie nicht zur Finanzierung allgemeiner Staatsaufgaben eingesetzt werden dürfen.[1556] Auch sog. Ressourcennutzungsgebühren hat das Bundesverfassungsgericht als verfassungsgemäß eingestuft.[1557] In seltenen Fällen sind auch noch sog. Sonderabgaben zulässig. Eine Sonderabgabe soll dann vorliegen, wenn die Finanzierung eines besonderen Sachzwecks bezweckt ist, die Abgabepflichtigen eine in sich homogene und in besonderer Nähe zum Sachzweck stehende Gruppe sind und das Aufkommen der Abgabe gruppennützig verwendet wird.[1558] 802

G. Haushaltsverfassungsrecht

Art. 109ff. GG regeln die **Haushaltswirtschaft** des Bundes und zum Teil auch der Länder. Wesentliche Grundsätze sind die Verpflichtung zur Aufstellung eines Haushaltsplans als formelles Gesetz durch ein Haushaltsgesetz (Art. 110 GG) sowie das grundsätzliche Verbot der Kreditaufnahme, ohne Investitionen in mindestens gleicher Höhe vorzunehmen. Ausnahmen sind gemäß Art. 115 Abs. 2 S. 7 GG nur bei einer Störung des gesamtwirtschaftlichen Gleichgewichts (vgl. Rdnr. 194f) zulässig.[1559] Die Prüfung der Haushaltswirtschaft des Bundes obliegt dem Bundesrechnungshof.[1560] 803

1554 In dieser Richtung BVerfGE 91, 392 ff.; siehe auch *Degenhart*, Staatsrecht I, S. 207.

1555 Siehe hierzu BVerfGE 78, 249 ff., 266 f.; BVerfGE 93, 319 ff., 342 f.; *Degenhart*, Staatsrecht I, S. 207 f.; zur Thematik im Bereich des Bodenschutzrechts siehe auch *Albrecht*, Die Kostenkonzeption des Bundes-Bodenschutzgesetzes, 2003, S. 29 f.

1556 BVerfGE 75, 108 ff., 148; *Degenhart*, Staatsrecht I, S. 207.

1557 BVerfGE 93, 319 ff., 345 f.

1558 Abgelehnt beim „Kohlepfennig", der auf alle Stromverbraucher (also im Prinzip auf die Allgemeinheit) umgelegt wurde, BVerfGE 91, 186 ff., 203; ähnlich auch in Bezug auf Feuerwehrabgaben, BVerfGE 92, 91 ff., 115 ff. Siehe auch BVerfGE 122, 316 ff., 332; BVerfGE 123, 132 ff.

1559 Zum Ganzen siehe *Siekmann*, in: *Sachs*, GG, Art. 115, Rdnr. 43 ff.

1560 Zum Bundesrechnungshof siehe oben Rdnr. 290 ff.

§ 36 Besondere Gefahren und Katastrophen

A. Überblick

803a In Abschnitt II des Grundgesetzes (Art. 20ff. GG) regelt Art. 35 GG sowohl die allgemeine alltägliche Amtshilfe (Abs. 1) als auch die Zusammenarbeit bei besonderen Gefahren (Abs. 2 S. 1) und bei Katastrophen bzw. Unglücksfällen, die sich auf ein einzelnes Bundesland auswirken (Abs. 2 S. 2 – regionale Katastrophen) und solchen, die sich auf das Gebiet von mehr als einem Bundesland auswirken (Abs. 3 – überregionale Katastrophen). Die Verwendung der Bundespolizei zur Unterstützung eines Landes regelt § 11 BPolG. Hier regelt Abs. 2, dass die Bundespolizei bei der Unterstützung des Landes dem entsprechenden Landesrecht und den fachlichen Weisungen des Landes unterliegt. Eine Ausnahme gilt im Rahmen des Art. 35 Abs. 3 GG bei der Entsendung von Bundeskräften gegen den Willen eines Landes.

B. Gefahren von besonderer Bedeutung

803b Ein Land kann Kräfte und Einrichtungen der Bundespolizei anfordern, wenn die Sicherheit oder Ordnung i.S.d. allgemeinen Polizeirechts gestört ist, ein Fall von besonderer Bedeutung, d.h. über den polizeilichen Normalfall hinausgehend,[1561] vorliegt und ohne die angeforderte Hilfe das Land die Aufgabe nicht oder nur unter erheblichen Schwierigkeiten erfüllen kann (Art. 35 Abs. 2 S. 1 GG). Ob das Land diese Unterstützung anfordert, liegt in dessen Ermessen. Über den polizeilichen Normalfall hinausgehende Gefahrenlagen ergeben sich bspw. im Zuge von Großdemonstrationen.[1562]

C. Regionale Katastrophen

803c Zur Hilfe bei einer Naturkatastrophe oder einem besonders schweren Unglücksfall kann ein Land Polizeikräfte anderer Länder, Kräfte und Einrichtungen anderer Verwaltungen sowie der Bundespolizei und der Streitkräfte anfordern (Art. 35 Abs. 2 S. 2 GG). Ob das Land diese Unterstützung anfordert, liegt in dessen Ermessen.

803d Die Schadensereignisse müssen ein großes Ausmaß annehmen. Als Naturkatastrophen kommen hier z.B. Fluten, Erdbeben und die Infrastruktur lahmlegende Schneemassen in Betracht. Im Gegensatz zu Naturkatastrophen gehen besonders schwere Unglücksfälle auf menschliches Fehlverhalten oder technische Unzulänglichkeiten zurück.[1563] Hier kommen bspw. Störfälle in Kernkraftwerken, Stromaus-

1561 BeckOK GG/*Epping*, 53. Ed. 15.11.2022, GG Art. 35, Rdnr. 20.
1562 BeckOK GG/*Epping*, 53. Ed. 15.11.2022, GG Art. 35, Rdnr. 20.
1563 BVerfGE 115, 118 Rdnr. 98.

fälle mit lebensbedrohlichen Auswirkungen auf die Daseinsvorsorge oder auch Terroranschläge und Sabotage in Betracht.[1564] Die entsendeten Kräfte und Einrichtungen unterstehen den Weisungen und dem Recht des Landes.

D. Überregionale Katastrophen

Artikel 35 Abs. 3 GG ermächtigt die Bundesregierung, wenn die in Absatz 2 er- 803e
wähnten Schadensereignisse das Gebiet mehr als eines Landes gefährden. Die Ermächtigung umfasst die Anweisung an Landesregierungen, ihre Landespolizeikräfte anderen Ländern zur Verfügung zu stellen. In diesem Falle unterstehen die entsendeten Kräfte dem unterstützten Land. Allerdings wird die Bundesregierung auch ermächtigt, gegen den Willen der betroffenen Länder Einheiten der Bundespolizei und der Streitkräfte zu entsenden. Diese Einheiten unterstehen dann den Weisungen des Bundes und nicht des unterstützten Landes.[1565]

Weil hierbei nicht das Land selbst die Hilfe anfordert, sondern der Bund diese Hilfe 803f
selbsttätig verfügen kann, sieht Satz 2 vor, dass die Maßnahmen des Bundes zum einen auf Verlangen der Ländervertretung Bundesrat und zum anderen unverzüglich nach Beseitigung der Gefahr aufzuheben sind.

1564 BVerfGE 115, 118 Rdnr. 100.
1565 BeckOK GG/*Epping*, 53. Ed. 15.11.2022, GG Art. 35, Rdnr. 33.

§ 37 Verteidigungsfall

A. Überblick

804 Abschnitt Xa des Grundgesetzes (Art. 115a ff. GG) trifft Regelungen für den Verteidigungsfall. Dieser liegt vor, wenn das Bundesgebiet mit **Waffengewalt angegriffen** wird oder ein solcher Angriff unmittelbar **droht**. Der Verteidigungsfall wird nicht durch den Angriff auf einen Verbündeten ausgelöst, auch nicht in der Fallkonstellation des Art. 5 des Nordatlantikvertrags zur Unterstützung von Verbündeten.[1566] Nicht erfasst von Art. 115a ff. GG ist der innere Notstand, in welcher Ausprägung auch immer.[1567]

Voraussetzung ist ferner, dass der Angriff gegen das **Bundesgebiet** gerichtet ist. Dies umfasst das Territorium der Bundesrepublik Deutschland inklusive seiner Kondominien[1568] und der deutschen Exklaven.[1569]

805 Der Verteidigungsfall muss vom **Bundestag** mit Zustimmung des Bundesrats festgestellt werden (Art. 115a Abs. 1 GG) und wird vom Bundespräsidenten verkündet. Für den Fall, dass diese Verfahren wegen unüberwindlicher Hindernisse nicht durchgeführt werden können, eröffnet Art. 115a GG verschiedene Alternativen.[1570]

B. Konzentration von Gesetzgebungs- und Exekutivkompetenzen

806 Art. 115b GG regelt den Übergang der **Befehls- und Kommandogewalt** über die Streitkräfte vom Verteidigungsminister (Art. 65a GG) auf den Bundeskanzler.[1571] Der Bundeskanzler wird damit zum Vorgesetzten des Verteidigungsministers und der Streitkräfte.[1572] Dies ist umfassend und umfasst alle Teilstreitkräfte.[1573] Die **parlamentarische Kontrolle** bleibt jedoch erhalten, und sei es auch nur durch den Gemeinsamen Ausschuss als Notparlament (Art. 115e GG).[1574] Kann der Bund seine

---

1566 *Robbers*, in: *Sachs*, GG, Art. 115a, Rdnr. 3; differenzierend *Jarass*, in: *Jarass/Pieroth*, GG, Art. 115a, Rdnr. 3.

1567 Siehe hierzu *Robbers*, in: *Sachs*, GG, vor Art. 115a, Rdnr. 3.

1568 Z. B. der Obersee des Bodensees (str.); die Flüsse Our, Sauer und Mosel zwischen Deutschland und Luxemburg.

1569 Büsingen am Hochrhein und die deutschen Exklaven in Belgien jenseits der Vennbahn; siehe auch *Robbers*, in: *Sachs*, GG, Art. 115a, Rdnr. 2.

1570 Siehe hierzu im Einzelnen *Robbers*, in: *Sachs*, GG, Art. 115a, Rdnr. 9 ff. m. w. N.

1571 *Jarass*, in: *Jarass/Pieroth*, GG, Art. 115b, Rdnr. 1.

1572 *Jarass*, in: *Jarass/Pieroth*, GG, Art. 115b, Rdnr. 1.

1573 *Robbers*, in: *Sachs*, GG, Art. 115b, Rdnr. 8.

1574 *Robbers*, in: *Sachs*, GG, Art. 115e, Rdnr. 1.

Handlungskompetenzen nicht aufrechterhalten, weist das Grundgesetz den Ländern Notkompetenzen zu (Art. 115i GG).

Art. 115c GG weist dem Bund erweiterte **Gesetzgebungskompetenzen** zu. Grund ist die Gewährleistung eines möglichst konzentrierten und effektiven Einsatzes aller Kräfte.[1575] Der Bundesrat muss aber nach Art. 115c Abs. 1 S. 2 GG zustimmen. 807

C. Grundrechte und Verhältnismäßigkeitsgrundsatz

Die Grundrechte bleiben grundsätzlich auch im Verteidigungsfall weiter erhalten. 808
Lediglich kleinere, Kriegs- und Krisensituationen entsprechende **Einschränkungen** lässt das Grundgesetz zu.[1576] So können insbesondere die Art. 14, 104 und 12a GG beschränkt werden. Vor allem gibt es kein Standrecht.[1577] Einige Regelungen dieses Abschnitts enthalten besonders ausgeprägte Formulierungen des **Verhältnismäßigkeitsgrundsatzes.**[1578] Dies soll nicht als Einschränkung der generellen Gültigkeit dieses Prinzips verstanden werden, sondern als besondere Ermahnung, es auch im Krisenfall zu beachten.[1579]

D. Zivilbevölkerung im internationalen bewaffneten Konflikt (Exkurs)

Insgesamt unterliegt die Situation, in der bewaffnete Auseinandersetzungen geführt 808a
werden, umfangreichen und auch detaillierten internationalen Reglungen. Regeln zum Schutze der Zivilbevölkerung und ziviler Objekte enthalten auf internationaler Ebene beispielsweise und insbesondere das vierte Genfer Abkommen über den Schutz von Zivilpersonen in Kriegszeiten (GA IV) und das erste Zusatzprotokoll zu den Genfer Abkommen über den Schutz der Opfer internationaler bewaffneter Konflikte (ZP I).[1580]

Diese schützen zum Beispiel Zivilpersonen und zivile Objekte besonders vor mili- 808b
tärischen Angriffen (vgl. Art. 50 ff. ZP I). Zivilpersonen sind nicht Angehörige der Streitkräfte oder der kämpfenden Bevölkerung (vgl. Art. 50 ZP I). Sie müssen bei Angriffen auf nahegelegene militärische Ziele geschont werden. Zivilpersonen verlieren diesen Schutz, wenn sie unmittelbar an Feindseligkeiten teilnehmen (Art. 51 Abs. 3 ZP I). Die Konfliktparteien sind u. a. auch verpflichtet, die Bevölkerung mit

1575 *Robbers*, in: *Sachs*, GG, Art. 115c, Rdnr. 1.
1576 *Jarass*, in: *Jarass/Pieroth*, GG, Art. 115c, Rdnr. 2 f.
1577 *Robbers*, in: *Sachs*, GG, Art. 115c, Rdnr. 5.
1578 Z. B. Art. 115c Abs. 2, 3 GG, Art. 115f Abs. 1 GG.
1579 In dieser Richtung *Robbers*, in: *Sachs*, GG, vor Art. 115a, Rdnr. 9.
1580 GA IV, BGBl. 1954 II, S. 917.

den lebensnotwendigen Gütern zu versorgen (vgl. Art. 68 ff. ZP I) und Hilfslieferungen ungehindert durchzulassen (Art. 23 GA IV).[1581]

E. Beendigung des Verteidigungsfalls und Friedensschluss

809 Der Verteidigungsfall endet, nachdem der Bundestag mit Zustimmung des Bundesrats einen entsprechenden **Beschluss** gefasst hat (Art. 115l Abs. 2 S. 1 GG). Die einfache Mehrheit reicht aus. Für die Feststellung, dass der Verteidigungsfall beendet ist, besitzt der Bundesrat, nicht aber die Bundesregierung, ein Initiativrecht (Art. 115l Abs. 2 S. 2 GG). Der Beschluss ist vom Bundespräsidenten zu verkünden.

810 Der **Friedensschluss** kann gemäß Art. 115l Abs. 3 GG nur *„durch Bundesgesetz entschieden"* werden. Der Friedensschluss selbst wird durch den Bundespräsidenten im Wege eines völkerrechtlichen Vertrags vorgenommen.[1582]

1581 BGBl. 1990 II, S. 1550.
1582 Siehe hierzu *Robbers*, in: *Sachs*, GG, Art. 115l, Rdnr. 13.

§ 38 Staatsangehörigkeit

A. Überblick

Art. 116 GG regelt das verfassungsrechtliche **Staatsangehörigenrecht**. Art. 116 GG dient vor allem dazu, für mit dem Dritten Reich und dem Zweiten Weltkrieg in Zusammenhang stehende Ein- und Ausbürgerungsaktivitäten Rechtssicherheit zu schaffen. In der Folge der Anwendung des Art. 116 GG kennt das Grundgesetz nun **verschiedene Kategorien** von Deutschen. Allen Deutschen der verschiedenen Kategorien ist gemeinsam, dass sie sich auf die Deutschen-Grundrechte des Grundgesetzes berufen können und sie das Wahlrecht zum Bundestag haben.[1583] 811

Die Regelung des Art. 116 GG verliert zunehmend an Bedeutung, vor allem seit dem Ende der Repression deutscher Minderheiten in kommunistischen oder sozialistischen Systemen.[1584]

B. Deutscher im Sinne des Grundgesetzes

Wer **Deutscher** im Sinne des Grundgesetzes ist, ist in Art. 116 Abs. 1 GG geregelt. Danach ist Deutscher, wer die deutsche Staatsbürgerschaft besitzt. Deutsche sind ferner auch solche Personen, die die Voraussetzungen des Art. 116 Abs. 1 GG erfüllen, ohne die deutsche Staatsbürgerschaft zu besitzen, sog. **Statusdeutsche**. Dies sind: 812

- Flüchtlinge oder Vertriebene deutscher Volkszugehörigkeit[1585] sowie
- Ehegatten oder Abkömmlinge.[1586]

Als weitere Voraussetzung ist erforderlich, dass diese Personen **Aufnahme** im Gebiet des Deutschen Reiches gefunden haben.[1587] Die Aufnahme kann grundsätzlich weiterhin – allerdings nur durch eine deutsche Behörde[1588] – erfolgen und bedarf aber eines ständigen Aufhaltens sowie der Einstufung als Vertriebener.[1589]

Statusdeutsche haben **völkerrechtlich** den gleichen Status wie Deutsche mit deutscher Staatsangehörigkeit, soweit dies nicht ausdrücklich ausgeschlossen worden ist.[1590] **Staatsrechtlich** ist die Stellung der Statusdeutschen im Vergleich zu den Deut- 813

1583 *Kokott*, in: *Sachs*, GG, Art. 116, Rdnr. 16.
1584 *Jarass*, in: *Jarass/Pieroth*, GG, Art. 116, Rdnr. 1 ff.; *Kokott*, in: *Sachs*, GG, Art. 116, Rdnr. 2.
1585 Siehe hierzu ausf. *Kokott*, in: *Sachs*, GG, Art. 116, Rdnr. 3 ff. m. w. N.
1586 Details bei *Kokott*, in: *Sachs*, GG, Art. 116, Rdnr. 7 ff.
1587 *Jarass*, in: *Jarass/Pieroth*, GG, Art. 116, Rdnr. 6; siehe auch *Kokott*, in: *Sachs*, GG, Art. 116, Rdnr. 12.
1588 *Jarass*, in: *Jarass/Pieroth*, GG, Art. 116, Rdnr. 6.
1589 *Kokott*, in: *Sachs*, GG, Art. 116, Rdnr. 10 m. w. N.
1590 Str.; siehe hierzu die Nachweise bei *Kokott*, in: *Sachs*, GG, Art. 116, Rdnr. 15.

schen mit deutscher Staatsbürgerschaft etwas schwächer, da sie nicht von Art. 16 Abs. 1 GG gegen den Verlust ihres Status geschützt werden.

C. Ausbürgerungen

814 Art. 116 Abs. 2 GG regelt den Anspruch von aus politischen, rassischen oder religiösen Gründen ausgebürgerten Personen und ihren Abkömmlingen auf **(Wieder-) Einbürgerung**. Die Vorschrift soll nationalsozialistisches Unrecht in Bezug auf die Staatsangehörigkeit wiedergutmachen. Allerdings soll die deutsche Staatsangehörigkeit auch nicht aufgedrängt werden, weshalb die Wiedereinbürgerung nur auf **Antrag** erfolgt.[1591] Damit sollen potenzielle Nachteile, wie der Verlust anderer Staatsangehörigkeiten, vermieden werden.[1592] Der Grund für die Ausbürgerung (politische, rassische oder religiöse) ergibt sich regelmäßig aus den einschlägigen nationalsozialistischen Gesetzen; gegebenenfalls muss der Anspruch nachgewiesen werden,[1593] wobei hier wegen des im Verwaltungsrecht grundsätzlich geltenden Untersuchungsgrundsatzes keine zu hohen Anforderungen gestellt werden dürfen.

815 **Berechtigt** sind neben dem Ausgebürgerten auch dessen Abkömmlinge. Abkömmlinge sind nach dem üblichen Verständnis Kinder und Kindeskinder.[1594] Anders als bei den Statusdeutschen sind die Ehegatten nicht erfasst. Sie können aber unter erleichterten Bedingungen die deutsche Staatsangehörigkeit erhalten (§ 9 StAG).[1595]

816 Art. 116 Abs. 2 S. 1 GG enthält eine Fiktion dahingehend, dass derjenige, der nach seiner Ausbürgerung seinen Wohnsitz in Deutschland genommen hat, als **nicht ausgebürgert** gilt. Es reichte aus, seinen Wohnsitz in der DDR genommen zu haben, da die Regelung **Gesamtdeutschland** meint.[1596]

1591 *Jarass*, in: *Jarass/Pieroth*, GG, Art. 116, Rdnr. 11.
1592 *Kokott*, in: *Sachs*, GG, Art. 116, Rdnr. 21 m. w. N.
1593 *Kokott*, in: *Sachs*, GG, Art. 116, Rdnr. 22.
1594 *Jarass*, in: *Jarass/Pieroth*, GG, Art. 116, Rdnr. 13; *Kokott*, in: *Sachs*, GG, Art. 116, Rdnr. 24.
1595 *Kokott*, in: *Sachs*, GG, Art. 116, Rdnr. 23 mit dem Hinweis auf § 9 StAG.
1596 *Jarass*, in: *Jarass/Pieroth*, GG, Art. 116, Rdnr. 15.

§ 39 Staatskirchenrecht

Für das bundesdeutsche Staatskirchenrecht gelten die Art. 136 – 139 und 141 WRV, die gemäß Art. 140 GG *„vollgültiges Verfassungsrecht"*,[1597] d.h. gültiger und gleichwertiger Bestandteil des Grundgesetzes sind. 817

In der Bundesrepublik Deutschland besteht **keine Staatskirche** (Art. 140 GG i.V.m. Art. 137 Abs. 1 WRV), anders als in einigen anderen Staaten Europas, in denen einer bestimmten Glaubensgemeinschaft mehr oder weniger Partizipation am Verfassungsleben zugestanden wird; in Griechenland beispielsweise ist die östlich-orthodoxe Kirche zur „vorherrschenden Religion" erklärt (Art. 3 Abs. 1 der griechischen Verfassung).[1598] 818

Art. 137 Abs. 1 WRV stellt klar, dass Glaubensgemeinschaften und Staat **voneinander getrennt** sind. Unzulässig wäre eine unmittelbare organisatorische Eingliederung der Glaubensgemeinschaften in das Staatswesen, eine staatliche Aufsicht (Art. 137 Abs. 3 WRV) oder eine sonstige Einmischung des Staates in eigene Angelegenheiten der Glaubensgemeinschaften.[1599] 819

Allerdings können Glaubensgemeinschaften unter den in Art. 137 Abs. 5 WRV genannten Voraussetzungen den Status einer öffentlich-rechtlichen Körperschaft (**Körperschaftsstatus**) innehaben. Voraussetzung hierfür ist entweder, dass sie den Status seit der Zeit vor der Weimarer Republik besitzen – was z.B. auf die Bistümer, Landeskirchen, Diözesen, Kirchengemeinden, Synagogengemeinden und einige Ordensgemeinschaften zutrifft –, oder, dass sie ihren Status nachträglich vom Staat erworben haben, was auf Antrag dann geschieht, wenn die Glaubensgemeinschaften *„durch ihre Verfassung und die Zahl ihrer Mitglieder die Gewähr der Dauer bieten"* (Art. 137 Abs. 5 S. 2 WRV) und darüber hinaus rechtstreu sind, d.h. insbesondere die Grundprinzipien des freiheitlichen Religions- und Staatskirchenrechts nicht gefährden.[1600] 820

Der Körperschaftsstatus bedeutet **keine Teilhabe am Staatsgeschäft**, er ist nicht mit der Rechtsnatur der öffentlich-rechtlichen Körperschaften, Anstalten und Stiftungen des Staates zu verwechseln. Im Einzelnen besteht vielfach Uneinigkeit über die Reichweite des Status, z.B. bei der Frage nach der Bindung der Statuskörperschaf- 821

1597 BVerfGE 19, 206ff., 219.

1598 Weitere Beispiele aus dem europäischen Raum bei *Hammer*, DÖV 2006, 542ff.

1599 *v. Campenhausen/de Wall*, Religionsverfassungsrecht, § 15, Rdnr. 15; zur Neutralität des Staates s. zuletzt BVerfGE 123, 148ff.; BVerfGE 153, 1, 51; siehe aber die abw. Meinung des Richters *Maidowski*, S. 53ff., 72.

1600 Vgl. die Aufzählung der „gekorenen" Körperschaften in BVerfGE 102, 370ff., 372. Zur erforderlichen Rechtstreue vgl. BVerfGE 102, 370ff., 390ff. („Zeugen Jehovas").

ten an Grundrechte und andere Verfassungsprinzipien (Gesetzesvorbehalt).[1601] Die Verleihung des Status bedeutet keine Übertragung staatlicher Aufgaben, sondern eine Privilegierung gegenüber anderen Glaubensgemeinschaften.[1602]

822 Zu den **Privilegien der Statuskörperschaften** zählen unter anderem die Möglichkeit der Steuererhebung (Art. 137 Abs. 6 WRV), die durch entsprechende Landesgesetze konkretisiert wird, die Organisations- und Satzungsgewalt einschließlich der Möglichkeit, in eigenen Angelegenheiten Gerichte zu errichten, die Dienstherrenfähigkeit, das Parochialrecht (das Recht zur Aufnahme zuziehender Angehöriger der Religionsgemeinschaft) und das Recht zur Widmung öffentlicher Sachen.[1603] Die Kirchen haben das Recht, ihre Angelegenheiten im Rahmen der geltenden Gesetze selbst zu verwalten (innerkirchliches Selbstbestimmungsrecht).[1604] Für Streitigkeiten, bei denen es um die Ausführung spezifischer Aufgaben der Religionsgemeinschaft geht, sind gemäß § 40 Abs. 1 VwGO die Verwaltungsgerichte zuständig.[1605]

823 Die **Gesetzgebungs- und Verwaltungskompetenzen** für das Kirchenrecht liegen wegen Art. 30, 70 ff., 83 ff. GG bei den Ländern, sofern sie nicht als Annex in die Kompetenz des Bundes fallen, z. B. bei der Militärseelsorge.

1601 Weiterführend *Classen*, Religionsrecht, Rdnr. 318 ff.

1602 *v. Campenhausen/de Wall*, Religionsverfassungsrecht § 18, Rdnr. 2 f.; BVerfGE 102, 370 ff., 393; BVerfGE 139, 321 ff., 351.

1603 Weiterführend *Classen*, Religionsrecht, Rdnr. 314 ff.

1604 BVerfG NJW 2009, 1195 ff., 1195.

1605 *Classen*, Religionsrecht, § 16, Rdnr. 590.

§ 40 Kommunale Selbstverwaltung

Art. 28 Abs. 2 S. 1 GG garantiert die **kommunale Selbstverwaltung** in Form eines dezentralen Gliederungs- und Organisationsprinzip. Diese Vorschrift setzt die Existenz von Gemeinden als Rechtssubjekte voraus. Die Kommunen sind als juristische Personen des öffentlichen Rechts handlungs- und rechtsfähig. Hierarchisch sind die Gemeinden Teil der Bundesländer und stehen auf der untersten Stufe der Hierarchie der Gebietskörperschaften. Sie sind aber – soweit es ihr Gebiet betrifft – mit eigenen Rechten ausgestattete,[1606] dem Gemeinwohl verpflichtete Glieder des jeweiligen Bundeslandes.[1607] 824

Die Gemeinden sind in den staatlichen Verwaltungsaufbau integriert. Sie sind als Teil der Exekutive Träger öffentlicher Gewalt, die in **mittelbarer Staatsverwaltung** ausgeübt wird. Daher können sich Gemeinden grundsätzlich nicht auf Grundrechte berufen, wenn sie sich gegen Eingriffe in ihre kommunale Handlungsfähigkeit wehren. Die Rechtmäßigkeit solcher Eingriffe richtet sich allein nach Art. 28 Abs. 2 GG, der als solcher kein Grundrecht oder grundrechtsgleiches Recht darstellt.[1608] Art. 28 Abs. 2 S. 1 GG vermittelt eine **institutionelle Garantie**, die gegen staatliche Eingriffe in Form eines Abwehrrechts geltend gemacht werden kann.[1609] 825

Keine Gemeinden im Sinne des Art. 28 Abs. 2 GG sind Stadt- oder Ortsteile. Auch Bezirke in Berlin oder Hamburg sind keine eigenständigen Gemeinden mit eigenen Selbstverwaltungsrechten.[1610] Im Bundesland Bremen kommt hingegen sowohl Bremen als auch Bremerhaven, die gem. Art. 143 Abs. 1 Brem. LVerf. eigenständige Städte sind, die Selbstverwaltungsgarantie zugute. Für **Gemeindeverbände** gilt Art. 28 Abs. 2 S. 2 GG, wonach sie im Rahmen ihres gesetzlichen Aufgabenbereichs nach Maßgabe der Gesetze das Recht der Selbstverwaltung haben. 826

Die verfassungsrechtlich gewährte kommunale Selbstverwaltungsgarantie schützt eine Kommune nur, solange sie besteht. Art. 28 Abs. 2 S. 1 GG vermittelt kein Recht, gegen Auflösung, Zusammenlegung oder Eingemeindung. Art. 28 Abs. 2 S. 1 GG vermittelt also keine **„Status-quo-Garantie"**.[1611] Allerdings ist die Auflösung oder Eingemeindung einer Gemeinde nur zulässig, wenn sie nicht beliebig oder systemwidrig geschieht. Die Gemeinde ist vorher anzuhören, der Sachverhalt ist zutreffend zu ermitteln und die Entscheidung ist als Ergebnis einer **Abwägung zwischen den** 827

1606 BVerfGE 107, 1 ff., 11
1607 BVerfGE 86, 148 ff., 215 f.
1608 *Wolff*, in: *Hömig/Wolff*, Art. 28, Rdnr. 10; *Engels*, in: *Sachs*, GG, Art. 28, Rdnr. 40; BVerfGE 48, 64, 79
1609 *Wolff*, in: *Hömig/Wolff*, GG, Art. 28, Rdnr. 10
1610 *Wolff*, in: *Hömig/Wolff*, GG, Art. 28, Rdnr. 9.
1611 BVerfGE 78, 331 ff. 340; *Wolff*, in: *Hömig/Wolff*, GG, Art. 28, Rdnr. 9.

gemeindlichen Belangen und Gemeinwohlzielen nachvollziehbar zu begründen.[1612] Im Falle der physischen Beseitigung einer Gemeinde, z. B. durch Abbaggerung im Rahmen eines Braunkohletagebaus, kann – je nach Landesverfassungsrecht – ein Parlamentsgesetz erforderlich sein.[1613]

828 Das Recht der Selbstverwaltung gilt jedoch nicht unbeschränkt, sondern nur für **Angelegenheiten der örtlichen Gemeinschaft**, für die die Gemeinde grundsätzlich allzuständig ist.[1614] Dies betrifft insbesondere die Aufgaben der **kommunalen Daseinsvorsorge**. Dazu gehören kommunale Wasser- und Energieversorgung,[1615] Bauwesen, örtlicher Verkehr,[1616] Abwasser-[1617] und Abfallbeseitigung,[1618] Totenbestattung,[1619] Einrichtung von Sparkassen und Krankenhäusern,[1620] Erwachsenenbildungseinrichtungen und Musikschulen,[1621] Theatern, Museen, Ortsarchiven oder Sportanlagen sowie Straßenreinigung.[1622] Auch die Beteiligung an „Bürgerwindpark"-Gesellschaften kann hierzu gehören; allerdings mit der Maßgabe, dass der dort erzeugte Strom zumindest überwiegend regional verbraucht wird.[1623]

829 Die kommunale Selbstverwaltungsgarantie umfasst sowohl Pflicht- als auch freiwillige Aufgaben,[1624] die die Kommunen in eigener Verantwortung im Rahmen der Gesetze ausführen. Selbstverwaltung wird damit als grundsätzlich selbständige, weisungsfreie Verwaltung im eigenen Wirkungskreis durch eigene selbstbestimmte Organe in eigenem Namen und eigener Verantwortung verstanden.[1625] Ordnet der Gesetzgeber aber eine Aufgabe, die keinen oder keinen relevanten örtlichen Charakter besitzt, nicht der Gemeinde zu, sondern einem anderen Verwaltungsträger, kann die Gemeinde sich nicht auf Art. 28 Abs. 2 Satz 1 GG berufen.[1626]

830 Bei allen von der Gemeinde im Rahmen ihrer Selbstverwaltung ausgeführten Aufgaben handelt die Gemeinde nicht im rechtsfreien Raum, sondern ist der **Rechts-**

1612 *Engels*, in: Sachs, GG, Art. 28, Rdnr. 42 m. w. N.
1613 LVerfG Bbg, LKV 1995, 365 f. – Horno; anders – ohne dass jedoch konkret auf die Existenz von Kommunen eingegangen wird – in Nordrhein-Westfalen, VerfGH NRW, NVwZ-RR 1998, 478 ff.
1614 BVerfGE 107, 1 ff., 11 m. w. N.; *Wolff*, in: *Hömig/Wolff*, GG, Art. 28, Rdnr. 11.
1615 BVerfGE 38, 258 ff., 270; BVerfG, NJW 1990, 1783.
1616 BVerwG, NVwZ-RR 2000, 253 ff., 254 m. w. N.
1617 BVerfGE 38, 258 ff., 270.
1618 BayVerfGH, NVwZ-RR 2012, 50 ff., 51.
1619 BVerfGE 38, 258 ff., 270.
1620 BVerfGE 83, 363 ff., 381 ff.; BVerfGE 38, 258 ff., 270.
1621 BVerwG, NJW 1998, 469 ff., 470.
1622 *Wolff*, in: *Hömig/Wolff*, GG, Art. 28 Rdnr. 11.
1623 OVG Schleswig, Urt. v. 11.7.2013, Az.: 2 LB 32/12, BeckRS 2013, 59141.
1624 *Wolff*, in: *Hömig/Wolff*, GG, Art. 28, Rdnr. 12; *Schoch*, DVBl. 2009, 1533 ff.
1625 *Wolff*, in: *Hömig/Wolff*, GG, Art. 28, Rdnr. 12.
1626 BVerfGE 79, 127 ff., 152; BVerfGE 110, 370 ff., 400.

aufsicht (aber nicht der **Fachaufsicht**) des Staates unterworfen. Sie unterliegt also lediglich der Kontrolle, ob ihre Handlungen rechtskonform sind,[1627] mögen sie auch unpraktisch sein. Nehmen die Gemeinden hingegen Aufgaben der Fremdverwaltung zur Erfüllung nach Weisung wahr, unterliegen sie der Fachaufsicht.[1628]

Wesentliche Gegenstände der gemeindlichen Selbstverwaltungsbefugnis sind 831

- **Gebietshoheit**, also die Befugnis, im Gemeindegebiet Hoheitsgewalt auszuüben.[1629]
- **Organisationshoheit**, also das Recht, die Organisation der Verwaltung in der Gemeinde selbst zu bestimmen. Hierzu gehört auch das Recht der Gemeinde, Selbstverwaltungsangelegenheiten mit anderen Kommunen (z. B. durch Bildung von Zweckverbänden) oder anderen Verwaltungsträgern (z. B. Hartz IV-Arbeitsgemeinschaften) auszuüben (oder eben nicht),[1630] sog. **Kooperationshoheit.**
- **Personalhoheit**, also das Recht als Dienstherr und Arbeitgeber die Gemeindebediensteten selbst auszuwählen, anzustellen, zu befördern und zu entlassen.[1631]
- **Rechtsetzungshoheit**, also das Recht, die eigenen Angelegenheiten im Rahmen der Gemeindeautonomie selbst zu regeln, insbesondere durch den Erlass von Satzungen.[1632]
- **Planungshoheit**, also das Recht (und die Pflicht), vorausschauend für ihre Entwicklung maßgeblichen Entscheidungen zu treffen, z. B. die Art und Weise der Bodennutzung im Gemeindegebiet zu bestimmen.[1633]

Beispiel: Anspruch der Kommune gegen die zuständige Behörde auf Zulassung neuer Baugebiete im festgesetzten Überschwemmungsgebiet nach § 78 Abs. 2 WHG.[1634]

Eingriffe in die Planungshoheit, z. B. durch **überörtliche Planung,**[1635] unterliegen dem Verhältnismäßigkeitsgrundsatz[1636] und verlangen die Anhörung der betroffenen Gemeinde.[1637]

1627 BVerfGE 78, 331 ff., 340.
1628 *Wolff*, in: *Hömig/Wolff*, GG, Art. 28, Rdnr. 12.
1629 VG Düsseldorf, Urteil vom 28.10.2010 – 4 K 5592/09, BeckRS 45346.
1630 BVerfGE, NVwZ 2008, 183 ff., 185.
1631 BVerfGE 83, 363 ff., 382; BVerfGE 107, 1 ff., 14.
1632 LVerfG S-H, NVwZ-RR 2012, 913 ff., 914.
1633 BVerfG, NVwZ 1988, 47 ff., 48 f., BVerfGE 56, 298, 312 f.
1634 Siehe hierzu *Schink*, in: *Schink/Fellenberg*, GK-WHG, 1. Aufl., 2021, § 78, Rdnr. 62.
1635 VerfGH NRW, NVwZ 2003, 202 ff., 202 f.
1636 BVerfGE 76, 107 ff., 119 f.; BVerfG, NVwZ-RR 2002, 81 ff., 86.
1637 BVerfGE 56, 298, 320 ff.; BVerfGE 91, 1 ff., 26 f.; BVerfG, NVwZ 1999, 520 ff., 521.

- **Haushaltshoheit**, also die freie Entscheidung über die Aufstellung des Haushalts.[1638]
- **Finanzhoheit**, also die eigenverantwortliche Einnahmen- und Ausgabenwirtschaft.[1639] Diese wird durch Art. 28 Abs. 2 S. 3 GG gestärkt, indem den Kommunen eine aufgabenangemessene und gesicherte Finanzausstattung zuerkannt wird. Dies wird unter anderem durch die Gewährleistung einer eigenen wirtschaftskraftbezogenen Steuerquelle sichergestellt (Art. 28 Abs. 2 S. 3, 2. HS GG).

832 Das Recht der Selbstverwaltung wird im Rahmen der Gesetze gewährt. Aufgabenkreis und Organisationsbefugnisse, die den Gemeinden zustehen, werden durch den Gesetzgeber vorgegeben,[1640] der hierbei einen **weiten Einschätzungs- und Beurteilungsspielraum** hat.[1641] Die kommunale Selbstverwaltung muss jedoch in ihrem **Kernbestand und Wesensgehalt unangetastet** bleiben.[1642] Eingriffe sind möglich durch förmliche Gesetze, aber auch durch – den Vorgaben des Art. 80 Abs. 1 S. 2 GG entsprechenden – Rechtsverordnungen[1643] und anderen untergesetzlichen Rechtsnormen.[1644] Die Kommunen sind schließlich auch an EU-Recht gebunden.[1645]

1638 BVerfGE, NVwZ 2008, 183 ff., 185.
1639 BVerfGE 71, 25, 36 ff.; BVerfGE 83, 363 ff., 382; LVerfG S-H, NVwZ-RR 2012, 913 ff., 914.
1640 BVerfGE 107, 1 ff., 12, BVerfGE 119, 331 ff., 362 f.
1641 BVerfGE 107, 1 ff. 14, BVerfGE 79, 127, 150; BVerfGE 91, 228 ff., 238 BVerfGE 110, 370 ff., 400 f.; *Wolff*, in: *Hömig/Wolff*, GG, Art. 28, Rdnr. 16.
1642 BVerfGE 1, 167 ff., 175; BVerfGE 107, 1 ff., 12.
1643 BVerfGE 107, 1 ff., 15; VerfGH NRW, NVwZ 2003, 202 ff., 203.
1644 BVerfGE, NVwZ 1988, 47, 47 ff.; *Engels*, in: Sachs, GG, Art. 28, Rdnr. 63 m. w. N.
1645 Zur Diskussion siehe *Wolff*, in: *Hömig/Wolff*, GG, Art. 28, Rdnr. 17.

9. Kapitel: Übungsfälle mit Lösungen

Fall 1: „Drohnenangriff"[1646]

Sachverhalt

Der volljährige Denny Drohne (D) ist zu Besuch bei seiner Tante in Cottbus. Dort wird er auf die neue Drohne seiner Cousine Cheyenne Chantalle (C) aufmerksam, die mit einer Kamera ausgestattet ist und die während des Fluges eine Bildliveübertragung zum Drohnenpiloten ermöglicht. Nachbar Norman Nullinger, der bei der Tante zu Besuch ist, erlaubt dem D, auch über sein angrenzendes Privatgrundstück zu fliegen. Als D sich mit der Drohne auf beiden Grundstücken ausgetobt hat, packt ihn das Jagdfieber. Er steuert die Drohne auf das Grundstück des Henri Hecke (H) zu. H hat sein Grundstück durch eine 3 Meter hohe Hecke erfolgreich vor Einblicken von außen geschützt. 833

Nachdem D die Hecke erkundet und die Drohne in großer Höhe über das Grundstück gesteuert hat, fallen ihm Personen auf dem Grundstück auf und, dass diese die Drohne bemerkt haben müssen. D geht in den Sturzflug über und stoppt die Drohne kurz über den im Sandkasten spielenden kleinen Kindern des H, die vor Angst in dessen Arme flüchten. In diesem Augenblick erscheint Patrizia Prächtig (P), die Ehefrau des H, auf dem geschützten Grundstück und bringt leere Flaschen zum 30 Meter entfernten Glascontainer. D verfolgt sie dabei auf Schritt und Tritt. Als P vom Container wieder zurückkehrt, wendet auch D die Drohne und folgt weiter der P, die deshalb zusammen mit ihren Kindern in das Haus flüchtet. Auch H bleibt von dem Treiben der Drohne nicht unbehelligt. Als Frau und Kinder aus dem Weg sind, feuert H mit seinem Luftgewehr zwei Schüsse auf die Drohne ab, die daraufhin völlig zerstört auf das Garagendach des Hausanwesens fällt. 834

C stellt als Eigentümerin der 1.500 Euro teuren Drohne Strafantrag bei der Staatsanwaltschaft. Staatsanwalt Bürgerschreck stellt daraufhin beim zuständigen Amtsgericht Antrag auf Erlass eines Strafbefehles gegen H. Dieser legt gegen den Strafbefehl Einspruch ein und geht durch alle Instanzen. Währenddessen zeigt D in einem Anfall von Reue seinen Drohnenflug im Rahmen einer Selbstanzeige wegen der Begehung einer Ordnungswidrigkeit an. Dieses Verfahren endet kurz darauf mit dem Erlass eines Bußgeldbescheides. 835

1646 Nach Amtsgericht Riesa – 9 Cs 926 Js 3044/19.

836 1. Nach erfolgloser Erschöpfung des Rechtsweges erhebt H Verfassungsbeschwerde gegen das Revisionsurteil des Brandenburgischen Oberlandesgerichts mit dem Argument, die Fachgerichte haben völlig verkannt, dass er mit den Schüssen auf die Drohne sein Recht und das seiner Familie auf Privatheit geschützt habe. Tatsächlich haben die Fachgerichte an keiner Stelle ihrer Urteile erörtert, ob die Verurteilung des H in dessen Recht auf Privatheit, insbesondere sein allgemeines Persönlichkeitsrecht eingreift. Hinsichtlich des Eigentumsrechts finden sich an keiner Stelle Erörterungen dazu, ob auch der Raum über der Grundstücksfläche vom Eigentumsrecht umfasst ist.

Aufgabe 1: Hat die Verfassungsbeschwerde des H Aussicht auf Erfolg?

837 2. Nachdem Staatsanwalt Bürgerschreck strafversetzt worden ist, überprüft Oberstaatsanwältin Ordentlich dessen Akten und nimmt Vorermittlungen gegen D auf. Dabei prüft sie, ob noch Anklage gegen D erhoben werden könnte.

Aufgabe 2: Ist auf Grundlage des mitgeteilten Sachverhaltes eine Strafanklage des D bzw. der Erlass eines Strafbefehles gegen D noch möglich?

Auszüge aus dem Strafgesetzbuch (StGB), dem Bürgerlichen Gesetzbuch (BGB) sowie dem Luftverkehrsgesetz (LuftVG) und der Luftverkehrs-Ordnung (LuftVO):

§ 303 StGB: Sachbeschädigung. (1) Wer rechtswidrig eine fremde Sache beschädigt oder zerstört, wird mit Freiheitsstrafe bis zu zwei Jahren oder mit Geldstrafe bestraft. (2) …

§ 228 BGB: Notstand. Wer eine fremde Sache beschädigt oder zerstört, um eine durch sie drohende Gefahr von sich oder einem anderen abzuwenden, handelt nicht widerrechtlich, wenn die Beschädigung oder die Zerstörung zur Abwendung der Gefahr erforderlich ist und der Schaden nicht außer Verhältnis zu der Gefahr steht. Hat der Handelnde die Gefahr verschuldet, so ist er zum Schadensersatz verpflichtet.[1647]

§ 903 BGB: Befugnisse des Eigentümers. Der Eigentümer einer Sache kann, soweit nicht das Gesetz oder Rechte Dritter entgegenstehen, mit der Sache nach Belieben verfahren und andere von jeder Einwirkung ausschließen. Der Eigentümer eines Tieres hat bei der Ausübung seiner Befugnisse die besonderen Vorschriften zum Schutz der Tiere zu beachten.

§ 905 BGB: Begrenzung des Eigentums. Das Recht des Eigentümers eines Grundstücks erstreckt sich auf den Raum über der Oberfläche und auf den Erdkörper unter der Oberfläche. Der Eigentümer kann jedoch Einwirkungen nicht verbieten,

1647 Diese Norm schützt individuelle Rechte und Rechtsgüter aller Art.

die in solcher Höhe oder Tiefe vorgenommen werden, dass er an der Ausschließung kein Interesse hat.

§ 1 LuftVG: (1) Die Benutzung des Luftraums durch Luftfahrzeuge ist frei, soweit sie nicht durch dieses Gesetz, durch die zu seiner Durchführung erlassenen Rechtsvorschriften, durch im Inland anwendbares internationales Recht, durch Rechtsakte der Europäischen Union und die zu deren Durchführung erlassenen Rechtsvorschriften beschränkt wird. (2) ...

§ 21h LuftVO: Regelungen für den Betrieb von unbemannten Fluggeräten in geografischen Gebieten nach der Durchführungsverordnung (EU) 2019/947. (1) ...

(2...)

(3) Nr. 1–6 (...)

7. LuftVO: Der Betrieb in den nachfolgenden geografischen Gebieten ist unter folgenden Voraussetzungen zulässig: über Wohngrundstücken, wenn

a) der durch den Betrieb über dem jeweiligen Wohngrundstück in seinen Rechten betroffene Eigentümer oder sonstige Nutzungsberechtigte dem Überflug ausdrücklich zugestimmt hat oder

b) die Startmasse des unbemannten Fluggerätes bis zu 0,25 Kilogramm beträgt und das unbemannte Fluggerät und seine Ausrüstung zu optischen und akustischen Aufzeichnungen und Übertragungen sowie zur Aufzeichnung und zur Übertragung von Funksignalen Dritter nicht in der Lage sind oder (...)

(...)

A. Lösungsvorschlag zu 1.

Vorbemerkung: Bei der Begründetheit einer Urteilsverfassungsbeschwerde gegen eine Gerichtsentscheidung wird nur geprüft, ob das dem letztinstanzlichen Urteil zugrundeliegende Gesetz grundrechtskonform ist und ob die konkrete Anwendung des Gesetzes gegen das Grundgesetz verstößt. Es wird somit nicht geprüft, ob das der Entscheidung zugrundeliegende Gesetz richtig angewendet wurde, denn das Bundesverfassungsgericht ist keine „Superrevisionsinstanz“.[1648] Das Bundesverfassungsgericht prüft somit nur die Verletzung spezifischen Verfassungsrechts.

Die Verfassungsbeschwerde des H ist erfolgreich, wenn sie zulässig ist und begründet ist. Die Verfassungsbeschwerde des H ist erfolgreich, wenn die angegriffenen Entscheidungen der Bedeutung einschlägiger Grundrechte nicht hinreichend

---

1648 Siehe oben Rdnr. 359.

Rechnung tragen. H macht geltend, die Fachgerichte hätten nicht erkannt, dass sein Recht auf Privatheit einschlägig sei.

1. Zulässigkeitsvoraussetzungen

838 Die Zulässigkeit einer Verfassungsbeschwerde richtet sich nach Art. 93 Abs. 1 Nr. 4a GG, §§ 13 Nr. 8a, 90, 92 – 95 BVerfGG

a) Zuständigkeit des Bundesverfassungsgerichts

839 Die Zuständigkeit des Bundesverfassungsgerichts ergibt sich aus Art. 93 Abs. 1 Nr. 4a GG, §§ 13 Nr. 8a BVerfGG.

b) Beschwerde- bzw. Beteiligtenfähigkeit

840 Beschwerdefähig ist nach Art. 93 Abs. 1 Nr. 4a GG, § 90 Abs. 1 BVerfGG „jedermann". Das ist jeder, dem das in Frage kommende Grundrecht zustehen kann; das Verfahrensrecht folgt also der Grundrechtsberechtigung. Vorliegend könnte es um die Geltendmachung des Grundrechts auf Verletzung des Allgemeinen Persönlichkeitsrechts (Art. 2 Abs. 1, 1 Abs. 1 GG) gehen. Dieses Grundrecht steht jedermann zu. H ist somit in Bezug auf beide Grundrechte beschwerde- und als natürliche erwachsenen Person auch prozessfähig.

c) Beschwerdegegenstand

841 Zulässiger Beschwerdegegenstand sind alle rechtlich relevanten Akte der öffentlichen staatlichen Gewalt. Das betrifft insbesondere Verwaltungshandeln und Gerichtsentscheidungen, kann aber auch Normen betreffen.[1649] Vorliegend richtet sich die Verfassungsbeschwerde gegen die Gerichtsentscheidung der letzten gerichtlichen Instanz, welche als Akt der öffentlichen Gewalt ein tauglicher Beschwerdegegenstand ist.

d) Beschwerdebefugnis

842 Eine Verfassungsbeschwerde kann nur geltend machen, wer in seinem Vortrag deutlich macht, dass die Möglichkeit einer Grundrechtsverletzung besteht. Der Antrag muss sich auf Grundrechte (oder grundrechtsgleiche Rechte) des Grundgesetzes beziehen. H muss somit entsprechend substantiiert vortragen. Ferner ist Voraussetzung, dass der Beschwerdeführer durch den angegriffenen Akt selbst, gegenwärtig und unmittelbar betroffen ist.

1649 *Schwerdtfeger/Schwerdtfeger*, Öffentliches Recht in der Fallbearbeitung, Rdnr. 501.

„Selbst" bedeutet in diesem Zusammenhang, dass nur der Rechteinhaber Verfassungsbeschwerde erheben kann. So kann weder eine Organisation Rechte ihrer Mitglieder noch Mitglieder die Rechte ihrer Organisation geltend machen.[1650] Die Verurteilung ist ein für H nachteiliger Akt, nicht nur wegen der damit verbundenen Sanktion Geld- oder Freiheitsstrafe; auch die mittelbaren Folgen einer strafrechtlichen Verurteilung sind zu berücksichtigen. H ist somit hinsichtlich Art. 2 Abs. 1, 1 Abs. 1 GG unmittelbar betroffen. 843

„Gegenwärtig" bedeutet, dass die vorgebrachte Grundrechtsverletzung aktuell vorliegen muss, zu dem Zeitpunkt, zu dem die Verfassungsbeschwerde eingelegt wird. Völlig ungewisse Folgen in der Zukunft, also virtuelle Folgen, reichen nicht.[1651] Ist aber sicher, dass der Beschwerdeführer in der Zukunft betroffen sein wird, dann soll die Verfassungsbeschwerde zulässig sein.[1652] Die Verurteilung in letzter Instanz ist mit Veröffentlichung wirksam und greift somit, unabhängig von etwaigen Zahlungsfristen oder Strafantrittsterminen unmittelbar in das Grundrecht des H ein. 844

Fraglich ist aber, ob hier eine „unmittelbare" Betroffenheit des Beschwerdeführers vorliegt. Vorliegend hat H alle Instanzen der Strafgerichtsbarkeit durchlaufen, so dass ihm keine weitere Möglichkeit mehr bleibt, den Vollzugsakt auf seine Verfassungsmäßigkeit zu prüfen.[1653] Bei Strafverfahren wäre zudem eine Verfassungsbeschwerde auch schon vor der letztinstanzlichen Entscheidung als unmittelbare Betroffenheit auszulegen, da dem H das Abwarten nicht zuzumuten ist.[1654] Daher liegt hier in jedem Fall eine unmittelbare Betroffenheit vor, so dass H beschwerdebefugt ist. 845

e) Form

Als Formvoraussetzung muss ein schriftlicher und substantiiert begründeter Antrag (§ 23 Abs. 1 BVerfGG) gestellt werden. Dabei muss das nach Ansicht des Beschwerdeführers verletzte Grundrecht bezeichnet werden, wobei nicht notwendigerweise der Artikel zu nennen ist.[1655] Ferner muss der angegriffene Hoheitsakt, hier also das letztinstanzliche Urteil, bezeichnet und (vorsorglich) beigefügt werden. 846

1650 Siehe hierzu BVerfGE 44, 353 ff., 366 f.; *Sturm*, in: *Sachs*, GG, Art. 93 Rdnr. 92.

1651 BVerfGE 72, 1 ff., 5 (Rente).

1652 BVerfGE 26, 246 ff., 252; BVerfGE 50, 290 ff., 321 (Mitbestimmung); BVerfGE 97, 157 ff., 164; BVerfGE 101, 54 ff., 73 f.

1653 BVerfGE 1, 97 ff., 102 f.; BVerfGE 79, 174 ff., 187 f., st. Rspr.; siehe auch *Sturm*, in: *Sachs*, GG, Art. 93 Rdnr. 94.

1654 Siehe oben Rdnr. 376.

1655 BVerfGE 91, 176 ff., 181.

f) Frist

847 Da sich die vorliegende Verfassungsbeschwerde gegen eine strafgerichtliche Entscheidung richtet, beträgt die Frist ein Monat nach Zustellung der in vollständiger Form abgefassten Entscheidung (§ 93 Abs. 1 S. 2 BVerfGG).[1656] Die Fristberechnung selbst richtet sich nach §§ 187 ff. BGB.[1657]

g) Rechtsschutzbedürfnis

848 Bevor eine Verfassungsbeschwerde erhoben werden kann, müssen zunächst alle sonst zulässigen Maßnahmen gegen die angegriffene staatliche Maßnahme ergriffen werden.[1658] Vorliegend hat H alle Strafinstanzen vollständig durchlaufen (was bei der Frage der Unmittelbarkeit zu prüfen ist); andere Arten der Überprüfung der Verfassungsmäßigkeit der Entscheidungen im vorliegenden Verfahren sind nicht ersichtlich. Das Rechtsschutzbedürfnis des H liegt somit vor.

h) Annahmeverfahren

849 Die Verfassungsbeschwerde muss vom Bundesverfassungsgericht zur Entscheidung – zunächst entweder einstimmig in der Kammer oder von mindestens drei Richtern im Senat – angenommen werden.[1659] In offensichtlichen Fällen kann die Kammer bereits einer Verfassungsbeschwerde stattgeben, sofern es sich nicht um eine Normenkontrollentscheidung mit Gesetzeskraft handelt (§ 93c Abs. 1 Satz 3 BVerfGG).

850 Das Bundesverfassungsgericht ist zur Annahme verpflichtet, wenn die Verfassungsbeschwerde grundsätzliche Bedeutung hat oder wenn die Annahme zur Durchsetzung von Grundrechten, z. B. bei schweren Nachteilen, angezeigt ist.[1660] Die Ablehnung der Annahme muss nicht begründet werden und ist unanfechtbar (§ 93d Abs. 1 Satz 2 und 3 BVerfGG). Grundsätzliche Bedeutung hat ein Fall dann, wenn es um klärungsbedürftige, kontrovers diskutierte verfassungsrechtliche Fragen geht, die über den Einzelfall hinausgehen.[1661] Die Durchsetzung von Grundrechten erscheint angezeigt bei besonderem Gewicht der Grundrechtsverletzung oder bei existentieller Betroffenheit. Letztere wird generell angenommen bei strafgericht-

---

1656 Siehe z. B. BVerfGE 19, 129 ff., 132; BVerfGE 30, 54 ff., 57.

1657 BVerfGE 17, 67 ff., 75; BVerfGE 102, 254 ff., 295.

1658 Siehe oben unter Rdnr. 381 m. w. N.

1659 *Klein/Sennekamp*, NJW 2007, 945 ff., 946; auf das Annahmeverfahren ist unbedingt im Rahmen der Bearbeitung einzugehen, wenn auch nicht notwendigerweise unter dem hier gewählten Gliederungspunkt; siehe hierzu *Schwerdtfeger/Schwerdfeger*, Öffentliches Recht in der Fallbearbeitung, Rdnr. 508 und oben unter Rdnr. 355.

1660 *Sturm*, in: *Sachs*, GG, Art. 94, Rdnr. 24.

1661 BVerfGE 90, 22 ff., 24 f.

licher Verurteilung.[1662] In jedem Fall ist aber erforderlich, dass die Verfassungsbeschwerde hinreichende Aussicht auf Erfolg hat.[1663]

Besonderheit des Annahmeverfahrens ist, dass auch zulässige und begründete Verfassungsbeschwerden nicht zur Entscheidung angenommen werden (können). Man spricht hier auch vom „Nadelöhr des Annahmeverfahrens".[1664] Im vorliegenden Fall liegt eine strafrechtliche Verurteilung vor, die regelmäßig als grundsätzlich eingestuft werden. Es ist somit wahrscheinlich, dass das Bundesverfassungsgericht die Verfassungsbeschwerde annehmen wird. 851

2. Begründetheit

Die Verfassungsbeschwerde des H ist erfolgreich, wenn die letztinstanzliche Gerichtsentscheidung in verfassungswidriger Weise in seine Grundrechte eingreift. Das Bundesverfassungsgericht prüft, weil es sich um eine Verfassungsbeschwerde gegen ein Urteil handelt, nur die Verletzung spezifischen Verfassungsrechts. 852

Hier könnte durch die Gerichtsentscheidung zum einen das Allgemeine Persönlichkeitsrecht (Art. 2 Abs. 1, 1 Abs. 1 GG) verletzt sein. 853

a) Verletzung des Allgemeinen Persönlichkeitsrechts (Art. 2 Abs. 1, 1 Abs. 1 GG).

aa) Schutzbereich

Der Schutzbereich des Allgemeinen Persönlichkeitsrechts müsste eröffnet sein. 854

(1) Persönlich

Träger des Grundrechts aus Art. 2 Abs. 1, 1 Abs. 1 GG ist jedermann, so auch H und dessen Familie. 855

(2) Sachlich

Der sachliche Schutzbereich müsste eröffnet sein. 856

Geschützt ist „die engere persönliche Lebenssphäre und die Erhaltung ihrer Grundbedingungen".[1665] Dies umfasst auch den Schutz der Privatsphäre.[1666] In diese fällt u. a. ein „räumliche[r] Bereich, in dem der Einzelne zu sich kommen, entspannen 857

1662 BVerfGE 96, 245 ff., 249.
1663 BVerfGE 90, 22 ff., 26; BVerfGE 96, 245 ff., 250.
1664 *Schwerdtfeger*, Öffentliches Recht in der Fallbearbeitung, 12. Aufl. 2004, S. 237.
1665 BVerfGE 96, 56 ff., 61.
1666 BVerfGE 120, 180 ff., 198 f.

oder [sich] auch gehen lassen kann".[1667] Das allgemeine Persönlichkeitsrecht schützt auch den Bereich, in dem sich Kinder frei von Beobachtung fühlen und sich frei entfalten dürfen.[1668]

858 Der Drohnenvorfall spielte sich im Garten des H ab. Der Garten des Wohnanwesens war gegen die Einsichtnahme von außen mit einer drei Meter hohen Hecke besonders geschützt, so dass die unbeobachtete Vornahme von Lebensäußerungen und -handlungen sowohl der Anwesenden allein als auch in Interaktion mit ihren engsten Familienangehörigen, wie hier konkret mit den eigenen Kindern und zwischen den Ehepartnern möglich war. Der Garten stellt somit einen räumlichen Bereich dar, in dem H und seine Familie zu sich kommen, entspannen und sich auch gehen lassen können. Insbesondere stellt er sowohl den räumlichen als auch sozialen Bereich dar, in dem die Kinder des H sich frei von der Beobachtung durch Fremde fühlen und sich entsprechend ungehemmt entfalten dürfen.

859 Der unbeobachtete und von der Annährung fliegender Objekte freie Aufenthalt im Garten des H ist somit eine Störung der Privatsphäre und fällt somit in den Schutzbereich des Allgemeinen Persönlichkeitsrechts aus Art. 2 Abs. 1, 1 Abs. 1 GG. Der Schutzbereich ist somit eröffnet.

bb) Zwischenergebnis

860 Das Allgemeine Persönlichkeitsrecht ist somit anwendbar.

a) Anwendbarkeit der Eigentumsfreiheit (Art. 14 Abs. 1 GG).

aa) Schutzbereich

861 Der Schutzbereich der Eigentumsfreiheit müsste eröffnet sein.

(1) Persönlich

862 Die Eigentumsfreiheit erstreckt sich als Jedermann-Grundrecht auch auf den H.

(2) Sachlich

863 Der sachliche Schutzbereich müsste eröffnet sein. Der Inhalt des Eigentumsrechts wird durch die Gesetze bestimmt (Art. 14 S. 2 Alt. 1 GG).

864 Das Recht des Eigentümers eines Grundstücks erstreckt sich grundsätzlich auch auf den Raum über der Oberfläche (§ 905 S. 1 HS. 1 BGB).[1669] Der Eigentümer kann

---

1667 BVerfGE 120, 274 ff., 311.
1668 *Jarass*, in: *Jarass/Pieroth*, GG, Art. 2, Rdnr. 54.
1669 Vgl. MüKoBGB/*Brückner*, 9. Aufl. 2023, BGB § 905 Rdnr. 2.

jedoch Einwirkungen nicht verbieten, die in solcher Höhe vorgenommen werden, dass er an der Ausschließung kein Interesse hat (§ 905 S. 2 Var. 1 BGB).

Die Drohne wurde über der Oberfläche des Grundstücks in einer Höhe gesteuert, 865
die eine erkennende Bildübertragung ermöglicht hat. Ferner bewegte sich die Drohne zum Teil nur wenige Meter über der Oberfläche, so dass H und seine Familie physisch beeinträchtigt worden sind.

Der Schutzbereich könnte durch § 1 LuftVG weiter eingeschränkt sein. Demnach 866
ist die Benutzung des Luftraums durch Luftfahrtzeuge frei, soweit sie nicht durch das LuftVG sowie die zu dessen Durchführung erlassenen Rechtsvorschriften beschränkt wird (§ 1 Abs. 1 Hs. 2 Var. 1 und 2 LuftVG).

Für die Drohne könnte eine solche Beschränkung einschlägig sein. Nach § 21h 867
Abs. 1 Nr. 7 LuftVO ist es verboten, unbemannte Luftfahrtsysteme und Flugmodelle über Wohngrundstücken zu betreiben, wenn das Gerät oder seine Ausrüstung u. a. in der Lage sind, optische Signale zu empfangen. Die verwendete Drohne war so ausgerüstet, dass eine Bildliveübertragung von der Drohne zum Drohnenpiloten möglich war und auch durchgeführt worden ist. Für die vorliegend verwendete Drohne ist demnach eine solche Beschränkung durch die LuftVO einschlägig.

Der Schutzbereich der Eigentumsfreiheit ist somit nicht durch § 1 LuftVG weiter 868
eingeschränkt.

Des Weiteren garantiert die Eigentumsfreiheit das Recht des Eigentümers, mit sei- 869
nem Eigentum nach Belieben zu verfahren und andere von der Einwirkung auf ebendieses auszuschließen (§ 903 BGB).

Der Drohnenflug fand in einem Bereich statt, der zum Grundstückseigentum des H 870
gehört, nämlich im unmittelbaren Luftbereich über dem Grundstück.

Der sachliche Schutzbereich ist eröffnet. 871

bb) Zwischenergebnis

Das Grundrecht auf Eigentumsfreiheit ist anwendbar. 871

c) Verfassungsmäßigkeit des angewendeten einfachen Rechts

Mangels entgegenstehender Anhaltspunkte ist von der Verfassungsmäßigkeit der 872
angewendeten einfachgesetzlichen Bestimmungen auszugehen.

d) Verkennung von Grundrechten bei Auslegung und Anwendung einfachen Rechts.

873 Die Fachgerichte müssten grundrechtsrelevante Fehler bei der Auslegung und Anwendung des einfachen Rechts unterlaufen sein. Dazu müsste die Einschlägigkeit eines Grundrechts nicht erkannt oder müsste verkannt worden sein.

aa) Allgemeines Persönlichkeitsrecht (Art. 2 Abs. 1, 1 Abs. 1 GG)

874 Das allgemeine Persönlichkeitsrecht könnte nicht erkannt worden sein.

875 Die Fachgerichte haben – laut Sachverhalt – an keiner Stelle ihrer Urteile erörtert, ob die Verurteilung in das allgemeine Persönlichkeitsrecht des H eingreift und welche Auswirkungen sich hieraus für die Entscheidung ergeben. Das zeigt, dass sie sich nicht des Einflusses des allgemeinen Persönlichkeitsrechts auf Auslegung und Anwendung von § 228 BGB bewusst gewesen sind. Damit haben sie den Umfang des nach § 228 BGB bestehenden Notstandsrechts auch zur Abwehr von Beeinträchtigung grundrechtlicher Rechtspositionen, wie vorliegend aus dem allgemeinen Persönlichkeitsrecht, verkannt.

876 Die Richter haben bei der Auslegung und Anwendung des § 228 BGB nicht erkannt, dass das allgemeine Persönlichkeitsrecht von Einfluss ist.

bb) Eigentumsfreiheit

877 Die Eigentumsfreiheit könnte verkannt worden sein. Ein Grundrecht wurde insbesondere dann verkannt, wenn die Auslegung und Anwendung einfachen Rechts auf einer unrichtigen Anschauung vom Schutzbereich des Grundrechts beruht. Die Fachgerichte haben – wie aus dem Sachverhalt zu entnehmen ist – den Schutzbereich der Eigentumsfreiheit verkürzt nicht auf den Raum über der Oberfläche erstreckt. Auch hieraus ergibt sich, dass sich die Gerichte des Einflusses der Eigentumsfreiheit bei Auslegung und Anwendung der §§ 905, 228 BGB nicht bewusst gewesen sind.

cc) Zwischenergebnis

878 Die Gerichte haben Grundrechte des H bei Auslegung und Anwendung des einfachen Rechts verkannt.

c) Ergebnis

879 Die Verfassungsbeschwerde des H hat Aussicht auf Erfolg.

B. Lösungsvorschlag zu 2.

Vorbemerkung: Auf Grundlage des mitgeteilten Sachverhaltes ist davon auszugehen, dass der gesamte Drohnenflug in einem Bußgeldverfahren beurteilt worden ist und von dem ergangenen Bußgeldbescheid erfasst wird.

1. Verbot der Doppelbestrafung (Art. 103 Abs. 3 GG)

Das gegen D gerichtete Strafgerichtsverfahren könnte, wegen des erlassenen Buß- 880
geldbescheides, gegen das Verbot der Doppelbestrafung aus Art. 103 Abs. 3 GG verstoßen.

Das Doppelbestrafungsverbot schützt Jedermann davor, wegen derselben Tat auf 881
Grund der allgemeinen Strafgesetzte mehrmals bestraft zu werden.

2. Ordnungswidrigkeitentatbestände als allgemeine Gesetze

Entscheidend ist insoweit, ob Ordnungswidrigkeitentatbestände zu den allgemei- 882
nen Gesetzen im Sinne des Art. 103 Abs. 3 GG zählen. Zu dieser Frage werden in der Literatur unterschiedlichen Auffassungen vertreten. Für die Anwendung von Art. 103 Abs. 3 GG spricht, dass viele Tatbestände des Ordnungswidrigkeitenrechts ursprünglich noch im Strafgesetzbuch geregelt waren und deshalb damals inhaltlich von Art. 103 Abs. GG erfasst gewesen seien und dass der Gesetzgeber nicht durch eine einfachgesetzliche Einordnung eines Tatbestandes über den Anwendungsbereich des Art. 103 Abs. 3 GG verfügen können solle;[1670] gegen die Anwendung spricht hingegen, dass insb. die ehemaligen Straftatbestände unter den Ordnungswidrigkeiten mit einem allgemeinen Unwerturteil verbunden sind.[1671] Es wird demnach angeführt, dass gerade aus den historischen Ursprung einiger Ordnungswidrigkeiten-Tatbestände zu schlussfolgern sei, diese nicht aus dem Anwendungsbereich des Art. 103 Abs. 3 GG auszunehmen. Das Bundesverfassungsgericht hat zu dieser Frage bereits 1967 entschieden, dass Art. 103 Abs. 3 GG für Ordnungswidrigkeiten nicht gelten solle. Dies begründet das Bundesverfassungsgericht mit einem rechtshistorischen Argument: Bei dem Vorschlag der endgültigen Fassung des Art. 103 Abs. 3 GG durch den Rechtspflegeausschuss des Parlamentarischen Rates sei ausdrücklich festgestellt worden, dass der Gegensatz zu den allgemeinen Strafgesetzen u. a. das Ordnungswidrigkeitenrecht bilde.[1672]

Ordnungswidrigkeitentatbestände sind demnach keine allgemeinen Strafgesetze. 883

1670 *Remmert*, in: *Dürig/Herzog/Scholz*, 99. EL September 2022, GG Art. 103, Rdnr. 58.
1671 *Nolte/Aust*, in: *v. Mangoldt/Klein/Starck*, GG Art. 103, Rdnr. 215, m. w. N.
1672 BVerfG NJW 1967, 1654.

3. Ergebnis zu 2.

884 Der gegen D erlassene Bußgeldbescheid steht demnach dem Strafverfahren gegen D nicht entgegen.

Hinweis: Wird gegen einen Beschuldigten ein Strafurteil erlassen, das dieselbe Tat zum Gegenstand hat, wie ein zuvor erlassener Bußgeldbescheid, dann hebt das Gericht diesen Bußgeldbescheid in seinem Strafurteil auf (§ 86 Abs. 1 S. 1, Abs. 3 OWiG). Im Falle einer Verurteilung des D im Strafverfahren, wäre der bisher ergangene Bußgeldbescheid auf Grund einfachgesetzlicher Regelung aufzuheben.

Erst, wenn gegen einen Bußgeldbescheid Einspruch eingelegt wird, der sich nicht nur auf die Rechtsfolgen beschränkt, und über diesen Einspruch ein Gericht durch Sachurteil entscheidet, ist die Strafklage verbraucht (§ 84 Abs. 2 OWiG) und damit eine Strafverfolgung ausgeschlossen.

Fall 2: „Schrei nach Liebe“

Sachverhalt

Der stadtbekannte Neonazi Norbert Nasenbär (N) möchte gegen die Flüchtlingspolitik der Bundesregierung demonstrieren und meldet bei der Stadt Cottbus als zuständiger Behörde eine Demonstration unter dem Motto „Für ein graues Deutschland – Ausländer raus, auch Flüchtlinge“ an. Der Demonstrationszug soll am Samstag, 23.01.2024 ab 12.00 Uhr an der Karl-Liebknecht-Straße vor dem Blechen-Carré (zentrale Shopping Mall) mit abschließender Kundgebung auf dem Brandenburger Platz um 13.30 Uhr führen. N erwartet 3000 Demonstranten. Der zuständige Amtsleiter Arno Anständig (A) hatte auf dem Weg zur Arbeit zufällig im Radio „Schrei nach Liebe“ (Die Ärzte) gehört und verbietet, davon immer noch inspiriert, auf der Grundlage von § 14 Abs. 1 VersG die Demonstration. In der Begründung wird ausgeführt, dass 885

1. die Demonstration zu unzumutbaren Beeinträchtigungen in der Innenstadt führt, weil die Abschlusskundgebung auf dem Brandenburger Platz als zentralem Verkehrsknotenpunkt den Straßenverkehr und den öffentlichen Personennahverkehr (Busse und Straßenbahnen) unzumutbar behindern. 886
2. Außerdem könnten Demonstrationen mit provozierenden Aussagen gegen die Flüchtlingspolitik zurzeit nicht genehmigt werden, um Maßnahmen zur Unterbringung und Integration von Flüchtlingen nicht unnötig zu erschweren.
3. Die Parole „Ausländer raus“ sei geeignet, das Zusammenleben zwischen Deutschen und Nicht-Deutschen zu gefährden.
4. Wegen Heranziehens einer Kaltfront sieht A die Gefahr, dass sich die Demonstranten erkälten werden. Er sieht sich veranlasst, dies durch das Verbot der Versammlung zu verhindern.
5. Schließlich müssten Demonstrationen, die von Neonazis organisiert werden, schon aus Gründen des Schutzes der Verfassung verboten werden, um verfassungsfeindliche, neonazistische Umtriebe nicht zu unterstützen.

887

N ist empört über das Verbot; man hätte ja auch einen anderen Ort, z. B. den Stadthallenvorplatz, wählen können, statt die Demonstration zu verbieten. Auch die anderen Gründe überzeugen ihn nicht; dass man nicht gegen eine bestimmte Politik demonstrieren dürfe, könne ja auch nicht sein und dass er selbst nicht demonstrieren dürfe, nur, weil er eine kritische Haltung zum gegenwärtigen Staatssystem habe, die sich darin äußert, die freiheitliche demokratische Grundordnung (FDGO) abschaffen zu wollen, sei ja auch kein Grund.

888 Verletzt das Verbot der Demonstration den N in seinem Grundrecht aus Art. 8 GG?

Anmerkung: Es ist davon auszugehen, dass das Versammlungsgesetz formell und materiell rechtmäßig und die Verbotsverfügung formell rechtmäßig sind. Fragen der Zulässigkeit einer Verfassungsbeschwerde sind nicht zu prüfen.

Auszug aus dem Versammlungsgesetz (VersG):

§ 14. (1) Wer die Absicht hat, eine öffentliche Versammlung unter freiem Himmel oder einen Aufzug zu veranstalten, hat dies spätestens 48 Stunden vor der Bekanntgabe der zuständigen Behörde unter Angabe des Gegenstandes der Versammlung oder des Aufzuges anzumelden.

(2) […]

§ 15. (1) Die zuständige Behörde kann die Versammlung oder den Aufzug verbieten oder von bestimmten Auflagen abhängig machen, wenn nach den zur Zeit des Erlasses der Verfügung erkennbaren Umständen die öffentliche Sicherheit oder Ordnung bei Durchführung der Versammlung oder des Aufzuges unmittelbar gefährdet ist.

(2) […]

Lösungsvorschlag

889 Das Verbot der Demonstration könnte den N in seinem Grundrecht aus Art. 8 GG verletzen. Dies ist der Fall, wenn das Verbot in den Schutzbereich des Art. 8 GG in verfassungsrechtlich nicht gerechtfertigter Weise eingreift und N dadurch in subjektiven Rechten betroffen ist.

A. Schutzbereich

890 Der Schutzbereich von Art. 8 GG müsste eröffnet sein.

1. Persönlicher Schutzbereich

891 Art. 8 Abs. 1 GG ist ein „Deutschen-Grundrecht". N ist – mangels anderweitiger Angaben im Sachverhalt – Deutscher i. S. v. Art. 116 Abs. 1 GG. Der persönliche Schutzbereich ist damit eröffnet.

2. Sachlicher Schutzbereich

892 Der sachliche Schutzbereich der Versammlungsfreiheit müsste eröffnet sein.

a) Versammlung i. S. d. Art. 8 GG

Es müsste sich zunächst um eine Versammlung i. S. d. Art. 8 GG handeln. 893

Dazu müsste eine Zusammenkunft von mindestens zwei Personen vorliegen. Bei 894
der erwarteten Teilnehmerzahl von einigen Tausend ist diese Voraussetzung jedenfalls erfüllt.

Die Zusammenkunft müsste den gemeinsamen Zweck der Meinungsbildung und 895
Meinungsäußerung verfolgen. Gemäß der Anmeldung durch N soll die Versammlung zu dem Zweck stattfinden, sich gegen die Flüchtlingspolitik der Bundesregierung zu wenden. Sie soll thematisch unter der Losung „Für ein graues Deutschland – Ausländer raus, auch Flüchtlinge" durchgeführt werden. Soweit erkennbar, verfolgt die Zusammenkunft somit den Zweck, gemeinsam eine ablehnende Haltung gegenüber der Politik der Bundesregierung zu demonstrieren. Damit verfolgt sie den gemeinsamen Zweck der Meinungsbildung und Meinungsäußerung.

Des Weiteren müsste die Zusammenkunft friedlich und ohne Waffen stattfinden. 896
Unfriedlich ist eine Versammlung, wenn die Versammlung als Ganzes oder die überwiegende Menge der Teilnehmer der Versammlung zu Gewalttätigkeiten übergehen. Im Zeitpunkt des Erlasses des Verbotes sind keine wahrnehmbar in die äußere Welt gelangten Anhaltspunkte für entsprechende Gewalttätigkeiten ersichtlich. Daher ist von der Friedlichkeit der Versammlung auszugehen.

Folglich handelt es sich bei der beabsichtigten Zusammenkunft um eine Versamm- 897
lung im Sinne des Art. 8 GG.

b) Versammlungsbezug der Verfügung

Das Versammlungsverbot müsste sich, als angegriffene Maßnahme, gegen von 898
Art. 8 GG geschützte Verhaltensweisen richten.

Artikel 8 GG schützt allein versammlungsspezifische Tätigkeiten, also die Art und 899
Weise der Durchführung der Versammlung.[1673] Das sind solche Tätigkeiten, die auf die physische Zusammenkunft der Teilnehmer gerichtet sind und die körperliche Art und Weise der Durchführung der Versammlung, bspw. Ort, Zeit und Inhalt der Versammlung zum Inhalt haben.[1674] Soweit sich die Maßnahme auf die inhaltliche Art und Weise der Versammlung bezieht, schützt Art. 8 GG lediglich deren Modalitäten wie den Einsatz von Lautsprechern,[1675] oder das Tragen bestimmter Kleidung.

1673 BVerfGE 111, 147 ff., 156 f.
1674 BVerfGE 128, 226 ff., 251.
1675 BVerfG NVwZ 2014, 1453 f., 1453 f.

900 Soweit die Behörde das Verbot auf den Verfügungszweck 1 stützt, beruft sie sich darauf, dass die Demonstration zu unzumutbaren Beeinträchtigungen in der Innenstadt führt, weil die Abschlusskundgebung auf dem Brandenburger Platz als zentralem Verkehrsknotenpunkt den Straßenverkehr und den öffentlichen Personennahverkehr (Busse und Straßenbahnen) unzumutbar behindern.

901 Damit stellt die Behörde auf die physischen Auswirkungen ab, die von der bloßen Anwesenheit der Teilnehmer im Rahmen der Zusammenkunft auf den Straßenverkehr wirkt. Die reine Anwesenheit der Teilnehmer ist als versammlungsspezifische Tätigkeit vom Schutzbereich der Versammlungsfreiheit umfasst. Der Schutzbereich der Versammlungsfreiheit ist insoweit eröffnet.

903 Soweit sich die Behörde auf den Verfügungszweck 5 stützt, beruft sie sich darauf, dass aus Gründen des Schutzes der Verfassung, verfassungsfeindliche Handlungen – soweit kann die Behörde hier verstanden werden – aus Prinzip verboten zu werden haben. Die Behörde spricht dabei von „Umtrieben". Damit können verschiedene Tätigkeiten angesprochen sein.

904 Jedenfalls aber kann angenommen werden, dass damit – zumindest auch – schon die physische Zusammenkunft nebst weiterer versammlungsspezifischer Tätigkeiten gemeint ist. Folglich ist auch insoweit der Schutzbereich der Versammlungsfreiheit eröffnet.

905 Soweit Verfügungszweck 5 dahingehend zu verstehen ist, dass dem N wegen dessen politischer Gesinnung, die freiheitliche demokratische Grundordnung abschaffen zu wollen, schon deshalb Versammlungen durchzuführen nicht erlaubt werden dürfe, ist hierin eine Anordnung zu sehen, die *de facto* einem Grundrechtsentzug gleichkommt. Ein solcher *de facto*-Grundrechtsentzug greift ebenfalls in den Schutzbereich der Versammlungsfreiheit ein.

c) Kein Versammlungsbezug der Verfügung

906 Das Versammlungsverbot dürfte sich nicht gegen Verhaltensweisen richten, die nicht als versammlungsspezifische Tätigkeiten i. S. d. Art. 8 GG gelten. Über diese Spezifik hinausgehende Tätigkeiten werden von den Schutzbereichen anderer, einschlägiger Grundrechte geschützt.[1676]

907 Soweit die Behörde das Verbot auf den Verfügungszweck 2 stützt, beruft sie sich darauf, dass provozierende Aussagen gegen die Flüchtlingspolitik wegen deren

1676 *Jarass*, in: *Pieroth/Jarass*, GG, Art. 8, Rdnr. 6; zum Verhältnis zwischen Meinungsfreiheit und Versammlungsfreiheit siehe BVerfGE 82, 236 ff., 258; BVerfGE 90, 241 ff., 246; BVerfGE 111, 147 ff., 154 f.

möglichen Auswirkungen beschränkt werden müssten. Damit bezieht sich das Verbot aber nicht auf den vorstehend definierten Bezugsrahmen dessen, was als „versammlungsspezifisch" beschrieben wird. Mit der Beschränkung von „Aussagen", richtet sich die Verfügung gegen eine tendenziell geistig wirkende Form der Mitteilung – gegen Tätigkeiten der geistigen Auseinandersetzung. Demnach ist der Schutzbereich der Versammlungsfreiheit insoweit als nicht eröffnet anzusehen. Inwieweit der Schutzbereich eines anderen Grundrechts eröffnet ist, kann an dieser Stelle dahinstehen.[1677]

Soweit die Behörde das Verbot auf den Verfügungszweck 3 stützt, beruft sie sich 908
darauf, dass die „Parole" „Ausländer raus" skandiert werden wird. Demnach wendet sie sich auch insoweit gegen eine verbal geäußerte und damit geistig wirkende Form der Mitteilung, verlässt also auch dabei den Bezugsrahmen des „Versammlungsspezifischen". Demnach ist der Schutzbereich der Versammlungsfreiheit insoweit als nicht eröffnet anzusehen. Inwieweit der Schutzbereich eines anderen Grundrechts eröffnet ist, kann an dieser Stelle dahinstehen.

Soweit die Behörde das Verbot auf den Verfügungszweck 4 stützt, beruft sie sich 909
darauf, dass wegen Heranziehens einer Kaltfront die Gefahr bestehe, dass sich die Demonstranten erkälten werden würden und sieht sich deshalb veranlasst, die erwarteten Erkältungen durch das Verbot der Versammlung zu verhindern. Damit knüpft die Behörde – bei lebensnaher Betrachtung – an die Kleidung der Teilnehmer, von der die Behörde vermutet, diese werde den Witterungsbedingungen nicht angemessen sein. Die Kleidung der Teilnehmer ist von der Versammlungsfreiheit – wie vorstehend benannt – insoweit geschützt, wie diese den physischen Teil des selbstgewählten und versammlungsbezogenen Erscheinungsbildes der Teilnehmer bildet. Als Beispiel dafür kann die Wahl von Uniformen oder ähnlichem gelten. Vorliegend kann nicht davon ausgegangen werden, dass die Wahl witterungsentsprechender Kleidung eine Versammlungsmodalität in diesem Sinne darstellt. Zum einen weiß die Behörde nichts über die witterungsentsprechende Kleiderwahl, zum anderen ist nicht ersichtlich, dass eine witterungsunangepasste Kleidung für die Versammlung wichtig sein soll. Insoweit ist für die Verhinderung von Erkältungen durch die Verfügung das Grundrecht der Versammlungsfreiheit nicht eröffnet.[1678]

B. Eingriff

Das Verbot greift in den Schutzbereich des Art. 8 GG ein, weil es die Ausübung der 910
Versammlungsfreiheit beeinträchtigt. Es macht die Versammlung sogar vollständig

1677 Konkret: Meinungsfreiheit (Art. 5 Abs. 1 GG); s. o. Rdnr. 613 ff.

1678 Zum Problem der Beschränkung von Versammlungen durch Corona-Auflagen siehe BVerfG NJW 2020, 1426; BVerfG NVwZ 2020, 711.

unmöglich. Es untersagt die angedachte Versammlung sowie alle gleich gelagerten Ersatzveranstaltungen.

C. Rechtfertigung

911 Der Eingriff müsste verfassungsrechtlich gerechtfertigt sein. Ein Eingriff ist gerechtfertigt, wenn das Grundrecht einschränkbar ist, eine verfassungsgemäße Schranke besteht und die Schrankenregelung ihrerseits verfassungsgemäß angewendet worden ist.

912 Das Grundrecht der Freiheit zu Versammlungen „unter freiem Himmel“ steht unter dem einfachen Gesetzesvorbehalt des Art. 8 Abs. 2 GG. Die von N geplante Versammlung soll draußen und damit „unter freiem Himmel“ stattfinden. Damit ist die Versammlungsfreiheit des N vorliegend durch Gesetz oder auf Grund eines Gesetzes einschränkbar.

913 Die Behörde stützt den Eingriff vorliegend auf § 15 Abs. 1 VersG. Die Verfassungsmäßigkeit dieser Schranke ist laut Sachverhalt anzunehmen.

914 § 15 Abs. 1 VersG müsste seinerseits durch die Behörde verfassungsgemäß angewendet worden sein. Die formelle Rechtmäßigkeit der Verbotsverfügung ist laut Sachverhalt anzunehmen. Sie müsste auch materiell verfassungsgemäß sein. Dazu müsste sich die Verfügung zum einen innerhalb der Schranke bewegen und zum anderen verhältnismäßig sein. Die Verfügung ist verhältnismäßig, wenn sie einen legitimen Zweck verfolgt, zur Zweckerreichung geeignet und erforderlich sowie angemessen ist.

1. Verfügungszweck 1 – Verkehr

915 Voraussetzung für die Rechtmäßigkeit der Verfügung ist, dass sie einen legitimen Zweck erfüllt und verhältnismäßig, also geeignet, erforderlich und angemessen ist.[1679]

a) Legitimer Zweck

916 Ein Zweck ist legitim, wenn er ein verfassungsrechtlich nicht schlechthin ausgeschlossenes Interesse verfolgt. Mit dem Schutz des öffentlichen Friedens und dem Interesse der Bevölkerung an einem reibungslosen Straßen- und Schienenverkehr (1.) verfolgt das Verbot ein nicht verfassungsrechtlich ausgeschlossenes Interesse. Es ist somit legitim.

1679 Siehe oben unter Rdnr. 169 ff.

b) Geeignetheit

Das Verbot ist zur Zweckerreichung dann geeignet, wenn es die angestrebte Zweckerreichung mindestens zu fördern vermag. Das Verbot bewirkt, dass die Versammlung nicht stattfindet und in Ermangelung der Menschenmassen die befürchteten Beeinträchtigungen nicht eintreten können. Das Verbot fördert die Erreichung des Zwecks und ist somit geeignet. 917

c) Erforderlichkeit

Das Verbot müsste auch erforderlich sein. Verbote dürfen jedoch nur zum Schutz wichtiger Gemeinschaftsgüter unter Wahrung des Grundsatzes der Verhältnismäßigkeit und nur bei einer unmittelbaren, aus erkennbaren Umständen herleitbaren Gefährdung dieser Rechtsgüter erfolgen.[1680] Ein Verbot ist erforderlich, wenn kein anderes Mittel ersichtlich ist, das genauso geeignet ist, den Zweck zu erreichen und dabei das betroffene Grundrecht nicht oder deutlich weniger fühlbar einschränkt. 918

Als ein solches, milderes Mittel kommt die Auflage in Betracht, die Versammlung an einem anderen Ort durchzuführen.[1681] Mit der Wahl des Versammlungsortes bezweckt N lediglich, eine möglichst große Öffentlichkeit zu erreichen. Dies ermöglicht eine Durchführung auf anderen zentralen Plätzen im selben Maße. Gleichzeitig wird dadurch eine Beeinträchtigung des Verkehrs und dadurch bedingte Beeinträchtigungen des öffentlichen Friedens durch die Versammlung selbst nicht zu erwarten sein. Hinsichtlich des Zwecks, einen reibungslosen Verkehr aufrechtzuerhalten, ist eine solche Auflage somit ein milderes Mittel. 919

Zur Erreichung des unter 1. benannten Zwecks der Verfügung ist das Versammlungsverbot demnach nicht erforderlich. Mangels Erforderlichkeit des Verbotes ist dieses nicht verhältnismäßig. Damit hat die Behörde die einschränkende Norm nicht verfassungsgemäß angewendet. 920

2. Verfügungszweck 2 – keine Erschwerung der Maßnahmen

a) Legitimer Zweck

Maßnahmen zur Unterbringung und Integration von Flüchtlingen nicht unnötig zu erschweren ist ein verfassungsrechtlich nicht ausgeschlossenes Interesse, somit grundsätzlich legitim. 921

1680 BVerfGE 69, 315 ff., 354.
1681 BVerfGE 69, 315 ff., 353.

b) Geeignetheit

922 Es ist auch geeignet, weil ohne die geplante Versammlung von dieser auch keine Äußerungen ausgehen können.

c) Erforderlichkeit

923 Die Maßnahme müsste erforderlich sein. Für die Einschätzung, ob ein anderes gleich geeignetes Mittel ersichtlich ist, kommt es auf die konkret zu erwartenden Aussagen an. Diese sind aber nicht konkret bekannt. Es fehlt an einer belastbaren Tatsachengrundlage, die auf die Gefahr schließen lässt, dass entsprechende Äußerungen konkret vorgenommen werden würden. Für die Begründung von beschränkenden Maßnahmen muss sich die Versammlungsbehörde bei ihrer Gefahrenprognose in jedem Fall auf konkreten Anhaltspunkten und Tatsachen beziehen; bloße Verdachtsmomente oder Vermutungen genügen nicht.[1682]

924 Insoweit es sich um verbotene Äußerungen handeln könnte, käme eine Auflage an den N in Betracht, für die Vermeidung verbotener Äußerungen durch die Teilnehmer Sorge zu tragen. Soweit es sich um nicht verbotene Äußerungen handeln könnte, kommen Auflagen nur dann in Betracht, wenn die legalen Äußerungen ihrerseits durch hier nicht benannte Umstände absehbar zu Ausschreitungen führen würden, denen zu begegnen der Staat nicht im Stande wäre.

925 Im ersteren Fall käme eine mildere, jedoch gleich geeignete Maßnahme in Betracht, im letzteren Fall wären Umstände erforderlich, die im vorliegenden Sachverhalt nicht ersichtlich sind.

926 Zur Erreichung des unter 2. benannten Zwecks ist das Versammlungsverbot somit nicht verhältnismäßig.

3. Verfügungszweck 3 – Keine Gefährdung des Zusammenlebens

a) Legitimer Zweck

927 Das Zusammenleben zwischen Deutschen und Nicht-Deutschen nicht zu gefährden, ist ein verfassungsrechtlich nicht ausgeschlossenes Interesse und somit legitim.

b) Geeignetheit

928 Das Verbot ist auch geeignet, den Zweck zu fördern. Ohne Versammlung wird auch die benannte Parole weder skandiert, noch zur Schau gestellt werden.

1682 BVerfGE 69, 315 ff., 353 f.

c) Erforderlichkeit

Zur Beurteilung der Erforderlichkeit wird auf die Erwägungen zu Verfügungszweck 2 verwiesen. Für die Einschätzung, ob ein anderes gleich geeignetes Mittel ersichtlich ist, kommt es auf die konkret zu erwartenden Aussagen an. Diese sind aber nicht konkret bekannt. Es fehlt an einer belastbaren Tatsachengrundlage, die auf die Gefahr schließen lässt, dass entsprechende Äußerungen konkret vorgenommen werden würden. 929

Das Verbot ist nicht erforderlich und somit nicht verhältnismäßig. 930

4. Verfügungszweck 5.1 – Kein Versammlungsrecht für N

Das Verbot müsste sich innerhalb der nach Art 8 Abs. 2 GG zulässigen Einschränkungen bewegen. Es dürfte insbesondere die Schranken-Schranke des Art. 18 Abs. 1 GG nicht als speziellere Einschränkungsnorm auf die Verfügung anwendbar sein. Es dürfte sich bei dem Verbot nicht um einen *de facto*-Grundrechtsentzug handeln. Unter anderem erging das Verbot, weil die Behörde nicht will, dass dem N wegen dessen politischer Grundeinstellung die Durchführung einer Versammlung überhaupt möglich ist. Damit aber nimmt die Behörde eigenmächtig den N aus dem persönlichen Schutzbereich der Versammlungsfreiheit aus. Eine solche Herausnahme aus dem persönlichen Schutzbereich eines Grundrechts ist in Art. 18 GG speziell geregelt und kann daher nicht als von der allgemeinen Schranke des Art. 8 Abs. 2 GG umfasst angesehen werden. Ein Verwirkungsverfahren gem. Art. 18 GG, §§ 34 ff. BVerfGG wurde gegen den N nicht durchgeführt. N kann daher rechtstechnisch nicht aus dem persönlichen Schutzbereich der Versammlungsfreiheit ausgenommen werden. Der *de facto*-Grundrechtsentzug ist nach alledem mit der Schrankenregelung in Art. 8 Abs. 2 GG nicht vereinbar und daher rechtswidrig. Eine Verhältnismäßigkeitsprüfung erübrigt sich. 931

5. Verfügungszweck 5.2 – Keine Unterstützung neonazistischer Umtriebe

Verfügungszweck 5 ist, verfassungsfeindlichen Umtrieben keine Äußerungsmöglichkeit zu geben. N äußerte sich im Nachgang der Verfügung ausdrücklich dahingehend, dass er eine Einstellung zum gegenwärtigen System habe, die sich darin äußere, die freiheitliche demokratische Grundordnung abschaffen zu wollen. 932

Das Verbot müsste sich innerhalb der nach Art 8 Abs. 2 GG zulässigen Einschränkungen bewegen. Es dürfte insbesondere die Schranken-Schranke des Art. 18 Abs. 1 GG nicht als speziellere Einschränkungsnorm auf die Verfügung anwendbar sein. Es dürfte sich bei dem Verbot nicht um einen *de facto*-Grundrechtsentzug handeln. Unter anderem erging das Verbot, weil die Behörde nicht will, dass dem N und den 933 übrigen Teilnehmern Äußerungen überhaupt möglich sind, die ihre Grundlage in neonazistischen Umtrieben fänden. Damit aber nimmt die Behörde eigenmächtig den N aus dem persönlichen Schutzbereich der Versammlungsfreiheit und insoweit der kollektiven Meinungsäußerungsfreiheit aus. Eine solche Herausnahme aus dem persönlichen Schutzbereich eines Grundrechts ist in Art. 18 GG speziell geregelt und kann daher nicht als von der allgemeinen Schranke des Art. 8 Abs. 2 GG umfasst angesehen werden. Ein Verwirkungsverfahren gem. Art. 18 GG, §§ 34 ff. BVerfGG wurde gegen den N nicht durchgeführt. N kann daher rechtstechnisch nicht aus dem persönlichen Schutzbereich der Versammlungsfreiheit ausgenommen werden. Der *de facto*-Grundrechtsentzug ist nach alledem mit der Schrankenregelung in Art. 8 Abs. 2 GG nicht vereinbar und daher rechtswidrig. Eine Prüfung der Verhältnismäßigkeit erübrigt sich.

6. Zwischenergebnis – Art. 8 GG

934 Die Verbotsverfügung als Eingriff in die Versammlungsfreiheit ist nach alledem verfassungsrechtlich nicht gerechtfertigt.

D. Endergebnis – Art. 8 GG

935 N ist durch die Verbotsverfügung in seinem Grundrecht auf Versammlungsfreiheit aus Art. 8 GG verletzt.

Stichwortverzeichnis

(Die Zahlen verweisen auf die Randnummern.)

A

B

C

D

G

H

I

J

K

L

M

N

O

P

Q

R

S

T

U

V